教育部人文社会科学重点研究基地
云南大学西南边疆少数民族研究中心学术年刊

中文社会科学引文索引(CSSCI)来源集刊

# 西南边疆民族研究

## 第6辑

主编 ◎ 何 明

云南大学出版社

图书在版编目（CIP）数据

西南边疆民族研究.6/何明主编.—昆明：云南大学出版社，2009
ISBN 978-7-81112-845-1

Ⅰ.西… Ⅱ.何… Ⅲ.少数民族—西南地区—年刊
Ⅳ.K280.7-54

中国版本图书馆 CIP 数据核字（2009）第 079488 号

## 西南边疆民族研究
## 第 6 辑
主编　何明

| | |
|---|---|
| 策划编辑： | 张丽华 |
| 责任编辑： | 张丽华 |
| 封面设计： | 丁群亚 |
| 出版发行： | 云南大学出版社 |
| 电　　话： | (0871) 5031071/5033244 |
| 社　　址： | 云南省昆明市翠湖北路 2 号云南大学英华园内 |
| 邮　　编： | 650091 |
| 网　　址： | http //: www.ynup.com |
| E - mail： | market@ynup.com |
| 制版印装： | 昆明市五华区教育委员会印刷厂 |
| 开　　本： | 889mm×1194mm　1/16 |
| 印　　张： | 19.625 |
| 字　　数： | 618 千 |
| 版　　次： | 2009 年 5 月第 1 版 |
| 印　　次： | 2009 年 5 月第 1 次印刷 |
| 书　　号： | ISBN 978-7-81112-845-1 |
| 定　　价： | 58.00 元 |

# 从殖民主义、民族危机到民族国家重建、文化自观

## ——《西南边疆民族研究》序言

"西南"是一个具有多项意指的范畴。最初也是最基础的含义为地理方位，指中国的西南部，但其边界在何处是不确定的，具有模糊性。以此为基础，衍生出所指各不相同的语用。其一是文化地理或族群地理意义上的西南。西汉时出现了"西南夷"这样一个族群地理概念，所指范围大致包含今云南全省、贵州西部、四川西部和南部以及甘肃南部地区的族群及其政权。1930 年，梁钊韬先生绘制出《西南民族分布与分类略图》，①将西南的界限明确化，其范围包括当时的云南、四川、西康、西藏、广西、湖南的湘西以及广东的海南岛、青海玉树和甘肃甘南等地，可视之族群地理概念的广义语用。与之相较，方国瑜先生所运用的西南概念所包含的范围却小得多，所指"即现在云南全省，又四川省大渡河以南、贵州省贵阳以西"。② 1981 年，中国西南民族研究学会正式成立，其会员由云南、四川、贵州、西藏、广西五省区的民族学家构成。其二是行政区划上的西南。1949 年 11 月 23 日，中共中央西南局在湖南常德成立，后驻地迁至重庆，辖重庆、四川、贵州、云南、西康、西藏 6 省区市（后西康和重庆划入四川）。其间，地方局即大区体制几经废置，至 1966 年撤销后再未恢复，但其所形成的区域划分模式影响深远。其三是经济意义上的西南。由于滇、川、黔、桂、藏 5 省区在地理上相接、经济发展水平相近、经济交往密切，故于 1982 年成立了"西南经济协作区"。其四是政策上的西南。1999 年，中国政府开始实施西部大开发战略，除了川、滇、黔、桂、藏、渝省市自治区整体纳入西部大开发范围之外，与之相接壤的湖南省湘西土家族苗族自治州和湖北恩施土家族苗族自治州也列为享受西部大开发待遇的地区，由此西南的概念在一些语境下包括川、滇、黔、桂、藏、渝省市自治区及湘西和鄂西两个自治州。尽管西南所指的范围，在不同时期、不同领域和不同语境下存在着差异，但云南全省以及四川和贵

---

① 此图原件现存于四川大学博物馆。
② 方国瑜：《中国西南历史地理考释》，《略例》第 1 页，北京：中华书局，1987 年。

州邻近云南的部分始终是从未被排除的范围。

从地理范围向社会文化范畴拓展，西南最明显的特征有二，这就是边疆和民族。边疆从表层意义上看具有明显的地理含义，但其实质意义却是社会历史性的，它伴随着国家的形成而出现，而严格意义上的边疆则是近代民族国家发展的产物。中国西南的云南、西藏、广西3个省区属于边疆地区，与缅甸、越南、老挝、印度、尼泊尔、不丹、克什米尔地区等6个国家和1个地区接壤，陆路边境线长达1万多公里，约占中国陆路边境线总长的1/2。西南地区是中国民族种类众多，世居少数民族有36种，占中国少数民族种数的2/3，少数民族人口目前约5000万，接近中国少数民族人口总数的1/2。

独特的区位和众多的民族，使被中国学术界视为边缘的西南从19世纪中叶起成为国外学者研究中国民族的首选之地。在西方国家向亚洲和日本向中国推进殖民主义的过程中，一批学者开始进入中国西南地区进行民族学人类学研究，如，英国人丁格尔（Dingle）在清末由上海到缅甸，途中经过西南地区，对于西南汉族、苗族、彝族、白族等民族的婚姻、服饰、丧葬等都亲自观察，将这段经历写成考察记，写成了《丁格尔步行中国记》;[1] 英国商人立德（A. J. Little, 1838—1908）在19世纪末到川边及云南等地活动，著有《峨眉山及峨眉山那边：藏边旅行记》（Mount Omi and Beyond: A Record of Travel on the Thibetan Border, 1888）和《穿过云南》（Across Yunnam, 1910）；英国驻重庆、腾越领事的烈敦（G. J. L Litton, 1870—1906）撰写了《中国：川北旅行报告》（China: Report of a Journey to North Ssu-chuan, 1898）；英国印度殖民局官员戴维斯（H. R. Davies）从1894年到1900年间多次到云南调查，对彝族、苗族、藏族等民族的地理环境、语言、习俗等做了调查，撰写了《云南：印度和扬子江流域间的链环》；日本鸟居龙藏于1902年7月至次年3月受东京帝国大学理学院派遣到湖南、贵州、云南、四川等省考察中国西南民族的分布与自然环境之间的关系及各民族的体质、服饰、居住、习俗、语言、文化等，以此次调查为基础撰写了《中国西南部人类学问题》和《苗族调查报告》[2] 等著作；法国军医吕真达（A. F. Legendre）调查研究了彝族并发表了《罗罗人的人种学研究》（1909）和《建昌罗罗》（1911）等文章；美国人葛维汉（D. C. Graham）在20世纪20—30年代先后对羌、苗、藏等民族聚居区进行了多达14次的调查；美国人洛克（J. F. Rock）对纳西族和藏族的调查等等。这些调查研究尽管或多或少带有殖民主义的色彩，但开创了运用现代科学理论和方法研究中国民族的先河。

随着民族危机的加剧和民族国家意识的强化，边疆和边疆民族的研究受到从政府到

---

[1] Dingle：《丁格尔步行中国记》，陈曾谷译，上海：商务印书馆，1915年。
[2] 鸟居龙藏：《苗族调查报告》，上海：商务印书馆，1936年。

民间的普遍关注。在政府方面，从1912年四川都督府组织的对四川的峨边、马边、雷波和云南的屏边4县彝族地区调查及事后出版的《峨马雷屏边务调查记》和《三边屯务调查图说集》，到1934年起中国教育部拨出专款在金陵大学、西北大学、云南大学、大夏大学、复旦大学等校设立边疆史地的讲座①及其后组织的多次边疆教育考察，说明政府对西南边疆问题研究的重视程度。在学术界，早在中国民族学和人类学创立之初，西南便成为重点研究区域之一，1927年中山大学语言历史研究所编辑出版《西南民族研究专号》，中山大学杨成志等学者于1928年到云南进行了一年多的民族考察，1933年中央研究院凌纯声、芮逸夫等赴湘西调查，拉开了西南研究的序幕。20世纪30年代吴文藻在燕京大学社会学系开设社会人类学时阐释课程的主旨时说："从社区着眼，以求了解中国之边疆民族及其社会文化；附带注意部落社区与乡村社区之对比。"② 20世纪30年代后期，由于抗日战争爆发，大批学人来到西南，昆明和成都成为中国民族学人类学的研究中心之一，掀起了西南研究和边疆研究的热潮，不仅创办了云南大学—燕京大学社会学实地调查工作站即"魁阁"、中国边疆学会和中国边政学会等学术研究机构，而且创办了《边疆研究通讯》（金陵大学社会学系）、《西南边疆》（中国民族学会）、《中国边疆》（中国边疆学会）和《边政公论》（中国边政学会）等学术期刊。

从20世纪50年代至60年代，中国政府从建设民族国家的需要出发，组织全国的学术力量开展了民族识别和社会历史大调查，其后编写出版了"民族问题五种丛书"（即"中国少数民族"、"民族社会历史调查资料"、"民族简史"、"民族语言简志"、"民族自治地方概况"）。西南民族研究成为此阶段民族调查研究的重点之一。尽管从今天的学术视角来看，民族识别和社会历史大调查无论在理论预设上还是在方法上都存在着一些可圈可点的不足和缺陷，但毕竟奠定了中国民族学人类学的人才基础和资料基础，出版的调查资料至今仍被国内外研究者所征引。

20世纪80年代以后，在中国的民族学和人类学恢复重建过程中，西南地区发挥了重要作用，不仅成立了中国西南民族研究学会，而且云南大学等一批高等学校较早开展了民族学或人类学的人才培养和学科建设。以中国西南民族研究学会于1982年组织的藏彝走廊六江流域民族综合考察为标志，开启了以西南学者为中坚力量的西南民族田野调查和学术研究。其后，以西南地区学者为主体开展的大型专题调查研究有西南丝绸之路、茶马古道、南昆铁路沿线、三峡库区、三江并流区、藏彝走廊、西南跨境民族等，

---

① 国民政府教育部：《中华民国三十七年下半年度教育部工作计划》，教育部印，1948年。
② 《社会学界》编：《燕京大学社会学及社会服务系一九三四年至一九三六年度概况》，载《社会学界》第九卷，1936年。

综合性调查有云南大学组织的跨世纪云南少数民族村寨调查和中国少数民族农村调查等；编辑出版的大型调查研究成果有"西南研究书系"、"云南民族村寨调查"、"中国民族村寨调查丛书""20世纪中国民族家庭实录"、"西南边疆民族研究书系"、"云南少数民族文化史"、"历史民族志研究"、"西藏文明研究"、"新民族志实验丛书"等。此外，还有为数众多的族别研究、理论方法研究、民族历史研究的成果。此期西南民族学人类学研究的一个突出特点是研究主体的本地化，其含义包括两个方面：一方面是西南研究的主要力量由20世纪30年代以前的由外国人、20世纪30年代至60年代的外地人（西南地区以外的中国学者），向80年代以后以西南本地机构和学者为主要力量的转变；另一方面是一批杰出的少数民族学者成长起来，本民族学者研究本民族、本族群的学者研究本族群的研究和成果不仅数量呈增长态势，而且质量和水平也呈迅速提升态势。其成果都带有一定程度的"文化自观"性质。本地学者、本族学者的"文化自观"，与国外学者、外地学者的"文化他观"，逐渐形成"自观"与"他观"之间交流对话，推动着中国西南的民族学人类学研究的繁荣与进步。

  云南大学不仅在西南的民族学和人类学教学科研中占有重要的地位，而且是中国民族学和人类学重要力量之一。云南大学西南边疆少数民族研究中心是中国教育部设在西南地区的唯一民族学重点研究基地，承担着组织国内外民族学和人类学界的学者研究中国西南特别是中国西南边疆的使命。我们真诚希望与海内外关注中国西南研究的同仁们建立更为广泛深入的交流合作，共同促进中国西南研究的深入发展。

何　明

2009年4月6日

# 目 录

## ☆ 族群与族群关系研究

从"客家"到"畲族"
　　——以赣南畲族为例看畲客关系 ……………………………………… 周大鸣（1）
族群孤岛与族群边界
　　——以广西临江古镇平话人为例 ………………………… 周大鸣　吕俊彪（7）
河湟地区族群语言形态与族群性研究 ……………………………………… 马建春（14）
田野中的族群与族群关系的演变
　　——江西"两江"畲族移民村落比较研究 ……………………………… 胡明文（20）

## ☆ 民族文化解读

论多偶制和家庭文化特质的传递
　　——兼谈婚姻效用的协商分配理论 …………………… 坚赞才旦　许韶明（30）
整体观视野下的"偷婚"习俗解读
　　——以云南迪庆州德钦县奔子栏村为例 ……………… 李志农　陆双梅（49）
侗族村寨的空间结构及其文化蕴涵
　　——以广西三江高友侗寨为例 ………………………… 秦红增　梁园园（55）
傣族土司司署建筑及其文化内涵分析
　　——以云南省梁河县南甸宣抚使司署为例 …………… 张　跃　舒丽丽（70）
布朗族村寨新年节日的社会文化解析 ……………………………………… 周晓红（80）
佤族《司岗里》神话的历史人类学研究 …………………………………… 杨文辉（85）
一个乡村电视台的社会文化人类学考察 ………………………… 孙信茹　马翀炜（92）
质朴哀思的诗
　　——论《梅葛》所流露的彝族情感与美感 …………………………… 傅云仙（100）
史　与　志
　　——对口述史与历时性民族志研究的探讨 …………………………… 朱凌飞（109）

## ☆ 民族社会分析

哈尼族梯田农耕社会中的女性角色 ………………………………………… 王清华（116）
宗教、权力、文化
　　——云南沙甸回族农村和谐社会的人类学研究 ……………………… 桂　榕（122）
少数民族地区农村居民的人口流动和职业分化对文化变迁的影响
　　——以文山壮族苗族自治州富宁县剥隘镇坡芽村为例 ……………… 王志芬（133）
边疆治理与多元民族文化调适 ……………………………………………… 王越平（139）

民间法：一种少数民族地区犯罪控制的乡土力量
　　——以云南宁蒗跑马坪乡彝族社区民间禁毒个案为样本 ············ 刘　希（146）
功能主义：现代社会、学校和少数民族传统社会
　　——兼论实施多样性教育 ················································· 黄金结（154）

## ☆民族宗教探论

略论东巴教与纳西民俗之间的关系 ·············································· 杨福泉（160）
对西双版纳傣族巴利名词语法知识的研究
　　——以 Pabbajākammr（《出家业经》）第二章和第二章经疏为例 ····· 姚　珏（172）
试论云南少数民族"原生宗教"的民俗化 ······································ 马居里（180）
宗教认同与民族认同的互动
　　——20世纪前半期基督教在福贡傈僳族、怒族地区的发展特点研究 ····· 高志英　龚茂莉（184）
乡村传统宗教文化复兴中的生存和发展诉求
　　——云南迪庆两个藏区回族村庄个案研究 ··························· 冯　瑜　金　杰（191）

## ☆民族历史研究

民国时期云南龙、卢彝族统治集团财税政策研究 ······················ 王文光　龚　卿（198）
明初的中日关系与寓滇日僧 ······················································· 古永继（204）
云南近代工业化进程对文化变迁特点的影响 ···························· 李晓斌　王　燕（209）
近代社会转型对云南人口较少民族文化变迁的影响 ················· 龙晓燕　李　薇（218）
"七百"和"生苗"的历史地理范畴考 ············································ 崔海洋（224）

## ☆民族发展探索

改革开放三十年中国少数民族聚居区经济成就与差距分析 ······· 张锦鹏　董雁伟（231）
乡村文化产业发展的路径及意义
　　——以云南省为例 ······································· 马翀炜　孙美璆　李德建（254）
多元文化与模式选择
　　——文化人类学视野下的民族地区社会主义新农村建设 ············ 朱映占（260）
老年人疾病与文化生态环境的关联性探讨
　　——以云南省大理州祥云县东山彝族自治乡大古者村为个案 ······ 张　实　罗银幸（267）
哈尼族社区的文化发展 ······································· 赵　玲　缪　纯（274）

## ☆学术动态

《象征的来历：叶青村纳西族东巴教仪式研究》序 ························· 和少英（281）
20世纪50年代以来侗族语文著作述评 ············································ 谭厚锋（285）
国际视野下的中国边境民族生活史
　　——"中国边境民族的迁徙、交流和文化动态国际研讨会"会议综述 ····· 谷家荣（297）
梳理变迁轨迹　探寻发展理路
　　——"改革开放与少数民族"研讨会暨《中国少数民族农村30年变迁》
　　　 首发式在昆明举行 ································································ 白　古（302）

# ☆族群与族群关系研究

## 从"客家"到"畲族"
### ——以赣南畲族为例看畲客关系

周大鸣[*]

**提　要**：本文以笔者在江西的田野调查为基础，探讨了1985年落实民族政策以后，江西省赣南部分原属客家的蓝、雷、钟姓恢复成畲族后的族群重构的过程；从文献资料分析了族群认同变迁的过程；最后，从族群的形成探讨了畲族与客家的关系。

**关键词**：客家；畲族；族群；认同

### 一、问题的提出

族群的构建与认同，是族群研究中引人注目的论题。人们关注族群构建和认同的要素、原因和过程，并由此产生了族群的基本理论。20世纪80年代，在大陆借落实民族政策之机，兴起了民族重新识别之风，一批原为汉族的人群，经过"民族识别"后恢复或认定了其少数民族身份。1985～1987年在闽、粤、赣等省重新识别了一批畲族，巧合的是这些畲族大部分是在客家聚居区。笔者于2000年和2001年在江西进行田野调查时，发现江西"畲族"为我们研究族群的重构和形成，以及探讨畲客关系提供了一个活生生的个案。

笔者过去一直认为江西是单一民族的省，2008年在江西做社会评估时才发现江西也是多民族聚居的省。目前江西省一共有40多个畲族自治村和村民小组，12万多人口。畲族主要分成三类。一类是在新中国成立后一直归属于汉族，1985年以后逐步落实民族政策被确认的畲族；一类是从浙江迁徙来的"两江"（指新安江和富春江）库区移民；还有一类是自古以来便繁衍生息于闽、浙、赣、粤等省交界地域，明清以来逐步定居、杂居于各省（市）山区及其边缘接合部的畲族。

本研究主要集中在1985年以后被确认的畲族。

这一类族群内部支系也相当复杂，部分有较深厚的血缘关系，这从族谱上记载的晚近迁徙过程就可以看出来，如上犹、南康的畲族就属于同一个支系，寻乌、于都、会昌、安远的许多畲族也属于一个始祖（下文中提到的畲族特指这一部分畲族）。闽、浙、赣、粤等省交界地域以前一直是畲族的聚居地，在明代赣南还爆发过畲族的大起义。赣南同时也是客家人的聚居地，今天的客家文化与畲族文化在很多方面有相似或共同之处，两个族群间的融合、文化交流十分频繁。

人类学对族群的研究中，族群认同（ethnic identity）被视为一个主要的内容。在客家先民迁入之前，畲族与外界的接触与互动较少，族群认同的意义并不大。客家先民的大量移入，加速了畲族与客家人两个族群间的频繁和深入互动。本文将主要从畲族恢复族属前后的对比和认同的变迁讨论族群认同的内涵、变迁的动力，丰富族群研究的内容。

### 二、族群的构建与族群知识的累积

一般认为，每个族群单位与特定的文化相对应，因此一般的研究都注重在族群内部文化符号和文

---

[*] 周大鸣：广西民族大学兼职教授，中山大学历史人类学中心教授。

化特征上，F. 巴斯则提出要注重族群的构成差异以及由此产生的族群边界的研究。① 那么一个本来与客家族群融于一体的群体是如何构建成新的族群呢，是如何与原有族群建立起边界的呢？

我们在田野调查中想了解族群构建的过程，以及畲族村民们所拥有的"畲族"知识，这包括语言、传说和习俗等方面。

### 1. 畲族的认定过程

我们认为，政府确认畲族的年代应该是很重要的事情，这是不同族群的分界线，为此访问了一些村民，问什么时候划为畲族的？可是，大部分村民回答说"不清楚"，少部分人只能说含糊的年代"前几年吧"，仅有村主要干部才能够说相对准确的年代"大概是八几年吧"。我们也访问了管理民族事务的政府部门，没想到政府官员也说不清楚具体的年代，要查档案。我们分析认为，不记得确定的年代原因是干部和村民都没有把民族认定当做重要的事情。

在恢复畲族时，有的是自愿的，有的则较为被动。

横峰县蓝子镇与浙江的畲族有较密切的往来，因此当恢复民族的政策时，他们非常愿意改为畲族。

如会昌县筠门岭的蓝姓村民就是主动要求恢复畲族的，原因是他们知道福建的蓝姓已恢复了畲族。离筠门岭十几公里的寻乌县汶口镇的蓝姓（这两地的蓝姓，按族谱记载是一个始祖传下来的）知道筠门岭的本家改成了畲族，因此他们也申请恢复畲族。

黄沙蓝子村的村民说，县政府要我们改畲族时，我们不愿意，因为我们没有畲族的概念。后来县政府就动员我们，说改少数民族可以得到优惠政策，如计划生育、高考、扶贫资金等都有照顾。于是就从汉族改成了畲族。但那些优惠政策没有几条兑现的，反而县里利用我们少数民族从省里拿到了钱（说帮忙修路、架电线）。

### 2. 划定为畲族的原因

为什么会划定为畲族，划定的标准如何呢？上犹县政府官员说"上面有文件，说姓蓝、钟和雷的可以改划畲族，我们就将居住集中的姓蓝的改为畲族"。

为什么钟姓和雷姓没有改畲族呢？"因为这两个姓来源比较复杂，难以认定就没有改"。

在我们所到之县，当官员们得知我们要去调查畲族时，他们都说：那些畲族没有什么特别的，跟我们汉族一样！

可见，恢复畲族的标准是姓氏，而非文化特征、心理认同等民族识别的标准。

### 3. 族群知识的构建

这些恢复畲族的群体，早已丧失了畲族的文化特征和畲族的知识。那么他们的族群知识是如何重新构建呢？

我们的田野调查中了解到，凡是主动恢复畲族的群体，其族群知识的重新构建相当快，而被动恢复畲族的，其族群知识的重建则较为缓慢；同时当地精英比较关注畲族的知识和学习畲族的知识，也更愿意认同畲族的传统。关于畲族的知识来源，一是浙江和福建。浙江是目前唯一拥有畲族自治县的地方，其族称自20世纪50年代开始认定，没有过断裂。因此浙江既是畲族文化与传统保存比较完整的地方，也是畲族文化传播的中心。

在横峰县的一个畲族自治村访问时，村长用极大的嗓门介绍畲族的来源（把畲族来源祖图中的故事说了一遍），给我留下了极深的印象。在他的话语里反复强调"我们畲族"，"我们少数民族"，"我们不吃狗肉"等，表现出与汉族的"边界"和对畲族的强烈认同。当我问及是否保存祖图或族谱时，他才轻悄地说这是浙江来的畲族讲述的。在寻乌和上犹的畲族精英的族群知识是从一个福建的畲族那里听来的，而许多普通老百姓对相关知识的了解更加零散。寻乌的部分精英关于畲族的知识则是从一本《蓝姓与畲族》的小册子上学来的，由于缺乏系统的学习，寻乌北亭村的《汝南堂蓝氏续修

---

① Barth, Fredrik. Ethnic Groups and Boundaries: The Social Organization of Culture Difference. Boston, MA: Little Brown, 1969.

族谱》体现的历史记忆就显得天马行空。我们特意寄了部分有关畲族研究的书籍给调查点，其中一个目的是看几十年后在他们的族谱中是否会融入这些材料，将来追踪调查的时候再看看这些书籍在帮助他们重构历史强化认同的过程中充当什么角色。

### 三、从文献资料反映的"认同"变迁

认同一词有许多不同的用法，原本属于哲学范畴，后来在心理学中的应用日益频繁，但作为一种操作性概念主要是一种能动的与个人主义的价值理念密切相连的归属性。过去是心理学的一个定义，现在在心理学中本身很少应用，可在别的领域却大量出现。并成为这个时代民族政治紧张和压力的矛盾中最核心的词。由于大量使用，因而界定也有多种。有的解释为"心理学中人的自我概念"。在社会科学领域，这个概念的使用范围日益扩大，包括社会认同、文化认同和民族认同等，它们分别指个人认为自己与所处的特定的社会地位、文化传统或民族群体的统一。① 还有的定义为"认同指个人与他人、群体或模仿人物在感情上，心理上趋同的过程"②。因为"认同"一词起源于心理学，心理学是注重个体研究的，因此一个个体对某一个个体接纳是其本义。由于哲学、社会学、人类学等方面的学者的采纳，后又转为着重揭示个人与群体，甚至群体与群体的归属，有的学者认为族群认同是"社会成员对自己族群归属的认知和感情依附"③。

在与世隔绝的孤立群体中，是不会产生族群认同的，至少族群认同是在族群间互动的基础上发展起来的，如果一个族群中的个体，从未接触过异质的文化，那么就无从产生认同，首先存在一种差异、对比，才会产生将自己归类、划界的认同感。这是认同产生及存在的基本条件。畲族认同的产生与客家人的迁入、与外界的交流增多有很大的关系。

任何族群离开文化都不能存在，族群认同总是通过一系列的文化要素表现出来，族群认同是以文化认同为基础的，因此这些文化要素基本上等同于族群构成中的客观因素。共同的文化渊源是族群的基础，族群是建立在一个共同文化渊源上的。族群组织经常强调共同的继嗣和血缘，这样由于共同的祖先、历史和文化渊源而容易形成凝聚力强的群体。通常，社会科学家们认为这是群体中个人认同最重要的，也是其基本的社会身份。同时文化渊源又是重要的族群边界和维持族群边界的要素。

共同的历史记忆和遭遇是族群认同的基础要素。每一个族群对于自己的来源或者某些遭遇有共同的记忆，如瑶族关于"千家峒"的传说，珠江三角洲各姓关于"南雄珠玑巷"，客家"宁化石壁"的传说等，都是族群的共同记忆；这种历史记忆具有凝聚族内人和区分族外人的重要意义。人在社会化过程中，逐渐地便获得了他所出生的族群的历史和渊源。这个族群的历史和文化将会模塑他的族群认同意识。畲族的历史记忆总是围绕着认同变化的。在1985年以前的族谱中，每一次族谱的序言有一个逐步"汉化"、"正统化"的过程，受"大传统"影响的烙印不断明显。而1985年后修的族谱则是"畲化"的过程，透过这些"精英文化"的变化历程，可以再现一个族群的变迁。

在寻乌县澄江乡汶口村，1994年修的《黄田蓝氏家谱》中有历次家谱序言的记载，真实再现了历代家族精英的想法，不愧为记录当时族群状况的活化石。该谱转载了明朝成化乙未年修的《闽汀蓝氏族谱》原序，中间有这样一段话："闽汀蓝氏之有谱盖法敬欧苏之体制兼春秋之精义其事核其文质其义错综而不谬夫信而傅也其可乎哉是帮图之世系以辨伦也记之事迹以稽行也慎之名讳以昭正也详之生卒以树考也悉之迁徙以重本也列之葬所以示守也……是故伦辨而宗叙不紊矣行稽而宗俗不偷矣正昭考树而宗法不弛矣本重守示而宗统不拔矣法垂训徵而宗谊不沃矣是谱也作于生而神于死美于前而信于后厥功伟矣可弗重与蓝氏子姓其世守之毋忽。"原序中并没有提到蓝氏的起源，也没有关于蓝氏的论述，这段话主要讲修谱的意义。从族谱看，当时还没有构筑出族群的来源。但这段话的"正统色

---

① 吴泽霖主编：《人类学词典》，上海：上海辞书出版社，1991年版，第348页。
② 陈国强主编：《简明文化人类学词典》，杭州：浙江人民出版社，1990年版，第68页。
③ 王希恩：《民族认同与民族意识》，《民族研究》，1995年第6期，第17页。其文章中用民族认同表示 ethnic identity。

彩"很浓厚，假如黄田蓝氏以前是畲族的话，到这个时候已经有很深的汉化程度了。

到康熙十二年，在《黄田蓝氏家谱序》中，论述祖先的来历，是这样说的："世传来自闽汀牛栏祖迁居黄田者德庆公伊始前代残缺无可考阙焉而已子不闻谱者普也下而普及子孙冈敢或遗系者系也上而系乃祖考无敢弗详若等谋与予房共乘其若青公迁高州何雁德庆公以一派自为一普又何必合我高公续修而显遗青公乎族人曰唯爱就德庆公始详载英公后代不日观成属尉以序虽不文何敢辞呜呼为后之人而顿失前人世系者固非孝慈所敢出无可考稽而妄附他人枝派者尤非孝慈所忍为也今夫读古人忆不无亥豕鲁鱼虽古圣贤莫之能易由庚华黍诗人之致阙也有以夫。"这一段话相当严谨，"前代残缺无可考阙焉"，"无可考稽而妄附他人枝派者尤非孝慈所忍为也"，没虚构附会一段辉煌的"族源"。

到清乾隆四十九年，《重修黄田蓝氏分派家谱序》中，有这样一句："上溯得姓受氏自昌奇公自唐虞迄六朝佚无可考越自唐明德公至熙三郎公则图系明而原委晰。"重构历史与认同的趋势开始了。至嘉庆十三年的《三修黄田蓝氏族谱序》、咸丰九年《黄田蓝氏四修家谱序》和光绪十六年的《五修家谱序》，受"大传统"的影响越来越大，重构的历史加长了，家族的精英、楷模也开始树立起来以教育后人。1994年修的《黄田蓝氏家谱》，干脆把"次子于帝榆冈二下二年二月十八日子时后宫诞生，适逢帝都空桑，（今山东曲阜县）有熊国君贡秀蓝一株，帝甚欢，遂赐姓蓝取名昌奇"的传说也附会上去，言之凿凿，而同时却又承认自己是畲族。

如果说汶口村的个案更多反映了"大传统"对族群影响的话，那么寻乌北亭村的《汝南堂蓝氏续修族谱》序言则是对落实民族政策确认为畲族后重构历史以期达到"认同"的一个精彩诠释。全文如下：

"综览我族谱牒，查证史料，我族蓝氏系出源于陕西蓝田，属蓝田人种。神农十一代来帝时分姓氏，炎帝时开族为畲族。来帝传位榆冈接作任房位时，其时番兵入侵，出榜招贤，盘瓠被招平息外患，取得公主，生下三男一女，长子姓盘，次子姓蓝，三子姓雷，女婿姓钟。次子于帝榆冈二下二年二月十八日子时后宫诞生，适逢帝都空桑，（今山东曲阜县）有熊国君贡秀蓝一株，帝甚欢，遂赐姓蓝取名昌奇，封汝南郡。昌奇子孙于汝南绵延胥云成为望族。后散布于黄河，长江流域及神州各地蕃衍子孙，枝繁叶茂源远流长。迄今已有四千七百三十六年之历史。昌奇公则为我氏之鼻祖。

追溯鼻祖之先，原以游猎为生，游居山林之中，常遇毒虫猛兽，为自卫求生计，善于驯养猎犬，以助自卫取猎。据江西史志资料所载，我族祖先在取猎中，曾遇一猛兽凶猛异常，即伤人命幸有猎犬之王率众猎犬与猛兽垂死相拼，救护主人，保全了主人的性命，主人痛惜犬王有救命之恩，曾作有（狗王哥）以之垂念，并教后人视狗为宝，只可养之，不可杀之食，以此世代相传。这一陈规因斗转星移，年深日久，时世更迭杂导汉地，随之汉化，多有失传。纵有略传，亦是以讹传讹，甚至流言蜚语，辱我门宗。今查实史料，载于谱中前言，予以澄清。我氏族系原第畲族。在历史长河中，随时世更变，环境变迁，局势所逼，蕃衍子孙于汉地，以为汉族。历史长河流入今天，正值盛世时期，不再歧视少数民族。各族民族一律平等，和衷共济，团结一致，同建国家。对历史造成族系不清的各级人民政府力主正本清源。赣南地区各县市人民政府根据国家民委八一民政字六百零一号文件精神，分别先后对我蓝氏批准恢复为畲族民族的成分。寻乌县人民政府于一九八五年六月十日下发了作五寻政发六十八号文《关于承认澄江乡，桂竹帽综合垦殖场蓝姓为畲族的通知》。据此肇基于原长邑大岭下之文远公后裔子孙的族系亦是畲族。"

不管它正确与否，该序言的"创造性"主要表现在：
1. 把蓝姓与陕西蓝田人挂起钩来，大胆假设，没有小心求证。
2. 神农十一世时就有了蓝姓，炎帝时就有了畲族。
3. 把畲族的盘瓠传说与汉族的古代姓氏来历传说巧妙地嫁接在一起，看起来似乎天衣无缝。
4. 假托"江西史志资料所载"，臆造了猎犬之王救主的故事以代替狗王传说。见证了其在没有太多畲族背景知识的情况下改成畲族后的心路历程，从"纵有略传，亦是以讹传讹，甚至流言蜚语，辱我门宗"一句可见作者对狗王传说的真实态度。

综观此序言,作者试图通过构建共同的历史记忆说明他们所属的族群是畲族,并不断强化这一想法。尽管所用的材料或结论甚至是荒诞的,但可以看到从汉族认同到畲族认同的过程。

## 四、从认同要素看畲客的转化

根据以往的研究成果,除了历史记忆之外,语言、宗教、地域、习俗等文化特征也是族群认同的要素。1985 年以后逐步落实民族政策被确认的畲族,当地的客家人与畲族都不觉得彼此间具有文化差别,很难从以上维度去分析。

语言在某种程度上是表征族群性的符号。从一个族群语词的语源和演变、造词心理、亲属称谓、姓氏等等,都可以追溯其文化渊源,语言可称做是维系族群认同的明显成分,这也促使有的学者依据语言进行族群划分,如李泳集认为客家人是以方言为组织原则的,方言是他们的群体认同标识。① 我们调查的畲族主要靠姓氏与当地汉族人区别,姓氏成为他们表征族群性的符号,尽管这个区别不完全可靠。

一般来讲,宗教也是族群认同中作为区分依据的重要因素。在族群内部,共同的宗教信仰是一种强大的文化聚合力,如藏族和回族;在族群之间,不同的宗教信仰也是强化我群(self - group)和他群(others - group)的区分力量。如果不同的族群有着同一宗教,这种共同的信仰可能会成为促使族群相互认同的潜在动力。如临夏回族自治州信奉伊斯兰教的回族、东乡族、撒拉族之间保持互相通婚,而禁止与非伊斯兰教的民族通婚。"宗教是文化中真正能够持久的基质,它同本族的民族意识紧密结合为一。同时,宗教在人们之间造成的认同和歧视更为剧烈,而且排斥性更强。"② 我们调查的畲族与当地汉族人在宗教信仰上完全一致,宗教不能作为区分依据。

通过畲族,我们可以发现族群认同并不仅仅依存于诸多文化要素,族群认同不仅是族群成员对族群文化的接纳更是他们主观心理归属的反映。我们调查的畲族存在明显的心理认同与实际上文化表现形式的差异。就像许多海外华人自认为是"中国人"一样,他们的后代许多尽管并不会讲汉语,也不奉行中国的民间信仰,但他们依然认同中国文化,认同中国人。吴燕和先生认为文化在族群认同的图式中有时是虚幻的。③ 王明珂先生也认为一个族群共同的历史记忆并非是历史事实。这在我们调查的畲族中得到了很好的验证。

## 五、小结和讨论

从上文的分析我们可以看出,除了姓氏的区别外,不管历史记忆也好,语言、宗教等文化现象也好,我们调查的畲族都已经与当地客家融合。至于族属的改动,一是政府落实民族政策,二是与少数民族的优惠政策有关。但是值得注意的是,广东东部是畲族传说中的文化中心,其凤凰山更被认同为畲族的发源地,可是在这场恢复畲族的运动中,广东反而没有其强烈。究其原因,首先与广东省政府没有强力推行恢复族属相关,其次粤东北是客家文化的中心,对客家文化的认同超越了其他族群的认同。

但是族属一旦改动,族群的认同就发生了相应的变化。从这个角度讲,族群认同是一个漫长的心路历程,通过不断的积淀得以强化。只要需要,任何族群特征都会形成不同的认同形式:情感归属、社会分层、政治组织、价值体系、行为规范等等。

20 世纪 70~80 年代关于族群认同的理论可以分为两派,一为根基论(Primordialists)(又译为原

---

① 李泳集认为客家作为一个方言群,方言为其认同标准,参见《性别与文化:客家妇女研究的新视野》,广州:广东人民出版社,1996 年版,第 1~3 页。

② 周庆智:《文化差异:对现存民族关系的一种评估》,《社会科学战线》,1995 年第 6 期,第 253 页。

③ David Y. H. Wu: Ethnicity, Identity and Culture, The Humanities Bulletin, volume 4 December 1995, Faculty of Arts. The Chinese University of Hong Kong. P. 17.

生论），一为情境论（Circumstantialists）或工具论（Instumentalists）。根基论认为族群认同主要来自于天赋或根基性的情感联系。格尔兹指出这种根基性的情感来自亲属传承的既定资赋。一个人生长在一个群体中获得了一些既定的血缘、语言、宗教、习俗，因此他与群体其他成员由于这种根基性的联系凝聚在一起。但是，根基论者并不强调生物遗传造成族群，也不是以客观文化特征定义族群。相反，他们注重主观的文化因素，认为造成族群的血统传承，只是文化解释的传承。如一个人从出生的家庭和社区中获得一些非自我能选择的"既定资赋"——语言、宗教、族源信仰等等。但一个中国人自称是"炎黄子孙"，并非说他真的是炎帝、黄帝的后代，而是他主观上认为如此。如一个在现代大城市长大的蒙古族人不会说蒙语可仍然是蒙古族。江西赣南的畲族已经失去了根基性特征，所以用根基论是难以解释其族群认同的。

情境论者（Circumstantialists）或工具论者（Instumentalists）强调族群认同的多重性，以及随情境（工具利益）变化的特征。这在我们的日常生活中是常见的，如一个香港的上海人，可能自称上海人、香港人、汉人、中国人；每一个自称都让他与一群人结为一个族群。但用什么自称，要视场合来定。原则上，当我们与人交往时，会用最小的共同认同来增加彼此最大的凝聚。如这个人在美国遇到香港上海老乡时，若说"我们都是中国人"，这就见外了。说"我们都是香港人的上海人"，这时两人间的距离才可拉得最近。如果换一个场所，同时有香港人、台湾人、大陆人在场，说"我们都是中国人"便能恰当的拉近彼此的距离。在澳门回归以前，一些大陆的移民想方设法申请葡萄牙籍，认同葡萄牙文化，但葡萄牙人失势以后就转而认同中国文化了。语言的使用也会随场合的变化而变化。

近年来，一些权威学者把两派理论综合起来，如 Keyes 和 Bentley 等学者就认为只有在可行的根基认同与可见的工具利益汇合时，族群认同才会产生。斯蒂文·郝瑞认为族群情感与工具因素尽管同时并存，但事实上在不同情况下，两者发挥的作用不同。在中国，即是如此。一方面，国家介入民族识别，通过法令将官方认定的民族成为永久性的范畴；另一方面，工具论的利益只要符合国家的政策，也会在某一民族范畴中持续下去。（斯蒂文·郝瑞2000年，第27页）我们调查的畲族就是一个典型的个案。在1985年落实民族政策前，一般民众认为属于少数民族或者是汉族没有什么不同，也不关心这些问题。当族群中的精英意识到国家对少数民族的政策倾斜之后，凭借久远的族群记忆或族群的痕迹，向国家提出改变族属的申请，国家通过相关法令确定了畲族成分。《汝南堂蓝氏续修族谱》序言中很郑重地提到："赣南地区各县市人民政府根据国家民委八一民政字六百零一号文件精神，分别先后对我蓝氏批准恢复为畲族民族的成分。寻乌县人民政府于一九八五年六月十日下发了作五寻政发六十八号文《关于承认澄江乡，桂竹帽综合垦殖场蓝姓为畲族的通知》。"改变族属后对于畲族多多少少有一些好处，包括高考的20分照顾，扶贫的援助与政策倾斜。这无疑有利于强化畲族的认同，实现从部分精英到普通民众的一致认同。

# 族群孤岛与族群边界
## ——以广西临江古镇平话人为例

周大鸣　吕俊彪*

**摘　要**：文章通过对一个汉族平话人聚居地的田野调查，探讨了族群边界的维持问题。在客观文化特征逐渐失去标识自我的功能之后，临江古镇的平话人通过强化历史记忆、严格限制通婚范围并且创造性地以生计取向来识别自我与他者等手段来竭力维持其族群边界。文章的研究发现，临江古镇作为一个族群孤岛的形成与维系，与长期以来当地人对于其族群边界的竭力维持有着密切联系，而强烈的族群认同和文化优越感，是支撑他们的精神力量。文章认为，只有把族群建构及其边界维持作为一个动态的历史过程进行考察，才能把握族群认同的实在意义。

**关键词**：族群孤岛；族群边界；族群关系；平话人

费孝通先生在《中华民族的多元一体格局》中，回溯了中华民族多元一体格局的形成与发展历程。在费先生看来，中华民族的主流是由许许多多分散孤立存在的民族单位，经过接触、混杂、联结和融合同时也有分裂和消亡，形成一个你来我去、我来你去，我中有你、你中有我，而又各具个性的多元统一体。通过对中华民族形成和发展的历时性考察，费孝通认为，距今三千年前在黄河中游的由若干民族集团汇集和逐步融合的华夏民族集团构成了早期中华民族的核心，它像滚雪球一般的越滚越大，把周围的异族吸收进入了这个核心。而在拥有黄河和长江中下游的东亚平原之后，形成了被其他民族称为汉族的民族。汉族继续不断吸收其他民族的成分而日益壮大而且掺入其他民族的聚居区，构成起着凝聚和联系作用的网络，从而奠定了以这个疆域内许多民族联合成的不可分割的统一体的基础，成为一个自在的民族实体，并经过民族自觉而称为中华民族。[1]费孝通认为，汉族的形成是中华民族形成中的一个重要阶段，在多元一体的格局中产生了一个凝聚的核心。汉族形成之后开始向四周围的各族辐射，把他们吸收成汉族的一部分。与此同时，汉族也同样充实了其他民族。这样，在中华民族的统一体之中就存在着多层次的多元格局，从而形成了各个层次的多元关系，存在着分分合合的动态和分而未裂、融而未合的多种情状。在民族杂居地区，深入到各少数民族地区的大小汉族聚居区依然发挥着它的凝聚力，从而巩固了各民族的团结。[2]

费孝通先生对于中华民族多元一体格局的相关论述，主要是在宏观层面上展开的。他以"滚雪球"来形容中华民族的核心集团即汉族的发展历程，无疑是贴切的。然而，在汉民族这只巨大的雪球由中原腹地向周边少数民族地区滚动的过程中，它并不是无坚不摧的。那些在经久的文化交流与碰撞之中散落在各少数民族聚居地区的汉族人，他们如何维系自身文化传统的传承和发展，他们与其他

---

*　周大鸣：广西民族大学兼职教授，中山大学历史人类学中心教授；
　吕俊彪：广西民族大学副教授。
[1]　费孝通：《中华民族的多元一体格局》，载费孝通等著：《中华民族宏云一体格局》，北京：中央民族学院出版社，1989年版，第1~2页。
[2]　费孝通：《中华民族的多元一体格局》，载费孝通等著：《中华民族宏云一体格局》，北京：中央民族学院出版社，1989年版，第13~33页。

族群保持着怎样的互动关系？这些汉族人的"族群孤岛"，在发挥它的所谓凝聚力之前，如何维持它的族群边界？其动因和基础又是什么？这是本文所关注的问题。

## 一、族群孤岛及其文化特征

族群孤岛，指的是那些在地理空间上与其族群文化母体相对隔离，而在文化特征上又与其周边族群处于某种疏远状态的人群聚落。由于地理空间相对孤立，居住人口相对较少，与外界交流不多，经济生活、风俗习惯、宗教信仰等与周边族群有所不同，当地人的社会生活往往呈现出某种程度上的孤立状态，故而称之为族群孤岛。不过，本文所指的族群孤岛，更主要的是一个地理空间的概念，而不是完全意义上的与世隔绝的社会文化单元，它们与其文化母体以及周边人群仍然有所接触，它们的孤立，往往只是体现在外在形式上的与其他人群的疏远和隔离。就此而言，这个概念与 20 世纪 60 年代以前一些人类学者所设想的那种社会与文化孤岛是有所不同的。①

作为一种社会事象，族群孤岛现象散存于世界各地一些独特的民族群体之中，吉卜赛人、犹太人等，都是一些较为著名的例子。那些传统文化的守望者，虽则身居"异国他乡"，但依然保持着较强的族群认同感和传统的生活习惯，在族群孤岛上顽强地维持他们的文化身份。

在我国，虽然也存在着某些少数民族的族群孤岛，但总体而言，汉族人的族群孤岛现象相对较多。在汉民族漫长的发展历程当中，由于戍边驻防、屯田、谋生、逃难等方面的原因，一些汉族人陆续迁徙到边疆以及少数民族地区。他们当中有的人逐渐融入当地人的社会生活当中并成为少数民族的成员，而有的群体则尽可能地保持其惯常的生活方式，从而导致了某种形式的族群孤岛的存续。我国华南地区的客家人，贵州安顺境内的屯堡人，广西的"高山汉"、平话人、仔人等，不少人都生活在各种形式的族群孤岛之中。②

对于那些生活在族群孤岛中的汉族人而言，由于其祖先大多来自经济相对发达的中原地区，接受（正式）教育的机会也相对较多，因而在农业耕作、民间工艺以及经商理财等方面往往具有某些技术上的优势。在语言、住宅、服饰、习俗、宗教信仰方面，族群孤岛中的汉族人也大体上能够保持其原徙地的传统风格。更为重要的是，在 1949 年以前，由于有着强大的官僚体系的支撑，汉族人在政治、经济以及文化方面都处于相对强势的地位，因而在与其他少数民族的交往当中，往往有着较为强烈的文化优越感。这种优越感一方面加强了族群的向心力和凝聚力，另一方面也加深了他们与周边族群的隔阂，从而进一步强化了族群孤岛的孤立状态。与此同时，由于地理位置上的原因，族群孤岛上的人群在一定程度上也疏远甚至脱离了其与母体之间的经济和文化往来，因而容易产生某种文化上的变异，并由此造就了族群孤岛更加孤立的态势。

## 二、作为族群孤岛的临江古镇

在广西南宁市的郊区，零星地分布着一些由汉族平话人聚居的村庄和小城镇，临江古镇即是其中之一。地处邕江上游左、右江交汇处附近的临江古镇，陆路距离南宁市区约四十公里，水路五十公里左右。由于三面环江，临江古镇的水路交通较为便利。从古镇沿左江水道，上可达扶绥、崇左、龙州，下经三江口（左江、右江、邕江交汇处）转入右江河道可到隆安、田东、田阳、百色等地。而

---

① 20 世纪 60 年代以前，族群常被人类学者设想为在相对隔绝状态之下发展起来的文化和社会单元。这种设想实际上暗示了族群之间的人种差异、文化差异、社会分离和语言障碍以及自发而有组织的敌对等分离状态，族群也因此被作为与世隔绝的社会孤岛来加以描述。参见 Barth, Fredrik. Introduction, In Ethnic Groups and Boundaries: The Social Organization of Culture Different. Boston: Little, Brown and Company, 1969, pp. 9 ~ 38. ［挪威］弗里德里克·巴斯著：《族群与边界》，高崇译，载《广西民族学院学报（哲学社会科学版）》，1999 年第 1 期。

② 袁少芬：《汉族的"孤岛文化现象"》，载《寻根》，1996 年第 6 期；吴申玲：《特殊的文化孤岛——贵州屯堡文化的生成、特点及原因》，载《贵州文史丛刊》，1999 年第 1 期；黄家信：《"族群岛"的形成及特征》，载《广西民族研究》，2000 年第 2 期；夏德峰：《客家：民俗中的"宗亲孤岛"现象》，载《嘉应学院学报（哲学社会科学）》，2004 年第 1 期。

沿邕江顺流而下，则可至珠江流域中下游地区的南宁、梧州、广州等大中城市。

据《南宁市军事志》记载，现今临江古镇的所在地在唐代时即为一个军事据点，宋代以后才逐渐有平民定居。① 根据当地人的口述、族谱记述以及相关史料的记载，临江古镇最初的兴起与宋仁宗皇祐年间的侬智高反宋事件有着直接或者间接的联系，而古镇附近建于宋神宗熙宁八年（1075年）的烽火台，则为这一说法提供了考古学意义上的证据。当地一些村民说，最先来到临江村的是刘、罗、陆、李等四姓人的祖先。初来时，但见此地山清水秀，白花盛开，故为其取名"白花村"。在如今临江古镇的四大姓氏杜、梁、杨、黄等姓的村民当中，大部分人认为他们是狄青平南军的后代。当地人说，他们的祖先跟随狄青平定侬智高之后便一直驻扎在当时被称为"白花村"的临江，先是在此处驻兵屯守，而后就地解甲归田、生儿育女，成为临江古镇永久的守望者。在白花村，这些来自中原的军人见此处清溪环绕，扬波逐流，景色宜人，于是将其名改为"扬溪村"，后来又更名为"临江村"。

明嘉靖年间，临江镇已初具规模。据郭世重于嘉靖十七年（1538年）纂修的《南宁府志》记载，"杨美渡"（临江渡）已成为当时南宁有名的渡口之一。② 至嘉靖四十三年（1564年），临江逐渐成墟。③ 由于水路交通便利，至明末清初，临江墟已成为左、右江下游地区土特产品的主要集散地之一，是远近闻名的繁华商埠。民国初年，临江墟的商业十分繁荣，有"临江小南宁"之称。据《南宁市郊区志》记载，当时到临江赶墟的人口约有五千人左右。④ 当地人认为这一数据虽有高估之嫌，但应该不会有太大出入。而作为弹丸之地的临江古镇有如此商、客流量，也足见昔日的繁华与兴盛。1922年以后，临江古镇开始衰落，只保留有规模较小的早市墟市，临江古镇也随即成为"亦镇亦村"的临江村（自然村）。只是由于习惯上的原因，临江村仍被称为"临江古镇"、"临江墟"或者"临江镇"。

临江古镇的居民以操平话的汉族人为主。平话人是汉族的一个支系，因讲平话而得名。⑤ 秦汉以后，北方汉族人陆续迁入岭南地区，这些南迁的汉族人与广西、湖南以及云南等地的少数民族经过长期的交往，至唐宋时期逐渐发展成为广西一支重要的汉族民系——平话人。⑥ 根据临江村村民委员会提供的资料，临江村现辖有34个村民小组，1 234户人家，共5 274人。⑦ 村中目前共有34个姓氏，其中以杜、梁、杨、黄等姓氏人口最多，约占全村人口的80%，杜姓现有1 643人，梁姓1 222人，杨姓664人，黄姓554人。⑧

临江镇居民的先祖，据认为主要来自山东白马县和广东南海等地。"祖籍"山东白马县的部分居民，自认为是狄青平南军的后代，其先祖于北宋皇祐年间随狄青南下征讨侬智高，而后留守此地。"祖籍"广东南海等地的居民，据说是明清时期入桂经商的广东商人的后裔。根据当地民间人士的统计，在20世纪80年代以前，临江镇共有34个姓氏，其中又以杜、梁、杨、黄四姓为多。2005年，在临江镇1 107户人家当中，共有29个姓氏。其中杜、梁、杨、黄四大姓氏的家户数分别为323户、255户、160户和128户，四大姓氏的家户总数占全临江镇家户数的78.23%。⑨

---

① 南宁地方志编纂委员会：《南宁军事志》，南宁：广西人民出版社，1992年版，第230页。
② （明）郭世重纂修：《南宁府志》卷三，嘉靖十七年（1538年）刊本。
③ （明）方瑜纂辑：《南宁府志》卷二，嘉靖四十三年（1564年）刊本。
④ 南宁市郊区地方志编纂委员会：《南宁市郊区志》，北京：方志出版社，2004年版，第46页。
⑤ 平话的"平"字，目前还没有一致而又满意的解释，有人说是因为这种话的音调平缓，故称平话，也有人说这是平民百姓的话。平话在广西各地的名称并不完全一致，除称"平话"之外，也有一些地方称为"百姓话"、"土拐话"、"客话"。南宁市周边一些地区，往往以地名来命名，如"宾阳话"、"津头话"、"横塘话"、"亭子话"、"沙井话"、"杨美话"等，右江流域和富宁一带则因说这种话的人多从事甘蔗种植业而称之"蔗园话"。各地自称虽然不同，但他们一般都不排斥"平话"这个统称。参见张均如、梁敏：《广西平话》，载《广西民族研究》，1996年第2期。
⑥ 张均如、梁敏：《广西平话》，载《广西民族研究》，1996年第2期；袁少芬：《平话人是汉族的一个支系——论平话人的形成发展与平话文化》，载《广西大学学报（哲学社会科学版）》，1998年第6期。
⑦ 中共广西南宁市江南区江西镇扬美村党总支部：《扬美村基本情况汇报》，2005年3月30日。
⑧ 杨翰燚：《扬美古镇历史》（未刊稿），2002年5月。
⑨ 根据广西南宁市江南区江西镇扬美村村民委员会提供的《扬美村村民户口簿》（2006年）统计。

20世纪20年代以前,"亦农亦商"是大部分临江人家的生计模式。当时临江的商业比较发达,虽然也有部分居民家庭都从事农业生产,但从总体上看,商业在临江产业结构中的比重,要远远高于农业。据当地一名99岁的村民回忆,当时临江街上有近八成的人做生意,单纯从事农业生产的人家不足三成,很多居民都是墟日做小贩,平时做农民。1922年农历四月初九日,临江古镇遭到了打着"自治军"名号的来自周边村寨七十二条村的壮族人的洗劫,自此衰落。此后大部分临江商人外出谋生,而仍然留在临江的居民,虽然也有不少人继续"赶街"(贩卖)一类的营生,但多数人以务农为生。

在临江古镇的周边,散布着智信、那廊、下楞、马伦、同江等众多壮族人聚居的村寨。这些村寨与临江古镇相距不远,远的不过十二三公里,近的只有五六公里。大多数的壮族人家世代务农,经济上普遍不及临江人富裕。当地人介绍说,在临江古镇周边的壮族村寨当中,除智信村之外,其他村寨的壮族人与临江人的关系历来都不是很好,他们之间只是偶尔有一些经济上的往来,其他形式的交往一直以来都比较少。1949年中华人民共和国成立以后,临江人与壮族人之间的关系有所改善,但由于族群文化上的差异,彼此之间的认同程度仍然较低,相互间的交往也不多,临江古镇作为一个族群孤岛的现况并没有因此而发生太大的改变。相对而言,临江人同其周边更远一些的宋村、马村等少量几个汉族人聚居的村寨关系稍好一些,但由于临江人是"城里的人",生活条件相对较好,而这些村寨里的人是"村佬",因此彼此之间也有一些隔阂。

### 三、临江人的族群边界及其维持

#### (一)临江人的族群边界

如果以地理空间上的分布来标识临江人与邻村壮族人之间的边界,似乎是一件比较容易的事。在地方史料记载以及当地人的口述中,少有临江人与其周边村寨壮族人因地界问题而引起的纷争,由此我们或许可以想见这两个族群对于地理界线的划分应不存在较大分歧。而以地界而论,临江人的"地盘",大致处于一个由因左江河道拐弯而围成的半岛之上,东北面大致以老牛岭为界,西南面以左江为界,此外金马码头对岸的壳天岛上还有部分当年临江人从下楞村的村民手中买过来的田地。①从智信、那廊两村都有通往临江的小路,其间的路程不过十华里左右,而下楞村与临江古镇也仅有一水之隔,水、陆交通较为方便。

然而,临江人与其周边村寨壮族人的族群边界并非如其所在地理空间的分布那样易于辨认。

由于自认为祖上来自皇权势力较为强大的中原地区以及经济相对发达的广东,明清以后临江古镇的商业又比较兴盛,加之镇上名人辈出,因而临江人常以"名门之后"自居。②1922年的"四月初九"事件之后,尽管临江古镇的商业经济逐渐衰落,但一直到20世纪50年代,相对于周边村寨的壮族人而言,临江人无论是在经济上还是在政治上都占据着较为明显的优势地位。在当地人看来,不管是"做钱"(经商)还是读书做官,临江人都比壮族人"有办法"。一些临江人对于他们与壮族人的区别往往如数家珍。他们觉得壮族人不善于"用脑筋做食(谋生)",人又不讲道理,与他们有着极大的差别。一位杜姓临江人说,无论衣、食、住,他们都比邻村人好,"自古到今都是如此"。临江人多地少,论(自然)条件,绝对要比邻村人差,但临江镇上的人却比邻村人过得好。临江人认为这当中最关键的,就是他们"有文化"、"讲道理"、"识(会)动脑筋"。

然而,除了"钱多、食得好、住得舒服、有文化"之外,临江人似乎也拿不出更多的"证据"来说明他们的特殊之处。事实上,就一些"看得见的"文化特征而论,临江人很难说清他们与壮族

---

① 壳天岛实为半岛,"壳天岛"的名字为20世纪90年代以后新起。
② 根据有关人士的考证,明清时期,扬美古镇共有46人取得了"货真价实"的功名,其中举人11名、贡生31名、廪生4名。民国期间,扬美人梁植堂曾为广西会党首领之一,其子梁烈亚先后担任孙中山的机要员和邕宁县知事,梁瑞甫曾任贵州黔军司令,梁槐三曾任白崇禧秘书,另有一些扬美人或在国、共两党的军队中担任师长、团长、营长等职,或在广西、四川、贵州等地担任地方行政长官。参见罗世敏主编:《扬美古镇》,南宁:广西人民出版社,2003年版,第78~83页。

人的区别。因为,当地壮族人也一直在强调他们的祖先来自山东白马县,1978 年以后壮族人的经济生活水平不断提高,一些村寨(如智信村等)近年来的年均农民纯收入也已超过临江村,临江人的经济优势已今不如昔。此外,当地壮族人的衣着、住宅、饮食习惯以及宗教信仰等与临江人都有一定的相似之处,而在教育、从业方面,壮族人与临江人的差距也在不断拉近,临江人在经商、读书、做官上独特的"传统优势"也已不再明显。对于临江而言,语言、婚嫁习俗等是他们的较为"硬性"的传统文化特征。然而,随着国家权力的不断渗透、当地社会经济的发展以及对外交流的增多,这些文化特征也在不断发生改变。事实上,会讲汉语普通话的临江人越来越多,一些年轻人在结婚时对于某些"城市人的做法"也更为向往,其所导致的结果是临江人与壮族人都同时开始放弃他们的传统生活方式,一同投入到所谓的"现代生活"之中,从而使族群边界更为模糊。从某种意义上讲,临江人与当地壮族人在一些客观文化特征上的相似性和趋同性,导致其族群边界不断被侵蚀并逐渐趋于模糊,从而使临江人的族群认同面临某种表述上的危机。

(二)族群边界的维持

对于那些社会生活相对闭塞的族群来说,语言、各种形式的表现文化、宗教信仰与实践、民族英雄、服饰、节日、宗族与姓氏、饮食传统等,常被认为是维持族群边界的基础。[①] 然而在一些社会交往较多的族群当中,由于族群文化的涵化、借用、融合等现象的出现,一些客观文化特征对于族群边界的维持,其作用往往有所削弱。

在临江古镇,20 世纪 50 年代以后,随着国家社会主义制度的确立,当地人传统的经济生活、社会组织、生活方式、宗教信仰等受到了较大冲击,尤其是经过持续十年的"文化大革命"之后,临江人的种种"特点"(客观文化特征)与周边地区壮族人的日渐趋同,以客观文化特征来维持族群边界的努力,其效果已大不如前。然而临江人始终坚信他们是一个与当地壮族人"有很大差别"的群体。在关于"临江人"的自我表述当中,临江人并不过多强调他们在一些客观文化特征上的特别之处。事实上,更多的临江人喜欢说他们的祖先做生意如何了得、一些人家如何有钱以及当地出了多少名人之类的旧事。虽然临江人也会说他们的祖先从山东或者广东过来,但他们更乐意提起的是临江古镇昔日的繁华。

为了克服由于一些客观文化特征的逐渐趋同而导致族群边界所出现的某种模糊性,临江人极尽各种努力,以使其族群边界继续保持清晰:通过收集和整理当地的民间史料、民间传说等来强化其作为"名门之后"的历史记忆,并以此突出他们的"文明"和"有文化";通过严格限制当地人的通婚对象来维系当地人门第的"尊贵";在传统的政治、经济与文化方面的优势地位逐渐削弱的情况下,临江人更是以生计取向来区别自我与他者。

从某种意义上讲,临江古镇的辉煌历史、曾经繁荣的经济以及"贵人"辈出的种种荣耀,是临江人想象自我的一种方式和工具。在一些临江人看来,壮族人虽然可以声称他们的祖籍也在山东白马,在语言、生活习惯、宗教信仰等方面也可以"学"(模仿)临江人,但临江古镇的"经历"(历史)、临江人作为"名门之后"的尊贵、临江人经商的"本事"(能力),那是壮族人无论如何都"学"不来的。"识字"、"有文化"是临江人标识自我的一项重要依据。历代以来,临江人崇文尚武,很多人家以书香门第自许,读书做官是一些临江人的人生目标。为了体现临江人"有文化",当地人比较注意收集、记录一些民间事项。一位杨姓老者说,1949 年以前,临江古镇上各种碑记"到处都有",从修桥补路到街道建设、从墟市禁约、乡规民约到官判文书,临江人都喜欢刻碑铭记。而像"四月初九"这样的重大历史事件,在临江古镇的民间,更是有着多种版本的记载。1999 年,当地旅游部门在临江古镇进行旅游开发以后,临江镇上一些民间文人的创作活动异常活跃,各种古迹的楹联、碑记被重新创作、装整,类似于《临江古镇历史》、《临江古镇风景点神话拾萃》、《临江古镇景点诗词》这样的民间文学作品更是层出不穷。一些临江人说,由于经济条件较好,当地人历来重

---

① 周大鸣主编:《中国的族群与族群关系》,南宁:广西民族出版社,2002 年版,前言,第 16~20 页。

视读书，知书识礼，也出过不少的文人，因而他们比邻村壮族人更加"文明"。

为了强调作为"名门之后"的尊贵，临江人对于当地人的通婚范围有着较为严格的限制。临江人的通婚范围主要集中在本镇，而极少与周边村寨的壮族人通婚，这种情状虽然在20世纪80年代以后有所改变，但临江人一般是不会轻易与壮族人尤其是其邻村的壮族人通婚的。一些当地的壮族人说，他们很少与临江人交亲（结亲），这主要是因为过去临江人自恃有钱、有势、有文化，看不起他们，而他们也认为临江人不够朋友、不好结交。在临江古镇，与邻村壮族通婚被认为是一件很不体面的事，因为临江人觉得壮族人与他们不是同一层次的人。事实上，在如今仍然健在的临江人当中，几乎没有与邻村壮族人通婚的人家。

生计取向是临江人"最实在的"族群标识。临江人有经商的传统，当地人对于经商做生意的热情，即使在对私营经济采取高压政策的人民公社时期也没有太多的减退。在临江人的想象当中，做生意是最实在的生计选择，而"耕农"（务农）是一种"贱格"（下贱）的谋生方式，在他们看来，一个有本事的临江人是不会去耕农的，只有像邻村那些"不识（会）动脑筋"的人才甘于以务农为生。因此，虽然1922年"四月初九"事件之后大部分的临江人不得不从事他们历来所鄙视的农业生产，但在其生计取向上，经商仍是首要选择，只要有机会，多数临江人都随时会抛弃耕农这样一种在他们看来十分贱格的谋生方式。一些临江人说，在人民公社时期，为了赶街做生意，他们常常在晚上贩东西到南宁市区去卖，第二天早上卖完东西之后再没精打采地赶回来参加集体劳动。临江人认为，生计选择上的不同，是他们与壮族人之间最为实在的差别。

## 四、结果与讨论

临江古镇作为一个族群孤岛的存在，既有历史的原因，也有现实的基础。这座族群孤岛的形成与维系，与长期以来临江人对于其文化传统的倾力保守以及对于族群边界的竭力维持，无疑有着密切的联系。而支撑临江人成为这座族群孤岛的守望者的精神力量，则是当地人强烈的族群认同和文化优越感。

族群以及族群认同是在与他者的交往中逐渐建构起来的。要认识到这一点似乎并不难。然而问题的关键似乎就在于，族群依靠什么来维持其作为一个社会文化群体的存在？埃里克森（Thomas Hylland Eriksen）曾经指出，族群是经由与其他族群的关系而确定的，并通过它的边界而明显化。而族群边界本身是一种社会的产物，其所强调的侧重点有所不同并随着时间的变迁而变化。① 由于社会体系并不具有天生必然的稳定性，文化现象与社会结构现象的边界也并不总是相互吻合的，因此，把文化视为一个自成一体的单元的概念的传统用法，往往只能使此一社会事实的意义变得更加含混不清。② 巴斯（Fredrik Barth）认为，一个族群虽然有一定的地理边界，但我们更应当注重的是它的社会边界。因为，族群不仅或无须建立在排外边界的（物理）空间之上，而且它还涉及"经常出现的、复杂的行为组织和社会关系"。③ 巴斯在此留给我们的一个悬念或许就是，那些生活在异文化的汪洋大海之中的人群，如何维持他们的族群边界？

在客观文化特征逐渐失去标识自我的功能之后，临江人通过强化历史记忆、严格限制通婚范围并且创造性地以生计取向来识别自我与他者等手段来竭力维持其族群边界。临江人的这些社会实践，或许为此一问题的解释提供了一个现实的个案材料。

然而问题的讨论似乎并不能就此止步。因为临江人维持其族群边界的社会实践，实际上引领我们回归到族群认同的基础和动因这样一个源问题的讨论上来。

---

① Eriksen, Thomas Hylland. Ethnicity and Nationalism: Anthropological Perspectives, London: Pluto Press, 1993, P. 38. 马戎编著：《民族社会学——社会学的族群关系研究》，北京：北京大学出版社，2004年版，第71页。

② E. R. Leach Polictial Systems of Highland Burma: A Study of Kachin Social Structure. University of London: The Athlone Press, 1954, pp. 282~285.

③ Barth, Fredrik. Introduction, In Ethnic Groups and Boundaries: The Social Organization of Culture Different. Boston: Little, Brown and Company, 1969, pp. 9~38. ［挪威］弗里德里克·巴斯著：《族群与边界》，高崇译，载《广西民族学院学报（哲学社会科学版）》，1999年第1期。

20世纪50年代以来,在有关族群认同问题的讨论上,先后出现过强调客观文化特征的"文化说"、以社会边界来确定族群社会空间的族群边界理论、强调原生情感及其生物学基础的"根基论"(Primordialists,又译原生论)、认为族群认同由具体的政治、经济场景决定的"情境论"(Circumstantialists)或"工具论"(Instrumentalists)以及强调现代国家制度和意识形态对于现代民族的形塑作用的"现代民族—国家及其意识形态构建说"等。由于"文化说"、族群边界理论和"现代民族—国家及其意识形态构建说"更主要地是从客位的角度讨论族群的建构问题,因而在一定程度上抽离了族群由此形成的具体时空和人群,而较少涉及族群的认同以及自我维系问题。事实上,族群认同的诸多讨论,主要是围绕根基论和情境论的相关观点来展开的。笔者以为,纯粹的根基论或者情景论都不能完全解释族群的认同及其自我维系问题,因为族群认同既不是一种没有根基的资源博弈工具,也不是只有单一向度的自我建构或者权力建构的结果,而是一种有着多重向度和丰富内涵的自我标识与自我建构方式。因此,只有把族群的建构及其边界的维持作为一个动态的历史过程进行考察,才能把握族群认同的实在意义。

事实上,在本文的个案中,上述任何一个单一的族群理论都难以解释临江人维持其族群边界所做出的各种努力。祖籍地的认同以及关于临江古镇的历史记忆,或许可以认为是临江人某种根基性情结的体现,但这种认同或者记忆并不是纯粹的观念产物,而是蕴涵着许多资源博弈的动机;对于通婚范围的限制,虽然表面上看起来是临江人出于社会生活中"门当户对"的考虑,但同时也是当地人力图保持其"高贵血统"的需要;而把生计取向作为区分自我与他者的标识,事实上也并不是一种完全意义上的经济划分或者职业划分,因为这种标识实际上夹杂着临江人的历史记忆和自我想象,同时还折射了临江人对国家权力之于其传统经济生活所带来的冲击的某种特殊情感。

**参考文献**

[1] 费孝通,等. 中华民族宏云一体格局. 北京:中央民族学院出版社,1989.
[2] Barth, Fredrik. Introduction, In Ethnic Groups and Boundaries: The Social Organization of Culture Different. Boston: Little, Brown and Company, 1969.
[3] [挪威] 弗里德里克·巴斯. 族群与边界. 高崇译. 广西民族学院学报(哲学社会科学版),1999年第1期.
[4] 袁少芬. 汉族的"孤岛文化现象". 寻根,1996年第6期.
[5] 吴申玲. 特殊的文化孤岛——贵州屯堡文化的生成、特点及原因. 贵州文史丛刊,1999年第1期.
[6] 黄家信. "族群岛"的形成及特征. 广西民族研究,2000年第2期.
[7] 夏德峰. 客家:民俗中的"宗亲孤岛"现象. 嘉应学院学报(哲学社会科学),2004年第1期.
[8] 南宁地方志编纂委员会. 南宁军事志. 南宁:广西人民出版社,1992.
[9] (明) 郭世重纂修. 南宁府志卷三,嘉靖十七年(1538年)刊本.
[10] (明) 方瑜纂辑. 南宁府志卷二,嘉靖四十三年(1564年)刊本.
[11] 南宁市郊区地方志编纂委员会. 南宁市郊区志. 北京:方志出版社,2004.
[12] 张均如,梁敏. 广西平话. 广西民族研究,1996年第2期.
[13] 中共广西南宁市江南区江西镇临江村党总支部. 临江村基本情况汇报,2005年3月30日.
[14] 杨翰燃. 临江古镇历史(未刊稿),2002年5月.
[15] 广西南宁市江南区江西镇临江村村民委员会. 临江村村民户口簿,2006.
[16] 罗世敏主编. 临江古镇. 南宁:广西人民出版社,2003.
[17] 周大鸣主编. 中国的族群与族群关系. 南宁:广西民族出版社,2002.
[18] Eriksen, Thomas Hylland. Ethnicity and Nationalism: Anthropological Perspectives, London: Pluto Press, 1993.
[19] 马戎编著. 民族社会学——社会学的族群关系研究. 北京:北京大学出版社,2004.
[20] 纳日碧力戈. 现代背景下的族群建构. 昆明:云南教育出版社,2000.
[21] 潘蛟. "族群"及其相关概念在西方的流变. 广西民族学院学报(哲学社会科学版),2003年第5期.
[22] E. R. Leach, Political Systems of Highland Burma: A Study of Kachin Social Structure. University of London: The Athlone Press, 1954.

# 河湟地区族群语言形态与族群性研究

马建春[*]

**摘 要**：本文从文化人类学的视角，解读了河湟地区诸族群的语言形态及其相互影响，以说明语言在族群形成、族际交流及文化承载中的重要作用。

**关键词**：河湟地区；族群结构；语言形态；相互影响

河湟地区，即一般所指黄河上游河曲之地及湟水流域。其范围涵盖了今青海省的海东、西宁和黄南及甘肃省的临夏、甘南等地。自古以来，河湟地区为多族群迁移、繁衍、聚居、角逐之地。这里是西戎、羌、氐、匈奴、鲜卑、吐谷浑、吐蕃、回鹘、党项等古代族群的重要活动地，也是当代蒙古族、藏族、回族等重要的集聚地和甘青特有族群东乡族、保安族、撒拉族、土族的主要集聚地。在长期的历史演进中，许多族群在河湟地区你来我往，风云消长，留下了厚实的足迹。加之这里具有极为丰富的古今族群交汇融贯的文化遗产。因此，从文化人类学的视角对这一区域内多族群、多语言和谐并存的现象加以探讨，无疑具有一定的学术意义和现实意义。

语言是一种文化现象，是人类最重要的交际工具，具有明显的社会性。语言与思维密切不可分，人们之间的信息传递又离不开语言，故语言又是支配人的行为的一种工具。文化人类学之所以要通过分析语言的各个方面去探讨文化的起源、发展和变迁，就在于语言较之经济生活、政治制度、社会组织等发展尤为缓慢，其中包含着丰富的历史文化积淀，故人类学家以为"语言是理解文化的重要向导"。文化人类学利用这个向导，从语言学的角度，分析语音、语法、词汇的发展、变化，来窥探文化与语言的关系，以及语言的变化所反映出来的文化演化规律。[①]语言既是一座桥，同时又是一堵墙。在同一族群中，共同的语言成为人们交流的桥梁，促进了本族群共同文化的形成、传承和巩固；而在不同的族群间，相异的语言又成为人们交流的一堵墙，阻碍着各族群文化的交流。因此，一旦族群间的文化交流成为不可避免和十分必需时，首先受其影响的就必定是语言。在河湟地区，多语言形态的存在是其区域文化的特点之一。这些操各自语言的诸多族群，处于一个共同的文化区域中，他们有些使用同一语言，但却有着不同的文化背景；有些虽语言相异，但彼此间有相同的文化联系；而且尽管多种语言的存在有碍于各族群间的交流，但对汉语河湟方言的认同与使用，使他们之间在经济、文化方面始终存在着密切的联系。

著名民族语言学家马学良先生讲，各民族语言"有点像考古学上所说的文化堆积层，是由不同时期一层一层地堆积起来的"。它"又像历史博物馆，里面陈列了各个历史阶段留下来的文物。因而，从现存语言的特征上有可能看到民族的过去，可以追溯历史上不同民族之间联系"。特别是"对于研究缺乏史料记载"、没有自己文字的族群，其语言的"可靠性不亚于文物、化石等物质证据"。[②]我们从河湟地区东乡、保安、撒拉、土、回等族群语言中即可找到这一论断的证明。

---

[*] 马建春：暨南大学中国文化史籍研究所副教授。
[①] 梁钊韬：《文化人类学》，广州：中山大学出版社，1991年版，第44页。
[②] 见容观琼：《人类学方法论》，南宁：广西民族出版社，1999年版，第158页。

## 一、汉藏语系诸族群语族的关系

河湟地区使用汉藏语系诸语族的族群主要有汉、回、藏等,其中藏语属汉藏语系藏缅语族藏语支。藏语通常分卫藏、康、安多三种方言,河湟地区的藏族则主要操藏语安多方言和属卫藏方言中的卓尼方言,同时各藏区还存在不少土语,如在湟水流域藏族方言中就有农区话和牧区话之分。安多方言一般没有用来区别词义的声调,但有着繁多的复辅音,其语汇体系存在着相当数量的河湟区域性语词,它只为本区域内的藏族所理解和使用,而且安多方言的语法结构与其他藏族方言相比也有区别。由此语言特点中,我们不难看出羌、吐蕃、党项等古代族群对其的深远影响,也即河湟藏族在其族群形成、发展中所具有的多元因素。

河湟地区的回族基本操汉语方言,但其语言却与当地汉族语言有一定区别。首先,在词汇方面,河湟回族话中有大量的阿拉伯语、波斯语、突厥语等语言词汇和回族化的汉语词汇。如阿拉伯语中的"伊玛尼"(信仰)等;波斯语中的"华哲"(智者、学者)等;突厥语中的"干兰"(笔)等等,均是河湟回族语言中常用的词汇。河湟回族语言中还有来自蒙古语、藏语的借词。如蒙古语中的"吉麻眼"(糟糕)、藏语中的"艾来白来"(摇摆不定)等。汉语词汇的回族化,也是河湟回族语言的特色之一。这些词汇大多不能按照汉语词汇原有的意义去理解。如"没水",指大净失效或该做大净而尚未做;"有水",指大净随身或已做过大净;"孽障着",即可怜得很;"无常了",指去世了,等等。这些词汇的构成方式、意义,大都具有鲜明的回族特色,有某种特定的含义。

其次,在语法方面,回族由于借用外来词和使用独创的词汇,在词法与句法上都有一些与普通汉语不同的地方。如"抓水",以汉语的词法搭配来看,是明显的语意搭配不当,很难理解,但却是回族穆斯林的通用词汇,专用于指称替亡人做大净;"色俩目在你上",是"向你致以色俩目(问候)"的意思,这种句式也为现代汉语所无。受阿拉伯语的影响,回族话中也有一些具有阿拉伯语语法特点的句式,这一特点在回族经堂语中表现得最为突出。

再次,在语音方面,由于河湟回族在使用阿拉伯语、波斯语等外来词时,一般都尽量地保存了这些词汇的发音方式,所以,在河湟回族话中有比较明显的阿拉伯语、波斯语语音。如"别麻尔"、"尼尔埋提"中的"尔",并不读汉语的 er 音,而发阿拉伯语的舌颤音(r)。可以说,保留阿拉伯语、波斯语的语音,是河湟回族话的普遍特征。河湟回族语言在同一方言区内与汉族语言的差别已经为语言学者的方言调查所证实。如临夏市的回汉居民,在外界看来,他们都操地道的临夏话,但临夏话内部回族与汉族的语言仍然有不小的差异。新近编纂的《临夏市志》(甘肃人民出版社,1995 年版)和《临夏回族自治州志》(甘肃人民出版社,1993 年版)中的"方言志",就此差异有较为详细的描述。众所周知,声调在汉语中有区别语音、语意的作用。河湟方言中回、汉话的差异,主要表现在声调运用的不同。河湟方言内部回、汉话的这种差异是比较典型的,这种差异往往是当地人判断民族成分的一种根据,听者可以从对方的口音中分辨出他是回族还是汉族。[①] 回、汉两族汉语言使用中的些微区别,表明了二者之间文化上的差异。

## 二、阿尔泰语系蒙古、突厥族群语族的关系

语言是文化传递的主要机制,是人们相互联系、相互交往的重要纽带。作为一种文化特征,也是族群认同的要素之一。"从一个族群语词的语源和演变、造词心理、亲属称谓、姓氏等等,都可以追溯其文化渊源,语言可称做是维系族群认同的明显成分。"[②] 河湟地区诸族群,除回族使用汉语外,其他族群均有自己的语言,而且这些语言相互间均有一定的亲缘关系。这种语言亲缘关系,促成了河湟族群间的亲密交往。可以说,语言亲缘关系成为这里不同族群相互认同的标识。尽管一些族群间因信仰差异,分属不同的文化圈,但由于语言相近,使得他们容易交流,沟通方便,进而相互认同。如

---

① 杨占武:《回族语言文化》,银川:宁夏人民出版社,1996 年版,第 7~8 页。
② 周大鸣主编:《中国的族群与族群关系》,南宁:广西民族出版社,2002 年版,前言,第 10 页。

东乡语、保安语、土族语均属阿尔泰语系蒙古语族，它们与蒙古语均有着一定的亲缘关系，即其是在原来元朝统一的蒙古语瓦解后逐渐分化为东乡语、土语、保安语的。由于是从同一母语分化出来的，故它们之间应属"亲属语言"。所谓亲属语言，即将语言之间的关系比做和家族关系相似的谱系关系的一种模式。根据语言的亲属关系对语言所作的分类叫语言的谱系分类。亲属语言既然是由原始母语分化发展而来，它们的语音、词汇、语法的同源成分必定具有一系列的对应特点。在东乡语词汇中与同语族诸语言相近或相同的词汇约占整个词汇的 50% 左右。而从保安语的词汇来看，其词汇的 50% 左右是早期蒙古语词汇，另有不少藏语词汇。此外，保安语词首的 h 和 f，既与元代蒙古语词首的 h 对应，又与土语、东乡语词首的 x 和 f 对应。而保安语的固有词多保留词末短元音，这与蒙古书面语、土族语、东乡语一致。① 笔者 1988 年在积石山县保安三庄的大墩调研时，据村民讲，有一中央民族学院蒙古族研究生前来保安考察，因语言相近，很快就与村民自如交流，并获取了保安人的认同。

撒拉族由于长期与周围其他族群密切交往，不仅吸收了大量的汉语借词，也吸收了一定数量的安多藏语借词，这些词语大部分属日常生活用语。此外，撒拉语也多受藏语语法的影响。由于没有本民族文字，汉文成为其书面交际的工具，故很多人兼通汉语，不少人还会讲流利的藏语，这就加强了撒拉族与藏族、汉族的互动关系。

土族语是在吐谷浑语基础上，吸收和糅合了蒙古语、汉语、藏语等语言成分，经长期发展演变而形成的。从蒙古语族各语言间的互相接近程度看，土族语同东乡语、保安语比较接近。根据《土族语词典》，现代土族语中的 6 000 多个词里，土、蒙同源的共有 2 654 条，源于汉语的 820 条，藏语借词 253 条。又据清格尔泰先生的研究，在对 5 000 多条土语词汇加以分析后发现，其中与蒙古语同源的词占 61.2%，汉语借词占 18.5%，藏语借词占 5.6%。而据李克郁先生对互助土族语言的考察，与蒙古语同源的词汇竟然占到 85%。② 在同仁土族语言中，藏语则占了 40% 之多。土族语言中的这种亲缘关系，使其与蒙古族、藏族、东乡族、保安族的互动更加便捷。

地处河南蒙古族自治县的蒙古族，其外围为众多的藏族部落，其内则有藏族土著阿柔部为邻，河南蒙古族与他们友好往来，交往工具就是藏语言文字。早在清乾隆年间，蒙古亲王旺舒克就从西藏请了 100 多位藏文学者，其中一部分留在王府任职，一部分则专门从事藏文教学，亲王还选拔一批蒙古青年跟随他们学习。后历代亲王、郡王均选送本族青少年入藏传佛教寺院为僧，而入寺学经必须学习藏语文。众僧侣藏语文的使用，必然对该地蒙古族产生较大影响，并推动藏语文在本族中的学习与使用。随着时间的推移，在特殊的历史环境下，河南蒙古族逐渐失去本族语言文字，而以藏语文为其交流的工具。同一语言的使用，加强了这一地区蒙古族与藏族间的文化认同，使其族际交往愈加密切。

## 三、河湟汉语方言与诸族群语言的关系

语言伴随着社会的统一而统一。在语言发展过程中，几种语言或方言逐渐接近、统一起来，叫语言的统一。共同语、民族交际语是语言整合的结果。共同语、民族交际语的形成，是由于社会经济、政治、文化生活的集中统一，且语言间结构内部又存在着相互接近、统一的因素，而逐渐接近集中起来的。河湟地区的共同语是这一地区诸族群共同使用的语言，它不是人为或者杂凑的语言，而是在河湟汉语方言的基础上形成的。

河湟地区各族群在其内部均使用自己的语言，但在与外部交往中，通用河湟汉语方言。可以说，在这一地区长期、频繁的族际交往中，汉语方言起了重要的纽带作用，故方言的维持是区域内族群认同的基础。据语言学研究，在所有汉语方言之间存在最大限度的一致性是在语法方面，即除了某些小差别，汉语方言间的语法实际上是一致的。但河湟汉语方言却不同，它具有明显的阿尔泰语系诸语族语言以及藏语语法形态变化的特征，是当地汉语方言受其他语言深刻影响的结果。河湟方言在语法方

---

① 马少青编著：《保安族文化形态与古籍文存》，兰州：甘肃人民出版社，2001 年版，第 32 页。
② 李克郁：《土族（蒙古尔）源流考》，西宁：青海人民出版社，1993 年版，第 74 页。

面与汉语普通话（包括西北地区其他方言）有较大的差异，它突出的显示了其独特性，而这一独特性恰好是在河湟各族群语言交融的基础上产生的。因为有了这一语言基础，河湟不同族群的交往就便捷多了。在河湟汉语方言中，就有大量来自当地各族群的借词，这些借词基本来自藏语、土语、蒙古语等。如河湟汉语方言中的"团八"（意为糊涂人）、"曲拉"（奶渣）、"卡玛"（分寸）、"郭巴"（办法）、"囊玛"（内部）、"加拉"（荣誉）等，都来自藏语借词。又如"一瓜"，其意为"都"、"全部"，河湟汉语方言将"大家都去"，说成为"一瓜去"；"胡都"，意为"很"、"非常"，河湟汉语方言将"很好"，说成为"胡都好"。而这两个词汇则来自土族语。① 总之，河湟汉语方言与当地各族群语言，无论语音、词汇、语法，都基本一致，是完全能够相互交流的。

此外，在河湟方言中还有一些非汉语特点的语法表现，这主要是受到生活在这一地区的阿尔泰语系诸族群的影响。在这些族群中，除撒拉语属于阿尔泰语系突厥语族外，东乡语、保安语和土族语都属于阿尔泰语系蒙古语族，也就是说，它们分别属于阿尔泰语系的两个不同的语族。因此，河湟方言中的非汉语语法现象应当是受阿尔泰语系语法共同规律影响所致。汉语与阿尔泰语系语言在语序上是大不相同的。汉语是分析性语言，词形变化极少，但词序和实词十分重要，是表达语法意义的重要手段。汉语的语序为 SVO 型，即主—谓—宾式结构，这个次序是不能随便颠倒的，如果把"我找他"说成"他找我"，意思就正好相反。而阿尔泰语的语序则是 SOV 型，即主—宾—谓结构。河湟方言中就常有这类语序，如"你我（发 e 音）气者啥？"其意为"你生我的气了？"此外，在河湟方言中，将"我念书"说成"我书念"；"你写信"说成"你信写"；"我吃饭"说成"我饭吃"；"我有一个弟弟"说成"我弟弟一个有"，等等。显然，河湟汉语方言中的 SOV 型结构语序，是受了属阿尔泰语系的撒拉语、东乡语、保安语、土族语的影响。

此外，汉语同阿尔泰语系诸语言在"格"这种语法手段的运用上也是大不相同的，汉语不存在"格"这一语法现象。但在阿尔泰语系中，"格"却是一种非常重要的语法手段。河湟汉语方言中常有"名词＋吓（发 ha 音）"和"名词＋啦"的结构，如"他父亲（吓）看去"，意为"他去看父亲"；"你钢笔（啦）写"，意为"你用钢笔写"，等等。而这即为阿尔泰语系中宾格意义的表现手法，也就是给名词加上一定形态变化（主要表现为词尾变化），以示这个名词在句子中处于被动形态。② 显然，河湟方言中这一语法表现手段是受了阿尔泰语系诸语族语法的影响而形成的。

## 四、河湟族际间语汇的相互借用

河湟地区各族群间由于地缘环境影响，经济文化交流频繁，其各自语言中也常有相互借用对方语言的特点。在河湟回族方言中就有许多来自其他族群的词汇，如他们多称钱为"过洛毛"，这一词汇来自藏语，其原意为银元。另有，河湟回族方言中的"客哇"（商人）、"尕力巴"（骟牛的一种）、"尕拉杆"（木杆）、"冈趟"（步行）、"阿喔"（哥哥）、"华宗"（同姓名者互称用语）、"木华"（女婿）、"朵罗"（头）、"素"（吃）、"通"（喝）、"玛"（给）、"过巴"（办法、注意）、"卡码"（合适）、"囊哇"（内部、团伙）等，都来自藏语借词。这类词汇在河湟回族语言中还有很多。

此外，清末由于族群冲突，被迫从同仁保安地区迁到尖扎县康杨回族乡沙力木、巷道、宗支拉三村的回族在通用汉语和藏语的同时，还在小范围内（主要在商业贸易和交友时）讲属于阿尔泰语系蒙古语族，与保安语、东乡语相近的土语。例如，其语言中的"克"（风）、"古拉"（大雨）、"恰恰"（阵雨）、"罕"（火）、"毛松"（冰）、"窝拉"（山）、"许"（水）、"加松"（树）、"其久"（花）、"奎堂"（冷）、"胡浪"（热）、"保德"（小麦）、"阿巴"（大麦）、"卜吉赫"（豌豆）、"罗娃"（油菜）、"土里麻"（萝卜）、"谢拉土里麻"（红萝卜）、"欧康"（一）、"郭尔"（二）、"古浪"（三）、"代让"（四）、"堂武"（五）、"吉里翁"（六）、"当浪"（七）、"艾芒"（八）、"牙子"（九）、"哈让"（十）、"艾各窝里"（百）、"钧"（千）、"恰窝其"（喝茶）、"布当窝其"（吃饭）、

---

① 谢 佐：《青海民族关系史》，西宁：青海人民出版社，2001 年版，第 51 页。
② 郗慧民：《西北花儿学》，兰州：兰州大学出版社，1989 年版，第 176～181 页。

"代买耶德"（吃馍馍）、"塔里康"（炒面）、"许里果"（开水）、"克德"（睡觉）、"约"（走）、"其各约"（快走）、"斯达"（跑）、"其赛尼务"（你好）、"哈纳吉哇"（你到哪里去了）、"其安德勒"（到这里来）、"色尼娃"（多谢）、"无瓜"（没有）等等，均为同仁一带使用的土语。

土族语是在古代吐谷浑语的基础上，吸收和融合了蒙古语、突厥语、汉语、藏语等语言成分，经过长期发展演变形成的。从其词汇的多元成分中，我们可以看出河湟各族群相互紧密的联系。如上所述，在现代土族语中的6 000多个词汇里，土、蒙同源的共有2 654条，不明词源的有2 217条，源于汉语的820条，藏语词汇则有253条，维吾尔语和满语词约有20多条。在土族语中，大量借词来自汉语和藏语。其中汉语借词多出现在生产生活用语上，更有一些汉语借词已成为土族语词的基本词汇；而藏语借词则因信仰关系多出现在宗教用语上。土族民族语学者席元麟先生讲："从土族语词与其他民族语词的对照来看，土族语词汇的组成不论从横的方面，还是从纵的方面都显得十分复杂，横的方面关系到阿尔泰语系各语言的词和汉藏语系汉、藏两种语言的词；纵的方面可上溯到公元五六世纪的民族语词。正是这许多不同来源的词共同组成了现代土族语词汇，它从一个方面说明了土族语词汇发展演变的复杂历史。"①

## 五、河湟族群语言的文化承载

语言作为一种符号，它与社会和文化有着密切的联系，语言的使用离不开作为社会和文化成员的人，以及使用语言的环境。就文化与语言的关系而言，二者既密切联系，又互相区别。语言也是一种文化，而且是最初始的文化，但只是文化的组成部分。语言中存储了前人的全部劳动和生活经验。语言单位，特别是语词，体现了人们对客观世界的认识和态度，记述了族群和社会的历史发展过程。一个种族，或一个群体，在习得一种族群语言的同时，也就是在习得这一族群的文化，习得这一族群的文化内容和文化传统。但是，语言，包括语言的方式，不能超越文化而独立存在，也不能脱离使用者本身而流传下来。正因文化和语言有这样一种特殊紧密的关系，所以人们通常把语言称做文化的载体，是反映族群文化的一面镜子。从此意义来看，河湟地区许多族群的构成与认定，就是以其共同使用有承载族群文化传统的语言为标志的，东乡、保安、撒拉等族群成分的认定即是如此。

语言与族群之间存在着一种本质的、必然的、密不可分的关系，它是判断族群特征的重要因素之一。一个族群可以有许多特征，如语言、文化、风俗习惯、族群意识和族群认同等，但这些族群的诸特征之间并不是一种线性的并列关系，而是存在着一定的层次，至少存在着族群区分性与非区分性、内在与外在这样两种对立的层次。就区分性特征与非区分性特征而言，无论在河湟地区，还是在其他地区，我们都可以发现，同一种族群特征，在甲族群跟乙族群之间具有区分划界的作用，但在甲族群跟丙族群之间则可能没有这种作用。例如，语言这一民族特征，可以把河湟地区的汉、藏、东乡、撒拉等族群区分开来，但却不能把这里的汉族跟回族区分开来。犹如宗教作为族群特征之一，可以把河湟地区的回族跟汉族、汉族跟藏族、东乡族跟土族区分开来，但却不能把回族跟东乡族、撒拉族、保安族，或藏族跟土族、蒙古族区分开来。以上现象表明，族群的语言特征并不是总能够在周边族群之间构成对立，并不是都具有区分划界的作用。但对于某些族群来说，如东乡、撒拉、保安、土族，语言特征就可能具有这种作用。因此可以说，凡在本族群内部具有共同性，在周边族群之间具有对立性或区分性的族群语言特征，属于该族群的区分性特征。河湟地区东乡族、保安族、土族、撒拉族的语言就明显具有这种特征，它是这些族群之所以能与其他族群相区分的重要标识之一。当然，河湟族群语言中也有属非区分性特征的，如这一地区汉、回两族间的语言，以及河南蒙古族自治县藏、蒙间的语言就属于此类。

从族群的内、外在特征来看，一般以为，语言、文化、风俗习惯等客观特征，是族群的外在特征；族群认同、族群意识等主观特征，是族群的内在特征。如果一个族群的外在特征如语言、文化、风俗习惯等都能跟周边族群相应的特征构成对立（即相异），也即这些外在特征都是该族群的区分性

---

① 席元麟：《试析土语词汇的组成》，载《青海民族学院学报》，1989年第1期。

特征时，那么，语言往往成为该族群外在特征中一个最主要、最明显的区分性特征。例如河湟地区汉、藏族群之间，在语言、文化、风俗习惯等诸多方面均有差异，其中差异最大、最主要的还是语言。此外，在族群发展的过程中，一些族群的语言特征已经失去或部分失去，这时族群认同和族群意识等内在的族群特征，往往成为族群成员凝聚团结的精神纽带，成为最主要的族群区分性特征。河湟地区家西番（使用汉语）对藏族的认同，卓尼勺哇人（使用藏语）对土族的认同即是如此。

语言也是一个历史范畴，语言有其自身的发展变化规律。语言的发展并不都能跟族群的发展同步进行，特别是族群共同语，未必都能跟族群或族群的文化特征同步形成。况且，即便能同步形成，语言也未必在族群的发展过程中始终保持其族群共同性或全民使用性。在河湟地区，聚居于东乡族自治县唐汪川的东乡族就不懂东乡语；而保安族聚居的大河家保安三庄之一的梅坡保安人，也不使用保安语。所以说，族群多数成员的母语使用问题，才是语言与族属间的核心为题。河湟各族群大多数成员的母语是本族语，而且本族语能够世代相传，经久不变，体现了语言跟族属间的一致性联系，语言学中把这一现象称为"一族一语现象"。如藏语、撒拉语，它们在本族群内部是其最主要的社会交际工具，又是最明显的族群认同标记。而在本族群外，由于语言符号的封闭性，藏语、撒拉语就像一排樊篱，阻隔了其与其他族群间的交往，这时本族语就成为区分族群内、外的一个标识。这种对内具有族群认同功能，对外具有族群划界作用的语言，是该族群主要的一个区分性特征。

此外，一些族群或者没有形成自己的共同语，或者虽然有自己的共同语，但部分成员已经失去自己的母语，转而使用其他族群的语言为自己的母语，他们的语言跟族属之间不可避免地存在着"一族多语"或"多族一语"的参差不齐的联系，这种联系体现了语言跟族属间的变异性或差异性。如聚居在河湟不同地区的回族，就分别使用有汉语、藏语（卡力岗、尖扎、甘都等地）、蒙古语（托茂人）等多种语言。土族也因所处地域影响，使用有土语、汉语（大通等地）、藏语（同仁、卓尼等地）等。河湟回族中的多语现象说明，他们是由早期不同的族群集团，经长期相互渗透和吸纳，乃形成一个异源同流、多元一体的新的族群集团，但因语言的稳固性特征，使其呈现出一族多语的现象。而土族多语言现象的出现，一方面表明了其族群构成的多元性，另一方面是因受到其居住环境的制约和影响。

一族多语的现象，尽管在保留本族语的区域内仍然具有族内凝聚，维系本区域内族群统一的功能，但它的族群分化功能也是显而易见的。也即多语现象（多为本族群成员转而使用外族的语言为自己的母语）往往会促使本族群成员向外族的同化或一体化。如现今河湟大通、民和土族母语的基本丢失，就是其汉化的结果。总之，在河湟地区，一族一语仍是各族群基本的、主要的语言特征，而一族多语是这一地区族群语言现象中次生的、变化的现象，它往往使语言跟族属间的关系显得错综复杂。

## 六、结　语

综观上述，族群语言所包含的文化范围大，涉及的领域广，储存的信息多。它是族群文化厚重积淀的突出表现，因为任何文化形式都是通过语言来表达，并世代传承的。故语言是族群传统的直接载体，是族群文化的重要组成部分。从河湟地区诸族群的语言形态及其相互影响，可以看出语言在族群形成、族际交流及文化承载中的重要作用。而任何一个族群语言的丢失，将会导致其传统文化的巨大损失，特别是对那些有语言而无文字的族群。走入田野，我们发现，河湟地区东乡、土、撒拉、保安等小族群语言的使用基本限定在本族群范围内，有些甚至只限于家庭成员内。随着大众教育的普及，城乡经济的一体化，以及在当今追求文化趋同和乡村都市化的时尚下，其族群语言的使用范围越来越窄，各族群成员中语言丢弃现象也越来越严重。故如何按自愿自择的原则，使河湟诸族群摆脱其语言丢失的危机，以应对汉语和英语大环境带来的挑战，是摆在河湟诸族群社会面前的一个重要课题。

# 田野中的族群与族群关系的演变
## ——江西"两江"畲族移民村落比较研究

胡明文*

**摘 要**：通过对江西三个"两江"畲族移民村落的比较研究表明，在经历了这一系列环境、社会经济、政治制度的急剧变迁后，族群与族群关系存在多样性，同质化和异质化是两个相反的社会趋势；少数族群在民间精英和政府力量的推动下，极大地拉近了各个族群之间的距离，有的甚至由相对弱势转为社会经济的强势族群，但同时各种差异直接碰撞，直接对抗，给新时期的族群关系演变也带来了不和谐因素，可能会导致新的矛盾和冲突，应该引起政府部门的重视。

**关键词**：浙江移民；畲族移民；族群；族群关系

## 一、研究缘起

族群研究是当前社会学、人类学与民族学关注的一个热门话题。人类学对族群的研究中"族群"是指一个较大的文化和社会体系中具有自身文化特质的一种群体。其中最显著的特质就是这一群体的宗教的、语言的特征，以及其成员或祖先所具有的体质的、民族的、地理的起源。

本研究所关注的是这样一个特殊族群，他们都有一个共同的名字——"两江移民"或"浙江移民"。38年前，因修建新安江、富春江水库28.43万人远离故土，从千里之外的浙江来到江西安营扎寨。他们没有带来多少财产，但把浙江人能吃苦、善思考、敢于创业的特质带到了江西。38年过去了，浙江移民生活却普遍超越了当地的老表，被官方称之为"浙江移民现象"。在这些移民中，又包含更为特殊的一个族群——畲族。这些工程移民是在政府行为的强烈干预下，实现其搬迁的，而对于被迁的移民来说，他们面对的是一次巨大的经济、社会、人生变迁和利益损失，旧的社会组织和社会关系网络被破坏，失去许多具有文化象征意义的标志物，如祖坟、神庙等等，原有的文化样式不同程度地被打破，他们成了弱势群体。他们是如何重建生产系统，固守和传承本族文化，又是如何有选择地重构本族文化，与当地人的互动中族群关系如何变迁等，这些问题引起了笔者的兴趣。本研究只定位于来自"两江"的畲族移民，在以后的研究中还将分析在江西的"浙江移民"这一族群的族群性。

畲族是我国具有悠久历史的杂居少数民族，由于它地处汉族地区，与汉族毗邻而居，彼此在政治、经济、文化上都有密切联系，畲族的生产生活水平与当地汉族日渐接近，只是在语言、生活习俗和宗教信仰上，还保留有本民族的特点。江西省一共有40多个畲族自治村和村民小组，12万多人口。江西的畲族主要分成三类：一类是在新中国成立后一直归属于汉族，1985年以后逐步落实民族政策被确认的畲族；一类是从浙江迁徙来的"两江"库区移民；还有一类是自古以来便繁衍生息于闽、浙、赣、粤等省交界地域，明清以来逐步定居、杂居于各省（市）山区及其边缘接合部的畲族。

以往的畲族族群研究更多的是把话题集中在这一族群的内在要素的分析上，或者是对族源的追溯，或者是考证族群的形成过程，或者是描述族群文化的构成要素，又多半是以史料、谱牒、方志等资料作佐证（施联朱，1987；雷阵鸣，2004；蒋炳钊，1987；雷弯山，1999；朱洪，1991；魏爱棠，

---

\* 胡明文：江西农业大学国土资源学院旅游系。

2000；蓝希瑜，2004；李筱文，2006；李筱文，2004），这些研究多是强调族群之间的差异，对其共性关注不够；多强调族群整体的同一性、延续性，对族群内部的差异性研究不够；并且对内陆腹地特别是江西省这样的内陆省份的少数族群研究得少。中山大学的周大鸣教授是较早关注江西畲族族群的学者，他在《从"汉化"到"畲化"谈族群的重构与认同：以赣南畲族为例》一文中，以江西赣南蓝、雷、钟三姓自1985年政府落实民族政策后，由自称汉族而恢复其畲族身份为例，对族群重构与认同过程作了细致描述，并对族群认同要素和族群认同理论提出了自己的看法。周教授的研究定位于已丧失畲族文化和语言的第一类畲族，而笔者的研究定位于第二类即由浙江迁徙来的工程移民，这在以往的族群研究中是很少的。

由于不同地区的族群关系各有特点，演变的进程中也存在着各不相同的主导因素，本研究所依据的是北京大学的马戎教授通过整合国内外族群关系分析理论，结合国内情况，提出的族群关系分析方法，注意从四个方面的视角：历史的观点、动态的观点、多元影响的观点和比较分析的观点，用访谈调查和问卷调查来了解当前生活在不同环境和发展条件中畲族移民的族群及族群关系的现状，是如何形成和演变的，不同情况、不同时期的畲族是如何看待身份、看待自己族群与他族群的差异，分析产生差异的原因，力图通过对三个调查点的比较研究，有助于我们从微观层面理解和分析不同地区的族群关系，从族群互动的角度，探讨在不同地域中族群与族群关系形成发展的共性与特性，并对其演变过程进行理论解释，以丰富我国现阶段的族群研究内容。

## 二、调查点简介

笔者之所以选择这三个村，是因为三个村的畲民都是来自浙江纯安县畲族村，他们有着共同的来源，迁徙路线：福建→浙江纯安→浙江建德→江西资溪和武宁，形成现在的三个畲族村落社区，互相之间都有亲戚在对方。武宁县地处赣北，距南昌170公里，资溪县地处赣东南，距南昌280公里。初到江西时，移民的条件都是非常差的，无论是居住条件，还是田地都比本地人差，38年过去了，三个村落在经历了一系列社会经济转型后，他们利用本地资源都走上了富裕之路，成为官方所谓的"浙江移民现象"。但无论是生活水平，村容村貌，还是民族文化的传承和族群认同三个村都有异同。

调查点1：资溪县新月畲族村，地处资溪县南部，距县城17公里，全村有117户，共468人，有4个村民小组，1995年前4个畲民小组分属两个村委会，1995年为了享受国家对少数民族更多的优惠扶持政策，把4个畲族村小组合在一起成立了自治村——新月畲族村。4个村小组互相相距2~4里山路。

调查点2：武宁县罗坪镇漾都村，位于县东南部，距县城20公里，2005年并村后全村有3 600多人，26个村民小组，其中浙江汉族移民小组9个，畲族移民小组3个，当地人村小组13个。3个畲族小组都在镇政府所在地，相隔不远，与浙江汉族移民和当地人混居。

调查点3：武宁县新宁镇团结村，位于县南部，距县城8公里，该村畲民和浙江移民到江西武宁后，由于修建柘林湖水库，又搬迁了一次，属二次库区移民。全村共有15个村小组，其中3个浙江汉族移民小组，2个畲族移民小组。畲族小组单独居住，与当地人和浙江汉族移民村相融有4~5里路。

表1 调查点村落的基本情况汇总

| 项目<br>村名 | 总人口<br>（人） | #畲族人口<br>（人） | 总户数<br>（户） | #畲族户数<br>（户） | 人均耕地<br>面积（亩） | 人均山林<br>面积（亩） | 农业总<br>收入（元） | 外出打工<br>人数（人）* |
|---|---|---|---|---|---|---|---|---|
| 新月畲族村 | 468 | 391 | 117 | 114 | 1.49 | 4.91 | 4 000 | 147 |
| 漾都村3个畲族小组 | 469 | 380 | 90 | 83 | 0.62 | 1.78 | 1 470 | 157 |
| 团结村2个畲族小组 | 296 | 210 | 82 | 56 | 1.02 | 3.3 | 2 000 | 18 |

*外出打工人数是指离开家外出半年以上的，不包括在县域内的打临工的人。

### 三、调查点族群与族群关系现状的比较

**1. 民族文化在固守与变迁中依然保存并有选择地发展**

固守自己的文化特质，也就是保持族群性的文化边界，族群的边界不仅包括看得见的符号和标志，如语言、住房、谋生方式和生活方式，还包括看不见的价值观念和意识形态，"一个感觉到共享同一种文化的群体来说，人们会把这种文化的一个或多个特质作为其成员资格的基本标识。"（凯思，1981）畲族在汉族的汪洋大海中，是呈大分散小聚居的，涵化程度相当深了，调查点的畲民之所以被他族称为畲族或自我认定是畲族的根本是姓氏和语言，其次才是风俗信仰。

（1）姓氏：姓氏在畲族文化结构中，是不可或缺的组成部分，既可作为畲族文化的象征，也是畲族的符号，天下兰、雷、钟是一家，这是由生物性决定的。新月村有3户汉族，卢姓汉族是其中一户雷姓畲族的干儿子，从浙江移民到新月村，其妻也是汉族，长期在畲族群中生活，他全家都会讲畲语，生活习俗都与当地畲民一样，但他本人以及当地畲民还是认为他是汉族。还有一户焦姓汉族，他是南下干部，娶了畲族女子，其女儿本来也姓焦，后改姓兰（随母姓）后，才把民族身份改为畲族，她就是现在新月村的村主任、世界妇女代表大会代表、省政协委员兰念英。可见姓氏是族群确定的一个边界。

（2）语言情况：语言是各族群传统文化的重要载体，语言的交流与融合是文化交流与融合的重要组成部分。表面上三个调查点的畲民和其他外族媳妇都能说畲语，老一辈畲民们固守祖训"族可改，腔不改"，也就是说可以改族随大族（汉族），但不能改腔，否则就是自己看不起自己，自己笑自己。在外地或在自己家遇到会讲畲语的，那就是跟自己家人一样很亲切，畲语是他们民族情感的一个重要载体，说明本族语言是这个族群的文化边界（底线）。

在漾都村，由于与浙江汉族移民和当地人住在一起，30岁以上的畲民们都能说四种以上的方言，除本民族语言外，还能讲浙江方言、本地方言、普通话，在家中和本族沟通时说本民族语言，与浙江移民沟通时说浙江方言，与本地人沟通说本地方言，与外地人沟通说普通话。30岁以下的人则就不会说浙江方言。居住在一起的当地人和浙江移民中有20%也能说畲语，50%的都能听懂，因为经常串门，听多了也会说几句了。村民们以能说一种别人听不懂的少数民族语言而感到自豪。笔者在漾都村还调查了五名9~12岁的小学生，他们在学校在家都说普通话，畲族话都能听懂但不愿说，常年在外打工的外地媳妇也不会说。

而在新月村和团结村，由于居住地中没有其他族群，畲族语只有本族人会说，附近的浙江汉族移民和当地人连听都不能听懂，更不会说了。团结村民族小学的雷校长说，1986年以前，当地人、浙江移民汉族、畲族小学生之间沟通很困难，都说自己的方言，才把她这个当时村中唯一的高中毕业生招到学校当老师，主要起沟通作用，这种情况到1998年以后就不存在了，因为学龄前儿童都要进幼儿园学习普通话，在学校都讲普通话，有些孩子回家也就不想说本族话了。

（3）宗教信仰：新月村畲族主要宗教信仰是道教，信奉的神灵有陈氏娘娘，本族祖先兰灵公，以及把他们带到资溪新月村来的雷法霖。新月村1990年集资建起了"回龙庙"，除传统的抽签算命外，最特殊的是该庙还能抽药签给来求医的人带回去照签抓药治病，笔者看到庙里有很多药签，管理人雷某还拿出搬迁时藏在泥土中带过来的桃林雕版药方，他说是祖宗兰灵公法师手中传下来的，畲民都信它，靠它治病，很管用，不能丢失，因畲族医药具有特殊传艺方式，独特的疾病观和治疗方法。现在这个庙已是远近闻名了，附近的汉族和远在浙江、福建的畲族都会来抽签。庙内供奉着临水陈氏夫人（陈靖姑）的牌位，陈氏娘娘生前做过许多济世救人的善事，死后成了"妇幼保护神"，此信仰主要分布在福建、浙江、台湾和东南亚国家，这也说明这支畲民祖先是来自福建，并受汉文化影响而信仰陈氏夫人。新月村畲族祖先兰灵公法师是得到陈氏夫人的真传，14岁成神，会很多神道，能给人看病，兰灵公死后，其后代把他作为神仙来祭祀，这一信仰一直传承下来。"文革"时，由于怕被说成是封建迷信，新月村的畲民半夜起来杀猪、做米果，每家做四个菜，祭祀是下半夜进行，天亮就散开。改革开放后才能公开举行祭祀活动。现在全村一年要举行三次庙祭，八月初一为祭陈氏娘娘圣

诞日，二月十九为祭兰灵公生日，八月十六祭雷法霖生日，雷法霖也是一位精通神道的民间法师，是他把他们带到这来的，为了纪念他，2000年把其生日八月十六定为庙祭。每逢这三个节日，庙门口就要摆四五十桌，连附近相信的汉族也会来祭，过去武宁县团结村的畲民每年二月十九祭兰灵公和八月初一祭陈氏夫人时都会派代表十多人过来参加，这是他们共同崇拜的神明，这两年由于老的人去世了，过来的人就很少了。

武宁团结村的畲民，刚迁移过来的那些年，每逢八月初一，也在晚上杀猪祭陈氏夫人和兰灵公，1999年到新月村把回龙庙的香火分了一部分过来，也建了一个简单的庙，大年三十晚畲民都会去祭拜。而处在同一县的漾都村很早以前就没有畲族这一传统宗教祭祀活动了。

（4）风俗习惯：风俗对人们的社会生活有着重要的影响，风俗具有民族性，它既是民族认同的纽带，又是民族区分的标志，移民面对新的生存环境不愿意张扬民族自我，怕加大被当地社会接纳的阻力，一方面要坚持本民族的文化本源，如信仰；一方面又要接受文化的变异，实现与当地社会的融通，因为传统风俗中有些容易招致误解、猜忌甚至敌意，如畲族的神明信仰。一般而言，物质风俗（衣、食、住、行等）融通的幅度较大，程度较高。调查点的畲民在建筑、服装、结婚仪式等都与当地人一样，只是在老人去世后的丧葬习俗传承下来了，每逢村中有人去世，全村的人都要去看，要唱悲歌，把死者一生的优点，吃过的苦都要唱给家族中的人听。笔者在团结村调查时正好目睹了这一场景，一个50岁人带着一个30多岁的男人在唱，年轻的男人可能是才学的，记不住，拿着本子看着唱。据说村中能唱这种歌的人只有上了50岁的十多个人会唱了。在畲汉混居的漾都村，生活习俗中畲族互动的例子就更多了，如吃狗肉，漾都村的畲民不仅吃狗肉，而且还不剥皮烤着吃，后来当地人也学着这样吃，说是味道更好；以前畲民每天只做一次饭，现在这一习惯也改了，以前初一、清明、冬至都要把做好的菜摆到祖先坟上去祭祖，现在很多畲民家特别是年轻人嫌麻烦，也学汉族在家门口摆摆，画个圈烧纸就算祭完了等，诸如此类互相影响的例子很多。

不过新月村的畲民至今不吃狗肉，坚守着传统的家祭和庙祭，并且还增加了新的神明崇拜，即前面提到的把他们带到此地来的雷法霖，这又成了此族群与其他畲族族群的界限。1995年并村成立畲族村后，为了彰显自己的民族性，特意到浙江丽水等畲族聚集区寻根，学习畲族文化，并加以重构，如1998年因山洪冲垮房屋后，政府扶持灾后重建的新房就带有民族性，白色的墙壁上画满了象征畲族文化的图腾和神话传说，如"三公主求雨"、"畲族四姓"、"劳动之源"等主题，让人一进村落就能感受到其鲜明的族群性；另外村里组织给大家都做了一身畲族服装，是从浙江景宁请的师傅做的，遇有上级领导和新闻记者来，或出席重要的活动，都会让畲民穿上本族服装；笔者在新月畲族人家调查期间，领略了畲族用传统的方法酿造的"女儿红"和"桂花酒"，酒力之大没有几个人不在那儿醉倒的；还听了畲族敬酒歌；看了兰灵公的重孙表演的武术和绝艺，村主任告诉我们这些都将开发成旅游资源。

从以上比较结果看，新月村民族文化的固守与传承要比其他两个村好，并且在有选择地发展族群文化，而与汉族混居且又在镇政府所在地的漾都村，畲汉互动的结果是其文化边界进一步模糊，除语言外其他与当地人无差异。

**2. 社会经济结构与组织制度的变迁提升了族群地位，族群关系更为复杂，潜藏着冲突和危机**

在新月畲族村，由于该村有较丰富的山林资源，经济结构以竹、木、笋、水稻为主，刚来时政府工作做得好，当地人很友善，给他们送米送菜吃，凭着勤劳，第二年他们就通过移河改道，增加三十亩良田，成了全省移民的先进典型，参观学习的人很多，从那以后一直受到政府的关爱。他们还教会当地人怎样施用化肥、种果树苗木，帮助他们增产增收，族群互动频繁，很长时间以来当地人都以为他们是汉族。为了更多的享受政府的民族政策，在地方政府的支持下，1995年把4个畲族村小组合并组建成民族自治村，在民族精英的带领下，找准苗木这一产业，并成立了"新月畲族村苗木发展有限公司"，以"公司+农户"形式，村民以苗木入股分红，对外承接绿化工程，这些制度变迁使畲民的年收入由1995年的800多元上升到目前的4 000多元，仅苗木就人均增收2 000元，户户住进了宽敞明亮具有畲族风情的两层小楼，成为有名的"富裕村"和"育苗专业村"，并多次被国家民委和江西省政府授予"民族团结进步先进集体"和"文明村"等荣誉称号。生活水平在当地是最好的，形成较明显的社会分层，产生社会经济优势势能，让当地人和浙江汉族移民羡慕不已，主动向其靠拢、学习。新月村在自己富起来的同时，也积极带动周围的当地人和浙江移民种苗木、传技术、代销，所有这一切似乎都向我们展示着一个族群和族群关系美好的未来。但通过笔者深入访谈，发现事实并非如此，无论从族群内部还是外部观察，处处潜伏着不和谐，甚至是冲突。主要表现：首先我们从族群内部看，传统社会中，宗族与宗族之间并不是像一塘死水，平和静止的，更多的是处于一种稳定与动荡临界状态。造成宗族之间这种微妙关系多由彼此之间社会、经济资源分配的情形所决定，特别是经济利益的得失与多少，成为双方关系的重要因素（周大鸣）。在新月民族村的村委会5个干部中，没有一个雷姓村民，这是很不正常的，权力明显偏向一方；在新建村小组的123人中，兰姓占50%，雷姓占40%，还有10%为钟姓，但在外打工的雷姓就有30多人，兰姓只有4人，原来兰姓宗族在村庄权力结构中占上风，苗木公司由其垄断，兰姓充分利用政府的扶持政策，在外承接绿化工程，村委会中雷姓无权为本宗族争利，只好外出打工，这是族群内部两股力量的较量，存在内部的不和谐。其次我们从族际间关系来看，对与新月村仅半里路之隔的际下村当地人的调查后发现，当地人的生活状况远远不如新月畲族村，连自来水都还没通，当年畲民从浙江移民来时，该村人送米送菜，帮他们盖房子，互帮互助，非常友善，有的甚至拜成了兄弟，在民族村未成立前他们都属一个村委会，经常在一起开会，民族关系可用亲如一家来形容。1995年成立民族村后，新月村的确发生了巨大变化，当地人说畲族村不是靠自己的双手，而是靠向国家要钱要贷款，送礼找关系，吹牛发展起来，心里很不服气。而新月村的畲民也没像官方报道中所说的那样，帮助当地人发展苗木生产。际下村村民说，我们村根本没有种苗木，只是给他们打短工，到他们的苗木基地打工，起运装车，赚点劳力钱。他们的苗木基地在水源上头，还时常与他们因放水灌溉闹纠纷。2008年因即将进行的林权制度改革，牵涉到当地人的长期利益，就引发了当地人集体到县政府上访，当地人说："移民来江西，占了我们的山林，那是支援国家建设，我们没意见，但我们也要享受国家对移民的优惠政策。"笔者认为这一问题如果不处理好，可能会成为激化现有的族群关系的导火索，引发族群矛盾冲突，可见，随着社会经济政治地位的提升，新月村的族群关系并没有在这种互动过程中像官方所说的那样趋向更和谐，而是趋于紧张，变得越来越纷繁复杂。现在或今后的族群关系会怎么发展演变，需要地方政府和新月村畲族精英们的共同努力来调适新的制度变革给族群关系带来的危机。

相比之下，武宁县的两个村的族群关系的走向是更加和谐。初移民来武宁时，他们吃大锅饭，住茅棚，生活条件非常艰苦，特别是团结村的这一支畲民，迁移到武宁后又因修建柘林湖水库，又再次迁移到现在的地方（过去是一片坟地），这种大变迁给老一辈畲民留下的历史记忆是不堪回首的痛处。1990年以前团结村的畲民与当地人很少来往，当地人很看不起他们，彼此间经常为争夺水源和上山采茶发生械斗，他们只与迁移来这里的浙江汉族移民有来往，在一个大村里形成三个界限分明的群体，各自讲各自的语言，维持自己的生活习惯。改革开放后，最先富裕起来的是浙江汉族移民，他们不仅勤劳而且脑子活，肯学习，敢创新，最先在赣北试种柑橘和梨成功，走上富裕之路。畲民最先从他们那儿学来技术，同样靠着勤劳使生活水平得到明显改善，很多人家超过了当地人，从房屋就可看出三个群体的富裕程度，浙江汉族移民最好，畲族其次，当地人要差些，经济状况的改变使群族关系也趋向缓和。如今外地人到村里，凭眼睛就能看出哪些是浙江移民哪些是本地人，白天移民家是没人的，都在地里干活，房前屋后没有闲着的地，看不见打牌聊天的人。在三个村落中团结村出外打工的人最少，2008年附近的县工业园建成后，才有几十人去打工，每天都回来住，而在这之前只有十多个人在外找工，主要原因是畲民有小富既安的思想，不愿外出。

漾都村所在地是个移民镇，各地的移民多，大家相处都很融洽，由于土地山林资源少，从20世纪80年代中后期开始，畲民就与汉族一样以外出打工为主要经济来源，从生活水平看都差不多，没有明显的社会分层和较大的利益冲突。只是武宁的这两个村都是畲汉合在一起，与汉族相比他们在人数上不占优势，所以历年村民委员会海选，尽管也努力了，但都没有被选上的，在村委会当权的大多数是当地人，国家给少数民族和浙江移民的一些资金扶持项目，村里总是截留，用到畲民头上的很少，这让这两个村的畲民感到有些不平衡和失落。

3. 通婚情况

不同族群间通婚（intermarriage）的比率能够深刻反映族群之间关系的深层次状况，是衡量任何一个社会中人们之间的社会距离、群体间接触的性质、群体认同的强度、群体相对规模、人口的异质性以及社会整合过程的一个敏感性指标。畲族原先禁止与汉族通婚，长期以来固守族内婚，兰、雷、钟三姓人互相通婚，进入20世纪90年代后，这种状态才有较大改变，下表就是调查点的通婚情况，从表中看在三个村的差异并不明显，都占1/3，但结构上有明显差异。

表2  调查点村落的通婚情况汇总

| 村落＼项目 | 族内婚对数（对） | 畲汉通婚对数（对） | 占畲族总户数的百分比 | 35岁以下的通婚数（对） | 占通婚总户数的百分比 |
|---|---|---|---|---|---|
| 新月畲族村 | 70 | 44 | 38.60% | 16 | 36.36% |
| 漾都村畲族村小组 | 53 | 30 | 36.14% | 15 | 50.00% |
| 团结村畲族村小组 | 36 | 20 | 35.71% | 17 | 85.00% |

在团结村80%以上的通婚是发生在20世纪90年代末期，经过两次移民后，社会经济地位更加低下，当地人中流传着这样的说法："有女莫嫁浙江人。"因为浙江人太勤劳了，怕女儿将来吃苦。"有女更不能嫁畲族人"，因为他们是山上的野人，没文化又野蛮。的确团结村老一辈畲族人几乎都没文化，由于历史原因和生活环境不同，畲族人体格强壮，遇到纠纷械斗，当地人不是他们的对手，所以三个族群（当地人、浙江汉族移民、畲族）之间讳莫如深，一直不来往，当地人对畲族存在明显的歧视和偏见，团结村的媳妇大都是本村和漾都村的女子，本村的姑娘也不外嫁汉族，按老人们的说法是"肥水不流外人田"。导致近亲结婚的增多，都是姑表、姨表兄妹，村里痴呆弱智人就有十多个。进入20世纪90年代这种情况已经改变，由于经济地位和社会地位（民族政策）的提升，社会交往增多，增进了互相间的了解，畲汉之间的相互距离拉近，受当地人重视教育的影响，也重视子女教育，20世纪80年代村中只有一个高中生（现任村民族小学的雷校长），20世纪90年代有十多个，2000年后还出了7个大学生。随着受教育程度提高，畲民也意识到血缘太近对后代有影响，长辈们对畲汉通婚的态度发生根本转变，已经没有观念障碍。雷校长告诉我们，她本人（1969年生）作为当时村里唯一的高中生进入小学教书，她的丈夫就是高中的汉族同学，现在在镇里开车，她说村里目前有20户畲汉通婚的，其中包括1户找的是云南的哈尼族，基本上都是1998年以后结婚的。年轻人通过学校学习或到外打工等途径扩大社会交往，以恋爱对象首选汉族。为了与周围汉族通婚他们有意识地调整自己的文化习俗，如外来媳妇不要求她们说本族语言，祭祀仪式可以不参加，有的年轻人甚至用汉族的仪式来祭祖等，以至在不知不觉中发生了巨大的变迁，加深了民族间的融合，不过值得欣慰的是外族媳妇嫁过来后也主动适应畲族文化，大多数都能说畲语。

在新月村，不同年龄段与汉族通婚的差异不明显，如新建村小组32户畲民中有16户是畲汉通婚，其中60岁以上的有4对，50～60岁的1对，40～50岁的7对，30～40岁的有4对，30岁以下的没有，只有60岁以上的是在浙江结婚的，其余都是找的本地人或浙江汉族移民，说明畲汉通婚早就有了，迁移到资溪后，族群关系也很好，没有歧视和偏见，民族间通婚没有障碍，这与前面的分析相符。近年来由于新月村政治经济地位的显著提升，已出现明显社会分层，这是否是阻碍当地人和浙江移民与畲民的相互交往，造成30岁以下畲汉通婚少的原因呢？笔者认为这是一个方面原因，现在的畲族青年见识多了，周围汉族条件差的不愿找，本族的条件虽好，但为了下一代他们还是宁愿找汉族，高不成低不就，造成很多大龄青年，仅新建村小组就有4个30来岁还没找对象的。

4. 族群认同与族群凝聚力

族群认同是"以族群或种族为基础，用以区别我群与他群，是同他族他群交往过程中对内的异中求同及对外的同中求异的过程"，族群认同实质上即为族群边界，它表现为对内维持族群凝聚力的自我认同及对外区分我群与他群的相互认同两个方面。

族群认同是受历史发展过程影响的,是个不断构建的、动态的过程。畲族历经千年民族大迁徙却能在极为艰难险恶的条件下生生不息,表现出极强的民族内聚力和顽强的生命力。三个调查点的畲民都有双层认同,即畲族认同和浙江移民认同,畲族语言是他们的自我认同,"宁改族,不改腔"是他们与别的族群相区别的共同标志,所不同的是族群认同的发展演变过程三个村存在差别。

团结村和漾都村畲民在初来时两种认同感都强,族群凝聚力强,用他们自己的话说是:"刚来时,什么也没有,分的田是最差的,住在茅棚里。但当地人不敢惹我们,我们很蛮的,也很齐心,有什么事全村的青壮年都会去。"移民族群生存在较低社会和经济层面,缺少金钱,受教育程度又低,必然会受到当地人的歧视,是歧视维持了他们的民族认同。他们能讲流利的浙江纯安和建德方言,与浙江汉族移民交往没有障碍,所以后来从经济上的往来,扩大到社会交往和通婚,形成共同的浙江移民认同。进入20世纪90年代后,浙江移民认同淡化,而民族认同增强,主要是国家的民族政策实施,畲民强化民族认同是为了获得升学方面的照顾,所以族群的凝聚力反而随着外出打工和各族群间的交往增多而降低,特别是外出打工,降低了畲民对当地资源的依赖和族群内部人际关系网络的依赖,不再愿意拘泥于族群内部的小圈子之中,选择的范围扩大,族群认同感和凝聚力必然相应减弱。年轻人对说畲族话更多的是为了感到自己能说一种别人听不懂的话而自豪,可以在非本族人面前大声说而不用担心,并不是像老人们所说的是牢记祖训"宁改族,勿改腔",畲民们也没有要求外来媳妇和儿女一定要会说本族话,而是采取很宽容的态度。这也说明该地畲民的族群认同更多的是出于利益考虑而作出的理性选择。

新月村族群认同的演变却是由淡化到强化的过程,是在与他群互动过程中我群意识的觉醒。初到时当地的人就很友好,因当地山林土地多,不存在争夺资源,各族群间互帮互学,除语言外,没有明显区别,因信仰仪式都是在夜里偷偷举行,他们也没有刻意暴露自己的民族身份,以至当地人很长时期不知道他们是畲民,反正浙江方言当地人也听不懂。其民族认同强化的转折点是1995年成立民族村后,族群意识被唤醒,"一个群体的'族群意识'一旦产生,即会在与他族的交往过程中不断明确和强化本族群的边界,并且努力推动以本族群为单位的集体政治、经济、文化甚至军事行为"(Glazer and Moynihan,1975)。为了彰显自己的民族身份,精英们带队去浙江、福建的畲族聚集区寻根,移植并构建起自己的文化传统,重修历史记忆,组建苗木发展有限公司和民间文化组织,如民兵武术表演队、青年山歌队等,族群基本活动的组织化程度提高,族群的凝聚力也得到增强,新月村的成功导致其地位提高,并成为当地的主导层。当然新时期也面临着内部分化,畲族兰雷两大姓氏在族群内部的争斗,会极大地削弱族群凝聚力,但对外他们的利益还是一致的。在新月村民族认同感的强弱上个体间差异很大,精英们的认同感强,说起族群间的差异来可谓是头头是道,如畲族族源,图腾崇拜都能说个一二,笔者感觉都是从书本上学习的,言语间流露着无比的自豪:"我们畲族怎样怎样……"而普通百姓讲不出这些,给我们介绍时总是强调跟汉族没有什么差别,都一样。由于资溪县政府已把新月村规划为畲族民俗风情旅游区,可以预测,族群意识借助于民族身份的再认同会被进一步强化,甚至比以往更强烈,并在与民族旅游发展的互动中不断传承、延续。

5. 进入社会酬赏制度的能力差异明显

戈登(Gordon)于1975年提出了研究族群关系的因变量是4个子变量的组合,这4个子变量是:同化的类型、同化的程度、族群冲突的程度和各族群获得社会酬赏的程度。社会酬赏是一个衡量族群间社会平等程度的指标,表现了各个族群在政治、经济、社会等各个领域内争取自身利益的机会是否平等。

3个畲族村进入社会酬赏制度的能力存在明显差异,我们利用互联网,在GOOLE搜索引擎上输入资溪县新月村,结果显示的信息是310 000条,而武宁县团结村36 400条,武宁县漾都村是27 000条,相差10倍。新月畲族村两次被评为"全国民族团结进步模范村"、年年是省、地、县"十佳村"、"文明村"和先进党支部、富甲一方的"苗木村",2008年又被评为"江西省十大文明村"、"社会主义新农村建设示范村"。该村先后出过第六、七届全国人大代表钟金根,党的第十五大代表兰金荣（现任村书记），第三次世界妇女大会代表兰念瑛（现任村长），兰念瑛荣获全国"三八"绿色奖章，省、市、县劳动模范，"三八红旗手"，"双学双比女状元"及全省"科技致富先进个人"等十多项光荣称号。国家级媒介都宣传报道过该村的事迹，如"兰念瑛：畲村致富领路人"《人民日报》（2006-01-09 第4版）；2006年1月，中央电视台新闻联播节目播出兰念瑛带领畲族村民培育花卉苗木致富的新闻，在全国引起很大反响……如今的新月村即是地方政府的标杆、金字招牌，又是省移民办和省民族宗教局的先进典型、掌上明珠。这些宣传报道极大地提升了新月村的社会知名度和地位，参观学习考察的人是络绎不绝，扶持项目一个又一个，难怪当地人说他们是靠国家的钱富起来的。相比之下的团结村和漾都村就没那么优越，他们在基层组织中没有实权，政治参与度不高，社会经济地位与当地人一样，团结村前两年才出了个省政协委员，就是雷校长，她说自从她当了省政协委员，情况就大不一样了，2008年民族小学建设完工，2009年村里又被列入了新农村建设示范村，这些都是她去争取的，她本人对自己的社会地位和团结村的未来充满信心，让我们过两年再去，肯定会大变样。这些变化也让处于镇政府所在地的漾都村羡慕不已，他们缺少这些精英，也就无法争取到政府的这些项目。

## 四、产生这些差异的原因

族群关系演变是在多重因素交互作用下的一个动态的过程，尽管笔者选择的是三个来源相同的浙江库区畲族移民村，但经过近四十年的变迁，其族群与族群关系都有较大差异，新月村的族群性通过不断建构强化，变得更加突出，已形成独特的区域文化圈，被地方政府开辟为民族文化旅游区；而漾都村的族群性却进一步模糊；团结村处于两者之间。笔者认为产生这种差异的原因除居住地人文生态环境的不同外，主要有三个原因。

**1. 以民族精英为代表的民间力量在变迁中发挥着重要作用**

民族精英之所以重要，是因为他们通常情况下都具有双重身份，他们是这个民族的成员，共享着该民族的文化传统，同时他们又是政府工作人员，会代表该民族与国家进行讨价还价，以便使该民族得到更多的利益，有时甚至将自己个人的政治和经济利益也加在其中作为谈判砝码（Keyes，1981；Harrell，1996）。

首先，新月村在未搬迁之前，村中德高望重的民间宗教领袖雷法霖法师就三次到江西武宁、铜鼓、资溪考查，最后选择人文生态各方面条件都好的资溪县乌石镇新月村定居，把他的亲戚都带来了，所以从一开始在资源选择上和族群关系上占有优势。

其次，从当时来到新月村的人群结构看，都是当时村中的大族，有大队干部，民间宗教领袖、掌握较多畲族传统文化（如医药、武术、艺术等）的人及其后代，其中包括神明信仰体系中兰灵公的孙子，出于对祖先的感情，他们要求保存和发展自己的民族传统文化，这是一股自发的民间力量。所以我们才能在新月村看到畲民从老家偷偷带来并保存至今的文化象征物。不管社会制度如何变迁，始终固守着自己的文化特质，以便从原生和根基上把此族群与彼族群区别开来，这些文化特质也是民族内聚力的源泉。

最后，不管什么时候，新月村的畲民都有本族人在基层政权中任职，如雷下霖（已去世）当过村书记，乡政府书记，林场书记，林业局长，省委候补委员。现任村长兰念瑛，高中毕业，父亲是南下干部，以前随父姓焦，民族身份为汉，后改随母姓，民族身份改为畲族，自1995年担任民族村村长后，在她的带领下畲族村变成了今天这样的富裕村。在不同的历史时期，这些民族精英在政治上、社会上都达到了相当的高度，纳日碧力戈认为，"在国民国家的现代化动员当中，获利最大的总是那些族群精英，因为他们往往是双语人或者多语人，是各种文化之间的沟通者，尤其是官方和地方、异地和本地之间的中间人。他们所掌握的信息、知识、关系及其社会地位，使他们很容易代表本族群从政府获得各种物质和符号的资源"（纳日碧力戈，2000），不管他们出于什么考虑，他们都会利用族群性与政府讨价还价，争取各种优惠扶持政府，提高自身乃至整个族群的社会经济地位，新月村已成为具有特定经济（苗木）和政治利益的群体单元，滋生了民族优越感。

## 2. 地方政府的重视

在向现代化迈进的过程中，政府非常注重少数民族政策的制定和贯彻实施。各地方政府在促进民族文化进程方面作了巨大的努力。国家力量与民间力量在畲族的族群演变过程中是互为依托，相辅相成的：国家力量的作用是提供政策上和权力上的保证，民间力量又为国家权力的拓展延伸铺平道路，二者相互依靠，相得益彰。地方政府是国家力量在特定区域的总代表，国家为照顾少数民族而制定的特殊政策，对各地少数民族都是一样的，但各地方政府的重视和扶持力度却存在差异。资溪县政府对新月村可谓是宠爱有加，1995年让新月村有了自己的基层政权——民族村委会，为唱响这台戏，到处为其搭台，宣传，摇旗呐喊，新月村的村民说，江西少数民族少，物以稀为贵，我们很幸运，受到政府的格外重视。试想一下，我们把理想的族群关系表述为亲如兄弟，那作为一方父母官的政府，如果只宠爱其中一个，给予的荣誉和资金过多，形成很大的势差，那另一个肯定会有失落感，久而久之被宠爱的一个还会被惯坏，不利于维持民族地区的长久和谐。武宁县的两个畲族村村民就认为政府肯定也拨了很多钱给他们民族，是被当地人垄断的村委会占用了，要不他们也会像新月村那样富。

## 3. 民族政策

我国的民族政策的一个重要特点是在全体国民中正式明确个体的"民族身份"，并使之固定化，这种制度性安排的目的是为了实现"民族平等"。能实现各民族的和谐发展。马戎先生深有见地地指出。这种制度性安排无疑会唤醒甚至创造人们的"族群意识"，这种把各族群成员清晰地区别开来的做法，显然不利于族群之间的交往和融合。

## 五、对调查点的族群关系演变的理论解释

对新月畲族村族群与族群关系的这种演变，笔者比较赞同文化多元理论的解释。文化多元理论认为：一些少数族群在与主体族群的隔离中扮演着主动的角色，自觉或自愿与其他族群隔离，采取"有选择的同化"（selective assimilation）的策略。这种"选择性同化"不仅包括文化上的选择性同化，如只接受和学习对自己有用的部分、学习英语、接受主体族群的价值规范等，但同时保持本族群的传统文化，如在自己的族群社区中使用方言等；也包括结构上的选择性同化，形成族群自己独特的就业社区和独立的居住区；甚至包括婚姻上的选择性，长期保持族内婚的传统。

新月村在政治体制与经济的改革大潮中，为了避免主流社会的偏见和敌意，满足族群自身发展的需要，他们可以用4种以上的语言与不同族群的人，在不同的场合交流，学习对经济发展有用的部分，与当地人在教育、生计、居住场所、政治参与以及公共娱乐方面达到高度的结构同化，但族群内仍固守着本族的语言、神明崇拜、生活习惯和民间娱乐活动，并选择性地重构和发展了族群文化，如神明崇拜中增加了雷法霖，政治经济上取得了极高地位，形成了独特的文化区域，促使政府把此地建成民族风情旅游区，所不同的是新月村没有像多元理论认为的那样，"在初级领域中，同化程度极低，朋友的选择仍受种族和族群身份的制约，且表现相当低的婚姻同化"。而是在初级领域中与当地人交往也很密切，并在很长时间内保持较高的畲汉通婚率。为什么新月村畲族移民族群会采取这种多元主义或"选择性同化"的策略呢？因为族群领袖和族群精英都有强烈要保持族群的界限与独立性而不被同化的愿望，使他们可以利用这种文化和身份的独特性来争取自身和族群利益。族群关系发展的最终结果是能够长期保持它的特殊传统，并有选择地发展本族文化，尽管畲汉通婚更为普遍并成为年轻人的首选，但语言、信仰，仍能传承下去。

团结村和漾都村的族群关系演变则可用同化理论来解释，两村的畲民处于汉族文化强势包围中，为了避免歧视和偏见，在缺少强有力的民族精英分子，难以进入社会、政治、经济等各个领域内争取自身利益的情况下，他们只有不断地调整自己的行为和意识，力争和社会的主流文化保持一致，才能有可能获得利益最大化，涵化是不可逆转的趋势。相对而言，漾都村的涵化程度更深一些，除语言外，其他表层文化已经消失，团结村则还保留了一些，笔者预计再过十年或二十年，可能语言也会消失，江西其他地方的"汉化"畲民就是最好的证明，他们只保留了畲族的姓氏，其他文化表征如畲族的语言、宗教、地域、习俗，已与当地的汉族融为一体，全部丧失。

## 六、小 结

1. 在当代中国，对族群和族群关系的发展演变研究绝不能忽略政府为照顾少数民族而制定的特殊政策这一社会背景，族群间最重要的边界之一便是得到法律认可的"民族身份"。

2. 在现代社会，族群与族群关系存在多样性，这是族群关系动态变化的结果，而同质化（homogenization）和异质化（heterogenization）是两个相反的社会趋势。一方面，各民族的文化价值和生活方式日渐近似，但也突出和强化了大家的差异性。

3. 在新的社会转型期，少数族群在民间精英和政府力量的推动下，已从根本上冲破了传统的封闭性，极大地拉近了各个族群之间的距离，有的甚至由相对弱势转为社会经济的强势族群，但同时各种差异直接碰撞，直接对抗，给新时期的族群关系演变也带来了不和谐因素，可能会导致新的矛盾和冲突，应该引起政府部门的重视，才能实现各族群长久的和谐。

（注：在田野调查中，得到武宁县政府办，资溪县委办的大力支持，得到蒋艳、王小琴的大力协助，在此深表感谢！）

**参考文献**

[1] 中南民族大学民族学与社会学院编．从"汉化"到"畲化"谈族群的重构与认同：以赣南畲族为例．族群与族际交流．北京：民族出版社，2003．

[2] 周大鸣．论族群与族群关系．广西民族学院学报（哲学社会科学版），2001（2）．

[3] 周大鸣．现代都市人类学．广州：中山大学出版社，1996．

[4] 周大鸣．动荡中的客家族群与族群意识——粤东地区潮客村落的比较研究．广西民族学院学报（哲学社会科学版），2005（5）．

[5] 马戎．社会学的族群关系研究．中南民族大学学报（人文社会科学版），2004（3）．

[6] 马戎．民族与社会发展．北京：民族出版社，2001．

[7] 马戎．族群关系变迁影响因素分析．西北民族研究，2003（4）．

[8] 魏爱棠．在传统社会中影响畲族文化变迁的两种不同力量的作用．广西民族研究，2000（1）．

[9] 陈心林．族群理论与中国的族群研究．青海民族研究，2006（1）．

[10] 孙九霞．现代化背景下的民族认同与民族关系——以海南三亚凤凰镇回族为例．民族研究，2004（3）．

[11] 罗柳宁．族群研究综述．广西民族学院学报（哲社版），2004（4）．

[12] 梁茂春．什么因素影响族际通婚？——社会学研究视角述评．西北民族研究，2004（3）．

[13] [挪威] 弗里德里克·巴斯．族群与边界，高崇译，广西民族学院学报（哲社版），1999（1）．

[14] 明跃玲．族群认同与互动：兼论苗族瓦乡人的族群意识．湖北民族学院学报（哲学社会科学版），2006（3）．

[15] 周建新．族群认同、文化自觉与客家研究．广西民族学院学报（哲学社会科学版），2005（2）．

[16] 陈志明．族群名称与族群．西北民族研究，2002（1）．

[17] 黎昕．社会学视野下的工程移民问题研究．福建论坛（经济社会版），第228期．

[18] 杨慧．民族旅游与族群认同、传统文化复兴及重建——云南民族旅游开发中的"族群"及其应用泛化的检讨．思想战线，2003（1）．

[19] 张海超．微观层面上的族群认同及其现代发展．云南社会科学，2004（3）．

[20] 纳日碧力戈．现代背景下的族群建构．昆明：云南教育出版社，2001．

[21] 周泓．现代族群意识与后现代族群关怀．中国社会科学院研究生院学报，2004（3）．

[22] 吴雪梅．移民族群文化的固守与传承——以小茅坡营村保存苗语为例．中南民族大学学报（人文社会科学版），2005（2）．

[23] 王逍．文化透镜下的畲族历史．贵州民族研究，2006（3）．

[24] 朱洪．续谈客家与畲族的文化互动关系．广西民族研究，1995（3）．

[25] 谌华玉．畲族语言研究的现状及其发展趋势．汕头大学学报（人文社会科学版），2004（4）．

[26] 施联朱．解放以来畲族研究综述．畲族研究论文集，北京：民族出版社，1987．

[27] 蓝周根．畲族有自己的语言．中央民族学院学报，1980（1）．

[28] 朱洪，姜永新．广东畲族研究．广州：广东人民出版社，1991．

[29] 游文良．论畲语．畲族历史与文化．北京：中央民族大学出版社，1995．

☆**民族文化解读**

# 论多偶制和家庭文化特质的传递

## ——兼谈婚姻效用的协商分配理论

### 坚赞才旦　许韶明[*]

**摘　要**：多偶制的传递逻辑，家庭文化特质的传递方式，婚姻的形成、维持和分解与婚姻效用的关系，是探讨婚姻与家庭的三个连环扣，对于揭示人类创造、选择和保存家庭文化的目的，理解生育、养育和赡养等环节的资源配置具有不可忽视的意义。基于此，探讨的焦点问题是：探讨（1）时，在利己/利他的本能偏好、夫妻性选择的动因和婚姻家庭的三个层面做出预设，认为人类自我偏好的传递与基因的传递内在一致；在探讨（2）时，从结婚、生育和家产出发，将家庭文化特质传递方式区分为"垂直"、"水平"和"倾斜"三型；探讨（3）时，依靠经济学的博弈论作支撑，立足于婚姻效用的分配，提出"婚姻恐惧点"概念，联系婚姻的供需关系，主张在实践中引入一种非合作的纳什协商论。

**关键词**：多偶制；家庭；文化特质；传递方式；婚姻；协商

## 一、前　言

全世界的婚姻可分为单偶制和多偶制。前者指两个男女之间合乎法律（或风俗）的性与生育关系。后者指至少三个男女之间的这种关系，又分为一夫多妻制和一妻多夫制。尽管如此，在世界婚姻总量中，大量存在的是一夫一妻婚，占75.42%；一夫多妻婚占24.28%；这两种婚制主要出现于经济高度分层、妇女创造的经济价值较低，实行聘礼和嫁妆的社会。至于一妻多夫婚，只得到少数社会的认可，比例相当低，仅占0.3%，集中分布在三个地带：北极地区、青藏高原地区以及南印度和毗邻的斯里兰卡。[①]

当前我国多偶制的常态为兄弟共妻或姊妹共夫，二者存于特定的环境。西藏及其周边一些地方（包括川滇藏交界地区）即属这类环境。在劳力不足、资源匮乏的偏僻社区，可见三种婚姻形态共存的现象。[②]三种婚姻形态，一夫一妻制比例最高，兄弟共妻制次之，比例最低的是姊妹共夫制。根据笔者最近十年在卫藏、康藏近20个社区的田野调查，不计各地差异，三者的百分比例依次约为92%、7.5%、0.5%。非婚的情人关系和私生子也是有的。表明青藏高原人类性选择与婚姻家庭的特殊联系。

多偶制具有较长的历史，单纯以数量为尺度将多偶制视为非正常的婚姻家庭是不可取的。这里暂不提传统社会，单看西方社会，同居关系、连续处于离婚与结婚状态的男女日渐增多，某些替代性的

---

[*] 坚赞才旦，中山大学人类学系教授；
　　许韶明，中山大学人类学系。
[①] Gray, J. P. Ethnographic Atlas Codebook. World Culture, 1998 (1)：4～5.
[②] 四川省编辑组：《四川省阿坝州藏族社会调查历史调查》，成都：四川省社会科学院出版社，1985年版，第64～65页；严汝娴、宋兆麟：《永宁纳西族的母系制》，昆明：云南人民出版社，1983年版，第300～351页。

家庭结构其实是变相的多偶制，比例不高，绝对值可观，功能明显。①

婚姻家庭是人们从事物质资料生产和人类自身生产的基本单元，是人类适应环境的产物。藏族的婚姻家庭形态较多，以多偶制为入口，结合青藏高原的环境，整合生物人类学、动物行为学和家庭经济学的新发展，探讨婚姻家庭的理论与实际，不仅可彰显人对家庭文化的创造、选择和保存作用，而且为理解我们社会自身有关生育、抚养孩子和照顾老人等资源配置方面的问题提供参考。

本文集中讨论三个问题：（1）多偶制婚姻家庭的传递逻辑；（2）家庭文化特质的传递方式；（3）婚姻效用的协商与分配。在探讨（1）时，本文从利己/利他的本能偏好、夫妻性选择的动因和婚姻家庭的角度做出预设：人类自我偏好的传递与基因的传递内在一致。在探讨（2）时，本文从婚姻、生育和家产出发，将传递方式区分为"垂直型"、"水平型"和"倾斜型"三类。在探讨（3）时，基于夫妻追求最大边际效益的目的，本文汲取了经济学的博弈论，谈到对"婚姻恐惧点"的理解，概括了婚姻效用的几种分配模型，主张用一种非合作协商的方法论来维系家庭关系。

## 二、多偶制婚姻家庭的传递逻辑

一定时代的人们采取何种婚姻形态，是他们在客观条件的基础上，根据自我偏好选择的结果。这种自我偏好是先定的，在基因库里有其位，在"觅母"库里有其形。基因和觅母是两种不朽的遗传实体，分别代表生命或文化领域的自然选择最小单位的基础。人是生物属性和文化属性的统一，研究婚姻家庭不可忽视基因学说和觅母理论。关于多偶制家庭的传递逻辑，从基因学说和觅母理论中可管中窥豹，可见一斑。

1. 利己与利他的本能偏好

动物在生存竞争中会表现出典型的利己行为。例如，帝企鹅下海之前为了确定水中是否有海豹，往往相互推搡，让同伴做替死鬼；雄山魈拥有成群的雌性，却不允许其他雄性"染指"。然而，利己只是一个方面，动物同样有互助的本能。生物学家发现动物总是习惯性地采取一些减少自身生存可能性，同时能够增大近亲生存可能性的行为。例如，当天敌接近时，小鸟和小型哺乳动物会发出特有的叫声，警告同类，自己却陷入捕食者注意的危险境地；某些鸟类帮助抚养近亲的后代；蝴蝶会在天敌口中留下怪异的味道，鸟如果吃过，就会避开所有看上去类似的蝴蝶。生物学把物种个体的生存能力、繁殖能力和后代生存能力概称为"适合度"，并将其定义为个体预计后代的生存数。② 利他就是动物以降低自身的适合度为代价，提高其他个体适合度的行为。人类作为动物界的一员，也摆脱不了动物（特别是与人类最接近的动物）出于本能的行为。

古典经济学有一个预设——人天生是自私的。既然如此，那么人之间的合作是怎样产生的呢？所以还须假定，人天生具有爱心。亚当·斯密说："无论人们会认为某人怎样自私，这个人的天赋中总是明显地存在着这样一些本性，这些本性使他关心别人的命运，把别人的幸福看成是自己的事情，虽然他除了看到别人的幸福而感到高兴以外，一无所得……最大的恶棍，极其严重地违犯社会法律的人，也不会全然丧失同情心。"③ 斯密的"同情心"是包含利他的利己，介于自私与康德的"道德命令"④ 之间。

动物的利他偏好不是滥施于同种群的一切个体，而是根据亲疏关系施于对象。人也一样。斯密说："每个人对自己快乐和痛苦的感受比对他人快乐和痛苦的感受更为灵敏。前者是原始的感觉；后者是对那些感觉的反射或同情的想象。"⑤ 除此之外就是"他自己的家庭的成员，那些通常和他住在

---

① Gaulin, S, Boster, J., "Dowry as Femal Competition," American Anthropologist, vol. 92, 1992, pp. 994~1 005.
② Rogers, A., "Evolutionary Economics of Human Reproduction", Ethnology and Sociobiology, vol. 11, 1990, P. 25.
③ [英]亚当·斯密著：《道德情操论》，蒋自强、钦北愚、朱钟棣、沈凯璋译，北京：商务印书馆，1998年版，第5页。
④ [德]康德著：《道德形而上学原理》，苗力田译，上海：上海人民出版社，1986年版，第66~73页。
⑤ [英]亚当·斯密著：《道德情操论》，蒋自强、钦北愚、朱钟棣、沈凯璋译，北京：商务印书馆，1998年版，第282页。

同一所房子里的人，他的父母、他的孩子、他的兄弟姐妹，自然是他那最热烈的感情所关心的仅次于他自己的对象……天性把这种同情以及在这种同情的基础上产生的感情倾注在他的孩子身上，其强度超过倾注在他的父母身上的感情，并且，他对前者的温柔感情比起他对后者的尊敬和感激来，通常似乎是一种更为主动的本性……从表兄弟姊妹的孩子，因为更少联系，彼此的同情更不重要；随着亲属关系的逐渐疏远，感情也就逐渐淡薄。"① 此亦可说明，为何戴绿帽子的丈夫经常怀着嫉妒、讨厌甚至憎恨的心情对待家中那个不幸之子？因为他怀疑是妻子偷情留下的骨肉。用遗传学的术语概述斯密的"亲属关系不同，怜悯的强弱亦不同"，即亲缘关系愈近，彼此合作的倾向与利他行为就愈强烈；反之，亲缘愈远，合作倾向与利他行为愈弱。

汉密尔顿于1964年提出亲缘选择理论，把"亲缘相关系数"定义为两个个体之间由于共同祖先或直系亲属的关系而具有同源基因的概率。② 这种关系系数可以从交配模式的不同情景中计算出来。在双性基因结构的物种的有性繁殖过程中，人类的亲缘关系如表1：

表1 亲属序数排位③

| 亲缘关系（双边世系） | 亲缘系数 |
|---|---|
| 父母和孩子 | 1/2 |
| 同胞兄弟姊妹 | 1/2 |
| 祖父母、外祖父母和孙男孙女 | 1/4 |
| 同父异母或同母异父兄弟姊妹 | 1/4 |
| 叔伯舅姑姨和侄、甥 | 1/4 |
| 一夫一妻制度下的第一代从表兄弟姊妹 | 1/8 |
| 一夫一妻制度下的第二代从表兄弟姊妹 | 1/32 |
| 一夫一妻制度下的第三代从表兄弟姊妹 | 1/128 |

以上排位与斯密同情心的波及顺序相符，先及于1/2的亲等（先儿女，后同胞），次及于1/4的亲等（先孙男孙女，后同父异母或同母异父兄弟姊妹），再及于1/8的亲等……到第二代从表兄弟姊妹，血缘已淡化。而一个第三代从表兄弟姊妹的亲缘关系则和一个素昧平生的人差不多，故有"一表三千里"之说。如果其中某人为近亲作出牺牲，前者的基因存活率是能够得到补偿的。因为后者的体内携带了与牺牲者相同的基因，亲缘关系愈近，基因的相同性愈大。但是，竞争也是更加直接地发生在同一种群之内。因为成员彼此相似，都是在同一类地方保存基因的机器，生活方式相同，故为一切生活必需资源的竞争者。④ 此乃有些人喜欢利用他人，特别是利用双亲、同胞、祖父母的原因。用一句介于自私与康德道德律之间的格言表达，即："假若你相信机会尚存一半，你就会向你的同胞采取行动，而他们也会以其人之道，还治其人之身。"不过此言只表达了反面意思，还可通过下列格言表达正面意思："珍惜你的同胞一半的生存权，就是珍惜自己一半的生存权"；"尊敬父母，因为你也是要老的……"这些正是"己欲立而立人，己欲达而达人"；"恶有恶报，善有善报"的翻版。

婚姻家庭是利己/利他的容器。夫妻在此互为条件，既实现性欲，也生殖，最终是为了后代。利他行为在不同婚制中的表现可能不尽然相同。例如，单偶家庭的夫妻不能保留各自的性选择权，必须

---

① [英] 亚当·斯密著：《道德情操论》，蒋自强、钦北愚、朱钟棣、沈凯璋译，北京：商务印书馆，1998年版，第284页。

② Hamilton, W. D., "The Genetical Evolution of Social Behavior", i & ii., Journal of Theoretical Biology, vol. 7, 1964, P. 20.

③ [英] R. 道金斯著：《自私的基因》，卢允中、张岱云译，北京：科学出版社，1981年版，第126~129页。

④ [英] R. 道金斯著：《自私的基因》，卢允中、张岱云译，北京：科学出版社，1981年版，第91页。

专注于对方。多偶家庭的配偶有一方要做出部分让渡，让渡者便是共夫之妻或共妻之夫。笔者曾指出兄弟之间的谦让对于维系共妻家庭的作用。① 兄弟共妻或姊妹共夫之所以是多偶制的常态，可以从亲缘关系来回答。西藏及其周边地带的多偶婚基本上是同胞型（兄弟共妻或姊妹共夫），罕见非同胞型（父子、叔侄、舅甥、朋友等共妻，以及母女、舅母与甥女、婶母与侄女等共夫），同胞的亲缘系数是1/2，为性选择让渡之首选。同父异母或同母异父兄弟姊妹，叔伯舅姑姨和侄甥的亲缘系数是1/4，为性选择让渡之次选。由于不同辈分的亲属互为夫妻的权利和义务早在血缘家庭（人类家庭发展的第一阶段）到来之前已经被排斥了，② 不同辈分的同龄人（叔伯舅姑姨和侄甥的年龄相近）实属少有，故其互为夫妻的机会较低。一夫一妻制的从表兄弟姊妹的亲缘系数是1/8，为性选择让渡之再次选的对象。最后让渡的对象为没有血缘关系的朋友。不过，此等非亲属的同龄人共妻、共夫，文化上需要一种虚拟的兄弟姊妹身份，以免遭人非议。由此可见，多偶制包含的利他本能较多，社会对该婚制的认同是有血缘根基的。③

2. 夫妻性选择的逻辑动因

动物的性快感和生殖是前后相继的行为，无论从心理意识、生理结果来看，都是利己、利他的互动。人类具有类似于动物择偶时的那种意识，又会单独地被对象的财富和地位所吸引，因而，人类的性选择不仅会对后代的身体构造和体质发生作用，而且会对他们的智力和道德发生作用。④ 人类的性选择是通过婚姻家庭来实现的。人们对夫妻生活、后代养育的关怀最为直接，因为它们与婚姻当事人的基因传递有关。生物学家假设个体自身适应度的最大化，人类学家假设基因传递效用的最大化，经济学家假设个人效用的最大化——说法不同，内容相通。所谓"最大化"就是生物个体适应度的扩展。此处根据汉密尔顿的想法：让$F_j$成为个体$j$的适应度，让$r_{ij}$成为个体$i$和$j$的关系系数。个体$i$的$H_i$扩展性适应度是$i$自身适应度和其亲属适应度的总和，于是得出方程（1）：

$$H_i = F_j + \sum_j r_{ij} F_j \qquad (1)$$

从扩展性适应度的测量，可以看见人类利他偏好的进化论根基。用博弈论和函数表达：假设互相依赖的一个亲属系列，每个$j$亲属，从潜在的$s_j$策略集合中选择策略$s_j$，令$s$为每位特定的博弈者选择的策略矢量，令任何一个个体$j$的"适应度"为$F_j(s)$的函数，对于每一个个体$i$而言，界定扩展适应度的支付函数$H_i(s)$，于是得出方程（2）：

$$H_i(s) = F_i + \sum_j r_{ij} F_j(s) \qquad (2)$$

可以设想，进化的力量趋于生产出个体的数量，亲属系列中的个体好像在一场遵循方程（2）所演示的支付函数的博弈中选择纳什均衡的最佳反应。汉密尔顿的理论观点只是在协商额外利益和成本需求的互动场合才支持刚才的设想。当互动内化，不再是附带时，个体扩展自身适应度的最大化，以维持均衡便不成其为通则。

现实中陷入极不稳定境遇中的物种，其行为模式比刺激反应复杂得多，也比抽象的代数式丰富得多。由于个体能够以连续方式处理、使用信息，选择自身行为，有人据此认为，个体生来偏好秩序和效用函数。自然选择能够依照这些偏好采取行动，与根据定向行为反应采取行动一样。汉密尔顿的利益—成本法则宣称：当动物面对一个以降低自己$C$单位的适合度为代价而提高另外一个动物$B$单位的适合度的机会，并且利益大于成本时，就会选择利他行为。这里的$r$表示利益和代价之间的关系系数，如方程（3）：

$$Br > C \qquad (3)$$

在利己/利他，投入/产出的相向运动中，动物的行为是无意识的，人是有意识的。

在一夫一妻制下，配偶为了独占对方，必须让对方独占；换言之，彼此独占。利他的实现，带来

---

① 坚赞才旦：《真曲河谷一妻多夫家庭组织探微》，载《西藏研究》，2001年第3期。
② [美] 摩尔根著：《古代社会》下册，杨东莼、马雍、马巨译，北京：商务印书馆，1995年版，第381~383页。
③ 坚赞才旦、许韶明：《论青藏高原和南亚一妻多夫制的起源》，载《中山大学学报》，2006年第1期。
④ [英] 达尔文著：《人类的由来及性选择》，叶笃庄、杨习之译，北京：科学出版社，1982年版，第745页。

生育率最大化的结果。当环境险恶，人类面对天灾人祸时，可能采取其他婚姻家庭形式，例如，以不分家、兄弟合娶一妻或者姊妹共招一婿的方式克服困难。新型的婚姻家庭制度一旦创造出来，即使难关已经渡过，也不会废弃，只要它有助于积聚财产和劳力。由于多偶制的夫妻不是一对一的关系，必有一方配偶作出生理牺牲，同房次数减少：在兄弟共妻家庭，每位丈夫牺牲部分授精权；① 在姊妹共夫家庭，每位妻子牺牲部分妊娠权。虽然牺牲者的生育率亏损了，但通过让渡自身基因传递的权利，达到保护近亲基因的传递，于是也就达到自身基因效用的最大化。

两性在亲代授权上的不同对哺乳动物配偶体系的演化起着基础性的作用。② 一般而言，在生殖策略上，雌性爱把子女集中起来养育，雄性则喜欢利用增加配偶数目的方法来增加自己的后代。人类的表现比较复杂，当婚配市场健全时，富翁可借多娶妻妾提高己身的生育率，相比之下，穷汉合娶一妻，不免使平均生育率下降。

在一妻多夫制下，理论上妻子可借增加丈夫的数目来扩大妊娠权，实际上她的生育率提高不了多少，因为一位妇女不论有几夫，在生育期内，一年只能生一个孩子；她若是要哺乳孩子（不少社会的喂奶期是很长的），则连这一点也做不到，因为她暂时不会排卵。在一夫一妻制下，丈夫通过最大限度地拒绝其他男性进入婚姻单位，确保实现自己传种的可能。假设一个男子脱离原来的三兄共妻家庭，单独娶妻成家，他拥有的子女将同依然过着共妻生活的另外两个兄弟的子女一样多。在一夫多妻制下，与其他妻妾共享一夫的妇女，个人生育率则略有亏损。人类学家莫里卡报道，东非基卜西吉斯人，丈夫多娶一妻，能给自己多生6.5个孩子，与此同时，他原有的每位妻妾少生0.5个孩子。③

这就意味着：（1）一妻多夫制或一夫一妻制没有改变妇女的生育率，而一夫多妻制则会降低妇女的生育率，但必须妻子达到一定数量才行；（2）一妻多夫制限制人口的功能不是通过妻子少生，而是通过丈夫的节欲以及社会上的多余妇女（无固定配偶的女性）牺牲正常的妊娠机会实现的。社会虽有调节多余妇女的机制，但达不到完全消化的程度。④ 这里必须提到藏传佛教，多余妇女不仅是一妻多夫制的副产品，也是佛教的副产品，由于佛教主张出世与独身，男性出家者极大地超过女性出家者，一如兄弟共妻的比例大大超过姊妹共夫，所以，男女的人数无法抵消，造成多余的妇女。

生物学家在研究鸟类和哺乳类的配对关系时提出"一雌多雄极限"的观点，⑤ 其中，雌性不是按成本机制，而是随心所欲地选择雄性交尾。人类的性选择则是两项原则兼顾，通常优先考虑成本，自愿放到次要地位，故配偶数量受到较多限制。

单偶制的配偶极限阈值≌1，多偶制的配偶极限阈值≥2。前者没有讨论余地，后者需要讨论。

就兄弟共妻家庭而言，社会要求妻子感情持平，不能厚此薄彼；要求丈夫谦让，不分家产，共同爱妻护子。实际上，一方面，妻子很难把自己的感情摆平，虽然她必须这么做；再者，妻子也有一个生理极限的问题，她一天累到晚：挤奶、背水、下地、喂牲口、煮饭、料理家务、哺育孩子等，夜里需要休息；另一方面，兄弟愈多，长兄和幼弟的年龄差距愈大，年轻的弟弟很难对年老色衰的妻子动心。笔者多次进藏调查，共妻家庭当中，大多数为两兄弟，三兄弟的不多，四兄弟的更少，五六兄弟共妻的凤毛麟角，罕见一家七八兄弟共妻的，笔者访问过一个七兄弟共妻户，家境一贫如洗；也曾听到九兄弟共妻的报道。这些超常的共妻家庭是极其稀少的，其中有的丈夫不跟妻子同房，徒有虚名。

---

① Beall, C. M., Goldstein, M. C., "Tibetan Fraternal Polyandry: A Test of Sociobiological Theory", American Anthropologist, vol. 83, No. 1, 1981, pp. 6~11.

② Trivers, R. L., "Parental Investment and Sexual Selection", Sexual Selection and the Descent of Man. Chicago: Aldine, 1972, pp. 146~159.

③ Mulder, M. B., "Marital Status and Reproductive Performance in Kipsigis Women: Re-evaluating the Polygyny-fertility Hypothesis", Population Studies, No. 43, 1989, pp. 59~61.

④ 坚赞才旦：《论兄弟型限制性一妻多夫家庭组织与生态动因：以真曲河谷为案例的实证分析》，载《西藏研究》，2000年第3期。

⑤ Rians, G. H., "On the Evolution of Mating Systems in Birds and Mammals", American Naturalist, vol. 3, 1969, P. 589.

根据习俗，某人娶妻，兄弟成年后自动获得共妻权利，所以，在一小撮超常的共妻家庭中，某些丈夫仅具风俗或仪式的意义，实际不行使同房权利。除非父母另有打算，通常的做法是，儿子多的家庭，父母让一人出家，一人入赘，其余分成两组甚或三组，给每组各娶一妻。

就姊妹共夫家庭而言，可以借鉴伯格斯多提出的包含市场竞争的一夫多妻模型，[①]其中有几个影响女性选择的关键因素：（1）新娘的价格是由她的健康和生育力所构成的变量决定的，故年龄、体质、相貌等是新娘"量体裁衣"的出发点，也是决定聘礼的砝码。（2）当婚姻供求关系平衡时，男人必须考虑是将多余的资源在妻妾间分配，还是用来再娶。女方必须考虑男方所能控制的资源总量和参与分享资源的其他妻妾的人数，女人倾向于选择能够向自己提供最多资源的男人。（3）女人无一不想避免"守活寡"的局面，夫爱是妻子的珍贵资产。人的精力总是有限的，如果妻子过多，丈夫顾此失彼，女人的生育率就会下降，而是否生育，尤其生男孩，关系到妻子的地位。西藏的姊妹共夫，三姊妹的较少，四姊妹的更少。如果说一夫一妻制的丈夫养家不易，那么一夫多妻制的丈夫养家就更难了。由此推测，西藏共夫姊妹的极限可能与三因素的作用有关，之所以各地的数值显示出差异，大约是三因素的作用不平衡。

上述表明，夫妻的目标是自身扩展性适应度的最大化，其终端体现的是追求有效的生育率，所以，不可不顾及实现目标的相关条件。

3. 婚姻家庭的三种传递逻辑

进化的机制塑造了人类的偏好，一方面基因引导个人努力扩大生育的成功，另一方面文化也在发挥作用，人们的择偶、家庭、生育等观点、态度、品位和目标无一不是模仿父母、同伴、老师、邻居甚至传媒的结果。因此，了解婚姻家庭的传播惯性应该双管齐下：从文化继承的偏好中分解出基因继承的部分；从基因继承的偏好中分解出文化继承的部分。

基因继承是基因的自我复制。文化继承是觅母（Meme）的自我复制。觅母是生物学家的一种推测，它不具备染色体的性质，也不具有基因的颗粒性，而是一种有生命力的神经结构，受连续的突变和互相混合的影响，通过模仿进行自我复制，从一个脑子到另一个脑子。脑子就是觅母的宿主，也是传播觅母的工具。觅母的复制和基因的进化很相似。[②]

婚姻家庭形态有三种传递逻辑——垂直、水平和倾斜。垂直型指从父母传递到子女。水平型指在同龄人之间传递。倾斜型指非亲属之间，从上一代传递到下一代。三种传递逻辑，唯独垂直型同时接受基因和觅母的影响，水平型和倾斜型只接受觅母的影响。

假设20年为一代，三个家庭各发展了三个代距。甲户尚一夫一妻婚，家产分割日益细碎。乙户先是尚共夫婚，因祖代为纯女户，为了发家致富，姊妹合招一婿；第二代尚兄弟共妻婚；第三代尚一夫一妻婚。丙户尚兄弟共妻婚，到了第三代，家境渐好，有产可分，于是共妻者离婚，单独娶妻，尚一夫一妻婚。可见60年间，甲家用垂直传递方式延续一夫一妻制，今后能否坚持是个问题。乙家采纳倾斜方式，历经三种婚姻形态。丙家采取垂直方式传递兄弟共妻制，直到第三代人改弦更张，采纳水平方式由兄弟共妻制过渡到一夫一妻制。

根据孟德尔的遗传法则，基因是代代相传的。现实的传递方式大量是垂直型。一个家庭，上代实行某种婚制，由于下代人分有上代人的基因，自然容易承袭这一婚制。天不变，道亦不变。只要条件不发生根本变化，家庭世代婚制不改。理由很简单，既然家庭指在单一基因位点上基因相同的人们所组成的群体，每个人自然都会按照基因编程使用相同的策略 x。由于环境因素是变化的，因此，与基因编码有关的选择偏好必须具备足够的灵活性，才能使人们永远保持生育的兴趣。家庭成员在使用相同的策略 x 时，也会使用不同的策略 y 来抵御任何突变基因的入侵，维持"单群均衡"。如果突变基因的携带者比常规状态下采取 x 策略的家庭更能生存，突变基因便打破了单群均衡，并会在家中建立一种新的偏好机制，改变原来的传递方式，此类情形较为寻常。要是情况相反，促使采取不同策略的

---

① Bergstrom, T., "On the Economics of Polygyny", Ann Arbor: University of Michigan, 1994.

② [英] R. 道金斯著：《自私的基因》，卢允中、张岱云译，北京：科学出版社，1981年版，第268~275页。

突变基因的携带者比常规状态下采取 x 策略的个体更难生存，单群均衡就维持下来。①

但遗传学原理未必适用于倾斜型和水平型，这两种逻辑不依靠基因的先天定向，而是依靠觅母的后天牵引。唯有垂直型，文化传递的结构与基因的进化非常接近，故遗传法则和文化法则皆适用。那些希望把自身基因传递给后代的人们最关心生育需求，与此有关的偏好和对子女和其他亲人的关注成为基因编码优先考虑的问题，诸如气候、职业、收入、地位、余暇，以及与同龄人、同盟者和睦友好地相处，这些都是生死攸关，引起选择偏好极大兴趣的因素。我们同样可以把觅母视为垂直传递的定向者，子女自幼受父母伯叔等长辈的教诲，他们的言传身教会促使某种观念早早移入晚辈的头脑，使后者效法长辈采纳的婚制。

在行共妻的青藏高原，"一代人、一份家产、一个妻子生育"的单一婚配原则调节着生育率，进而控制着家庭的土地与劳力的比例。如果兄弟分家，各娶一妻，生育孩子，他们将无法维持个体家庭，相反，如果他们在祖传的土地上协力耕作，就可供养妻小，延续家业。笔者在西藏调查时，不止一次地听到类似的报道，述说父母如何谆谆告诫，甚至立遗嘱，要求儿子发誓，继承传统的共妻婚，否则死不瞑目等等。在西藏及其周边地区，农牧民恪守单一婚配原则，完全是他们的自我选择，是基于代代分割家产，将导致子孙穷困潦倒的恐惧，即使法律和国家权力也摧毁不了这一信念。达拉谟主张，不仅家庭内部的垂直转型支持单一婚配原则，家庭外部的水平转型和倾斜转型也支持这一原则。他举例说，一个家庭若有两个以上的儿子，成人之后，各娶一妻，分家析产，自谋生路，虽然第一代生育了较多的孩子，但是，两三代之后，后代的人数将比恪守单一婚配原则的家庭少得多。换言之，三种婚制下的家庭，死亡率最低的是兄弟共妻的家庭。因此，要是儿子采取父母实践的方式，单一婚配的做法就会流传下来。②

水平型和倾斜型意味着人们仿效与自己对等的人，或者与他们的父母对等的人，而不是仿效自己的父母。水平型和倾斜型能为遗传带来新的生长点，却不能得到基因编码和垂直型传递的支持。换言之，水平型和倾斜型带来不同以往的婚姻家庭形态之后，必须停止自身的传递方式，改用垂直型来巩固，以便在同种群内部培养出更能生存的突变基因，在它的指令下，一代新的成员才有可能更加心甘情愿地沿着前代开创的局面走下去。要是容忍后人继续采取水平型和倾斜型改变原有的婚制，到头来就会出现"竹篮打水"的结果。

单一婚配原则受水平转型支持的证据，是通过模仿其他成功的家庭，而非自己的父母。在传统西藏，分家析产的事件周而复始。民主改革以来，小家庭增多，大家庭减少了。报道人把这一现象形容为"非正常"。他们说家庭不行兄弟共妻婚，则富不长久。最近十余年来，出现兄弟共妻制的复兴。③一些人开始抛弃小家庭的信念，过起大家庭的共妻生活。可见，如果选择婚姻形态的偏好倾向于垂直传递，预期的个人选择将是毕其一生努力把资源传递给后代。相应的，如果偏好倾向于水平传递或者倾斜传递，个人将倾向于追求小家庭、低生育率，主张把资源留给自己消费。两种做法都可以通过朋友、邻居或者媒介来施加影响。

## 三、家庭文化特质的传递方式

借用威斯勒的文化特质综合体④框架分析，家庭的文化特质内涵于三个基本层次：男女的结合——婚姻；性关系及其后果——生育；经济的支撑——家产。这些特质通过人的灌输和模仿，在时间流程和空间界域中传递。基本路向如下："垂直型"——纵向地在父母子女间传承；"水平型"——横向地在同龄人之间移动；"倾斜型"——非亲属间，从上代人传递到下代人。

---

① Bergstrom, T., "On the Evolution of Altruistic Ethical Rules for Siblings", American Economic Review, vol. 1, 1995, pp. 58~81.

② Durham, W., "Co-evolution", Berkeley: University of California Press, 1991, pp. 55~64.

③ Ben Jiao, "Socio-economic and Cultural Factors Underlying the Contemporary Revival of Fraternal Polyandry in Tibet", Ph D, dissertation. Case Western Reserve University, 2001.

④ [美] 克拉克·威斯勒著：《人与文化》，钱岗南、傅志强译，北京：商务印书馆，2004 年版，第 48~49 页。

1. 婚姻形态的传递轨迹

全世界的婚姻形态，七成半为单偶制，二成半为多偶制，一妻多夫制仅占一个百分点。① 根据婚姻流行的情形划分，有三类区域：（1）只行一夫一妻制的区域，又分为严格区和非严格区，前者如欧美日等国家与地区，后者如保留了一夫多妻制残余的东方国家与地区；（2）法律和风俗规定一夫一妻制和一夫多妻制并行的穆斯林地区；（3）一夫一妻制、一夫多妻制和一妻多夫制并行的喜马拉雅山脉、安第斯山脉等区域。以上区域，（1）的流行范围最广，（2）和（3）的范围有限，其中（3）的范围最小。

经济学家贝克尔给婚姻下了一个定义：婚姻是夫妻寻求效用最大化的约定。② 从人类学角度观之，这个命题包含两层意思：一是婚姻的有效性是对环境而言的，在特定的条件下，任何婚姻都是有效用的；二是婚姻流行的范围由婚姻的有效性决定，以上三个区域，一夫一妻制的范围最广，此制的经济效用也最为明显。

凡是存在两种或两种以上婚姻形态的区域必定存在婚姻选择的问题，于是就要考虑传递婚姻文化特质的不同方式——垂直型、水平型和倾斜型等。通常以为，区域（1）的严格区只有一种婚制，非严格区虽然存在一夫多妻制的残余，但只是富人的特权，故区域（1）不能很好地反映行婚的选择自由，而区域（2）和（3）有两三种婚制，给人们提供了选择空间。贝克尔的《家庭论文集》用一章分析婚姻选择对于家庭经济影响，也许基于这一考虑，才引入了多偶制。但是，我们要看到社会的发展改变了原来的情形，一方面，区域（1）有很多人在离婚与结婚之间奔波，不断置换伴侣；另一方面，同居、未婚父母、重婚增多。有人将此称为"连续型一夫多妻制。"③ 这种"变相的多偶婚"表明：区域（1）的严格区也存在着婚姻选择空间，因而三种传递形式可以发挥不同的作用。

这里叙述区域（1）和（3）。先说后者，数据来自笔者于1996年夏至2000年秋三度赴雅鲁藏布江支流——真曲河河谷的实地调查。表2是7个家庭己身的直系亲属的行婚记录，表3是用线段联结各家庭的行婚点的婚姻选择图式（见表2和表3）：

表2 真曲河谷7个家庭五代行婚记录*

| 户/婚制<br>直系亲属 | 1 | | | 2 | | | 3 | | | 4 | | | 5 | | | 6 | | | 7 | | |
|---|---|---|---|---|---|---|---|---|---|---|---|---|---|---|---|---|---|---|---|---|---|
| | A | B | C | A | B | C | A | B | C | A | B | C | A | B | C | A | B | C | A | B | C |
| 祖父 | | | | | | √ | | | √ | | | √ | | √ | √ | | | √ | | | √ |
| 父亲 | | | | | | √ | | | √ | | | √ | | | | | | √ | √ | | |
| 己身 | √ | | | | | √ | | | √ | | | | | √ | | | | | | | √ |
| 儿子 | | | | √ | √ | | | | | | | | | | | | | | | | |
| 孙子 | | | | | | √ | | | √ | | | √ | | | √ | | | √ | √ | | |
| 代数 | 1 | 0 | 4 | 2 | 1 | 2 | 3 | 2 | 0 | 1 | 4 | 4 | 1 | 0 | 2 | 3 | 3 | 2 | | | |

*A = 一夫一妻，B = 姊妹共夫，C = 兄弟共妻

---

① G. P. Murdock, "Ethnographic Atlas", Pittsburgh: University of Pittsburgh Press, 1969, P. 47.
② Gary Becker, "A Treatise on the Family", Cambridge, Ma: Harvard University Press, 1981.
③ J. S. Lockard and R. M. Adams, "Human Serial Polygyny: Demographic Reproductive Marital and Divorce Data", Ethnology and Sociobiology, vol. 2, No. 4, 1981, pp. 177~186.
Steven Gaulin and Carole J. Robbins, "Trivets-willard Effect in Contemporary North American Society", American Journal of Physical Anthropology, vol. 85, No. 1, 1991, pp. 61~69.

表3 真曲河谷7个家庭五代行婚轨迹

| 户/婚制 | 1 | | | 2 | | | 3 | | | 4 | | | 5 | | | 6 | | | 7 | | |
|---|---|---|---|---|---|---|---|---|---|---|---|---|---|---|---|---|---|---|---|---|---|
| 直系亲属 | A | B | C | A | B | C | A | B | C | A | B | C | A | B | C | A | B | C | A | B | C |
| 祖父 | | | | | | | | | | | | | | | | | | | | | |
| 父亲 | | | | | | | | | | | | | | | | | | | | | |
| 己身 | | | | | | | | | | | | | | | | | | | | | |
| 儿子 | | | | | | | | | | | | | | | | | | | | | |
| 孙子 | | | | | | | | | | | | | | | | | | | | | |
| 代数 | 1 | 0 | 4 | 2 | 1 | 2 | 3 | 2 | 0 | 1 | | 4 | 4 | 1 | 0 | 2 | | | 3 | 3 | 2 |

1号家庭的祖父和父亲行兄弟共妻婚，户主（己身）成年时，恰逢"无产阶级文化大革命"，县、公社两级革命委员会强制执行《中华人民共和国婚姻法》，解散了原来的多偶家庭，推行一夫一妻制。"文革"之后，在"劳动致富"政策的激活下，古老的兄弟共妻制得到复兴。1979年，两个儿子合娶一妻，积聚劳力和家产。孙子又长大了，依然合娶一妻。对照表2，可以看见1号家庭的行婚轨迹为"垂直——左斜——右斜——垂直"。

2号家庭的祖父是从彼处来此入赘的，他的妻子是两姊妹。生了多胎，养活三子，一人早丧，两人行兄弟共妻婚。己身成年时，政治环境不许行多偶婚，故行单偶婚。只得一子，子仍行一夫一妻婚。子又生孙。当地结婚早，为了发家致富，子让二孙合娶一妻。2号家庭的婚姻轨迹是"右斜——左斜——垂直——右斜"。

3号家庭的祖父和2号家庭的祖父是同胞，从彼处流浪来此，经村人介绍，各自给两家纯女户做上门女婿，均行姊妹共夫婚。3号家庭的祖父未得子，尽得女，养活三女，一女出家为尼，两女继续招赘，生一子（己身），单独娶妻。子又生孙，孙又生孙，子孙照旧行一夫一妻婚。本家的婚姻特质传承轨迹为"垂直——左斜——垂直"。

4号家庭和5号家庭都是按照"垂直——倾斜——倾斜"方式传递婚姻形态，但起点不同，倾斜方向相反。前者三代行共妻婚，后者三代行单偶婚。前者第四代由共妻婚变为单偶婚，第五代返回共妻婚。后者第四代由单偶婚变为共夫婚，第五代返回单偶婚。

6号家庭行走的是"左——右——左——右"的"之"形路线：祖父是单偶婚，父亲是共妻婚，己身回到单偶婚，儿子又回到共妻婚，孙子继续共妻婚。

7号家庭代际间的婚姻路线呈马鞍形：祖行单偶婚，父承袭，己身急于发家，行兄弟共妻婚，子受"不分家利大于弊"的灌输，承共妻婚。孙外出打工，思想开阔，追求独立，不想继续共妻婚，而行一夫一妻婚，单独成家。

分析7个家庭的婚姻轨迹可以发现：（1）虽然没有离婚、丧偶、再婚的案例，但这些事情在各地是客观存在的，离异人士再婚时，如果脱离原来的婚制，采用另一种婚制，婚姻形态便显出水平传递的轨迹；（2）7个家庭的婚姻形态是可逆反的，譬如，1号家庭，父行共妻婚，己身行单偶婚，子又回到共妻婚。第2、4、5、6和7号家庭也有婚制回归现象；（3）发家致富、积聚劳力几成为7个家庭行多偶婚的共同原因。

人作为文化的产物，重视自身行为对他人的影响。而文化是代代传承的。7个家庭的五代人以三种方式承袭并传递婚姻偏好，他们的观点、态度、品位和目标很大程度是模仿父母、同伴、老师和邻居的结果。人作为生物,重视自己利益。而根据遗传学定律,基因是"自私"的,① 也是代代相传的,其方向是垂直的,而不是倾斜和水平的,这与文化的垂直型传递相吻合。文化特质的垂直型传递和基因的先天定向,二者可能存在寻求契合点,互相巩固的倾向,从而加强某种偏好的保留。

现在将目光移到区域(1)的发达国家。在这里,未婚父母和离婚代表了夫妻关系流变的新趋势。1960年,美国的新生儿仅有5%出自未婚父母,② 1990年,未婚父母的新生儿超过当年婴儿总数的25%。③ 30年间,住在单亲父母家,或者只跟母亲住的孩子,从8%上升到23%。黑人的统计数字特别突出。1990年,2/3的新生儿来自未婚父母,一半以上的孩子跟单亲父母住。与1960年相比,不仅未婚父母日益普遍,而且离婚率上升两倍多。大约20%的男女结婚不到5年便离异。1979年,大约1/3的配偶一方至少离过一次婚。有人预测,未来的40年间,2/3的初婚者会离婚。④

婚姻挤压是婚姻市场需求与供给不适应的结果。在离异人士当中,男性是女性的三倍,带孩子再婚的女性比没有孩子的女性少两成半。离婚男子娶妻生子的现象比离婚女子再醮生育普遍。⑤ 再婚不难,但男女再婚的前景不对称。

威利斯讨论了未婚父母在人口中扩散的问题,认为扩散的程度取决于可供婚配的人数及性别比例是否失调——女人是否比男人多。他建议把"可供婚配的黑人男子"总数跟当前就业大军中无犯罪记录的人画等号。可见婚姻挤压之高。威氏宣称,1980年,美国南部、中北部诸州20岁至44岁可供婚配的黑人群体,男性与女性之比约为0.56(1960年,该比例约为0.67)。而处于该阈值内相同地区的白人群体,男性与女性之比约为0.85。⑥

威氏模型包含了一个均衡机制:男人可以选择结婚,组成一夫一妻制家庭,也可以选择替代性方法——不结婚,跟一个或几个女人同居生子。持第一种选择的男人,虽然只有一个配偶,但能够有效地跟妻子合作照料孩子。持第二种选择的男人,可以跟不同的女人生子,却不可能尽责。在均衡机制中,男女分值无一例外地受条件决定,无论已婚配偶,还是未婚性伴侣,必须经济条件优越。威利斯定义了性伴侣数量的极限值(P),表明未婚父权策略上的吸引力与一夫一妻制的父权相似,但未婚男士必须能够预期到有一定数量的异性伴侣P才行。具体说来,可以结婚的人,男性对女性的比值越来越低,与此同时,性伴侣的数量极限需要减少未婚男人的数量也越来越弱。

中国也存在婚姻挤压现象。20世纪80年代以来,我国的婚龄人口性别比严重失衡,从婚龄内单身人口性别比来看,1990年至2000年,54岁以下的同龄人与相对人口性别比基本都大于100或远大于100,表明婚龄女性人口的择偶机会大于男性。70年代以来出生率下降与80年代以来出生性别比持续升高,1970年后出生的男性人口将面临严峻的婚姻市场,近三十年中(1985~2005)离婚人数稳步增长(1985年为5.9‰,1995年为7.07‰,2005年达到10.7‰⑦)使形势更加严峻,21世纪前半叶,中国男性婚姻挤压将进一步加剧。

再婚的离异人士处于不断再生产和多次互相消化的过程,时间流程反映了两性结合的选择空间,垂直、水平和倾斜传递方式主要基于文化模仿,人们的婚姻态度受亲友的影响,因此,三种文化移动

---

① [英] R. 道金斯著:《自私的基因》,卢允中、张岱云译,北京:科学出版社,1981年版,第90~120页。

② Kenneth George Binmore, "Bargaining and Coalitions", in Alvin Both, ed., "Game Theoretic Models of Bargaining", Cambridge University Press, 1985, pp. 259~304.

③ Kenneth George Binmore, "Bargaining and Coalitions", in Alvin Both, ed., "Game Theoretic Models of Bargaining", Cambridge University Press, 1985, pp. 259~304.

④ T. C. Bergstrom, "Economics in a Family Way", Journal of Economic Literature, vol. 34, No. 4, 1996, P. 1 913.

⑤ Julie DaVonza and M. Omar Rahman, "American Families: Trends and Correlates", Population Index, vol. 59, No. 3, 1994, pp. 350~386.

⑥ Robert Willis, "A Theory of Out-of-wedlock Child Rearing", Technical Report, Chicago: University of Chicago, 1994.

⑦ 相关数字参照当年的《中国人口年鉴》或《人口统计年鉴》计算得出。

模式在区域（1）依然发挥作用，其中，水平传递的作用尤为突出。

### 2. 生育偏好的传递方向

一夫多妻制具有较强的生育力，而一妻多夫制则具有较高的婴儿成活率。多偶家庭的配偶多，孩子多，家庭规模较大。单偶家庭有两种情形，成家者则既可分门立业，过小家庭生活，亦可不析产，父祖同堂，构成大家庭。

大家庭通常与经济、技术不发达相配。自18世纪末至19世纪初，随着医疗卫生的发展，婴儿死亡率下降，欧洲的大家庭开始萎缩。20世纪初，亚洲大部分地区也出现了小家庭。伴随着人均财富的增长，家庭养育的孩子反而减少了。

芝加哥学派认为生育行为的转变是应付收入和价格变动的理性选择；① 理查德·伊斯特林宣传一种信念：人是理性的，追求效用最大化的选择是必然的，收入是相对的，品位是受经济诱惑而改变的，生育目标的调整是正常的。② 以上是对人口转型的两种传统观点。最近出现一种基于态度和技术，折中文化传播模式和理性行动者模式的观点。③

折中论从文化进化的主题来讨论生育选择。认为当婴儿死亡率下降时，保持传统生育标准的家庭，孩子会骤然增加，可是农耕社会的土地有限，一部分孩子势必无力娶妻，要是趋于最大化地生育后代，生得多牺牲也多，最后反而降低了出生率。同样面对婴儿死亡率下降，与时共进的人们采取了少生的标准，以便获得更多的资源，使孩子有更好的前景。希拉德等人研究了1990年至1993年期间居住在美国新墨西哥州阿尔伯克基市（Albuquerque）的7 107位男子，通过他们的生育率和收入情况，检测现代社会的低生育率可能带来幼儿素质的普遍提高，结果发现，子女愈多的男人，对孩子成年期的教育水平和家庭给予资助的期望值愈低。从而概括出"质量—数量"交易公式，表明高"质量"并不必然地引起高生育率。少子女的男人比多子女的男人生活优越，此系他们不想多生孩子拖累自己的一个原因。于是，预期孙辈数量的增长，实际上接近于预期子女数量的线性函数关系。④ 折中论主张随着死亡率的下降，出生率也会降低，低生育率的家庭资源多了，拥有的生育机会也多了，后代的数量将比高生育率的家庭多。

应该承认，纵向传递既可延绵中国人多子多福的观念，亦可承载"少生—精养"的策略。欧美的低出生率仅出现几十年，不足以反映人口发展的历史，现在断言纵向传递将取代低生育率尚为时过早，故小家庭的观念有点让人担忧。大家庭的观念倒是根深蒂固的，如果生育抉择代代如是地从父母传递给子女，小家庭的文化特质就难以流行，说服多子女父母效法少子女父母的生育选择是不容易的。小家庭的存在与扩大预示水平方向和倾斜方向的传递模式的支持。确实，人们在仿效亲属的同时，也仿效与自己对等的人，或者与父母对等的人。

生育之本为追求天伦和颐养天年。前者即父母通过孩子获得感情满足，后者即孩子在劳动、收入、保障、身份、地位等方面给予父母的报答。城乡的小家庭与大家庭比例不同，源于两地生育成本和收益的不同。由于农村没有健全的社保机制，子女是养老送终的资源。聚族而居的模式形成族荫庇护，强调"生"与"育"，才可光宗耀祖和壮大宗族势力。

在农村，婚后居住形式影响着生育文化特质的传递。无论从妻居还是从夫居，长辈都要把生育观灌输给晚辈，提供经济和劳力帮助，加快他们的生育步伐。从夫居的模式驱使妇女通过生育改善自己

---

① Gary Becker, "A Treatise on the Family", Cambridge Ma: Harvard University Press, 1981.

② Richard Easterlin. "On the Relation of Economic Factors to Recent and Projected Fertility", Demography, vol. 3, No. 1, 1966, pp. 131~153.

③ Robert Pollak and Susan Watkins. "Cultural and Economic Approaches to Fertility", Population and Development Review, vol. 19, No. 3, 1993, pp. 467~496.

④ Hillard Kaplan, Jane Lancaster, and Sara Johnson. "Does Observed Fertility Maximize Fitness among New Mexican Men?", Human Nature, vol. 6, No. 4, 1995, pp. 345~350.

的地位。① 环境如此，人们对垂直传递的偏好就不难解释了。在城镇，成婚子女独居一隅，来自长辈的循循善诱、鼓励和监督减少，垂直传递的功能减弱，水平方向的制约加强，生育结果不言而喻。

20世纪50年代，政策鼓励生育。60年代，提倡晚婚晚育。70年代，城市工矿提倡生两胎，农村提倡生三胎。80年代，城市工矿提倡生一胎，农村提倡生两胎。90年代末，农村只准生一胎，但头胎生女婴的夫妻间隔数年后可生第二胎，中国的生育率自此下滑，家庭户均人口由1990年的3.96人缩小到2000年的3.44人；城市工矿小家庭的发展速率高于农村。② 我国的人口转型与政府用经济、行政、法律、教育、宣传诸手段来强化水平或倾斜方向的传递功能，膨胀小家庭的优点分不开。

家庭与社区经济发育相关。边疆多民族地区，较为封闭，家庭倾向于相对完整的分工，以便减少对外依赖，增大自给自足的能力。③ 在国家权力薄弱之地，观念依靠血缘纵向传递比较明显。如青藏高原的高山峡谷，生态的多样性、脆弱性特别需要人口及吃苦耐劳的品格，多个男子分营一两个生产门类成为必需。兄弟共妻、共产、共育的形式尤其适应环境。家庭劳力多，抵御天灾人祸的能力就大。真曲河谷的田野数据说明，38个兄弟共妻家庭养育了173个孩子，平均每个家庭4.55个孩子，其中，两兄弟共妻的家庭每位丈夫拥有2.275个孩子，三兄弟共妻的家庭每位丈夫拥有1.517个孩子。④ 兄弟共妻家庭的孩子数量同一夫一妻家庭的差不多，但孩子得到良好照顾。姊妹共夫家庭和一夫一妻制家庭，男劳力缺乏，孩子经常辍学。目前，人力资本具有提高家庭收入，巩固地位，增进个人和家庭福利的效用价值。偏僻山区的青少年到城镇打工，成为推动家庭发展的财富。除了其他因素以外，重要的是他们识字，懂得几种语言，能够学会一些简易技术。希拉德的"质量—数量"交易公式在这类家庭中表现为"正常出生率—高成长率"。

"质量—数量"的公式在城市工矿也有表现。现在大部分城市人不愿意生三四胎，至多生两胎。即使放宽生育政策也是一样。一方面他们想把资源保留下来，另一方面，他们难以说服至少两个子女采纳多生标准，应付艰苦生活。所以，在城市工矿，纵向传递扮演的角色不是延绵多子多福的观念，而是巩固水平方向或倾斜方向所传递的"少生—精养"策略，更多地传承小家庭的文化特质。

3. 家产的承载方式

此处的"家产"指家庭的净资产，按三种方式承载，在四个方向流动：一是纵向地从父母流向子女，或者相反，从子女流向父母；二是横向地在同龄人之间的转移；三是长辈亲戚赠与晚辈。三种方式当中，第一种方式的两个方向较为普遍。

通常，在大家庭，净资产是从青年流向老年；在小家庭，是从老年流向青年。据此推测，社会若以大家庭为主，生殖行为有利可图，人们选择最大化的生育率，反之，以小家庭为主的社会，生育成本高，人们就会少要孩子。⑤ 换言之，崇尚大家庭的传统社会，净资产从青年流向老年，崇尚小家庭的现代社会，净资产从老年流向青年。表面看，家庭净资产的流动形式与家庭形式，进而与社会性质有关。实际上，无论人的生命周期内，还是社会的主流，资源的流向都是从年长一代到年幼一代，而不是相反。

资产从父母流向子女的潜在逻辑是，资源选择那些发挥决定性影响的身体机制，这些机制能够有效地从外部环境提取资源并将其转换和复制成携带自身遗传密码的基因。而从后代那里提取净收益，与那些利用自身劳动和剩余能量来生产更具生存能力的后代相比，前者将产生较少的携带自身基因的后代。

在狩猎—采集社会，资源是从年老一代流向年青一代。人类学家卡普兰证明了这一点。他对三个

---

① 杨菊华：《中国的婚居模式与生育行为》，载《人口研究》，2007年第2期。
② 李建民等：《中国人口与社会发展关系：现状、趋势与问题》，载《人口研究》，2007年第1期。
③ 王文长：《对藏东藏族家庭婚姻结构的经济分析》，载《西藏研究》，2000年第2期。
④ 坚赞才旦：《真曲河谷一妻多夫家庭组织探微》，载《西藏研究》，2001年第3期。
⑤ John Caldwell, "A theory of Fertility: From High Plateau to Destabilization", Population and Development Review, vol. 4, No. 4, 1978, pp. 553~577.

不同类型的狩猎—采集部落作了缜密的研究，它们是巴拉圭的诶克、秘鲁的庇罗和马斯古恩嘎。这些部落的平均生育率都很高（大约每位妇女生育 8 个孩子），每个部落的孩子从出生到 18 岁，消费的食物主要来自他人劳动。祖父母仍然辛勤地劳作，自食其力，剩余用来供养孙辈。孩子成年之后，才能生产出超过自身消费的产品。①

在农耕社会，孩子的经济价值是负面的，直到他们成为人父人母，其所消费的比所生产的要多。就子女必须赡养年迈的父母而言，如果说养育孩子期待经济收益，那么权且当做长线投资倒还可以，实际上投入和产出不均衡。有资料显示，②假设母亲 20 岁产子，继而将孩子抚养到 15 岁，母亲到 60 岁时，开始接受孩子赡养，直到 85 岁。按照农耕社会对待老人的一般标准计算，她获得的回报是其投资的 0.99，结果少了 1 个百分点。如果考虑到母子一方提前去世，预期的回报率就变成负值。农耕社会可能存在地产、借贷，或者租赁。假如父母投资土地买卖和租赁，那么要计入时价，并扣除养育孩子获得的补偿，才能反映市场回报率。这么低的回报率简直让人无法接受。所以，投资孩子并非纯粹是经济行为。

在工业社会，净资产自上而下、自年长者到年幼者的整体流向也是不可逆转的。有人通过调查 1987 年美国消费者的开支等，估算出 20 世纪 80 年代美国资产代际流动的数字：每个孩子的抚养费为 81 000 美元，其中，父母以礼物和供给子女食宿的方式转移给每个孩子的净支出为 25 000 美元。③年轻夫妻起初只有付出，没有任何资产回归。当他们上了年纪，孩子逐渐长大成人，这时才出现资产回归的迹象。但就其接受的数值，随着他们年龄的增长不仅未见增长，反倒呈现出递减的趋势。

对照卡普兰所研究的社会，资源自上而下的传递过于极端：不仅孩子的消费高于成年后对家庭的回报，而且终生忙碌，老来无暇。工业社会，人生的末端有一段闲暇，老人消费多于工作。西方的老人通常不由子女赡养，而是靠社会保险事业支持，或者依赖个人积蓄和养老金安度余生。对此的解释是，老人和孩子的福利均来自社会公积金，但资助老人的数额高于孩子。这就抵消了进化观使父母宁愿把私产用于孩子而非老人的作用。④

家产的另一个流向是从子女流向父母。不少传统社会保留赡养父母的美德。年轻人出外务工，通常要给故乡汇款。虽然汇款不一定代表资产从年轻一代流向长辈，可能代表"家庭自助"，即哥姊尽其所能地帮助弟妹，但这样做间接帮助了父母，减轻了他们的负担。许多材料证明，成年儿女扶养老人的模式普遍存在，例如，中国各地多数已婚子女都会给父母钱物，几乎不取回报。如果考虑到改革开放以来中国人均收入的增加，净资产自下而上地从成年子女流向父母的数值便具有不同寻常的意义。

家产的倾斜流动在母系社会十分明显。在印度的纳尔亚人当中，一位妇女通常要跟若干"丈夫"维持礼俗上的两性关系。当她怀孕时，某位可能是孩子生父的男子必须站出来，于是这个人就获得了父权。⑤印度托达人的珀斯伊特庇米（Pursiitpimi）仪式与此相同。⑥名义上的父亲并无抚养孩子的义

---

① Hillard Kaplan, "Evolutionary and Wealth-flows Theories of Fertility", Population and Development Review, vol. 20, No. 4, 1994, pp. 753~791.

② Eva Mueller, "The Economic Value of Children in Peasant Agriculture", in Ronald G. Ridker, ed., "Population and Development", Baltimore: John Hopkins University Press, 1976, pp. 98~153.

③ Ronald Lee and Timothy Miller, "Population Age Structure Intergenerational Transfer", and Journal of Human Resources, vol. 29, No. 4., 1994, pp. 1 027~1 063.

④ Ronald Lee and Timothy Miller. "Population Age Structure Intergenerational Transfer", and Journal of Human Resources, vol. 29, No. 4., 1994, pp. 1 027~1 063.

⑤ Gough, E. Kathleen, "The Nayars and the Definition of Marriage", Man, vol. 89, No. 1, 1959, pp. 26~30.

⑥ H. R. H. Prince Peter of Greece and Denmark, "The Aristocracy of Central Tibet: A Provisional List of the Names of the Mother-Sibs of the Togas of the Nilgiris", The Eastern Anthropologist, vol. 5, No. 2, pp. 65~73.

务。云南省永宁摩梭人兴"走"婚，或称"阿注"婚，孩子满月时，有个认子仪式，① 同于纳尔亚人的认亲仪式和托达人的珀斯伊特庇米仪式。

孩子属于母方，抚养的责任落到孩子的生母、外祖母和舅父身上。孩子知道显露了身份的父亲，偶尔也会和他们打交道，但更加频繁的是跟舅父接触。舅父有义务训练姊妹的孩子，承当教育外甥的义务。社会期待男人把钱带回本家，帮助外甥。丈夫晚饭后到妻子家去，翌日早饭前离开。他把武器置于房门口，后到的丈夫见之则可睡在门外走廊里。要是丈夫把钱给了妻子和其孩子而非姊妹和外甥，是对社会规范的严重亵渎。

必须询问，亵渎事件可能会在多大程度上影响正常发育的纳尔亚人口？如果基因决定这种"吃里爬外"的行为，那么一般说来，答案取决于丈夫亲近子女，还是外甥。可兰德展示了怎样计算"父权的阈值"（指最低的父信度，而父信度则是说投资妻子的孩子比投资姊妹的孩子产生的基因回报高）：假设家庭的每代人存在常量可能性 $p$，则男人的父权成立。父权的阈值是可能性 $pt$，当且仅当男人处在 $p<pt$ 的数值时，他对待外甥的亲近度超过对待子女。丈夫与子女的亲近度为 $p/2$。同母兄弟姊妹，其同父的可能性仅为 $p^2$。故男人和其姊妹预期的亲近度是 $(1+p^2)/4$，和其外甥预期的亲近度是 $(1+p^2)/8$。要是我们假定，甲妻另有所爱，此人不是甲的近亲。但在特定的场合，例如，在兄弟共妻的情形下，甲与其妻所生的孩子的关系比较亲密，因为，即使其中的孩子不是他的亲子，也是他兄弟的亲子。因此，父权的阈值是二次方程式 $p/2=(1+p^2)/8$ 的解。该方程式仅有一个正方根，根值为 $pt=0.268$。因此，当且仅当一个男人的亲子关系的可能性超出 0.268，促使男人把资源给予姊妹而非妻子的基因最终才能左右人口的变化。②

如果文化决定财产继承，那么计算方法有所不同。要说男孩从近亲男性的行为中习得文化，那么在纳尔亚人、托达人和摩梭人的母系社会，我们注意到男孩受舅父行为的影响远胜于父亲。假若一个反传统的丈夫把钱给妻子而非他的姊妹，那么一般而言，妻子养活的孩子通常要多于他姊妹养活的孩子。虽然从基因角度能够理解，丈夫更亲近妻子的孩子，而非他姊妹的孩子，但从文化角度解释则不然，男人对较少携带己身基因的甥男甥女的影响可能更大。在方才假设的那个家庭中，丈夫对待人数居多，且较多携带己身基因的子女，可能会取他的妻兄弟待其亲子的一贯态度。故最有可能袭得他的行为的，反而是那些人数少得多的外甥。因此，倾斜型的家产流动对母系社会是十分合理的。

每个人都必须选择——赡养父母还是遗弃他们。换言之，把钱财用去投资，换取自己老来的福利；还是用到父母身上，通过尽责，带动子女将来也这么做？第二种情形是有风险的，因为，假如孩子长大以父母为表率便好，那么父母的预付就得到回报，假如不是这样，父母的抚养也就白费了。在第二种情形下，成人尽其所能地赡养年迈的父母，子女承袭孝道的可能性愈高，其他预期形式的资产回报率就愈低。

尽管有可能建立持续性的规则，使人们在父母榜样的感召下，在社会压力的驱使下，自觉地赡养父母，可是，鼓励这一美德的文化力量必须能够克服自然选择带来的强大阻力。如果说行为是受遗传性定式特征（genetically hard-wired traits）的影响，资源本应更多地流向孩子，却用在老人身上，促使如此行事的基因，最终会被其他最大化存活后代的基因替代。于是出现相同的问题——家产的传递偏好究竟为的是基因，还是为了文化？老年人一般不愿意给儿孙增加负担。有些人以此为由，资源不是向老辈倾斜，而是向幼辈倾斜，与使资源反方向流动的人相比，他们的后代将更加兴旺。因此，如果资产的传递偏好倾向于垂直型，预期的个人选择将是毕其一生努力把资源传递给后代。只有在寿命长的福利国家，资源才会从年青一代流向年老一代，与以往的观察相比，这倒是一种"失衡"的结

---

① 詹承绪、王承权、李近春、刘龙初：《永宁纳西族的阿注婚姻和母系家庭》，上海：上海人民出版社，1980年版，第92~95页；严汝娴、宋兆麟：《永宁纳西族的母系制》，昆明：云南人民出版社，1983年版，第120~121页。

② Jeffrey Kurland, "Paternity, Mother's Brother, and Human Sociality", In Napoleon A. Chagnon and William Irons, eds., Evolutionary Biology and Human Social Behavior, North Situate, MA: Duxbury Press, 1979, pp. 145~180.

果，或许是靠水平传递的文化观念来维持的。

### 四、婚姻效用的协商分配

求婚中，热切的追求者会凭一时的兴致向心爱者承诺终生的服役。但一个理智健全的青年女性，即使没有学过博弈论，也会对这样的诺言心存疑虑。她更加愿意参照母亲和熟悉的已婚女性的经历来设想自己的婚姻，而不是一味听信求偶者的阿谀奉承和不能兑现的许诺。

订立婚前协议，一五一十地规定新人在婚姻过程中的行为，使之具有法律效力，这种做法在过去可能，在当代则不可能。现在，绝大多数重要的家事是男女结为连理之后才决定的。一个让人满意的求爱和婚配理论，必须预料到潜在的生活伴侣婚后的安康，而这种预期是以婚后协商的结果为基础的。与此相反，既然个人婚后的家庭协商能力依赖于对离婚和重新进入婚姻市场等"外部选择"行为的恐惧，因此，一个满意的婚约理论应该包括求爱和婚配的说教。

1. 纳什合作协商解

玛里琳·马申舍、默里·布兰拉①、马乔里·迈克伊罗尔和玛丽·霍妮②对家户的协商理论做了开拓性的研究，在纳什合作协商模型的指导下探讨家户的决策问题。他们在发表的论文中，把婚姻看成一种夫妻互相独占的静力学模式。夫妻要么维持婚姻，要么离婚独处。若双方维持婚姻，则存在一套凸显效用可能性的 $S$ 集，内含所有可能达到的效用性分配值 $(U_1, U_2)$。若夫妻选择离婚独处，那么个人的效用性 $i$ 被设定为 $V_i$。若离婚能够带来潜在的收益，则意味 $S$ 集内含可能性的分配值 $(U_1, U_2)$ 严格地支配着离异双方所能获得的效用分配值 $(V_1, V_2)$。

上述研究者建议，婚姻所产生出的效用分配值能够通过一个对称的纳什协商解获得，这个解包含的"恐惧点"就是离婚的后果。根据纳什议价理论，该家户的后果是基于效用可能性 $S$ 集的最大化 $(U_1-V_1)(U_2-V_2)$ 为效用分配值 $(U*_1, U*_2)$。纳什协商理论做出一个有趣的预测：影响单身人士的效用性社会变革，即使没有对家户的财政预算产生影响，也会影响到家户内部效用性的分配。相反，家户内部收入分配的变化明朗，如果未能改变单身人士的"恐惧点"，也就不会对家户内部的效用性分配产生任何影响。

雪莉·卢德伯格和罗伯特·波拉克③提出一个替代性纳什协商模型。他们提出，不少婚姻显示，与纳什协商解相关的"恐惧点"不是离婚，而是一种"非合作"的婚姻，貌合神离的夫妻将向"以全社会承认和鼓励的性别角色为基础的分工"回复。卢德伯格和波拉克建议使用他们的模式，如果政府的婴儿补贴是支付给夫妻双边亲属的妻方家户，而非夫方家户，"恐惧点"的转变将有利于妻方。因此，家户内部合作性协商结果可能更有利于妇女。相反，在离婚恐惧模式下，如果夫妻离异后接受的津贴无所变化，则夫妻未离异时无论哪一方接受福利补贴的改变，对效用性分配都不会产生影响。

2. 纳什非合作协商理论

恐惧点究竟是离婚，一如马申舍、布兰拉、迈克伊罗尔和霍妮提出的观点？还是非合作的婚姻，一如卢德伯格和波拉克所指出的？恐惧点取决于夫妻任何一方能否结束婚姻，以及离婚需要双方同意还是法院裁决。纳什关于非合作协商解的公理，不能直接引导我们在婚姻中选择合适的协商恐惧点，但是，近来对协商论的非合作基础的研究不仅为纳什协商解提供了更有说服力的根据，而且对选择合适的恐惧点提供了有效的洞见。

---

① Marilyn Manser and Murray Brown, "Marriage and Household Decision Theory – A Bargaining Analysis", International Economic Review, vol. 21, No. 1, 1980, pp. 21~34.

② Marjorie McElroy and Mary Horney, "Nash – bargained Decisions: Toward A Generalization of Demand Theory", International Economic Review, vol. 22, No. 2, 1981, pp. 333~349.

③ Shelly Lundberg and Robert Pollak, "Separate Spheres Bargaining and the Marriage Market", Journal of Political Ecomony, vol. 101, No. 6, 1993, pp. 998~1 011.

埃瑞尔·拉宾斯坦①为婚姻当事人设想出一种形式广泛、周期多样、在双方观点一致基础上切蛋糕的协商博弈论。在某个时期，随着时间的推移，两位当事人交替提出分配蛋糕的方案。每位当事人 $i$ 都没有耐心通过因数 $\delta_i < 1$ 来折算未来的效用性，因此，表达当事人 $i$ 在 $t$ 时期内得到 $w$ 份蛋糕的公式是 $w\delta_i^t$。拉宾斯坦证实，由于双方提议的间隔很短，子博弈中唯一完美的均衡是让首次分蛋糕的当事人 $i$ 的份额为 $\alpha_i = \delta_i / (\delta_1 + \delta_2)$。抽象地说，若当事人 $i$ 从 $t$ 时期内得到的 $w_i$ 份蛋糕为 $u_i(w_i)\delta_i^t$，此处 $u_i$ 是凹函数，那么，唯一完美的均衡是能够最大化的"广义纳什均衡"的分配，即 $u_1^{\alpha_1} u_2^{\alpha_2}$ 关于效用可能性的集为 $\{[u_1(w), u_2(1-w)] \mid 0 \leq w \leq 1\}$。如果两位当事人的协商机会平等，该结果与对称性纳什均衡的恐惧点为 (0, 0)。

肯·宾摩②把拉宾斯坦的模型扩展到每位协商人有权使用一个"外部选择"的场景。除了每位当事人 $i$ 有权在任何时候中断协商并获得 $m_i$ 份蛋糕的收益之外，宾摩的模型与拉宾斯坦的相似，包含着另一位当事人没有获得蛋糕的场景。考虑到没有外部选择的婚姻博弈结果与带有恐惧点 (0, 0) 的纳什合作均衡相同，或许会有人推测，外部选择的结果可能会将恐惧点移至 $(m_1, m_2)$。宾摩表示这不是答案。在带有外部选择的婚姻博弈中，子博弈唯一完美的均衡是第一时段效用可能性分配 $(u_1, u_2)$ 的一个协议，也就是使最大纳什积 $u_1^{\alpha_1} u_2^{\alpha_2}$ 的效用可能性集合 $\{[u_1(w), u_2(1-w)] \mid 0 \leq w \leq 1\}$ 服从于对每位当事人 $i$ 的约束 $u_i \geq m_i$。总之，这个协商解与效用可能性集的最大化 $(u_1 - m_1)^{\alpha_1} (u_2 - m_2)^{\alpha_2}$ 并不相同，后者是把恐惧点转移成结果 $(m_1, m_2)$。

3. 纳什非合作协商理论与婚姻效用的分配

在不少结过婚的人看来，要说夫妇协商家事纷争是迫于他们对离婚的恐惧，有些天方夜谭。因为，当夫妻中一方提出解决家事纷争的方案，另一方不同意时，并不必然地导致离婚。代之而起的很可能是刻薄的言辞和继续翻旧账，直至一方提出下一个解决方案。如果夫妻互不相让，彼此骚扰，家无宁日，可能会出现比一方或者双方提出离婚更糟的结果。但离婚对双方都是得不偿失的，恢复感情需要旷日持久的协商。

拉宾斯坦－宾摩模型运用于婚姻时，给上述推测提供了形式上的支持。该模型断定，只要按照夫妻维持婚姻比结束婚姻更有利的方式分配得自婚姻的收益，离婚的恐惧便不足为虞。于是，夫妻继续打嘴巴仗，随着姗姗来迟的和谐局面，相应的建议也就提到桌面上来。这里我们将介绍拉宾斯坦－宾摩模型在一个高度简单的家户中的运作情形。

假设一对夫妻期望终生在一个相对固定的环境里生活，他们各自按照每段时期内相同的打折因数 $\delta$ 折算未来的效用性，每段时期内，效用可能边界的集是 $\{(u_h, u_w) \mid u_h + u_w = 1\}$，这里的 $u_h$ 和 $u_w$ 分别代表夫妻各自的效用性。每人有个形式为跨期效用的函数 $\sum_{t=0}^{\infty} u_t \delta^t$。在夫妻没有达成和谐，依然维持婚姻的任何时段内，夫将获得效用性 $b_h$，妻获得效用性 $b_w$，且 $b_h + b_w < 1$。若夫妻有一方提出离婚，而且他们即将离婚，则夫将获得永久的效用性 $m_h$，妻获得永久的效用性 $m_w$，且 $m_h + m_w < 1$。

夫妻交替提出切实可行的效用性分配。为了更具体地说明情况，我们假设妻首先提议，且她的提议为效用性分配值 $(u_h, u_w) > (m_h, m_w)$。夫要么接受妻的提议，要么拒绝妻的提议，提出反建议，或者拒绝提议并要求离婚。如果夫接受提议，那么家户中的效用性分配值将是 $(u_h, u_w)$，而且在随后的每段时期内将维持原状，除非在今后的若干时段内，夫改变想法，决定回绝妻提出且已经兑现的提议 $(u_h, u_w)$。由于这是一个静态模型，如果夫在第一时段内接受了提议，在接下来的每个时段内，他将不维持原状。若夫拒绝提议，提出离婚，他将在未来的时段内获得效用性流量 $m_h < u_w$。因此，假如拒绝提议的唯一方法是离婚，那么，妻将从婚姻中取得全部利润，夫的效用性仅与他离婚

---

① Ariel Rubinstein, "Perfect Equilibrium in a Bargainging Model", Econometrica, vol. 50, No. 1, 1982, pp. 97~109.

② Ken George Binmore, "Bargaining and Coalitions", in al in Roth, editor, "Game Theoretic models of Bargaining", Cambrige University Press, 1985, pp. 259~304.

后获得的效用性相等。但是,夫有其他办法拒斥妻的提议,并在下一个时段内提出建议。必须达到以下的条件才能均衡:夫在拒绝妻的提议以及等待自己获得反提议的机会后,没有更好的事情可做;妻的提议至少要让夫感到对他自己有益,也就是说,妻提出使夫乐意考虑的条款,而这些条款与夫可能提出的反建议并无太大差别,夫妻对离婚的恐惧便不足为虞。该效用性分配的进程将有一个独特的平衡,其中妻获得 $b_w$,外加来自协议 $1-b_h-b_w$ 的部分总收益 $1/1+\delta$,夫则获得 $b_h$,加上来自协议 $1-b_h-b_w$ 的部分总收益 $\delta/1+\delta$,如果妻子获得第一时段提议的机会,均衡公式为:

$$(\bar{u}_h, \bar{u}_w) = \{b_h + \delta\frac{(1-b_h-b_w)}{(1+\delta)}, b_w + \frac{(1-b_h-b_w)}{(1+\delta)}\}$$

当 $u_h > m_h$ 且 $u_w > m_w$,那么离婚的恐惧对夫妻双方都不足为虞,该算式的解为 $(u_h, u_w)$。若 $u_i < m_i$,则离婚恐惧与个人 $i$ 攸关,并且一如宾摩的观察,唯一的均衡结果是个人 $i$ 获得效用性 $m_i$,个人 $i$ 的配偶获得效用 $1-m_i$。

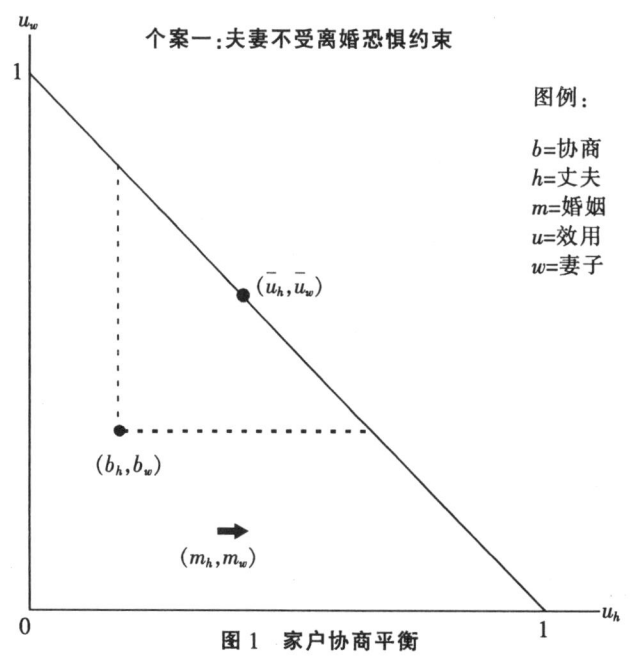

图 1  家户协商平衡

如果提议和反提议间隔的密度很小,两次提议之间的贴现率几乎为零,故 $\delta$ 接近于 1。在 $\delta$ 接近于 1 和离婚恐惧无虞的限度之内,来自合作的婚姻(而不是非合作的婚姻)的收益将得到平均分配。故在这个限度内,提议与反提议的间隔密度变小,均衡的情形接近下面三个案例中的一种:

● 个案一(如图 1 所示):离婚的恐惧不足为虞。当 $b_h + \delta (1-b_h-b_w)/2 > m_h$ 且 $b_w + (1-b_h-b_w)/2 > m_w$,则结果为 $(u_h, u_w) = [b_h + (1-b_h-b_w)/2, b_w + (1-b_h-b_w)/2]$。从图 1 可见,点 $(\bar{u}_h, \bar{u}_w)$ 是效用可能性边界上的点,这条边界分割 $(b_h, b_w)$ 正上方的收益。此处展示的事例如下:单一时段内的非合作婚姻与离婚相比,对丈夫而言效果是比较差的,而对妻子则是比较好的;协商均衡 $(\bar{u}_h, \bar{u}_w)$ 与离婚相比,对夫妻双方都是比较好的。通过该案例可以看出,对夫妻双方而言,不但单一时段内的非合作婚姻比离婚更糟(或者更佳),而且,基于非合作恐惧点的均衡也比离婚更好。实际上,要找到这样的例子是有可能的。

● 个案二(如图 2 所示):丈夫对离婚有虞,妻子则无虞。若 $b_h + (1-b_h-b_w)/2 < m_h$,该情形便可发生。该案例的解是:$u_h = m_h$ 且 $u_w = 1-m_h > m_w$。对处于这一境况中的丈夫而言,不仅非合作婚姻比之离婚的结果更差,而且从非合作的均衡中所能发现的均衡,犹如恐惧点一般,比离婚的结果更糟。在这个案例中,丈夫对离婚和保持婚姻抱无所谓的态度,妻子掌握的效用为 $1-m_h$,这便是均衡的结果。

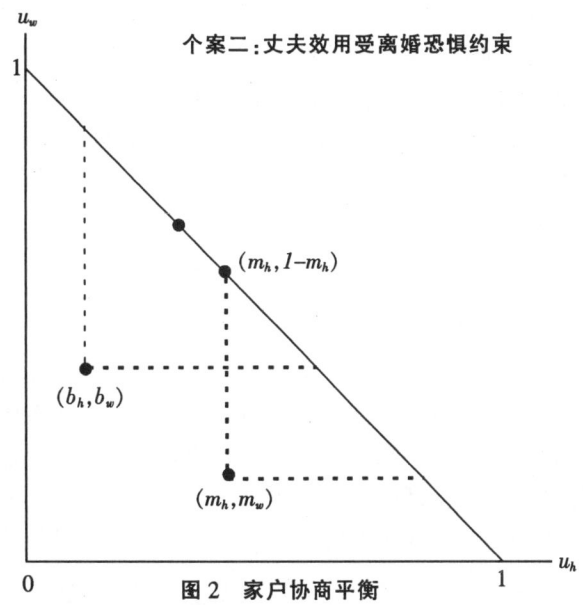

图 2 家户协商平衡

●个案三：离婚对妻子有虞，丈夫则有恃无恐。若 $b_w + (1 - b_h - b_w)/2 < m_w$，这种情形便可发生。该案例的解是：$u_w = m_w$ 且 $u_h = 1 - m_w > m_h$。

个案一的解与卢德伯格和波拉克的合作协商解相符，两个解的恐惧点都不是离婚，而是非合作婚姻。个案二和个案三的解则与离婚恐惧有关，但应注意，它们的解完全不是默里·布兰拉、迈克伊罗尔和霍妮模式所预测的。在夫妻维持婚姻比结束婚姻效果更佳的事例中，均衡是计算出来的，而且，恐惧点与其说是离婚，不如说是翻烧饼式的争吵——夫妻针尖对麦芒。离婚效用的微小变化不影响家户协商的结果。在与离婚恐惧点相关的案例中，唯独不会用离婚恐惧协商论的方式来均分婚姻产生的利益。这时，夫妻一方满足于所有既得利益，另一方则对离婚或者过单身生活抱无所谓的态度。

在某些观察者看来，提议与反提议这一奢华的经济学模型没有反映家庭的真实矛盾。但在现实主义的方向上，拉宾斯坦的规范化协商模型更加宽容，也没有改变事件的主要结果。宾摩表示，从质量上说，相同的结果是从一个提议遭到否决，当事人又随意地提出另一个建议的时间长度当中获得的。此外，为当事人加入死亡的常数，而不明显改变模型的可能性也是题中之意。再者，对于拉宾斯坦完美而简单的结果而论，静态的模型似乎是必要的。但这种静态缺乏作为模型应有的对孩子长大，离开家庭，随着年龄的增长，距离死亡的可能性增大等变化的描述能力。因此，对拉宾斯坦的精辟结论多了解一点，以利理解现实的家庭模型是有裨益的。

4. 婚姻效用的协商分配与婚姻市场

满意的配偶协商理论应该同婚姻市场理论相结合。如果可以办到，我们就来考虑一个极其简单的婚姻市场模型，以便探讨其中的相关问题。该模型包含一个幼稚的假设——男女结婚后，将与其他夫妻一样处于相同的效用可能性界限。任何两位同性别者的唯一不同之处，是他们过单身生活时所取得的效用。

假设每对夫妻的效用可能性界限包含全部效用分配 $(u_h, u_w)$，结果是 $u_h + u_w = 1$，而且男女有一个持续空间。令 $F_h(u)$ 为人群中保持单身效用小于 $u$ 的男性人数，且令 $F_w(u)$ 为人群中保持单身效用小于 $u$ 的女性人数。假设这些分配函数遵守严格的增长性和持续性，且 $F_h(0) = 0$，$F_h(1) > 0$，且 $F_w(u) > 0$。

结婚之际草拟一份协议，决定成家之后的效用分配，照章执行。果然如此，便存在一个独特的均衡效用分配 $(u_h^*, 1 - u_h^*)$，其结果是渴望结婚并获得效用 $u_h^*$ 的男性人数与渴望结婚并获得 $u_w^* = 1 - u_h^*$ 的女性人数持平。当夫妻的效用分配为 $(u_h, u_w)$ 时，男性渴望结婚的供给量是 $F(u_h)$，女性渴望结婚的供给量是 $F(u_w)$。唯一均衡效用分配 $(u_h^*, u_w^*)$ 可以通过方程式 $F_h$

$(u_h *) - F_w (1 - u_h *) = 0$ 求解。

现在来考虑一个更为现实的例子，夫妻不论谁都可以许诺，让人相信他们的婚姻包含一个效用分配。假设婚姻内部的效用分配受拉宾斯坦-宾摩的非合作协商模型决定。令夫妻任何一方在未达成共识期间的效用分配为 $(b_h, b_m)$，且设提议与反提议的间隔极其短暂。那么，正如我们的非合作协商模式所预测的，所有婚姻的效用分配将大抵如下式：

$$(\bar{u}_h, \bar{u}_w) = \{b_h + \frac{(1-b_h-b_w)}{2}, b_w + \frac{(1-b_h-b_w)}{2}\}.$$

假设婚姻被赋予了这样的效用分配，渴望结婚者中，男性人数为 $F_h(\bar{u}_h)$，女性人数为 $F_w(\bar{u}_w)$。注意到没有理由指望 $F_h(\bar{u}_h) = F_w(\bar{u}_w)$ 是有意思的。因此，总体上要么娶妻的男性多于女性，要么情况相反，嫁夫的女性多于男性。婚姻内部无力预先承诺效用分配，与商品市场的固定价格具有异曲同工的作用。例如，假若婚姻内部均衡协商的效用分配引起过度的娶妻需求，那么在当前的婚姻条件下，渴望结婚的所有妇女都能嫁出，但是，有些渴望结婚的男人娶不到妻子。为了获得妻子，一个男人将会提供高于当前均衡效用的优惠条件。如果他的承诺可信，就能从当前愿意保持单身的妇女中吸引到自愿者。不过一个女人懂得，一旦结婚，夫妻便开始一场协商博弈，不可避免地导致其他所有已婚妇女喜爱的均衡效用。

必须提到婚姻效用分配的两个著名理论。一个是由戴维·戈尔和劳埃德·夏拍莉[1]发展的稳定婚姻算则；另一个是线性规划分配模型，由田林·枯普曼斯和马丁·巴克曼[2]首先介绍到经济学，再由贝克尔[3]应用到婚姻市场的。这两个模型都比上面提到的效用分配实例广泛得多，因为这两个模型都承认优先排列潜在的婚配对象时出现的差别。戈尔-夏拍莉的理论不承认"选票交易"，因而也没有协商婚姻条件的可能性。分配问题承当起可转移的效用，并承认只要成为夫妻，就要履行各种可能的效用分配婚约。也许能够将以非合作婚姻为恐惧点的协商模型运用到方才的两个模型所设想的广阔环境。对任何可能的婚姻而言，以非合作婚姻为恐惧点的协商模型包含一个独特的，三因素所决定的效用分配。这三个因素是：效用可能性边界、夫妻任何一方的时间折算率，以及夫妻即使未完全履行婚约，但仍然维持婚姻，从而效用分配得以存在。因此，合适的模型将如戈尔-夏拍莉的原生模型一样，每人分配一个固定的效用给每个可能的对象，效用不会因为提出不同的婚姻条件而改变。

## 五、结　论

首先，从多偶制婚姻家庭的传递逻辑，我们已经看到人的生物属性和社会属性在婚姻家庭中的作用，并大体了解了多偶制的内在逻辑和传递类型。可以说，婚姻家庭形态和其传播类型永远是多样的，而不会趋于单一；它们是觅母的拷贝形式，并在生理上享有基因的定向性。因此，婚姻家庭的发展是自然历史过程，对民族地区某些类型的传统婚制不应求变过急。

其次，家庭文化特质的三种基本传递方式不仅存在于家庭文化特质综合体的不同层次，也应存在于其他文化特质综合体的内部。由于三种传递方式可以互相转化，更由于文化的垂直传递与基因的传递截面上潜在的重合点，在此切入，打通文理壁垒，架起沟通人文社会科学与生命科学的桥梁不无裨益，多门学科的联合，有望深化家庭文化特质传递方式的研究。

最后，来自经济学领域的博弈论，尤其是协商理论和婚配市场理论的新研究，为理解婚姻的形成、维持和分解贡献良多。本文主要探讨涉及一夫一妻制社会的求偶与婚姻。随着离婚更多地作为一个潜在的恐惧点，把这些论点和方法运用到当前我们的社会现实当中，将是一件甚为有趣的事情。

---

[1] David Gale and Lyoyd Shapley, "College Admissions and the Stability of Marriage", American Mathematical Monthly, vol. 69, 1962, pp. 9~15.

[2] Tjalling Koopmans and Martin Beckmann, "Assignment Problems and the Location of Economic Activities", Ecometrica, vol. 25, No. 1, 1957, pp. 53~76.

[3] Gary Becker, "A Treatise on the Family", Cambridge, Ma: Harvard University Press, 1981.

# 整体观视野下的"偷婚"习俗解读
## ——以云南迪庆州德钦县奔子栏村为例[①]

**李志农　陆双梅**[*]

**摘　要**："偷婚"作为云南藏区至今仍普遍存在的婚姻习俗，因为承载着迪庆藏族传统的价值观、道德观，所以形成了有别于其他民族的独特的偷婚特征，由于其具有满足本民族在伦理道德、经济生活、个人感情等多方面的社会功能而得以被接受和传承。

**关键词**：整体观；偷婚；藏族；奔子栏

## 一、引　言

偷婚，[②]又被称为"抢婚"、"掠夺婚"、"抢劫婚"、抢妻、抢亲、偷姑娘等等，古时也称夺室、师婚、夺亲、劫亲等等，[③]是一种在部分少数民族中广泛存在的婚姻习俗，其定义通常是指男方通过抢劫妇女来缔结婚姻关系。就抢婚的形式而言，有三种类型，一种是暴力型抢婚，即在不征得对方同意情况下通过暴力方式的强制性抢婚，如土族的抢寡妇风俗；一种是以苗族、傣族、哈尼族、阿昌族为代表的默契型抢婚，即当事人双方达成默契，利用抢婚风俗来达到在正常的情况下无法实现的目；还有一种就是模拟古代的抢婚形式的伴仗式抢婚，即把抢婚作为一种结婚时必须进行的游戏，充满了喜庆气息的一种嫁娶仪式中的娱乐活动，如傣族和佤族的抢婚大多属于这一类型。就笔者查阅到的文献，云南少数民族中存在抢婚习俗的有：彝族、哈尼族、阿昌族、傣族、纳西族、佤族、傈僳族、苗族、壮族、白族、景颇族等 11 个民族。

2008 年 1 月和 8 月，"中国少数民族村寨三十年变迁——藏族"课题组在云南省迪庆藏族自治州德钦县做田野调查，在调查中我们发现，目前在云南省迪庆藏族自治州德钦县境内，仍普遍存在一种被当地人称为"那玛格"（藏语，偷媳妇之意）和"巴斯格"（藏语，偷姑爷之意）的偷婚习俗，而与大量有关抢婚（偷婚）习俗文献记载[④]不同的是：云南藏区偷婚习俗不仅男偷女，女偷男的案例也不在少数。这种在文献记载中仅有布朗族有女偷男的案例的习俗引起了我们的兴趣，我们以云南省迪庆藏族自治州德钦县奔子栏乡奔子栏村为田野点，采用文化人类学深度访谈的方法，随机抽样梳理

---

[①] 本文为云南省教育厅科学研究基金项目"云南藏区多偶家庭的人类学思考"的成果之一。

[*] 李志农，云南大学西南边疆少数民族研究中心副研究员；
陆双梅，云南师范大学文学与新闻学院讲师。

[②] 在查阅大量相关文献后发现，大部分文献都只有各民族"抢婚"习俗的记载，较少文献将偷婚与抢婚作了区别介绍。对"抢婚"习俗进行专门性研究的《抢婚》一书，则将"偷婚"视为"抢婚"的一种："偷亲、私奔之类的婚姻形式也具有否定婚姻交换原则的特征，因此也可列入抢婚范畴。"本文采用《抢婚》一书的观点，将奔子栏的"偷婚"列入"抢婚"的范畴。

[③] 参见张玉玮：《论中国古代抢婚文化》，载于《东南文化》，2006 年第 6 期。

[④] 大量关于抢婚习俗的文献记载反映的所抢对象皆为女性，而属于女子对于男子抢婚遗存的案例则较为少见，仅见布朗族。参见《中国少数民族风俗丛刊 风情奇趣录——颜思久：布朗族的恋爱与婚姻》，昆明：云南民族出版社，1982 年版，第 76 页。

了这些家庭数代人的"偷婚"故事，取得基础性的第一手资料，为研究偷婚习俗提供了较为可靠的田野调查资料。调查结果显示云南藏区偷婚习俗不仅承载着迪庆藏族的价值观、道德观，从而形成了有别于其他民族的独特的偷婚特征，同时，作为一种追求婚姻自由、逃避繁重婚礼负担、调整社会关系的有效手段也具有重要的社会功能。

笔者调查的偷婚习俗发生在世界自然遗产"三江并流"的腹心地带，青藏高原东南缘迪庆高原金沙江畔西岸的奔子栏，距香格里拉县城81公里，距德钦县城103公里，奔子栏全村有22个自然村，由于全村呈从河谷地区到高寒山区的纵向分布，因而形成了以农业和半农半牧并举两种基本生计方式。全村共有550户，人口3 109人，如果以居住人口的民族构成来看，藏族占99%以上，是一个典型的藏族村。但由于奔子栏自古以来就是由滇西北入藏或进入四川的咽喉之地，是茶马古道重镇，因此，在村中又有为数不少的因经商、从军或随马帮而滞留下来的四五代以前大理、丽江等地迁入的白族、纳西族和汉族等，这些人的后代在民族成分上已改为藏族，但在丧葬、宗教信仰、姓氏等方面仍部分保留着本民族的习俗，形成了这一地区多元文化交融的民族文化特征。

## 二、"偷婚"习俗的家庭讲述

从我们对德钦县奔子栏行政村22个自然村的调查中发现，从上至78岁的老人到下至19岁的年轻人，以偷婚方式缔结婚姻关系在奔子栏地区普遍盛行，在梳理奔子栏村部分家庭的偷婚故事后，我们发现，通过偷婚形式缔结婚姻关系在云南省迪庆州德钦县奔子栏村有深远的历史传统，并已成为自由恋爱的青年男女争取婚姻自主、逃避繁重婚礼负担的重要手段。

例如，在仅有15户人家的奔子栏村白仁社中，几乎家家户户都有被偷来的媳妇或女婿，无论男女大多数人也都有帮忙偷婚的经历。现年78岁的白仁村次卡尼玛（男）老人向我们讲述了他家四代人的偷婚故事，在其家族可记忆的4代人28对婚姻中，通过偷婚方式缔结婚姻关系的就有4对，占1/7。如图1所示：

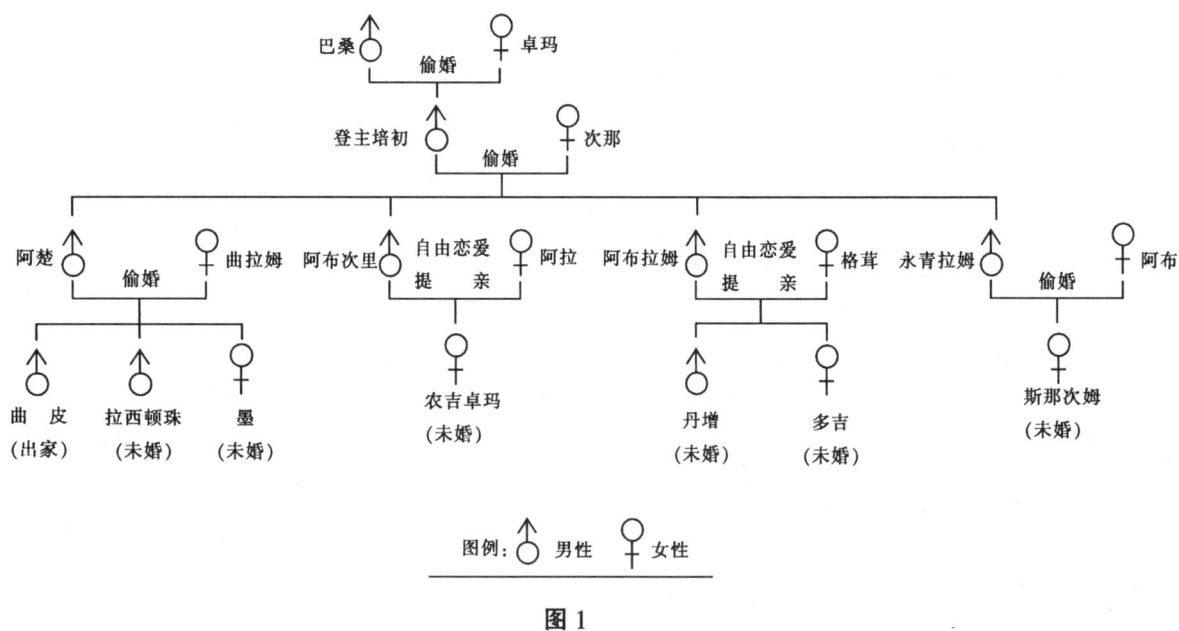

图1

在格浪水村，现年39岁村民次里农布（男）讲述的他家五兄妹的两代人婚姻史，向我们勾勒了这一地区偷婚习俗的普遍性特征。如图2所示：

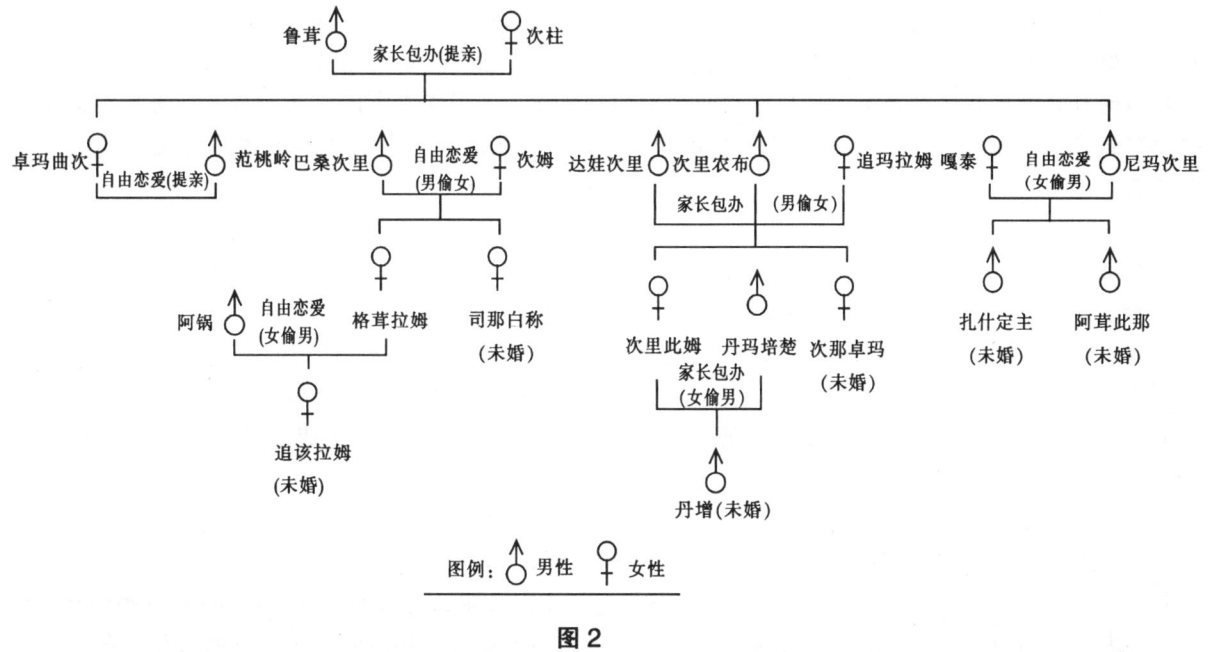

**图 2**

从图 2 中可见，在次里农布家五兄妹的 5 对婚姻中，透过偷婚缔结婚姻关系的就有 4 对，而在第二代已缔结婚姻关系的 2 对婚配中，全部是通过偷婚形式缔结婚姻关系。

## 三、奔子栏"偷婚"习俗的基本特征

**1. 劫夫型偷婚与劫妻型偷婚同时并存**

在我国编辑出版的有关辞书及有关抢婚习俗的学术论文中，对偷婚的定义都只侧重于男子抢女子即劫妻型抢婚，而极少有女方抢男方的案例，而在迪庆藏区的偷婚习俗中，并不乏劫夫型抢婚即女方抢男方的例子，而且实施偷婚的女方，往往是不仅自己去偷，甚至其父母也往往是偷婚的参与者。

如图 2 所示，奔子栏村格浪水村民小组村民次里农布家两代人六对通过偷婚缔结婚姻关系的家庭中，就有 3 对女偷男的案例，次里农布向笔者讲述了三例女抢男的偷婚故事。

**案例一**：次里农布的四弟尼玛次里被相邻的尼西乡姑娘嘎泰约到上桥头（格浪水附近的一个村子）看电影，之后，被嘎泰姑娘及其陪同以去尼西玩为由偷到了姑娘家。第二天，姑娘家请了一个能说会道的人带来一块坨茶、一壶酒、一个哈达①来说媒，家里人才知道尼玛次里被偷了，次里农布和另外两兄弟赶到女方家了解家庭情况，认为女方家的经济比较贫困，三兄弟都不同意弟弟的婚事，但四弟本人却执意留下。三兄弟返回家后，媒人又带着礼物第二次来说媒，经过母亲的同意，三兄弟答应了婚事。

**案例二**：次里农布与哥哥达娃次里以偷婚的方式偷得奔子栏乡咱归村的追玛拉姆，组成一妻多夫家庭，婚后育有次里此姆和次那卓玛两个女儿。大女儿成年后，按照迪庆藏族长子（女）当家的习俗，次里农布决定为女儿物色一个丈夫。一次，次里农布到奔子栏乡的叶日村做客时见到了叶日村的小伙子丹玛培楚，对小伙子各方面的情况都很满意，便请同在叶日村的亲戚向小伙子说明了他家及大女儿的情况，小伙子在没有见过次里农布大女儿也没有到女方家了解情况的情况下同意了婚事，与女方家商定好一个吉日和约定见面的地址，次里农布带着女儿以及女儿的两名同伴，花了 100 元钱包了一辆面包车把小伙子偷了回来。次日，才又请家中亲戚上男方家说媒求婚。

---

① 按照当地的风俗，媒人说媒一般就带茶、酒、哈达三样东西，如果同意婚事，就将礼物收下。否则就拒收礼物。

案例三：次里农布的哥哥巴桑次里和嫂子次姆婚后育有格茸拉姆和司那白称两个女儿，嫂子次姆在白仁做客时与外村的小伙子阿锅相识后，就把她的大女儿格茸拉姆介绍给了阿锅相识，几天后，格茸拉姆的母亲与阿锅经过商定，约定了偷婚的时间和地点，由次里农布以及侄女格茸拉姆及其女伴一起把阿锅"偷"回了家。次日，次里农布带着一坨茶、两瓶酒和一个哈达到男方家提婚，男方父母同意后，选定吉日成婚。

2. 以默契型偷婚为主的偷婚类型

奔子栏藏族"偷婚"习俗既不同于具有掠夺性真抢性质的抢婚，即"如果某一个小伙子看中某一姑娘，他无须通过姑娘本人的同意，即只要告诉自己的父母，并邀集伙伴……将姑娘抢走"，[①] 也不同于为增加婚礼喜庆气氛而模拟古代抢婚习俗的佯战式抢婚，而属于默契型抢婚类型，一般情况下被偷者为知情人，被偷者往往是在亲朋甚至是父母知情的情况下与对方达成默契后主动赴约主动被"偷"的。

案例四：现年65岁的奔子栏村长白马多吉告诉我们，他年轻时候是全乡有名的民兵连长，管着全村80多个民兵，1958年中央慰问团来迪庆访问时还专门为中央首长表演过藏族舞蹈，1968年，当时为各龙四社会计的白马多吉与位于奔子栏坝区角玛村的姑娘安宗玛恋爱，安宗玛的父母以白马多吉家位于奔子栏山区自然条件差、生活艰苦为由不同意两人的婚事。白马多吉与安宗玛约好时间、地点，在双方朋友的护送下把姑娘带到了家里。次日请家中的有威望的亲戚去女方家说媒。

案例五：巴桑次里的母亲和书松村的次姆姑娘的父亲是表兄妹。两位老人有意让双方的子女结亲，但是担心次姆的母亲不同意。于是征得次姆姑娘的同意，在她从白仁到格浪水做客时让她与巴桑次里见面，两人商量好偷婚事宜，并约定在奔子栏村的歌舞厅里见面。到约定的时间，次姆带着一个女伴，巴桑次里带着一个男伴，四人在歌舞厅见面后，巴桑次里将次姆"偷"到家里。第二天，请了本村的一个德高望重的老人带了坨茶、酒和哈达到次姆家说媒，次姆的父母答应了婚事。之后，次姆便一直留在了男方家与巴桑次里的母亲同住，直到成婚。

3. 在传统道德约束下的偷婚行为

在对奔子栏部分以偷婚方式缔结婚姻关系的家庭的走访中我们了解到，在奔子栏的偷婚习俗中，严格保留着最终缔结婚姻关系必须征得被偷婚者父母同意以及在未举行婚礼之前偷来的媳妇与男方母亲同宿或单独住宿，男方不得与被偷者同房的传统习俗。通常情况下，实施偷婚行为的一方，往往在偷婚前就已请好家族中能说会道的亲戚，一旦偷婚成功，立即请此人于次日向被偷婚一方父母提亲说媒，成婚后，偷回来的媳妇或女婿并不会因为非"明媒正娶"而受歧视，而被偷者如父母不同意婚事，或被偷者不愿意，并不得强迫被偷者成婚，而必须无条件放人。

## 四、奔子栏偷婚习俗还原的藏族传统文化特征

1. 从夫居与从妻居并存的传统习俗

在调查中我们发现，在奔子栏的偷婚习俗中，无论男偷女还是女偷男，偷婚者往往在偷婚前都打听好对方是否是长子，严格都遵循不偷长子（女）的规则，因为按迪庆藏族的传统，实行长子（女）继承制，而次子（女）则要离开父母，或出家或嫁人，家中最大的孩子，不分男女均娶妻（婿）留在家中，逐渐成为当家人，继承家业。而对嫁进来的女婿，社会舆论则普遍持一种肯定和赞许的态度，在家庭和社会上的地位上并没有什么区别。而对娶进来的媳妇还是上门来的女婿，都统称为"嫁"，对嫁进来的女婿在老人在世时，由老人说了算，老人去世后，该男子往往取代老人成为家中的当家人。正是由于在奔子栏地区从夫居与从妻居并存的传统习俗，使得在这一地区形成了对嫁进来

---

① 陈克进：《从原始婚姻家庭遗俗看母权制向父权制的过渡》，《民族研究》，1980年第1期。

的女婿并无偏见的文化传统,这在一定程度上也成了男偷女、女偷男偷婚习俗并行的重要原因。

2. 尊敬长辈的文化传统

"藏族是一个具有悠久历史和文化的民族,讲道德、尊礼仪、守诚信是藏民的优秀传统。在长期的发展过程中形成了人与人、男与女、长与幼、僧与俗、官与民之间的有机整合,在人伦关系上讲究'长幼有序、官仆之分,主奴有别',长期以来形成了有关尊老爱幼、待人接物、婚丧嫁娶等方面一整套的道德规范和伦理概念。"① 云南迪庆藏区与其他藏区一样,老人或长辈受到尊敬和孝敬,凡尊敬老人、孝敬父母被视为崇高美德,凡对老人或父母不孝不敬,往往会遭到全村的嘲笑和谴责。这种文化传统体现在婚姻习俗上,表现为婚姻关系的缔结必须得到父母的首肯,婚礼的举办必须有父母参加等,因此,奔子栏"偷婚"习俗中偷婚次日必须到对方父母家中赔礼道歉提亲说媒,如不得到父母同意断然不能强行成婚的习俗,充分体现了藏族传统文化中对"长幼有序,敦睦亲族、敬事长上"的文化传统。

### 五、"偷婚"习俗的社会功能分析

文化传统是迪庆藏族"偷婚"习俗得以产生和发展的心理基础,而其所承载的社会功能则从实用角度被社会所接受并沿袭,正如马凌诺夫斯基所言:"每一个活生生的文化都是有效力功能的,而且整合成一个整体,就像是生物有机体。"② 概括起来,奔子栏藏族"偷婚"习俗有以下三大主要功能。

1. 逃避繁重婚礼负担,减轻男女双方家庭婚礼开支

藏族是一个非常讲究礼仪的民族,在整个婚礼过程中,无论是定亲迎娶还是待客接物,都有一整套复杂的礼仪规范和繁重的婚礼开支,一般而言,"偷婚"的婚事都较为简单和节俭,婚礼往往可以简办甚至不办,这样就极大降低了婚礼成本,减轻了因家庭经济贫困无力承担巨大经济支出的男女双方的经济负担。

习木格村民阿主向我们介绍了12年前他的婚礼的情况:

在提亲前,我要把女方的属相、年龄、家户名、人名告知活佛或职业占卦人确定问卦。问卦认为是吉祥后,由一位亲戚带一条哈达和一块坨茶、两瓶酒,前往对方家中求亲,得到对方父母同意后,请了活佛选一个吉日,确定订婚日期,再带一条哈达和一块坨茶、两瓶酒等礼物到女方家订婚,之后双方准备婚礼。整个婚礼分送亲婚礼和迎亲婚礼两部分,无论是送亲婚礼和迎亲婚礼,新娘和新郎家往往要为村里乡帮和内帮③的乡亲提供三四天一日三餐的伙食,为客人提供一至两天的一日三餐伙食,包括猪肉、牛肉、鸡、鱼、蔬菜和烟酒、饮料等,例如,我的婚礼,第一天有七八十人吃饭,第二天有约二百人,第三天有约四百人,第四天有七八十人,加上当地婚礼结束后带饭菜走的习俗,光在饮食支出上就花费了一万六千多元,而客人挂礼又非常有限,亲戚大部分只是五六十元左右,乡帮的也就是一二十元。因此,举办婚礼成为家庭巨大的经济负担。

而按照奔子栏传统习俗,偷婚偷来的媳妇或女婿,婚礼往往可以简办。据村民介绍,在过去,由于生活的普遍贫困,通过偷婚方式缔结的婚姻关系往往不办婚礼,即便今天,婚礼也办得非常简单。例如白仁村民追主通过偷婚方式与外村姑娘斯那拉姆结婚,婚礼只花费了一簸箕核桃和50斤酒。

2. 自由恋爱男女争取婚姻自主的重要手段

奔子栏藏族传统婚姻,一般是以"父母之命,媒妁之言"为主要形式,父母对子女婚姻的包办,往往不是基于子女感情的考虑,更多的却是衡量对方的经济状况或家世门第等。青年男女即便相爱如

---

① 杨士宏:《藏区习惯法的文化内涵》,《西北民族研究》,2003年第3期。
② 黄淑娉、龚佩华:《文化人类学理论方法研究》,广州:广东教育出版社,1998年版,第118页。
③ 乡帮即同村的人来帮忙,内帮即亲戚来帮忙。

果得不到父母的同意，也往往难以成婚，而在传统习俗中，如果子女被偷，父母往往都同意婚事，一则是因为这是祖辈传下来的习俗，二则是被偷过的人，不论男女，如未能成婚，尽管一般而言不会影响其日后的婚嫁，但往往会被社会舆论认为是不吉祥或不吉利的事情。所以，面对子女被偷的事实，很少有父母不同意的情况。因此，通过偷婚方式争取婚姻自主成了自由恋爱男女追求婚姻自由的主要方式。

例如图2所示的五对偷婚案例中，因父母反对而采取偷婚方式缔结婚姻关系的就有3对。近年来随着奔子栏村民经济收入的大幅度提高，因无力支付繁重婚礼开支而偷婚的情况正在逐渐减少，而通过偷婚形式实现婚姻自主已成为当地青年男女偷婚的最主要动机。

3. 调整社会关系的功能

自由恋爱的青年男女，往往因父母的反对轻则是与父母关系不和，重则造成殉情惨剧的发生。"偷婚"习俗作为一种缔结婚姻关系的手段，扩大了青年男女追求婚姻自主的可能性，同时还以迂回的方式解决了父母与子女关系中可能出现的冲突。而在奔子栏"偷婚"习俗中，偷婚者在"偷婚"的次日，必须请家族中有一定地位能说会道的长者到被偷者家登门致歉，表示"你家姑娘（儿子）被偷了，非常对不起"等，而实施偷婚的一方的父母为避免双方父母的正面冲突，以免日后子女成婚后造成的尴尬，往往只是在家等候，不参与提亲过程。这样一来，就为提亲提供了较为宽松的人际氛围，哪怕被提亲一家在第一次见面时，言辞过于激烈，也还存在一个可以缓和与再次沟通的空间。我们在田野的过程中，也接触到多个偷婚案例都是经过多次提亲才最终成功的。因此，奔子栏"偷婚"习俗及其规则，既成全了相爱男女的婚姻自由，同时也给予子女与父母以及双方家庭的矛盾冲突一定的调和空间。

## 六、结　语

文化人类学功能主义学派认为，文化的功能是满足人类需要的东西，要从文化要素的动态性质中去研究文化的功能，功能的眼光就是一个整体的眼光，看事实在完整文化体系内占什么位置，各部分怎样相互联系，这体系又以何方式与周围的物质环境互相联系。也就是说，文化是一个整体，任何文化现象都扮演着特定的角色，都具有特定功能，研究任何文化现象都应置于文化整体中去考察。云南迪庆藏族的"偷婚"习俗作为一种民俗文化，其呈现的社会现象蕴涵并折射出其特有的文化元素，同时，由于能够满足当地藏民在经济、伦理道德、个人感情等多方面的社会功能而得以被接受和沿袭。

# 侗族村寨的空间结构及其文化蕴涵
## ——以广西三江高友侗寨为例

秦红增 梁园园*

**摘 要**：在田野调查与分析的基础上，通过广西三江侗族自治县高友侗寨，描述了侗族村寨自然生态空间的形成及文化空间的建构。认为侗族村寨空间结构的营造体现出了侗族人民对和谐人居环境的追求，村寨环境表现出自然美与人文美的有机统一。

**关键词**：侗族村寨；空间结构；文化解析；和谐

## 一、引 言

作为中国西南山地代表性的少数民族之一，侗族村寨文化有其独特的地域和民族特色。目前学术界对侗族村寨的研究，主要集中在以下几个方面：第一，运用历史地理学的理论视野，从侗族分布区域、发展历史来透析侗族村寨产生的历史背景、建筑布局及文化含义。如韦玉姣《三江侗族村寨的地理环境与民族历史变迁》（载《广西民族学院学报·哲学社会科学版》2002年第5期），蔡凌《侗族聚居区的传统村落与建筑研究》（中国建筑工业出版社2007年出版），顾静《贵州侗族村寨建筑形式和构建特色研究》（四川大学出版社2005年出版）等。第二，从技术、人文特征，以及分布格局与功能等，探究了侗族建筑的历史起源与民俗风情的关系，以及建筑的文化和审美内涵。如余达忠《侗族民居》（华夏文化艺术出版社2001年出版），张泽忠《侗族风雨桥》（华夏文化艺术出版社2001年出版），石开忠《侗族鼓楼》（华夏文化艺术出版社2001年出版），张柏如《侗族建筑艺术》（湖南美术出版社2004年出版），李长杰《侗族民间建筑文化探索》（载《建筑学报》1990年第12期），孙静《侗族鼓楼建筑艺术与鼓楼文化》（载《南方建筑》，1990年第2期）等。第三，对侗族村寨的综合研究。如吴浩主编《中国侗族村寨文化》（民族出版社2004年出版）等。该书选取了中国北部和南部侗族聚居的典型村落进行描述，从族源、姓氏、村寨建筑等方面介绍了侗族村寨文化。上述研究为人们了解侗族村寨分布格局提供很多材料，也为本文从人类学空间理论对侗族村寨进行探讨提供了借鉴。

从人类学空间视角来看，自然生态环境是一个村寨开展活动的基本空间，在其基础上开展的人的活动，才更具有文化分析上的意义。人类学相关空间研究主要集中在两个方面：一是探讨空间是否具有独立性。这一议题主要有两种看法，一种看法认为空间是先验的普遍存在，有其内部的独特逻辑，是不可化约的事实；另一种看法认为空间是社会的参考框架，并不存在独立于社会之外的客观空间。前者可以追溯到杜尔干（E. Durkheim）和莫斯（Marcel Mauss），他们从经验和认知两个方面阐述空间的独立性。但"'经验'和'认知'未必对应……致使他们的研究反而突出了经验的多样性"。[①] 到了埃文斯-普里查德（E. E. Evans - Pritchard）则深化了社会空间的认知方面，视空间的一个领域

---

\* 秦红增，云南大学西南边疆研究中心特聘研究员，广西民族大学学报编辑部主任、教授；
梁园园，侗族，中共上林县委组织部。

① 梁永佳：《地域的等级——一个大理村镇的仪式与文化》，北京：社会科学文献出版社，2005年版，第21页。

——地域为政治组织、宗族组织的平行领域。在其著作《努尔人》（The Nuer）中，他既分析了地域单位的互动，又考虑了社会空间在观念形态上的特质。他看到，努尔人有物理的、生态的、结构的三重空间。物理空间最为朴素和实在；生态空间"以人口密度及其分布状况界定"，并以自然资源为参照；结构空间则是"人群体之间的距离，它是以价值观来表达的"。①《努尔人》的贡献之一在于提出了空间的三个层面（朴素的经验空间、土著观念中的空间、研究者根据这些材料建构的空间）之间的相对独立性，从而落实了杜尔干和莫斯主张的"空间独立性"。②事实上，埃文斯－普里查德在《努尔人》中也谈到，在努尔人的社会中，时间与空间的关系联系紧密，在哪个时段、哪种场合进行何种活动，是约定俗成的，关键还在于人。这也从侧面上反映了空间是依附于"社会"而存在的。埃文斯－普里查德之后，更多的学者诸如施坚雅（William Skinner）、弗里德曼（Maurice Freedman）等，主张从市场、行动、组织等社会活动来对空间进行考察，他们认为众多看似先验于人的所谓"抽象空间"，实际上不过是人与人的权力关系造就的局面，不能轻易说成是自然而然的先验分类。至此人类学的空间研究基本否认了"空间"的独立性，这也就涉及人类学者研究空间的另一个主要议题：空间形成的机制。比如列维－斯特劳斯（Levi-Strauss）对家屋的研究。列维－斯特劳斯认为房屋是介于简单社会和复杂社会之间的一个有独特宇宙观模式的社会事实，它既考虑了复杂社会的财产问题，又照顾了简单社会的亲属关系问题，是打通两个社会的另一条路径；③再如施坚雅对晚期中华帝国空间结构的功能主义解释；台湾学者黄应贵主编的《空间、力与社会》，分别从不同的方面对空间形成的机制进行了探讨，等等。

通过回溯人类学空间研究的历史可以知道，尽管不同的理论流派对空间研究的侧重点不同，但基本形成一个观点，即空间不仅仅是地理上的"平台"与物理意义上的"容器"，而是人类动机和环境或语境构成的产物。也可以说，空间是依附于"社会"而存在的，通过把抽象的空间化约为人类可观察的实践行为来研究，例如从政治、实践、象征与市场等角度入手，则可以探讨空间现象背后深层次的文化含义。对于一个民族村寨而言，从象征/仪式的角度来看，村寨的自然生态空间是人们开展活动的基本空间，在此基础上，通过人们的活动而形成的其他层次的空间，都体现了人们对自然的看法、对人自身与其所处社会的价值观念。在侗族村寨里，私人空间与公共空间是他们活动的主要场所，从营建到在这些场所开展的活动，都极具民族特色。在人类学的用语中，私人空间的形成主要以家屋的构建和完成为标志，而公共空间的概念，则需进一步说明。公共空间或公共领域（public sphere）是社会哲学家们在20世纪80年代晚期提出的，用以表述近代资本主义社会结构性特征的概念，但其起源要追溯到古希腊。在古希腊城邦中，城邦领域（sphere of the polis）即公共空间，与其相对应的是家庭领域（sphere of the oaks）或私人空间（individual sphere）。斯坦福大学（Stanford University）古史研究专家米切尔·詹姆森（Michael Jameson）认为，"通常意义上希腊语中表现为家庭和土地（oikia kai chorion）的私人空间（private space）是相对于宗教圣地、世俗集会之所、市场和城邦的防御工事等这些公共空间（public space）而言的。从社会学来说，私人空间与公共空间的区别要比城市与乡村、居所与耕地之间的区别更为重要"。对一个社区的公共空间而言，社区的公共空间主要指社区内的人们可以自由进入并在其中进行各种思想交流的场所，以及在这些场所中产生的一些制度化组织和制度化活动形式。例如村落就是一个社会有机体，在这个有机体内部存在着各种形式的社会关联，也存在着人际交往的结构方式，当这些社会关联和结构方式具有某种公共性，并以特定空间形式相对固定的时候，它就构成了一个社会学意义上的村落公共空间。④

纵观以往的空间研究，对家屋（私人空间）的关注较多，而对村寨里公共空间的研究相对薄弱，

---

① ［英］埃文斯－普里查德著：《努尔人——对尼罗河畔一个人群的生活方式和政治制度的描述》，褚建芳、阎书昌、赵旭东译，北京：华夏出版社，2002年版，第118页。
② 梁永佳：《地域的等级——一个大理村镇的仪式与文化》，北京：社会科学文献出版社，2005年版，第21页。
③ ［法］列维－斯特劳斯著：《结构人类学》，谢维扬等译，上海：上海译文出版社，1995年版，第316页。
④ 戴利朝：《茶馆观察：农村公共空间的复兴与基层社会整合》，载《社会》，2006年第5期。

因此对于村寨整体空间建构的文化含义进行研究，有着一定的理论意义。本文研究对象高友村位于广西三江侗族自治县东北部，大伞山峰东侧，隶属林溪乡。村里现有400多户人家，1 820多人，95%为侗族，是个典型的侗族村寨。全村有10个姓氏，即潘、杨、吴、李、罗、陆、韦、石、黄、陈，以姓潘和姓杨的人口居多。对潘姓和杨姓祖先，村里目前有两种说法。有说潘、杨本是兄弟，有说潘、杨是两家，只是有亲戚关系等。其他姓氏则是后来慢慢迁入高友。

高友侗寨依山而建，三条石板路把村子分为西面、西北面、东面、东北面，依次称为崖上、崖下（亦称寨脚）、大寨、竹冲。村子附近有田地、鱼塘，水田以种植中稻为主。山地里则种玉米、红薯等。水田里种植水稻的同时养"禾花鱼"，是侗族传统的种植特色。通常是刚插秧时放入小鱼仔，到收割稻谷的季节时鱼已有巴掌大小，稻谷收割完田里的水放干后，把鱼捞出来，这样就可以稻谷与鱼儿双丰收。随后就在田里撒上菜种，冬天就能到田里摘菜。村民房屋为"干栏式"住房，不过近年开始有人建起了砖房，但数量不多，只有七八家。寨子里公共建筑数量较多，有鼓楼5座，最早1座有200多年历史；风雨桥1座，建于20世纪三四十年代；7口公用井水及庙宇4座。

本文研究田野时间：2007年1月为预调查，2007年5月为正式调查，2007年7月为补充调查，三次田野时间加起来持续一个月。在调查过程中，笔者尽量采用方言与当地人交流，以争取较好的与当地人沟通，搜集到更多的第一手材料。文中所用材料，皆来自当地人的口述及笔者根据当地人的报道整理出来的田野笔记。

## 二、建寨传说与村寨自然生态空间

高友村的来历与建寨历程，目前村里没有相关的文献记载。但50岁以上的老人，从他们的父辈及爷爷那一辈，听到一些建寨传说，以及世代流传下来关于建寨的趣闻。这些建寨传说及趣闻，从侧面反映了高友村的来源及形成过程。

### （一）建寨传说

**1. 自然灾害说**

建寨传说里认为高友祖先迁入高友，主要是迫于灾荒。如潘建荣讲述：先到高友是姓潘（的祖先），祖籍在江西省。大约在明朝中期，因为那时江西闹荒灾，就从那逃荒出来。

**2. 风水宝地说**

建寨传说里有一段是关于高友祖先到达高友时，认为这块地方是风水宝地，所以迁入。如村民侯某讲，高友侗寨的名字来源于一个和谐美丽的故事。传说高友原本是一块荒芜之地，山谷中古树参天，泉眼无数，猛兽云集。原居住在山谷中叫"山低"地方的寨民，有"杨姓"和"潘姓"两名男子，是很好的朋友。有一次，他们上山打猎时发现了这块风水宝地，赞叹这一处好山好水，便相约携家眷至此，架屋定居，开荒种田，生息繁衍。由于深山老林，野兽很多，他们在开荒造地劳动中，形影不离，如今很多地名带着双字，如"双两"、"双虎"、"双团"、"双安"等等。再后来，吴、李、罗、陆、韦、石、黄、陈其他八个姓氏的人又先后迁来，与杨、潘两姓共同开发这片古老的家园。大伙都向杨、潘二氏一样团结，成双成对，在这块土地上勤奋耕耘，逐渐形成自然较大规模的村落后，建造了风雨桥、鼓楼，他们将寨子命名为"高友"，意思就是高山上的永久朋友，表达他们团结友爱的情怀。

另有一种说法，认为高友这块地方的发现，是因为有母鸭的指引。高友祖先认为失踪的母鸭能在这块地方留下并生出鸭蛋，这块地方肯定是块风水宝地，所以迁徙到这里安家落户。如村民潘某说，高友祖先先是到达"塘育"，在那里落寨。之所以继续迁到高友，传说是由于在"塘育"居住的祖先养了一群鸭子，有一天突然发现鸭子不见了，找了很久也找不着，后来找到现在高友村寨的这块地方，找到了，而且母鸭还在这里下了很多蛋，当时人们认为母鸭自己找到这块地方而且还能下蛋，说明这个地方风水好，就迁到高友这个地方来了。

从传说来看，高友建寨的原因主要有两个，一是为了躲避自然灾荒，二是觉着高友这块地方风水好。到现在，寨里的人们也认为高友人杰地灵，当地人说寨里的红薯、韭菜以其甜、嫩而远近闻名，到林溪乡圩日时候，赶圩的人们都喜欢买高友的红薯和韭菜。

**（二）村寨自然生态空间**

1. 迁徙路线

在高友祖先源于江西的传说里，讲述了高友祖先从江西出走到达高友的主要路线是江西→湖南→贵州→广西→湖南→广西。因自然灾害，高友祖先从江西出来，先到湖南洞庭湖一带，后来因同时逃出来的人很多，生活不是很好，于是高友祖先就从湖南洞庭湖分散出来。从湖南出来后到贵州，分布在贵州各个县。在贵州停留的时间比较长久。现在村里五六十岁老人的上一辈，还有人去过贵州。但又因为当时到达贵州时，贵州的人口已经很密，再加上从江西来的这一部分人，生活过得也很不好，所以高友祖先又从贵州迁徙出来。

从贵州迁徙出来后，又历经了几个发展阶段。高友的祖先在古宜（三江县城）这一带停留不久，后来顺着同雷河往上，到湖南（现在的干溪乡西平村的下边，距离西皮村三四里路），在这里定居。在西皮村定居了一段时间，可能觉得还是不够满意，就沿着山路一路摸索，最后才到达高友（图1、图2、图3）。

从湖南西皮村探到高友，中间还有一个过渡时期。从西平村出来，高友祖先先是到达"塘育"，先在那里安家落户。后来由于母鸭的指引，认为高友是块风水宝地，所以就入迁高友。从如下图片所示可以直观了解到高友祖先的迁徙过程。

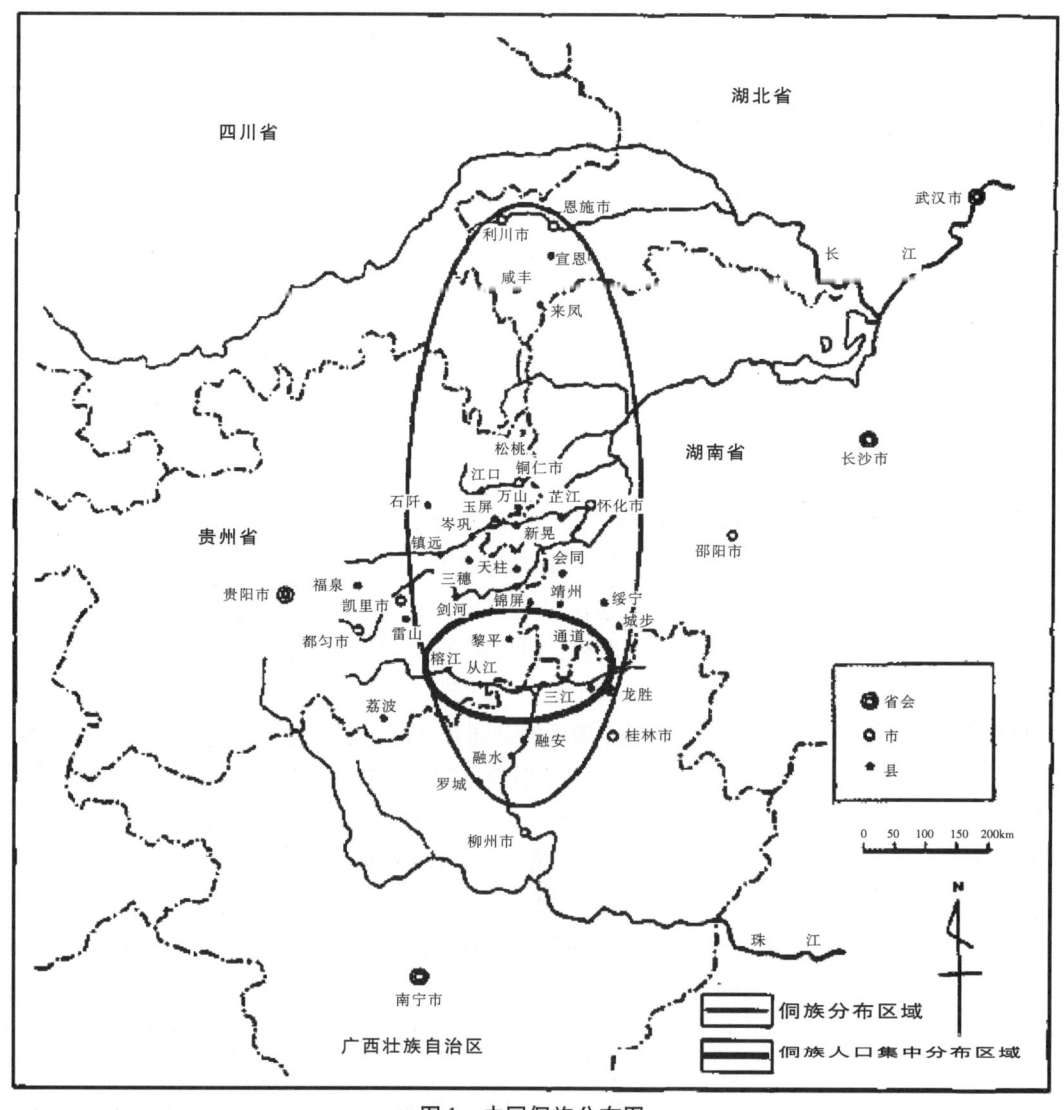

图1　中国侗族分布图

图片来源：刘先觉，《建筑历史与理论研究文集》，北京：中国建筑工业出版社，1997年，第2页。

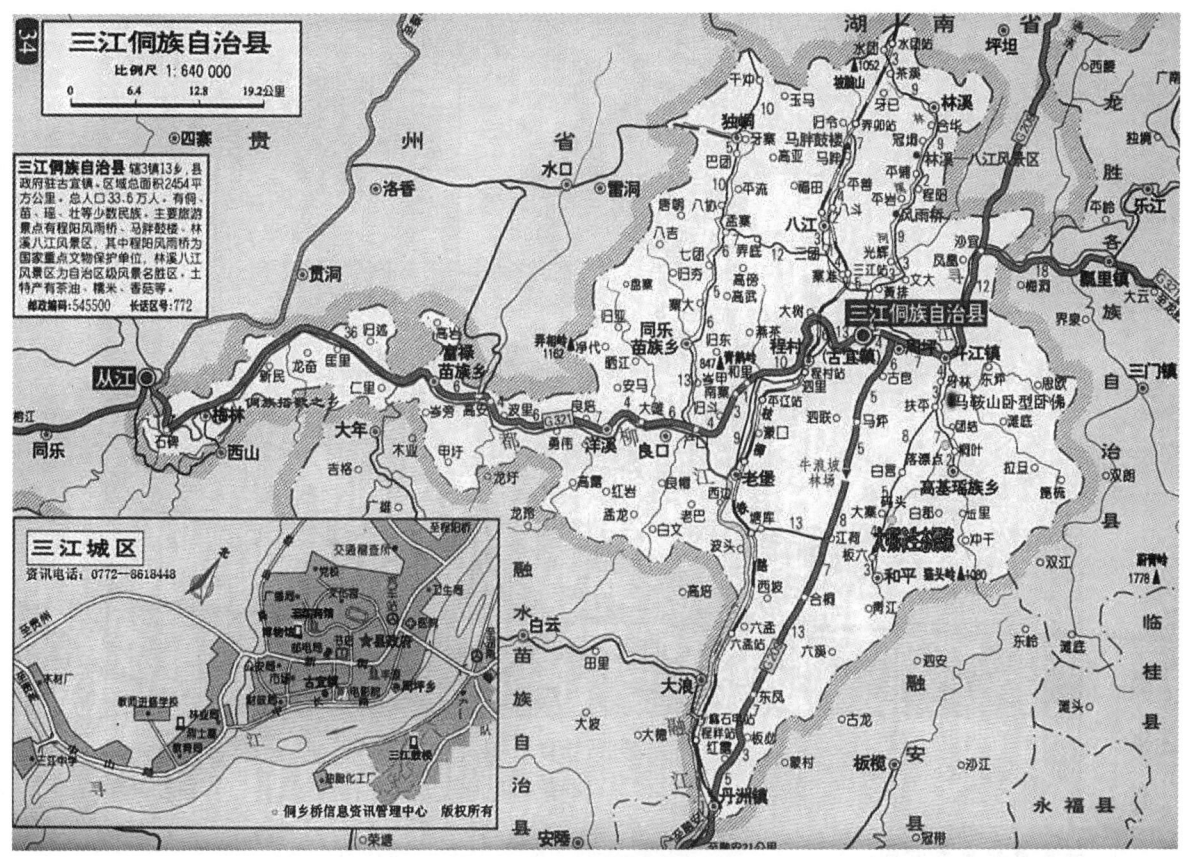

图 2 三江县地图
图片来源：笔者自摄。

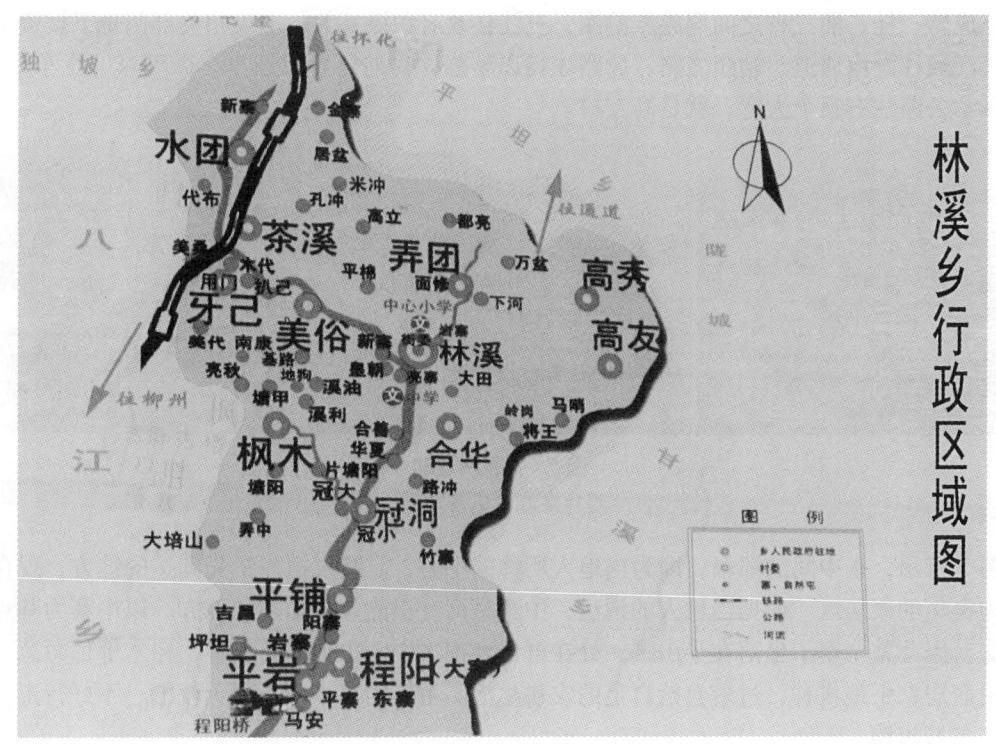

图 3 林溪乡各行政村村落分布图
图片来源：笔者自摄。

**图 4　塘育**

图片来源：笔者自摄。

### 2. 村寨自然生态空间

如图3、图4所示，"塘育"上方所示公路即是从林溪乡政府所在地通往高友的公路。早在1992年，这条公路就已修成，但只是一条小路，还不能通车。2005年为了方便从三江通往湖南通道、靖州等，完成黔、桂、湘三省之间侗族旅游圈，三江县政府积极筹款，上级相关部门也下拨资金，开始修建从三江通往湖南通道、靖州之路，公路才得以整修，目前已可以通车，微型车、货车来往频繁。从图4所示公路往右拐个大弯，就是高友村。

**图 5　高友村概貌**

图片来源：笔者自摄。

如图5所示，正中间的那幅，即为当地人所称的中寨，是高友祖先最先到达的地方，现在依旧是高友最为密集的聚居区。依据当地人的说法，中寨是高友祖先最先居住的地方，以中寨为基点，依次向上建房。因此整个寨子坐落在半山腰，处在群山环抱之中。山上翠竹成林，树木郁郁葱葱。高友祖先们背山而居，平地耕种，过着自给自足的农耕生活。由于山路一到下雨天就滑、不好行走，村里就修建了三条石板路。

当地的老人介绍说，高友寨的建立始于明代天顺年间（1458年），当时正是国内苗乱迭起时期，距今有540多年的历史。当时的三江县内已有瑶（过去苗、侗、瑶等少数民族的总称）在这里聚居。县志记载，三江县原系"古百（粤）越地，天文翼轸分野，西南夷夜郎境地也"；县治置始建于宋，名怀远。由于"瑶（过去苗、侗、瑶等少数民族的总称）壮盘踞，最蛮最悍……宋元以来，叛服无常"，其建置也几经更迭兴废；迟至元朝，三江县仍"皇威弗及，吏治者大抵羁縻而已"。至明朝，统治者先采用武力"征五溪蛮，降古州峒二百余所"，而后采用怀柔政策任用土官，"以夷制夷"，此后三江县的社会较为稳定。① 依据县志所描述，在高友祖先到达高友这块地方时，三江境内社会较为稳定，这与高友村里老人所述因天灾人祸而从江西出发，最后到达高友，认为高友是块风水宝地而在这安家落户的历史情境一致。由于当时明朝统治者"以夷制夷"，对偏远地区的统治较为松散，再加上当时人口稀少，建寨初期的自然生态空间大抵为从"塘育"到达中寨这一带的山地、林地及田地。同时根据寨里潘大伯的介绍，按新中国成立前的行政区划，高友村其实是划归湖南，到新中国成立后重新调整行政区域，才归到广西。因此可以说，最早高友寨的自然生态空间并没有明确的地域划分标准，当时山上树林葱郁，谁上山砍柴开荒，谁家就有自留地。此后随着国家政权的更迭，土地政策的日渐规范，到1982年国家开始实行土地承包责任制，高友村的林地、山地、田地才有了明确的划分。对于建寨初期的高友来说，尽管当时人口稀少，但村里私人空间与公共空间的建构已经有了一整套的程序与相关仪式，尽管这些程序与仪式现在无法完整地把它描述下来，可通过今天高友村私人空间与公共空间建构的传统，依稀可回溯当时村寨空间建构的历史，以及通过村寨空间建构所体现出来的民族文化特色。

## 三、村寨社会空间及其建构

### （一）家屋：私人空间的建构

村寨私人空间的建构主要表现为家屋的修建。高友寨群山环绕，山上盛产杉木和松树，又因南方天气较为潮湿，多蚊虫，出于防护潮湿天气与就地势的考虑，从建寨初期开始，居民家屋都为"干栏式"的住房，即用杉木建起的吊脚楼，当地人简称木房。建寨初期木房的修建较为简单，几兄弟合住在一个房子里，房顶用茅草覆盖，门、窗也较为简陋（图6）。现在的住房一般为三间三层，底楼堆放杂物，二楼设堂屋和厨房，三楼设房间。

图6 寨里最老的房子
图片来源：笔者自摄。

房子对一个人、一个家庭来说都是件大事，从房子的修建到入住，成为一个真正意义上的"家"，要经历一个漫长而辛苦的过程，所以从选址、修建到装修、入住，都很有讲究。以前限于人

---

① 广西壮族自治区编辑组：《广西侗族社会调查》，南宁：广西民族出版社，1987年版。

力、物力、财力，人们起房子虽然也讲究和注重看风水，但从程序、用料来看，总体较为简单。到了现在则不仅注重风水学，如挑地基、看房子朝向如何及挑选吉日来动工，还注重材料的质量与修建的房子是否美观。家屋修建的主要程序如下：

1. 挑选地基。现在主人家会选风水好，交通方便等位置比较好的地来建房。而在土地承包责任制以前，如果一家人有足够的山地和田地，他们可以选择山地或是田地来建房，且由于没通公路，人们较少考虑交通因素，加之出于安全等因素，因此当时人们都齐聚中寨居住，还建有一寨门，把寨子营建为一个较封闭的空间。近几年由于耕地面积减少，政策规定不能在田地上建房，所以居民只能用山地或田地来换不能耕地的地来建房。在建房的土地有限的前提下，当地居民则通过与该村子所倚"龙脉"相应的方式来选择房子的朝向。比如说所倚山脉是南北走向，当地人称为"子山午向"，根据天干地支，必须了解子山午向的吉时与好的朝向是哪些，比如说好的朝向有富贵位、官本位等。

2. 选好吉日。吉日的选择也是村里的风水先生根据房子的朝向与屋主的生辰八字来选择的。比如说根据子山午向的基本朝向，通过罗盘来测方位。再根据方位来确定哪个时辰是吉时，哪个时辰是凶时。风水先生依据口传的风水知识及参考市场上卖的风水书籍，来选择吉利时辰。不过，他们的风水知识已经融化成他们的生活经验，平时在帮寨里人挑选吉日时，并不会先翻书再选，到应用时直接按手指头，一个一个地推算就可以确定哪个时辰是吉利的了。比如说子山午向是指山脉为南北走向，在"寅卯辰巳申酉戌亥年"与山的走向是相生吉利的，可以建房。在确定了年份后，开始挑月，挑日，选吉辰。

3. 动工时辰与规矩。按照风水先生算好的吉日，木匠师傅选择良辰开始动工。木匠师傅敬奉的是鲁班，遵从的是鲁班法，即鲁班师傅传下来的各项规矩。比如说每个木匠师傅都会配有一把鲁班尺，上面写明了哪天动工是好日子，门、窗定在哪个尺度会比较合适。在选定的日子里，木匠师傅"开工架马"（架马原指木匠师傅用来界定在哪刨、削木头的一种工具，类似马的形状，木匠师傅借用它来定墨，后发展成为木匠师傅开始动工的一个仪式，在动工场地里摆上香火等）。开始动工后，最主要的木匠师傅把墨，其他的学徒或是稍懂木工的人就开始帮动手，扛木头的扛木头，刨孔的刨孔。把建房需要的柱子及穿方等刨好、削好以后，就开始接榫，开始架排，准备建新房。这个过程叫做竖柱和上梁。也就是第四道工序。

4. 竖柱和上梁。竖柱和上梁的日子也是算好的。到时村里的亲戚朋友、年轻壮汉都来帮忙，把柱子、穿方等搬到新房的场地去，架好木排，开始竖柱。竖柱是上梁之前就必须做好的，而上梁是建新房最主要的一道工序。这是因为上梁的地方也就是以后新房子摆神龛和上香的地方，上梁的柱子以后对着的就是主人家的堂屋，所以上梁有很多的规矩。如上梁必须是在房子的正中央；在上梁那天，必须由主要负责动工的木匠师傅在新房场地上摆好供品，邀集各路神仙，恭祝主人家以后人丁兴旺，富贵长久。在高友及其附近侗寨，上梁与三江其他壮寨的程序又稍有不同。在三江斗江镇的壮族村寨，上梁当天一般只是木匠师傅到场，摆的供品席也只是由木匠师傅来举行上梁仪式，而在高友及邻近村寨，上梁当天风水先生和木匠师傅是同时到场的，一起摆供品，各请各的师傅。笔者曾就这个问题请教了两个寨子的风水先生，壮族村寨的风水先生认为一般两者是不同时到场的，因为动工当天主要是木匠师傅，如果风水先生到场的话，会被认为对鲁班师傅的不敬。而侗族村寨里风水先生的解释是由于建新房是风水先生找地址与寻吉日，主要是木匠师傅来建房，因此二者上梁当天都应该到场，保护新房的落成。但也不排除只有木匠师傅到场风水先生不到场的情况。因为上梁当天意味着整栋房子架构的形成以及此后诸多工序的开始，这些工序完成的关键在于木匠师傅的技术，所以木匠师傅是一定要到场的，而风水先生到不到场，则主要看风水先生的选择与主人家的喜欢。总的来说，侗族村寨不是很在意两个师傅同时到场会有什么冲突发生，反而认为对主人家比较好（图7）。

**图 7　竖排与上梁**
图片来源：笔者自摄。

由图 7 可看到，第一张的右下角是已经架好的排方，到第二张图片时就已经把它竖好并嫁接在一起了。第三张是染成红色的上梁柱。第四张是在供品台前的木匠师傅与风水先生。两人同时举行仪式，各拜各的师傅。在风水先生和木匠师傅举行上梁仪式之前，主人或其亲戚就必须在竖好的柱子上贴好对联，挂上鞭炮，叫上几个年轻人爬到楼顶（就是嫁接好的柱子上面），做好迎接柱子，即把上梁的那根柱子拉上去的准备。能够上到楼顶，拉上梁柱子的年轻人，是需要符合一定的条件的，如父母必须健在（以示双亲齐全），家里有几个兄弟（以示人丁兴旺），家庭和睦等。其中有一个必须是主人家的兄弟或是亲戚。各项准备做好后，良辰一到就举行上梁仪式。上梁仪式主要是师傅在供品桌前烧香，念些咒语，完成后，有些家还要求木匠师傅爬上楼顶，爬一层念一句吉祥的话，比如说"上一步步步高升"，"再上一步儿孙满堂"等等。所谓的上梁，就是把最中间的那根柱子放到房子的中心位置，当它放上去了之后，整个房子的基本架构就完整了。因此上梁也就是整个房子架构完成的一个标志，其意义是非常重大的。一般来说，如果风水先生的"本事"过硬，挑的日子很好，上梁之前或是上梁的那个时辰必下雨，上完梁后雨则刚好停了，然后就准备抢糖，抢糍粑。这就到了第五个步骤。

5. 撒糖、糍粑与喝油茶或甜酒。上梁完成后，站在楼顶负责上梁的年轻人就解开事先已经拿上去、装着水果、糖、封包等篮子的绳子，先把封包放到自己的口袋，然后在木匠师傅一声令下，开始从楼顶向下边撒糖。这时候楼下早就聚满了准备"抢糖"的亲戚朋友和村里人，楼上的糖如雨点般的撒下来，下面的人就挤着去抢。抢到的人都满脸笑容，没抢着的人也跟着在一边凑热闹或打闹，大伙都很开心。抢完糖后大伙就群聚在楼底下聊天，说些东家长西家短的事，过了一会就开始到主人家的旧房子里喝甜酒、打油茶，准备吃饭。这样新房子的工序就算基本完成。一般来说，主人要建新房子，事先必须跟亲戚朋友说好，说在哪天上梁，也相当于在哪天办酒一样，然后在上梁的前一天就开始有亲戚朋友来家里做客，同一个家族的人就已经到主人家家里帮忙。当上完梁、抢完糖后，到了第二天，远道而来的亲戚基本上就回去了，剩下房子的装修工作以及其他事情，就由木匠师傅或是比较邻近的家里的亲戚、朋友来帮忙了，新房子的重要工作也算是基本完成。

一栋新房的建立，不仅需要主人家的人力、财力、物力，还需要更多的亲戚朋友及寨里人来帮忙。通常寨里有人建房子，只要有空，特别是年轻力壮的人都要去帮忙。按照当地人的说法，建房子是大事，同住一个寨子，大家都是亲戚、朋友，今天你帮了别人的忙，明天如果你有需要，别人也会来帮你的忙。那些不愿意去帮助别人的人，通常会受到村里人的谴责或是背地里遭人议论，在他需要别人的时候，就会出现没人愿帮的情况。这些约定俗成的规矩，在20岁以上的成年人中表现得比较重要，他们都比较遵从。

从个体家屋的构建来看，屋主经过选址，选定吉日，请师傅，请帮工等几道工序，就把一栋原来没有任何意义的建筑赋予了人的思想，并经过精心策划而赋予了它"家"的含义，从而促使房子成为沟通人与自然、人与人之间的桥梁。按照龙脉来选择地基，因为这样起的房子能顺地就势，寻找较好的地基依托；起房子的一整套程序，因其复杂而烦琐，也成为沟通屋主与他人的媒介。还有些当地人形象地称建房子是衡量自己与他人的"镜子"。这主要由于建房子需要花费大量的人力、物力，人与人之间的关系如何，通过他对主人家起房子的态度便很容易看得出来。帮忙与否，是分清远近亲疏的一个重要标准。另外，房子的修建还有一个很重要的意义，就是构建了个人的居住空间。通过建房的程序及仪式的运作，体现人们对自然与个人认识的态度与观念。

**（二）鼓楼等：公共空间的建构**

相对于私人空间建构，公共空间的构建意义则更为深远，如寨里发生了某些不如意的事情，比如说着火或有人莫名的去世等，寨老就会召集一些知道看风水的风水先生来算，说可能要建座庙或建个鼓楼来保佑寨子平安，于是就在寨里宣传、号召，组织修建；再如寨里有了足够的人力、物力、财力，而原来的鼓楼或风雨桥等场所已经不能满足寨里休息、娱乐的需要了，寨老也会组织大家商议建个鼓楼，或建座风雨桥等。因此侗族村寨公共建筑物非常多，如鼓楼、庙宇、风雨桥及寨门等，其与私人空间紧密联系在一起，构成民族村寨空间整体。

1. 鼓楼

鼓楼在侗寨具有极其重要的地位。因为鼓楼是寨子团结、权威的象征，是寨里人举行各种公共活动的场所，还是老人常聚集用以休息、娱乐的地方。除此之外，鼓楼还具有很多其他方面的含义。比如说修建鼓楼是为了更顺应或补救寨里的风水，以保佑寨子平安、人们生活安定；在远古时期还具有一定的军事意义等。据村里老人所说，建寨初期，在没有修建个人住房之前，就算寨里没有条件建鼓楼，也要先选好地址，用几根木桩定好鼓楼的位置，然后才开始建居民住房。到寨子逐渐形成规模，人口不断发展的时候，且具备了一定的物质基础，人们就会重新修建鼓楼。在高友，当村里还只有100～200户时，寨里是一大姓氏一鼓楼，比如寨中心的鼓楼以潘姓和杨姓为主，而崖上的鼓楼则以黄姓居多。到现在寨里发展到400多户，村里鼓楼多到了5个，就不再是按姓氏来分了，而是按居住的区域来分。比如2005年修建的福星楼就是整个寨子的公共场所，大家都可以聚到那里看电视，聊天。寨子的几个鼓楼，谁想去哪个就去哪个。

鼓楼的修建很复杂。首先是鼓楼的选址，要看地形；鼓楼修建的时间，要选吉日；筹备工作至少要一两年。修建鼓楼时，各家各户主动捐献财物，如出木头，捐款等。有劳动能力的人，都要主动帮工，如木匠师傅做木工，其他人扛木头，帮木工忙等。另外，由寨老组织，村里还要安排一些人到附近寨子去送"缘簿"，邀请附近村寨到鼓楼建成那天到寨里做客等。鼓楼落成的那天要吹芦笙、跳舞、打油茶等，迎接八方来客，热闹非凡。具体来说，鼓楼如居修建一样，也有以下几个工序：

（1）选好地基。鼓楼的地基要选在人员比较集中的，方便人做事的地方。风水先生选地基，主要是看场地是不是富贵地，是不是人丁地或带来好运气的地块。比如说哪年哪个朝向有"chuo cha"（当地人的表达，大抵是吉星高照的意思），像高友寨是朝"子午"、"亥己"，罗盘有二十四个方位，看朝哪个方位是红点，就会大吉大利。另外还得根据鲁班尺来确定门的长度和高度，尤其是大门。如果选到的尺寸是不好的兆头，就得继续修改。

（2）选好吉日。风水先生看好日子，选好时辰后，木匠才开始动工，即"开工架马"。动工那一天，木匠师傅摆木料"架马"，烧纸钱、烧香、做水法，念请师傅的咒语。给师傅的报酬以前要求是"三块六"的红包以及一些财物，如鸡、鸭、米等，这里的"三块六"不具备其他含义，木匠师傅在访谈中解释说"三块六"在以前是吉祥数字，就像现在人们热衷于选"6"、"8"来做电话号码一样。

（3）准备木料。木匠师傅先画好图纸，算好尺寸，然后准备木料。预算好木料是最为关键的一步。因为多算了就浪费，如果少算了，就得延误工期。木匠师傅说，修建个人住房时不用画图纸，只需要用粉笔在地上随手画，鼓楼则要画个图。因为鼓楼是人字形的，讲究尺寸。比如说第一层楼要多长，要逐层递减，排山方、过间方的长度要把握得当。一般的鼓楼不是很难起，但像六角鼓楼、八角鼓楼除了要算好尺寸，还得定好角度。

（4）鼓楼层数。对于侗寨来说，鼓楼一般要起单层，至于层数具体到多少，则没有限制。层数的多少主要看木料和资金，木料不够，就算建得再高也不稳。当鼓楼越建越高，就需要很多人爬到楼顶去穿方、镶瓦，这时候木匠师傅就必须摆个仪式，念个"障眼法"的咒语，用以祈求在楼顶动工的人不招惹"邪气"，以免发生意外。不然的话，爬上这么高地方就很容易发生意外事故。木匠师傅认为做了障眼法的仪式后，"连碎的瓦片都很少掉下来"。

个案1：鼓楼的修建

访谈时间：2007年5月5日早。访谈地点：一座新房的场地。报道人：几个木匠师傅。

问：比如像鼓楼的修建，鼓楼是怎么建起来的，一般是什么时候建的鼓楼？

答：鼓楼的修建，比如讲侗寨，有几十户或十多二十户，就起了。等于做个文化中心。到那里坐、休息、娱乐、开会等。

问：意思是讲鼓楼的修建跟户数有关？

答：差不多。如果人少，几户他也不做。十几户就做了。人多了，在那里聊天。

问：有些人认为在寨子刚建起来的时候，必须先建鼓楼才建房子，你的看法是？

答：人先进去住，后面才建的鼓楼。人多了，在那里聊天，活动啊，后面才建的鼓楼。鼓楼跟娱乐有关。整个寨子的人，外面寨子的人来有个娱乐的地方。建鼓楼是，比如讲寨子里面人讲寨子没有个娱乐的场所，真正起鼓楼是以娱乐为主。然后由我们（村委会）组织、发起，主要是老人家布置，年轻人就出力。兄弟寨子听见这个寨子今年要起鼓楼，就来帮忙。

问：那这么说的话，一般选在什么样的地方来建鼓楼？

答：这种要问老人家才懂。老人家指看风水、选位置的那些老人家。先是老人家选得了，才建。它也不乱起（指建鼓楼），更不敢随便起。

问：那建鼓楼有没有什么规定？选址有什么讲究吗？

答：建鼓楼有好多规矩，一般人不了解。

问：建鼓楼的好日子，好时辰是从哪个方面来说的？

答：建个鼓楼跟以后整个寨子的发展有关。起鼓楼看这个寨子够没够吉祥。所以一定要找个吉祥日子，顺利的时辰来起。它也有一些规定，哪年能够起，哪年不能够起。没有不找日子就直接起鼓楼的。那不可能。

问：听说建房子上梁的时候，一般会下雨？

答：上梁是算好时间的。建房有时候对倒（会）下雨。如果起鼓楼那是没有话讲，一定会下雨。

问：如果一个寨子有几座鼓楼，它是根据什么来划分的？高友寨子的鼓楼有没有划分的情况呢？

答：一般建寨子时它都分，这边属于这边鼓楼，那边属于那边鼓楼。比如搞活动啊，什么都分。搞芦笙，鼓楼也进行划分，寨子大了它也分，这边属于这边，那边属于那边。

问：刚才您提到建鼓楼时候，兄弟寨子会来帮忙。他们是怎么知道你们寨子要建鼓楼的呢，一般是怎么来帮忙的？

答：我们侗族讲"ku jiao"，就是送缘簿，指准备起鼓楼的寨子，先组织几个人送缘簿到附近的寨子，然后请人家吃餐饭，讲我们准备起鼓楼了，但木头没够，资金没够，等于去那儿乐捐。他们乐捐得了就送上来。首先必须是要建鼓楼的寨子组织，比如讲岩寨准备起鼓楼，就发动几个人去乐捐。临近每个寨子都要乐捐。送上来的日子没论，也没有什么规定，乐捐得了就拿上来。

建鼓楼要很隆重的，附近村子都来。有送礼，有来帮工的。因为建鼓楼要人多啊。建鼓楼那天，最起码几十个村寨的老人都来。老的，年轻的，女的都来。女的来打油茶，搞民间民族舞，吹芦笙啊。呵呵……整个寨子的人全部搞接待。建鼓楼是整个民族团结，搞接待少的有300桌。有来帮工的，有出木头的，出点钱的，建鼓楼的寨子就留个底。然后还要张榜公布，立碑，写块牌，哪个寨，哪个几多。

### 2. 庙宇

在高友，庙宇的修建与鼓楼的修建一样，具有很重要的意义。目前村里最主要的庙——飞山庙，就建在最古老鼓楼的旁边，处于现在寨中心的位置。飞山庙从建寨初期时就有，但原来庙很小，只是个供人们祭拜的地方，2005年村里重新修缮，才建成现在这番模样。目前飞山庙分为里外两间，从村里的石板路上来，还得上几级台阶才能到达庙里边。外边一间只是过道，里边才有神位，古钟，以及记载飞山庙来历的墓碑。神坛上，中间是杨者令公□□（字迹模糊，应是名字）之神位，左边是庙堂土地之神位，右边是地脉龙神之位。中间祭祀的杨公是主神，应该是寨里的英雄或是祖先之类，当地人没有做出明确的解释。而庙里敬的土地神，应该与当时村里主要进行农业生产，对土地有很强的敬畏感有很大关联。至于地脉龙神，应该指的是龙脉。根据村里的风水先生解释，侗族以山为龙脉，高友背靠之山属子山午向，按照龙脉的说法，有龙头、龙中、龙尾，庙主要是根据神位来定方位，飞山庙所在的位置是龙中。寨门和风雨桥，则分别位于龙头、龙尾。

除了主要的飞山庙，村里还有三个小庙，其中两个庙敬的都是土地公。另一小庙建在村边最早的鼓楼下，到清明时，去扫墓之前都要先到这个庙前烧烧香。崖上路边的小庙人们逢年过节都要去祭拜，还有生小孩，小孩周岁时也要去祭拜。它主要掌管村里人口的繁衍和村里人的平安。

庙宇在村里的含义，主要体现为当地人对土地庙及其他神仙的信仰。逢年过节，或是家里发生了什么不幸的事情，人们都会到庙里边祭拜，以祈求神仙赐福。与对美好生活相适应的则是通过对未知事物的敬畏，来达到对现世人们行为的规范与约束。例如庙里是神圣的地方，不能随意践踏等。如果不小心坏了"规矩"，就要受到惩罚。据说村里在20世纪80年代时，有潘姓的一户人家在村里放电影，那时刚好把放电影的场地选在飞山庙那，因为飞山庙所在地方刚好有台阶，前边还有块空地，可以坐人。但因为放电影的人把放电影的机器放在庙口上，刚开始怎么放都无法正常播放，后来调整了下方向，才能正常播出。这从科学的眼光来看，可以理解为偶然因素，但在当地人的眼里看来，对庙不敬，总会有些事情做不好。

### 3. 风雨桥

风雨桥和鼓楼一样，是侗族村寨最显著的标志。在高友寨，人们又把风雨桥称为"福桥"。最初人们建桥只是为了方便，因地处群山，人们上山干活要过溪爬山，修建一座桥，方便人们歇息，为人们遮风挡雨。随着年代发展，风雨桥在寨里又被赋予了新的含义。一是讲风水，风雨桥大多建在村寨的下边，水流的下游。一般建在较容易连接的地方。意思是说水是要往外流的，但建座风雨桥就可以把好的东西拦住，留在寨里，起到保护作用。另一是为人们提供娱乐场所。侗族喜唱山歌，春天来临或是其他节气，年轻的姑娘和小伙子喜欢到风雨桥上"行歌坐妹"，热闹非凡。高友村现在的风雨桥是1967年建成的，当时寨里已发展成相当规模，人们有了足够的人力、物力，就把风雨桥建得既实用，又美观。

个案2：侗寨风雨桥

访谈时间：2007年5月5日下午。访谈地点：杨阿公家。报道人：杨阿公，2006年获得"三江十佳民间艺人"称号。木匠师傅,村里"福星楼"的主要设计者。

侗族讲风水,风雨桥总是建在村寨的下边,水流的下游。水是要往外流的,建座风雨桥就是把好的东西拦住,留在寨里。风雨桥就相当于寨门一样,守护着这个寨子。风雨桥和鼓楼的位置不同。我们侗族起房子讲究龙脉,哪里哪里有条龙脉,朝向不一样。风雨桥是从这边河架到那边河,所以选向又不同。

4. 寨门

村里的旧寨门原来位于福星楼旁边的位置,建得比较简陋,只有几块木板,建成门的雏形(参考图8)。村公路开通后被拆,在原来的地基上建成现在的村公所和福星楼,所以旧的寨门就没有了。按照当时的情形,寨门在北面,风雨桥建在南面。北面只有小路可通,南面村口是人们出寨上山的位置。寨门和风雨桥都建在村里活动空间与村外活动空间相衔接的地方,是区别村里与村外的标志。

鼓楼、庙宇、风雨桥及寨门在侗寨具有很重要的意义。根据村里的风水先生解释,侗族以山为龙脉,高友背靠之山属子山午向,按照龙脉的说法,有龙头、龙中、龙尾,庙主要是根据神位来定方位,飞山庙所在的位置是龙中。寨门和风雨桥,则分别位于龙头、龙尾。鼓楼、庙宇和风雨桥,再加上它们之间的联系物,使村寨成为一个完整的整体。这些公共建筑物的存在,给寨里的人们提供了一个交流、休息、娱乐的空间,在鼓楼、风雨桥里歇歇脚、对对歌,也成为侗族村寨的一大特色。通过这样的民风习俗,也促使了侗族集体大于个人以及大家理应和睦相处概念的形成。

(三)石板路等:村寨私人空间与公共空间的联结

私人空间的营建是村寨空间形成的最小单位,选择好的方位,在吉利时辰动工,反映了个人对家的理解,以及通过修建"家"而祈福的心愿。公共空间的修建则是村寨集体意志的体现,建在哪里,怎么出工,捐献财物,是集众人的智慧与力量才能完成的。借助石板路,以及分散在村里各个角落处的水井、凉亭等,私人空间与公共空间联为一体,共同构成村寨文化空间。

1. 石板路

高友村三条石板路,已经有上百年的历史。修建石板路,既是行走所需,又可以满足寨子人沟通与交流的需要。石板都是比较平的石头,表面粗糙,砌上去以后轻易不会滑动,可以保留较久的时间。在石板路旁边,还有一些热心人在自家楼底靠路的外边搭了块木板,或是摆上长凳,有空时大家就坐在路边闲聊,大多是带着小孩的老人以及十几岁的孩子。

2. 水井

高友村目前有十几口水井,其中一些还流传着动人的故事。如在"mang liang"有一大一小两口井,当地人叫做鸳鸯井。传说当时的婚姻都是父母指定的,有一对恋人相爱了,感情很好,但双方父母都不同意,于是这对恋人就相约在某一天一起私奔。结果被父母发现了,最后就跑到"mang liang"殉情自尽,后来这个地方就有泉水流出,后人为了纪念他们勇于对抗父母的婚姻约定,就修了两口井。村里的其他水井也都有不同的来历,年轻人就通过这样的一些传说,来了解村里的传统,长辈也通过这些故事的述说来强调他们的好、坏观念。

3. 凉亭

修建凉亭是为了给路人有个休憩的场所,属于公益事业,一般由寨里的老人协会来组织。高友村与湖南省通道县垅城镇梓酝村、千溪乡西皮村和长界村交界,边界线长达100多公里,传说古时双边民众常因一时利益发生矛盾纠纷。明末清初,高友村和梓酝村的老人提议修一条连接两村的青石板路,在分水岭处建一个凉亭供往来行人休息,并规定每年重阳节双方老人相向而行,除草修路到凉亭聚会,用自带的侗家酸肉、酸菜和糯米相邀入席,用自酿的隔年重阳酒互敬祝福,这一传统已延续了100多年。

水井、石板路、凉亭的修建,把私人空间——家屋与公共空间——鼓楼、庙宇、风雨桥和寨门联系到了一起,也构成村寨完整的空间全貌。在这个空间营造的过程中,人们并没有把每个建筑物区分开来看，而是把所有的地点及人们营造的空间看成是人们生活中不可或缺的部分。每个部分各有含义，缺一不可，从而达到村里人丁兴旺、五谷丰登的愿望。

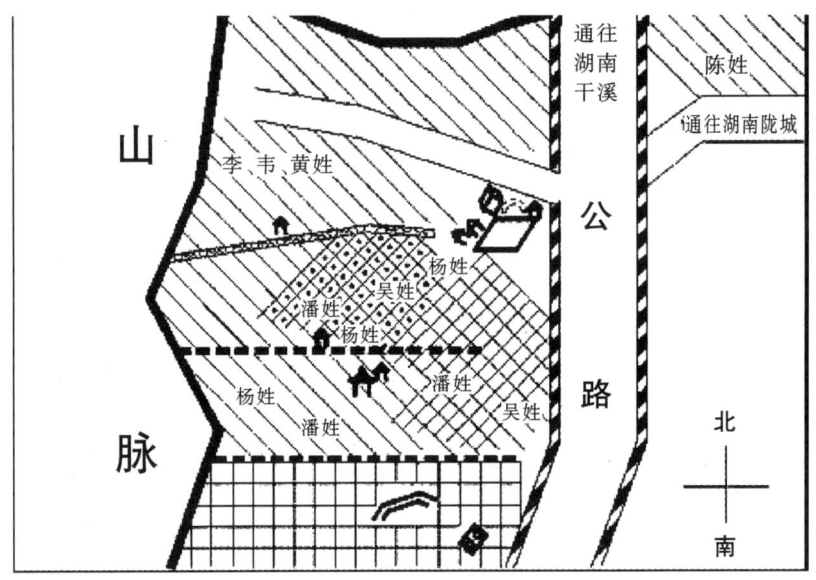

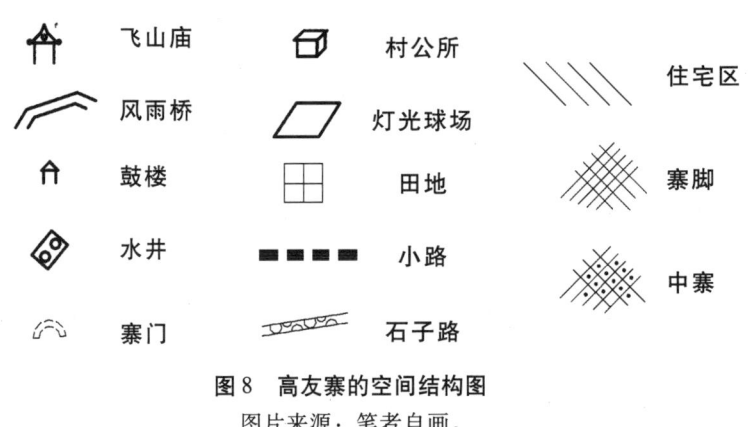

**图 8　高友寨的空间结构图**

图片来源：笔者自画。

## 四、侗族村寨空间结构的文化解析

### （一）空间结构反映了村寨历史

侗族村寨鼓楼与民居住房圈的分布反映了村寨发展的历史。在侗族建寨之初，鼓楼的位置是最先被确定的，所以围绕鼓楼分布的民居住房圈，就是村寨历史发展的见证。高友寨目前共有鼓楼 5 座，姓氏 10 个，村子历史可划分为三阶段：第一个阶段，大家集中住在中寨，以最老的鼓楼为中心，以最早到高友的潘姓和杨姓为主。第二个阶段，高友寨开始接纳来自不同地方的姓氏，如到湖南接了吴姓，此后又接来黄姓等。随着人口增多，寨里修建了新的鼓楼，扩大了寨子规模，但基本上还维持同姓同住一个地方的格局，如黄姓主要住崖上，吴姓则住在寨脚。第三个阶段，即现在村寨的空间分布，村寨大体格局还与第二个阶段一样，潘姓、杨姓集中住在中寨，黄姓主要住崖上，吴姓住在寨脚，随后来的罗姓、韦姓、李姓、陆姓则住在竹冲等地方。

### （二）空间结构体现侗族人伦观念

男女有别。作为村寨空间结构的主要构建，同时是村寨主要活动的场所，鼓楼、民居住房、庙宇、风雨桥、石板路等的修建过程中，男女分工与承担的角色不同。在民居修建过程中，男性承担主要角色，比如说地基的选择，吉日的选择等，找风水先生一般也是男主人去找，建房子的几道程序，基本上也都是由男性负责操作与完成。鼓楼、凉亭、风雨桥、石板路等公益事业，也多是由男性来组织。在村寨空间层次上，男性与女性活动的范围也不相同。比如说鼓楼一般都是年长的男性去的，每天的十点过后，就开始有年老的男性到鼓楼里坐，抽烟，下棋，闲坐等等。女性一般很少到鼓楼，她们大多聚在民居住房的厅堂那里，或是坐在路边的长凳上聊聊天什么的，可以说年长的女性平时就是去串串门，她们的活动空间主要是以民居住房圈为主。

长幼有序、长者为尊。这个观念主要表现在很多公益事业都由寨里的老人协会发动，村里一些重大事情，也都由老人协会做主解决。村委会虽然也对村里的事务进行管理，但他们在做决定之前也必须先听取老人协会的意见。目前侗族村寨的老人协会基本上是由年长的男性组成。而对年长的女性的尊敬主要表现在婚姻嫁娶的时候，新娘到新郎家里之前，必须请寨里最有威望的老奶奶到新郎家里的厨房就座，以迎接新娘。可以说，年长的男性、女性都受到人们的尊重，他们的威望也比年轻人要高。

### （三）空间结构表现出良好的聚落人际关系

如从民居住房的修建过程来看，一个家庭建造一栋住房并把它变为具备"家"含义的家屋，并不只是这个家庭的事情，它需要很多亲戚朋友的参与。从地基的选择，到定吉日，准备木料，开始动工，很多筹备工作，都必须有亲戚朋友的帮忙才能完成。一般来说，从"开工架马"动工那天起，直到上梁完毕，开始装修，帮忙的亲戚朋友开始各自分散回家做自己的事情，家屋的修建才算宣告一个段落。到了装修完毕，进新房，主人得宴请宾客，款待一番，建房子的工作才算正式结束。在寨里流行这么一句话，"人不可能一辈子不求人"。大家都生活在一个寨里，要以团结互助为好，如果不积极帮别人，等有求于别人时，就不会有人慷慨解囊，前来帮忙。

再如在鼓楼里边，闲时人们可以在鼓楼里坐坐，纳凉、聊天，到了节日时人们可以在鼓楼里学芦笙，跳舞，唱歌，下棋，而冬天老人可以在鼓楼里烤火等等，大家其乐融融。可以说，侗寨里边公共场所的建造既顺应人们的生理、心理、审美、行为、文化等多方面的需求，又依据不同人们的行为特点与爱好分清主次，统筹安排，较好地促进村寨内部之间的沟通与联系。

侗族每个村寨都"生长"在一定的自然环境之中，并且由于历史、规模、性质、文化的不同，具有不同的性格、品格和风格。侗族村寨空间结构的层次不仅体现了村里历史发展的历程，还通过各种活动的举办增强了村寨内部的认同感与归属感。侗族鼓楼的修建，不仅强调村寨内部"有钱出钱、有力出力"，在确定修建鼓楼之后还要到邻近的兄弟寨子送"缘簿"，整合邻近兄弟寨子的力量，到鼓楼落成时还要举办酒席答谢，雕刻碑文，让出钱、出力的人们名垂青史。共同修建石板路，促进邻近村寨和睦相处，逢年过节去"走寨"，进行芦笙舞比赛等，让毗邻的侗族村寨深刻体会到侗族村寨彼此之间亲如一家，不仅体现了侗族浓郁的文化特色，也让当地居民的认同感和归属感得以形成并不断增强。

### （四）空间结构体现着人与自然和谐的观念

侗族村寨空间结构强调顺应山脉走向、得风藏水的观念。整个村寨的分布格局，首要的条件是根据村寨所倚地势来建构。沿山而建，傍水而居，不离山，还带水。具体来说，不管是鼓楼，还是民居、风雨桥的修建，在选址时，人们首先考虑到选择一个良好的自然环境。地基的选择，吉日的挑选，都必须顺应天时地利，取天地之精华。比如说鼓楼的凝聚力，寨门和风雨桥锁财留福的功能，这都与侗族的人与自然和谐观念是分不开的。如处于核心地位的鼓楼、毗邻鼓楼的戏台、晒谷坪、庙宇，它们处于寨子的中心，位居"龙中"，以保佑村寨安宁；寨门、风雨桥建在寨尾，位居"龙尾"，以锁财源，再在后山蓄古树青竹形成风水林，以镇凶邪等。

总之，基于对环境与人们生活需求的认识，侗族对村寨空间构建精心布置，大多侗族村寨是绿水青山，桥亭掩映，鸟语花香。公共建筑与民居住房圈、村寨与所倚山脉、绕村流水形成一个整体，整个村寨的整体环境和谐舒适，自然美与人文美相映成趣。侗族村寨流传着"无村不寨口，无溪不花桥，无路不凉亭，无寨不鼓楼"的谚语，正体现侗族对和谐人居空间的注重与不懈追求。

# 傣族土司司署建筑及其文化内涵分析
## ——以云南省梁河县南甸宣抚使司署为例

张 跃 舒丽丽\*

**摘 要**：土司司署比较直观的反映了土司制度在特定历史时期的表现形式，而文化无疑是嵌合其中的重要部分。南甸土司司署是傣族土司制度及其统治的文化象征，呈现出傣族文化载体、实际文化表达、文化象征隐喻、文化吸纳融合的特定内涵。南甸土司司署不仅是研究我国土司司署建筑的"活化石"，更是展示德宏傣族封建领主土司制度的珍贵实物，与历史文献、民族史志记录和口述史追溯一起，共同印证着历史发展的轨迹。

**关键词**：傣族土司；建筑；文化内涵

土司，是中国社会发展进程中存在于少数民族地区的一种独特历史现象，围绕土司而形成的一整套制度体系涉及经济基础和上层建筑领域的众多方面。其中，构成土司制度要素之一的土司司署比较直观的反映了这一制度在特定历史时期的表现形式，而文化无疑是嵌合其中的重要部分。文化作为人类在共同活动中所创造出来的所有产物，是一个复合的整体，既包括物质文化、精神文化和制度文化，"同时也包括创造过程中诸多人类心智活动的历程"。[①]建筑是人类最重要的文化现象之一，既满足人们的最基本居住和活动需要，又体现了政治、科学、技术、宗教、哲学、审美观念等精神方面的要求，还满足了不同时代、地域、民族的生活方式、生产方式、思维方式、风俗习惯、社会心理等的需要。土司司署是我国民族地区特有的物化载体形式，体现了土司文化的深厚内涵。云南的民族文化资源十分丰富，也包括了历史上不可或缺的土司文化。土司文化是以土司制度和土司统治为基础的政治制度文化，是元明以来在土司统治过程中形成的具有区域和民族特色的文化体系的统称。[②]历史演替和社会发展变迁至今，土司制度虽早已沦为历史的尘埃，但对土司文化的研究与考察，不但有利于了解厘清云南政治制度文化史及其变迁历程，还有利于说明中央王朝与民族地区的关系，对历史上民族地区的认识也具有积极作用。

## 一、南甸土司制度与司署衙门

南甸，旧名南宋，元代因设南甸军民总管府而得南甸名，即现在的云南省德宏州梁河县。也有另一种说法：元、明、清时代隶属腾越州（今腾冲县）节制，"南"是指位于腾冲南部而言，"甸"即郊外坝子，所以叫"南甸"。有关南甸的最早记载，为唐代樊绰所著的《蛮书》："藤弯城南至摩些乐城，西南有罗君寻城，又西至利城……又南至首外川。"藤弯即今腾冲县，摩些乐城即今瑞丽市，罗

---

\* 张 跃，云南大学西南边疆少数民族研究中心研究员、云南大学民族研究院教授；
舒丽丽，云南大学西南边疆少数民族研究中心博士研究生、湖南省博物馆民族民俗文物部研究人员。
[①]李亦园：《文化与修养》，桂林：广西师范大学出版社，2004年版，第4页。
[②]赵世林：《土司文化——元明清王朝处理边疆民族问题政治制度的历史积淀》，载杨寿川主编《云南特色文化》，北京：社会科学文献出版社，2006年版，第450页。

君寻城即今梁河河西芒东，利城即今梁河勐宋，首外川即今梁河小陇川。以上地区在南诏时期属永昌节度。但南甸设立独立行政机构可考的历史则始于元代。《元史·地理志》载，"平缅路，北近柔远路。其地曰骠睒，曰罗必四庄，曰小沙摩弄，曰骠睒路，白夷居之"。① 到元至元十三年以后，南甸部分地区曾属平缅路。又《元史·地理志》中记有"南甸军民府"之名。②《元史新编》载："南甸军民府……至元二十六年立。"③ 至元二十六年起，中央王朝始在南甸正式单独设立政权机构，隶属于大理等处宣慰司都元帅府管辖。但据元代《混一方舆胜览·云南行中书省》"金齿百夷诸路"条下有："南甸路：阿赛睒，午真睒。"④ 又《经世大典·招捕总录》"大理金齿"条载："南甸路木甸火头……"⑤ 可见元代在南甸还曾建立过路，但建立时间不可考。⑥

历史上的南甸是云南西部边地上的重镇，自古以来就是中外联系的重要通道。自元代在南甸设立独立行政机构到明、清、民国时代，南甸的最高统治、行政机构都与中央政府实施的土司制度有着密切的关系。关于土司制度，是一个颇具争议的话题。多数学者认为土司制度形成于元，繁盛于明，衰于清，终结于民国；⑦ 也有部分学者认为土司制度盛于元衰于明。⑧ 虽然对土司制度发展史的认识各派学者观点各异，但并不影响对土司制度在中国边疆及民族区域治理上重要意义的认识。

**（一）南甸土司制度的兴衰**

南甸宣抚使属于边地土司"三宣六慰"之一，明清时期被称为德宏境内"十司领袖"。⑨ 虽然司属辖境，明以前不得其详，但从元代中央王朝始置南甸军民总管府起，至少可证明南甸地区最迟在至元二十六年（1289年）后已纳入中央王朝的"有效"⑩ 统治范围和版图之内。因文献资料缺乏，元代是否委任过当地少数民族首领为土司或土官⑪难以确定，但元朝已在南甸设立了政权机构，并利用当地少数民族上层以巩固其在边疆的统治，南甸土司的形成，已初见端倪。

南甸土司是一种中央王朝认可的世袭官职，因而沿袭成制。关于土司的祖先来源，据龚樾清所修

---

① 《元史·地理志》第九册，上海：上海古籍出版社，1986年版，第7 408页。平缅路，至元十三年（1276年）立，所辖境内的罗必四庄，即后来南甸司地之芒东；小沙摩弄，即后来南甸司地之杉木笼。
② 《元史·地理志》第九册，上海：上海古籍出版社，1986年版，第7 408页。
③ ［清］魏源：《元史新编》（卷七十六），第3 448页，影印清光绪三十一年邵阳魏氏慎微堂刻本。
④ 参见方国瑜主编：《云南史料丛刊》（第三卷），昆明：云南大学出版社，1998年版，第113页。
⑤ 参见方国瑜主编：《云南史料丛刊》（第二卷），昆明：云南大学出版社，1998年版，第627页。
⑥ 参见德宏史志编委会办公室编：《德宏史志资料》第十集，芒市：德宏民族出版社，1987年版，第207页。
⑦ 持此种观点的学者占大多数，如吴永章的《中国土司制度渊源与发展史》（四川民族出版社，1988年版）认为，土司制度"明代进入全盛时期，清代以后则为延续时期"；黄现璠等的《壮族通史》（广西民族出版社，1988年版）认为，土司制度"开始于唐代的羁縻制度，形成于宋代，繁荣于明代，崩溃于清代，结束于本世纪初，长达一千多年"；王承尧、罗午的《土家族土司简史》（中央民族学院出版社，1991年版）则认为，明代是"土司最强盛的时期"；龚荫的《中国土司制度》（云南民族出版社，1992年版）指出，"明代在元代开始的土司制度的基础上加以改进和完备，使之成为一种治理西、南部少数民族较为合适的制度"；而范宏贵等的《壮族历史与文化》（广西民族出版社，1997年版）及张声震主编的《壮族通史》（民族出版社，1997年版）等也认为，土司制度于"明代已完善"，得到了"蓬勃发展"。
⑧ 也有学者认为土司制度盛于元衰于明，如白耀天在《土司制度盛于元衰于明论》（《贵州民族研究》，1999年第4期）一文中就认为土司制度是"盛于元溃于明"。
⑨ 指明清两朝在德宏地区设立的南甸、干崖、陇川、盏达、猛卯、遮放、芒市七个傣族土司，以及清代增设的户撒、腊撒两个阿昌族长官司和猛板土千总，共十司。
⑩ 此"有效"指的是中央政府对南甸作为一级独立行政机构的承认与知晓，从某种意义上也可说成是对南甸控制力度相较于未设立独立行政机构前的加大。在我国古代，只有建有独立行政机构的区域才被中央政府或中央政府的代表直接委派官员管理。
⑪ 一些学者认为土官即土司；另一些学者认为土官是土司的前身，两者有本质的差别。虽然笔者在此无意于纠缠土官与土司因名称上的差异而代表的本质含义是否也有差别这一论题，但却不得不对这一争议性的问题有个非此即彼的是与否的选择。笔者此处姑且将土官或土司当成一个统一的概念。

《南甸司刀龚氏世袭宗谱》载，可以追溯自后汉，一世祖名宗，系南京应天府上元县人。元大德年间（约1301年前后），因"禄（即贡禄）自请随师效命"，随元军兵征金齿诸国有功，元皇曾赏给贡禄白银及大缎，并赐姓刀，刀氏得姓自此始。① 民国元年复姓龚，所以合称刀龚氏。从一世宗至三十二世贡猛前，并未受封于中央王朝，其实是当地民众公推的地方酋长，不能作土司起始。从历史发展脉络看，南甸土司应当是起源于元朝，形成与兴盛于明朝，趋弱于清朝中后期，没落于民国，灭亡于1950年末代土司龚统政逃亡境外前后。

早在元世祖至元十四年（1277年），缅甸蒲甘王朝大举进犯云南镇西路境内（今盈江县城），元军就曾"驻扎南甸"，并"迎击于南甸，败之"。② 至元二十年（1283年），元军再度征缅，南甸作为元军驻扎及出入之地，无疑应当也归附了元朝。元至元二十六年（1289年）"置南甸军民总管府，领三甸"，说明南甸土司已初见雏形。到明初洪武十五年（1382年），贡猛被宣慰使思伦发封为招鲁，③ 洪武三十二年（1399年），被选充百夫长，后钦升千夫长。④ 由于贡猛是朝廷在南甸傣族中正式委以官职管辖地方的第一人，故标志着南甸土司的产生，贡猛也就成为南甸土司一世。后历经明清两朝，再传到二十九世龚统政。随着1950年龚统政逃往境外，整个刀龚氏统治南甸地区的历史从1399年到1950年5月，历时552年，世袭为官二十九世，最后终结。

至于南甸土司统治时期的建制沿革，《明史·云南土司传》载："洪武十五年（1382年）改南甸府。永乐十一年（1413年）改为州，隶布政司。"⑤ 因三世土司刀贡罕在麓川之役中"从征有功"，正统九年（1444年）升州为宣抚司，以知州刀落硬（刀贡罕之子，原名刀贡硬，承袭父职为治州后，改名刀落硬）为宣抚使。清顺治十五年（1658年），清军进入云南。清虽取代了明朝在云南的统治，但仍保留了明代南甸宣抚司建制，继续由傣族土官刀龚氏世袭管理其地。《新纂云南通志·土司考》载："清初平滇，呈祥投诚，仍授宣抚世职，颁发印信、号纸。"⑥ 民国时期，对南甸地区的统治仍然沿用刀龚氏家族的统治。先是在南甸设八撮县丞，后改为县佐。1931年建立梁河设治局，形成土流并存的局面。其间历二十八、二十九两代世袭土司龚绶、龚统政。

从辖区疆界范围看，明清时期南甸土司统治区域范围最为广大，可视为土司统治达到鼎盛的一大佐证。"据傣文谱载，该司治东至蒲窝一百二十里与潞江司为界；南至杉木笼山顶一百二十里与陇川司为界；西至大金沙江（伊洛瓦底江）四百五十里与勐养为界；北至半个山八十里与腾冲为界"，版图约为现在的两个德宏州。其地大广袤，物产丰富，势力雄厚。被称为"南极冠冕"。⑦ 江应樑先生也认为，南甸辖地在明代和清代前期远较后来广阔。《明史·云南土司传》载："南甸所辖罗卜丝庄与小陇川，皆百夫长之分地，知事谢氏居曩宋，闷氏居盏西，属部直抵金沙江，地最广。"⑧ 据《肇域志·云南志》"南甸宣抚司"条载："蛮千山，在司东一十五里，土酋恃其险阻，世居其上。沙木笼山，在司南一百里，上有关。南牙山，在司里一百八十里，山甚高，延袤一百余里，树木阴翳，官道经之，上有石梯，夷人以此据险。又有清泉下流入南牙江。小梁河，在司东北三十里，源有二：一出腾冲赤土山麓，一出腾冲缅箐山麓。至此合为一，西南流入干崖为安乐河，而合于大盈江。其司境流经南牙山西南，又谓之南牙江。盈乃河，在司东南一百七十里，即腾冲龙川江之源。大盈江，源自腾冲，流至司境，过境西入缅甸。"⑨ 到中华人民共和国成立前后，辖境已大为缩小。

---

① 参见龚樾清：《南甸司刀龚氏世系宗谱》（卷一），载《德宏史志资料》第一集，芒市：德宏民族出版社，1987年版，第200页。
② 参见杨家骆主编：《新校本元史并附编二种七》，台北：鼎文书局印行1986年版，第4 656~4 657页。
③ 招鲁，即召鲁，傣语中系管辖一方的地方官之意。
④ 参见江应樑：《滇西摆夷之现实生活》，芒市：德宏民族出版社，2003年版，第101页。
⑤ 《明史·云南土司传》第十册，上海：上海古籍出版社，1986年版，第8 665页。
⑥ 新撰《云南通志》第七册，昆明：云南人民出版社、云南出版集团公司，2007年版，第735页。
⑦ 杨文贤编著：《南甸宣抚使司署略考》，香港：天马图书有限公司，2000年版，第2页。
⑧ 《明史·云南土司传》第十册，上海：上海古籍出版社，1986年版，第8 666页。
⑨ 参见方国瑜主编：《云南史料丛刊》（第五卷），昆明：云南大学出版社，1998年版，第678页。

### (二) 土司司署的建立

在南甸土司制度的构成体系中,除了由正印土司、代办、同知、① 护印、护理、族官等组成的统治集团、等级分明的组织机构、辖地行政区划及基层头人和特殊的经济体制外,土司司署是其中非常重要的一环。司署是土司重要的行政机关所在地,内设秘书(包括内幕和外幕)、三班(即分管行政、司法、军事的三个机构)、六房(包括门房、差房、茶房、书房、账房和军装房)。

南甸曾在元代、明代和清代建过三个土司司署,有的规模比现存的司署还大两倍,但都没有留存下来。作为南甸土司统治象征及历史遗迹代表的宣抚使司署位于现在的云南省德宏州梁河县,也称南甸土司司署衙门。明正统九年(1444年)(笔者注:部分资料注明是正统十年)十二月十六日,土司刀落硬将宣抚使司署由河西蛮林老官城迁到团山(今九保街),建立城镇衙门,名为太平城。乾隆三十五年(1770年)(笔者注:有的资料记载为乾隆三十一年)因疾病流行和汉官多次征服,二十二世土司刀三锡和家族共议后,将司署衙门由团山迁至拉乱坡脚新城,名为永安城,土司则逃至罗卜坝避难。现存土司司署由二十六世土司刀守忠于咸丰元年(1851年)修建第一院及大门于遮岛,名为金莲城。② 后历经二十七世土司刀定国扩建第二院、二十八世土司龚绶建第三、第四院及其他院落,至1935年最后建成。这处司署遗址从建立距今已有150多年历史。

南甸宣抚使司署经数易其址才最终到了今天的驻地,既承载了南甸土司统治的历史,彰显了土司统治的政治中心更迭历程,也反映了土司统治的流动性特点。区别于相对稳定的中央王朝政治中心,从侧面凸现了边疆民族地区实施土司统治而非流官治理的时代合理性。对于那些开发历史并不久远,中央王朝也难以将集权统治完全延伸其中并达到高度深化程度的边疆地区,利用当地民族上层集团为其所用,实施"以夷治夷"的土司统治不失为一项有效的政治制度。无论是少数民族建立起来的元、清两朝还是汉族建立的明朝,这些统治者在中央王朝的统治版图中,并未采取内地与边疆、汉族(或蒙古族、满族)地区与其他少数民族在统治方式上"一刀切"的做法,而是区别不同情况,在傣族居主导地位的南甸地区实行了有异于全国绝大部分地区的"特例"——并非封建地主阶级统治而是封建领主统治制度。这样的"开恩特许",使得南甸土司在长达500多年的时期内,不论中央王朝的统治者如何更替、王朝名称如何变化,始终在世袭制度的庇护下享受着"土皇帝"的特权与荣耀,并在南甸地区掌握生杀予夺的大权。土司制度的维系和有序运转,固然源于土司处在权利金字塔的最顶点,但也与自上而下一套完整的司署行政组织机构密不可分。

社会发展到今天,南甸土司的历史或许只能更多的通过文献和仍然健在的当事人回忆、记述等方式予以"还原"了,但以建筑形式保存下来的南甸宣抚使司署又未尝不是今天的人们乃至后人进行"追问"而及"还原"最好的载体吗?

## 二、土司制度的"活化石":南甸宣抚使司署

所谓司署,就是南甸土司行使职权的衙门所在地,以及供土司及其家人居住、娱乐等所需要的附属建筑。

### (一) 建筑布局

从建筑学角度看,无论古今中外,布局理念一般都服从于建筑所依赖的地形状况,只是因建筑所有者和设计者融入其中的文化差异而会有不同,南甸宣抚使司署的建筑布局也是这样。在中国,传统的建筑一般为坐西朝东或坐北朝南,为何南甸土司司署是坐东南而朝西北呢?原来梁河县城的地势是

---

① 明制凡土官任正职,必设流官(即汉官)以监视钳制土司。正德五年(1510年)同知刘汉谋篡司位,杀死第八世土司刀乐碟,刘汉亦被正法,此后不再设同知,以护印代之。参见德宏史志编委会办公室编:《德宏史志资料》第十集,芒市:德宏民族出版社,1987年版,第220页。

② 参见《德宏史志资料》第一集,德宏州志编委办公室1985年1月编辑出版,第181页。此处引文在具体时间年限上虽有争议,但并不影响土司司署衙门存在多次搬迁的事实,故也作此引用。

东南高而西北低，大盈江①自北而南流淌，司署的门朝向西北，符合中国讲究风水的习俗，只有"迎水向"使活水绕门，才能财源如江水，滚滚进门而来，流进不流出。在笔者的调查访谈中，一位熟知梁河文化的傣族文艺工作者对土司司署的风水做了这样的说明，"土司司署在选址上很讲究地脉，现在的梁河土司司署坐东南朝西北最关键是根据当地的地形。以前司署前面还没有盖房子的时候，可以看见大盈江边有个'团坡'，位于司署衙门大门的右上角，恰似一个官印；司署正门远望有三级台坡，象征了土司可以级级升高；司署大门靠左边原来还有个荷花塘，而司署背后也有很多山脉，朝向大盈江锁口，整个山脉随斜坡逐级升高，这些都表现了土司司署具有非常好的风水"。②

土司司署是一座典型的衙门建筑。平面布局为汉式院落结构，中轴式向两侧扩展，逐级升高。由4个主院落，10个旁院落，47幢建筑，149间房屋组成，建筑面积共7 780平方米，占地10 625平方米。按司署衙门等级分为大堂、二堂、三堂、正堂。五进四院，逐级升高，周围另有二十四间耳房及花园、佛堂、戏楼、小姐楼、佣人住房、厨房、粮草马房、军械库、监狱等建筑。大殿、厢房、小院互相串通。规划整齐、主次分明；土木结构，粗梁大柱，雕梁画栋，青瓦屋顶。

司署建筑形式多仿清代藩台衙门。整体上看，司署前半部分为土司及其行政班子办公的地方，后半部分则为家居生活及娱乐场所，另设部分附属建筑。这样的布局，使司署衙门在"公"与"私"之间的界限并不明显，隐射了土司统治的家族性及统治区域的私人性，与同时代中央王朝代表的封建地主统治阶级之"家天下"具有同样的含义。所以傣语称南甸宣抚使司署为"贺弄召发勐底"，意即南甸头人的大房子。这个"大房子"作为土司的私有财产，把"公署"与"私宅"有机地融为一体，一方面反映了土司三班六房行政机关的需要，体现了土司制度的等级森严，另一方面，也表明了土司制度及其统治文化的兼容性。这一统治制度不但包含了中原中央王朝的集权金字塔，还从司署建筑的风格上体现了中华民族多元文化内涵的融合，从而凸显出少数民族地区封建时代统治方式的特色。

（二）建筑功能

建筑成立的前提和结果是要能满足人的需要，因而功能的划分就十分重要。既然司署将"公"与"私"融合起来，那么建筑的功能与布局也就必须相统一。现存的司署建筑由四个院落组成，功能划分也是按纵向递进的方式安排的。

1. 司法功能

中国古代的地方衙门，涉及司法的具体事务是最重要的，南甸宣抚使司署也遵循了这一原则。进门第一院是门房（现已无存），为警卫与牢差们的住处。左右厢楼，左边为监狱，房内有卡脚枋、四枋枷、鱼尾枷和铁链手铐等刑具；右边是巡长、差人住房。正面五间大厅是公堂，民众可在此击鼓喊冤，土司也在此升堂办案。其中，两次间是旁听室兼通道，两梢间为花案室（即处理男女关系案处）。公堂内还排列有明王朝赐封给土司的"半副銮驾"，③按肃静、龙头朝前、关刀随后、金瓜、钺斧朝天镫、安民、除毒、一手掌乾坤、回避顺序排列。这是司署设计者的精心制作，一进门就是牢房、刑具，加上升堂时仪仗"吼班"的高吼，还有"生门"、"死门"伺候，使整个公堂非常威严。

2. 行政功能

土司的行政机关是保证统治集团有效运转的中枢，在土司制度中仅次于土司处在第二位，所以在

---

① 大盈江发源于高黎贡山南麓的腾冲县，一支源于古永狼牙山，一支源于双海和芹菜塘。大盈江上游称胆扎江，中游叫槟榔江，流经梁河县后，在盈江县旧城区下拉线汇合称大盈江，再过虎跳石后从南奔江口出国境，流入缅甸伊洛瓦底江，最后流入孟加拉湾。全长204.5公里的大盈江在原始森林峡谷中穿行后来到盈江平原，流速减缓，江面扩宽，两岸是一望无垠的农田和民族风情，竹树环合的村寨点缀其间，江岸有数千里的凤尾竹堤，江心时见绿色小岛。

② 访谈对象龚某，男，1950年生于梁河，在梁河遮岛即现在的土司司署所在地生活了近30年，现工作于德宏州傣剧团。

③ "半副銮驾"是公堂中最有价值的物品，那是明朝皇帝赠赐的，有"肃静"、"回避"等一套木制器具，显示了南甸土司与皇帝之间的特殊关系。云南知名土司数以十计，还未见过哪家存有皇帝赠赐的銮驾。

司署中的部门最多、人数也最多。按照等级和职责的大小，从第二院到第四院都安排了相应的机构和办公地点。第二院全部是办公场所，左厢是属官班住房，右边是军装房。"属官班"由十二个召朗或波朗以及被土司提为署职的办事人员组成，都是一些德高望重的人，轮流到衙门值班，早晚可以陪同土司吃饭，协助土司处理民事诉讼，接待宾客。如遇土司坐堂审案，属官班中的值班人员陪坐审讯。军装房楼上则住着守军械的兵丁。左厢中间以三格敞开，做会客厅，堂前悬挂"南天一柱"和"十司领袖"等匾额，是土司会客和文武下属办公之地。中堂后面是太阳门（圆门），用红黑垂帘挡住，非重大节日或钦差大臣到来不开。第三院也是办公的地方，但职能比第二院更重要。正面设有议事厅，是土司属官审理一般案件和接待上司的地方，在大开间内设桌凳及办公用品等，如遇重大事务，土司便召集相关人员在此议事。① 正中悬挂"永固南疆"匾额，前后置活动木格门。第四院本来是土司及家人生活的地方，但也安排了具有财务职能和秘书职能的机构在此办公。② 右厢是账房室，由总管和一名副员执掌，主要负责司署内的财政、钱粮收支，买办司署内的日用品。账房室后面则是侧院落护印府，由护印一家居住。另外附设粮仓，设专人收放粮食。屋内有大秤、账本和刻有"司署制"字样的木制量斗等。左厢是书房，人员由秘书、师爷、誊录员组成。专司起草、誊写文稿、整理诉讼卷宗、管理文稿和各项收租票据。其中，师爷的地位较高，他可以代理土司外出办案，可以与土司同桌共餐。

3. 军事功能

土司统治的维持还必须依靠军事力量，"土皇帝"的特殊地位，使土司拥有了自己的私人武装。司署既是土司武装力量的司令部，又是武器、弹药的保存地，还是军事训练的场所。在第二院中，就设有专门的军装房（军械库），楼上住着守军械的兵丁，他们必须具有军事常识，主要负责购买枪支弹药，兼修理武器。土司的武器很早以前是些刀、枪（长矛）、棍棒、弓弩等冷兵器，光绪年后开始有了毛瑟枪、九响枪、汉阳五子枪。到了民国末年，国民党远征军留下一部分，土司自己购买了一部分，那时已有六零炮、轻重机枪、步枪，足可以装备一个团。过去司署内设有一个可容千余人的大练兵场，每年土司都有"霜降操练"的习惯。每当操练时，调来各路兵勇，时间3~5天，练习跑马射箭等。当土司登台主持那天，全城热闹非凡，其礼节如同迎接上司一样隆重，绕街一转，老百姓在街旁焚香磕头。操练中的中标者，由土司亲自颁奖设宴表彰。③

4. 居住功能

建筑是技术和艺术的综合创作，是人类利用固体材料建造的能遮风避雨、抵抗自然灾害、满足自身生存和发展需要的空间。从建筑的类型上划分，主要包括民居和公共用房两大类，其中的民居由于是满足人类最基本的居住需求，在所有建筑设计中占有十分重要的位置。在南甸宣抚使司署第二院的右外围、军装房与三班房后，建有住房，专供访客居住。在司署中，最为华丽的就数第四院了，它在整个司署建筑群中所投入的财力、物力也最多。第四院中除少量的书房、账房外，几乎全部是土司家庭起居和休息的地方，属于后院禁宫。其中的中堂是家堂，左二间为土司夫妇寝宫，右二间是子女宿舍。中堂后壁设透雕暖阁，暖阁内挂天地牌位，牌位之下是香案桌，供有官衔牌和光绪皇帝、二十七世土司刀定国官服画像以及列祖列宗像。周围挂满名人字画和缎面刺绣的对联等。大殿左边是小姐楼，是小姐专门玩耍、梳妆打扮的地方。小姐楼西北有一大院，是土司的灶房。另外还设有粮仓、马房和水井。院后有后花园，供土司及其家眷休息习武之用。

5. 教育功能

教育能启人心智、教化文成，所以历代土司也十分重视对子女的教育。在第四院就专门设有书

---

① 这个议事厅曾发生过具有重大意义的事件。例如，由于土司是"十司领袖"，经常召集其他土司头人来此会盟、议事；1950年5月中旬，梁河、盈江、莲山工委书记、122团政治处主任张琦，曾邀请梁河土司龚绶、盈江土司刀京版、莲山土司思鸿升在此开会，共商建立各族行政委员会等问题。

② 1950年，在第四院的楼上曾设立"各族行政委员会办公室"。同年10月下旬，中国人民解放军梁河驻军营长卫永华、梁河军政代表团副团长和友贤、地方工作人员瞿富生等，与末代土司龚统政的全权代表龚安周在此谈判。

③ 参见杨文贤编著：《南甸宣抚使司署略考》，香港：天马图书有限公司，2000年版，第12页。

房，摆放有傣文和汉文书籍，供土司及其家人阅读。后花园的中左前角亦有一幢三开间小屋，是经书房。在大院内建有学堂二所，分为子弟学堂和平民学堂，聘有教读来授课，是土司在民国末年前办的私塾。由于土司十分重视教育，曾有堂伯叔二人毕业于日本早稻田大学。①

6. 娱乐功能

休闲娱乐也许是中国历朝历代有权、有势、有钱的统治者、达官权贵们在自己的私宅设计中比较看重的部分，拥有规模庞大司署建筑的南甸土司也不例外。与第四院紧邻就建有一个戏楼小院，专供土司和眷属看戏之用。过去等级观念森严，老幼男女、主仆平民都划分得比较严格。二楼中间为土司、印太专座，左为儿子、右为女子专座，侧厢楼檐廊为官员看区，地面才是百姓看区。空地间隔在戏楼与厢楼中，与侧厢相对的是圆形图案照壁。整个院落呈现的是典型的滇西风格戏楼布局。戏楼四角飞翘，具有特色。戏楼于民国二十四年（1935年）建成后，腾冲玉麟戏班、盈江傣戏班等都来这里演出过，甚至日本人的无声电影也来这里放映过。② 从戏楼底穿过小门，是一特别雅静别致的"水晶亭"花园，专供土司游玩赏花（现已无存）。

### （三）建筑特征

如果不考虑工程设计和技术因素，司署建筑的历史文化呈现出以下特征。第一，综合性。作为"土皇帝"身份和"小朝廷"地位象征的标志性建筑，司署是集行政、司法、军事、教育和居住、娱乐为一体的综合性建筑。第二，实用性。建筑最大的功能必须是实用，司署就同时兼具了公事办理和私家生活场所的双重效能。第三，权威性。土司是本区域内的最高统治者，司署除了在设计时讲求规模的宏大外，③ 也兼顾了布局、功能划分、装饰④等因素，使之体现出唯一、森严、等级的权威性。第四，延续性。司署是刀龚氏家族地位与财产的象征，更是历史沿袭的承载传统，所以除了由于客观因素曾有过异址的几次反复外，司署基本上是由后继土司在原有基础上不断扩建而成的。第五，包容性。尽管司署就建在傣族人口居于多数的南甸地区，司署的所有者也是傣族土司，但司署的建筑风格却包含了傣族、汉族和白族文化因子，成为民族文化多样性包容并存的固体单位。第六，审美性。司署建筑除注意外形的布局、造型、样式外，也考虑了房、厅、堂、园、亭、府、库、场以及门、窗、道等的设计、装饰，在"层层院井八方通，幢幢置阁殿中殿"的建筑群落中展现出美观的一面。

## 三、南甸宣抚使司署的文化内涵分析

"人类自古以来有三个敌人，其一是自然（nature），其二是他人（other people），其三是自我（ego）。"这是英国哲学家罗素（Bertrand Russell）的经典名言。著名人类学家李亦园先生将借此延伸到对"文化"的解释上：人类为了克服"自然"这个敌人，所以创造了"物质文化"；为了要应对"他人"这个敌人以便人与人和谐共处，维持社群共同生活，所以创造了"社群文化"（或伦理文化）；为了战胜"自我"这个敌人，克服自己在感情、心理、认知上的种种困难与挫折、忧虑与不安，因而创造了"精神文化"（或表达文化）。⑤ 在这些文化中，绝大部分是可以直接触摸或感觉到的，是"可观察的文化"；而有一些则深隐于人的意识和脑海中，是"不可观察的文化"。所以，可观与不可观两者就构成了一个有系统的文化体系。南甸宣抚使司署是傣族封建统治者创造的一种建筑形式，既聚合了物质文化、精神文化和制度文化这三个文化要素，也外显了文化"可观"的部分和内隐了"不可观"的那些因子。

---

① 梁河一中退休教师刘某某讲述。刘老师，男，汉族，现年71岁。其父亲曾经在司署中任师爷，他本人少年时也曾经在司署中的平民学堂读书，与在子弟学堂读书的土司的儿女们是同学。据他说，留学日本的土司堂伯叔二人学成回国后，1人从事军事工作，在部队任职，另1人则从事陶瓷的研究与生产。

② 参见杨文贤编著：《南甸宣抚使司署略考》，香港：天马图书有限公司，2000年版，第13页。

③ 例如，人们就称它为傣族的"小故宫"。

④ 例如，不同的院落中均悬挂有不同内容的匾额。

⑤ 李亦园：《文化与修养》，桂林：广西师范大学出版社，2004年版，第22页。

南甸宣抚使司署由三代人完成,从 1851 年到 1935 年间,历经 85 个年头。如此宏大的建筑群,在全国土司司署中也居于前列,因而于 1987 年 12 月 21 日被列为省级重点文物保护单位,1996 年 11 月 27 日公布为全国重点文物保护单位。

司署是土司制度及其统治的文化象征,具有特定的内涵。瑞士心理学家和精神分析医师卡尔·古斯塔夫·荣格(Carl Gustav Jung)认为:"当一个字或一个意象所隐含的东西超过明显或直接的意义时,就具有象征性。"① 一些学者也认为:"象征有如隐喻,它或者借助于类似的性质,或者通过事实上或想象中的联系,典型地表现某物,再现某物,或令人回想起某物。"② 联系起来看,南甸宣抚使司署超越其建筑的物质形态与地域,折射出的民族建筑特点正表达了土司建筑这一静态物体背后隐藏的鲜活可扩展的无限文化内涵。

**(一)傣族文化载体**

我国当代著名建筑学大师梁思成先生说过:"建筑是人类一切造型创造中最庞大、最复杂的。所以,它代表的民族思想和艺术更显著、更强烈,也更重要。"③ 南甸宣抚使司署建筑群,是以它具有历史意义、艺术价值和科学价值进入全国重点文物保护行列的。

南甸是一个多民族聚居的地区,包括汉族和傣族、阿昌族、景颇族、傈僳族、德昂族、佤族等少数民族,其中傣族人口在众多的少数民族中居于多数,本土文化必然以傣族文化为代表。土司司署作为当地最高统治者的官邸加私宅,主要就打上了傣族的文化烙印。因为土司从文化亲缘上来讲,属于傣族,其身体力行必然无可厚非具备傣族的文化传统、生活习惯及行为方式。这种固以习得的文化认同会被土司以多种多样的表达方式体现出来,而司署建筑就提供了一个具体的载体。在司署内,最直接的承载形式就是小姐楼后院建筑中的傣族"四面滴水"风格。经书房代表的则是土司的宗教信仰,其中供奉有请自缅甸的释迦牟尼神像。间接的承载形式则是通过象征的方式实现,例如孔雀是傣族的图腾吉祥物,第二院中就雕有一个欲飞的孔雀,象征的是土司。处于第二院与第三院之间的太阳门以太阳的神圣而得名,反映了它的重要地位。太阳门平时用一块红黑两面的垂帘挡住,非重大节日或钦差大臣到来不开。此等威严之处,没有品位的官员和妇女都严禁出入,可是却有一对大象可以大摇大摆地由此通过,甚至专门有人为它抬粪擦尿。据说在很早以前,前三院的木料是靠这对"夫妻"大象从 40 多公里外的龙塘村拉来的。因为当时没有任何运输工具,全靠它们用鼻子卷来,所以是"有功之臣",很受土司宠爱,特许它们进入第三院,通过太阳门与人共寝。④ 右厢楼原是"三班房"(即站班、吼班、承审班住的地方),后来也辟作了大象楼。传说在过去如果错杀了一个人还可以谅解的话,要是谁杀了大象和孔雀,土司则要满门抄斩。⑤

"建筑常被形容为'凝固的音乐'。确实,建筑的外形、色彩、材料、结构等都会给人感官以刺激,跳动的线条和色彩就像音符一样构成优美的旋律,使人感受到一种特殊的美感。在这类建筑要素背后包含着深厚的文化积淀。"⑥ 南甸宣抚使司署以其外在感官的形象,给人以视觉触摸,在"光"与"触摸"之间达到一种感性与理性的平衡。感性要求见者(包括古与今之见者)实施认同仪式,达到某种"敬畏"的目的;而升华为理性者(特别是今之见者)需要的是对其作为一种文化象征符号及其表意的考究。于司署建筑而言,各种有形的、可见的外在表意符号说明司署代表的本土文化是傣文化,而大量无形的、隐喻的内在象征指向,也在民族心理、文化认同、情感归属等方面包含了傣文化的丰富内容,这两个方面共同为司署建筑的文化象征分析提供了现实可行的诠释渠道。

---

① [瑞士] C. G. 荣格等:《人类及其象征》,沈阳:辽宁教育出版社,1988 年版,第 1 页。
② 史宗主编:《20 世纪西方宗教人类学文选》(上),上海:上海三联书店,1995 年版,第 195 页。
③ 梁思成:《凝动的音乐》,天津:百花文艺出版社,2006 年版,第 183 页。
④ 梁河一中退休教师刘某某讲述。
⑤ 参见杨文贤编著:《南甸宣抚使司署略考》,香港:天马图书有限公司,2000 年版,第 11 页。
⑥ 居阅时、瞿明安主编:《中国象征文化》,上海:上海人民出版社,2001 年版,第 480 页。

## （二）实际文化表达

对于文化的创造者和持有者来说，进行文化的实际表达并不困难，因为"文化存在于各种内隐的和外显的模式之中，借助符号的运用得以学习与传播，并构成人类群体的特殊成就，这些成就包括他们制造的各种具体样式。"① 在司署内部，土司的实际文化表达显得更为直观。

从第一院到第四院，无论是办公重地还是居家之所，所有"门面"之处均悬挂着内容不同的各式匾额，如"卫我边陲"、"南极冠冕"、"南天锁钥"、"永固南疆"、"南天一柱"、"十司领袖"等，一方面向观者展示了土司司署的地位崇高，同时也凸显出中央政府至少是在名义上对其所具有的至高领导权的认可。而将中央王朝赐予的"半副銮驾"置于第一院显著位置及公堂的摆设布局，则暗示着中央政府与傣族土司之间的微妙关系。

也许是土司的先祖原籍江南，与中原汉文化有着某种联系，历代土司都重视对汉文化的吸纳，所以司署中保留了大量的字画、对联，所有的匾额也全部是用汉文书写。这与傣族语言、文字在司署中的使用并行不悖，既印证了文化的二重性在南甸傣族社会中的客观存在，也表明了土司对中央王朝的臣服心理和向辖区民众的一种去遮直白。

## （三）文化象征隐喻

土司司署的权威性是受人们所敬畏的，而这种"敬畏"显然具备了广泛的认同性。使认同成立的基础不仅在于权力的彰显，也还包括民族传统文化中大量的象征和隐喻所带来的心理依附。石开忠先生认为，有象征就必须有隐喻，有象征而无隐喻的象征不是象征；有象征且有隐喻并得到人们的认同，这才是象征。②

的确，司署建筑几乎处处存在"象征"和"隐喻"。大门的坐向有财源滚滚之意；第一院大堂左右放置的万民伞，除了起到土司外出时遮阴的作用外，也有代表福音、高照万众臣民之意；悬挂的"十司领袖"匾则昭示着南甸土司在这个区域中的无上地位；在最精华的第四殿，用意更为深刻，正殿用栗木，左厢房用椿木，右厢房用楸木。这三种树木，都是县境内最优质的木材，土司把它们有意的取材组合，以每种树名的名头相连，便成了"正立（栗）春（椿）秋（楸）"的谐音，以此祈望江山永固，颇含文化意蕴。

象征人类学认为象征是将身体的、道德的、政治经济的作用加以现实化的手段，这样的象征之力，在部族社会中见于通过礼仪的临界状态（例如成年仪式的情形，在礼仪中途既非孩子又非成人的状态），或者在历史性的过渡期社会为危机所环绕之际，最为显著。这一点同时也引起我们注意这样一个事实：象征不是非时间的存在，而是对应于社会的变化而变动着的意义，一旦时代变了，人们不久便找出已经遗忘的象征，给它赋予与以前完全不同的意义。③ 以傣文化为本土文化载体，以多种民族文化为实际文化表达的南甸宣抚使司署强调的是土司作为一种政治制度文化，一方面说明了政治制度在具体实施过程中的区域性、民族性及时效性，另一方面也反映了中原与边疆、中央集权与土司治理之间的关系。在既有差异又有共性的张弛中，南甸宣抚使司署便阐释了本土文化的代表傣族与实际文化传达的不同民族之间，尤其是傣族与汉文化之间的关系。最终，土司司署通过文化象征的手段在个体小社会经验与社会事实整体性经验之间达成了一种平衡。本质上，这种平衡就是民族对其所处世界的理解。

## （四）文化吸纳融合

文化具有流动性而并非一成不变，分化和整合是文化变迁过程的必然结果。不同文化间的相互吸

---

① ［美］A. L. 克鲁伯（A. L. Kroeber）、C. 克拉克洪（Clyde Kluchholn）：《文化：一个概念定义的考评》，转引自黄平、罗红光、许宝强主编：《社会学·人类学新词典》，长春：吉林人民出版社，2003年版，第161页。

② 石开忠：《象征的起源、隐喻及其认同仪式——对侗族鼓楼的象征人类学诠释》，载王筑生主编：《人类学与西南民族》，昆明：云南大学出版社，1998年版，第551页。

③ 刘锡诚：《象征——对一种民间文化模式的考察》，北京：学苑出版社，2002年版，第11页。

纳融合是文化整合的重要内容,"特别是当不同的文化杂处于一起时,他们必然会互相吸收、融化、调和,发生内容和形式上的变化,最后逐渐整合成为一种新的文化体系。"① 南甸聚居有傣、汉等众多民族,使民族相互间的接触有了可能,文化间的交流也就不可避免。南甸土司对于这些"杂处在一起"的不同文化,采取了兼收并蓄的做法,这在司署建筑中显得非常突出。

　　从建筑风格上看,南甸宣抚使司署包括了不同民族的建筑特点。司署采用五进四院形式,平面布局为院落结构,设计中主要参照了清代的藩台衙门样式,体现的是当时中原汉族的建筑风格。司署衙门的木作雕刻和照壁建筑又有白族建筑的风格,因南甸和腾冲一带的建筑多为白族木匠所为,所以雕刻精美,富丽堂皇。而司署部分屋顶的处理却又有傣族"四面滴水"的样式。虽然事实上很难将某一具体的文化要素准确排他地划归为一特定民族所有,但此种文化要素在特定民族中所具备的典型性及代表性仍是显而易见的。因此,从外在物质形态来说,一座南甸土司司署,就是汉族、白族和傣族三个民族建筑的结合体。在建筑内部,深受汉文化影响的印记更是随处可见。例如,在第一院的大殿檐柱前有六个"金爪吊葫芦"雕件,那方寸之间竟雕有水浒一百零八将人物形象,风动时还会像走马灯一样随风转动,可谓巧夺天工。而在二、三院中,"三顾茅庐"等人物雕刻到处可见。正堂中的八扇隔门上,分别有"王羲之爱鹅、陶渊明爱菊、周子爱莲、叶公好龙、和靖爱梅、明皇爱月、伯乐爱马、隐公爱鱼"等八爱图。司署中的汉文化印记如此之深,与土司长期以来对儒学和佛教的自上而下推崇有很大关系。据《明一统志·云南布政司》"南甸宣抚司"条记载:"丙弄山在司东十一里。相传昔有僧自大理来,坐化于此,变为石人,后经兵毁,止存其头,土人咸奉祀之。"② 又据《腾越州志·仙释》载:唐代43名滇僧中有一名大理人,名买顺,又名李贤或李成,于公元9世纪时,"流之南甸"。1903年土司刀守忠提出"一手倡孔,一手倡佛"的施政方针,请十方僧道至辖区传教,相继在大厂、河西、遮岛、九保、囊宋等地建15座寺庙。此外,边地土司也注意了中西文化的结合,在两厢整齐排放的楼廊扶栏和那几块幸存窗子上的彩色玻璃,就是民国二十四年(1935年)从缅甸进口而来的英国产品。100多年中,土司司署几度扩建,每一次扩建都加入了新的文化元素,正是土司对不同民族文化的吸纳融合,使司署建筑最后逐渐整合成为一种以傣文化为主,交织汉、白文化以及西方文化的"新的文化体系"。

　　总之,在傣族社会历史发展进程中,土司文化占有十分重要的地位,影响所及,甚至超越了民族界限与地域概念。现存于云南省梁河县的南甸宣抚使司署遗址,不仅是研究我国土司司署建筑的"活化石",更是展示德宏傣族封建领主土司制度的珍贵实物,与历史文献、民族史志记录和口述史追溯一起,共同印证着历史发展的轨迹。分析南甸宣抚使司署建筑及其文化内涵,对于理性认识傣族土司文化也是有益的。

---

① 林耀华主编:《民族学通论》,北京:中央民族大学出版社,1997年版,第396页。
② 方国瑜主编:《云南史料丛刊》(第七卷),昆明:云南大学出版社,2001年版,第218页。

# 布朗族村寨新年节日的社会文化解析

周晓红[*]

**摘　要**：西双版纳州勐海县西定乡章朗村的布朗族信仰南传上座部佛教并受傣族影响，每年傣历六月中旬的泼水节也是布朗族传统的新年节。但是由于长期生活于山地环境，交通不便及地理条件的限制，受外部社会影响的不同以及民族文化内部的差异，这里布朗族的新年保留了很多的传统习俗，并呈现出丰富的文化内涵，通过对该节日的文化解读可以发现他们在社会生活中的众多特征。

**关键词**：节日；宗教与世俗；社会组织；整合

西定哈尼族布朗族自治乡东接勐遮镇，南邻打洛镇，北邻勐满镇，西与缅甸隔江相望，国境线长54.5公里。[①]章朗村隶属于西定乡，距离勐海县47公里，距乡政府巴达27公里，通往章朗村的路需搭乘一天仅一趟的前往巴达的班车，在村前的岔路口下车后还需走数公里的碎石路才能到达村里。该村分为老寨和新寨，有244户，人口近千人，老寨位于四面环山的坡地中下部，传说有近千年的历史；新寨在与老寨相邻的山坡上，因老寨过于拥挤而于20世纪90年代开始搬迁部分家庭而修建，现有五十余户。该村里不仅有据说布朗族最古老的千年缅寺，而且自然环境优美，植被茂密，房屋多为传统的木制干栏式建筑，中老年人多穿着民族传统服装，保留着布朗族的生活习惯，年轻人虽然受外来影响较大，并且近年来有上百人去泰国、缅甸和勐海、昆明等地打工，但在过节时也有不少依传统习俗赶回家过年，而且自觉按照传统的规矩参与各种礼仪活动。

新年节从4月13至15日为时三天，而从4月12日起村民们就在各自家里洗澡洗衣，打扫房屋，并开始杀牛、杀猪、杀鸡、烤酒或者买酒买菜，准备好过年的食品，如同汉族的大年三十。这里过去传统的习惯是在过年时要上山打猎后全村人分享猎物，现在则是几家人合起来杀猪杀牛然后均分，既可节约财物，又保留了一定的平均分配的色彩。宰杀牲畜时要到寨门外，以防止鬼邪入寨，并且50岁以上的人不能杀生，据说是年龄大的人要可怜牲畜，带有明显的鬼神意识和佛教观念。这天晚上，村里的龙巴头（传统的寨主）岩章了专门请我们外来者和村里的汉族人一起到家里吃饭，尽地主之谊，并告知第二天过节时候要注意的事情：每个外来者在作礼活动中要交两元钱给寨子里，外出打工回家的人也要如此，以表示对寨子的尊敬和礼貌。

4月13日正式开始过年，早上缅寺里的小和尚开始打扫寺院，并用树枝将带有香料的清水在寺庙的殿堂中滴洒，以表示清除污秽，迎接新年。中午时，章朗村和邻近两个村子里的小孩妇女开始来到距离村子两三公里外的大青树下赶摆，准备迎接"日子之王"（即新年），章朗村缅寺的小和尚也结伴而至，与其他村民供奉神灵一样，他们将从缅寺带来的用芭蕉叶包着的糯米和茶叶放到大青树下的竹制供台上敬献给"日子之王"，随后与村里的小孩一样在各小摊前买零食，玩游戏。下午两三点后，三个村子的村民陆续来到这里敬神、赶摆，青年男女聚集起来跳舞唱歌至5点左右才散去。

---

[*]　周晓红，云南大学民族研究院讲师。
[①]　勐海县史志办编：《勐海县乡镇年鉴2006》，内部刊印，2007年，第170页。

6点左右章朗村的中老年男子集中到老寨的靠土路边的一块空地上准备每年一次的新年"作礼"活动：他们先将竹子剖开编成方形小竹席，用一种当地叫"哈土"的树叶将些小碎石子裹起来，作为献给山鬼的"金银"，与放在竹席四个角上的扎在一起的小树枝，以及酒、茶叶、蜡条、野果串，都是送给山鬼的礼物，放在火堆旁边。还将两节柴棒用竹条串起两串，与大家共同凑钱买的红公鸡一起都挂在作礼的树上。过去的习俗是在这天要上山打猎，打到猎物后由打猎头人吹起牛角号召唤村里人前来集中作礼并分享猎物，现在由于政策规定不能随便在山林打猎，在节日时村民仍然要在传统的作礼活动的树边放上一把传统的长筒火药猎枪作为敬神和狩猎的象征，村民吹牛角号也是狩猎活动的象征性标识。在作礼中还有一项规定，如果村子里有人要离婚的，必须在这天参加作礼，由龙巴头主持做调解，离婚的人要交一点钱物给村子里，以表示对大家的歉意。这年的活动中没有要离婚的人，只由外来人员和去外面打工回来的年轻人要交给村子一两元钱为礼仪，而在外未归的年轻人则由他们的父母交份钱，以表示仍是村子的成员。

当寨主和二寨主都到达后，作礼活动正式开始。村民将猎枪抹上一点石灰粉后靠放到作礼的树上，表示上山打猎敬神之意；过去村里的每家都会打猎，所以过年这天都将拿猎枪来摆放，上山前一起鸣枪；打到猎物回到这里将猎物的头分给寨主，其他部分全村人均分。随后村民将一片竹席拿到树下念经祈祷后拿起，由两人将红公鸡捆到一青竹竿上扛着，村里的一小伙子扛着那把猎枪，两个少年敲打着两根柴棒，还有一人拿着牛角，几个人一路到寨门外走了一圈再欢呼着回来，表示敬过山神狩猎归来，迎接新年的到来。村民将柴棒又挂回作礼的树上，将公鸡杀了鸡血滴洒在树下所搭的树枝架着的两片竹席上，鸡放在火上烤时将鸡嗉子（鸡胃）取出给寨主察看吉凶，将鸡腿的两只胫骨也交给寨主看鸡卦，据寨主说看到了今年粮食和茶叶很多可以丰收，六畜兴旺。随后村民把烤好的鸡、米饭等抬到寨主与二寨主面前，他们将手放在桌上念经为全寨祈祷，象征性地吃一点鸡肉和米饭，其他人分别食用这些东西，以示分享劳动果实和祝福。与此同时，在新寨里也进行了基本相同的作礼与看卦活动，不过主持仪式的不是寨主而是阿章，说明新寨与老寨之间的关系既紧密联系，又有一定的独立性。而且两边寨子的全部活动过程都只是男性参加，村里的妇女只在一边观看。

4月14日村子的活动主要是堆沙和请客。早上各家妇女就开始陆续背着竹篓到山上和田间找寻和背小半篓沙子到缅寺中，将沙子倾倒在缅寺里专门堆沙的地方，跪下祈祷，进入大殿里向佛像磕头；有的人将倒在地上的沙子抓在用树叶编成的尖形小筒里按紧再倒出来形成数个小尖沙塔，据说是可以将过去一年的罪过压在塔下。这天村子里每家都要请客吃饭，从早到晚互相宴请拜访，我们看到有的从早上到中午就被请去五六家吃饭喝酒，有的在晚饭时要到每个在座的朋友家里轮流喝酒吃肉直至深夜；他们除宴请本村人外，附近村子的其他汉族、哈尼族等民族的朋友也被邀做客分享节日的喜悦，显示出布朗族的热情豪爽与民族间团结友爱。

4月15日早上九十点左右，村子里有男女老幼分别扛着捆扎在一起的细树枝，拿着装有糯米团和几块钱的碗及包着一小捆白线的芭蕉叶来到缅寺。树枝、饭团、白线和钱都是按每家的人头而出的。他们将树枝摆放在大殿四周的墙边，饭团、白线和钱由阿章或年长者收集起来，饭团给缅寺作供奉及和尚食用，钱转交给大佛爷安排寺庙的用度，白线集中起来在沙堆处烧掉。这种对缅寺供奉礼在泼水节、关门节和开门节时都要进行。下午1点以后，村民中的妇女小孩来到村口的撒拉房附近赶摆，购小零食闲聊；2点多后村里的青年男子敲着象脚鼓来到村口边唱边跳边喝酒并不断放鞭炮，据说是要在村口迎接新年到村子里。有的中年人用树枝搭起花架，村里的阿章抬着花盘和四个老年人来到花架附近与村民观看青年们欢歌起舞。直到4点左右村民开始返回村子，阿章捧着点燃蜡烛的花台象征迎接到的新年，四个老年人在旁边护送，青年紧随其后继续跳舞唱歌，最后面是抬着花竿的中老年妇女排成的方阵，整个队伍不时停下来等青年舞蹈一段再走一段，一些老年妇女不时向空中撒小红米爆米花表示祝福；当队伍来到寨子边的大青树下时，村民将几个花竿放在树身上放响鞭炮，表示新年已经来到村子；然后队伍继续前行直到村里的缅寺，阿章将花台和花竿放到缅寺，由大佛爷主持在缅寺里进行滴水浴佛，为全村人祈祷祝福。迎新仪式结束后村民来到新寨附近的白塔下面进行泼水活动，用小桶小盆装着清水互相泼洒表示祝福，尽兴而归，整个新年节活动至此方告结束。

如果从更深的文化层面上解析这里布朗族的新年活动，布朗族的新年节与作为信仰南传上座部佛教地区普遍性重要节日的"泼水节"有着一脉相承大体相同的特征，所以在外人看来两者可以不加区分，但是从很多具体内容和活动过程来看，布朗族保留了很多自己的传统习俗，而在其他傣族地区最有代表性的泼水只是其活动中的一小部分，难怪他们喜欢将泼水节称为"新年节"。而当地布朗族的新年节由于历史较为古老，环境较为封闭，加之布朗族本身具有的居住分散的原因，这里受到外来文化影响相对其他布朗族较小，而近年有关政府部门提倡的对人口较少的少数民族文化保护政策，以及当地群众自己民族文化意识的加强，使这里的民族节日中保留和恢复了许多较为古老的传统，透过其中可以发现当地布朗族的很多社会文化特征，并发现在历史条件影响下产生的一些文化变迁与复归的原因。

首先在这个节日里，村民的精神信仰体系与社会生活体系紧密地结合在了一起。

从章朗村的"泼水节"中可以发现，这里的布朗族受南传上座部佛教影响很深。南传上座部佛教很早就从印度经斯里兰卡、缅甸传入云南地区，早在隋炀帝大业十一年（公元615年）就在今西双版纳建立了第一所佛寺"袜坝姐"；唐高宗咸亨二年（公元671年）西双版纳建勐海大佛寺；唐开元十二年（公元724年）缅甸景栋土司派比丘西维苏坦麻苏那到景洪宣扬佛法，南传上座部佛教在西双版纳获得发展。① 而该村的缅寺据说有上千年的历史，传说1400多年前，玛哈烘和牙南敢皮两人去斯里兰卡求学取经，在学成后回来传播佛教。他们背着经书历尽艰辛，在经过"勐坦牙瓦帝"城时，该城公主见其辛苦，赠送了一头大象帮他们驮经。他们在沿途经过的很多地方都传经建塔，对传播佛教作出了很大贡献。当他们到达缅甸景栋时，年事已高的牙南敢皮圆寂了，玛哈烘独自赶着大象继续传教，在经过恩巩多朵山（现缅寺所在地）时，大象跪地不起对山朝拜，玛哈烘认为是神的旨意，就在此休息，并有了建寺的想法。不久以后附近两个寨子的布朗族村民在此建章朗寨子，并修建了章朗缅寺，历经千年，成了远近闻名的佛寺。该寺在"文化大革命"时期曾遭受到很大破坏，在20世纪80年代重新修葺恢复，是西双版纳地区至今唯一幸存的布朗族古佛寺，寺内现有十几位和尚住寺修行，住持为一位年逾花甲的帕沙弥。②

由于南传上座部佛教对外界事物有较强的包容性与适应性，并且在传播过程中为了获得民众支持，对原来不信鬼神和巫术的教旨作了调整，允许傣、布朗、德昂、佤等民族既信仰佛教又保留原始宗教的信仰与习俗，所以能被该地区民族普遍接受；南传上座部佛教甚至还允许僧侣兼管佛事与鬼事，为老百姓占卜消灾，所以在西双版纳的布朗族在建寨盖房、生葬嫁娶等很多生产生活的重要活动中都有请佛爷占卜吉凶的习俗。佛教、佛寺及僧侣与当地村民的生活关系十分密切。按照南传上座部佛教的宗教习俗，历来有村寨群众负责各自村寨佛寺和僧侣消费所需的传统，一年四季各种大赕、小赕不断，平日里除以户为单位为本村佛寺供给日常生活费用外，还要在重大宗教节日里向佛寺"赕佛"，即捐献财物，包括钱款、粮食、蔬菜、衣物、柴火、经书、颜料等各种物品，"与此相适应，南传上座部佛教繁多的、与傣族风俗节令紧密结合的宗教节日，也就成了其经济收入的一个主要来源"。③ 章朗村与信仰南传上座部佛教的傣族一样，遵循男子必须在10岁左右就要到缅寺出家当和尚的传统，在缅寺中学习佛教文化少则三个月，多则几年，有些在缅寺学习有成的可以升为大和尚、佛爷、大佛爷，甚至终身修行成为长老，但除长老外其他的大多数在住寺修行后都可以还俗，因此接受缅寺教育成为布朗族男子获得基本知识和得到社会承认的必要前提，而布朗族的文化与佛教文化就通过这样的人生礼仪有机结合在一起。村民将儿子送到缅寺时要举行隆重的升小和尚仪式，平时除供养自己和其他人在寺修行的小和尚外，在各种活动中还要进行各种赕佛，在自觉自愿中形成生活中的习惯，甚至以赕佛的数量与大小作为获得他人尊敬与衡量社会地位的标准，所以有的人家不惜倾尽家产将多年辛苦所得用于进行一次大规格的赕佛。

---

① 云南省社会科学院宗教所编撰：《云南省志·宗教志》，昆明：云南人民出版社，1995年版，第7页。
② 参见黄印玲主编：《布朗族生态博物馆》，西双版纳州委宣传部编印，2006年，第53、55页。
③ 杨学政主编：《云南宗教史》，昆明：云南人民出版社，1999年版，第215~216页。

据章朗村中的村寨历史记载,在过去的新年节期间,初一全村人要到"达三康"(即上述提到的大青树下)赶摆,送"比高"即送老年,由僧人念经,老人送供品,人们共同赕"突浓"神树;下午回来后举行"攆山"和"作礼",第二天亲朋好友相互请客;第三天着盛装敲着铓锣、打着鼓,唱歌跳舞将"日子之王"迎接到佛寺里居住,随后举行堆沙活动,称为"赕南"和"赕赛";新年到来后,人们为了在新年中生活幸福美满还要举行"苏载大"仪式,祈佛保佑,清除灾难。从我们目睹的新年节全过程来看,现在村民的新年节活动仍基本保持了传统的形式,而且整个过程与佛教信仰密切相关,除百姓之间的欢庆活动外,村民都要向村里的缅寺敬献各种物品供奉佛寺和僧侣,进行赕佛滴水祈福;缅寺的佛爷、僧侣在进行佛教习俗的活动时也为村子和村民祈祷祝福,小和尚则与其他小孩一样和村民一起参加各种世俗欢庆活动;同时南传上座部佛教的宗教礼仪与布朗族狩猎文化中的原始自然崇拜、鬼神崇拜结合在一起,使宗教的参拜和祭祀活动与世俗化庆典在新年节期间得到统一,将村民的精神信仰与社会生活更加有机的紧密整合起来。

其次在传统节日中老年人与年轻人的地位与分工关系明确显现。在章朗村的新年节里中老年人在不同的场合参与指导与协助各项活动有条不紊的进行,除了传统的尊敬长者的习惯外,在很多人家里的年轻人外出打工的情况下,这些老年人在村民的日常生活中担负着维护村寨生活秩序的职责;在布朗族传统中,过新年节时各家中的小辈要给长辈洗脚;我们也看到在新年节的宴请中在开饭前都要由家中年纪最大的男性伸手扶在篾桌边祷告,其他中老年人也将手放在桌边听着,而家中的晚辈则跪在一边弯腰伏地接受长者祝福;这些都显示了当地中老年人在社会生活和家庭生活中的地位,显然他们在积极传承民族文化、巩固传统习俗及维护社会生活秩序的作用是不可取代的。而村里的年轻人对自己族群认同,在村寨中地位身份的确认也在这样的节日中得以强化,在布朗族传统社会中有自己的青年组织,并且有自己的领导者。据村民介绍,过去布朗族的青年男女到十五六岁后就基本算是成年了,他们要与年龄相仿的伙伴三五结成群的一起加入村寨里特定的青年组织中,当地人称之为入"伙辈"。不加入者不能参加各种社会活动,死后也不能埋到村中的公共墓地中。要参加时必须拿着鲜花和蜡烛先跪拜父母,然后拿同样的东西到青年组织的头领家进行申请,一旦加入"伙辈",就必须听从指挥,如果不听劝告三次以上的就要被攆出寨子,不再视为本村寨的成员。

村子的青年人在各种生产生活中以自己的表现赢得村民的承认乃至获得相应的地位与尊重。因此在节日活动的参与过程中青年人承担着很多重要工作,如多由年轻妇女代表全家去背沙、上香、赕佛,在赶摆的时候以男女青年为主,他们或做生意或跳舞娱乐,往往成为活动的主角;在迎日子之王的时候主要是由村中的男青年全程敲锣跳舞……正因为村中有这样一批积极参与各种传统文化活动的青年人,才使得布朗族的古老习俗在节日活动中充分展示出生机与活力,并显示了其民族文化具有不断传承下去的能力。

再次是行政组织体系与民间组织体系的融合。章朗村位于中国与缅甸的交界处,是西定乡最大的布朗族村寨,又是西双版纳州唯一的自然村与行政村合一的村寨,在按国家规定设立村委会和村党支部的同时,民间中仍然保留了布朗族传统的组织形式:以召曼(大寨主)和召扁(二寨主)为核心的村寨首领制。历史上勐海地区布朗族曾经长期被傣族封建领主所统治,但原有的社会组织仍然存在,在总体上服从上一级的傣族领主的情况下,以村寨为基本的社会单位由村寨头人具体管理事务,头人与其他村寨领导成员按一定的级别进行分工协作,但由于布朗族地方语言的差异较大,在不同村寨有不同的称呼,如有的文献记载:"西定、巴达一带的布朗族村寨头领分为9种:老岗,司总管寨内的一切事务;达曼,司生产职;朗板,司理财职;朗格,司处理不正当男女关系职;布占,司宗教祭祀职;伙西,司通信职;格闷、老酰、酰乃,协助老岗办事,处理偷盗类事件。""老岗是村寨内的首席头人,负责召集头人会议,商讨寨内重要事务;头人会议应通知各家庭告卡滚(家族长)参加,所议之事,按原始的民主形式征求群众意见后执行。"① 在章朗村,历来头领是按家族血统世袭的,大头人称为召曼,负责村中的总体事务;二头领称召扁,协助大头人管理。虽然封建领主制在新

---

① 勐海县地方志编撰委员会编撰:《勐海县志》,昆明:云南人民出版社,1997年版,第131页。

中国成立后被废除，头领制度基本不复存在，在"文化大革命"中章朗村的原头领还受到各种处罚，但 20 世纪八九十年代起群众又开始自发的逐渐恢复传统组织，原寨主几年前已去世，其子岩章了在村中熟悉传统规矩的老人扶持下逐渐接手起寨主处理民间活动的职责；二头人召扁现已 70 余岁，仍负责辅助大头人的工作；而负责宗教祭祀的阿章，是还俗的大佛爷康朗砍龙，现年 51 岁，曾去泰国当过和尚。他除了在节日期间协助佛寺和头人进行与宗教有关的活动外，还负责主持了新寨的敬神作礼、村民在村口上的迎新等，加之平时村民的建房生产和婚丧嫁娶中也为村民作礼祈福，可以说承担了处理村中佛教信仰与神灵崇拜的双重职责。

章朗村寨主的地位现在逐渐有所恢复，一方面是自然地理环境较为封闭条件下布朗族传统文化在当地留存较多，村民尤其是中老年村民有较强烈的民族文化自我保护意识，并且政府和外界的民间文化组织也在积极提倡和支持该地民族文化的恢复与保护。另一方面，村行政领导者对民间活动有较宽容和开明的态度，在村里的作礼活动中，村长也出面参加并按规矩替自己在泰国打工的子女送礼表示心意。而在村行政组织与村里民间组织之间则形成了各自的明确分工，互不干扰。在节日期间，村长兼村党支书岩应东常通过村委会的广播喇叭提醒村民每天要进行的集体活动安排；而群众自己的民间活动则通过送蜡条等方式进行相互邀约。在现行国家的社会主义农村管理体制下，过去由头领主管的重要生产活动安排、治安保卫、对外沟通联络等基本管理职能早已归村行政领导执行，而一些如离婚事件等按国家制度规定可以由村行政组织管理的民间纠纷的调解，依照当地群众的习惯，仍由寨主在节庆期间进行调解，无论离婚与否当事人都依照规矩要对村子有相应的礼数表示对全村的歉意；而节日前寨主在自己家里宴请村中的汉族人员，并不全是出于私人间的友情，而是代表整个村子对他民族作出的友好表示，体现了寨主在民间老百姓的民族交往中的权威性。头人在各种活动中发挥的表率性作用也比行政命令和宣传更容易为村民和外人所接受，从很多方面弥补了村行政领导的呆板和不足。

章朗村的新年节所承载的内涵十分丰富，可以从众多方面加以解读。总体来说，这一大型的节庆活动在当地布朗族生活中具有重要的价值，它不仅是当地布朗族群众辞旧迎新的民间庆祝活动，也不仅是在休闲娱乐中分享过去一年所收获的劳动成果，为新一年的生产生活做好准备的岁时活动。当地村民在此期间通过一系列宗教礼仪确认了其精神信仰，进而在心理上强化族群认同意识；以走亲访友、相互宴请的方式加深了族群内部成员之间的联系，也密切了与外部其他民族的交往和团结；在长辈与后辈人之间的相互合作中传承着民族的文化传统；以古老的民间调解方式协调了村民的关系；在活动的组织过程中调整与协调着政府管理与民间组织体系的职能等，从而将众多的社会关系和文化内容汇聚到了这一庆典过程中。新年节与之相关的其他节日（如关门节、开门节等）一道，在布朗族社会生活的整合以及民族文化的传承中发挥着不可替代的作用。

此外，从这样村寨大型的节庆活动中还可以发现，布朗族的新年节与傣族的泼水节尽管有着基本相同的时间与流程，并且在南传上座部佛教影响下，大量活动都围绕佛寺进行，以及僧侣的积极参与其间，使之带有浓厚的佛教文化色彩。但是在很多具体活动内容上布朗族的新年节仍然体现了自己的民族特色与地域特征，如尽管在佛教中水是神圣、洁净的象征，滴水、泼水都是信仰南传上座部佛教民族迎接新年节日活动中的重要内容，但是傣族作为稻作民族的典型代表，水在他们生活环境和文化关系上的影响远大于作为山地民族的布朗族，所以傣族泼水节中水的地位非常突出；而布朗族长期生活在崇山峻岭中，狩猎采集曾经在他们的社会生活中占据了重要的地位，他们对自然神与山神的崇拜在迎接新年的仪式中依然是最主要核心，所以在最隆重的"作礼"仪式中当地布朗人把猎物或者猎物的替代品中最好的部分及金银的象征物敬献给山神和天地神，祈求他们保佑全体人员平安，而看鸡卦则是通过较原始的巫术方法预测村寨未来的吉凶，为来年求取风调雨顺。

布朗族尽管是个人口较少的少数民族，还曾长期受到外族统治和其他文化的影响，但是布朗族依然在各种艰难的环境条件中顽强生存下来，并将自己的民族特征得以保留而没有湮没于岁月的长河之中，这一方面归功于他们对自己民族文化传统始终保持的尊重与热爱；另一方面也可反映出布朗族在历史发展的进程中，不断吸收外来文化因素，而将之与本民族文化有机结合，并最终内化为自己本民族文化的重要组成部分，在丰富本民族文化的同时也加强了自身的稳固性和凝聚力。

# 佤族《司岗里》神话的历史人类学研究

## 杨文辉*

**摘 要**：从历史人类学角度考量，《司岗里》神话是佤族文化较为集中的浓缩和体现，集中反映了佤族人民世代相传的自我认识和评价，是佤族人对自身历史与文化的集体记忆。

**关键词**：佤族；司岗里；历史人类学；集体记忆

作为影响最为深远，传播范围最为广阔的创世神话之一，《司岗里》神话[①]在佤族民众中间被广为传诵，伴随着佤族的历史进程传播到友邻民族之中。在长时期口耳相传的过程中，与佤族所经历的社会历史变迁过程相适应，《司岗里》神话也经历了不断被增删修改的过程，从某种意义上而言，《司岗里》神话的衍变过程曲折而生动地反映出佤族社会历史的坎坷进程。本文在参阅史籍和前人研究成果基础上，运用历史人类学理论与方法对《司岗里》神话予以解析。由于其内容的丰富，在本文中仅就几个较具代表性的问题作了简要分析。

### 一、关于《司岗里》神话流传版本的歧异性

对《司岗里》神话加以考察，首先碰到的一个问题便是，在佤族民间，尽管《司岗里》的传说可谓妇孺皆知，但在不同地区的佤族中在许多细节上并不一致。而在关于佤族历史文化研究的论著中，论者往往根据自己所讨论问题的需要，只将《司岗里》传说中相关情节提出来予以解析、运用，在讨论中则往往是采用对自己的论述有利的一种说法而"忽略"了其他的说法，这样做的结果是进一步加剧了《司岗里》流传版本的歧异性。据王敬骝先生等人的调查，"有些地方没有开头的洪水传说，也没有癞蛤蟆救人，人牛交配等情节，有的地方则说打开葫芦的不是山麻雀，而是雷。当雷举起明晃晃的利斧劈下去时，正好劈在人的尾巴上，螃蟹的头上和蛇的手脚上，因此，人无尾，螃蟹无头，蛇无手脚，如此等等。"[②]以本文所依据的文本《佤族历史故事"司岗里"的传说》为例，洪水泛滥、癞蛤蟆救人、人牛交配、雷劈葫芦这些情节就都没有出现。因此，为什么会出现这样的情况？便是我们首当其冲需要予以解释的问题。

---

\* 杨文辉，云南大学民族研究院讲师。

① 本文中作为分析和论述主要依据的文本是《佤族历史故事"司岗里"的传说》，该文载《民族问题五种丛书》云南省编辑委员会编：《佤族社会历史调查（二）》pp. 158~209。本论文中未经特别标出的引述内容均引自该书。据该书208页的《说明》，此文本的缘起如下所述："此传说记录于1957年初，原由佤族艾扫，用佤语讲述，经邱锷锋、聂锡珍同志用国际音标记录。历时两个多月，才完成记录整理稿。并用汉文与国际音标对照翻译，同时翻译成汉语，由傅懋勣同志记录、整理和润色加注。并共同进行了核对。1980年3月，又经邱、聂二同志，根据原国际音标记录稿，对原汉文稿重新进行了一次核对、修改和补充，并加注了佤文。"讲述者艾扫的背景情况是："艾扫，男，当时已有五十余岁，曾去北京参观，当时任马散区团结爱国生产委员会主任，是窝努寨的头人，又是西盟一带最大的魔巴。窝努寨距大马散五华里。"这一说明系邱锷锋、聂锡珍1980年5月5日所作。

② 王敬骝、胡德扬：《佤族的创世纪神话——司岗里研究》，载中国民族学研究会编：《民族学研究》（第七辑），北京：民族出版社，1984年版，第255~271页。

笔者以为，这是由于《司岗里》在流传中尚未经历"经典化"的过程。"经典化"是李零先生在研究简帛古书的过程中提出来的一个重要概念。李零先生曾经说过："习惯上叫做'古典'或'经典'的东西，是经时间淘洗可以长驻人心的东西；失而复得可以传之永久的东西。"经典的特征之一是稳定性，就古书的经典化而言，"很多古书，之所以能传下来，产生持续的影响，不但经反复筛选，而且被不断改编。然而，一旦进入经典化，人们对它的改编，就少得多了；不属于经典的，大家改它，还容易一点"。① 也就是说，一旦经历了"经典化"，被改动的可能性就要小得多，就《司岗里》来说，各地传说的歧异性也就会大大降低。但《司岗里》由于一直是口耳相传，形成文字整理稿最早的也是1950年以后的事，在流传过程中便会出现因讲述者记忆偏差或知识缺失而对其故事情节做出修改的可能。因此，从《司岗里》神话自身而言，我们可以认为《司岗里》尚处于一种"前经典化"的时期。这正如中国传统的《三国演义》、《水浒传》等古典名著在最后成书之前，以说书人使用的"话本"形式流传，而不同的说书人演说的三国故事或水浒故事会有所歧异。

当然，我们说《司岗里》没有经历"经典化"，并不是说现在一定要使其"经典化"，用文字记录形式将其固定下来，弄出一个所谓"权威版本"。这实际上是不可能的，也是没有多少实际意义的，因为经典的积淀与形成离不开恰到好处的社会历史背景，是一个自然的、水到渠成的过程，是不以个人意志为转移的。当然，对于研究者而言，不可能也没有必要每个人都自己到佤族民间记录整理《司岗里》的传说，从这一意义上来说，前人整理的文本也自然有其存在的价值和理由。

需要说明的是，尽管《司岗里》的传说在各地存在歧异性，但有两个主要之点是大体一致的，即人是从司岗里出来的；从司岗里出来的人主要有四种，按先后顺序分别是佤族、"问"族、傣族和汉族。这一点在前引王敬骝先生等人文中也已指出。就本文所讨论的问题而言，这种歧异性也并不构成我们认知的障碍。

## 二、关于初民社会的集体记忆

如同汉族中间流传的盘古开天辟地的传说一样，《司岗里》神话一开始便讲述了世界万物的起源，不同的是，盘古是单独完成开天辟地之举的，而《司岗里》中则是两尊神来完成的。"利吉神和路安神造了地和天。利吉神是辟地的，路安神是开天的。"在天地造成以后，人类才有了活动的空间。太阳和月亮则是为了满足人类的需要而被创造出来的："造了我们人后，又给了太阳和月亮。"在这一部分中，对人类尚处于初民社会阶段的环境作了简要的描述："造了人后，就把人放在岩洞里。……我们人不能从岩洞里出来，在里面觉得难以生活。"众多考古学材料证明，人类初期均经历了一个穴居野外的时代，此处的岩洞当即指此而言。关于这一点，与下文的盖房子的情况联系起来看可能更具有说服力："岩燕盖房子是好的，我们看了岩燕作的房子便也学着盖了，以后我们就有房子了。我们盖的房子很矮……"说明人类最初的住所是充分利用自然条件，依山为巢，甚至最初可能就是利用天然洞穴栖身，以后逐步加以简单修缮（即学着岩燕的样子盖房子）。

在这一段中，令我们引起注意的是出现了雷声和"地震神"。说明佤族先民对这两类自然现象的认识是比较早的，或者说，在初民时期所能认识的自然现象中，这两种情况的出现在佤族先民的集体记忆中因其自身的特殊性而占据了重要的位置。雷声往往伴随着急风暴雨，意味着天气骤变；而在生产力极端不发达的条件下，人类对地震的抵御能力除了奔逃外别无他途。这两种情况都会对人类的生存构成威胁，尤其在心理上造成的震慑是长久而深远的，作为一种历史记忆，《司岗里》神话为后人留下了窥视初民社会的孔镜。

在《司岗里》神话中，人类是神的产物。但同时人类又经历了一个从岩洞里出来的过程，而且这一过程颇为艰难，各种各样的神灵（包括动物神、植物神、石头神等）均参与了这一过程。这种艰难的过程可能蕴涵着对人类新生命诞生过程的一种曲折的记忆。

---

① 李零：《从简帛古书看古书的经典化》，载《清华历史讲堂初编》，北京：生活·读书·新知三联书店，2007年版，第50~68页。

此外，我们看到，在《司岗里》神话中出现的各种动植物以至石头、山都是有神性的，地震也有地震神在专司其职。这些各种各样的代表了各种事物的神在《司岗里》中被置于和人类同等重要的位置。当人类被放置于岩洞中而岩洞口无法凿开时，"我们就要求辟地开天的，他们听到我们的哭声。鹦鹉神、蛇神也哭起来了，但仍打不开。"这里鹦鹉神和蛇神显然被视为是与人类声息相通的朋友。此后"画眉神去要求毛主席（原文叙述者解释：像毛主席那么好的一个神）"，最终啄开司岗的小米雀、阻止了老虎杀人的老鼠、和人类一起对抗树的蜘蛛，都是以人类朋友的面目出现的，令人感到分外亲切，与我们平常心目中的形象不太一样甚至大相径庭。而人类找到赖以生存必须的水源也是在老鼠的帮助下实现的。（"我们由老鼠带领去到有水的地方。"）

概言之，《司岗里》神话反映了佤族对于人类自身起源的认识，较为集中地体现了佤族人的生命观。在《司岗里》神话中，各种动植物与人类之间基本上和睦共处，尽管也有利益冲突，但从总体上来看，所有动植物在传说场景中均被置于与人类同等的地位。甚至与人类患难与共。这对于今天面临严重生态失衡的人类社会不无深刻的启迪。联系上下文，可以说神话的本质在这一部分中体现得比较明显，正如马克思在《〈政治经济学批判〉导言》中深刻揭示的一样："任何神话都是用想象和借助想象以征服自然力，把自然力加以形象化。"《司岗里》神话同样也不例外。

## 三、关于用铁的问题

《司岗里》中说："铁绳子捆着地和天。咱们把铁绳子砍断了，天即高高地升起，地则低低地下降，此后天地远离。"天和地是为人类的生存而由神创造出来的，但天地的分离却是由人来完成，这可以视作是佤族先民在同自然界作斗争的初期阶段的一种历史记忆。体现了人类的努力和拼搏精神及后人对此的景仰和尊崇。值得注意的是，这里开始出现了铁，而且是作为工具的铁绳子。后文中又说道在破昂寨时，人开始用铁三脚架煮饭。铁三脚架作为煮饭工具，在人类日常生活中发挥了相当重要的作用。

我们知道，人类进入铁器时代要晚得多。佤族使用铁器更是晚近的事情，且据各种调查材料反映的情况来看，佤族使用铁的技术是从其他民族传来的。如田继周、陈士奎等推测："佤族受傣族影响很深。特别是在生产上影响很大，佤族用铁可能最初是从傣族传来的。"① 而陈士奎、徐志远的调查则说得比较明确："佤族不会冶铁，是用厚铁（多买自缅甸或内地）或废铁加工，所用工具与马散和岳宋铁匠所用相同，惟风箱与内地汉族相同，是汉族到此开矿时传来的。"② 在西盟翁戛科，据1957年的调查，当时佤族使用的"铁质生产工具是分别向外寨的佤族和拉祜族买来的。……铁质生产工具传到这一带的准确时间难以查考。……这一带佤族大量使用铁质生产工具还是近八十多年的事。"③

而在《佤族简史》中则记载了西盟佤族有关铁的一个传说："在18代至20代人（原文按：以每代人25年计，约450年至500年）前，他们会'用石头煮铁'（即冶铁），后来冶铁的技术失传了。"因此，一直到20世纪50年代，佤族地区的原铁完全靠从其他民族地区购买。④ 另一种说法是与茂隆银厂的吴尚贤有关，据20世纪50年代的调查，"班洪部落"小滚弄"大户"的大伙头白殿银谈及佤族用铁的渊源时曾说："吴尚贤对佤族很好，帮助很大。他来前，很多事情我们不懂得，条锄和铁三脚架也没有。煮饭用三块石头撑起来。他来后，教给我们很多道理，条锄和铁三脚架也有了，也会制银器和使用银子了。"⑤

---

① 田继周、陈士奎等调查整理：《西盟县岳宋佤族社会经济调查》，载《佤族社会历史调查（二）》，昆明：云南人民出版社，1983年版，第3页。
② 陈士奎、徐志远等调查整理：《西盟县永广佤族社会经济调查》，载《佤族社会历史调查（二）》，昆明：云南人民出版社，1983年版，第68页。
③ 李仰松、杨炳炎调查整理：《西盟县翁戛科佤族社会经济调查》，载《佤族社会历史调查（二）》，昆明：云南人民出版社，1983年版，第87页。
④ 编写组：《佤族简史》，昆明：云南教育出版社，1986年版，第38页。
⑤ 编写组：《佤族简史》，昆明：云南教育出版社，1986年版，第27页。

由此，我们可能会产生一个疑问，既然佤族用铁是晚近时期从傣族、拉祜族、汉族地区以及境外的缅甸等地传入，即使500年前会"用石头煮铁"，相对而言的时间跨度也不大，为什么使有铁制工具的情况会在流传久远的《司岗里》中与其他显然年代要早得多的故事情节融在一起，而且从故事的语境来看，并无令人感到生硬的编造感觉？

笔者以为，这恰恰反映了佤族人的历史观念，由于佤族历史上没有本民族的文字记载，许多重大事件的记忆便依赖于口耳相传。如果我们可以将历史视为一种集体记忆，那么这种记忆通常经过该社会中精英阶层的整理加工，得到相关群体绝大多数成员认可，其文本往往以口头或其他技术手段（纸质、石质等）相传。历史不可能将日常生活中鸡零狗碎的细节都一一记录在案，哪怕信息传递和记录手段发展到今天这种水平，我们也不可能将民众生活中的一切细节都笔之于书。历史的记录和编纂都是有选择性的，作为一种集体记忆，对整个群体的发展趋向容易发生影响的重大事件、重要人物自然容易进入历史的视野。同时，随着时间的推移，可能原来很重要的一些事情逐渐会淡出人们的视野，原本声名显赫的大人物会灰飞烟灭，而在当初并不起眼的一些人和事则因时间的因素逐渐彰显其价值，这时就会发生一种有趣的现象，历史记忆如同一道小学生的数学运算题，它既在做着"加法"，把一些东西加进来；同时又在做着减法，许多曾甚嚣尘上的东西会如轻烟般飘散，令后人难觅踪影。简言之，"'加法'就是指历史上不断涌现的东西，而'减法'就是指历史上不断消失的东西，这两者并不是对立的，反而常常是一回事。当'文明'在各种生活领域以'新'获得正当性的时候，'不文明'或'野蛮'就只有作为'旧'，在很多生活领域悄悄退出"。① 至于什么时候做"加法"，什么情况下做"减法"，背后的潜规则究竟是什么？历史学家当然可以仁者见仁，智者见智，但大而言之无外乎社会价值观念的变化，导致社会生活中游戏规则的修改，不同历史时期的社会各阶层的审美倾向、精神追求和心理调适的需求都会有着或显著或微妙的差别，简言之即所谓"此一时，彼一时"。正如有学者指出的"我们关于过去的概念，是受我们用来解决现在问题的心志意象影响的，因此，集体记忆在本质上是立足现在而对过去的一种重构"。② 正因为集体记忆都是立足于"当下"的，因此其自身也就处于被不断修改、不断修缮的过程中。"每当我们回溯到这些事件和人物，并对它加以反思的时候，它们就吸纳了更多的现实性，而不是变得简单化。这是因为，人们不断地进行反思，而这些事件和人物就处在这些反思的交汇点上。"③

《司岗里》神话中出现毛主席、共产党等情况即属于此类情况。另外，对傣族、傈僳族等民族的称呼显然是1950以后才有的，在此之前佤语中自然有对这些民族的称谓，但我们通过对译文的阅读，看到的是经过国家统一认可与颁布的民族名称。

## 四、关于疾病与医药的问题

在《司岗里》中，人类生病是因种地而起的。"人因种地生了病，做鬼的人说我们肚子痛。人病了不去要求做鬼的人，而要吃药。我们要吃什么药呢？（做鬼的说）'你做老鼠鬼'。他们给他做了老鼠鬼，但病没有痊愈，又去要求做鬼的。（做鬼的说）'你做鸡鬼，鸡鬼做完了，以后做猪鬼，猪鬼完了，再做老母猪鬼'。你（原注：指神或鬼的待考）给了各种各样治病的药，其中有树药。我们（佤族）不给病人吃药，我们给佤族鸡、猪和老鼠，而给汉族药，这样才好。"此外，后文中关于生病原因和医药问题又有一段叙述，说在猎到马鹿以后，"马鹿带了伤，你们吃马鹿肉，喝它的血，吃了会生有味的病，因此给咱们吃药，肚子痛也就好了。我们吃医病的药，病就好了。这就是（说明）给汉族用药治病，给佤族用鸡和猪治病（原文叙述者解释：佤族生病杀鸡杀猪，汉族生病吃药，就

---

① 葛兆光：《思想史：既做加法也做减法》，载《读书》，2003年第1期。
② [美]刘易斯·科瑟：《莫里斯·哈布瓦赫》，见[法]莫里斯·哈布瓦赫著：《论集体记忆》一书《导论》，毕然、郭金华译，上海：上海人民出版社，2002年版，第59页。
③ [法]莫里斯·哈布瓦赫著：《论集体记忆》，毕然、郭金华译，上海：上海人民出版社，2002年版，第107页。

是从这里来的)"。

把前后两段综合起来看,这一传说实际上反映了一种"神药两解"的观念,这种观念在西南民族中普遍存在。就笔者所知,除佤族外,在云南楚雄彝族和大理白族中都有很典型的实例。我们在阅读各种各样的调查材料、报告和著述时,很容易产生一个印象,就是在20世纪50年代以前佤族地区缺医少药。实际上当"缺医少药"这样的字眼出现在论述中或闪现于阅读者的脑海中时,我们均下意识地接受了一个隐含的前提,那就是所谓的"医药"是指以西方医学为代表的现代医药。而几乎无须争辩的事实是,无论古今中外,每一个民族都有他们自己的一套对疾病的认识和相应的处理方式,不管这个民族在外人眼中被视为多么"原始"、"落后"、"野蛮"或多么文明,区别只在于这种思想和医疗技术是否在本民族以外的更广更大的范围内被认知。至于这些手段在外人看来或者事实上是否符合现代医学的理论与方法,这是另外一个问题。"神药两解"正可以理解为在医疗、疾病知识有限的情况下人类祈愿健康的一种集体意识,即在使用科学意义上的药物治疗的同时,借助于巫术等手段求得神灵的帮助。而这本身也是一种治病的方法。它实际上发挥了精神疗法的功能。如果我们更多地考虑历史的时间线索,也许可以作这样一种推测,即"神药两解"观念的形成有一个长时间的过程,最初可能仅仅是"神"帮助人们祛除疾病,后来慢慢地才有了"药"的位置。

列维·布留尔在《原始思维》中曾论及初民社会中人们关于疾病、诊断、治疗和药物的观念。以大量民族学调查材料为依据,列维·布留尔得出的结论是:在初民社会中,"关于病的观念本身就是神秘的。这就是说,疾病永远被看成是由一种看不见的、触摸不到的原因造成的,而且这原因是以许多各不相同的方式来被想象的"。① 在《司岗里》中,我们看到的是疾病的起因被归之于两个方面,一是种地,一是由于吃了受伤的马鹿肉并喝马鹿血引起,显然,这里的神秘色彩已大大降低,尤其是吃马鹿肉、喝马鹿血而致病,已经与现代人"病从口入"的观念十分切合,显然,这样的内容如果不是在后来的传承过程中添加进去的,那毫无疑问是经过了修改以后才成为现在这个样子。因为后面的内容提示我们佤族先民关于疾病的认识其实起源更早。在生病以后,"做鬼的人说我们肚子痛",不难看出,"做鬼的人"在这里充当了诊断者(医生)的角色,而"关于诊断的风俗就是直接来源于关于疾病的这个神秘观念。重要的是要了解到是什么凶恶的力量或影响控制了病人;是什么妖术施到他身上;是哪个活人或死人在谋害他的生命,如此等等。这个决定一切的诊断,只能由拥有与神秘力量和鬼魂交往的能力并有足够的威力来战胜和驱走它们的人来作出"。② "做鬼的人说我们肚子痛"可谓一语泄露天机,如果不是关于疾病有着更为古老的神秘观念,"做鬼的人"在疾病与健康事务中毫无疑问将不再有生存的空间,因为他将不会被其他群体成员视为"拥有与神秘力量和鬼魂交往的能力并有足够的威力来战胜和驱走它们的人"。正因为具备这种神秘力量,所以关于治疗手段和疗效也就无一例外带有这样的特点:"不管什么样的疗法,只有具有神秘力量的疗法才有价值。疗效完全决定于具有神灵或巫术性质的联系和互渗。"③ 在"做鬼"使用的猪、鸡、老鼠正是为了达到使神秘力量发挥作用的目的,而中间的桥梁便是"做鬼的人"。当"做老鼠鬼"未能奏效时,"做鬼的人"并未受到任何责难,而是依然受到信任,"因为关于疾病、病因、疾病的治疗的观念乃是神秘的观念,所以,对患者治疗的失败通常也像治疗的成功那样很容易得到解释。这就是更强大的'力量'或'影响'或'神灵'的得胜,是这些东西在建立或者破坏决定生死存亡的互渗"。④

至于《司岗里》中说到"给汉族药,这样才好"以及"我们吃医病的药,病就好了"。笔者以为反映的是一种迥异于佤族先民原有的观念和技术的传播,在《司岗里》中,关于本民族传统与外来文化因素的记忆相交融而无风马牛不相及之感,其原因便在于美国社会学家巴里·施瓦茨所说的"集体记忆既可以看作是对过去的一种累积性的建构,也可以看作是对过去的一种穿插式(episodic)

---

① [法]列维·布留尔著:《原始思维》,丁由译,北京:商务印书馆,1981年版,第255页。
② [法]列维·布留尔著:《原始思维》,丁由译,北京:商务印书馆,1981年版,第257页。
③ [法]列维·布留尔著:《原始思维》,丁由译,北京:商务印书馆,1981年版,第259页。
④ [法]列维·布留尔著:《原始思维》,丁由译,北京:商务印书馆,1981年版,第267页。

建构"。① 随着时间的推移,更多的医药知识和技术从汉族地区或由汉族移民传入到佤族民众当中。如同生产技术、生活用具和其他物质文化方面的东西一样,先进的知识和技术往往源于汉族地区,这一点可说是包括佤族在内的西南民族的共性。

## 五、《司岗里》中"雷神事件"的简要分析

《司岗里》中,雷神因和他的姐妹性交而受到惩罚,"于是他的地种不好,田也种不好"。这是上天施与的惩罚。在农业社会里,田地种不好意味着年成收入没有保障,生存将受到直接的威胁。但对雷神而言,灾难性的后果远不止于此,雷神不仅"地种不好,田也种不好",还遭受了肉体的惩罚,各落(小老鼠)"就要扭他的手,要打他","鹰去啄他的嘴",而且为此倾家荡产,被众神抄了家;最为严重的后果是,雷神无法在原有的群体中继续生活下去了,他被迫远离故土,几经辗转迁徙,流离漂泊,最后搬到了天上。"天上"实际上也就意味着完全与世俗隔绝,远离了人间,远离了原属群体的视线以至完全消失。在个体的生存需要更多地有赖于集体的力量才能得以延续的古代,被驱逐出群体无疑是相当严重的惩戒措施,越是在生产力不发达的情况下,生存空间的丧失,其程度的严重性几乎无异于被直接剥夺生命。

如果将《司岗里》置于神话研究的视野内来考量,很容易产生的一个疑问便是,为什么它对同辈血亲之间的性关系会采取这样一种严酷的立场?兄妹成婚曾是西南民族神话中普遍的主题,一般是在大洪水或其他毁灭性的灾难之后,幸存的兄妹在神的旨意下,为了人类种的延续而成婚。但在《司岗里》中我们看到的却是另外一种场景,更准确地说与我们从通常的民族学调查材料中获得的印象大相径庭的一种态度和立场。其原因究竟是什么?

在上文中已述及,《司岗里》文本流传至今,中间经历了不断的增删修改过程,每一个阶段的社会生活可能都会在其中留下痕迹,同时由于这种修改不是由某一个特定的个体在特定的一时一地完成,其中将不免出现时间、地点以至重要情节错杂或叠加的情况。顾颉刚先生曾将中国古史传说越往后关于远古的材料越丰富的情况精炼地概括为"层累地造成的中国古史",② 对于各民族神话的流传情况同样是重要的考量原则。作为一种集体记忆,《司岗里》流传至今这一事实本身便意味着佤族社会的延续,因为"记忆需要来自集体源泉的养料持续不断地滋养,并且是由社会和道德的支柱来维持的。就像上帝需要我们一样,记忆也需要他人。但是,那些在现在的路标指引下描述过去的人,一般都会意识到历史既是由变迁构成的,但也包含了连续性"。③《司岗里》文本的一大重要价值也正在于以一种曲折的方式反映了佤族社会的变迁。

在《司岗里》的语境中,人们对兄妹婚的憎恶和反对是在进入农业社会以后的事情。因为对雷神的惩罚之一便是农业生产无法得到应有的回报。农业社会意味着定居、稳定的生活,这时人类社会生活中游戏规则的建立与传统的延续、知识的传承比起游移不定的迁徙状态更具有稳固的基础和前提,对敢于向规则和传统挑战的行为自然会施以严厉的惩罚。同时,在长时间的生活实践中,人们已经意识到同辈血亲之间的性交会带来的后果。从《司岗里》传说的语境来看,兄妹(或姐弟)之间发生性行为的戒律已为全社会普遍认可,触犯了这一戒律的雷神才会陷入被众神群起而攻之的孤立无援的尴尬境地。

与上述时间背景相应的是,这时已有了私有财产的观念,而且至少已经有了习惯法的萌芽。雷神被抄家便明显的是为社会观念所认可的行为。作为在许多社会的现实生活中依然发挥作用的法律体系

---

① 转引自[美]刘易斯·科瑟:《莫里斯·哈布瓦赫》,见[法]莫里斯·哈布瓦赫著:《论集体记忆》一书《导论》,毕然、郭金华译,上海:上海人民出版社,2002年版,第53页。
② 顾颉刚:《〈古史辨〉第一册自序》,见作者著:《古史辨自序(上)》,石家庄:河北教育出版社,2000年版。
③ [美]刘易斯·科瑟:《莫里斯·哈布瓦赫》,见[法]莫里斯·哈布瓦赫著:《论集体记忆》一书《导论》,毕然、郭金华译,上海:上海人民出版社,2002年版,第60页。

的初级形态，今天在众多民族学调查材料中尚随处可见，神判法的痕迹尚依稀可见。一方面人和众神均对雷神的行为予以无情的攻击，另一方面在某种程度上也是顺应上天的旨意。所谓"风雨交加，气候大变"即是上天意旨的表达。

这一传说在文本中先后两次叙及，不难发现故事情节基本相同，初看会令人有重复之感，但细读之下便会发现在后面的叙述中，雷神与他的姐妹性交这一消息经历了一个传播过程："鼹鼠神告诉了布洛克布洛神，后来，布拉神又告诉乔神……乔神说过这话就打木鼓。"在通信手段并不发达的古代社会，信息的传播手段最主要的是口耳相传，雷神触犯戒律的消息同样是以这种方式辗转传到乔神那里的，最后出面召集大家的也是乔神。很显然，这里的乔神实际上是处于领袖地位的角色，因为处理的方式是打木鼓召集群众（木鼓在前面的叙述中并没有涉及，这里是第一次出现木鼓）。熟悉佤族社会的人都知道，木鼓在平时不能触动的，只有在遇到重大事件时才打木鼓召集群众。接下来，对雷神的处理也显得更加程序化、民主化，结果是在"个个都说过了"包括雷神自己也发表了意见之后才予以执行的。部落民主制的色彩已经非常明显。而在第一次叙述"雷神事件"时这些情况都没有出现，笔者以为，这实际上反映了《司岗里》传说的文本变迁过程，在人类社会不断进步的过程中，佤族先民所经历的社会生活中的变革均成为一种历史记忆沉淀在《司岗里》传说中，"对于集体记忆来说，只要支持它的社会一直存在，集体记忆也就会获得滋养、不断推陈出新，得以强化和丰富，而不会丧失它逼真的色彩"。①讲述者依据父祖辈口耳相传的材料对《司岗里》不断地充实、修缮，并依据社会现实的需要予以增删取舍，从这一意义上说，将《司岗里》称为佤族历史文化的百科全书并不为过。

莫里斯·哈布瓦赫曾深刻地揭示了集体记忆的性质和意义："社会信念，无论其起源如何，都具有双重性质。它们是集体的传统或回忆，但也是从对现在的理解中产生的观念或习俗。……这些回忆使得人们既是昨日社会的成员，又是今日社会的成员。"②通过以上对《司岗里》传说中部分内容的简要分析，可以看到《司岗里》如同一根纽带，一头连着佤族先民的社会历史，一头连着正在日新月异的今日佤族社会，作为《司岗里》神话的讲述者，佤族人民"能够按他们的构想，从灵活的传统体系中选择那些最切合当前利益的部分。他们的神话——实践的突出之处，不在于这些利益的存在（或缺失），而恰恰在于他们是那样被构想的"。从而"在历史中找到了他们自己"。③从这一意义来说，《司岗里》就不仅仅是可供我们鉴赏品评的一个文本，它深深地植根于佤族民众的精神世界中，这也正是一代又一代学人不遗余力对其予以解读的根本意义和魅力所在。

---

① [法] 莫里斯·哈布瓦赫著：《论集体记忆》，毕然、郭金华译，上海：上海人民出版社，2002年版，第167页。
② [法] 莫里斯·哈布瓦赫著：《论集体记忆》，毕然、郭金华译，上海：上海人民出版社，2002年版，第312页。
③ [美] 马歇尔·萨林斯著：《历史之岛》，蓝达居等译，上海：上海人民出版社，2003年版，第77页。

# 一个乡村电视台的社会文化人类学考察[①]

孙信茹　马翀炜[*]

**摘　要**：一些乡村社会随着经济的高速发展，其原有的生产生活方式都发生了巨大的变化，如何在新的历史条件下建构凝聚社区生活的新的文化符号是这些乡村社会面临的重要问题。对红塔区大营街村的汇溪电视台产生的历史条件、发展历程及管理模式的考察说明，这一乡村电视台的出现就是一个建构社区文化符号的过程，并在承担传播信息等功能的同时开始更多地具有加强社区凝聚力和塑造社区领导者权威的作用。

**关键词**：现代传媒；汇溪电视台；文化符号

## 一、现代传媒与乡村社会变迁的关联性

现代社会中，大众传媒在发挥传递信息、娱乐大众、监督社会等功能的同时，也越来越多地发挥着引导社会变迁的重要作用。不论是传播学、社会学，还是人类学领域，都注重将传媒和社会发展变迁结合起来考察。这些考察主要聚焦于现代传媒对人们的观念、生活方式等方面带来的影响。然而，如果在具体社区研究中，还能注意到现代传媒机构的运行活动本身也可能是一种社区文化符号的建构过程，就有可能使我们获得对现代传媒与社会变迁的更加全面的理解。也有可能通过这一视角对具体的社区变迁过程有较为深入的认识。有"云南第一村"之称[②]的红塔区大营街居委会是一个处在社会急剧变化之中的乡村社区。大营街因经济的高速发展及共同富裕的道路使其与其他的农村社区存在诸多的不同之处，其中一个非常显著的特点就是这个村拥有一个自己的电视台——汇溪电视台。尽管大营街麾下的汇溪电视台在创建的规定上并不完全符合国家对电视媒体的基本管制办法，但是十几年来，这个电视台依然以其顽强的生命力存在着，它不仅在当地起着传播信息、转变人的生活观念等作用，而且还事实上具有加强社区凝聚力、树立社区领导权威的新的功能。汇溪电视台的发展过程也就成了社区新的文化符号建构过程。

随着现代传媒在社会生活中扮演的角色越来越重要，对现代传媒的基本功能的理解也成为一个热门话题。也只有在理解现代传媒的基本功能的基础上，才能更好地理解现代传媒和乡村社会发展的关系。传播学的集大成者施拉姆将传媒的基本功能分为政治功能、经济功能和一般社会功能。政治功能主要指传媒具有监视（收集情报）、协调（解释情报、制定、传播和执行政策）、社会遗产、法律和习俗传递的功能。经济功能主要指关于资源及买和卖的机会的信息，解释这种信息、制定经济政策、

---

[①] 本文系云南省哲学社会科学研究基地课题："云南乡村文化建设与产业发展研究"的阶段性成果。文中所涉及的内容，除注明者外都来自于作者于2008年1～5月所进行的田野调查。

[*] 孙信茹，云南大学文化产业研究院博士研究生；
马翀炜，云南大学西南边疆少数民族研究中心研究员。

[②] 大营街位于云南省玉溪市红塔区大营街镇。1995年大营街实现了巨变，成为云南省首次突破10亿元农村经济总收入的村（居）民委员会，被云南省乡镇企业局命名为乡镇企业"云南第一村"。

活跃和管理市场，开创经济行为的功能。一般社会功能则体现在四个方面：接受或拒绝关于社会规范、作用的信息；协调公众的意愿，行使社会控制；向社会新成员传递社会规范和作用的规定；娱乐（消遣活动，摆脱工作和现实问题，附带学习和社会化）。（威尔伯·施拉姆，1984年：第33页）不论从政治、经济还是社会的角度，都可以发现，人们往往将传媒视为这个社会基本的管理工具之一，利用其为人们做出决定、说服并且操纵别人。同时，人们也利用传媒将他们关心的知识、技艺和规范传给这个社会新的成员。人们也很自然地期望媒介能在实现社会变革或转型中发挥出积极的作用。

一般而言，乡村社会是一个以血缘、亲缘、宗缘、地缘等社会关系网络构成的生活共同体。在这样的共同体中，社区生活的发展往往是缓慢的，因此，这里给人一种安全稳定和平衡的印象。但是随着工业化和城市化的发展，乡村原有的平衡被打破，整个乡村的社会结构也随之发生改变。构成乡村社会结构变迁的力量有很多种，而其中第三产业的发展有着特殊的作用。可以说，第三产业比重的大幅度提高是社会结构转型的基本要求之一。第三产业是一个非常宽泛的概念，一类是金融、保险、邮电、外贸、航空、铁路等经济要害部门；一类是直接与生活消费有关的商业、饮食业、服务业、住宅、交通、文化娱乐、广播电视、新闻出版等行业；一类是资讯、信息、技术服务、旅游等新兴服务行业。这些行业有些虽然不直接创造价值，却参与了价值的实现，是价值创造中不可缺少的一环。（李培林，2005年：第14~15页）信息和传媒产业作为第三产业的一个部分，也在乡村社会转型中发挥着积极的作用。对于一个拥有广播、电视、网络等各种现代信息传播手段的社会来说，这些媒介及其负载的信息将成为一种新的文化要素，这些新的要素得以生产和迅速广泛地传播，使得乡村社会在各个层面都发生或快或慢的变化。

从乡村社会结构的层面上说，封闭型的社会结构具有顽强的超稳定性，生活在这种结构中的人们无论在空间的转移还是在信息的流动上都呈现出较小的变化。和传统的乡村社会结构相比，乡村社会的现代化，必然打破传统农村社会稳定的"差序格局"。这个时期随着农民流动性的大大增强，农民获得外部信息变得更加快捷方便。在社会转型过程中，由于旧有的体制被打破，传统的社会整合方式和信息传播方式已经不能完全满足新的社会需求，而新的社会体制尚未完全建立起来，因此，新旧两种社会体制、规范秩序等会在一定时间内并存和发展。而这一时期所产生的各种社会摩擦和矛盾冲突可能会表现得较为激烈。因此，城乡之间、地域之间、行业之间、经济层面和社会层面等都可能会处于不太稳定的状态中。信息在社会中的合理流动，已成为维持社会稳定的一个重要因素。尤其是一个信息传播系统中传受双方是否拥有同等的机会和权利，将成为保障这个信息系统平衡稳定的重要条件。

从乡村个人生产生活方式和观念文化的层面上说，现代传媒的介入会带来人们对于生存空间和自身定位观念的转变。也就是说，"在一个特定的时间内，作为主体的人，其存在的地理位置并未改变，但从思维、情感等方面来看，他已进入了另一个空间，与其中的环境融为一体，感受着环境中的人物的喜怒哀乐，用环境中人的眼光、观念，去思考去分析去对待各类发生在该环境中的事。此时此刻，主体完成了他的角色转换，在精神方面成为另一文化空间的'居民'"。这种"时间移民"是通过农村新闻传播的"旦旦而聒之，月月而浸润之"的方式实现的。（方晓红，2002年：第143~144页）大众媒介的作用在于可以开阔人们的视野，教育民众，传播新的知识和技能，不断将社会关注点集中到与发展相关的信息上，以此提高国民参与国家和社区事务的程度，提高人们对未来发展的期望值。随着现代传媒对乡村社会的渗入，农民的政治意识逐步觉醒，视野变得开阔，对于时政信息的关注范围日益扩大，参政、议政意识增强。美国社会学家罗吉斯·伯德格曾经指出："大众传播在某种程度上可以补偿自然形成的乡村隔绝状态。报纸、杂志、广播和电视为农民传播了现代道德，大众传播开阔了农民的视野，传播了信息，说服农民接受变迁。"（罗吉斯·伯德格，1998年：第333页）可以说，人类信息传播和交流的过程也是人类不断适应社会环境变化的过程。但是，必须看到的是这些主要来自社区之外的信息事实上更多的是在起着改变社区内人们的生活观念和生活方式的作用，而并没有多少加强社区内聚力的作用，因而，如何通过现代传媒来维护一个社区在变迁中保持足够的稳定性、加强社区内部的团结、认同社区的共同价值理念就成为一个既有理论意义，又具有现实意义的问题。

在以往的传媒与乡村社会发展变迁的研究中，人们较多关注的是来自于乡村之外的现代传媒对乡村的影响，乡村社会在这一变迁中更多扮演的是"冲击—回应"的被动性的角色。而由于乡村自办的诸如电视台这样的现代传媒在目前还较为罕见，因此，对这类来自乡村的现代传媒的研究也就相应的很少。像大营街汇溪电视台这样的主动发出自己的声音，力争成为传播源的现代传媒的新事项恰好是特别值得关注的。回顾汇溪电视台出现的历史条件，考察汇溪电视台的成长及管理模式，探究汇溪电视台从传播媒介向地方性权威工具转变的意义的研究就是有意义的。而且这样的研究不仅有助于我们对目前还属于特例的乡村电视台在当地的现实生活中的作用，还会拓展对现代传媒与社会发展变迁的研究领域，从而加深对这一问题的认识。

## 二、汇溪电视台出现的历史背景

汇溪电视台的出现是有其历史的必然性的。这个乡村电视台是伴随着大营街的高速发展而出现的。直到20世纪80年代中期，云南省玉溪市红塔区大营街镇大营街居委会还是一个"吃粮难、喝水难、住房难、行路难、娶媳妇难"的"五难村"。其信息传播方式在很长时间内都是十分传统的。在大营街的历史上，一种被称为马（铜）锣示警的信息传播方式曾经沿用了数百年，这种方式曾是大营街（乡、镇公所）向民众传达各种重要信息的常用手段。凡有水、火、盗、匪等警情或修沟打坝、防洪抗涝等工役安排以及议决重大事件会议的召集等紧急情况，由公堂派出年富力强、声音洪亮的专人，手提直径2尺的一面大马锣，沿街边敲边叫喊，以简洁明了的语句，向大众传达主要精神。当然，这种兼有传达、示警双重作用的信息传播形式现在早已经不存在了。在共和国成立之后，小广播和高音喇叭逐渐成为了最为重要的传播方式。20世纪90年代中期后，随着高音喇叭的消失，大部分信息的传递基本都由居委会派人通知。为了让信息的传递更加有效，很多重要的信息除了在居委会会议上进行公布之外，各个村民小组长还必须挨家挨户进行传播。可以说，不论是马锣示警、高音喇叭，还是居委会会议和村民小组长的通知，这些传播方式都基本停留在组织传播和人际传播的范畴。

传播系统的形成总是离不开一定的社会环境的，什么样的社会发展必然产生什么样的传播系统。可以说，在一个相对较为封闭，人口流动较小的社区内，形成上述的传播系统也是情理之中的事。这样的传播系统基本都能满足人们对信息的需求。

随着大营街的集体企业的迅速崛起，到1992年，大营街的农村经济总收入超过亿元大关，达到10 997.86万元（不含税），之后又经过3年的高速发展，到1995年，全村农村经济总收入一举超越10亿元大关，达到106 418万元，农民人均收入达到了6 000元。大营街实现了巨变，成为云南省首次突破10亿元农村经济总收入的村（居）民委员会，被云南省乡镇企业局命名为乡镇企业"云南第一村"。2006年，大营街居委会农村经济总收入23.21亿元，创利税1.72亿元，上缴国家税金9 042万元，农民人均纯收入11 200元。在不到30年的时间内，大营街实现了高速发展，终结了小农经济的过密化发展模式，通过集体所有的乡镇工业的发展实现了农业的反过密化，完成了农村工业化的起步和腾飞。而更为难能可贵的是，大营街的发展是做到了小有所教、壮有所为、老有所养，实现了共同富裕理想的发展。

随着经济的高速增长，当地人与外界的交往不论是从深度上讲还是从广度上讲都发生了巨大的变化，只有完全不同于传统的新的传播媒介才有可能满足新的社会交往的需要。20世纪80年代末到90年代初正是中国电视发展取得辉煌成就的时期。而这一大的历史背景也构成了汇溪电视台得以成立的外部条件。

1992年，大营街的农村经济总收入首次突破了亿元大关，经济的强劲发展大大激发了大营街人创办传媒的热情和兴趣。1995年12月1日，居委会投入650万元左右改造的有线电视网络——汇溪有线电视台正式开播。虽然从一开始，鉴于我国对村办电视台相应的管理规定，汇溪电视台就只能限于在自己社区内部传播信息，但是它依然以较大的资金投入和颇为专业化的办台理念开始了自己的发展历程。在创办电视台的初期，仅硬件设备一次性投入约380万元。在2001年和2003年又分别投入

130万元和48万元进行改造。经过两次改造，电视台80%的设备都已经更换。到目前为止，配套设备基本齐全，除了配备专业的非线性编辑机之外，汇溪有线电视台还拥有一间3个机位的电视演播厅。一些自制的电视节目都在演播厅内完成。

对于当年为什么要开办电视台，汇溪台的负责人认为，大营街的政治、经济和文化等工作都已经有了很大的发展，因此电视台的开办对于当地各项工作的宣传能起到很好的作用。而成立电视台的最主要目的是为了解决当地百姓看电视的实际困难，比如电视节目数量较少、质量不高等问题。

对于今天的大营街来说，和传统意义上的农村相比，这里显然有了许多的变化。不论是从人们的经济收入、职业变化，还是从生活方式、消费观念和娱乐活动上，大营街人和城里人似乎并没有什么大的区别。不仅如此，社会急剧的转型和变化带给当地人的影响和冲击甚至远远大于那些所谓的"城市人"。和社会的变化相适应，大营街的传播系统也必然会发生改变。今天的大营街，不仅保留了很多旧有的传播方式，更为重要的是，它也在积极使用和创造新的传播方式。

就传播方式和传播渠道而言，国家控制下的新闻传播事业构筑了当地正式的信息传播网络，而居民们最常见的传播方式则变成了大众传播。无论从报刊的发行，还是从广播电视的覆盖率上，大营街都有着极为便利的条件。一般的村民可以通过自行订阅或者到街头的报刊亭购买。居委会的街上有5个报刊出售点，这为村民购买书报刊提供了较大的便利。从广播电视的收听收视来看，广播可以收听到中央、云南、玉溪等各个不同级别电台的节目，电视目前大概可以收看到50个频道。另外，居委会由私人投资还开设了4个网吧，互联网成为和外界沟通的一种常见方式。依托于这个传播网络，人们对信息内容的关注也发生了明显的变化。一些新的信息和内容出现在人们的话题中，比如现代生活和消费方式、企业的科技创新和发展、企业文化精神等内容开始进入到人们的生活中，而传统农业社会中关于犁田耙地的话题早已经被人们所遗忘。在调查中，常常都能够遇到被问及如何养殖种地等问题却回答不上来的农民就是一个很好的例证。

传播方式和传媒机构必然和一定的社会发展相关联，换言之，社会整体性的发展还必须依赖于社会生活的实践和传媒表现的互动，如果没有这一互动过程，传媒只能是外在于社会生活的异物，不具有独立重组社会的力量。（参见潘忠党，1998年：第1 400页）因此，汇溪台的出现和发展也并非偶然为之的。从这个角度来说，汇溪台也就成了了解该社区一个重要的途径，或者也可以说，汇溪台可能会与社区生活发生生动和丰富的互动关系。

## 三、汇溪电视台的成长及管理模式

不论汇溪电视台当年以何种名义和目的出现，至此，一个以汇溪电视台为核心的新的社区文化符号建立了。这个文化符号试图将社区中不同的成员都统一到电视荧屏前，通过潜移默化的方式向居民发出自己的声音并引导人们的观念。电视媒介作为工业时代的一个产物对于传统的乡村社区而言本身就意味一种和传统截然不同的文化形态，对于开办电视台的积极的努力，实则也意味着大营街试图通过"现代"社会这一标志性的成果向世人表明：自己同样也能够从边缘走向中心，甚至自身也能够成为一个中心，继而将其文化辐射到周边。电视台在后来的发展中也确实证明了这一点。

汇溪电视台创办初期，一切都是村民自己操办。为了提高业务能力，电视台也曾经请其他电视台的专业人士进行指导，比如最早就邀请了红塔区电视台的专家担任台长。虽然汇溪电视台的成立成为了当地人引以为自豪的事情，但这个电视台在当时还是由于其不够正规、带些"土气"而被戏称为"农民电视台"。创建初期，有22个工作人员，其中大约有一半的工作人员是从大营街之外招聘来的。电视台开播一个月后，曾经做过一个简单的收视率调查，在抽查的大营街居民中，有80%的人都收看汇溪台。而当时的汇溪台不仅仅满足于对当地信息的播报，甚至也开始尝试拉广告。在新闻制作上也试图向专业电视台靠拢，甚至一度能够做到新闻的及时采集和播报，出新闻的时间最早能够达到一个小时就播出。

目前，汇溪有线电视台共有工作人员9人，都是高中以上学历，全部都送去北京广播学院（中国传媒大学）进行过最少3个月的专业培训。电视台的人员分工：新闻部3人，总编室6人，其中电视台的台长也同时兼任记者和编辑。工作人员一定的专业训练和内部的分工使得汇溪电视台努力向着专业化方向发展。这种专业化集中表现在自办节目上。

汇溪电视台的自办节目较多，主要有八类：新闻、经济类各一档，文艺类节目两档，余下为专题类、连续剧和故事片类。其中，新闻节目每周播出一次，每次15分钟，首播时间在周二晚上9点，其余在周三、周四、周五重播三次；经济类节目两周播一次，15天制作一期，电视台分两个小组轮流进行拍摄；文艺类一周播一档节目；专题类一周播一档，主要内容为本地的专题节目或其他电视台制作的优秀专题类节目。每年春节期间也自己制作节目。初一、初二都有相应的春节报道，主要内容为当地的各种活动，也会制作一些特别节目和村里人自己演出的节目。

在电视台开办的十几年时间里，自办节目也一直在调整。在电视台开办之初，主要节目有："文体大观"、"新闻"、"经济观察"（该节目在后来几年的发展中一直都在调整，后来改为"农村大视野"，直到现在的"经济周刊"、"汇溪视野"）、"点歌台"（现在叫"金曲点播"）。当时的节目制作比较规范，选材也较为广泛，比如"农村大视野"当时一周播出一期。而素材主要围绕当地的政治、经济、生活、文化等方面进行。"金曲点播"节目中的歌曲点播主要由两个部分构成：一是个人点歌，一首歌需要10元钱；另一类为团体点歌，主要有居委会企业和居委会点歌。企业主要是为自己的员工进行点歌，比如企业员工过生日时点歌；居委会也会为过生日的老年人点歌。此外，当地的学校也会为那些成绩优异、考上大学的学生点歌。企业点歌的花费一年一次性全部付清，付费金额并无严格的规定。

电视台在节目的制作上还有一个很突出的特点：凡是居委会或者镇里的重要通知都会在电视台播放。比如，打预防针的通知、各种标语口号的宣传、农村新型医疗合作、政府信息、土地日、护士节等内容都时常出现在电视上。而且遇到一些重要的新闻或通知，会在黄金时间播出3次，白天重播6次。当然，各个村民小组的组长还会在电视台播放完信息后，又挨家挨户通报消息。在20世纪80年代，这类信息的通报主要依靠的是村里的有线广播。当时各家各户都有一个"小广播"，凡是重大消息各家各户都可以通过小广播获知。有线广播在1997年停播后，就采用在电视台播出消息的方式。

电视台也一直都在力图改革，以求在节目内容上能有更多的发展。比如电视台力图将所做节目和当地企业及经济发展结合起来，不仅播映重要的时政和经济信息，而且还对当地人们的日常生活、年节活动和风俗进行拍摄。比如2006年首届红塔区米线节就在大营街玉泉湖举行，当时的活动盛况空前，电视台进行了大量转播。2002年玉泉寺开光及不同的节日活动比如泼水节等活动，电视台都进行拍摄。电视台领导认为，这些节目的播出对当地的旅游宣传起到了很好的作用。电视台曾经制作过一些当地的风光片，曾经想拿到云南电视台进行播放，最后没有成功，但是这个风光宣传片目前还在汇溪电视台播出。

在现代社会，电视既是一种新兴的权力，同时又是一种新的意识形态，它以非强制性的方式改变并再造着世界。没有人能强迫别人看电视，没有人规定别人的频道，但是人们却被电视心安理得地控制着。凯尔纳说："当今，电视是文化象征的主要表现者。电视上的图像既是主观规范性的又是客观描述性的。它不仅用图像展示社会上的新鲜事，而且还引导人们怎样去适应社会秩序。此外，它还表明如果不适应就会受苦挨罚。"（尼古拉斯·阿伯克龙比，2001年：第35页）电视的意识形态控制成了人们生活中强大的支配力量。或许汇溪台在热火朝天开设各种自办节目的时候，并没有意识到自己同样可以发挥一定程度的文化领导权，但是，事实上，时至今日，汇溪电视台在当地老百姓的心目中，已经成了一个不可缺少的"老朋友"了。人们通过这个小小的平台，感受着自己社区内部发生的点滴变化，同时也是在这里，人们可以了解到社区领导人的行踪和举措。很显然，汇溪电视台就像这个社区的"高音喇叭"，将社区内部的成员汇拢到一起，甚至有效地统一到同一个声音之下，继而发挥出"文化象征"的作用。

汇溪电视台最初播出的新闻节目内容和播出范围可以覆盖到整个玉溪市，后来因为电视台的相关管理政策有所调整，故将播出范围缩小为居委会。电视台每天的播出时间为上午9点至晚上12点。虽然电视台属于大营街居委会所有，但是实际上也成为大营街镇的一个宣传媒体。电视台所采集的新闻不仅仅限于居委会，但凡涉及镇上的重大事件或镇上领导的活动等内容，电视台也积极进行新闻报道。比如电视台从成立之初就开始在每年的春节举行新春拜年活动。1996 年、1997 年和 1998 年居委会主任曾经在电视台发表了新年贺词，其他年份分别由镇上相关领导发表新春贺词。2008 年 1 月 30 日电视台拍摄了镇副书记发表的新春贺词，拍摄地点选择在玉泉湖，拍摄期间工作人员拍摄很认真，反复拍摄了几次。

当然，为了使这个电视台更多地具有正规电视台的特色，同时也更多地争取合法性的色彩，制作人员不仅仅在新闻和专题类节目上考虑选题的时效和重要性，而且故事片和连续剧的选择也会和相应的节日或重大活动结合起来进行。比如，在建军节、国庆节等节庆之日就会选择同类题材的内容进行播映。电视台还有一部分转播的节目，主要转播节目有每天晚上 7 点的中央电视台的《新闻联播》。平时也会转播一些重要的节目内容，比如每年的春节联欢晚会、国家召开重大会议（如"十七大"）的重要新闻等。有趣的是，红塔区主管部门不少人认为，央视、省、市等电视台都在播，汇溪台根本没有必要转播这些节目，但是汇溪电视台依然还是坚持转播。

四、汇溪电视台存在的社会文化意义

从汇溪电视台发展的历程中可以清晰地看到，开办之初力图解决的村民看电视的问题早已不是一个问题。没有这个电视台，电视频道也足以满足当地居民收看高质量电视节目的需要。汇溪电视台不仅一直存在，而且还不断寻找新的发展之路。电视台在大营街社区生活中也依然承担着诸如通知该社区成员一些重要信息，转播国家和地方政府的重要信息的作用，但同时这个电视台对于社区声望的塑造、加强社区凝聚力以及塑造社区权威的作用日趋明显。

一个显而易见的事实是，随着各类媒介在大营街社区的涌入，人们对汇溪电视台的钟情程度似乎渐渐没有当年电视台刚刚开始创办时的热情高涨了。汇溪电视台虽然不断在节目上力求创新，但是仍然很难再把人们的视线拉回来，汇溪电视台似乎成了一个可有可无的摆设。然而，在这样的情况下，汇溪电视台非但没有停播，相反更是不断地投入资金并推出自己新类型的节目。因此，可以认为，汇溪电视台在当地的存在还不仅限于信息渠道的扩展，当然也不只是为当地人提供另一种娱乐的方式。实际上，它也在发挥着媒介权力的作用。一方面，电视台的存在本身就成为一种权力的象征；另一方面，当地的政治、经济和文化等权力又可以集中体现在本地传媒及其信息的流通中。

可以对汇溪电视台播出的新闻节目内容进行一个简单的分析。以 2008 年 1 月 31 日的新闻节目内容为例，我们可以发现，在 15 分钟的"汇溪新闻"节目中，本地新闻占了 8 分钟的时间，其中所播出的 4 条新闻涉及居委会企业表彰大会和年终联谊活动，还有本地在社会发展过程中的相关事宜。4 条新闻都从正面宣传的角度对大营街居委会及大营街镇进行了报道，4 条新闻更像是对大营街形象的展示和塑造。可以看出，地方性的电视传媒逐渐被纳入到当地的政治经济网络中，成为这个权力网络中的一部分。这个信息传播的过程，同时也是汇溪电视台在当地发挥自己的"文化象征"作用的过程。

"文化符号"的功能不仅出现在日常性的新闻节目制作中，电视台还会通过其他相关的活动，积极打造居委会自身的形象。比如 2002 年，在"六一"儿童节期间，电视台举办了"六一"电视周，共推出八部儿童故事片，并制作了大营街镇庆"六一"系列活动专题片《太阳岛》。2004 年 8 月 26 日至 9 月 4 日，中央电视台摄制组到大营街镇拍摄专题片《中国西部小康之星——大营街》，对居委会的宣传起到了积极的作用。2006 年 10 月，居委会投资 5 000 元参与"第十三届中国广告节"活动，把大营街的优势企业、特色产品推向全国。2008 年 3 月 31 日的专题节目《汇溪视野》同样也显示了这样的特点。该栏目大约 15 分钟，分为三个板块，其中第一个板块为"真情视野"。当日播出的内容是"大营街被建设部命名为国家园林城镇"，主要围绕大营街镇的历史、地理位置、文化及社会经济发展等方面进行了介绍，其中以大营街居委会的发展为主。该栏目全面地展示了大营街居委会所获得的各种荣誉和所取得的各项成就。

依凭于现代传播媒介，村落和村落领导人在媒体的频频曝光，无疑起着塑造居委会领导人在居委会的权威的重要作用。"云南第一村"的形象也就在这个过程中被打造成一个品牌。这个品牌反过来又成为这个地方新的"乡村故事",继而沉淀为当地人的"集体记忆"而因此具有一定的神圣性。"历史这只'无形之手'实际上可能对林林总总的各种各样传说进行了某种'选择',使传说中与实际历史过程相契合的内容,在漫长的流播过程中,得以保留下来。在其背后起作用的,实际上是人们对社区历史的'集体记忆'。"(陈春声,2003年:第14页)可以说,大营街居民们新的"集体记忆"的形成及其神圣性的凸显,汇溪电视台在其中发挥的作用可谓功不可没。虽然从整体上看,传统的生产方式(如进集体企业,成为工人)和社区生活(如统一规划、统一管理的居住模式等)等都已经有了巨大的改变,村落原本的血缘、地缘关系在这个社区生活中的作用都处于急剧的变化之中。但凭借着电视媒介这个平台不断塑造的社区"集体记忆",也在不断地加强社区的凝聚力。居委会领导者在电视上的频频亮相也较有效地树立起了他们的威望,而声誉的建立反过来又进一步促进了领导者的管理质量提高。

此外,汇溪台和外界的媒体也会形成一种呼应。从20世纪90年代开始,大营街就成为云南农村在媒体上曝光率最高的村庄。大营街经济的发展是媒体极好的报道题材,大营街更在媒体的打造中成为乡镇企业和新农村建设的典型代表。媒体中出现这样的字眼和表述成为极为常见的事情:"大营街改革发展实现'三级跳'";"领导干部带领人们实现共同富裕";大营街发展的带头人任新民成为中共十四大代表、"五一劳动奖章"获得者、"紫荆花环"杰出中国企业家成就奖获得者,5次被评为全国劳模、省级劳模;7次被授予国家级、省级优秀乡镇企业家等各种荣誉称号。媒体的众多报道成为强化管理者权威的极佳手段。管理者权威地位的获得和居委会的经济实力和财富的增长是分不开的。农民在经济上的富裕是社区管理者权威建立的基础,而权威者威信的培养却是和媒体的宣传密不可分。正是由于广播、电视、报刊等媒体的宣传报道,使得村民在潜移默化的过程中进一步加强对社区领导者权威地位的认可。大营街居委会的领导在近十五年中没有什么大的变化,这一方面是由于这些年大营街的经济社会发展一直保持良好的势头,他们的业绩本身就是最具说服力的,但无疑电视台的各种宣传也在加强他们的地位。

正如韦伯所说的,对于阶级的划分除了根据财富和收入的多寡来区分之外,还可以根据社会地位(主要体现为社会声望和荣誉)的高低来划分。(李培林等,2005年:第32页)不同阶层之间的差异除了体现在财富上,也会从社会声望和权力上体现出来,而社会声望和权力及财富之间往往是可以转换的。由此可见,社会控制并不仅仅是经济的控制,还是声望、权威等等的控制。从大营街电视台以及传播环境的变化可以看到,传播媒体在乡村社会转型中可以建构新的权力文化网络,继而成为乡村社会一种新的社会控制和管理手段。

和中国其他的富裕村落相比,这种文化符号的建立无疑是具有鲜明特点的。如果说,华西村的吴仁宝凭借其长期在村庄中获得的家长式传统权威和领袖魅力权威成为新的文化符号,(周怡,2005年:第320页)南街村靠缅怀过去时代,树立"红色经典"的模式建构新的文化符号。那么,大营街则更像是在一个"自由"的村庄空间内,凭借电视媒介这种权威性资源的掌握,来建立社区领导者能够控制的社区秩序或组织秩序。

可以说,汇溪电视台已经成为了大营街一个十分重要的文化符号。格尔茨曾指出,文化"是指从历史沿袭下来的体现于象征符号中的意义模式,是由象征符号体系表达的传承概念体系,人们以此达到沟通、延存和发展他们对生活的知识和态度"。(格尔茨,1999年:第103页)文化不仅能够沿袭传承,还能够进行新的符号意义的建构。大营街处于传统社区快速向现代社区转型的时期。正如前面所分析过的,在这样的时期如果不能建立一个平衡稳定的传播系统,不能使信息在该社区中合理地流动,那么,传统与现代、社区内部与外部、社区个体和政府等各个方面可能会趋于紧张的状态。因此,汇溪台在这里起到了一个中间缓和地带的作用。汇溪台通过自己的"解码"和"编码"方式,将来自外界的各类信息经过筛选、加工和处理,用自己的方式发挥出其文化符号的基本功能。

对于大营街这样一个经济发展程度已经相对较高的社区而言,文化的发展和社区的整合就显得尤为重要了。现代传媒系统对当地的介入,信息的涌入和文化观念、生活方式的改变固然存在,但更为重要的是，在大营街，我们看到，传媒所发挥出的文化符号象征和社区凝聚力的整合作用其实更加具有实际的意义。也正是在汇溪台这个小小的媒体的运作中，社区的政治经济网络和文化权力网络较好地交织到了一起。村民在社会变迁中并非是完全被动地接受来自外部的信息，他们同样具有积极主动参与到游戏规则中，甚至制定游戏规则的意识。因此，传媒在现代社会中作为调整社会关系、制定社区基本规则、传递社区声音的一种积极有效的手段，很自然就被人们所使用。

**参考文献**

[1] 陈春声．乡村的故事与国家的历史——以樟林为例兼论传统乡村社会研究的方法问题．黄宗智主编．中国乡村研究（第二辑）．北京：社会科学文献出版社，2003．
[2] 方晓红．大众传媒与农村．北京：中华书局，2002．
[3] [美] 格尔茨．文化的解释．纳日碧力戈等译．上海：上海人民出版社，1999．
[4] 李培林．另一只看不见的手：社会结构转型．北京：社会科学文献出版社，2005．
[5] 李培林，张翼，赵延东，梁栋．社会冲突与阶级意识——当代中国社会矛盾问题研究．北京：社会科学文献出版社，2005．
[6] [美] 罗吉斯·伯德格．乡村社会变迁．王晓毅，王地宁译．杭州：浙江人民出版社，1988．
[7] [英] 尼古拉斯·阿伯克龙比．电视与社会．张永喜，等译．南京：南京大学出版社，2001．
[8] 潘忠党．电视·时空·流行现象．马戎，周星主编．田野工作与文化自觉．北京：群言出版社，1998．
[9] [美] 威尔伯·施拉姆，威廉·波特．传播学概论．陈亮，周立方，李启译．北京：新华出版社，1984．
[10] 周怡．村庄的家族政治：权威、利益与秩序——华西村的个案研究．黄宗智主编．中国乡村研究（第三辑）．北京：社会科学文献出版社，2005．

# 质朴哀思的诗
## ——论《梅葛》所流露的彝族情感与美感

傅云仙*

**摘　要：**《梅葛》是彝族五大创世史诗之一，由创世、造物、婚事恋歌、丧事四大部分组成。《梅葛》是一首歌颂彝族先民创业的功绩、表现了日常生活及劳作的状况、表达与维系情感真切流露的长诗。《梅葛》语言质朴、曲调哀伤婉转，大多数流露的是哀婉伤感的情愫。这种质朴、哀伤的特点与其所处的自然环境相关。一般认为，伤感哀婉是一种消极负面的情感，在彝族则是一种美感。他们认为越久远古老、引人哀思的东西越美，哀伤的曲调更能表达内心深刻的情感，唱诵《梅葛》的曲调哀伤、如泣如诉才好听，才美，哀伤的情感在彝族已进入美感的领域。哀思情感和美感构成了《梅葛》一个显著的文化特征，显现了彝族的情感与美感，是彝族文化中最重要的因素。

**关键词：**彝族；梅葛；情感；质朴哀思；美感

一个族群可以用一部史诗作为日常生活的主题以及情感的表露与反应，由此形成了这个族群明显的文化特征。本文从云南楚雄彝族极为喜爱，普遍传唱的传统创世纪史诗《梅葛》切入，旨在探讨彝族人的情感与美感特质。《梅葛》不仅歌颂了彝族先民创业的功绩、表现了日常生活及劳作的状况，它更是彝族人民表达与维系情感的真切流露。《梅葛》传唱在祭祀、婚嫁、丧葬、生产、生活等活动中，《梅葛》可以说是唱出了人的一生不同时期情感的情境：信仰、男女之恋、生活劳作、追念祖先及死亡亲人、整个村落族群之间的关系和命运。根据诗的传唱内容以及我们实地调查研究发现，《梅葛》一个明显的特点是词句朴素自然、曲调优美哀婉，让人产生一种深深的伤感思念之情。从情感表现方面而言，《梅葛》中虽然有喜乐的内容，如婚嫁部分，但哀婉伤感的部分却占大部分内容。通过对《梅葛》中这种哀婉伤感情思的研究，可以看到彝族对哀婉思念情感与美感的普遍认知。

## 一、源于自然的质朴诗歌

诗歌是一个人内心情感的载体，一个民族的创世纪诗无疑是体现着这个民族深刻的内在情感与审美取向。这种内在情感与审美取向的形成不是偶然的，而应和这个民族所处的自然环境、文化风俗有关。《梅葛》中所显露出的朴素自然和哀婉的情感和审美特征，只有在其原生地才能有合理的解释。

### 1.《梅葛》流传地的自然环境

《梅葛》主要发源流传在云南楚雄彝族自治州的大姚、姚安、永仁一带自称俚颇的彝族中。这一地带为山区、半山区，群山巍峨，山峦起伏，沟壑纵横，森林密布，气候寒冷，多属高寒冷冻地区，自然环境较为恶劣。自然物质环境是人们赖以生存的基础，它不仅提供人们在衣食住等方面的基本生存资料，而且在与之相互依存过程中人们所创造出来的文化，也深深印上了自然环境的痕迹。生存于这种自然环境中的彝族，其文化也是与之相呼应的。马游是《梅葛》最主要的流传地，有"梅葛的

---

\* 傅云仙，云南大学西南边疆少数民族研究中心民族研究院副教授。

故乡"之美誉。我们于2008年的1月和2月,两次走进马游,聆听《梅葛》。

马游位于姚安县正西部山区。地处一个四面群山环绕的高山凹地,为典型的丘陵地貌,平均海拔2 529米,全境属云岭山脉白草岭山系,由老馆山、官屯稽肃山和小尖山群相连而就。四周山峦环抱,中心形成高原盆地。地势平缓,群山起伏,可谓山中平川。该地受大理苍山、洱海气候影响,长年多风少雨,属典型的高寒冷冻民族山区。这里土壤瘠薄,加上气候寒冷,非常不利于农作物的生长。马游彝族的民族文化特性和生活状况无疑深受自然环境的影响。

生存于群山密林独特环境之中的彝族,长期与大自然亲密直接地接触,其性格和生活态度及方式也与自然相契合,表现出来就是:朴素、淳厚、坚韧、粗犷。在马游彝村我们深切地体验到这点。进屋时热情粗犷的迎酒歌,席间真诚豪爽的敬酒歌,离别时依依不舍的拦门酒,彝族人民朴素憨厚粗犷的性格给我们留下深刻的印象。

这种在大自然长期浸润中形成的自然朴素的性格和特征,除了在日常生活中本能流露出来外,在创世史诗《梅葛》中也淋漓尽致地表现出来。

2.《梅葛》的语言特色

《梅葛》是以口头的方式流传下来,全诗长5 770行,分创世、造物、婚事恋歌、丧事四大部分,每一部分又由许多篇组成。第一部分创世纪包括造天造地、洪水滔天、找人种、兄妹成婚等四篇;第二部分造物独立成一篇;第三部分婚事恋歌包括找媒、做媒、定亲、请客、讨亲、情哥对唱(生育)等六篇;第四部分丧事独立成一篇。内容有开天辟地、万物起源、人类由来、彝族历史、狩猎、耕种、放牧、盖房等生产经验,还有天文历法等科学知识、生活习俗等。可见,《梅葛》包含着丰富的民间哲学、史学、文学、艺术、科学、宗教、生产、生活习俗等内容,被称为彝族民族历史发展的百科全书。

内容虽然是包罗万象的百科全书式的,也不乏丰富的想象,但却是用非常质朴简洁率真的语言表现出来。这一方面是从自然中吸取天然纯朴的元素,另一方面是因为口传需要易记易读易唱使然。整部《梅葛》基本上以质朴、生动、简练的语言来表现,在每一部分中我们都可以随手采撷。

在第一部《创世·开天辟地》中,描述天地万物起源是由虎尸转化而成一节,非常精彩:

虎头莫要分,虎头做天头。虎尾莫要分,虎尾做地尾。虎鼻莫要分,虎鼻做天鼻。

虎耳莫要分,虎耳做天耳。虎眼莫要分,左眼做太阳,右眼做月亮。虎须莫要分,虎须做阳光。虎牙莫要分,虎牙做星星。虎油莫要分,虎油做云彩。虎气莫要分,虎气做雾气。虎心莫要分,虎心做天心地胆。虎肚莫要分,虎肚做大海。虎血莫要分,虎血做海水。大肠莫要分,大肠变大江。小肠莫要分,小肠变成河。肋骨莫要分,肋骨做道路。虎皮莫要分,虎皮做地皮。硬毛莫要分,硬毛变树林。软毛莫要分,软毛变成草。细毛莫要分,细毛做秧苗。骨髓莫要分,骨髓变金子。小骨头莫要分,小骨头变银子。虎肺莫要分,虎肺变成铜。虎肝莫要分,虎肝变成铁。连贴莫要分,连贴变成锡。腰子莫要分,腰子做磨石。(虎身上的)大虱子变成老水牛,小虱子变成黑猪黑羊,虱子卵变成绵羊,头皮变成雀鸟。……①

整节一气呵成,环环相扣,想象十分丰富,情节完整,以朴实直白的语言表现了彝族先民把老虎想象为世间万物之源,视虎为自己的创世神,是彝族的图腾,是彝族先民心目中天地宇宙原形的大胆神奇的想象。彝族自称"罗罗",即"虎"之意,所以彝族就是"虎族"或"虎人",显示了彝族对虎的崇敬之情。② 在同一章节中类似的还有,当造天的儿子贪玩,把天造小了;造地的姑娘勤快,把地造大了,天地不相合,那就:

---

① 本文中有关《梅葛》的文字部分全部引自楚雄州文联编:《彝族史诗选·梅葛卷》,昆明:云南人民出版社,2001年版。

② 杨甫旺主编:《楚雄民族文化论坛》第二辑,昆明:云南大学出版社,2007年版,第79页。

放三对麻蛇来缩地,麻蛇围着地边箍拢来,地面分出了高低,地边还箍得不齐,放三对蚂蚁咬地边,把地边咬得整整齐齐。放三对野猪来拱地,放三对大象来拱地,拱了七十七昼夜,有了山来有了箐,有了平坝有了河。天拉大了,地缩小了,这样合适了,天地相合了。

以口语化质朴的语言,既表现了彝族人民超乎寻常的想象力,也以夸张的手法表现了不同动物的特性。而这种极致的夸张和寻常的想象力,不是凭空的想象,而是源自于彝族人民的生活实践及个性表现的自然。①

在第二部《造物·狩猎和畜牧》中,猎麂子的描述是这样的:

上山打猎去,上山撵麂子去;撵麂子要有猎狗,撵麂子要用麻索,撵麂子要用猎网。
……猎狗找到了,麻索搓成了,猎网也结好了。吆着猎狗,拿着麻索,拿着猎网,上山撵麂子。……麂子顺着小路跑,麂子顺着小路逃。河边小路旁,长满了藤窝,藤子牵藤子,绊住麂子脚。绊是绊住了,杀是杀不着。捞起海里的大石头,甩进藤窝打麂子,麂子打死了。麂子皮拿来做衣裳,麂子肉分给大家吃。

没有任何修饰,朴素简练的语言生动地描述了猎捕麂子的整个过程。"绊是绊住了,杀是杀不着"、"麻索"完全就是本地的生活语言,朗朗上口,又风趣活泼。在第三部《婚事恋歌》和第四部《丧事》中,类似的例子俯拾即是。如《婚事恋歌·请客》,描述男女双方的宾主在婚宴上的情景:

主:我们两家来认亲,团团桌边坐,喜喜欢欢来搳拳。一样肉也没有,一样酒也没有。
　　请把青菜当肉吃,请把凉水当酒喝。
客:七十七样菜,桌子摆得满满的。土锅里面有好猪肉,坛子里面有好白酒,吃了好肉,喝了好酒,吃也吃饱了,喝也喝够了,吃了不再道谢啦,喝了不再道谢啦。

活泼的生活语言,一问一答的斗智比识,诙谐风趣,白描式地勾画出了一幅亲切自然、欢乐无比的彝家婚礼场面,极富表现力和感染力,让人有如身临其境之感。

又如《丧事》中对于死亡的描写:

阿爹生了病,要找不死药,找到昆明去,找到禄丰去,找到大理去,找到白井去,又到姚安找,又到牟定找,找过了许多地方。医疼的药倒有,医死的药没有。……
高山石头最稳当,七月下雨也会垮,石头垮了滚下箐,滚到箐底不回头。
阿爹也像石头滚下箐,阿爹救不活,阿爹死掉了。水在秋田里面很稳当,坝头泥裂不会垮,种田人来翻埂子,只见水浪滚出去,不见水浪折回来。
阿爹也像水浪滚出去,阿爹救不活,阿爹死掉了。

以简明的语言、排比的手法、常见的生活现象作比喻,反复咏叹,真挚地抒发了对亲人的深切关爱以及对死亡这一不可抗拒的自然规律的哀伤感叹。

由上可知,《梅葛》的语言特色是以朴素简明为基调,没有经过刻意雕琢,如涓涓溪流,是从心间自然流淌出来,是彝族人民朴实敦厚性格的自然显现。于朴素中显示真情意趣,以不加任何修饰简洁明了、朴素自然的语言来描述生活中的所有事件,不仅生动活泼,且极富表现力和感染力,显示了彝族人民对语言的高度应用能力。法国人里吉恩德尔在他1905年出版的《在极西中国的两年》一书

---

① 左玉堂主编:《彝族文学史》,昆明:云南民族出版社,2006年版,第177页。

中，由衷地赞颂了彝族诗歌这种纯粹而天成的魅力："男女牧羊人一边牧羊一边用歌相互呼应。他们用高亢而又柔和的旋律把他们天真烂漫的牧歌回响在山谷之间。在这幽谷的寂静、伟大的自然的寂静中，倾听着他们从心底深处的单纯的、心魂的歌，我感到一阵说不出的愉快。"①

## 二、以哀思情感为主旋律

彝族是一个喜歌善舞的民族，在彝乡，洋溢着欢乐气氛的阿细跳月，"阿老表、阿表妹，你要来呢嘎"的热烈欢快的歌声，都使人难忘。但是，当我们进入马游，听到《梅葛》时，其曲调并非是快乐欢畅的，而是哀婉深沉、缠绵忧伤的。在马游考察期间，我们多次听了当地著名的《梅葛》演唱艺人郭有宗、郭有珍、罗文辉、罗英、郭莲英等人的演唱，越听越觉得那婉转长吟似哭声，催人泪下，很打动人，那曲调深深印在心中，挥之不去。

《梅葛》中表现欢乐情景的内容并不多，大多数流露的是哀婉伤感的情愫。根据1993年姜荣文整理、由云南人民出版社出版的《蜻蛉梅葛》，内容分为"创世纪"、"恋歌"、"祭歌"三个部分，其中表现哀伤情感的"创世纪"和"祭歌"就占了全书内容的五分之四；20世纪80年代由夏光辅、诺海阿苏整理的另外一部"梅葛"《俚颇古歌》，其中表现"创世"和"丧葬"悲歌的"赤梅葛"占了全书内容的五分之四，基本包容了《梅葛》的主要部分。② 可见，伤感哀思是《梅葛》主要的表现情感。这方面与自然生活环境有着密切的关系，另一方面与彝族人民心灵情感认知的深刻性相关。

如前所述，彝族生活的环境条件十分恶劣，马游地区的生活也是非常艰辛困苦。我们在马游考察时就深有体会，进马游交通不便，那里气候寒冷，没有蔬菜，常常停电。现在都如此，可想在遥远的年代，这里的生活该是怎样的艰难。道光《寻甸州志》所载，"担柴荷簣，治生勤苦"，"或自耕或樵禾，或因水而渔，任力供给，黄昏不息"，"辛勤苦耕，开挖成业"，就是历史上马游彝族艰辛生活的真实写照。山川自然环境在赋予彝族朴素敦厚可贵的性格同时，也把严酷的生活环境呈现给了彝族。面对这样的生存环境，如何不使族群涣散而是顽强地延续下来，对生命和人生意识的严肃思考就关乎整个族群的命运。创世纪史诗《梅葛》就是使这个民族能够在严酷的环境中安身立命的精神凝聚力量。它借助神话，以朴素的语言，深刻而凝重的情感追述祖先如何在恶劣的环境中开天辟地、艰苦创业的顽强奋斗精神，以教育后人要勤劳不已，奋斗不止；它也声声哀婉地吟唱死亡的降临，以提示后人生活的艰辛，更显示了生命的可贵。在这种情境下，哀婉之声必然远远超过了欢乐之声，凸显生命的深刻内涵。

实际上，《梅葛》是一种彝族曲调名称，"梅葛"一词是彝语译音，"梅"是"说"的意思，"葛"是"古"的意思，"梅葛"就是说唱远古故事的意思，因用"梅葛"这个曲调演绎传唱，因此被称之为《梅葛》。我们在当地调查采访时，据当地彝族老艺人郭有忠说："梅"是嘴，"葛"是"弯弯曲曲，扭来扭去"，"梅葛"就是"弯弯绕绕唱古老的事情，而且绕得越远越长越好、越耐人寻味"。我们普遍认为伤感哀婉是负面的情感，在彝族则是一种美感。他们认为越久远古老、引人哀思的东西越美。

在《梅葛》中，哀婉思念的情愫是以曲调来表现的。按照曲调划分，《梅葛》分为两大类："赤梅葛"和"辅梅葛"，前者用于唱述悲歌，后者用于唱述喜歌。马游的"梅葛调"分为"正调"和"慢调"，"正调"是喜歌，"慢调"是悲歌，俗称"哀调"。③ 反映"开天辟地、创世立业和劳动生活"和"婚恋、丧葬"主要是以"哀调"，即"赤梅葛"来唱诵。"正调"，即"辅梅葛"，主要用于"娃梅葛娃"及表现"婚礼"场面的情境。"创世"、"婚恋、丧葬"是《梅葛》的核心部分，传唱的重要内容，是悲歌，以"哀调"唱吟，这使得哀思情感成为《梅葛》的主调。

---

① 转引自李云峰等主编：《〈梅葛〉的文化学解读》，昆明：云南大学出版社，2007年版，第90页。
② 李云峰等主编：《〈梅葛〉的文化学解读》，昆明：云南大学出版社，2007年版，第159页。
③ 大姚县委宣传部编写：《大姚彝族文化》，内部刊印本，2007年8月，第25页。

## 三、哀思情感的文化情境

"创世"、"婚恋、丧葬"是《梅葛》的核心部分，也是彝族人民所喜爱的情感表达部分，它传达的是一种哀伤的感情，同时又会引起思念之情。在哀思的情境下，流露出对先民的思念追述之情、恋人由爱而产生的缠绵不舍之情以及对故世亲人的悲伤怀念之情。

1. 低沉婉转的创世歌

唱述"创世梅葛"的"赤梅葛"也称为"老年梅葛"，通常由老年人演唱，故名。"赤梅葛"演唱的内容从开天辟地到万物出现、人种繁衍。曲调低婉深沉，旋律变化不大，较为单一，由诵而唱，唱而诵。唱诵的形式可独唱、多人唱、对唱、轮唱。内容和曲调相对固定，这种固定的史诗腔调称为正腔，也称"古腔调"，唱悲歌只能用正腔，主要唱述对古老洪荒及祖先创业的回忆。

在《创世》第二部分人类起源讲述天地造好了，格滋天神造人，神从天上撒下三把雪，造了三代人。

第一代人：

吃的饭是泥土，下饭菜是沙子，月亮照着活得下去，太阳照着活不下去，这代人无法生存，这代人被晒死了。

第二代人：

没有衣裳，没有裤子，拿树叶做衣裳，拿树叶做裤子，这才有了衣裳，这才有了裤子。没有水，没有火，没有吃的，没有住的，吃的山林果，住的老山洞。没有春夏秋冬，不分四季四时，天上有九个太阳，天上有九个月亮，白天太阳晒，晚上月亮照，晚上过得去，白天过不去，牛骨头晒焦了，斑鸠毛晒掉了。这代人活不下去，这代人也晒死了。

第一代人和第二代人因不能适应恶劣的自然环境被淘汰了，第三代人繁衍起来了，但又由于太懒惰，一天到晚"吃饭睡觉，睡觉吃饭"，且"糟蹋五谷粮食"，格滋天神说"这代人的心不好，这代人要换一换"，要"寻找好人种，留下传人烟"。找人种的过程艰辛而漫长，其间还经历了洪水时期。洪水淹了七十七昼夜后，整个世界一片萧条静寂，"看不见一只鸟，听不到一点声音"。格滋天神着了慌，亲自下凡来找人种。格滋天神"四面八方走……山山箐箐跑……到山梁上找……到山岩上找……到河边河岸找……河头河尾找"，历经千辛万苦，终于在大海边找到了一对心地善良的兄妹做人种。从中可以看到人类在成长过程中的曲折艰苦跋涉。在郭有宗和郭有珍兄妹唱咏"创世梅葛"时，那深沉苍凉、一咏三叹的韵味，时而低诉，时而高诵，应对之间，心神相交；唱和之间，气息互通的情境，不禁让人沉浸在对祖先的追述缅怀之中。

2. 优美凄婉的恋歌

在《梅葛》中，婚恋和丧葬的内容占了较大比例，而且是《梅葛》中以艺术概括的形式对彝族古代现实生活记述最精彩的篇章。① 作为最精彩的部分之一，表现年轻人从恋爱到结婚的整个过程在《梅葛》中有着完整的反映。婚恋属于"青年梅葛"，其内容丰富，曲调多，有相好调、传烟调、四季花调、诉苦调、离别调，均以慢腔演唱，可以单独唱、对唱、互问互答。"婚恋"部分表现的是恋人之间离别时的依依不舍之情和日夜相思之苦，也即唱述"痴男怨女，悲欢离合"的爱情故事。所以，是以凄凉婉转、如诉如泣的曲调唱述，既优美又伤感。

恋人们是这样相互倾诉的：

---

① 李云峰等主编：《〈梅葛〉的文化学解读》，昆明：云南大学出版社，2007年版，第135页。

男：对面望妹家，房子真是矮，走起路来实在长，你家的地方住得远。
有了情妹在，不嫌路遥远。小哥来到妹门前，房前"噢啊"喊三声，房后"噢啊"喊三声，打过口哨吹笛子，小妹可听见。

女：听是听见了，就是出不来，跑到大门边，一口唾沫吐出来（指暗号），小哥可听见。

男：听是听见了，小妹家里有爹娘，小妹家里养着狗，小哥不敢进你家。

女：自从那天和你相会后，找柴煮饭别人做，我被关在屋子里，太阳没有晒过我的脸，太阳没有晒过我的脚，我的小哥啊！快快替我出主意。

男：小妹啊！只要你愿意，我来想办法，我去捉麂子，我去捉狐狸，把兽肉送给你爹妈，小哥用真心，小哥用金银，小哥一定要赎你。

女：小哥用真心来赎小妹，小哥用金银来赎小妹，婆家答应了，爹妈答应了。

男：小妹啊！小哥讨小妹，小妹嫁小哥，从此我们成一家。鱼儿跟水走，竹鸡跟着野鸡走，小妹快跟小哥走。

朴实的语言，道出了恋人之间真挚的情感以及不能相见的悲伤。男孩子用口哨、笛声、歌声表达对相爱的女孩子的想念与爱意，用伤感哀思的梅葛来感动女家父母开门，可惜，没有成功，男子更加伤心痛苦，他不停地悲伤唱着，担心喜爱的女孩子会突然被父母嫁给别人。女子听了也情思起伏，虽然被父母关在屋子里，她也用梅葛表达了她对男子坚定不移的爱。真情打动了女孩子父母的心，有情人终成眷属。多么伤感优美的情歌，当我们听着马游梅葛的传承人罗文辉、罗英用离别调和诉苦调唱诉这种悲伤忧思的情歌时，那婉转悠长，哀泣低吟，带有浓郁眷念情感的伤感曲调深深感染了我们，那长长的拖腔哭韵，声声如杜鹃啼血，道出对心爱之人的无尽思念。

"青年梅葛"是恋人间相思别离情感的倾诉及对美好爱情的向往，传情达意，心想什么就唱出来，以歌代言，所以，自编自创、即兴发挥的成分较多，使其内容丰富、多姿多彩，是男女求爱择偶的工具。

### 3. 深沉哀伤的祭歌

哀歌"赤梅葛"有两个部分，怀亲和丧葬。彝族十分重视葬礼，他们认为要很好地安葬死者，供奉好亡灵和祖先，否则会惹亡灵和祖先生气，是会有灾祸降临的。[①] 丧葬祭祀是彝族生活中最重要、最隆重的活动之一，其隆重程度远远高于婚礼，一年中祭祀祖先的费用高于家庭其他支出。[②] 彝族视结婚为平常之事，而父母死却要大办丧事，吟诵梅葛。"梅葛"流传地的丧葬习俗及礼仪基本一致，祭祀葬礼必须在毕摩（祭司）的主持下进行，在葬礼上，毕摩吟诵"赤梅葛"，即"创世纪"和"丧葬"，是不可缺少的部分，也是丧葬仪式的核心部分，没有梅葛，葬礼就不能举行，具有神圣性。因此，丧葬仪式上由毕摩（祭司）吟诵的祭辞也是"梅葛"的核心部分。葬礼上唱述的主要内容是：请神经、指路经，从开天辟地、人类起源、死者的生平，一直唱到把亡灵送到阴间的冥王处。在整个丧事活动中，毕摩唱"梅葛"唱到哪个部分，法事就要相应做到哪个步骤，毕摩要从人去世后的第二天下午唱到第三天的中午，唱完后就把死者送上山安葬。毕摩以正腔唱述"梅葛"，节奏缓慢沉重、旋律沉郁悲伤，其间，死者的家人及子女都会哀伤哭泣并做着对应的法事，参与葬礼的人也会跟随着哀伤的梅葛调，陷入深切的同情与悲伤之中。

在《怀亲》中，唱述了父母病重时，子女的焦急、担心与忧伤：

我爹属龙那天病，我妈属蛇那天病。河里白鱼尾巴跳，我爹病倒在床头，我妈病倒在床尾。左手拉我爹，右手扶我妈，拉也拉不住，扶也扶不稳。

房前跟弟弟商量，房后跟哥哥商量，替爹来送鬼，替妈来送鬼，把鬼送到松山头，把鬼送到松山

---

[①] 李云峰等主编：《〈梅葛〉的文化学解读》，昆明：云南大学出版社，2007年版，第215页。

[②] 李云峰等主编：《〈梅葛〉的文化学解读》，昆明：云南大学出版社，2007年版，第25页。

坡，鬼已送过了，我爹的病没有好，我妈的病没有好……

替爹来祭神，替妈来祭神……山神地神祭过了，我爹的病没有好，我妈的病没有好。

又祭牲畜神……又祭屋里灶君老爷，又祭过往神，又祭喜丧神，又祭天上雷神，又祭河边龙神，又祭道路神，祭天神，祭地神，又祭七姊妹神……所有的神都祭过了，我爹的病没有好，我妈的病没有好。又请朵觋来送鬼，鬼也送过了，我爹的病没有好，我妈的病没有好，爹妈越病越重了！我爹死了，我妈死了！

曲调多么深切悲痛，多么无奈凄凉的，失去父母的悲苦心情，听得让人伤心落泪，想尽办法救父母的急切心情，那片孝心深深感染着唱者和听者。

在丧葬仪式上，超度死者所唱诵的是《梅葛》中的"丧葬调"：

天王撒下活种子，天王撒下死种子，活的种子筛一角，死的种子筛三筛。

活的种子撒一把，死的种子撒三把。死种撒出去，会让的就活在世上，不会让的就死亡。……死种撒在树头上，树也不会让，树子就死亡。

死种撒到草头上，草不会让，草就死亡。……死种撒到百兽头顶上，百兽不会让，百兽就死亡。……没有撒不到的东西，没有不会死的东西。

太阳会出也落，人和太阳一个样，会生也死。……人死就像落叶样，人死就像火褪色，人死就像火会灭，人死就像果子掉，到死时候也会死。

既超度亡灵，安慰生者，又昭示后人：万物生死是必然的，生老病死是自然的规律。

马游有名的梅葛传承人郭有宗老人告诉我们，在马游村的葬礼中，整个丧葬仪式都伴随着"梅葛"的唱诵，是丧葬仪式的核心部分，而且内容是固定的，不能改变。其中的指路经，是指引亡灵能够顺利回到祖先的发祥地——归根，这也是史诗的核心部分。

1959 年版的《梅葛》中没有收录祭辞祭歌，但在《姚安民间文学集成》记录有简单的在丧葬仪式中唱诵的指路歌：

魂兮魂兮莫忘东，东方甲乙好青龙；魂兮魂兮莫忘南，南方偶罗天王像；

魂兮魂兮莫忘西，西方黑暗太白衣；魂兮魂兮莫忘北，北方黑路去不得；

魂兮魂兮莫忘上，上有偶罗天王像；魂兮魂兮莫忘下，下有十八地狱多害怕。

一魂归天，一魂归地，一魂归孝子回家，享荣华富贵。

《蜻蛉梅葛》中有近三分之一篇幅的祭歌，其中的《指路歌》唱道：

吃了离别饭，喝了离别酒，今天你死了，离别这世界。田边你莫守，山上你莫在，你要记清楚，我给你指路。你坐在家堂，看见月资贝扎恶基，看见维周博恶基。……格么阿里坐，看见元谋马街；元谋马街坐，看见四川峨眉山。

……到了此地，一级神王，二级祖老，服从安排，令行不违。①

这首指路歌从死者生活地，一直到冥府、祖地，人们在听毕摩唱述时，可以感受到与亡灵一起奔赴祖地的体验。彝族认为，在丧葬仪式中，只有在毕摩唱述"梅葛"的过程中，死去的人才能愉快

---

① 杨甫旺主编：《楚雄民族文化论坛》第一辑，昆明：云南大学出版社，2007 年版，第 162~163 页。

顺利回到祖地，与祖先聚集在一起，得到安息，而生者也才能在阳间平安生活。[①]

由上可知，《梅葛》的核心部分创世、恋歌、丧葬吟唱泣诉传达的都是哀伤思念的情感，其所唱诵的情境是伤感哀思的。此外，在婚礼上，也有母亲在女儿出嫁时边哭边唱《梅葛》的"交亲调"，这是哭调，表达哀伤难舍的情感。还有青年男女唱诵成家后生产生活艰难困苦，向父母诉苦的《梅葛》"思乡调"，内容和曲调都非常凄凉忧伤。在马游，梅葛传承人郭有珍老人就为我们演唱了这首哀婉的"思乡调"，听了使人十分伤感。

悲歌是用正腔，"赤梅葛"是悲歌，而"赤梅葛"是《梅葛》的核心部分，因此，可以说整部《梅葛》是以哀思为其主旋律的，是一首哀思的诗歌。而且，在《梅葛》流传地区，在大多数时候，人们普遍喜爱唱述的是"赤梅葛"，尤其是在隆重庄严的情境下，由此显示出彝族对哀思情感的普遍的认同。

## 四、《梅葛》的情感表现及审美意趣

### 1. 情感表现

千百年来，彝族人民用《梅葛》来抒发心中的情感，它已经成为彝族文化中一种固定的情感表达模式。彝家人高兴时候唱、悲伤时唱、孤独时唱，曲调或高亢、或欢快、或低沉、或悲哀。可见，彝家人并不回避唱诵哀伤的曲调，即使是在节日里也都能够听见哀伤的《梅葛》，他们认为哀伤的曲调更能表达内心深刻的情感。哀伤对许多人来说，是一种消极负面的情感，总是希望能够避免和消除。彝族却认为唱诵《梅葛》的曲调哀伤如泣如诉才好听，才美。也可以说，哀伤的情感在彝族已进入美感的领域。

在马游听罗文辉唱诵青年梅葛"离别调"时，他就说："'青年梅葛'中的'离别调'、'诉苦调'是最带有感情的曲调，婉转、优美、好听，我们最爱唱了。""离别调"和"诉苦调"的曲调凄凉哀婉，但在彝族人听来却是美的，好听的，是最喜爱的。

在采访郭有珍老人时，她说："我们的生活太苦了，我们唱的多是悲伤的歌，这些歌，可以唱述生活生产劳动中的一切人和动物。"说着指着院子里的小鸡，即兴自编词，用哭调《梅葛》唱述起来，大意是："小鸡呀，你命好苦，今天喂饱你，让你快长大，好把你宰了吃。"蚂蚁、蚂蚱、穿山甲等都可以入歌唱述，表达了对这些动物深切的同情怜悯，也是对人自身艰辛生活的哀叹。

唱诵"梅葛"，情感的调动是十分重要的，它能够带动引发起听众或受众的情感。马游的彝族老人说："唱'梅葛'是相当深情的，唱的人嗓音好，起落点拿得相当好，音调富有表现力，唱出了心里话，唱的人和听的人都会哭。同一个调子，有的人感情细腻、生活经历丰富，有苦楚和悲伤，唱得就感人。"[②] 唱"梅葛"要表达出十分深沉浓厚的哀伤情感，唱者和听者都能感动得哭，都能喜爱和感动，产生哀思之情，以至心灵深处的共鸣，才好，才美。《梅葛》是彝族人一首名副其实的"心曲"。

### 2. 审美意趣

一个民族由于生活习惯，地理环境不同于另一个民族，他们所认为美的，所引起的美感也是各不相同的。《梅葛》所反映的是彝族真实的生存环境和社会生活情境。其特征就是源于自然的质朴的语言和表达内心悲伤的哀思情感。

由之，可以说《梅葛》是彝族人民对生命的见解，一种独特的见解，那就是：（1）在质朴中显现深刻性，中国的文学艺术一直都强调某种"外"的功夫，如"功夫在诗外"，这其实是一种深度的追求，而这需要精深的文化涵养才能够抵达它的深处。在《梅葛》中，包含生命底蕴及其彝族传统文化的精意自然而然地从质朴的语言中馨露出来，而这种发自心底的语言是朴素的、优美的，充满力

---

[①] 巴莫曲布莫：《论彝经祭祀诗的文学接受》，载《毕摩文化论》，昆明：云南人民出版社，1993年版，第619~620页。

[②] 李云峰等主编：《〈梅葛〉的文化学解读》，昆明：云南大学出版社，2007年版，第93页。

量的。(2) 以哀伤情感为美感,《梅葛》的大部分情境都涵盖着哀思的情感,创世纪、男女相恋、葬礼、婚礼时的哭调及日常生活中不时因对事物、动物感念而引发的泣诉吟唱。而这种泣诉吟唱越是弯弯曲曲、越绕越远、越长,在彝族人看来越是最有味、最好听、最优美的,这其中含有远古、孤寂、情爱、忧伤、哀怜、萦绕、美丽的意味,这是一种美感经验。而"梅葛"的字义就是"远古、弯曲、萦绕、悠长",本身就具有美感元素。这种悲情美感是人类心灵最深刻而又特殊的情感,它一方面很悲痛,很难受,个人的悲伤激起了旁人的悲伤;另一方面,又得到情感的释放和满足,觉得是一种精神上的享受。① 在丧葬仪式中,通过《梅葛》的唱诵,一方面宣告生死有别的事实,使生者从沉痛的哀伤状态,过渡到一个新的心理状态,具有减低哀伤的作用。在回忆往事的过程中,以反复吟诵的哀伤曲调,使回忆者透过回忆而与过去最美好的一面连接,也可以再度确认一个亮丽而快乐的过去。② "创世梅葛",就包含着对祖先创业艰辛的叹诵和对其光辉业绩的赞颂。

　　创世纪史诗《梅葛》是彝族自我认同的"根谱",是彝族人民精神的支柱和凝聚物,其中的神话传说、神、祭礼、农事、蚕丝、相配、安家、葬礼等都成为后代哀思纪念的对象,这中间哀思情感的成分很重。19世纪末法国传教士维亚尔在云南彝区传教多年,精通彝语,撰有《罗罗人》一书,其中载道:"他们每天都在唱歌,特别是哀歌,他们歌唱所有的事物。青年女子尤其善于表达自己的感情。这种感情的表露极为简单,用声音的抑扬、欷歔、眼泪和泣涕来表现,而且在任何情况下,都可以有一样的叹息和泪水。"③ 这段文字清楚地告诉我们,在任何情况下,彝族都喜爱用哀声、哭泣表达内心的情感。不仅彝族人的哀思情感十分浓厚,且所涉及的文化层面也相当深广,显现了彝族对哀思情感与美感普遍、高度的认同。

　　对哀思情感与美感认同的广度和深度,还可以从在现代彝族服装服饰的制作与选择上喜欢保留和模仿古老的纹样得到印证。最有说服力的例子是大姚彝族服装上的马缨花图样,整套服装从头饰、上衣、袖口、围腰、腰带、飘带、裤角边,甚至鞋面全部绣满了鲜艳亮丽的马缨花。马缨花是彝族最原始、最早的服饰纹样之一,它不仅仅是一种花,其本身包含着一个古老而凄美哀婉的爱情传说故事。故事中的男主角在得知心爱的女子为了拯救村寨而献身之后,极度伤心之下,哭干了眼泪,滴出的鲜血把满山遍野的马缨花染得血红血红,马缨花从此开出鲜红的颜色。彝家人传统的"插花节"、"赛装节"就是为了纪念这对恋人衍生出来的,不仅把马缨花绣满衣服,而且还要比赛,以用最传统的方法绣出最有传统古意,最能保持原始意味的服装为最美、最好,也最贵,以美的形式寄托哀思。在这里,服装上面那一朵朵美丽的马缨花成为哀思情感与美感的表征。那么,彝族的服装服饰也具有哀思情感与美感的文化特征。

　　彝族是在其根谱《梅葛》的传唱中代代延续,郭有珍老人就郑重地对我们说道:"没有《梅葛》,就没有彝族,没有《梅葛》,我们话都不会说啰。《梅葛》是我们彝族的根,是我们的命。"这也是整个彝族的共识。哀思情感和美感是《梅葛》中最重要的因素,是彝族情感与美感的表达,是对自然、对人的真切情感流露。换言之,哀思情感和美感构成了《梅葛》一个显著的文化特征,显现了彝族的情感与美感。从这个意义上而言,我们是否可以说,彝族文化是在浓重的哀思情感中代代延续。听着唱诵《梅葛》会沉思于悲伤中,在这种深沉、凝重、哀伤、严肃的情感与曲调中会思索往事,个体的命运与整个族群的关系和命运紧密联系在了一起;族人对传统文化深刻性的认识与尊重,对本民族传统文化传承的神圣责任感与使命感的群体意识都在其中得以提升。如此,哀思情感与美感是彝族文化中最重要的因素。

---

① 蒋培坤、丁子霖:《古旋律罗马美学与诗学》,太原:山西人民出版社,1987年版,第79页。
② 胡台丽等主编:《情感、情绪与文化——台湾社会的文化心理研究》,台北:中央研究院民族学习研究所,2002年版,第117页。
③ 转引自李云峰等主编:《〈梅葛〉的文化学解读》,昆明:云南大学出版社,2007年版,第93页。

# 史 与 志
## ——对口述史与历时性民族志研究的探讨

朱凌飞*

**摘 要**：对于所谓"非历史主义"的人类学和注重宏大叙事的历史学来说，某一社区几十年来的变迁历程应该如何进行研究，这是一个值得思考的问题。本文采取口述史——个人记忆——集体记忆——传统文化变迁的研究模式，同时也以制度变迁和经济统计作为参照系，力图建构玉狮场村30年变迁的民族志。

**关键词**：口述史；区域社会史；历时性民族志；研究方法

被誉为"日本战略之父"的大前研一认为中国这些年（1978年改革开放以来）发生的变化速度和深刻性只有英国工业革命可以比拟。1978年至2008年，改革开放走过了30年，宏观上，中国从经济濒临崩溃边缘成长为全球第4大经济体，国家生命力从委靡到迸发；微观上，个人的生存空间、自由选择和各种权益得以逐步舒张。虽然这种变化远没有结束，我们仍在经历这个社会巨大而深刻的"转型期"，但也到了一个我们回顾和总结的时刻。基本上，我们可以把改革开放30年以来急剧而深刻的变迁看做一个历时的社会过程，它是社会互动的一种循环往复形态及社会的历史变迁，包括竞争、突变、改化、冲突、顺应、控制、分化、同化等方式，可分为历史的过程与社会的互动两类。我们对兰坪县玉狮场村进行了深入的田野调查，企望通过一个微观的视角窥见少数民族地区在这30年间所走过的道路，在这一过程中，我们从方法论的角度对这种历时性的民族志研究进行了思考：对某一特定社区几十年以来的历史变迁，我们应该采取什么样的研究方法、从哪些角度入手、其意义何在？

## 一、"非历史主义"的人类学

在人类学、民族学对某一文化体系或者特定区域所做的综合性研究中，我们更多地采用民族志的方法，但其局限在于田野工作中以参与观察、主位—客位研究、文化解释等手段所进行的研究，多限定于文化的现时、现场、现状，对于另一历史时空中的文化现象，我们却无法在田野中进行"参与观察"，这似乎就不再属于人类学的范畴，而被归入历史学领域。现代人类学借"田野工作"以登上历史舞台，人类学家们"当时的研究焦点是'现在'，人们没有多少兴趣深入探索所研究民族的历史。……泛泛而论，可以说此前几十年之中，人类学受到超乎寻常的非历史主义的统治，大体上这可以归因于两种居高临下的范式的左右：功能主义和结构主义"。[①]即使列维-斯特劳斯在运用结构主义方法分析神话时，也不能告诉我们这些神话是在什么样的历史条件之下产生的。所以王铭铭教授认为："人类学的非历史以至反历史，是西方人类学的一种'精神污染'……这种'非历史'的民族

---

\* 朱凌飞，博士，讲师，云南大学西南边疆少数民族研究中心。
① [澳] 迈克尔·罗伯茨著：《历史》，王琼译，载《国际社会科学杂志（中文版）》，1998年第3期。

志，在诠释中国社会时，出现种种问题。"① 受西方人类学传统教育的费孝通先生的传世之作《江村经济》最受诟病之处，也正是其难以避免的"非历史"的做法。

当然，人类学家们不会满足于"现状"这样一种文化的"切片"，他们也对"纵向"的文化变迁给予了一定的关注。以美国人类学家博厄斯为首的历史特殊论学派提出，为了理解或解释某一特定的文化，最正确的做法就是重建该文化走过的独特道路，即"构拟"该文化的历史。他们认为每个文化集团都有它自己独一无二的历史，有其自身的特点和发展规律，因此在研究中强调对具体事实的描述和记录，重点研究特定民族的文化历史、事件特点和规律，提倡"历史的方法"。话虽如此，但我们发现，博厄斯在其具体研究中过分强调资料的翔实和具体而微，埋首于微观的钻研，认为历史只能是对各个事实和现象作经验的描述，不应有任何抽象的推理，由于忽视理论概括，而陷入"不可知论"的境地，并未能够为我们"构拟"起该文化的历史面貌。

20世纪50年代以来，法国年鉴学派举起了"长时段"和"总体史"的旗帜，主张历史是一组体系或结构的复合体，各体系或结构有其自身的内聚力。年鉴学派强调历史研究的整体性和综合性，注重社会结构、系列及多元的理论解释，扩大了历史研究的领域、角度和层次。历史必须从结构和体系上加以阐述，史学家不仅要致力于确定这些体系，而且要系统地阐明它们之间的关系。他们倡导的新史学，就是结构的和势态的历史。其目标又在于揭示社会结构，乃至自然界的、物质的和精神的长期结构。② 年鉴学派强调历史研究的整体性和综合性，注重社会结构、系列及多元的理论解释，扩大了历史研究的领域、角度和层次。然而，年鉴学派过分强调结构和势态中物质环境的决定作用，忽视了历史事件和人的能动功用，其理论模式在实践中也遇到许多障碍而难以操作和全面推行。

萨林斯也曾试图发展一种"结构的、历史的人类学"，在人类学和历史之间搭上一道桥梁。他致力"恢复事件、行动、变化和世界以期作结构分析。他反其道而行之，寻求为历史而恢复结构分析"。③ 萨林斯据此发展了进化论，提出所谓"一般进化"和"特殊进化"，企图建构人类文明宏观发展的基本序列，将人类学研究引向其初衷，即探索人类社会发展的历程和基本规律。埃文斯·普理查德也一再强调人类学与历史学一样，是一种解释，人类学如果没有时间观念，只有孤零零的结构观念，那便不能理解"土著人"的思想。在众多学者的努力之下，人类学在共时性研究之后逐渐开始重视历时性的线索。但遗憾的是，人类学的历史观更多地还是关注经验性研究、关心"变迁"（或"进化"），而不关心"主观历史"，其书写的历史还是经验事实的时间流变，是变化的过程，没有涉及对于我们理解历史特别重要的"社会记忆"。

## 二、"微观历史"与"特殊历史"

对于历史学者来说，其传统研究多重视文献考订和史实的细节，重视对总体问题的研究，通过寻求事实来寻找真理。但出于"理论深度"之虞，却甚少通过一种小心和实证的史学方法考据一个具体的（甚至是琐碎的）历史问题，忽视了历史学和社会科学的结合。④ 令人耳目一新的是，英国历史学家E. P. 汤姆森对正在发生的事件中的重大时刻和主观行为者给予了着重关注。从20世纪70年代开始，对这个方面的兴趣在英国促成了一种特殊的社会史，为之努力的人士称之为"人民的历史"或"从下面写起的历史"，它以下层阶级尤其是被社会所忽视的人们为重点，他们的著作寻求真正的现实，覆盖面限于当地，被称为"微观历史"。相对而言，微观历史从较小的方面去考察历史的局部与细节，旨在发现、补充或纠正有关历史事实的记载。如果说世界历史、国家历史等为宏观历史，显然村社历史或个人生活史就属于微观历史之列了，其空间范围较小，时间范畴较短，难以对宏观历史

---

① 王铭铭：《我所了解的历史人类学》，载《西北民族研究》，2007年第2期。
② ［法］雅克·勒戈夫、皮埃尔·诺拉主编：《史学研究的新问题新方法新对象》，郝名玮译，北京：社会科学文献出版社，1988年版，第41页。
③ ［澳］迈克尔·罗伯茨著：《历史》，王琼译，载《国际社会科学杂志（中文版）》，1998年第3期。
④ 彭小瑜：《微观历史研究的理论意义》，载《历史研究》，2004年第4期。

的总体走向产生影响。

在时间范畴上，这所谓"几十年"具有一种什么样的意味呢？1958 年，布罗代尔发表了一篇题为"历史与社会科学：长时段"的著名论文，指出以三种不同的时间概念来量度有三种不同的历史，即以事件和人物为轴心的"短时段"，以经济和社会为中心，数十年为研究单位的"中时段"和以数个世纪为单位的"长时段"。① 由此看来，我们对某一社区数十年变迁所做的研究，当属"中时段"的范畴了。我们尝试将三个"时段"有机结合，把该区域"短时段"的偶然事件视为"长时段"、"中时段"的发展结果和集中表现，通过大量的、不同的"短时段"来解读"长时段"中的"中时段"特征。但值得注意的一点是，在时间范畴上我们不能确定一个明确的界限，特定文化自有其生活的节奏和规律，因事件的进程或因果关系，时间具有社会意义上的持续性和延展性。

在空间范畴上，所谓"某一区域"可从自然因素和社会因素上来划分，可以是因地理条件限制而自成一体的区域，也可以是依行政划分或文化特征而独显的范围，相对较小，因而也就有了区域"内"与"外"之别。博厄斯指出："每个文化（即族体）集团都有自己独一无二的历史，这种历史一部分取决于社会集团特殊的内部发展，一部分取决于它所受到的外部影响。"因此，博厄斯认为，"研究"各个社会的"动态变化"是正确的方法，其所致力建构的"特殊历史"，我们可将其理解为一种"区域社会生活史"。暨南大学历史系教授吴宏岐认为，区域社会生活史研究对象是区域社会中人们社会生活的历史，亦即区域城乡居民日常社会生活的变迁，研究内容似可概括为如下几个方面：(1) 区域生活环境研究；(2) 区域生活方式研究；(3) 区域生活观念研究；(4) 区域消费结构研究；(5) 社会生活的区域比较研究；(6) 区域社会生活的可持续发展研究。② 山西大学历史系教授乔志强等也认为，我们可以"从人们在不同历史时期的社会物质生活方式、精神生活方式的表现和演变中了解人们的社会行为的历史演变"。③ 其研究内容就包括了物质生活方式、精神生活方式以及人们的社会行为，并且是置于一种变迁的、比较的语境中进行的研究。值得注意的是，研究区域一旦被界定，其必然有内外之分，既需要做横向比较的研究，也需要做关联互动的分析。

我们看到，这些内容的研究，显然仅靠历史学史料考证的研究方法已难以达到，历史学家开始引入人类学的方法、视角考察历史现象，通过对婚姻、家庭、家族、宗教、信仰、语言等方面作出观察，着重关注于人们的观念、心态、欲望、感情、知觉、风俗、习惯和行为，以明了行为的社会意义和文化意义。南开大学中国社会史研究中心教授冯尔康认为，我们可以通过"集体记忆"的方式展开研究。记忆可分为三个层次，即个人记忆、集体记忆、"传统"。记忆是具体的，主观的，带有感情色彩的，集体记忆总是和一些特定的集体和共同体联系在一起，常常通过仪式、信仰、庆祝和纪念活动、对一些事件的态度表现出来，同时集体记忆往往与现实联系密切，形成民族的记忆。④ 对集体记忆的探索，或可发现该文化中代代相传的集体无意识，更深入地解读其象征体系和身份认同。

通过历史学的"微观历史"和人类学的"特殊历史"，"史"与"志"的结合找到了合法性，在我们的社区研究中既有横向的"切面"，也有纵向的延展。

## 三、个人生活史与民族志

从冯尔康教授对记忆三个层次的划分来看，显然"传统"是以集体记忆为基础而形成的一种代代相传的知识、观念或行为方式，而集体记忆则是个人记忆的一种汇聚和共同表达，是某一文化中的人们相处、相交、相和的基础，进而个人记忆也必然脱离不开特定的文化情景——传统。如此，我们

---

① 参见 [法] 费尔南·布罗代尔著：《历史和社会科学：长时段》，承中译，载蔡少卿主编：《再现过去：社会史的理论视野》，杭州：浙江人民出版社，1988 年版，第 48~78 页。

② 吴宏岐：《区域社会生活史的若干理论问题》，载《陕西师范大学学报（哲学社会科学版）》，2006 年第 1 期。

③ 乔志强、陈亚平：《社会史的研究对象、知识体系及其学科地位》，载周积明、宋德全编：《中国社会史论》，武汉：湖北教育出版社，2000 年版，第 43 页。

④ 冯尔康：《简述文化史与社会史研究的结合》，载《历史教学》，2001 年第 8 期。

可以通过研究个人记忆来形塑集体记忆，通过集体记忆来构拟"传统"，通过"传统"来理解个人记忆。在这一"圈环"中，显然我们更易着手展开田野研究的一环，就是"个人记忆"。

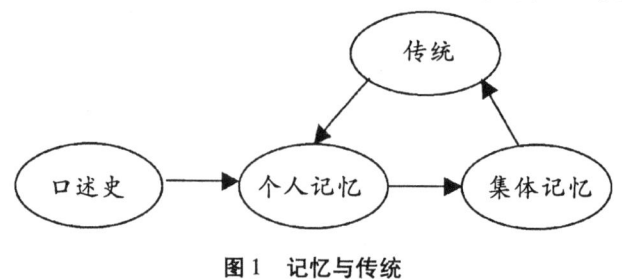

图1 记忆与传统

对"个人记忆"的研究，通常我们可以将其理解为"个人生活史"（personal life history）。对于一个普通村民来说，我们更多是通过"口述史"的方法来实现。澳大利亚阿德莱德大学社会人类学系教授迈克尔·罗伯茨认为"我们的理论不应该一笔抹杀我们的研究对象具有的、进行分析并作出有洞察力的解释的能力……要突出主流史学略而不述者……重要之点在于，即使是在印刷物早已处于权力中心的那些社会，口头的叙述仍然在运作，哪怕是已经过修订的形式。这就是说我们的历史研究工作应当关切过去那些口头与书面互相渗透之作，高度重视有可能收集到的哪怕只是只言片语的口头叙述，从20世纪的民间记忆追溯历史的含义"。[1]

口述史是由准备完善的访谈者，以笔录、录音等方式收集、整理口传记忆以及具有历史意义的观点的历史研究方法。从某个角度说，口述史是重视下层民众历史的产物，因为后者的活动和心理很少见诸文献，为了研究他们，必须借助口头资料或口碑；从方法上说，口述史是历史学与社会学、民族学、人类学等注重田野工作即实地调查的学科相结合的产物，因为口述史学家必须通过调查采访等直接手段，从特定主题的当事人或相关人那里了解和收集口述资料，以其为依据写作历史，反证书写的历史。而在人类学研究中，则可视为一种"口述民族志"（the ethnography of speaking），我们在田野中所做的笔记实际上是对访谈对象口述的笔录，而人类学的文本则源于田野笔记，是对口述笔录的解释。

口述史或口述民族志所要记录和重构的，是普通人的日常生活历史或历时变迁。普通人的日常生活，充斥着的是零散的碎屑和绵延的时空，这一点充分体现在传统农村社区的村民对于过去的"无事件境"记忆的特点。这一概念描述的是一种特殊的事件记忆心理，它的基本含义是重复事件序列中的各种事件，不但由于高重复率导致事件记忆细节的互含与重叠，而且生活在这种生活状况中的村民，在心理上也"无意"将这些众多的重复性事件理解为分立有界的事件，这构成传统农村社区中的村民与现代人的最大区别。"无事件境"概念的提出无疑为使农民的"个人记忆"剥离出集体叙事的权力支配逻辑提供了有效的认知手段。[2] 由于这几十年间国家行为对村民日常生活的影响具有一定的普遍意义，正如黄树民教授所言，1949年之后，"一种全国性的文化明显抬头。传统上小型的、半自治而独立的农村社区，慢慢被以中央政府为主的大众文化所取代……这一切似乎撤出了地理的及社会的樊篱，助长了单一文化的形成。更重要的是，村民似乎变得非常政治化而且与国家政治斗争息息相关"。[3] 因此，中国农民的生活记忆在某种程度上摆脱了"无事件境"的混沌与模糊，无形中具有某种清晰的界限。Bartlett同样认为，社会组织提供记忆的架构，我们的记忆必须与此架构相配合。对于过去发生的事实而言，记忆常是扭曲的或错误的，因为它是一种以组构过去使当前印象合理化的手段。[4] 因此，我们在调查中也刻意以一种"全国性文化"为架构，将村民的生活进行分界，如

---

[1] ［澳］迈克尔·罗伯茨著：《历史》，王琼译，载《国际社会科学杂志（中文版）》，1998年第3期。
[2] 参见杨念群：《东西方思想交汇下的中国社会史研究——一个"问题史"的追溯》，载杨念群编：《空间·记忆·社会转型——"新社会史"研究论文精选集》，上海：上海人民出版社，第67页。
[3] 黄树民著：《林村的故事》，素兰、纳日碧力戈译，北京：三联书店，2002年版，第21页。
[4] 王明珂：《华夏边缘——历史记忆与族群认同》，台北：允晨文化实业股份有限公司，1997年，第48页。

"土改期间"、"四清运动"、"大跃进时期"、"文革"期间、"包产到户时期",以及正在进行中的"新农村建设时期"等,以此引导村民回忆这样一个历史背景中自己的生活状态。我们在调查中发现,村民记忆最为深刻的是"包产到户",很多人甚至很清晰地记得他们家分到了几亩田地、几头牛、几只羊,自此之后,村民的生活发生了巨大的改善。

当口述史研究者倾听他们的报道人必须要说的东西时,他们发现了一种非线性的、循环的时间感。"被访谈者的生活不是简历,而是一个循环系列。基本的循环是天,然后是周、月、季、年、代……这是一个不同的叙述模式,一个由社会决定的不同的记忆结构。"① 而从本质上来看,民族志与口述史共同要达到的描述,就是"重构真实"——逃离"表层现实"与"线性历史",通过细致的描述和独到的解释,去重构异域的—本地的、他人的—自身的、现实的—历史的"真实"。② 那么,如何使村民的记忆样式和叙述类型与我们的民族志写作模式相契合呢?我们在调查中注意到,普通人的日常生活,依然要通过对于他们生活中的"亮点"——某些特定的"时刻"与"事件"——的分析,得以凸显并逐步清晰呈现。因此,在我们的调查中,常以这样的方式提出问题,比如"在你生活中印象最深的事情是什么?""对你生活影响最大的事情是什么?""这几年中你最开心的(最难过)的事情是什么?""你生活中碰到的最大的挫折是什么?""你最大的改变是什么?""你最大的愿望是什么?"等等,往往能引导调查对象向我们描述他们生活中的某些"点",并在追问中逐渐清晰地展现事件的过程和细节,直至将其整个生活经历串联起来。不同的调查对象对这些问题的回答各有千秋,展现了村社日常生活的多样性和复杂性。不过让我们印象深刻的是,说到"最大的愿望",玉狮场人无一不说到"把路修通",说明这是村民们普遍关心、寄予最多期望的大事件,事关村庄的命运及家庭和个人的发展。

口述材料的文字生动,音像效果更为感性和直观,但如何看待和区分口述材料里的真伪,如何整理口述材料成为民族志文本,仍然是一个值得思考的问题。

阎云祥教授在下岬、黄树民教授在林村的研究,为我们验证口述笔录提供了一些值得借鉴的经验,比如在间隔一定的时间之后向同一个人提出同一个问题,看其回答是否一致?对同一个问题从不同的人口中寻求答案,看其是否存在差异?更可取的是直接参与到调查对象的生活中,通过观察、体验去辨析口述资料的真伪。但我们也要意识到,"个人与社会都常重新调整那些'过去的重要人物和事件',或赋予历史任务与事件新的价值,以应对外在利益环境的变迁"。③ "记忆"并不是历史的还原和再现,甚至不能是过去的客观存在,它具有一定的主观性,是个人情感、心理的选择性建构,是对"过去事实"个人化的主位阐释,因此也就具有一种不可验证性。进而,如果我们不是一味追求所谓"历史真相",则更能洞悉当事人对这一过程的感受,对人类学研究来说可能是更有价值的,这就是我们所说的"主位"解读。

所谓主位研究,是指研究者不凭自己的主观认识,尽可能地从当地人的视角去理解文化,通过听取报道人所反映的当地人对事物的认识和观点进行整理和分析的研究方法。主位研究将报道人放在更重要的位置,把他的描述和分析作为最终的判断。何明教授认为主位研究的地位在民族志中日益得以彰显,遂开展了"村民日志"这样一种形式的"新民族志实验"系列研究,并指出这是一种"更彻底地让研究对象发出自己的声音,让文化持有者的主体性从主流文化的'话语霸权'束缚下突围出来而从其文化内部的主位视角自主地叙述自己的社会文化,表达'自我'的模式"。④ 通过口述史所建构的个人生活史,在阎云祥教授看来则是一种"个人中心的民族志",它可以近距离地描述与分析

---

① [美]康纳顿著:《社会如何记忆》,纳日碧力戈译,上海:上海人民出版社,2000年版,第17页。
② 高琴:《民族志和口述史的内在类同》,载《民俗研究》,2001年第1期。
③ 王明珂:《华夏边缘——历史记忆与族群认同》,台北:允晨文化实业股份有限公司,1997年,第57页。
④ 何明:《"他者的倾诉":还话语权予文化持有者——"新民族志实验丛书"总序》,何明总主编:《新民族志实验丛书》,洪颖、和晓蓉主编:《雅阁丽轮——玉龙县黄山镇南溪村纳西族村民日记》,北京:中国社会科学出版社,2008年版,第7页。

人类行为、主观经验以及心理过程，主要着眼于个人以及个人的心理与主观体验如何形成了社会与文化程序，以及个人的心理与体验如何受那些程序的影响。① 霍兰（Hollan）教授指出，在个人中心的民族研究里有三种类型的研究方法：强调个人主观经验的叙述、就研究对象的行为以及利害关系进行的参与观察，以及对深藏不露的生活体验所作的类似于将心比心式的诠释……一个人只有通过自己的道德体验才能切实体会他人的道德体验。各种方法各有千秋，因为生活经历实在无法等同于生活体验。② 因此，主位研究也就要求我们对研究对象有深入的了解，熟悉他们的知识体系、分类系统，明了他们的概念、话语及意义，通过深入的参与观察，尽量像本地人那样去思考和行动。这样才能"体验他们的体验、解释他们的解释"。

英国沃里克大学社会学家 P. 穆克塔博士为我们提供了一个恰当的例子，她记录了一个印度的家庭中4代人的大量回忆，引起穆克塔注意的是"饥饿"成了贯穿生活故事的中心，这使她对"饥饿"的含义感到困惑，因为"虽然造成饥饿的是不平等的社会—经济结构，但对饥饿的回忆却属于完全不同的范畴，我们既不能单纯用无所不包的术语'文化'来解释它，也不能靠分析文化符号的活动来说明它，因为这一需要非常认真注意的现象受到物质的—个人的—肉体的—情感的—心理的因素的强烈影响"。穆克塔就此论证道，人们可能对公共政策话语持更为批判的态度，这一话语倾向于把人们的经验归入发展或缓解贫困的宽泛概念下，而通过从理论上探讨对饥饿的记忆所包含的意义，穆克塔教授提出了一个有力的例证，证明口述史料的利用是一个足以胜任的方法，不仅有助于了解历史，还有可能完成对某个政治和社会现象的重新解释。

### 四、社区史建构的整体观

事实证明，或多或少属于非正式的口述史，是描述人类行为的基本活动。这是所有社群记忆的特征。……由此，一个村子非正式地为自己建构起一段绵延的社区史：在这个历史中，每个人都在描绘，每个人都在被描绘，描绘的行为从不中断。日常生活几乎没有给自我表现留下什么余地，因为个人在如此大的范围内记忆与共。③ 个人生活史的研究或能让我们对社区史的演变过程做到见微知著，然而"著"者究竟为何物，仍需我们提供一个整体的视野，在一个相对宏观的背景中，我们才能更好的理解研究对象的生活与文化。"微观现象模糊而宏观现象明确。因此，个别的'事实'或'事件'只有融汇于一系列类似的'事实'或'事件'中，才有意义。"④ 不管是黄树民教授提出的"全国性文化"，还是阎云祥教授关注的"社会与文化程序"，或者穆克塔博士所指的"公共政策话语"，都在把我们的关注点导向民族传统文化及国家政治经济过程与村民社会生活之间的关系。因此，在个人生活史研究之外，我们又增加了两个维度来建构村社变迁的民族志，即制度因素和经济统计数据的分析。

经济人类学的研究认为，"一定的生产方式，始终是与一定的共同活动方式或一定的历史阶段相联系的，这种共同的活动方式本身就是生产力"。⑤ 因此，在两种制度模式中做同一种工作的人，实际上是在进行两种不同性质的生产，也就产生了两种不同的结果。我们可以大致将这几十年的变迁分为新中国成立前的私有经济模式，新中国成立后的计划经济模式以及改革开放后的市场经济模式，在不同性质的经济模式之下，村民们进行着性质不同的生产，也必然产生不同的社会生活过程，形成具有时代特征的社会文化形态。戈伯纳提醒我们，黄树民针对福建的农村所作的研究，敦促我们注意下

---

① 阎云翔著：《私人生活的变革：一个中国村庄里的爱情、家庭与亲密关系（1949－1999）》，龚小夏译，上海：上海书店出版社，2006年版，第14页。
② 转引自阎云翔著：《私人生活的变革：一个中国村庄里的爱情、家庭与亲密关系（1949－1999）》，龚小夏译，上海：上海书店出版社，2006年版，第16页。
③ ［美］康纳顿著：《社会如何记忆》，纳日碧力戈译，上海：上海人民出版社，2000年版，第13、15页。
④ ［法］雅克·勒戈夫、皮埃尔·诺拉主编：《史学研究的新问题新方法新对象》，郝名玮译，北京：社会科学文献出版社，1988年版，第41页。
⑤ 陈庆德著：《经济人类学》，北京：人民出版社，2001年版，第145页。

列几项因素之间的关联：政府政策，农村的变化和长久存在中国研究中的几个课题——例如，政府介入农村的生活，深入农村的基层组织并加以控制的实质；地方领导的结构，以及它如何在政府和农民之间扮演缓冲的角色；农村生活中，家庭、血亲和非血亲的社会关系所扮演的角色和定位。① 如"文革"、"改革开放"、"民族区域自治法"、"计划生育法"等国家宏观政策对村民日常生活和传统文化的影响不可忽视。

此外，美国密歇根大学本特利图书馆馆长弗朗西斯·布劳因认为："档案正在成为理解、回复和表述社会记忆这一挑战的中心问题。"② 我们在调查过程中收集到的资料，有大量的档案资料和社会经济统计数据，通常是以县域为单位所作的统计，有部分为乡（镇）或村委会，但甚少以某一自然村（村民小组）为统计单位的，这些资料为我们了解村社的经济过程提供了一个背景，将之与实际调查中村民的口述记忆相结合，村民经济生活的变迁历程逐渐清晰。

对某一区域社会变迁史的研究，或者区域历时性变迁的民族志研究来说，"还历史以血肉的社会生活研究、揭示社会精神面貌的社会文化研究、置社会史于地理空间的区域社会研究"③ 三者相结合，使我们得以综合区域史与民族志的研究，从微观的视角更深入地了解中国在这几十年间所走过的道路，是历史的总结，也是对未来的瞻望。

---

① 黄树民著：《林村的故事》，素兰、纳日碧力戈译，上海：三联书店，2002年版，第2页。
② ［美］弗朗西斯·布劳因著：《中国档案》，晓牧、李音译，2001年第9期。
③ 常建华：《中国社会史研究十年》，《历史研究》，1997年第1期。

## ☆民族社会分析

# 哈尼族梯田农耕社会中的女性角色

王清华*

**摘　要**：哈尼族的梯田农业是云南亚热带山区的农业奇迹，是利用哀牢山自然生态创造的良性农业生态系统。在梯田农业的开创、较为科学严谨的耕作程序以及富有民族传统文化精神的土地、森林和梯田管理制度中，哈尼族妇女的作为都占有极为重要的位置；同时，在促进家庭的和睦和社会的稳定方面，哈尼族妇女更是作出了不可磨灭的贡献。从古至今，哈尼族妇女一直受到哈尼族社会的尊重和崇敬。

**关键词**：哈尼族；梯田农耕；女性

哈尼族是从事山地农耕的民族，特别在云南南部的哀牢山区，长期的农业实践和艰辛开拓，使群山改变了模样，雄伟壮观的梯田包裹着重重大山，使这一地区的山区呈现出云南亚热带山地罕见的田园牧歌景象，形成了较为稳定的梯田农业社会。哈尼族妇女在开创、发展梯田农业和促进社会稳定方面均作出了不可磨灭的贡献，因而她们在哀牢山哈尼族社会中受到了普遍的尊重。本文拟从农业生产、家庭生活及社会评价三个方面来看哈尼族妇女的社会角色与地位。

## 一、梯田农业中的哈尼族妇女

哈尼族的梯田农业，是利用哀牢山区地貌、气候、植被、水土等立体性特征，经过上千年的努力，创造出的与自然生态系统相适应的良性农业生态循环系统。这一系统的显著特征是，在高山区保持繁茂的森林，使森林"绿色水库"常保水利功能；在半山区建立村寨，取"冬暖夏凉"及易上山狩猎，下山种田的地利；在整个下半山开辟梯田，充分占有水土及地热条件。当然，这一农业生态系统的正常运行和稳定发展，离不开人的有效作用，在这其中哈尼族妇女的参与、创造和劳动不可或缺，无论是在梯田农业较为科学严谨的耕作程序，还是在相应的富有民族传统文化精神的土地、森林和梯田管理制度中，哈尼族妇女的作为都占有极为重要的位置。

### （一）农业生产劳动

哈尼族梯田农业耕作，早已形成稳定的耕作程序模式，既先选种育秧田，再将秧苗移植梯田中，其耕作程序有：挖头道田、修水沟、铲埂、修埂、犁、耙、施肥、放水、泡谷种、撒种、拔秧、背秧、栽秧、薅草、割谷、脱粒、背谷回寨、晒谷、归仓、泡冬水田等20多道工序；农具有板锄、犁、耙、镰刀、锯镰、打谷船、弯刀、铁铲、刮子等。挖田一般在阳春三月，这段时间气候温和凉爽，宜于劳作，且地气不发，土质干燥；泡冬水田是在秋收以后，届时将梯田犁过、耙平之后，放水泡田，所以称"泡冬水田"。"冬水田"从秋收泡到第二年春耕，整整一个冬季。水泡梯田，有利于田埂的牢固，有利于恢复地力。

现从梯田耕作的男女分工，试看哈尼族妇女在梯田农业生产中所承担的责任和所起到的作用。

---

\* 王清华，云南大学西南边疆民族研究中心特聘研究员，云南省社会科学院民族学研究所所长、研究员。

男人：挖田、修水沟、铲埂、修埂、犁、耙、放水、施肥、割谷、脱粒（打谷）、背谷回寨、泡冬水田；

妇女：泡谷种、撒种、拔秧、背秧、栽秧、薅秧、施肥、割谷、脱粒、背谷回寨、晒谷、归仓、泡冬水田。

从上面简要的劳动分工中，我们看到哈尼族男女在社会生产生活中所承担的工作和责任，同时看到妇女在其中所居的位置，可以说，哈尼族妇女自小就与男子一样是梯田农业的重要劳动者。关于这一耕作工序中的男女分工，哈尼族有一俗话，说："女人不犁田，男人不栽秧。"这一过于简单的劳动划分，仿佛在说明男人干强劳力活，妇女干轻松活，男人在梯田农业中比女人付出的劳动多，工作也更重要。其实，只要我们从耕种工序中男女所承担的劳动量来比较，就能得出结论。请看下表：

表1 每亩水田育秧工序及男女用工量

| 分工 | 男 | | | | 男女 | 女 | | |
|---|---|---|---|---|---|---|---|---|
| 工种 | 犁二道 | 耙二道 | 铲埂 | 修埂 | 施肥 | 泡谷种 | 撒谷种 | 薅秧草 |
| 工时 | 1 | 1 | 1 | 1 | 3 | 0.5 | 0.5 | 3 |
| 合计 | 4 | | | | 3 | 4 | | |

在表1中，我们看到在育秧工序中男子的劳动量是4个工作日，妇女的劳动量也是4个工作日，而男女共同施肥为3个工作日，各占一半，这样，在育秧工序中男女都是5.5个工作日，劳动量是一样的。

表2 每亩梯田耕种工序及男女用工量

| 分工 | 男 | | | | | 女 | | | | | 男女 |
|---|---|---|---|---|---|---|---|---|---|---|---|
| 工种 | 犁二道 | 耙二道 | 铲埂 | 修埂 | 放水 | 拔秧 | 背秧 | 栽秧 | 薅秧 | 晒谷挑草 | 割、打、背谷子泡冬水田 |
| 工时 | 2 | 2 | 2 | 1 | 3 | 1 | 0.5 | 3 | 5 | 2 | 5 |
| 合计 | 10 | | | | | 11.5 | | | | | 5 |

从表2可以看到在一亩梯田的耕种过程中所用工男子为10个，妇女为11.5个，男女共同割、打、背谷子、泡冬水田的工为5个（男女各占2.5个）。这样，在每亩梯田大田劳作中，男子为12.5个工，妇女为14个工，妇女的劳动量多于男子。

实际上，哈尼族妇女在梯田农耕程序中，除了不犁田、耙田、铲埂外，几乎参与了农耕的全过程，即从稻谷的育秧、栽秧、生长、收获、脱粒、归仓等，而且在男人犁田、耙田、铲埂的过程中，妇女也是重要的助手，如拾出犁、耙出的石块、草根等的劳动就从未有人来计算。因此，可以说，哈尼族妇女在梯田农耕活动中，无论从劳动时间和劳动强度上都远远多于男子。

**（二）农业耕作系统的管理**

如前所说，哈尼族的农业已形成稳定的良性的农业生态系统。这一系统是完全地适应哀牢山自然生态环境，靠水资源的充分、合理使用及精细的田间管理来实现的。也就是说，这一系统的管理核心是：（1）水资源的管理；（2）农田耕作的管理。

哈尼族的水资源管理有着较完备的体系，它是以高山森林的完整保护和输水沟渠的完好无损为标志的。

哈尼族梯田水资源来自于高山森林，"山有多高，水有多高"是其生动形象的注脚。对于森林的管理，哈尼族进行生态意义上的划分和保护。高山森林为水资源，村寨后山森林为神树林，村寨周围森林为村寨林或风景林，这些森林严禁砍伐。为保证森林的恒久保持，长期以来哈尼族制定了一系列村规民约和行之有效的护林措施。例如，每寨都有专门的森林管理员，每届村长都对森林的完好负有责任，对乱砍滥伐者要进行罚款、罚其栽树、罚其打扫村寨、修理道路等。除了上述一系列具体保护森林的措施外，哈尼族还将森林神圣化，即将水源林、村后林、村寨林都视为神林，常年加以祭祀。森林的世俗管理和森林的神圣化，使哀牢山的森林和水资源得到了有效的保护。

哈尼族俗话说："男人不背柴，女人不管水。"这句俗话的意思似乎是说，梯田农业的命根子捏在男人手里，森林和水资源的管理与女人无关。实际上，对森林水资源这个梯田农业的命根子，全体哈尼族无论男女老幼都有义不容辞的责任，都得积极地参与保护和管理。例如，在制定关于森林管理的村规民约和具体措施的时候，村寨年长的老妇女是要到场的，她们的意见必须得尊重，因为哈尼族有一古话："高山上的水是母亲的乳汁。"在哈尼族社会中，背柴是姑娘媳妇的事，差不多每一天，她们都要到森林中找柴，按规定她们不但不能砍树，而且有巡山、守护、告发偷伐者的义务和责任。虽为背柴，实际上参与了守林护林。

水资源管理的另一大项是输水沟渠的完好无损。哈尼族的农田水利是由哀牢山亚热带山高谷深的地理气候环境所决定的，是哈尼族人民适应自然和利用自然、改造自然的独特成果。哈尼族在每座悬挂着梯田的山腰，都挖出数道水沟，这些水沟像银链一样缠住大山。平时，道道大沟接住了高大山体和森林中渗出的泉水；雨水季节，漫山流淌的山水被水沟接住，顺着大沟流入梯田。每道大沟的上源都通进高山森林中的水潭、小溪和河流。有的水沟长达数十里，跨越邻县，直接水源，这样可保持农田用水长年不息。从高山顺沟而来的泉水，由上而下注入最高层的梯田，高层梯田水满，流入下一块梯田，再满再往下流……直到汇入河谷江河。这样，每块梯田都是沟渠，成为水流上下连接的部分。山水遥遥而来，夹带碎石泥沙，为了防止梯田沙化和堆积碎石，哈尼农人在沟水入田处挖一深坑沉淀沙石，在此清除石沙十分方便。

这样独特的山区梯田农业的水利工程是千百年生产经验的积累，是勤劳智慧的结晶。兴修水利关系到梯田农业的成败，是集体的大事业，而且还不仅仅是一村一寨小集体的事。水沟跨州连县，盘山绕岭，密如蛛网，灌区内所有的人都视水沟为命根，对水沟有着义不容辞的责任。哈尼族妇女是水沟建设、维修和管理的积极参与者，不但兴修时出力，护养沟渠也为己任。沟渠稍有破损，谁见谁修，蔚然成风。每年冬季，各村男女老少集体出动，疏通沟渠，砍去杂草，培堤筑壁，维修一新。

关于农田耕作的管理，妇女是其全过程的参与者。现仅举二例观其大概。

1. 施肥

这是农业生产过程中的重要一环，是完善的农业体系所必备的。由于哈尼族梯田的特殊性，它的施肥方式和水资源管理紧密联系，成为农田耕作管理体系中的关键部分。

哈尼族梯田农业系统中的施肥，增加地力的方式十分独特。它是利用梯田农业水利系统来进行的，即利用高山流水把肥料直接运送田里。一方面，梯田用水来自深山老林，原始森林中的大量腐殖物顺流来到田间；另外，当地民族的牲畜往往野放山林，雨水将人畜粪便冲至沟渠，顺水而来，加上水中固有的养分，因此，哈尼族梯田所用之水有较强的肥力。流水长年淌过梯田，这是一种自然的施肥。另一方面，是人为的施肥。梯田的田埂十分高大，杂草丰厚，每年春耕，首先就是将杂草砍下焚烧于田，再行耕种。然而，最为重要也最别出心裁的施肥方法是"冲肥"。冲肥有两种：一是冲村寨肥塘。在哈尼族各村寨，村中都有一个大水塘，平时家禽牲畜粪便、垃圾、灶灰积集于此。栽秧时节，开动山水，搅拌肥塘，乌黑恶臭的肥水顺沟冲下，滚滚而来，流入梯田。另外，如果某家要单独冲畜肥入田，只要通知别家关闭水口，就可单独冲肥入田。二是冲山水肥。每年雨季到来，正是稻谷拔节抽穗之时，在高山森林积蓄、沤了一年的枯叶，牛马粪便顺山而下，流入山腰水沟。这时，正是梯田需要追肥的时候，届时，村村寨寨，男女老少一其出动，称为"赶沟"。漫山随雨而来的肥在人们的大力疏导下，迅速注入梯田。

施肥的重要性对农业来说是不言而喻的。村寨肥塘和家庭肥塘所积的是家禽牲畜粪便和垃圾灶灰之类，是梯田的重要肥料。它来源于家庭生活废料和村寨禽畜，因而由妇女积蓄和管理，妇女之功可见一斑。另外，无论是冲村寨肥塘、家庭肥塘，还是冲山水肥（赶沟），妇女都是义不容辞的参与者，冲自家肥塘，妇女则是名副其实的组织管理者和指挥者。

2. 育秧田

长期的农业实践，使哈尼族在生产过程中最重撒种和育秧。秧田和种子田的管理十分精细，因为它决定着梯田稻谷的健康成长，就如人之胚胎，先天足，则后天壮。在秧田和种子田中要施用绿肥。绿肥由妇女沤制，绿肥所用草类很多，但蒿类植物是必备的，因为其性苦辣，即可肥田，又能杀虫。育秧田为妇女管理，称"母亲田"，因为没有秧苗就没有梯田稻谷。从泡种、撒种到拔秧，每道工序每一环节，妇女都严格管理养护，因为这和施肥一样，几乎决定着梯田农耕的成败。

哈尼族妇女在梯田农业生产劳动及农耕管理系统中的重要作用，使她们在社会上受到普遍的尊重。

## 二、家庭生活中的哈尼族妇女

哈尼族家庭是一夫一妻制父系制家庭。一般是几代同堂的大家庭，同时，在家庭观念上也奉行"树大分枝"的原则，哈尼族男子一经结婚生子，有些就从父母家庭中分出，建立独立的小家庭。因而，在哀牢山哈尼族社会中，大家庭与小家庭并存，实行着父权制的家庭结构。

在哈尼族家庭中，父权最重，负责安排、决定全家的劳动生产和与家庭有关的一切大事。而妇女则管理家内事务和从事一切家务劳动。哈尼族的家内事务，很大部分往往是梯田农业的继续。由于哀牢山区少有平地，无法建打谷场，因而像晾晒谷子这样的生产劳动必须从田间转移到家中房顶的平台上。哈尼族家家户户的房子都建有平台，主要就是为了弥补平地的不足，充作晒谷场的。由于这部分劳动转入家内，成为家内事务，因而由妇女负责。这些劳动往往具有较长的延续性和实用性。例如：背谷回寨、晾晒谷子、归仓，一直延续到碓米、煮饭；再例如，晾晒棉花、轧棉籽，会延续到纺纱织布、缝制衣被等。因此，可略见哈尼族妇女家内事务的沉重繁忙。再就是家务活，烦琐细致，头绪纷纷，难以尽述。

现在，我们来看一下哈尼族妇女在家庭中的劳动分工及所承担的责任。若以一个三代同堂的家庭为例，家中妇女为母亲、儿媳妇和女儿，她们可代表哈尼族不同年龄层的女性。

母亲（老年女性），是哈尼族家庭的支柱。在社会上，她们与男性长者一样是勤劳、智慧的象征；在家庭中，她们是当然的权威，她们指导媳妇管理家政、纺纱织布、染布、缝衣、培养儿孙。对于家庭的和睦、健康和发展，她们负有重大的责任，与此相关的一切大事，她们都亲自到场，亲自动手。例如，盖房子，是哈尼族家庭的大事，此事直接关系到家庭的安定和兴旺发展。选定地基后，家庭中的老母亲、老婆婆要亲手用丝线量其方圆，然后才能破土动工。在我的观察中，这实际上仅是象征性的操作，但哈尼族人告诉我，这很重要，只有这样，神灵才会保佑新居安康。有的地区的哈尼族住宅的房顶是用山茅草覆盖，这第一把草也必须由老母亲来割，据说也只有这样，女神才会保佑其家庭安居乐业。梯田农业生产，更是哈尼族家庭生存、发展的大事。尽管哈尼族老母亲已经不参加直接的田间农业生产，但像栽秧这样的由女性负责的关键性农业活动，她是必须到场的。开秧门这天，这位家庭的母亲先拔出第一捆秧。这捆秧称为"母亲秧"。栽秧前，这位母亲拿着这第一捆秧，绕田一周后，等候在旁的穿着崭新衣服的媳妇、女儿们就蜂拥下田，进行栽秧。哈尼族认为，此"秧"如同"出嫁的新娘"，她的成活、成长，不仅意味着农业丰收，而且意味着子孙满堂。

儿媳（中青年女性），在哈尼族家庭中是重要角色。在分家另过的小家庭中，她是当然的妻子、主妇和母亲，管理着家政。在几代同堂的家庭，上有公婆，下有儿女，她和丈夫具有家庭支柱性质，而她在家中更是举足轻重。哈尼族人常说"大树离不开根，家庭离不开女人"。这个女人指的就是今天做媳妇，明天做母亲和婆婆的她。哈尼族家庭大权归男人，而实际上家庭的财产、家务、消费等一般都由女人掌管，而这个掌管"财政大权"的大多数就是儿媳妇。哈尼族称这个"管家人"为"萨师阿玛"，意思是"女人手掌留福气"。一个好媳妇必须是个全才，从农田里的活计，到挑花绣朵、纺织制衣、背水做饭、侍候公婆、哺育后代都是把好手。对于好媳妇，哈尼人称为"聪葵然咪"，意为聪明、贤惠、能干的女人。

女儿（青少年女性），哈尼族女儿自小就参加生产劳动。在童年时期就帮助母亲洗菜、背水、煮饭、做家务。同时，学习纺纱织布、缝制衣物，并伙同寨中女伴上山背柴。家中只要有一个女儿，全家煮饭、烤火的烧柴就有了保障。可以说，女儿是家庭中的重要劳动者。当然她还是农业生产中的劳动者。另外，大的女儿帮母亲领带弟弟妹妹是其应尽的义务和职责。

由此，可以看到，哈尼族妇女承担了一个家庭的所有家内事务和所有家务劳动。她们从小就是家务劳动者，而且注定一生都将承担繁重的家务劳动。

哈尼族认为家里有个好媳妇，是一家人的莫大幸运和幸福。哈尼族媳妇，不仅为父系制的哈尼族家庭生儿育女、传宗接代、延续香火、爱护幼小的弟妹以及具有勤劳耐苦的美德，使她成为家庭中最重要的成员。对待公婆，哈尼族媳妇绝对比自己的父母好。在日常生活中，为老人铺床叠被，打洗脸、洗脚水。老人生病，媳妇更是病床前形影不离的守护者。对于丈夫，哈尼族媳妇唯命是从，做饭洗碗、递烟倒茶、招待客人等一切事情都是她的分内之事。男人到田间干活，她尾随其后，并肩劳作，间隙送饭、送水。收工回家，她先行一步，赶回家来做饭。男人出门，她要为其整理行装，远送村外；男人回家，她左右不离，问寒问暖，并做好美味佳肴，给丈夫补补身子。对于丈夫家的兄弟姐妹，她尊长爱幼，与家庭中的同辈和邻里乡亲处得如同亲生姐妹一般。媳妇在家庭中所扮角色，使她成为家庭关系的维系者，上对公婆，下对儿女，她的行为举止，直接影响家庭的和睦和稳定。

哈尼族的婆婆每天必须早起，她的第一件事是与媳妇一起生火做早饭和煮猪食。饭做好后，老公、儿子和媳妇先吃，她去喂猪。同时，将孙儿孙女从床上叫起来穿戴。等儿子、媳妇吃完饭去田里，老公去放牛，她就和孙儿们一起吃饭。饭后，是学生的孙儿去学堂，其他孙儿就跟她到附近的山中摘猪菜。回来后，她有时到菜园里弄弄蔬菜，有时在屋子的晒台上织织布，抱抱孙子。在干这些细碎活计的过程中，给孙儿们讲故事是她的天然职责。在哀牢山中，家庭的老祖母是儿童们的第一个启蒙老师，很多哈尼族的风情传说、历史掌故、生活习俗、农业知识，主要是由她传授给了新的一代。哈尼族的儿歌，数量难以尽数，内容包罗万象，代代延续不衰，可以说这得力于老祖母们的传袭。在我访问的哈尼族村寨，每当夜晚，都能听到朗朗的儿歌唱诵声。若问这些儿童从哪儿学来，他们会异口同声地告诉你，是祖母教给的。夕阳西下，家中的这位老母亲开始生火煮饭，与从田里提前回来的媳妇一起，将一天中最重要的饭食准备好。全家回来后，在融融的气氛中吃晚饭。男人们必须喝上一口酒，谈谈田间的趣事和劳动进展；而老母亲则一边吃饭，一边给儿子、媳妇夹菜，同时给幼小的孙儿喂饭。晚饭后，男人们或是去串门子，或是在家接待朋友；媳妇收拾家务，婆婆则哄孙儿上床睡觉。

哈尼族妇女的一天是劳动的一天，奉献的一天，哈尼族妇女的一生是劳动的一生，奉献的一生。这一生，囊括了她做女儿、做媳妇、做母亲、做婆婆的全过程。这是一个成长的过程、奉献的过程，对于社会细胞——家庭的奉献，使哈尼族妇女获得了社会的尊敬。

## 三、哈尼族社会对女性的积极评价

哈尼族社会，对女性是崇敬的，可以说哈尼族从古至今都是一个崇敬女性的民族。这是因为，哈尼族女性对社会作出了卓越而无私的贡献。在哈尼族居住的广大地区，到处流传着关于女性的神话及故事。许多故事对女性的无私奉献和伟大品质的赞颂达到了至高无上的地步，神话故事《奴玛和芭拉》就是典型的一例，说的是：古代太阳和月亮被恶魔吞没，人类在黑暗和寒冷中挣扎。这时哈尼族姑娘芭拉和媳妇奴玛挺身而出与恶魔搏斗，杀死恶魔，变成太阳和月亮飞上天空，把光明和温暖洒向人间。从此，哈尼族就用她俩的名字来称呼太阳和月亮。直到如今，哈尼族仍然崇拜太阳和月亮，说到太阳和月亮，总要提到"两姐妹"的事迹，这实际上也是表现出了对女性的崇拜。

哈尼族公认农业是妇女发明的，哈尼族每个家庭都有家谱，而家谱的第一代祖先是女性叫"奥玛"，她就是农业的发明者，说明女人在过去具有神圣地位。直到今天生活于红河南岸从事梯田农业的哈尼族称森林密布具有"绿色水库"之称的观音山为母亲，称观音山之水为"乳汁"，绝非偶然。

这是对历史上妇女崇高地位的认可。

哈尼族是一个经历过漫长曲折迁徙最后进入哀牢山区并创造出梯田农业的民族。在哈尼族史诗《哈尼阿培聪坡坡》里有极大的篇幅记述一位哈尼族女英雄"戚奴然咪",正是她在哈尼族几乎遭到灭顶之灾、民族生死存亡的关头,以其卓越的智慧和胆量,使整个民族转危为安进入哀牢山区。她为民族所作的贡献,赢得了人们的崇拜和敬仰。她的故事,妇孺皆知,至今仍在哀牢山区广为流传。

20世纪初,哀牢山区爆发一场反对土司领主压迫剥削的农民起义。起义的领袖芦梅碑,虽然仅是位18岁的女青年,但被当地人民称为"多沙阿波",意思是多沙村的阿爷。这位女性的行为代表了哈尼族人民的意愿,为民族的利益作出贡献,理应受到人们的敬重,理应称为阿爷。

哈尼族认为,在古代女人比男人更伟大,其实,在今天女人比男人也毫不逊色。

在现实生活中,哈尼族妇女以自己对社会、对家庭的贡献,同样赢得了社会的尊重和崇敬。哈尼族妇女,无论女儿、媳妇和母亲都是梯田生产的重要劳动者,她们承担着梯田农业一半以上的劳动,对梯田农业的稳定和发展作出积极的努力。同时,她们是哈尼族家庭的主要劳动者,对哈尼族家庭的稳定、社会的安定和民族的繁衍兴旺所作的无私奉献,更赢得全社会的普遍尊敬。

哈尼族女儿所代表的年轻妇女,小小年纪就参加农业生产和家务劳动,她们是梯田农业未来的主要劳动力和家庭主妇,受到全社会的关心和爱护。哈尼族媳妇所代表的中年妇女,是梯田农业的主要劳动者,家庭劳动的主要承担者和家庭关系的维系者,受到了全社会的重视和积极评价。"聪葵然咪"是哈尼族对贤德优秀的媳妇的称呼。被称为"聪葵然咪"的媳妇,不仅受到家庭、亲戚朋友的尊敬,而且受到全寨人和社会的赞扬。母亲所代表的老年妇女,历来受到哈尼族社会的高度尊敬。她们具有梯田农业生产劳动和家庭家政管理指导者及儿童启蒙老师的地位。而且,她们在社会上也具有较大影响力,在重要的集会、节日、宗教祭祀活动中,她们的意见受到重视,她们的行为具有权威性。因而,在人们的心目中,她们是智慧和权威的象征。

总而言之,由于哈尼族妇女在哈尼族社会生活中的重要性,为梯田农业、家庭生活和社会发展作出了不可磨灭的贡献,因而,从古至今,一直受到哈尼族社会的崇敬。

# 宗教、权力、文化
## ——云南沙甸回族农村和谐社会的人类学研究[①]

桂 榕[*]

**摘 要**：运用宗教、权力、文化等理论解读沙甸回族聚居区伊斯兰教的资本价值、"权力文化网络"和农村经济发展策略，分析回族农村和谐社会建设的模式和实践。

**关键词**：回族农村；和谐社会；伊斯兰教；资本价值；文化网络；发展策略

和谐是一个相对的概念，它是失衡、冲突、对抗的对立面。按文化人类学的观点，和谐社会建设应是各民族立足地方传统和现实进行新型地方文化建构的过程。只有造就深层的文化和谐，才能造就全面的可持续的社会和谐。从政治人类学角度看，社会和谐就是各种权力与利益相互制约的动态平衡。而作为实践伊斯兰教信仰的回族聚集区，宗教通过道德教化和民间政治控制，在地方文化建构中发挥着极其重要的作用。故关于中国回族农村和谐社会的人类学研究，要从宗教、权力（利益）、文化三个维度进行综合研究。本文以云南沙甸这一回族农村社区为个案，以宗教、权力、文化为解读沙甸和谐农村地方性知识的关键概念，从伊斯兰教在沙甸和谐农村建设中的资本价值、沙甸"权力的文化网络"、沙甸经济发展策略三个方面，进行回族农村和谐社会建设的分析研究。地方性知识（Local Knowledge）概念源自美国著名人类学家克利福德·格尔兹（Lifford. Greets）的阐释人类学，格尔兹认为文化模式并非普遍性规则，而是具有多样性的特殊意义系统，并由此构成了所谓的地方性知识，一种具有地域文化特质的知识形态及构成方式。[②] 在笔者看来，地方知识作为地方生存发展的传统智慧与实践经验的表现、总结与积累，反映的是具体情境中的文化主体的生活逻辑和生存策略，是社区历史、政治、经济、宗教、文化传统等综合因素积淀与相互作用的结果，是民族小社区与国家、市场、现代化外力博弈、互动的结果。从这个角度看，对地方性知识的解读不失为了解一个社区、一个民族历史特殊性的一把钥匙。

沙甸区是云南省个旧市下辖的全省唯一的区公所（相当于乡镇一级），地处个旧、开远、蒙自三城市中心地带。早在20世纪40年代，著名回族史学家白寿彝教授和中国民族学先驱江应樑先生曾对云南沙甸回族历史文化进行过研究，江应樑先生在《滇南沙甸回教农村调查》报告中写到："……而云南各地，回教农村本来不少……但就人口之多和特点表现的明显而言，以蒙自属的沙甸村最为典型。"[③] 现今的沙甸区下辖沙甸回族乡、新沙甸回族乡、金川回族乡及冲坡哨彝族乡四个乡，共11个自然村。2008年，全区总面积27.5平方公里，总人口14 218人，居住着回、彝、苗、壮、汉等10个民族，其中近90%是回族。1993年，沙甸成为滇南第一个亿元镇。2001年被列为云南省"乡镇企

---

[①] 本论文系云南省民族研究院课题（MYYB0707）部分研究成果。
[*] 桂榕，云南大学西南边疆少数民族研究中心民族学博士研究生、云南大学人类学博物馆副研究馆员。
[②] 盛晓明：《地方性知识的构造》，载《哲学研究》，2000年第12期。
[③] 江应樑：《滇南沙甸回教农村调查》，载《云南回族社会历史调查》（一），昆明：云南人民出版社，1985年版，第17页。

业50强"。经过二十多年的工业化发展，现已成为个旧市铅、锌、锡、银等有色金属冶炼加工基地。2007年统计数据显示，沙甸农村经济总收入由1978年的60万元上升到15亿元，农民人均纯收入由不足100元增加到5 880元。① 现在的沙甸处处可见高楼别墅，宽阔的柏油马路横贯东西南北，俨然一派欣欣向荣的现代城镇景观。谁曾想到沙甸曾是"文化大革命"运动的重灾区！1981年，"沙甸事件"得到彻底平反，盛大的开斋节礼拜仪式不断强化着集体记忆和族群认同，也昭显着沙甸宗教信仰自由、社会和谐的新风貌。从"文化大革命"时期遭受灭顶之灾的苦难记忆，到今日在国家大力扶持下新农村和谐社会建设的兴旺发达，沙甸展现出不同历史阶段完全不同的文化景观。如此强烈的文化反差、如此特殊的地方历史，使今日沙甸备受世人关注。

本项调研采用人类学的参与观察、个案访谈、个人生命史与口述史调查，社会学的问卷分析、社区研究和历史学的文献调查等方法。发放问卷200份，回收有效问卷167份。

## 一、沙甸伊斯兰教与和谐社会建设

1. 沙甸的宗教小传统、民间政治与和谐社会建设

（1）沙甸宗教小传统与民间政治。民间宗教"小传统"从意识形态讲，它是非官方的文化；从文化形态讲，它重在实践，较少利用文本——地方的方言形式传承；从社会力量讲，它受社会中多数（农民）的支持并与民间的生活密不可分。② 早在1949年10月，江应樑先生在《滇南沙甸回教调查》中就写道："因为沙甸这农村是一个纯粹信奉回教的农村，村民的生活都处处受着宗教的支配，因此，由生活而创造出的文化，不论精神或物质方面，就直接间接离不开宗教关系，要讲沙甸的文化，便只得与宗教同论……"江先生在"总论"中又写道"因为回教这种宗教，与其他宗教有着本质上不同之点……凡是聚这种宗教信仰的人户而成的村镇，村民的生活文化任何一方面，都具有不同于一般农村的形态，沙甸便是属于这一类的一个典型的农村……"③ 从江先生的调查报告、沙甸相关史料及沙甸老人口述史调查，可以看出，沙甸的宗教传统从古至今一直鲜明而典型，伊斯兰教在民间社会的强势影响一直存在。时至今日，虽然回族社区受到全球化政治、经济、文化的冲击，族群的文化边界面临侵蚀，但伊斯兰教作为回族农村最主要的社区整合力量，其在承续社区地方性知识与村落地方性传统互动方面仍发挥着重要作用。

沙甸像中国绝大多数农村一样，存在以国家法律制度来规范、靠政治权力控制、以法理权威为中心的现代政治秩序；同时还存在靠建立在风俗习惯、村规民约、道德、宗教教规、舆论等民间社会力量来规范和控制的乡土秩序。由于沙甸是一个历来重视宗教传统的回族社区，集体宗教仪式、民俗活动不断强化着社区存续、发展的规则和秩序，民间权力和乡土秩序主要以伊斯兰教的宗教教法和宗教习俗来体现，伊斯兰教宗教组织及其权力成为回族社区最为重要的民间秩序中心，宗教精英（以教长为代表的德高望重、学识渊博的宗教职业者）及清真寺管理机构成员（清真寺管理委员会委员）成为村寨范围内的宗教权威人物。时下沙甸回族农村社会呈现出双重秩序与多元权威并存的权力格局。在回族社区，以宗教权威为中心的民间秩序主要存在于村民传统的宗教仪式活动、通婚、饮食、服饰、人际交往等社会民俗生活方面，秩序的规范与控制带有宗教强制性；以法理权威为中心的现代政治秩序则主要存在于村民作为国家公民所享有的教育、就业、工作、选举、资源分配等民主政治生活中，秩序的规范与控制带有法律强制性。代表法理权威的制度精英和代表民间宗教权威的非制度精英往往社会角色交融或重叠。如沙甸区政府领导大部分都是本地土生土长的虔诚的回民（被公认为教门好）；许多清真寺教长、阿訇都是人大代表或政协委员。

（2）沙甸民间政治对和谐社会建设的贡献。沙甸这种双重秩序与权威的民间政治可谓是一种地

---

① 相关数据来源于个旧市沙甸区公所提供资料，2008年。
② 王铭铭：《社会人类学与中国研究》，桂林：广西师范大学出版社，2005年版，第141页。
③ 江应樑：《滇南沙甸回教农村调查》，载《云南回族社会历史调查》（一），昆明：云南人民出版社，1985年版，第12、17页。

方性知识，是宗教与政治合作共谋的刚性的社会秩序保障机制和社会控制策略，对和谐社会建设具有重要意义。每一种宗教都有这种内在的张力，即不失其本地在宗教和政治之间建立某些和谐的或相互容纳的关系。宗教为适应社会发展所做的各种调整，特别是那些满足生活在新环境中的民众需要的新观念和新的活动方式，在某种意义上可以称为"世俗化"。而且事实证明，这些为了与社会发展（或变革）相适应而做出的调整或改革，不仅是宗教在新的时代继续为人们和社会所接受，并由此获得了自身存在的新的根据和生命力。① 中国伊斯兰教作为以追求"两世吉庆"为目标的入世的宗教，在遵守基本教义教理的前提下，对基本教义和经典不断根据社会需要作出新的阐释和补充，不仅由此获得了自身存在发展的生命力，也为不同历史阶段回民统一思想、加强凝聚力、谋求发展，提供了思想保障和精神动力。这都体现了伊斯兰教与中国政治构建和谐关系的内在张力。据区委领导 WLP 介绍和访谈调查得知，沙甸宗教机构与权威人物与区党委、政府政治上团结合作，信仰上相互尊重。区委、区公所积极引导宗教与社会主义社会相适应，凡遇重大事情，如小城镇建设、税收、修路、征地等，都请宗教界人士参与协商决策。利用 10 所清真寺、阿语学校宣传党的民族宗教政策。区政府每季度举办一次以学习党的方针政策和相关法律法规知识为主的宗教界人士座谈会或培训会。各清真寺认真按照宗教场所管理规定开展宗教活动，积极协助党委、政府开展精神文明建设和社会治安综合治理工作。各清真寺与政府签订食品安全、预防艾滋病、森林防火等目标责任书。沙甸大清真寺管委会主任出任"沙甸区联防队"队长。10 所清真寺、1 所阿拉伯语学校是区禁毒、防治艾滋病领导小组成员单位。清真寺大力倡导穆斯林群众执行施济的天课制度，每年用于贫困人口的施济达数百万元以上，成功的企业家积极参与修路、办学等社会公益事业。在清真寺阿訇、管委会成员中先后产生了 10 多名全国、省、州、市级人大代表、政协委员，他们体察民情，反映民意。在解决"沙甸事件"孤、老、残人员生活救济、"沙甸事件危房改造"等影响地区社会稳定、民族团结的焦点问题时，在党和信教群众之间架起沟通联系的桥梁。为此，沙甸大清真寺被评为"全国精神文明模范清真寺"。②

2. 沙甸伊斯兰教文化资本价值：对和谐社会建设者的道德模塑

（1）回族民间的道德教化。布尔迪厄认为，文化资本主要存在于知识与文化生产领域。现实生活中，人们通常不会视文化资本为一种资本形式，而只承认其为一种合法的能力，是获得社会认可与社会承认的权威。对文化资本的衡量，他认为"文化资本"首先要强调教育，这种教育非但是技术技巧的教育，更重要的是教养、德行、人性的教育。教育与教养，是最大的资本，是最有能力转化为经济资本的资本。③ 如上文所述，伊斯兰教在沙甸和谐社会建构中发挥着积极作用，它作为文化资本的价值就在于通过宗教的民间教化，对回民进行道德模塑，使其获得本民族内部成员及现代社会公民的双重资格或权威。丹尼尔·贝尔根据西方尤其是美国经济、政治与文化领域的根本性冲突及社会结构与文化之间严重的断裂，提出社会"重新向某种宗教观念回归"来重建道德和文化的根基以及传统与现代关联的设想。④ 这说明西方学术界已开始关注宗教在传统社会向现代社会转型中日益凸显的文化资本价值。

伊斯兰教因具有鲜明的道德色彩而被称为"伦理—神教"。在伊斯兰教中，道德与宗教合为一体，宗教义务和道德规范、日常生活和宗教礼仪是很难分开的。数以几十万计的圣训中，在伦理方面的内容几乎涉及当时社会生活的所有领域。⑤ 明末清初涌现出一大批探究伊斯兰教的回族学者，如王岱舆、刘智、马注等人，他们将伊斯兰教的伦理道德学说同中国传统的儒家伦理道德信条相结合，使回族道德的基本规范既具备伊斯兰教的品格特质，又有中国传统文化的素养。以伊斯兰教为核心的回

---

① 何其敏：《论宗教与政治的互动关系》，载《世界宗教研究》，2001 年第 4 期。
② 相关数据来源于个旧市沙甸区公所提供资料，2008 年。
③ [法] 布尔迪厄：《文化资本与社会炼金术——布尔迪厄访谈录》，包亚明译，上海：上海人民出版社，1997 年版，第 192~201 页。
④ 赵一凡：《贝尔学术思想评介》，载 [美] 丹尼尔·贝尔：《资本主义文化矛盾》，赵一凡等译，北京：三联书店，1989 年版，第 17 页。
⑤ 周燮藩：《伊斯兰教伦理：传统形式及其现代意义》，载《世界宗教研究》，2005 年第 4 期。

族伦理道德关注人与真主、人与人、人与社会和自然之间的关系问题。其内容概括而言，一是调整人与真主之间关系的道德规范，要求回族经常保持一种儆戒心理，守正自洁，弃恶扬善。二是调整人与人之间关系的道德规范。要求回族应以孝亲仁爱为人际交往的准则，友好相处。三是调整人与社会关系的道德规范，主要是以遵纪守法、忠于职守为处理人与社会关系的行为准则。① 简言之，伊斯兰教倡导的"两世观"赋予回民建设和谐社会、积极追求美好生活的目标、动力；伊斯兰教止恶扬善的教义思想规约、模塑着回民构建人与自然、人与人、人与社会和谐相处的行为规范。可见，伊斯兰教道德内核与社会主义精神文明、和谐社会建设的精神有相通之处，对沙甸和谐社会建设者的道德模塑起到重要作用。相对宗教民间政治的刚性保障机制而言，宗教文化资本对地方和谐社会建设则起到一种柔性维护机制的作用。

（2）沙甸伊斯兰教文化资本化的主要路径。宗教仪式活动。中国民间宗教"小传统"存在基础在于它是一个包含丰富的社会实践和生活观念的象征——仪式体系，并在于特定的仪式本身是一种社会实践以及对社会生活的理解。② 这种宗教仪式表达是宗教信仰的实践，是传承地方性知识的道德教化，是强化族群集体记忆、文化认同、情感增值与内聚力的社会生活。集体性的宗教仪式活动包括男子每日五次在清真寺的礼拜、每周五的聚礼、大小开斋节的会礼，为亡人站"者那则"（进行集体殡礼）等，及融宗教与民俗为一体的节庆、婚丧嫁娶、小孩起经名、男孩割礼等活动。在这些仪式活动期间，清真寺的阿訇、教长总会结合具体的场景，讲"卧尔兹"（俗称讲经），引经据典对教民进行道德教育。如男女结婚时，要请阿訇念"尼科哈"（俗称喜经）。阿訇根据教义和国家法律要求向新人强调婚姻对于人生、家庭、社会的重要意义，阐明双方的责任、权利和义务。人"归真"后，要被抬到寺里"站拜"。教长会教育所有在场的人止恶行善，珍视现实生活。在节日期间，每一位宗教界的宣讲者都会在演讲中联系到社会主义新农村建设，积极鼓励穆斯林要遵守国家和伊斯兰教所提倡的双重道德规范。

经堂教育。伊斯兰教作为回族重要的文化资本，元明以来回族吸纳了强势的大传统以作文化自卫，获得了文化生长空间。这种大小传统合谋发展的特点奠定了中国经堂教育的发展方向，并成为中国历史上培养回族人才和近现代培养国家合格公民的教化机构。沙甸历史悠久，早在元末明初，随着元代大批回回军入滇，地处滇南交通要道的沙甸便开始有回族来此定居。沙甸素以教育事业发达著称，自明朝洪武以来，进士、举人达60多人，素有"文化之乡"的美誉。早在清光绪中叶就创办了鱼峰书院，即已开始了"中阿并授"的经堂教育，20世纪20年代以来的养正学校、鱼峰中学秉承了中阿并授的教学传统，夏康农、曹礼吾、白寿彝、哈德成、马坚等十余名著名中阿学者曾在沙甸从事教学。沙甸培育了数千名经书两通的毕业生，其中就有《古兰经》的著名译者、国际知名学者马坚和林松，中国最早留学埃及的5名学生中沙甸就占了3名。③ 沙甸伊斯兰文化浓郁，回族穆斯林信仰虔诚，10%以上回民是哈吉，有"小麦加"之称。沙甸现已开办现代经堂教育教学的清真寺有9所、阿语学校1所、清真寺幼儿园1所，共有教师198人，全日制学生1 100人，在园幼儿380多名，业余学习的沙甸回民数千人。④ "中阿并授"的现代经堂教育融伊斯兰信仰、现代阿语、伊斯兰学术思想、中国传统人文精神等核心内容为一体，它传承了伊斯兰教文化的核心价值观，强化了回族传统文化传承与自主创新的功能。现代经堂教育既培养专门人才，又举办形式多样的业余班，实际已成为回族社区全民性的民间教育主流形式，是模塑沙甸和谐社会建设者道德修养的重要途径。特别是对广大青少年的素质教育起到了积极作用。沙甸教育工作者LYS这样说：

---

① 李学忠：《试论伊斯兰教伦理道德思想在社会主义道德建设中的积极作用》，载《回族研究》，2003年第3期。
② 王铭铭：《社会人类学与中国研究》，桂林：广西师范大学出版社，2005年版，第144页。
③ 沙甸回族史编写组编：《沙甸回族史料》，内部印刷资料，1989年2月，第145~173页。
④ 相关数据来源于个旧市沙甸区公所提供资料，2008年。

沙甸的经堂教育是有历史功绩的，为沙甸培养了人才。现在也有它存在的理由：它与国民教育的目的是统一的，都以育人为目的。现在学校把宗教和经堂教育中的积极有用的方面用在国民教育中。比如在沙甸中小学都开设了阿拉伯语课程，让学生学习一门语言；学校建成了无烟酒特色学校，用回族习俗和道德来约束和培养学生；清真寺与学校达成一致，学生必须完成九年义务教育初中毕业后才能去清真寺学习。

### 3. 沙甸伊斯兰教社会资本价值：和谐社会的社会保障功能

（1）沙甸伊斯兰教社会资本。社会资本就是存在于特定共同体之中，以信任、互惠、合作和规范为主要表征的参与网络。它具有社会结构资源的性质。在中国，尤其是在农村社会，因血缘、地缘等因素而构成的关系网络，是中国农村社会资本的主要表现形式。社会资本是基于道德习俗建立起来的，具有"路径依赖"性。① 根据科尔曼的社会资本理论，在传统社会结构中，社会资本主要是由家庭和由家庭派生出来的其他社会结构，如邻里社区等原始性乡村社区组织所提供的，它具有社会保障和社会支持功能，而且是人力资本和物力资本所无法代替的。在传统社会中，原始性乡村社区组织正是依靠大规模的社会资本以及规范结构，来迫使人们履行义务、保证人际信任关系并维持社会的稳定和发展的。② 著名经济学家普特南（Robert Putnam）在其著作《让民主运转起来：现代意大利的公民传统》一书中把社会资本看做一种类似于道德的经济资源。普特南认为，社会资本诞生并且体现于民众交往网络之中，由于长期以来民众对本地社会经济和政治生活的参与，社会资本逐渐演进成一种能够使人们互相信赖并恩恩相报的经济资源，人们为了共同的利益而相互合作。各种宗教仪式和民俗活动的参与、婚姻关系的确立及经济联合等是沙甸民间社会交往的主要方式和社会资本的主要表现形式。前两种社会资本是基于共同宗教信仰和共同宗教生活实践而形成的人际关系网络，是伊斯兰教社会资本，是沙甸最主要的社会资本。根据以上对社会资本的定义和中国农村社会资本的分析，结合沙甸实际，可以看出，伊斯兰教社会资本超出了一般农村基于道德习俗，因血缘、地缘、族缘等因素而构成的关系网络，建构了宗教普世性的价值取向和生存原则，其在控制范围和作用力度上均较一般农村的社会资本强，故是沙甸回族最强大的公共社会资本。近些年，沙甸因通婚和经济联合而存在的社会资本正发生着显著变化。田野调查显示，近些年沙甸婚姻关系的缔结已超出民族成分的限制，基于共同宗教信仰即宗教认同，成为沙甸人普遍认可的通婚前提。而经济联合正逐渐突破基于血缘家族和姻亲关系基础上的社区内的普遍勾连，随着沙甸工业经济的飞速发展，特别是随着沙甸工业企业规模化、社会融资渠道多样化以后，经济联合突破了社区的限制。

（2）沙甸伊斯兰教社会资本与和谐社会建设。沙甸伊斯兰教社会资本与前面所述的沙甸特有的具有地方性知识特点的宗教文化传统密切相关。以伊斯兰教为核心的回族伦理道德要求回族应以孝亲仁爱为人际交往的准则。沙甸伊斯兰教社会资本在维护富有伊斯兰精神的和谐社区方面发挥着社会保障功能。其主要体现在以下三个方面：

一是以伊斯兰教伦理为指导的风俗习惯和乡规民约是社区稳定和谐的内在基础。风俗习惯和乡规民约是在国家法律之外、根据伊斯兰教教义和地方传统而约定俗成或民间集体制定的人际交往的社会规范，是一种典型的地方性知识。特别是乡规民约具有地方强制性。如禁止在沙甸区域内开酒吧、网吧，严禁黄赌毒，不为吸毒而死的人举行站拜仪式等已成为沙甸人人遵守的民间法规。虽然禁止卖酒作为乡规民约，与国家宪法所规定的公民权利产生一定的冲突，但作为回族民间，伊斯兰教伦理及地方传统对人际交往的规约往往强于法律。

二是以伊斯兰教对人际交往行为规范为指导，以包容、博爱的精神建构民族关系，是社区和谐的重要保障。沙甸虽然是一个以信仰伊斯兰教为主的回族村镇，但辖区内还有一个彝族乡及一个以彝族为主的村子，另外还有壮、汉、哈尼等10多个其他民族。沙甸各清真寺注意引导培养和谐的社群关

---

① 牛喜霞、谢树芳：《新农村建设：重建农村社会资本的路径选择》，载《江西社会科学》，2006年第11期。
② 徐晓军：《转型期中国乡村社区记忆的变迁》，载《社会科学》，2001年第12期。

系。在日常讲经、宣教中，依据《古兰经》、圣训的精神，倡导各民族一律平等，要求信教群众克服狭隘的民族观，并带头积极参与到帮助其他民族的公益事业中来。陆续开展了为冲坡哨乡彝族高龄老人献爱心、帮助贫困彝族建新房等活动。此外，与非回族通婚也是沙甸民族关系和谐的又一表现。随着男女婚姻自主，沙甸回族择偶范围突破了地域的限制，除大多数回族男女在本区婚配外，因工作、念经、学习等原因，和外地青年结婚的日益增多。特别是由于沙甸工业经济发达，外来务工人员大幅增加，业缘关系成为族际通婚的主要推动力，回汉通婚比例自20世纪90年代以来有明显增长，一般是汉族"进教"为回族，归信伊斯兰教，落籍沙甸。从2008年5月、8月的问卷分析和访谈来看，100%的被调查者都认可与归信伊斯兰教的其他民族通婚。调查的167户家庭中有27户有回汉婚姻关系，占16%。这也说明回族与其他民族族群间的心理障碍在逐渐消减，沙甸回族的开放性与包容性日益增强。

三是伊斯兰教有关教义对形成团结互助的人际关系起到重要作用。强调个人财产不可侵犯，倡导济贫、施济，规定交纳天课的财产观，既鼓励了努力经商，谋取财富，又为回族社区的救助贫困、发展公益事业提供了保障，有助于缩小贫富差别，缓和社会矛盾，形成团结互助的人际关系。伊斯兰教不但把扶危济贫作为最基本的教义之一，而且提出了许多具体的规定，有些规定甚至被提升到教法的神圣地位。这些规定主要有：交纳天课、施舍、建立卧各夫制度、减免贫穷人的债务、通过遗产的再分配来扶危济贫几种。① 其中施舍虽属道德范畴，但被视为道德美好的标准之一，具有强大的约束力。沙甸的扶危济贫主要通过民间个人行为和清真寺行为实施，具有慈善经济的特点。它是回族社区特有的财产再分配方式和资源流通方式，它向贫困阶层提供民间救助，起到了社会保障与贫富分化调控的作用，有利于促进我国社会福利事业的发展。这与建设以人为本、公平诚信、共同富裕的社会主义和谐社会初衷相一致。多年来，沙甸区形成了一种人人争做善事的好风气，每年都有数百万元的天课和施济用于全社会贫困人口救济、教育事业、社会公益事业。2007年达到了5 000多万元。②

## 二、沙甸"权力文化网络"与和谐社会建设

1. "权力文化网络"分析模式与和谐社会研究

（1）"权力文化网络"分析模式。美国学者杜赞奇（Prasenjit Duare）在研究近代华北农村权力结构与社会文化的专著《文化、权力与国家——1900～1942年的华北农村》中提出了"权力的文化网络"这一概念。"权力的文化网络"是由乡村社会中多种组织体系以及塑造权力运作的各种规范构成。即是指乡村社会中的政治权威体现在由组织体系和象征规范构成的框架之中。权力是指个人、群体和组织通过各种手段获得的他人服从的能力，这些手段包括暴力、强制、说服以及对原有权威和法统的继承；"组织体系"，包括市场、宗教、宗族和水利控制等方面形成的组织以及各种非正式的人际关系网；"象征规范"即是"文化网络"中的"文化"，是指扎根于各种组织与关系中为组织成员所认同的象征与规范，包括宗教信仰、相互间的感情、亲戚纽带以及是非标准。杜赞奇认为是"权力文化网络"构成了乡村社会政治的参照坐标和活动范围。"权力的文化网络"分析模式，有其重要的方法论意义。王爱平认为，"权力的文化网络"的概念可以使我们避免将国家与地方社会看成一种简单的二元对立关系的两分法思维方式，而从国家和地方社会的立场看两者间复杂的互动关系，使我们避免"自上而下"和"自下而上"分析研究的局限性。"文化网络"的观点，可以使我们看到在地方社会、乡村社会中有多种不同的社会群体，把影响权力的各种因素看做是文化的网络，更清楚地看到各种因素或社会现象、文化现象之间的联系以及互相的影响等各种复杂的关系，避免那种线性因

---

① "卧各夫"是阿拉伯文的音译，意为"宗教公产"、"宗教基金"。伊斯兰教指符合教法而建立的公共财物、公益事业、慈善组织、慈善基金等。一般来自穆斯林的捐献、遗产、寺院的有关收入。金宜久主编：《伊斯兰教小辞典》，上海：上海辞书出版社，2001年版，第315页。

② 相关数据来源于个旧市沙甸区公所提供资料，2008年。

果历史观。① 故本文采用"权力文化网络"分析模式来进行沙甸和谐社会权力文化现象的政治人类学研究。

(2) 和谐社会的权力、利益研究。利益的协调是建设和谐社会的关键。而利益的实现则与权利、权力的行使密切相关。江平教授认为，权力与权利没有绝对的分水岭，它们有内在的联系。国家权力的核心是"强制力"，社会权力的核心是"自治"。社会权力行使的主要领域应当是社会公共事务和社会公共利益，行使社会权力的主体主要应当是非政府机构、民间组织。和谐社会应以尊重保护私权为基础，实现国家、社会、个人权利（力）的合理配置，充分发挥社会组织的润滑作用。② 而处理和支配社会公共事务和社会公共利益的公共权力，是基于某一特定的社会共同体成员共同同意或以某种形式的认可，以支配、影响和调控该共同体而形成的一种公共威慑力量。公共权力是维护社会公共秩序、实现社会公共利益、促进社会发展并保证社会成员合法利益实现的必要手段。从理论上讲，社会权力的主体是社会组织，但在实际上，社会权力的行使要由组织成员去具体行使，于是在行使过程中社会权力的运行有了一个人格化的过程。③ 这也就是个人权威产生的主要原因。基于客观事实，作者认为中国农村社区行使公共权力的主体既有社会组织，又有个体权威；和谐社会就是国家、社会、个人在地方性文化网络中所实现的权力与利益的动态平衡。

2. 沙甸权力文化网络的结构与功能

(1) 沙甸社会的权力主体。对沙甸社会事务产生公共影响的权力主体，按影响力作用大小，依次主要有国家—地方政府机构及制度精英（沙甸区党政机构及其派生、管理的各类基层组织和制度精英）、民间宗教组织机构及宗教权威（各清真寺管理委员会及其成员、宗教职业者）、经济组织与经济能人、亲属网络中的强势人物四种。后三种权威或强势人物可统称为非制度精英。其实，沙甸的非制度精英还包括村寨其他传统精英，如文化名人、各类有识之士等。他们是在村庄有一定政治社会影响力的村民。非体制精英的权力建立在各种植根于乡村社会内部的非正式的权力资源之上，影响力源于村落社会中的文化认同和利益联系，如源于亲属关系、宗教关系、同学关系、朋友关系、经济协作关系等。与体制精英的不同，他们无正式授权，群体的边界往往不太明晰，群体的组织水平也低，甚至未形成组织。作为基层政权区政府的官员、民主选举产生的各乡、队干部和各级人大代表、政协委员等形成沙甸的制度精英和法理权威。非制度精英和制度精英的权力运作，往往体现出村寨政治、经济、宗教三方精英代表和谐共谋的权力结构特点。宗教权威往往出现身份角色的交叉重合，如许多清真寺的阿訇、教长往往同时是人大代表或政协委员。

(2) 权力主体在交往结构中的作用与意义。宰制中国社会秩序的"大传统"代表国家利益，通过国家地方权力机构构造和维护统一的法律秩序；而乡村社会的民间"小传统"代表的是分散性的社会利益，通过民间社会权力组织与权威力图展示社会利益的多样性与层次性，两者具有深刻的利益殊分。就沙甸社会主要权力主体的情况而言，国家—地方政府机构及制度精英是代表国家利益的"大传统"；民间宗教组织机构及宗教权威、经济组织与经济能人、家族亲属网络中的强势人物等是代表不同社会利益的"小传统"。"小传统"作为地方社会权力的主体代表，体现"自治"的原则。这些来源、性质、效用、目标均不同的权力主体却有着共同的作用对象——社会公共事务。代表大小传统的权力主体及普通村民在村庄政治中发生全方位互动时，这种互动是融合了水平的资源差异和垂直的等级差异的互动，这是一种以支配——服从关系为主，但也渗透着交换——互惠关系的互动。④ 沙甸像中国绝大多数农村一样，一方面由于受传统"家国一体"的历史文化影响，基层党务、政务、

---

① 王爱平：《权力的文化网络：研究中国乡村社会的一个重要概念——读杜赞奇〈文化、权力与国家〉》，载《华侨大学学报（哲学社会科学版）》，2004年第2期。
② 江平：《社会权力与和谐社会》，载《中国社会科学院研究生院学报》，2005年第4期。
③ 柯雄、肖红：《公共权力异化的利益诱因与道德制约》，载《前沿》，2004年第11期。
④ 仝志辉、贺雪峰：《村庄权力结构的三层分析——兼论选举后村级权力的合法性》，载《中国社会科学》，2002年第1期。

村务不可能完全分清；另一方面，各权力主体间的冲突与博弈，都以自身利益最大化作为自己理性的策略选择。村庄权力结构构成了村级权力运作的社会基础。这种互动通过共谋与制衡的权力运作机制，使权力网络最终获致一种各权力主体利益趋于动态平衡的结构。在权力的文化网络中，权力主体的强势与弱势，决定了其在权力结构场域内的角色与定位，从某种意义上说，权力和功能是相辅相成的。强势的权力主体必定确立一个权力中心，成为调整权力主体秩序需求与利益需要互动的主导力量，成为在冲突与沟通中不断建构、整合社会权力运作动态结构的核心力量。下面就沙甸社会主要的四种权力主体在服务和谐社会建设的权力交往结构中的位置、功能及其变化作一阐述。

国家—地方政府机构及制度精英：沙甸作为国家政权控制下的基层组织细胞，其发展历程折射出国家政权对中国少数民族农村政治、经济、文化、宗教不同领域的治理理念和经营策略。从中华人民共和国成立到"文化大革命"，国家权力不断加强对中国农村的集权控制。由于1975年发生震惊全国的"沙甸事件"，沙甸作为个旧市下辖的全省唯一的区公所存在至今，乡村基层管理未按《村组法》实施，乡级党组织和乡政府（村民委员会）领导班子由中共沙甸区党委聘用，每届任期3年。直至2007年5月，四个乡才进行了首次乡（村）两委的民主选举。1981年，"沙甸事件"得到彻底平反，从政策、资金、税收、就业等方面积极帮助沙甸恢复发展，使重创之后的沙甸经济迅速腾飞。中国共产党十六届四中全会提出构建社会主义和谐社会，十六届五中全会又提出新农村建设，它决定着沙甸农村建设的发展方向。国家权力是"强制力"，秩序的规范与控制带有法律强制性。沙甸区、乡各级党政机构通过与各种权力主体的互动，最终使国家意志在基层农村得以落实。在和谐农村的建设中以改善民生为重点，关心弱势群体，重视解决群众现实利益问题。与宗教界权力主体的交往，体现在清真寺管理委员会和宗教权威（其中相当部分已发展为人大代表和政协委员）大力配合协助政府开展社会工作，每年区财政补贴清真寺等10家单位数十万元。与经济组织和经济能人的社会交往主要通过行政管理和企业党支部、工会等组织来贯彻落实各项政策和要求。现全区共有47家基层行政、企事业单位工会组织，职工、农民工入会率达到97%以上，在7个企业基层党组织设立了"党员科技示范基地"。[①] 问卷统计显示，近70%的被调查者认为"沙甸经济社会发展的首要原因是党的政策好"。区各级党政机构及制度精英作为国家制造的强势力量，在沙甸权力文化网络中始终居于中心地位，起到调整其他权力主体秩序与利益需要互动的主导作用，对沙甸和谐社会建设起到指导性和决定性作用。沙甸金川乡在四个乡中建设得最好，该乡所属凤尾村被评为"云南省环境卫生环保村"。作为乡领导的WX这样介绍乡村基层政权组织和制度精英在和谐社会建设中的作用：

> 我们乡领导班子由书记、乡长、副乡长（兼妇女主任、文书）和7个总支委员组成。我们的职责主要是落实区政府安排的各项工作，如进行各种普查和数据的采集，完成党政各项目标责任，对清真寺依法管理。对清真寺主要是宣传政策、处理突发事件、组织开展爱国卫生和植树护林。我们乡率先建立了私营企业党支部，同一天还成立了发展扶贫协会，组织开展社会救济、道路设施的基础建设、为贫困户和专业户提供小额信贷，还为贫困大学生提供教育资助。我们乡在共同致富方面走在了全市的前列。我们乡党员人数最多，有87名。针对沙甸大量土地被征的现状，我们支部发动私营企业主，倡导和谐发展、共同富裕，筹办了"同富电冶公司"，广泛吸纳百姓入股，在名额分配上照顾贫困户，带动了我乡的共同富裕。

民间宗教组织机构及宗教权威：由于沙甸是一个历来重宗教传统的回族社区，伊斯兰教无疑是民间最具权威性的社区组织力量。在人民共和国成立到十一届三中全会之前，沙甸像所有少数民族农村一样，宗教传统及权威一直处于弱势或被抑制的状态。法理权威处于强势地位。在1978年以后，遭受重创的沙甸依托各级政府开始了社会各项事业的恢复重建，这一时期法理权威与宗教权威在民间都处于恢复重建阶段。20世纪90年代以来，伴随地方工业经济迅猛发展，地方财力得到增强，各级政

---

[①] 相关数据来源于个旧市沙甸区公所提供资料，2008年。

府关注民生问题,推进了沙甸社会事业的全面发展,区基层政权作用凸显;同时由于经济条件改善,人们投入宗教的财力也大为增强,形成以法理权威为中心的现代政治秩序和以宗教权威为中心的民间秩序、多元权威和谐并存的格局。民间宗教组织机构及宗教权威的功能主要体现在配合协助政府机构开展工作、服务民间宗教及民俗生活两个方面。特别在从事社会服务和公益事业方面,发挥着必不可少的作用。2007 年,沙甸宗教界人士与新沙甸乡、金川乡政府联合成立了两个"帮困扶贫发展协会"、与区共青团联合成立了一个"青年助学协会"。问卷统计显示,约 94% 的被调查者认为宗教对沙甸和谐社会建设产生了积极影响。其中 31% 的人认为这种影响是决定性的,46% 的人认为影响很大,17% 的人认为产生一定影响。它作为沙甸宗教小传统和民间政治强势力量,仅弱于国家—地方政府机构及制度精英,在沙甸权力文化网络中始终居于次中心地位,对沙甸和谐社会建设起到非常重要的作用。下面是调查中较有代表性的一些观点:

声音1:和云南其他回族地方比,沙甸宗教界比较开放、包容,和政府的关系比较好,宗教界配合政府发挥的作用太大了。

声音2:我们回族的日常生活和待人接物的方式基本上都遵循穆斯林的标准。工作之外的社会生活(念经学习、参加婚丧嫁娶、人际交往等)都离不开宗教,阿訇为大家解答不断出现的问题,我们逐渐都严格按古兰经、圣训做人做事。教门好的人受人尊敬,有学识的阿訇、教长是最受尊重的人。

声音3:沙甸教门好,穷人和孤寡老人除了政府帮扶外,清真寺和广大教民也管。别处的人都很羡慕沙甸,说沙甸穷人日子也好过。

声音4(汉族):沙甸作为回族地方,宗教界起到很大的作用,和政府一起把社会管理得很好。只是清真寺的权力越来越大,2007 年底开始禁酒,这和法律有冲突,但这也体现回族的文化特点。如何处理教民和公民、教义和法律的关系,值得大家思考。

经济组织与经济能人:"沙甸事件"平反后,在省市各级政府的扶持下,沙甸走上了集体经济发展之路。冶炼厂、贵金属厂、针织厂、砖瓦厂等集体企业为沙甸日后的工业经济的大发展积累了资金、人才、经验。20 世纪 90 年代沙甸进入大发展阶段,以工业为主的大批个体、私营企业兴起,涌现了大批经济能人。到 2008 年,形成规模的企业已达 28 户,铅产量占全国八分之一,27 户非公企业每年创造的财政税收达全区总收入的 90% 以上。约占劳动力 50% 的群众靠进入企业工作,昔日手握锄头的农民已转变为掌握现代工业科技的新型农民。从 1991 年至 2007 年 11 月,沙甸区企业从业人员从 2 500 人发展到 6 000 多人,工业总产值从 8 900 万元上升到 50 亿元。沙甸人的社会职业已逐渐转向二、三产业,经济组织与经济能人的社会地位日益彰显,它们在提供就业机会、社会救济、投资公益事业等方面作用日益增强。作为沙甸民营企业楷模的红河合众锌业有限公司,2007 年度被授予个旧市"工人先锋号"荣誉。沙甸区政府推荐的全国孝老爱亲模范——新沙甸乡李玉荣女士,率子女先后创办了 3 个私营企业,每年工业产值达 1 亿元以上,上缴税收 500 多万元。仅每月用于 137 户贫困家庭救济的费用达 3 万元。她关心弱势群体,弘扬中华民族尊老爱老的优秀传统美德,至今在公益事业上支出已经超过了 600 万元。[①] 沙甸像她这样扶危济贫、出资办学、修路的经济能人还有很多。据调查,自 20 世纪 90 年代以来,沙甸修路、办学、扶贫济困等社会公益事业和慈善事业的主要经费均来自民间企业和经济能人的捐助。目前正在兴建的沙甸新区标志性建筑——清真寺的数百万建设经费均由民间集资。问卷统计显示,村民认为"对沙甸的发展起重要作用的"前两位依次是政府、企业老板。可见,经济组织与经济能人在以经济建设为基础的新农村建设中的重要作用已被百姓所认可。但经济组织与经济能人行使权力明显受国家—地方政策和宗教教义的主导和影响,它在沙甸权力文化网络结构中居于中间地位;随着沙甸二、三产业的继续发展,其功能有不断强化的态势。

---

① 相关数据来源于个旧市沙甸区公所提供资料,2008 年。

家族亲属网络中的强势人物：据出生在 20 世纪 50 年代以前的老人回忆，新中国成立前，沙甸公坟按家族划分，主要的街巷区域以家族命名，人们习惯于以"家门"相称，和中国许许多多农村一样，家族是当时沙甸重要的原生性社会组织。新中国成立后，在农业集体化和人民公社时期，家族组织和势力逐渐被消灭，家族观念日益消退。加之沙甸回民全民信仰伊斯兰教，宗教组织与普遍性的教缘关系是全民性的强势社会资本，故沙甸没有形成规模性的家族亲属组织。取代家族观念日益凸现的是建立在血亲、姻亲关系基础上的外延相对紧缩的亲属观念。至 20 世纪 80 年代改革开放后，在个体私营经济发展的初期，出于信任和互助共赢的考虑，以经济联合建立在亲属关系上的家族企业为主。但 20 世纪 90 年代以来，随着市场经济的发展，现代企业管理运作模式逐渐在取代原有家族式企业的管理运作模式。大型企业在集资、管理、用人等各方面越来越社会化，家族、亲属的社会资本优势有所消减。但由于伊斯兰教相关教义及民间传统都遵循由亲及疏、由近及远的施散济贫原则，所以家族、亲属的作用仍显得非常重要。问卷抽样调查和访谈表明，有约 8% 的被调查者认为亲戚不重要，与亲戚基本无联系；约 70% 的认为亲戚重要，主要体现在亲戚间的帮扶与共同发展；约 22% 的认为亲戚可有可无，其作用仅在于婚丧嫁娶等民俗生活上的互相帮忙。加之，在市场经济的今天，家庭利益成为村民理性选择和社会认同的出发点，家族亲属网络中的各种制度精英、宗教权威、经济能人被认为是强势人物，对家族亲属仍发挥着重要影响。但他们毕竟数量有限、比例极小，而且影响力分散于整个社区，故其对家族亲属的影响力非常有限，但又不容忽视。在沙甸权力文化网络结构中，其居于边缘地位，随社会组织的不断增多和功能强化，其有不断弱化的态势，但它对沙甸和谐社会建设起到不可忽视的作用。

## 三、沙甸和谐社会建设的经济发展策略

我们研究沙甸的目的，最终还在于关注与探讨沙甸和谐社会建设的地方性发展策略。经济发展是构建社会主义和谐社会的根本前提，只有大力促进经济发展，才能为构建社会主义和谐社会奠定坚实的物质基础。这就需要立足沙甸特有的宗教、权力、文化三维度的地方性知识，来考虑沙甸经济发展的基础与特色，特别要考虑伊斯兰教及传统文化对沙甸民族经济及和谐社会建设的巨大影响。

1. 沙甸回族经济的民族特点与传统优势

江应樑先生在《滇南沙甸回教调查》中认为，除沙甸的地理位置优势外，沙甸人的性格、村寨长期的安定、在事业上不固守旧法等主要因素都与宗教信仰有关，"假使沙甸不是一个回教农村，也许便不会形成沙甸今日的特征"。[①] 伊斯兰教注重发展生产，诚实劳动，反对好逸恶劳的精神，已成为回民社区普遍遵循的价值观念。伊斯兰教不重农抑商，充分肯定多种产业并存的经济价值观，这对沙甸回民努力创业、农工商多业并举、形成较为合理的经济结构起积极推动作用。伊斯兰教重视商业经济，具有两世兼重的特点，显然更利于现代经济发展。伊斯兰教强调公平交易、平等兼顾效率与公平、按劳取酬、合理竞争、诚实经商、反对投机、反对垄断、反对欺诈等合理的经济伦理和商业道德，有助于维护正常的市场秩序，规范市场主体的行为，保护市场主体和消费主体的正当权益。这都说明，伊斯兰教中蕴涵着与市场经济发展相适应的内在精神，对近现代沙甸回族经济发展起着规范、引导的作用。多业并举一直是沙甸经济的传统优势。沙甸在新中国成立前就已突破单一农业经济格局、形成亦工亦农的多元经济，农业、商业、农副产品加工、手工业、运输业和综合性企业主体都有一定规模和水准。社会主义改造时期，农业有较大增长。社会主义建设时期，沙甸经济不景气。"文化大革命"时期，沙甸作为重灾区，集体经济到了崩溃的边缘。但"沙甸事件"平反后数十年，乡镇企业异军突起、农业连年丰收、运输业、矿产业、第三产业发展迅速。1993 年，沙甸成为滇南第一个亿元乡镇。沙甸的自然优势与民族特点得到了较好的发挥。[②] 因此，进行沙甸和谐社会经济建设

---

[①] 江应樑：《滇南沙甸回教农村调查》，载《云南回族社会历史调查》（一），昆明：云南人民出版社，1985 年版，第 18~19 页。

[②] 中共沙甸区委、区政府编：《沙甸的昨天、今天》，昆明：云南民族出版社，1996 年版，第 40~56 页。

一定不可忽视伊斯兰教及回族传统经济的作用与有益影响。沙甸著名企业家 WZN 已年过七旬，他这样描述沙甸民族经济的发展历程和特点：

> 沙甸改革开放以后发展迅速的原因与经商传统和国家政策有关。新中国成立前，沙甸许多人赶马经商，依附个旧矿区，提供他们所需要的生活物资。在"以粮为纲"的年代，人多地少，沙甸农业经济"扛白旗"，经济弱于周边农村，沙甸人经商的长项受束缚，有人去回隆等地讨生活。20 世纪 70 年代政府允许栽种蔬菜时，沙甸人栽种一些经济作物，经济开始好转。改革后，沙甸人经商的传统马上表现出来，有人开始搞运输，有人开砖瓦窑，有人卖摩托、刀具等紧俏商品。80 年代，个旧矿山实行"大矿大开、小矿小开，国家、集体、个人一起上"的政策，聪明胆大的沙甸人开始上个旧矿山开矿，许多人淘了第一桶金。后来，矿山资源枯竭，这些积累了资本的人开始筹措办厂。当时因沙甸事件对地方经济的严重摧残，上级政府开始扶持办电解厂等集体企业，引导沙甸开展生产自救。80 到 90 年代，沙甸的集体企业培养了一批人才、积累了经验，并在原有基础上取得了技术突破，这为以后沙甸发展工业奠定了基础。随市场经济发展，个体私营经济逐渐超过集体经济，工业成为沙甸的经济支柱。沙甸工业发展快，遍地开花，但没有做强做大，形成集团化。政府对领头企业扶持力度不够，穆斯林大街的建设为时过早，应集中精力抓企业，工业发展上去后再建，可能成效会是很多倍。

### 2. 民族文化资本化发展策略

目前，沙甸区政府已提出"抓机遇、促商贸、治污染、上旅游"的发展思路：充分发挥沙甸的区位优势，走城镇化、工业化的发展道路，把沙甸建设成为以冶炼工业为基础，以工业、商贸为主体，清真食品加工、餐饮服务、民族风情旅游等第三产业配套的新型经济区。田野调查和问卷分析显示，约 68% 的被调查者将工业污染视为最大的社会问题。有 64% 的认为沙甸适合行教门（保有和传承宗教民俗）。被调查者普遍认为最适合发展的产业依次是工业、旅游业、运输业。可见，政府与村民的地方发展思路基本接近。这意味着，村民在地方社会的发展建设中将发挥积极主动性。2008 年，沙甸区按照规划已开始建设全省乃至全国一流的以沙甸大清真寺为标志性建筑的穆斯林大街，数百万清真寺建设经费均由民间集资。以宗教仪式与经堂教育为核心的清真寺文化，和回族服装、饮食、工艺等民俗文化将被作为旅游资源开发，将充分展现沙甸伊斯兰教文化传统特色，体现出沙甸地方民族文化资本化的发展策略。这种发展策略突出了沙甸传统经济的民族特点，将极大的促进第三产业的发展和产业结构优化。民族旅游不仅为当下的民族发展提供了宝贵的资金来源，而且更为人们重新认识民族文化所蕴涵的重要价值，并为这些价值的实现建立新的文化背景、新的制度带来了契机。民族文化资本化的过程是建立新的文化机制的过程，其意义是使地方性知识更具成为人力资本的可能性。[①]沙甸民族文化资本化的发展策略既是对民族象征文化资本的保护、开发、利用；也是全球化背景下对受市场、现代化冲击的沙甸传统民族经济的拓展和提升；是沙甸社会和谐稳定的物质保障。

---

① 马翀炜、陈庆德：《民族文化资本化》，北京：人民出版社，2004 年版，第 191 页。

# 少数民族地区农村居民的人口流动和职业分化对文化变迁的影响

## ——以文山壮族苗族自治州富宁县剥隘镇坡芽村为例[①]

### 王志芬[*]

**摘　要**：改革开放三十年来，现代化的进程引起了云南省文山壮族苗族自治州富宁县坡芽村居民的大规模人口流动和职业分化。人口流动、职业分化和由此而带来的思想观念的变化慢慢改变着坡芽村，也对这个壮族村寨的传统文化产生了极大的冲击，从而成为影响少数民族地区文化变迁的重要因素。

**关键词**：少数民族；人口流动；职业分化；文化变迁

不论是物质文化还是非物质文化，人的因素是其中最为重要的因素。就物质文化而言，人是创造者；就非物质文化而言，人不仅仅是创造者，而且是"载体"，即"传承者"。那么，作为文化载体的"人"的流动和"人群"的职业分化是不是对文化的变迁有影响呢？这样的影响在少数民族地区是如何发生的呢？为了弄清这个问题，本文将以文山壮族苗族自治州富宁县剥隘镇的一个壮族村寨为例来对此做一些初步的探讨。

## 一、坡芽村概况

### 1. 偏远的小山村

坡芽村位于云南省文山壮族苗族自治州富宁县。富宁县位于文山州东部，东与广西壮族自治区百色相邻，南与越南人民共和国接壤。县城距州城文山有 200 余公里，距省城昆明有 500 余公里，距广西南宁有 400 余公里，是地处祖国西南边陲的一个偏远县份。

坡芽村是这个偏远县份的一个偏远村寨。其地位于富宁县剥隘镇的一个山坡上。从坡芽村到县城富宁还有 100 公里左右。从坡芽村到剥隘镇是一段大约有 10 公里的泥石路，这条泥石路修建于 2001 年。村里不通班车。村民一般骑摩托车通过这条路往返于村镇。遇到下雨，这条路就泥泞打滑，村民便只能靠双脚走路了。

### 2. 壮族集居地

富宁县是一个壮族集居的地方，2000 年，全县壮族人口达 21.9 万人，占全县总人口的 56%。坡芽村所处的剥隘镇更是一个壮族聚居的地方，壮族人口占全镇人口的 97% 以上。坡芽全村 55 户 258

---

[①]　[基金项目] 国家社科基金项目"坡芽歌书的传承与保护——非物质文化遗产的个案研究"阶段性成果，项目编号 [08XMZ036]。本文所论及的"农村居民"是指长期居住在农村或户口在农村的公民。其中包括：在坡芽村长期务农的农民、经常外出打工的农民、保留了坡芽村户口但长期在外工作的个体经营者和居住生活在坡芽的非农业户口的公民。

[*]　王志芬，云南大学人类学博物馆助理研究员、中央民族大学 2006 级民族学博士研究生。

人，除4个村民是汉族之外，其他254人都是本地土生土长的壮族。壮族人口高达全村总人口的98%，是一个壮族集居的小山村。

### 3. 传统文化的富集地

从文化分布上看，中国的广西壮族自治区西部、云南的文山壮族苗族自治州和越南北部是壮族文化分布最为集中的广阔地带。富宁县位于这块广阔文化带的中部。在这样一个被壮文化层层包裹的中心腹地，民风民俗的保留相对完整。在坡芽村，壮语为村民的日常用语，很多村民仍然听不懂汉语、看不懂电视；村里家家都还有传统的织布机，用自织的布做衣服、被子和背小孩的背带；村子里仍保留有对歌、漆齿、跣足等习俗；壮族手绘图载歌书——坡芽歌书就是被发现于这个村子……可以说坡芽村是一个传统文化积淀丰厚的壮族聚居区。

## 二、坡芽村的人口流动

在这样一个传统文化积淀丰厚的少数民族偏远山村，现代化是否发生？如何发生的呢？让我们从坡芽村的人口流动来谈起。因为在坡芽村文化的现代化变迁很大一部分原因是人口的流动所引发的。

### 1. 人口流动的原因

在坡芽村造成人口的流动的原因很多，于1978年国家的改革开放为分水岭，大致可分为两个阶段。

1978年国家实行改革开放的政策以前，坡芽村的人口流动规模很小，流动的种类主要有婚嫁、求学、当兵、出去工作等等。这些人口流动对坡芽村的壮族的传统文化的影响和冲击不大。因为1978年以前，坡芽村没有任何一例族外婚。1978年以前，整个坡芽村出去求学后在外工作的只有1人。全村大部分人是文盲或只读过村小一二年级，只有极少数人能读到初中。另外，村子里出去当兵的有1人，出去供销社工作的有1人。但这两个人在外面工作一段时间之后都又回到了坡芽村。

因此，说到坡芽村人口的大规模流动，还得从国家改革开放政策来说起。1978年党的十一届三中全会作出了实行改革开放的重大决策。1979年，党中央、国务院批准广东、福建在对外经济活动中实行"特殊政策、灵活措施"，并决定在深圳、珠海、厦门、汕头试办经济特区。东南沿海成为全国最早实行对外开放的省份。沿海的改革开放引发了一场全国范围内的南下打工潮流。据国家统计局的统计：1982年全国共有1年以上的常住流动人口657万，1990年达2 135万，2000年，上升到12 107万。农民是这场打工潮流的主力军。农民之所以能走出村寨、跨县、跨省出去打工，和1978年以来中国在农村实行的联产承包责任制有关。联产承包责任制将农民从集体劳动中解放出来，成为自己为自己负责的农民，在做完自家的那点活计之后就可以自由支配剩余的时间。这就极大地解放了世代绑缚在土地上的农民，使农民进城打工有了可能。

坡芽村的土地承包实行于1980年左右，20世纪90年代，坡芽村出现了第一个进城打工的人，他打工的地点是广东。

### 2. 人口流动的规模

在坡芽村的人口流动中，规模最大的是外出打工的这个群体。截至2008年6月，坡芽村全村的人口有258人，18岁以上的成年人有172人，全村常年外出打工和农闲时外出打工的人共有89人。外出打工的人占全村人口的34.50%，占全村成年人口的51.74%。

其次是在外求学的人。坡芽村只有一个村小，是一个一师一校的学校。每年只招两个班，一、三或二、四年级隔年招生。五、六年级和初中就要到剥隘镇读书。高中就要到富宁去读书了。2008年6月，从坡芽到剥隘镇上学的人有18人，到富宁县城上学的有4人，到富宁县归朝镇上学的有1人，到文山州城上学的有1人，到玉溪上学的有1人，到上海上学的1人，跟父母到广东的有4人。共计有30人在外面上学。这些学生一般在节假日或周末回家。

再次是婚姻引起的人口流动。坡芽村的婚姻主流仍然是族内婚。一般是本村不同家族的人互相通婚，从附近壮族村寨嫁入或从本村嫁到附近村寨的也很多。但是村子里还没有人嫁给其他民族。1991年，坡芽村出现了第一例汉族的上门女婿。到2008年6月止共有3例上门的汉族女婿。2007年坡芽村出现了第一例嫁入的汉族媳妇。

坡芽村在外工作的人很少，几乎可以忽略不计。20 世纪 60 年代有一个出去当兵的人；70 年代有一个出去供销社工作的人，他们后来都因种种原因回到了村子。现在，村小的老师是村子里唯一一个吃国家公粮的人。他原来在富宁县的某镇教书，可是家里的妻子儿女全部都在坡芽村，因此到 1981 年村里唯一的一个民办老师退休时，他就要求调回了坡芽村任教。

如果到剥隘镇卖菜，也算是一种小规模的人口流动的话，坡芽村的很多村民都会在集市的时候把自己种的一些菜挑到剥隘去卖，以换回一些日常生活用品或孩子读书的费用。他们一般是在凌晨 4、5 点就出门摘菜、卖菜，中午 12 点以前就回家了。这种情况是近两年剥隘搬了新镇以后才出现的。

3. 人口流动的方向

坡芽村的人口的流动有两个方向。一个是流动进城。一个是流动进村。流动进城的主要有打工、当兵、出去工作经商、卖菜等几种情况。流动进村主要有婚嫁、当兵工作回来、外出打工回来等几种情形。在这些人口流动中，富宁县境内的流动如婚嫁、上学、打工等和跨省的流动如打工等占据了大多数。邻近县份的流动较少。

4. 人口流动的地点

从坡芽村出去的劳动力人口大部分流向了发达的沿海城市。在坡芽 89 个常年或经常在外打工的人当中，有 65 人曾在或现在广东，有 4 人现在浙江，有 2 人现在广西，有 1 人现在怒江，1 人现在北京，有 2 人曾到上海，有 1 人曾到福建，有 1 人曾到昆明，有 2 人曾到贵州、在富宁县本地打工的有 9 人。到广东、浙江、上海、广西、福建等沿海发达城市的有 74 人，占坡芽村打工总人数的 83% 以上。

## 三、流动人口的职业分化

壮族是一个稻作民族。传统的壮族社区，是一个以从事农业劳动为主的社区。在坡芽村，1949 年以前，全村人都是脸朝黄土背朝天的农民，没有一个人外出工作。

新中国成立以后，少数民族的地位有所提高，少数民族有了与汉族平等甚至更为优惠的就业权利。因此，从 20 世纪 60 年代到 70 年代，坡芽村出现了三个外出工作的人：一个外出当兵，一个到供销社工作、一个在外面当老师。在那个年代，这三个职业都是非常光荣、令人羡慕的职业。但是，这三个人最终都还是回到了坡芽村。当兵的人当了六年的兵回来后，本来政府安排工作，但因当时坡芽村不通电话、没有公路、没有邮路，当兵的人回到了家没有接到安排工作的通知，白白错过了一个好机会。到供销社工作的人，因为文化程度过低，在 80 年代供销社解散时被遣散回家。当教师的人也于 1981 年村里的民办教师回去种田后调回了村子。可想而知，这种人口流动的数量和规模太小，而且，他们大都在本地工作，并未脱离整个大的文化环境。出去当兵的人虽然暂时脱离了壮族文化的环境，但很快回来又步入了旧有的生活轨道，所以，他们对坡芽村的文化变迁的影响不是很大。

改革开放后，打工潮从沿海走到坡芽村整整走了十年，虽然起步有点晚，但还是不可避免地发生了。90 年代初出现第一个到外省打工的打工者以后，打工者的规模越来越大，打工的人流源源不断，慢慢波及了坡芽村的整个社会生活。

这些因打工而流动进城的坡芽村民，不仅规模大——占坡芽村这个劳动力人口的一半以上，而且，大都是跨省打工，打工的时候已经完全脱离了自己原来所生活的文化环境，完全脱离了壮族传统的农耕社区生活，其主要工作从传统的耕田种地转移到了电子元件、玩具制造厂、家用电器厂、建筑工地、制鞋厂等许多现代工业领域。即便是农忙时在家劳动、农闲时外出打工的农民，也因为年复一年的外出打工而使本身所具有的文化受到了连续的冲击，从而使他们具有半工半农或半商半农的双重身份。总之，在城市，他们从事的是一种与农民完全不同的职业。

## 四、人口流动和职业分化对文化变迁的影响

农村居民的人口流动和职业的分化分流了村民劳动力，也慢慢改变着壮族建立在农耕社会基础之

上的传统文化。主要表现在以下几个方面：

1. 生活习俗的改变

坡芽村外出打工的人口中，18至49岁人口占总打工人口的67%。他们中的大部分都是初中或高中毕业之后出去打工的人。这些外出打工的年轻人走出了壮族文化所包围的传统社会，融入了一个更大的、更为广阔的文化氛围。他们中的大多数已经不再会唱壮族民歌、不再穿本民族的服饰、不再做鞋垫送情人、不再会织布……他们也许还会回到坡芽村，也许已经融入城市生活。即便回来，那些在城市的现代生活经历已经在他们的身上留下了或多或少的烙印并正在或者即将改变坡芽村的面貌。

2. 婚姻制度的改变

农村居民的人口流动和职业的分化使在城里打工的新一代壮族人的婚姻制度发生了改变。

首先，在传统的壮族社区，几乎所有的人都是通过对歌认识，或者通过媒妁之言、父母之命决定自己的婚姻。而现代的年轻人主要是通过在学习中、工作中的相互了解而结为夫妻。坡芽村外出打工的年轻人中出现了许多对在外打工认识而结婚的夫妻。

其次，在传统的壮族社区，因为恋爱方式的局限，所缔结的婚姻基本上都是村里各宗族之间或邻近村寨之间的婚姻。而现代婚姻因为跨省打工的出现而出现了省际婚姻，如卿凤梅、黄秀奎等等都是从邻省嫁入的。主要原因是打工引起的生活圈子和社交圈子的扩大。

再次，是族际婚姻的出现。壮族虽然可与其他民族通婚，但在90年代以前，整个坡芽村都是壮族人内部通婚。1991年，富宁县归朝镇的汉族农加友到坡芽村做上门女婿，坡芽村开始了第一例族际婚姻。到2008年6月，坡芽村子总共有三个上门的汉族女婿。2007年出现了一例汉族女性嫁入坡芽的婚姻。女方是湖南人，他们在广东打工时认识，2008年回到村子来生孩子，现在孩子已经有3个多月。这只是开始，随着村子外出打工的人的不断增多，相信这种情形将逐渐增多。

3. 传统民居的变化

（1）女儿房的消失

在传统的壮族社区，青年男女通过日常交往或节日、节庆对歌认识，期间可自由交往、自由恋爱，甚至在结婚之后壮族女子还有不落夫家的习俗。所以，在成年到结婚后生子这一段时间壮族男女的交往是比较自由的。体现在民居上就是传统民居每家每户在大门外的左右两边建盖有侧房，又称为女儿房，是专门给成年的女儿夜晚对歌、谈恋爱准备的。外出打工、学习的人的增多，使壮族的恋爱方式发生改变，夜晚对歌、谈恋爱的习俗慢慢消失，随之，很多女儿房已经失去了传统的功能和意义。有的新建房屋干脆就没有了女儿房。

（2）澡房和厕所的出现

传统的壮族社区没有这两样东西。对坡芽村而言，澡房和厕所都出现在2007年。澡房的事还得从采访湖南汉族女子开始。采访她的那天是2008年6月1日。我是5月23日到达坡芽的，正处炎热盛夏。富宁属于热带和亚热带气候，剥隘地处谷地，是富宁县最热的地方，据《富宁县志》，剥隘5月份的平均气温近30℃。虽然我每天在房屋里不参加劳动，但一天下来也是汗湿衣衫。村里的百姓都是每天晚上打一盆水到晒台上擦身，他们称之为"洗澡"。如此一个多星期我实在是难以忍受。于是采访这个湖南女子时我悄悄问了她一个非常私人的问题"你是到哪里洗澡的？"她说，村子里没有洗澡的地方，她家倒有一个，不过是她来了之后才建起来的。说着她把我带到后面一个简易的棚子里说，这就是澡房。她说这是经过她改装的，原来有这个屋子但四周窗子都是没有遮挡的，刚来的时候她还以为这就是澡房，就在那洗澡，后来才发现他们没有澡房就自己动手将这间屋子改装成了澡房。这就是村子里第一个澡房的出现！澡房的出现和流动进村的人口有关。

厕所的出现也与流动进村的人有关。2006年，坡芽歌书发现之后，富宁县将坡芽歌书列为县级非物质文化遗产并在坡芽村建传习馆进行传承和保护。当县里的人来到坡芽，发现村子里没有厕所非常不方便就在村子里建了两个厕所。

这个事有意义吗？当然有意义。这个事如果放在我们到处都是澡房、卫生间的大城市是没有意义的，但在坡芽，历史上没有厕所、洗澡要趁晚上天黑的时候，这就是一个开端。这种开端并不意味着一种生活方式的结束，但它却是一种新的生活方式的开端。用厕所现在已经被坡芽村的村民所普遍接受。我相信，随着在外地受教育的、外地打工回来的人越来越多，澡房也必将慢慢地被越来越多的村民所接受。诸如此类的改变所改写的不仅仅是坡芽村厕所和洗澡的历史，将还涉及坡芽村村民的日常生活和壮族传统村落布局和房屋结构的改变。

4. 人口流动引起的社区群体内劳动分工的改变

（1）出现了新类别的劳动群体

在传统的壮族社区，除耕种农田的一般民众之外，大体还可以分为宗教人士（包括道公、麽公和巫婆）、歌手、猎手、族长、草医等几种人群。虽然后面的这几类也还参加农田劳动，但属于村寨精英层和权威层，在社区生活生产中发挥着重要作用。

打工群体出现后，坡芽村出现了新类别的劳动群体。他们有的已经不再种地，有的有时也种一点地，但他们已经再也不是纯粹耕田种地的农民。最初到广东制鞋厂打工的坡芽人现在已经在浙江开起了一个制鞋厂，从打工者变为了城市投资者，并招收了几个坡芽村民到他的制鞋厂打工，而他的父母则在坡芽村开起了一个小商店；一个原来经常在广西和云南贩卖水果的坡芽村民现在剥隘镇开起了一个夫妻小吃店做起了生意；三个原来在外打工的村民已经买了货车做了司机帮别人跑货运；两个打工回来的村民在政府的扶持下在村里办起了鸡鸭养殖场做专业养殖户；另外，一对儿女都在外打工的老人在村里开设了一个小诊所兼商店，进行西药及成品药和一些日用生活品的买卖；从湖南嫁过来的打工女子在坡芽村也开了一个小商店；而一个从福建打工回来的村民通过选举做了坡芽村的村民组长……

在这些变化中，传统精英层和权威阶层的功用被不断弱化，而新兴的劳动群体发挥着越来越重要的作用。

（2）传统的农业劳动更多为女性所承担

在坡芽村89个外出打工的人群中男性有55人，占外出打工人数的62%，女性有34人，占外出打工人数的38%。女性承担了比原来更多的农业劳动，相应的，传统文化也更多为女性所保留。

（3）老年人承担了部分原本由年轻人承担的工作

坡芽村外出打工人员占全村成年人的52%，占坡芽村18至60岁壮年人口的58%，可以说，坡芽村外出打工的人大部分是村子里的青壮年。青壮年的外出打工，改变了村民传统的劳动分工，老年人更多地承担了原来年轻人所应该承担的工作。在坡芽村，很多老年人不仅要在家带小孩，还要上山放牛、下田耕作劳动。

5. 新的生产方式的出现

传统的壮族社区都是用牛耕田，2007年，一个村民买了一台拖拉机用于运送农用物资和耕田。2008年两户村民合资又买了一台拖拉机用于耕田。没有牛的村民有时也会借用或租用拖拉机耕田。新的生产方式在坡芽村开始出现。他们都是打工者家属或曾经是打工者。

## 五、文化变迁中的文化冲突和文化的双向影响

1. 文化冲突

在坡芽村的这一系列文化变迁中，文化冲突有没有发生过、如何发生的呢？让我们还是来看看这个从湖南嫁过来的汉族女子，因为在她身上不同文化之间的冲突表现得更为明显，更容易观察到。这个湖南女子从汉族地区嫁到这个少数民族小村子后，可能因为语言不通的缘故憋了很长时间，见到我的时候终于见到了一个可以说话的人，所以主动跟我说了很多事情。她说她很不习惯这个村寨，因为她感到这里的人好奇怪！开小卖铺是她个人的事，刚开始却引来了村民的议论和干涉。首先是选址和门向的问题，她选好之后，她的公公就去问村里的摩公可不可以开，门应该往哪个方向开等等之类的问题。等这些都定下来之后，还为店铺门的大小发生了很多争论。她想把门开大一点，因为这样来买东西的人方便一些，店里的东西也可以一览无余。可是村里的摩公就是不同意，说村里还没有这个规矩。摩公劝说不通之后，村子里的很多老人都上门来劝她。他们拿尺子来量她的商店的门，指指点

点。村民层层围观、议论纷纷。她说:"我才不管他们呢,我就是要开大门。"说完这事后她问我:"你发现没有,除了我的商店之外,村里其他商店的门都是小门?"我仔细观察了村里的另外两家商店,发现真的都是小门。村子里的人说:按村里的规矩,商店的门不能比家的门大。

为什么商店的门应该比家的门小呢?我想这应该和壮族传统的农耕文化有关。壮族是典型的稻作民族。长期的水稻种植养成了他们以农为本、以商为末的思想观念。在他们的观念中,"家"代表"本",是立命的基础;而"商店"在此刻代表"商"。不能重本轻末。这种观念幻化在现实生活中就表现为:商店的门不能比家的门大。

实际上,以上冲突不仅仅是坡芽村文化变迁过程中传统的"农本"观念和现代"商品"观念的一次冲突,也不仅仅是坡芽村不同民族间文化的一次小小冲突,同时也是不断发展起来的新生力量和社区传统力量的一次冲突。

2. 文化的大环境和文化的双向影响

文化的变迁实际上和文化的大环境很有关系。当一个相对简单的、弱小的文化群体面对一个较为复杂的、强大的文化群体时,弱小群体的文化就显得脆弱一些,更容易受到强大群体文化影响和冲击。这种影响和冲击是因时因地的。例如,当坡芽村的村民到外地、外省去打工时,他们成为一个分散的文化群体,比他们在本土时更为脆弱,他们必须融入大的文化环境中才能生存下来。当一个人面对生存问题的时候,文化适应就显得尤为重要,这时文化传统成为他们身上潜意识的天然携带而不是有意识的追求。因此,对打工者来说,现代化更容易在他们身上留下痕迹。同样,当一个受过教育的汉族女子来到坡芽时,她来到了壮族这样一个大的文化传统和背景中,对她而言,同样也面临生存的问题,如果不适应壮族文化她就无法生存。因而她到坡芽未到一年,已经能听懂大多数壮族语言、会说部分简单壮语,并能凭记忆准确手绘一些坡芽歌书的符号。

当然,文化的影响并不是单向的,而是双向的。正如前面所言,这个湖南女子对坡芽村的传统文化也产生了很大的影响。同时,当一个个外出工作、经商的壮族人汇入现代化潮流的时候,现代化的潮流中也增添了些许壮族文化的成分。

总之,坡芽村的文化变迁受人口流动的影响很大,特别是改革开放三十年来坡芽村人口大规模的省际流动引发了一系列的文化变迁,对坡芽村的传统文化造成了很大冲击。

从微观的角度来看,坡芽村的文化变迁是一个缓慢的过程,也许是从第一个人外出打工开始,也许是从村子里第一个小卖部的出现开始,也许是从村民买回第一辆摩托车或货车开始,也许是从村民自己种菜吃到剥隘卖菜开始,更可能是之类一些事情的慢慢累积,从量变到质变,导致了思想观念的变化和文化变迁的发生。但从历史的角度来看,坡芽村的文化变迁在20世纪80年代以后加快了步伐和速度,这和国际、国内的大环境有关,也和坡芽村村民寻求更多自身发展和生存空间有关。

在坡芽村的文化变迁中,传统文化的力量在不断减弱,很多传统习俗已经消失或正在消失,壮族传统的自给自足的封闭的自然经济正在被打破。同时,传统文化中非常薄弱的商品经济的观念作为新生力量以不可遏制之势勃然兴起,对坡芽村的经济、文化和生活产生了非常大的影响。

# 边疆治理与多元民族文化调适

王越平*

**摘　要**：边疆治理模式的选择必须紧扣边疆民族的本底性特征。以往众多学者对中国边疆治理模式的研究多采用自上而下的视野，致使政策与边疆民族的诉求之间并不能完全贴切，同时也不能兼顾到多元边疆民族的差异性特征。因此，采取由下至上的方法对边疆治理问题进行研究，从根本上提出实现边疆民族地区的长治久安的治理模式，处理好边疆"多元"文化与"一元"文化之间的关系。

**关键词**：边疆民族；边疆治理；多元文化；文化调适

我国地域辽阔、边境线绵长，与多个不同意识形态、政治制度和文化特征的国家毗邻。从民族分布上看我国边疆地区往往也是少数民族聚居的地区，他们作为这一地域空间的主体，在边疆形成、建构和发展的过程中无不发挥着核心的作用。边疆正是有了边疆民族作为文化的创造者，在日常生活实践中创造出了丰富多样的文化，才使得边疆成为与"中原"、"关内"等相异的地域和文化空间。基于对不同边疆民族的认识和疆域范围的划分，历史上对于边疆民族地区的治理也呈现出差异性的特征，治理制度、治理方式、治理重心都有所不同。进入近现代以来，尤其是随着统一的多民族国家的建立，使得疆域范围进一步明晰，边疆治理也逐步被纳入到关系国家安全、民族存亡的重要议题中。长期以来，众多学者从多个学科的角度对中国边疆治理的模式进行了探讨，并提出了诸多具有真知灼见的观点。但是，综合分析这些研究论著，学者们更多的是采取自上而下的视野，也即从政策制定者——国家的层面来分析边疆的治理模式，而较少从边疆民族的本底性的特征来审视和讨论边疆治理的理念和模式。

有必要指出的是，边疆与边疆民族都是文化建构和社会建构的产物，在这一过程中边疆以及边疆民族在文化特征、民族心理等方面都表现出与"中心"不同的文化禀赋，边疆民族文化与主流文化间应是一元与多元的关系。因此，本文的主旨是把边疆治理的问题纳入到人类学和民族学的视野下，采取由下至上的方法，从分析边疆民族的文化特征入手，探讨合理的边疆治理的理念和模式，这样才能从根本上实现边疆民族地区的长治久安。

## 一、边疆民族与多元文化

民族既是一种社会性存在，同时又是历史性存在。民族产生的基础既与一定的人种或者具有某种体质特征的生物性的个体密切相关，更重要的是与该群体所处的政治、经济、文化架构相关。关于现代民族概念的产生，深刻地反映了这一生物性的群体概念向社会性和政治性的群体概念的转变。民族

---

* 王越平，云南大学西南边疆少数民族研究中心助理研究员。

由最初所指的"族群而非政治组织的群体"概念,① 逐步从以体质上的差异为区分符号转变为以文化的差异为符记的"人们共同体",因而也被赋予了意识形态、价值观念、政治权力等意涵,民族自然地与民族—国家联系在了一起。"由于过分强调将一种文化改造成民族的政治媒介作用,人们既有可能将民族归于民族主义,也有可能将民族简单地理解为熏陶公民的熔炉。"② 这样一种民族概念的产生是在"西方新的社会经济形态以及帝国主义、殖民主义时期的新的国家关系大环境下产生和传播开的"。③ 从这一角度来理解现代民族概念的形成,将能够更深刻地认识民族的内涵、特征以及与民族相关的问题。

其实,作为一种社会事实,中国边疆民族的形成也同样具有社会性和历史性的特征。首先,历史上中国传统的"华夷之辨"文化观点,是建立在对以汉民族生活的空间为"中心"以及以"四夷"少数民族生活的空间为"边缘"的疆域认识的基础上。凡是接受了中原文化的族群被称为"华夏",反之仍然没有接受中原文化的族群,被称为"蛮夷"。在一国内区分属民时,常用"化内"和"化外"两个概念。依据孔子"有教无类"的观点,"华夏"有对"夷狄"进行"教化"的义务。当然"华夏"也向"夷狄"学习。文明之间可以互相学习,"教化"的结果是"以夏变夷",使周边的少数民族因接受中原文化而逐步吸收进汉人的队伍,最终形成了两千年延续不断的中华皇统和今天一个12亿人的"汉族"。④ 这样,在历史上不同的中央政权的控制下,边疆民族的范围、边疆民族的内核也处于变动中。同时由于历代中央政权一直把边疆民族地区视为"化外之地",对边疆的治理也大多采用相对消极的方式,所以尽管处于边缘地区的少数民族对中原文化具有强烈的向心力,但是由于地域空间的距离以及文化上的心理疏离感造就了边疆民族相对独立的社会和经济文化发展空间,与疆域外的诸多民族间保持着密切的联系,从而也使边疆民族保持和传承了与主流文化相异的、相对比较完整的边疆民族文化。

其次,在边疆民族形成的过程中,由于边疆民族生存环境的极大差异,边疆民族内部各社会发展水平极不均衡,各边疆民族文化间也存在着一定的差异。从族源的角度来追溯现今生活于中国边境线上的各民族可以发现,很多民族间都保持着或远或近的亲缘关系。从族体上看他们都可以划分入汉藏语系、满通古斯语系的民族中,也有一部分从境外迁入的孟高棉语族的民族,然而由于发展过程的差异以及生态环境的差异,各民族在随后的发展过程中不断分化,或者分化又融合,形成了各自相对独立而固定的社会结构和文化特征。

总体上看,边疆民族的文化特征主要表现在:其一是族群的多元性,其二是过程的多元性。对于前者,主要是指从族体上看,边疆民族先民的来源是非常多元的,既包括阿尔泰语系中持突厥语系、蒙古语族和满通古斯语系的民族,还包括汉藏语系的诸多民族,还有少量南亚语系孟-高棉语族和印欧语系的民族。这些民族中既有游牧民族,也有游牧以及农耕和狩猎间杂的民族,还有狩猎及兼事农耕的民族,各民族间生计方式和传统的生存环境有着极大的差异,而这也从一定程度上决定了边疆民族在不同的生态环境下发展和形成了多元的民族文化和社会制度。

对于后者,主要指从边疆民族形成的过程来看,也是非常多元的。"民族并不是长期稳定的人们共同体,而是在历史过程中经常有变动的民族实体。"⑤ 在诸多边疆民族中,来自中国北方、西北、东北以及来自南方的土著民族不断迁徙,与中原的汉民族接触、融合,同时相互之间也不断发生互动,进而逐步形成了今天中华民族多元一体的格局。也正是在这一历史进程中,边疆民族才能以分化

---

① [英]雷蒙·威廉斯著:《关键词:文化与社会的词汇》,刘建基译,北京:生活·读书·新知三联书店,2005年版,第316页。

② [法]吉尔·德拉诺瓦著:《民族与民族主义》,郑文彬、洪晖译,北京:生活·读书·新知三联书店,2005年版,第21页。

③ 马戎编著:《民族社会学——社会学的族群关系研究》,北京:北京大学出版社,2004年版,第57页。

④ 马戎:《当前中国民族问题研究的选题与思路》,载于《民族社会学研究通讯》,2007年总第42期,第2~29页。

⑤ 费孝通主编:《中华民族多元一体格局》(修订本),北京:中央民族大学出版社,2003年版,第35页。

成与自己先民相异的、多元的格局。诚然，作为本底性的民族的族源是有着一定的决定性作用的，但更为重要的是，边疆民族在各自发展形成的过程中如何融合、采借和吸纳周边民族的文化，如何受到中原汉族文化的影响，通过怎样的历史过程形成相对稳定的人们的共同体。如果说共同的祖先订立了民族发展的主调，那么各边疆民族发展形成的协奏曲则是由多种乐器共同演奏完成的。在边疆民族形成的过程中，有的族体消失了，或绝于天灾人祸，或融于其他民族。有的民族虽然族体本身还存在，但却被冠上了新的族称；有的民族随着迁徙和与周边民族的交往融合而形成多源性的新族体；有的民族是由中国境外进入的外国民族人口为主体并吸收境内某些民族人口成分融合而形成的；有的民族则是从邻国迁入而成为中国境内的民族。① 过程的多元决定了边疆民族文化形成过程中，文化涵化与文化融合的内容不同和程度不同，文化传播和文化扩散的方式也不同，从而也使得民族形成过程中的"同源异流"或者"多元融合"的特征在民族文化上突出地表现出来。不同的文化间相互叠加和融合，抑或不同文化间存在着冲突与竞争，边疆民族在这样的文化建构过程中逐步凸显了自己的独特性，丰富和充实了人类社会。

## 二、边疆民族文化与边疆治理

不同的边疆民族文化将以不同的方式规约和影响着边疆民族的文化诉求，同时在不同的边疆社会中，由于社会结构和文化观念的差异，也决定着治理模式的不同。作为国家话语掌控下的边疆经营和治理模式，除了必须遵循国家主导文化的权力意志外，同时也应该考虑到施以对象的特殊性和差异性，这样才能真正地发挥其效力。因而回归到边疆民族文化的本底性特征，从分析边疆民族的文化特征入手，进而提出边疆治理政策，这是边疆实现和谐发展、有效治理的正途。

边疆治理的制度性和文化性的特征，决定了对边疆治理和经营模式的设计必须纳入到一定的社会情境下进行讨论。如果说每一种文化都有其价值和规范，同时也是满足了该社会中人们的某种需求，那么文化也内在地和外化地影响、控制和规约了人们的行为，具有一定的功能。"文化的真正要素有它相当的永久性、普遍性及独立性，是人类活动有组织的体系，就是我们所谓的'社会制度'。任何社会制度都针对这一根本的需要；在一合作的事务上，和永久地团集着的一群人中，有它特具的一套规律及技术"。② "文化模式——宗教的、哲学的、美学的、科学的、意识形态的——是'程序'；它们为组织社会和心理过程提供了一个模版。"③ 更因为"人于自然界进行物质交换的生存活动，便构成整个解释系统的前提或基础，而人类对自身生存行为的解释，则产生了共同价值体系。这种共同价值体系的制度化，又反过来规范着人们的生存努力行为，决定他们与自然界进行物质交换的方式，调整他们在此生存活动中的相互关系"④。所以，作为社会制度一部分的边疆治理制度也应隶属于其赖以存在的文化体系中，是特定社会和文化系统下的有机组成部分。边疆治理制度的产生，一方面是切合了文化传统的要求，另一方面也切合了所处社会的共同的价值观的要求。其内涵必须充分体现一个社会的主导的价值观念和主流的文化需求。

在中国历史上历代中央王朝在制定边疆治理和经营模式时，无论是采用"和亲"，抑或建立"藩属"国的政策；还是采用"土官治土"，或者"军屯"、"民屯"的政策，其出发点都是基于对边疆传统的文化观念的认知，把边疆作为"边地"，历来不把边疆认为与中原地域具有同等的价值和意义，因而对于边疆地区也多采用间接的治理模式。比如在以华夏族为主体建立的国家形成之初，"中国"代表的是统一王朝和国家的总称。作为一个政治实体来看，"中国"其实融合了多民族的多元一体的统一的民族国家，对于隶属于"中国"范畴之下的各民族来说，"中国"是一个文化概念。边疆的建构既是一个历史过程，同时也是一个文化的过程。在一国之内，边疆的出现源自于掌控政权的

---

① 黄光学、施联珠著：《中国的民族识别》，北京：民族出版社，2005年版，第52页。
② [英] 马凌诺夫斯基著：《文化论》，费孝通译，北京：华夏出版社，2002年版，第19～20页。
③ [美] 克利福德·格尔茨著：《文化的解释》，韩莉译，南京：译林出版社，1999年版，第259页。
④ 陈庆德著：《资源配置与制度变迁》，昆明：云南大学出版社，2001年版，第31页。

民族天然的自我中心主义，都倾向于认为本民族聚居的地方、所保有的文化是居于中心的，而处于该文化边缘的地区都识别为周边，也即边地。"边地"也成为一个相对的概念，出现在"中心"形成的过程中。在大一统的王朝时期，边地就是中央、中原以外的"四方"。从族群和文化的交往进程来看，边地的含义大致经历了从"边荒"到"边疆"再到"边界"的演变。① "边荒"对于处于中心的民族而言，是一个虽然知其有但未能实现直接控制的地域；"边疆"开始具有王土的属性，虽处在王朝（帝国）之边，却已纳入了经营治理的范围；至于"边界"，体现的是与他国相交的领土划分，对内意味着统治的端末，对外标志着主权的终止。② 可见，"边界"概念的出现是与现代民族——国家的建立密切相关。但是无论是把边地称为"边荒"也罢，还是"边疆"以及"边界"，始终贯穿其中的是执掌政权的民族霸权式的由中心看周边的思维模式。这样的观点，深深地影响到了历代中国政府对待边疆的政策，以及处理边疆民族地区与中原汉民族地区的关系、对待边疆民族文化的态度的问题。

不过细分起来，"如果按照夷和夏在中国疆域形成过程中所发挥的作用来分析、总结中国疆域形成的特点和规律，那么中国疆域的形成可以分为两个时期，即由远古到唐为第一个时期；五代到清则为第二个时期。在第一个时期，从远古到唐时期，在中国疆域形成过程中发挥主导作用的是华夏族，或由华夏族发展而来的汉族。在第二个时期，对中国疆域形成起着主导作用的则是夷，而非夏。在以华夏为主体建立的国家政权下，在边疆经营方面表现出了两种不同的态度。其一是主张坚持'华夷之辨'，反对积极经营边疆地区，旨在通过文化的教化使得夷'心悦诚服'；其二是采用武力征服的方式控制夷。"③ 由此，在这一阶段，中原的汉族始终是持居高临下的态度来审视边疆民族与中原汉族之间的关系，因此为了达到"以夏变夷"的目的，频频采用移民、戍军等方式加强对边区的控制，并没有注意到边疆民族文化的价值，而是试图用华夏族的文化覆盖或者涵化夷的文化。在第二个阶段，"和以汉族为主体所建王朝相比，边疆民族所建实现中国大部分地区统一乃至全国性统一的众多王朝，尽管被称为夷，其民族观中也继承了先秦时期'夷夏观'的某些内容，只是这种继承并不是简单地承袭，而是批判地继承，总的发展趋势则是不断冲击'华夷之辨'观念，并最终打破了这种观念的束缚"。④ 其一，这些王朝的建立者充分认识到了边疆地区的重要性以及边疆民族文化的价值。其二，在对待边疆的态度上，并不是单纯地采用绥靖的政策，而是采用更为积极的政策加强对边疆地区的统治，消除了边疆民族与中原民族交流的制度性障碍。在这一观念主导下的边疆治理模式下，边疆民族的文化特征能够完整地保留下来，也因为并不是采用强制性的文化控制的手段来阻挠边疆民族文化的传承，而更加驱使边疆民族积极向主导文化学习和借鉴，促成了中华民族多元一体的文化格局的形成。

可见，边疆民族文化与由主流文化建构的边疆治理制度之间并不是完全的对立的。历史的经验证明，往往是那些既兼顾了边疆民族文化特征以及文化需求的制度，并且也充分照顾到了主导文化的价值观的制度，能够实现对边疆地区的有效经营和持续控制，同时也有利于超越"华夷之辨"的、充分尊重边疆多元民族文化特征的多民族国家的主流价值观的形成。边疆民族的多元文化，不应仅成为主导文化控制下的配角，服从于一定的意识形态和政治制度，而应该在边疆治理中充当主角，由边疆民族自身的文化需求出发，明确地表达出自身的文化诉求。当然，边疆民族文化也不能脱离于国家主导文化的约束，它必须是符合整个中华民族社会发展需要、切合国家政治制度、文化传统的边疆民族多元文化。

---

① 徐新建：《边地中国：从"野蛮"到"文明"》，载《西南民族大学学报》（人文社会科学版），2005年第6期。
② 参见徐新建：《西南研究论》，昆明：云南教育出版社，1992年版，第7~10页。
③ 李大龙：《传统夷夏观与中国疆域的形成——中国疆域形成理论探讨之一》，载于《中国边疆史地研究》，2004年第1期。
④ 李大龙：《传统夷夏观与中国疆域的形成——中国疆域形成理论探讨之一》，载于《中国边疆史地研究》，2004年第1期。

## 三、边疆治理与多元文化协调:"一元"与"多元"的关系

自下而上的提出边疆治理政策,从边疆民族的文化特征出发制定边疆治理模式;同时也通过国家主导文化的干预,从一定程度上修正边疆多元民族文化中的偏差和障碍,实际上就要求在对多元文化进行调适的基础上提出边疆治理政策,协调国家主导文化与边疆多元文化的关系。

国家主导文化不仅强调的是在一国范围之内的主体文化,更突出的是这种主体文化必须是与一定的权力支配关系密不可分。国家主导文化的形成必定与一定历史时期人民的生活方式、物质发展水平、政治经济等因素相关,也是人们实践活动的结果。"一个时代的社会主文化按主次来划分,可以得出几组相互联系又相互区别的概念:主导文化、主体文化以及主流文化。这三个概念落实到社会事实上,有时是同一的,有时却是各有所指。"① 同时,国家主导文化应该对居于从属地位的亚文化或者各种多元文化有一定的凝聚力,一国的文化安全既要协调好国家主导文化与多元文化之间的关系,解决好一元与多元的关系问题。在当今民族—国家的框架下,一元与多元文化的关系就表现为国家主导文化与边疆多元民族文化之间的关系。

在中国历史上,无论是在以汉民族为主体民族建立的中央政权下,还是在以边疆民族为主建立的王朝治下,也大多对传统汉民族所创造的儒家文化的价值给予了很高的地位,并在一定程度上继承和接受了其作为国家的主导文化。这一方面是由于长期的文化接触与融合,使得边疆民族也从一定程度上获知和部分接受了中原的儒家文化思想;另一方面为了实现政权的承接以及保持政策的延续性,因此在具体处理国家主导文化与边疆民族文化时也大多批判地继承了儒家文化思想。这一点,在满族所建立的清朝时期可以很充分地体现出来。满族入关以后,即开始鼓励清朝贵族学习汉文,学习汉文经典,接受汉民族正统思想教育;同时还接受了汉民族所倡导的治国方略——"恩施并重",并大胆启用汉族知识分子为官。同时,在仔细研读儒家经典后,边疆民族对传统的"华夷"观进行创新和发展。② 其实,在儒家学说中,也还有强调华夷相通、以华变夷的思想。孔子作《春秋》,主张"诸侯用夷礼,则夷之;进于中国,则中国之"。③ 清朝就曾提倡不能过于严华夷之别,要求各民族承认满洲贵族建立的清王朝的正统性,同时也可以积极地联合其他少数民族的上层人士,实现大一统的局面。可见,在中国古代封建王朝时期,国家主导文化可以认为等同于儒家文化。在这一文化的影响下,在一定程度上认识到了边疆民族文化的多元性,同时也强调了中原汉民族文化具有的强大的向心力,正是在边疆民族多元文化与中原汉文化互动的过程中,实现中华民族大一统的格局。从而这也在一定程度上体现了作为主导的一元文化对多元文化的价值,以及多元文化对一元文化的价值。只不过,这样的认识和调适还是相对有限的。

20世纪中叶开始,随着无产阶级掌握政权,中国的国家主导文化也发生了变革,社会主义文化成为主导文化。正如强调意识形态的学者所指出的,"我国当今社会的主文化,就是以马克思主义为指导的、吸取中华民族和世界优秀文化遗产的、为人民服务的社会主义文化"。④ 社会主义的国家主导文化下,要求能够真正实现各民族的平等,实现中华民族的统一和谐。在这样的要求下,对于边疆民族多元文化也采取了一些调适措施。如修正极"左"的"大民族主义",在边疆民族地区贯彻民族区域自治政策,培养少数民族干部,推进社会改革等等,其旨都在加强边疆民族对国家的认同感。但是,由于在建国初期制定和执行政策时,片面地强调了对单个边疆民族的平等、结果的平等,而忽视了边疆民族地区的内部差异性,也忽视了边疆民族文化的多样性,实际上是"团体的多元主义"。20世纪后半叶以后,在部分学者的发起下,国家也开始思考国家主导文化与边疆民族文化之间的关系。国家主导文化是建立"文化多元"、"和谐统一"的民族—国家,在汉民族以及中国各少数民族间建

---

① 高丙中:《主文化、亚文化、反文化与中国文化变迁》,载《社会学研究》,1997年第1期。
② 马大正:《中国古代的边疆政策与边疆治理》,载《西域研究》,2002年第4期。
③ 韩愈:《源道》。
④ 郑杭生:《社会主义条件下主文化与反文化的对立》,载《人民日报》,1991年5月9日第5版。

立超越族群的共同的中华民族的认同,由单纯强调民族的权力的思维模式将向实现每个民族都享有公民权利的转变,建设公民社会。由此,在对待边疆多元民族文化时,一方面要充分重视本民族文化的价值和意义,另一方面要在边疆民族中建立超越族群认同、民族认同的国家认同意识,赋予边疆民族充分的公民权。

由上述对中国历史上及近现代国家主导文化和边疆民族多元文化的关系的回溯可见,国家主导文化作为与一定的政治权力紧密结合的文化,对整个社会具有一定的强制力和规范作用,处于核心的一级;而边疆民族文化作为整个社会中非常重要的组成部分,对于构建整个国家的和谐统一具有重要的价值,处于同一序列中另外一级,二者是一元与多元的关系。一元的形成、发展与稳固离不开多元的支撑,多元的团结与和谐也离不开一元的统领和协调,整个人类社会正是有了多元的组成部分结构也才更加稳定,维持了"社会的多样性",人类社会也才能延续下去。而在以往中国边疆民族治理的过程中,虽然也都关注到了边疆多元文化的重要性,但是由于其制定政策的逻辑起点是把国家主导文化视为以儒家文化为代表的文化,并过高地估计了该文化的价值,所以也从一定程度上遮蔽了边疆民族多元文化的价值,边疆社会与国家之间保持着一定的张力。尽管在新中国成立后通过民族识别、民族区域自治政策的执行,从一定程度上关注到了边疆多元文化的价值,但是在制定边疆政策时,片面地强调政治权益的保障,而忽视了其文化上的诉求,因而也未能达到预期的效果。由此可见,建立适合当前社会情势的、健康的国家主导文化,并充分尊重边疆民族多元文化价值、协调边疆民族文化与国家主导文化之间的关系,是边疆治理的根本之所在。

此外,对边疆民族文化进行调适,处理好一元与多元的关系,另外一个很重要的命题是处理好边疆民族文化与现代化间的关系,这也是在全球化的背景下,当前现代化、经济发展至上的浪潮下,对边疆治理模式提出新的挑战。

关于现代化的讨论早已成为学术界和各国政府关注的问题。普遍的共识是,"现代化"或者"现代化理论"是一些观点的集合,它在20世纪五六十年代产生过巨大的影响,至今仍支配着发展活动。"在本质上,现代化是一种进化论思想,它以工业化、自然经济向商品经济转变及都市化为依据,认为所有国家都处于一个直线发展道路上的不同阶段,并最终将成为一个工业化、都市化与有序的社会。"① 现代化的提出,先天地即与现代工业社会密切相关,从社会角色的角度看,现代社会是以资产阶级为主导力量而构筑起来的。汤因比也曾指出,把"现代西方文明"这一专有名词中的"现代"一词解释为"资产阶级","现代"一词就可以得到一个更为精确而具体的内涵。② 现代人的生活方式应是富足而自由的,舒适而健康的,这一切都必须以经济发展为基础。如果建立一种"文明"与"落后"的人类社会发展标尺,持现代化论者认为人类社会,尤其是非西方社会,其最终的发展目标都是达到现代化,现代化是人类社会发展的终极目标。现代化也与发展、经济等问题紧密地联系在一起。

其实,关于现代化的发展模式的讨论也是近期发展社会学者和发展人类学者较为关注的问题,在他们看来现代化的发展模式背后隐藏着两条潜规则。第一,就是直线的进化论的思想,认为"现代型社会"只有一个源头,一种发展方向,也只有一种道路。因而也只有西方社会的唯一的一种发展模式可以采用。第二,认为世界性现代化发展模式实际上是以把广大的第三世界国家纳入到西方的市场体系中,使其产生一种依附的发展模式。这一观点强调发展在本质上是一个不平等的过程,处于西方资本主义边缘的经济被整合进了资本主义,而这种整合一开始就是在不平等的基础上实现的,在为中心的制造业提供原材料的过程中,边缘地区开始依附于国外市场,无法发展自己的制造业。③ 同

---

① [英]凯蒂·加德纳、大卫·刘易斯:《人类学、发展与后现代挑战》,张有春译,北京:中国人民大学出版社,2008年版,第11~12页。
② [英]阿诺德·汤因比:《历史研究》(下),曹未风等译,上海:上海人民出版社,1997年版,第224页。
③ [英]凯蒂·加德纳、大卫·刘易斯:《人类学、发展与后现代挑战》,张有春译,北京:中国人民大学出版社,2008年版,第15~16页。

时，一旦依附生产建立的社会结构稳固下来之后，它会不断被复制，边缘地区不可能有资本积累。这样最终将导致富国越来越富，穷国越来越穷。

在经济霸权的背后，现代化还隐藏了文化的霸权和政治的霸权。现代化论者，实际上对于传统文化是持批判观点的，在他们看来传统社会只有尽快割裂与传统文化的血脉联系，才能跨入现代化的行列。同时，全球的现代化发展模式的推行，也将促使西方霸权体系对全球的支配与控制，并不意味着非西方社会只有由西方创造的历史客体，而是在他们无批判地接受"现代化"概念、并实施"赶超"的过程中，使他们日益成为他们自己的历史和西方历史的参与者、推动者和塑造者。① 由此，处于边缘的群体的文化主体地位将会逐步散失，并且屈从于西方的主导价值观念。同样，如果处于文化边缘的边疆民族也亦步亦趋的跟随西方现代化的发展模式，那么他们也必将面临文化独特性和传统性散失的问题，文化的多元性逐步趋同于统一的西方现代化的文化观念下。

在这样的背景下，人们也开始反思在现代化的进程中，地方或者边疆民族文化的价值何在。难道实现现代化只有唯一的一条发展路径，即以消除各国、各民族间的文化差异为代价，全盘否定以往社会、经济发展的模式。其实，正如杜尔干在其《社会分工论》中所指出的，社会分工所达成的社会的有机团结，是以个人的相互差别为基础，使每个人都拥有自己的行动规范，都能够自臻其境，都有自己的人格，这样自由发展的空间越广，团结所产生的凝聚力就越强。② 如果我们把杜尔干的社会概念扩大一点，不仅仅限制于某一民族—国家内的社会，而是整个人类社会，那么我们发现如果依照这样的路径来思考现代化的问题，可能就获得不一样的收获。现代化的发展模式并不是以消灭每个社会、每个民族文化的独特性为前提，也并不是只有唯一的一种类型的实践现代化的发展路径，可能在现代化的发展目标之下，在不同的民族—国家中，结合本民族的文化特质和传统的文化观念，在资本主义发展路径和地方化的发展路径之间是可以找到一条可行的道路。而这一目标的达成，除了对主导的现代化理论进行调适，摒弃其非合理、非平等的价值观念；同时也要对传统的边疆民族文化进行调适，实现双向的调适。

确实与现代市场体系和西方国家所走的工业化道路相比，边疆民族文化中也存在着一些阻碍社会健康发展的文化因素，如极端的宗教情感、民族分离主义等，这都是必须通过文化调适来进行消解。与此同时，在边疆民族传统文化中与现代西方社会中对于经济的态度也存在着一定的差异，这也需要进行文化调适。与西方的"理性"的价值观及市场规则相比，广泛存在于第三世界国家中的多元的价值观和市场规则被西方视为"非理性"的。事实上通过对这些社会研究表明，其实并不仅仅有现代西方所谓的一种经济理性。在一些欠发达的社会中，建立在文化理性基础之上的经济观念可能更能解决现代西方现代化后给我们留下的传统文化消失、过度的消费、贫富差距拉大等等问题。从这一角度来看，多元民族文化的价值和意义也才能充分地体现出来。因此，对西方现代化理论和中国边疆民族文化的调适，目的在于建立起一套适应于当地社会发展状况、充分尊重和继承了边疆民族优秀传统文化的发展路径和边疆治理模式。正如中国老一辈民族学和人类学者所提出的，"系统的处理边疆民族政治地位、文化价值的基本原则和建设边疆的具体措施，如边疆武力的国防化，边疆政治的民族化，边疆经济的现代化，边疆语文的国语化，边疆官吏的专门化等途径"。③ 而这些目标和路径的实践，都必须以尊重边疆多元民族文化的价值为理念，通过文化调适的手段来达成。

---

① 陈庆德：《人类学的理论预设与建构》，北京：社会科学文献出版社，2006年版，第223页。
② ［法］埃米尔·杜尔干：《社会分工论》，渠东译，北京：生活·读书·新知三联书店，2000年版，第91页。
③ 马长寿：《人类学在我国边政上的应用》，载于《边政公论》（第六卷），1947年第3期。

# 民间法：一种少数民族地区犯罪控制的乡土力量
## ——以云南宁蒗跑马坪乡彝族社区民间禁毒个案为样本①

刘 希\*

**摘 要**：在传统理论中，犯罪控制是典型的国家正式力量主导的社会机制，但是这种理论构建下的犯罪控制设置并不一定能够发挥最大的效果，尤其是在少数民族聚居的乡土社区中。云南宁蒗跑马坪乡彝族社区民间禁毒个案的法律人类学解读说明，国家法外的民间法资源能够并且应当成为少数民族地区犯罪控制的重要力量。

**关键词**：民间法；少数民族地区；犯罪控制；法律人类学

> 社会秩序一旦遭到破坏，就会再次得到重建，而且许多情况表明这种事情现在正在发生……从本性上说，人是社会的产物。人的大部分基本驱力和本能导致他们创立出道德法则，而这些道德法则又使得他们结为团体。从本性上讲，人也是有理性的。
>
> ——弗朗西斯·福山②

> 法律对于人类学的新兴致，在日益丧失行为导向变得陈腐的对世界的哲学解释中，在日益意识到人的生活受到生态和心理的威胁中，显出活力。
>
> ——阿图尔·考夫曼、温弗里德·哈斯默尔③

社会秩序是每一个或大或小的社区维持正常运转的基本条件之一，当该社会群体的成员行为、思想或感受违反特定准则或价值观念时，社会的秩序便会遭到程度不一的破坏，我们通常将其称之为越轨行为。④当越轨行为超过国家法律（尤其是刑事制定法）可容忍的最低限度时，最严重的越轨行为——犯罪便发生了。⑤我国是一个统一的多民族国家，少数民族在社会生活中有着重要的地位。在我国的少数民族地区，犯罪呈现出了显著的有别于汉族社区的特色，同时对少数民族地区社会秩序的破坏程度也是巨大的，因此对于少数民族地区犯罪的社会控制的特殊性探讨便是必要的。

---

① 本文系云南省教育厅基金项目"少数民族地区犯罪的控制和矫正——法律人类学的比较研究"（编号：07J50957）的阶段性成果。
\* 刘 希，云南大学法学院博士研究生。
② [美]弗朗西斯·福山：《大分裂》，北京：中国社会科学出版社，2002年版，第6页。
③ [德]阿图尔·考夫曼、温弗里德·哈斯默尔：《当代法哲学和法律理论导论》，北京：法律出版社，2002年版，第489页。
④ [美]杰克·D. 道格拉斯、弗兰西斯·C. 瓦克斯勒：《越轨社会学概论》，张宁、朱欣民译，石家庄：河北人民出版社，1987年版，第11~12页。
⑤ 皮艺军主编：《越轨社会学概论》，北京：中国政法大学出版社，2004年版，第320页。

在我国少数民族地区，除了国家正式法律制度之外，还存在着一套被吉尔兹称为"地方性知识"①的社会规范对犯罪现象做出基本的调控，这其中包括了少数民族习惯法、宗教等一系列社会控制方式，②有的学者也将其统称做"民间法"。③而在少数民族地区，毒品问题和贩毒犯罪问题比较突出，全国的吸毒人口中少数民族占了很大的比例，④可以说对少数民族地区毒品犯罪的控制具有标志性的意义。本文将通过对云南宁蒗跑马坪乡彝族社区民间禁毒的个案为样本，分析民间法在少数民族地区犯罪控制中的运行方式及重要作用。

## 一、案例简述⑤

云南省宁蒗县，毗邻金三角，是毒品进入中国的南大门，历史上曾经种植过罂粟并因此有过短暂的繁荣。1980年以来，为了保护生态，当地政府严禁山民砍伐森林，又关闭了一些造纸厂，失业者于是出现。20世纪90年代初海洛因流入，一些人开始贩毒，也有以贩养吸的。至1999年初，跑马坪乡共有吸毒人员86人，其中，沙力坪村金谷忍所家族的嘉日家支（彝族）占22人。

2002年庄孔韶教授和他的学生们到该地进行田野调查并拍摄了一部名为《虎日》的影视人类学纪录片，⑥该片记录了金谷忍所家族利用彝族传统民族文化中"虎日"的力量和彝族社区独特的社会结构、民族习惯法等因素禁毒的整个过程。

### （一）1999年"德古"⑦禁毒

1999年1月某日，嘉日家族举行了由二十多个"德古"参加的禁毒筹备会。该会议完成了以下几个议程：（1）对该家族吸食毒品人员进行调查；（2）对该地区贩毒人员进行调查举证；（3）宣布某日举行嘉日家族禁毒盟誓动员会议。

1999年11月30日，云南大学人类学专业教师嘉日姆几号召嘉日家支二十几个"德古"，第一次以家族名义向毒品宣战。嘉日阿伙（老乡长的儿子）记得："德古们对我说，我是个金谷家的男人，全家族的人都在看着我，如果我不戒毒，我的父亲将没有脸面活下去。"

1999年11月31日举行嘉日家族禁毒盟誓仪式：（1）由"德古"嘉日万格宣布向毒品宣战；（2）由嘉日姆几向族人讲解毒品的危害性；（3）由"毕摩"⑧念经以求先祖的保佑；（4）被戒毒人员轮喝"决心酒"并对祖先发誓；（5）由被戒毒人员杀牛祭祖并负责烹煮（仪式的当天有邻近的五个村落的村民闻讯前来参加，并携带烟酒以示祝贺）；（6）被戒毒人员安置在家族安排的集体戒毒地点。

---

① ［美］克利福德·吉尔兹：《地方性知识：事实与法律的比较透视》，邓正来译，载梁治平主编：《法律的文化解释》，北京：三联书店，1994年版，第130页。
② 刘希：《论我国少数民族地区犯罪的社会控制》，载《犯罪研究》2006年第3期。
③ 苏力：《法治及其本土资源》，北京：中国政法大学出版社，1996年版，第61页。
④ 郑杭生主编：《民族社会学概论》，北京：中国人民大学出版社，2005年版，第378页。
⑤ 案例来源于李宗陶：《"虎日"戒毒》，载《人口传媒》，2006年第1~8期；葛维英：《家族禁毒的乡土环境》，载《三联生活周刊》，总第409期。
⑥ 该纪录片由中国人民大学出版社2001年出版。
⑦ 彝谚有"汉区长官为大，彝区德古为大"。一般地说"德古"指口才好、善于演说、知识丰富、智力过人、懂彝族的习惯法、按习惯法及其案例处理问题、办事公道、能为家支（或地区）解决问题、维护家支的利益而且作风民主的头面人物。
⑧ 毕摩是彝语音译，"毕"为"念经"之意，"摩"为"有知识的长者"。是一种专门替人礼赞、祈祷、祭祀的祭司。毕摩神通广大，学识渊博，主要职能有作毕、司祭、行医、占卜等活动；其文化职能是整理、规范、传授彝族文字，撰写和传抄包括宗教、哲学、伦理、历史、天文、医药、农药、工艺、礼俗、文字等典籍。毕摩在彝族人的生育、婚丧、疾病、节日、出猎、播种等生活中起主要作用，毕摩既掌管神权，又把握文化，既司通神鬼，又指导着人事。在彝族人民的心目中，毕摩是整个彝族社会中的知识分子，是彝族文化的维护者和传播者。

这一次戒毒的20个人，有10人复吸，10人戒断。嘉日阿伙复吸了。

### （二）2002年"虎日"禁毒

2002年5月22日是彝族的"虎日"，传统上指发动战争的日子。金谷忍所家族全部成员来到集会的山洼里，举行规模更大的戒毒仪式。

"杀牛是彝族家族最郑重的仪式。打仗之前，我们杀牛，吃牛肉，喝血酒，从牛皮下钻过去，就定下了打仗的一切细节。对于我们，这个仪式和宪法一样不可违反。上一次动用这个仪式，还是在小凉山解放前、共产党人来和彝族头人们议事结盟的时候。"金谷五斤决定支持嘉日家支的提议，用最传统的家族宗法，来挽救家族里32个吸毒人员，净化跑马坪的社会环境，"那天一大早，金谷家的500户族人陆续站满了山坡地四面。牛、猪、鸡被我们杀掉，取出胆和血，做成血酒给族人喝。请'毕摩'念咒，刻在神山的大石头上。咒语意思就是，吸毒的人，家族不再把他当人看待，他的命不再重要，除非他重新寻回做金谷家人的尊严"。嘉日阿伙的父亲、哥哥和堂弟被指定监督他的行为。如果阿伙吸毒，他的至亲会用最严厉的手段对待他，和嘉日万格用枪对准儿子一样，"他们会看着我像一只狗那样死掉"。同样，戒毒的责任也被全族的人共同承担，"只要我愿意戒毒，会有十几个人拉着手站在我身旁，给我鼓励"。

吸毒者的待遇是被关进条件恶劣的小黑屋，有人干脆用木条给封锁起来，每天有人送饭。为了保证宗族法度的权威，吸毒人员本人和家属签下了担保书："安排三个以上人监管；一年内不得出远门；任何人有权随时和他思想交流；如果不改，送公安机关，家族可以按照家规对其采取强制措施；不履行承诺一切后果自己承担。"戒毒期间有两人毒瘾发作，自己在屋内上吊而亡。嘉日姆儿和吉伙体子组织了9个族人的"民间禁毒协会"。吉伙体子拿出类似公安联防自制的袖标，充满了自豪感。他说："有一个吸毒者逃跑，我们在县城里的大街上找了4天4夜。卖毒品给金谷家的人，金谷家将对他采取措施。原来我们是要抄他的家，烧他的房子。后来有个贩毒的人，我们一车50多人到他家一看穷得可怜，也就没有抄，只把他送去派出所了。今年年底他就劳教期满了。"

发现有人在跑马坪卖毒品给金谷家，报案者奖励500元。而吉伙体子自己一年的收入只有1 000元左右。宁蒗全县年收入1 000万元左右，支出2.5亿元，是国家级贫困县，没有余力用于民间戒毒。吉伙体子的力量来自大家族的支持，"一开始每家2元钱，凑了1 000多元给我们做经费"。禁毒协会的人有权力追踪每一个吸毒者，在200多平方公里的山区内，他们步行去每家走访和进行帮助，"大多数吸毒者在辈分上是我的叔叔或者爷爷，但是他们都很尊敬我。在他们戒毒期间，他们的小家庭完全靠金谷族人凑钱来供养"。结果，嘉日阿伙遵守诺言，不仅戒断了毒瘾，4年里只去过县城2次，"金谷族人是真心为我好，戒毒的前两年，只有他们来我才有肉吃"。戒掉毒瘾的嘉日阿伙加入了禁毒协会。跑马坪乡2006年被评为"无毒社区"，共有一个男性祖先"金谷"的家族里，2002年戒毒的32个人，有27个人至今没有复吸，另外几人则脱离了金谷家族，远走他乡。

### （三）"虎日"模式的应用性转换

这一应用性的人类学实践和政府缉毒的目标是一致的，得到宁蒗县各族人民的支持，也推动了地方政府以实际行动支持彝族人的禁毒活动，鼓励和支持在彝族聚居村落推广"虎日"禁毒模式。2003年5月召开的县人大、政协会议有议案要求通过"宁蒗民间禁毒基金"的成立，现在这一体现"虎日"文化动力促进族群内外关系沟通的成果已经实现，政府走向前台具体支持禁毒行动将使更多的地方人民受益。[1]

---

[1] 庄孔韶：《"虎日"的人类学发现与实践》，载《广西民族研究》，2005年第2期。

## 二、民间法在少数民族犯罪控制中的作用

以"德古"和家支为主要内容的宗族法是彝族习惯法的典型代表,① 家族制度对于彝族社区的重要性不仅仅体现为生育功能,更表现在"事业组织"② 的功能上。换句话说,宗族法这种民间法形式控制着彝族社区所有成员的"居处法则",③ 作为这一社区的成员,人们首要应当遵守社会规则的便是宗族法。作为一种民间习惯法资源,其"根植的乡土性"、"内容的生活性"、"运作的内控性"和"保持的恒定性"④ 决定了在类似跑马坪乡这样的彝族社区中,宗族法往往会比国家制定法起到更直接、更好的社会效果。有学者认为"习惯法是法律唯一的渊源",⑤ 虽然,民间习惯法既有对国家制定法相互补充的方面,亦有相互冲突的方面,但是发挥民族习惯法与国家的刑事制定法间的积极互动模型,在少数民族地区的犯罪控制上仍然有着不可替代的巨大作用。

### (一) 宗族法的犯罪控制作用:法律意识的形成

法律意识指人们关于法律现象的观点、思想、心理和知识的总称,⑥ 在具体的乡土社区中它是对特定行为作出社会判断的基础。具体而言,法律意识指导着社区中每一个个体认知什么样的行为是社区文化提倡的、什么样的行为是社区文化反对或禁止的、什么样的行为处于价值判断的中间状态——既不提倡也不禁止。在少数民族社区,现代法律意识的形成和传统法律意识之间会因社会文化的异质性而发生具体观念层面的冲突。实质上,这种冲突是国家法律这种"精英文化"和民族民间"小传统文化"的碰撞结果,文化性质的一致和文化具体层面的相异使得这二者之间确有消弭冲突的进路及可能性,⑦ 少数民族地区的某些传统习俗,自古以来就是少数民族群众管理社会、调整人与人之间各种关系的无形的行为准则,少数民族公民会选择更为服膺习俗的统治,⑧ 利用作为民间法资源的少数民族习惯法和国家法律制度积极互动的具体内容,便可使身处异文化区域的少数民族同胞尽可能多的形成现代法律意识,从而在思维源头上遏制犯罪行为在这一区域的频繁发生。

历史上,彝族人对毒品并不陌生。1956 年前的鸦片曾经是这一地区彝人的主要经济来源和传统药品,他们种植罂粟制成鸦片运到内地,换回粮食、布匹和盐,其中最重要的是枪支,最好的价格是 5 斤鸦片换一支美国造的大花牌步枪,值大约 300 两银子。这一时期,种植罂粟和制造鸦片为宗族法默许,彝族群众并不因它们的独特物理属性(成瘾性)而感到上述行为是对社会秩序的破坏,换句话说,种植罂粟和制造鸦片在当时的彝族社区中并无不妥,人们理所当然地认为这是一种合法行为。到了 1956 年宁蒗解放,此地建立了彝族自治县,在中央的号召下这里的彝族高层渐渐接受了禁止吸食鸦片的观念,但宁蒗地区的彝族群众基本不识汉文,他们不可能直接接受来自中央的鸦片禁令。实践证明,此时的宁蒗彝族人已经普遍的认识到吸食或贩卖鸦片违法,鸦片从原来的经济支柱产业转化为社区惩戒的极端手段,如"偷窃自己的族人要判处死刑,可以自缢,不自缢的则让他吞吃鸦片",从此宁蒗彝族同胞便将罂粟和鸦片排除出日常生活,在这一过程中,宗族法的限制和制裁是中央政策得以迅速在此推行以及被彝族群众普遍接纳的最重要的因素。20 世纪 90 年代海洛因流入宁蒗给当地

---

① 张晓辉、方慧主编:《彝族法律文化研究》,北京:民族出版社,2005 年版,第 304~325 页。
② 费孝通:《乡土中国 生育制度》,北京:北京大学出版社,1998 年版,第 40 页。
③ [美] 基辛:《文化人类学》,张恭启、于嘉云译,台北:巨流图书公司,1993 年版,第 261 页。
④ 田成有:《对接:国家制定法与民族习惯法的二元论》,载徐中起、张锡盛、张晓辉主编:《少数民族习惯法研究》,昆明:云南大学出版社,1998 年版,第 54~55 页。
⑤ [法] 亨利·布律尔:《法律社会学》,许钧译,上海:上海人民出版社,1987 年版,第 39 页。
⑥ 刘金国、舒国滢主编:《法理学教科书》,北京:中国政法大学出版社,1999 年版,第 468 页。
⑦ 刘希:《法律:一种保护民族民间文化的文化》,载中国挪威合作项目研究成果:《民族民间文化保护论文集》,昆明:云南大学出版社即将出版。
⑧ 吴大华:《中国少数民族犯罪社会控制的实践与反思》,载《湖北民族学院学报(哲学社会科学版)》,2005 年第 1 期。

的彝族社区带来了巨大的灾难，时至今日，彝族宗族法中越来越多的内容涉及对海洛因、鸦片等毒品的吸食和贩卖禁止，虽然实际层面上仍有这一区域的彝族人违反习惯法禁令，但绝大多数的宁蒗彝族人口形成了贩毒违法、吸毒有害的现代法律意识，在宁蒗闭塞的交通和对汉文化仍旧较为陌生的状态下，几经变迁的宗族法又一次成为当地法律意识形成和变迁的最主要动力。

从社会心理学的视角看，法律意识的形成和培养要采用"多种多样有区别的手段"，因为每一个群体的社会心理都是不尽相同的。[①] 可以看出，在少数民族地区，法律意识（尤其是涉及犯罪和刑罚的刑事法律意识）一般不直接来源于国家制定法或汉族文化的带动，相反，每一次集体法律意识或大或小的变化主要依靠当地本民族民间习惯法纳并转化至个体，民间法在国家法和少数民族同胞间搭建了现代法律意识的中介，对于生活在少数民族地区的个体而言，直接影响他们的是本民族、本地区的民间法资源。法律意识毕竟是一种文化，在少数民族和汉族文化固有差异存在的情况下，国家法"精英"文化属性通过民间法"地方性小传统化"的转换方可发挥作用，因此若是在国家法—民间法—少数民族社区—少数民族个人这一链条中缺失了民间法一环，国家法律将无法有效的影响并调控少数民族地区的群众，刑事制定法和民间秩序将被分割成两个较难沟通的区域。

### （二）宗族法的犯罪控制作用：预防犯罪

在宁蒗彝族社区中，宗族法往往规定了当地彝族群众在生活中各种行为的允可或禁止，这其中的禁止性规定为家族性谱系强制力量所保障，成为最重要的一种行为规则，例如1956年前这里的彝族宗法制中不同等级间不容许通婚，这样的规定，使得某些行为成为社区和民族文化中反对或禁止的内容。随着国家法对少数民族地区的渗透，现代法律意识也渐渐进入到宁蒗地区彝族的民间宗族法中，民间法中关于行为禁止的规定在具体内容的层面也发生了或多或少的变化，例如许多原始的血亲复仇现今便成为宗族法禁止的内容，而同样的行为在1956年前是得到认可的，互相掠夺妻子和奴隶并因此同态复仇曾经是宁蒗彝族一种正常的社会状态。

对于本文作为样本分析的毒品，过去也是宁蒗彝族人生活中司空见惯的一般商品，它曾经被作为经济来源和医药广泛使用，由于黑彝、白彝社会地位不平等，因此这一时期对于与外界交换鸦片所得收入的税收权和吸食毒品的权利仅仅局限在黑彝群体，对于白彝而言实施上述行为就是违反了宗族法的规定，在当时可以称其为"犯罪"而遭到社区的严重惩罚，正因为类似宗族法的存在，白彝人很少违反上述规定，"犯罪"的行为较少出现。

1956年后，国家禁止种植罂粟，鸦片和后来的海洛因等毒品成为政府严厉打击的对象，于是宁蒗彝族社区的宗族法内容也相应发生了变化，罂粟或鸦片在社会中的经济职能逐渐淡化直至消失，民间利用鸦片作为医药的现象也逐渐得到遏制，毒品从原来的合法地位演变成如今宁蒗彝族地区的非法物品。贩卖或者吸食毒品的彝族人会遭到家族的排斥，最终认为他们不是"族人"，当失去了家族这一彝族社会最重要的资源支撑后，贩毒、吸毒的彝族人便无法在这一社区继续生活下去，正是因为这一民间法机制，对于大部分彝族人口而言（尤其是原来可以吸食鸦片的黑彝后代）贩卖或吸食毒品便成为一种需要远离的生活形态，预防犯罪的目的由此达成。

需要指出的是，由于犯罪预防是一种事前机制，因此和法律意识的形成有着密切的联系和互动。一方面，民间法作为一种地方性知识具备在少数民族区域形成现代法律意识的过渡功能，所以通过民间法而产生的法律意识便会内化为社区社会心理，进而转化为这一社区中每一个成员的个性心理内涵，事前的犯罪预防于此产生；另一方面，大多数人遵守这一民间法规范或少数人违反规范遭到惩罚是民间法犯罪预防的两种结果，这两种状态的共时性存在使得所有同一民间法域的个体加固或变更其固有法律意识，个人心理向集体法律意识的转化在民间法犯罪预防的过程中得以展开。

---

[①] 戴健林：《法律社会心理学》，广州：广东高等教育出版社，2002年版，第256~266页。

### (三) 宗族法的犯罪控制作用：犯罪社区矫正

在犯罪学中矫正通常划分为国家正式制度的矫正和社区矫正两大类，前者一般指监狱、劳改等形式，后者通常采用一种不使罪犯与社会隔离并利用社区资源改造罪犯的方法，是所有在社区环境中管理教育罪犯方式的总称，其前身在国外最初叫做社区治疗。① 有学者认为我们应将社区矫正尽快融入社区文化，在理想的社区文化中顺利实现矫正目标，② 因此在社区矫正中，上述"社区资源"在少数民族地区最重要的形式即为带有浓厚当地社区文化成分的民间法。

在矫正史上，民间性的矫正方式与国家正规法律矫正相比更多地运用于实际生活，最早的矫正体现在部落法规的血亲复仇和赔命价规定中，对于同一个行为普通人的矫正方式为命价，贵族为流血冲突；与此同时，宗教法律也是矫正的主要手段，例如《旧约》中血亲复仇的规定和摩西法律中关于神授职责的仇杀性规定；正式矫正制度出现的时间较晚，直到16世纪才第一次长期使用监禁的正式矫正手段。③

在犯罪社区矫正的体系中，社区性——即民间资源的运用是最为显著的特征，在城市中一般体现为社区（街道）矫正委员会，这类机构一般和监狱、劳改机构等国家正式矫正有所对接，现实中有许多经过社区矫正合格后由国家有权机构予以减刑的案例，④ 因此这类社区矫正带有半官方性。与之相对的，少数民族地区大多分布在边远山区、沙漠等地，城市中的这套带有半官方属性的社区矫正模式由于城乡差距、文化差异等诸多原因在少数民族社区无法有效实施，因此少数民族文化本身提供的内生性民间法矫正方式可能是少数民族地区最具成效的社区矫正可选择性资源。

和犯罪预防的事前性相比，矫正属于事后环节，这种事后性特征最直观的体现为使犯罪分子认识罪责、行为控制及治疗以及矫正完毕后回归社会。

1. *宗族法的矫正作用——认识罪责*

这项功能的实现和上述法律意识的形成其实是逻辑上的包含与被包含关系，当法律意识在矫正的过程中形成后，接受矫正的罪犯自然就会意识到行为的过错性以及应当承担的法律责任形式和程度。对于宗族法在宁蒗地区彝族社区中起到的形成现代法律意识的功能，上文已经详细分析过，此处不再赘述。

2. *宗族法的矫正作用——行为控制及治疗*

在宁蒗彝族社区，封闭是宗族制度戒毒最强有力的措施。第一，在田野调查材料中我们发现，宗族法利用其民间权威和谱系等社会力量强制金谷家族内的吸毒者封闭戒毒，同时宗族法也详细规定了封闭期间的生活保障、亲属探视以及出逃处理措施等一系列的细节性规则，使得对吸毒者的宗族矫正成为一套严谨的逻辑体系可供操作；第二，该彝族社区的宗族法还明确了将毒品贩卖给金谷家族成员这一行为的处置办法，其中还适时地借用了"公安"等这一类国家资源以起到更强的威慑目的，不论是"抄家"、"烧了他的房子"或是"送派出所"，明确地惩戒措施使得生活在当地的其他群众对将毒品贩卖给金谷家族的行为至少产生了心理顾忌，实施这一行为的结果很有可能就是报复性、否定性的惩罚后果，贩毒这一犯罪行为的社区矫正在宁蒗地区的彝族村寨中便依凭上述模式得以运行了；第三，对于举报贩毒行为且属实者，金谷家族给予举报者500元的经济奖励。这一措施使得社会其他力量得以凝聚，共同参与对贩毒这一行为的监督、控制以及治疗，少数民族地区里这种奖惩并用的矫正效果并不逊色于城市中的社区矫正。

---

① 朱晓萍：《社区矫正初探》，载《台声》，2006年第1期。
② 丁钢：《社区文化：社区矫正的门槛与酵母》，载《江苏大学学报（社会科学版）》，2006年第2期。
③ [美] 克莱门斯·巴特斯勒：《犯罪矫正概述》，北京：群众出版社，1987年版，第4、5、8页。
④ 王俊：《广州1500名罪犯明年回家服刑》，载《广州日报》2004年11月26日第3版。

### 3. 宗族法的矫正作用——回归社会

矫正的意义在于回归，成功的社区矫正有利于避免监狱化人格的形成，即社会化缺陷。① 社区矫正并不仅仅只是一种规则的运行，而应当放到对一种文化结构的构建角度，② 其中最重要的方面应当是被矫正者完成矫正后的回归社会（或称为二次社会化）的文化环境。

对于吸毒者而言，一般社区将这样的个体视为不正常的人，即越轨者，文化界定经历了一个吸毒者——越轨者——社区人的过程，然而在宁蒗彝族社区，宗族法构建了有别于上述思维模式的另一套文化界定话语环境：人——族人——吸毒者。③ 从这样的认知模式中我们看出，在其他社区一旦吸毒，社区成员的身份便会逐渐远离，相反在宁蒗彝族社区，尽管有的成员染上毒瘾，但其社区成员（族人）的身份并没有被改变，只有在无法戒除时才不被视为家族成员。对于彝族人而言，家族成员身份是最重要社会标志，其一般社区身份的保有为即将到来的矫正提供了社会认同的保障，同时也为拒绝矫正的个体成员提出了一种类似于釜底抽薪式的惩戒可能。在认知习惯上将吸毒者以特殊的状态仍旧放在族人后，宁蒗地区和其他社区相比便减少了一次社会身份变化的跳跃，进入矫正状态的被矫正者，并未因矫正过程脱离整个社区的文化环境，相反还在矫正中强化了自己的家族成员身份的认识，这样的文化习惯至少带来两个好处：第一，从矫正效果看，排除了由于旧的正常身份被剥夺，新的越轨身份的建立带来的被矫正者与矫正机构（包括矫正机构内的工作人员）的二元身份对立，被矫正者自身仍然处在一般意义上的社区成员的身份状态，有利于矫正过程的顺利进行及矫正效果的提高；第二，被矫正者一般社区身份的保留，在其他社区成员中仍是事实状态得以存在，当矫正完成后，被矫正者回归社区不需要经历二次身份转变。

在本文分析的案例中，1999 年嘉日阿伙回忆："德古们对我说，我是个金谷家的男人，全家族的人都在看着我，如果我不戒毒，我的父亲将没有脸面活下去。"可见，对于宁蒗彝族社区来说，吸毒并不当然造成否定家支关系的结果，相反吸毒者和其家庭成员乃至整个社区的固有联系变得更加紧密，原有社会身份的强化使得矫正有了坚实的基础。虽然 1999 年这次戒毒对于嘉日阿伙而言并不成功，但 2002 年，嘉日阿伙仍然以一般家族成员的身份进入新一轮的矫正，"只要我愿意戒毒，会有十几个人拉着手站在我身旁，给我鼓励"，结果，嘉日阿伙遵守诺言戒断了毒瘾，"金谷族人是真心为我好，戒毒的前两年，只有他们来我才有肉吃"。从他的叙述中我们看到，嘉日阿伙在两次矫正中，都保有着金谷家族成员的身份，并且这一身份纽带成为矫正的手段和依靠力量，和城市中普通群众对戒毒所唯恐"避"之不及的状态相比，戒断毒瘾的嘉日阿伙是幸运的，因为在彝族的宗族法文化中，吸毒与戒毒都只是家族成员的一种个体特征，当具体的特征形态发生改变后，其基本的社会身份几乎没有受到影响，矫正后的回归社区成为一个自发且简易的过程。

当我们面对城镇中吸毒人员戒后的"高复吸率"时，或许可以借鉴宁蒗地区彝族民间法文化的实践经验，为犯罪矫正提供另一种合理可行的解释范式。

### 4. 矫正的后勤——宗族法的社会保障职能

彝族宗族法在宁蒗地区的实践中，还起到了一定的社会保障功能，"在他们戒毒期间，他们的小家庭完全靠金谷族人凑钱来供养"。宗族关系的亲密性使得其他的社会成员自然而然担负起被矫正者家属的基本生活保障供给，这为矫正工作的顺利进行提供了后勤支持，也体现了整个宗族视被矫正者及家人一视同仁的社区态度。

## 三、民间法在少数民族社区犯罪控制中的优势：社会凝合

通过上述分析我们看到，对于犯罪行为的控制目的并不是一个孤立的机制所能达到的，不论大到

---

① 常伟谊：《析社区矫正的社会价值》，载《湖南税务高等专科学校学报》2006 年第 4 期。
② 孙平：《社区矫正的法律人类学比较》，载《比较法研究》，2006 年第 1 期。
③ 庄孔韶、杨洪林、富晓星：《小凉山彝族"虎日"民间戒毒行动和人类学的应用实践》，载《广西民族学院学报（哲学社会科学版）》，2005 年第 2 期。

整个国家还是小到一个社区。在这一系列的环节中，正式制度与非正式制度的结合、主导力量与大众力量的叠加成为犯罪控制效率高低的关键。一般情况下，打击犯罪行为的具体步骤从侦查开始到审判结束都是国家公安、司法机关的事情，正式的犯罪矫正更是监狱等部门专管的领地，即使是社区矫正方式也大多只有个别的部门负责（例如城市的街道办事处），大众很少参与。这种犯罪控制的运作模式从社会学的角度来说是不经济和不高效的，控制犯罪的目的是为了达成社会整体秩序的和谐，而在这一过程中只有极少数的社会因子在发挥作用，不得不说是一种遗憾。

分析本文案例我们看到，宁蒗彝族社区对涉及毒品的犯罪控制过程从一开始就动用了全部的社区资源，"虎日"仪式的使用、德古毕摩的参与、矫正的集体监督等，都使得越轨者在这一社区中接受了全方位的控制制约，事实证明，若想摆脱控制只有离开这一社区，民间法的最大优点就在于其内生性和民间性，这两大特性决定了在区域犯罪控制的过程中，它能在最大限度上凝合社会资源，达成社会效果。

从理论上说，民间法这一运动模式在目前的少数民族社区中方是理想的犯罪控制运行态势，合理利用这一乡土力量资源将会有助于我国和谐社会在少数民族地区的切实构建。

# 功能主义：现代社会、学校和少数民族传统社会
## ——兼论实施多样性教育

黄金结*

**摘　要**：功能主义视野下，学校传授的文化应该满足学生基本的需求，现代社会、学校和少数民族传统社会之间形成了一个大的统一体，这个统一体的维护有赖于各个组成部分的功能发挥。当前少数民族传统文化没有进入学校课堂进行传授，造成了少数民族教育功能的缺失。发展少数民族教育应该综合考虑"民族"、"民族内部"和"区域"这三个因素以实施多样性的教育。

**关键词**：功能主义；少数民族教育；实施多样性教育

### 一、功能主义视野下的少数民族教育

19世纪，在完成工业革命之后，西方一些大国开始纷纷向海外扩张。一战后，大英帝国在海外的殖民统治陷入危机，这种时代背景呼唤着人类学家去寻找到合适的方式服务于殖民统治；在学术上，西方学术界开始流行实地调查研究方法，当时科学界和思想界也开始重视比较方法，为继承前人之研究成果并加以发展，功能主义随之诞生。[①]1922年，在人类学历史上出现了重大转折，马凌诺夫斯基的《西太平洋上的航海者》和拉德克里夫-布朗的《安达曼岛人》这两部人类学巨著都在同一年问世，两人由此开创了功能学派，该学派对整个人类学界和社会学界影响至深，与此同时两位创始人与中国的渊源甚深，他们影响了中国一代学人。该学派认为："文化是一个整体，是由各种文化元素所具的功能整合为一体的；一切文化现象都有其存在的现实意义和实际作用。他们一致认为，功能就是满足需要，但对功能满足何种需要有着不同的解释。马凌诺夫斯基认为功能是满足人类生理上的基本需要以及派生的各种社会需要。而拉德克里夫-布朗则认为功能满足了社会结构稳定地运作和延续的需要，在研究方法方面，他们都注重实地调查，强调参与观察，力图从实际中归结出理论和验证理论，他们都强调用功能的观点去分析文化现象，看这些文化现象在整体文化内占什么位置，怎样起作用，又以何种方式与周围的物质环境互相联系。"[②]两人的观点有相同之处，但是也有不同，为将二人观点做一个区分，学界一般将马凌诺夫斯基的理论称为功能主义，而将拉德克里夫-布朗的理论称为结构—功能主义。

（一）功能主义与少数民族教育

1. 马凌诺夫斯基及其功能主义

马凌诺夫斯基的功能主义理论主要受当时的著名心理学者冯特的影响。其主要著作有《西太平

---

\* 黄金结，厦门大学人类学与民族学系博士研究生。
① 黄淑娉、龚佩华：《文化人类学理论方法研究》，广州：广东高等教育出版社，2004年版，第101~109页。
② 陈国强、石奕龙主编：《简明文化人类学词典》，杭州：浙江人民出版社，1990年版，第108~109页。

洋上的航海者》、《蛮族社会之犯罪与风俗》、《野蛮人的性生活》、《文化论》、《科学文化论》、《巫术、科学、宗教和神话》等。

他认为"文化是指那一群传统的器物、货品、技术、思想、习惯及价值而言的,这概念实包容着及调节着一切社会科学"。① 文化主要包括四个方面即"物质方面、精神方面之文化、语言和社会组织"。② 文化的功能在于"文化根本是一种'手段性的现实',为满足人类需要而存在,其所取的方式却远胜于一切对于环境的直接适应"。③ 在马凌诺夫斯基的理论中,人有两种需要,基本需要和派生需要,前者指人的生物需要；后者是指派生的环境即文化的需要,它要满足的是人类扩大其安全与舒适所作的各种努力。为了满足这两种需要,人就必须合作,必须建立一套秩序,必须提供各种组织社会和维持各种活动的办法,这就需要建立某些制度。其中,教育就是这些制度之一。④ 同时,他认为人类的基本需求共有七种即：新陈代谢、生殖、身体舒适、安全、运动、发育和健康,与这些需求相对应的则是七种文化适应即：营养补给、亲属关系、居所、保护、活动、训练和卫生。⑤ 教育是满足人类基本需要的手段之一,上一代人的经验和知识通过种种教育方法传递给下一代。⑥ 通过教育,人们在"自身目的或传统要求的宪纲之下,遵循其团体的特定规范,使用着受其控制的物质装备,人类共同行动以满足他们的某些欲望,同时也对其环境产生了影响"。⑦ 他曾经以原始社会的人工取火为例,指出这一传统的延续隐含着教育和理论两个方面的意义。上一代成员将手工技能传给新成员,同时他们也将通过语言、动作的演示这一系列的符号教导新成员何处寻找、如何储存材料以及如何加工成型等。⑧ "最低的原始人也必定存在教育；事实上,教育作为传统技术、价值和观念的传承方式肯定自从人类起源时就已存在。但它被整合进家庭、地方群体、玩伴会社、年龄级以及使初学者得到学徒机会的手工业经济行会。训练年轻人的特殊制度,如中学、学院和大学,是人类最新的成果之一。"⑨ 通过教育,个人接受相应的训练以获得在其所属的自然环境和社会文化环境中生存和生活所需的技能、知识和相应的社会规范,而其所属群体的文化则实现了"种"的延续。

2. 功能主义与当前的少数民族教育

少数民族教育是满足少数民族基本需要的手段之一。这里的教育是指广义上的教育,包括他们的家庭教育、社会教育和学校教育。在新中国成立之前,绝大部分的少数民族地区都没有产生学校教育,就是有学校教育,这种教育也仅仅只是满足极少数上层人士需要的汉文化教育。少数民族传统教育的内容主要是少数民族成员在长期的生产和生活中积累的经验知识,这些经验知识通过传统教育这个手段传递给该社会的每一名新成员,使他们能够在其生活的自然和社会文化环境中获取相应的资源以满足其自身的基本需求,同时使他们的成员接受社会化以获得相应的成员资格和实现文化"种"的延续,这两种目的就是教育所要发挥的功能。新中国成立以来,党和政府在少数民族地区建立了各级各类的学校以满足少数民族群众的教育需求。从此少数民族学校教育从少数民族传统社会中分离出来。少数民族传统教育将对本民族成员实施"濡化"的主要功能转移给了学校教育。学校教育产生之后,少数民族成员的成长训练主要是在学校里接受的,尤其是在义务教育实施之后,所有的少数民族新成员都要在学校里接受九年义务教育。虽然,学校教育承担了传统教育本应承担的主要功能,但是传统教育的内容并没有随其功能的转移而进入学校进行传授。当前学校传授的知识主要是主流文化和城市文化,少数民族成员在学校里学习的文化知识对于其满足在主流社会和城市生存生活的需要是

---

① [英]马凌诺夫斯基：《文化论》,费孝通等译,北京：中国民间文艺出版社,1987年版,第2页。
② [英]马凌诺夫斯基：《文化论》,费孝通等译,北京：中国民间文艺出版社,1987年版,第10页。
③ [英]马凌诺夫斯基：《文化论》,费孝通等译,北京：中国民间文艺出版社,1987年版,第90页。
④ 夏建中：《文化人类学理论学派》,北京：中国人民大学出版社,1997年版,第131~132页。
⑤ [英]马凌诺夫斯基：《科学的文化理论》,黄建波译,北京：中央民族大学出版社,1999年版,第90页。
⑥ 黄淑娉、龚佩华：《文化人类学理论方法研究》,广州：广东高等教育出版社,2004年版,第114~115页。
⑦ [英]马凌诺夫斯基：《科学的文化理论》,黄建波译,北京：中央民族大学出版社,1999年版,第55页。
⑧ [英]马凌诺夫斯基：《科学的文化理论》,黄建波译,北京：中央民族大学出版社,1999年版,第32页。
⑨ [英]马凌诺夫斯基：《科学的文化理论》,黄建波译,北京：中央民族大学出版社,1999年版,第69页。

有用的，然而现实中只有极少数的学业精英才能进入主流社会和城市生活，绝大多数的少数民族成员还是要进入其原来生长的传统社区从事祖辈们传承下来的事业。学校传授的文化与少数民族传统文化之间具有一定的文化差异，当前的学校教育并不能提供少数民族成员在其所属的自然和社会文化环境中适应所必需的手段，那么学校教育自然在满足他们基本需求的功能上出现了缺失。因此，从马凌诺夫斯基的功能主义出发，当前的学校教育并没有发挥其满足少数民族成员在其所属社区生活和生存的需要的功能以及实现文化"种"的延续。

### （二）结构—功能主义与少数民族教育

#### 1. 拉德克里夫－布朗及其结构—功能主义

拉德克里夫－布朗曾经留学法国，深受杜尔干的影响。其一生著述主要有《安达曼岛人》、《社会人类学方法》、《原始社会的结构与功能》等。

拉德克里夫－布朗的结构—功能主义主要涉及结构和功能两个方面。他认为"解释的功能方法是根据这样一种假定，即认为文化是一个整合系统。在一个特定共同体的生活中，文化的每一个因素都扮演一特定的角色，具有一特定的功能。发现这些功能就是所谓'社会生理学'科学的任务。这种方法所依据的先决条件，就是认为存在着某些'生理学'的规律或功能的规律，对于所有的人类社会和所有的文化，这些规律都是确实的。功能的目的就是发现这些一般规律，然后根据这些被发现的规律，来解释任何文化的具体因素"。[①] 在结构方面，结构"是指在某个较大的统一体中，各个部分的配置或相互之间的组合"。[②] "社会结构应被定义为：在由制度即社会上已确立的行为规范或模式所规定或支配的关系中，人的不断配置组合。"[③] "结构和功能是连在一起的，功能是整体内的部分活动对整体活动所作的贡献。结构是他的中心概念，结构是各种不同社会、文化现象如生产方法、亲属制度、宗教、政治组织等内部以及它们相互之间的联系。各种不同的结构构成系统，结构是通过功能维系这个系统。"[④]

#### 2. 结构—功能主义与当前的少数民族教育

运用结构—功能主义来分析少数民族教育，笔者并无意去探讨，少数民族教育这个统一体内部的各个组成部分和这些组成部分所应该发挥的功能，而只是想把少数民族教育放在大的社会背景下去探讨，即以少数民族教育为中心来探讨其与少数民族传统社会以及现代社会之间的关系以及他们各自的功能的发挥。在此，少数民族教育、少数民族传统社会以及现代社会这三个部分统一于一个大的统一体，这三个组成部分相互联系形成一定的结构，这个统一体的维护有赖于各个组成部分的功能的发挥，少数民族教育是少数民族传统社会与现代社会之间相联系的桥梁和纽带之一，如何实现教育的桥梁和纽带作用有赖于教育功能的发挥。

首先我们来看这三个组成部分是如何通过教育形成了一个统一体的。

少数民族教育、少数民族传统社会与现代社会之间之所以能够形成一个大的统一体，其关键就在于这三个组成部分能够发挥一定的功能从而形成一定的结构。接下来，我们就必须考察这三个组成部分为维系这个结构所应发挥的相应功能。教育与社会通过各自功能的发挥而在二者之间形成了一个统一体，教育是教育者通过学校这种机构对社会成员实施社会化的一种手段，而该群体的文化则是通过教育来实现其种的延续，社会则通过对教育的支持而获得合格的社会成员。

"'现代'是相对于'传统'而言的。'传统/现代'是学者们所设的二元观的表现形式之一。学界所说的'传统社会'，通常是指工业化之前的社会，农业（包括渔猎）经济占支配地位，它具有保守性、专制性、宗教性、封闭性、地域性、集体性、延续性等。所谓'现代社会'指与工业化、信

---

① ［英］拉德克里夫－布朗：《社会人类学方法》，夏建中译，济南：山东人民出版社，1988年版，第31～32页。
② ［英］拉德克里夫－布朗：《社会人类学方法》，夏建中译，济南：山东人民出版社，1988年版，第140页。
③ ［英］拉德克里夫－布朗：《社会人类学方法》，夏建中译，济南：山东人民出版社，1988年版，第148页。
④ 黄淑娉、龚佩华：《文化人类学理论方法研究》，广州：广东高等教育出版社，2004年版，第137页。

息化相适应的社会,它具有商品性、竞争性、民主性、科学性、世俗性、开放性等等。有些国家的人们过着高度现代化的生活,有的却过着原始的渔猎生活。即使在一个国家内,城乡之间、地区之间、民族之间的差异也十分明显。"① 因此,以传统和现代为标准来划分的话,中国社会可以分为现代社会和传统社会,就民族之间、地区之间和城乡之间的差异而言,我们可以把少数民族社会视为传统社会,而这一传统社会之外则是以主流民族文化占主导的现代社会。尽管传统与现代之间有着一定的差异,但是在现代,传统仍会起着重大的作用,因为"传统"与"现代"之间有着许多延续性即"现代"中包含着"传统",同时,由于文化的发展与变迁,往往其主要动力是来自内部,而且,外来的影响,往往也要通过内部的调适并作出自我选择后才能采纳与实施。② 少数民族传统社会在实现现代化的过程中,必然要兼顾传统文化与现代文化,要实现少数民族传统文化的变迁,少数民族地区就必须以少数民族传统文化为基础有"辨别"的吸收现代文明的成果。少数民族教育作为对少数民族年青一代实施社会化的主要机构,其功能就在于既要"传承"少数民族传统文化又要"传播"现代文明的优秀成果,以源源不断地为少数民族传统社会实现现代化和现代社会的发展提供充足的人力资源,这个功能势必将少数民族传统社会和现代社会紧密的联系在一起。现代社会在这个大的统一体中的功能不仅在于向少数民族地区提供政策、经济、人才支持以及法律保障,而且也在于通过少数民族教育这个平台向少数民族的新成员传播现代文明的优秀成果以促进少数民族传统社会向现代社会的变迁,现代社会的这种功能将少数民族教育与少数民族传统社会紧密的联系在一起。少数民族传统社会要实现现代化就必须通过教育这个渠道与现代社会发生互动,随着经济全球化的发展,少数民族传统社会和现代社会之间在经济、政治和文化的发展上保持着密切的互动,两者之间透过教育功能的发挥势必将成为一个不可分割的整体。因此,从三者之间的关系以及他们各自的功能来看,少数民族教育、现代社会和少数民族传统社会之间通过他们之间的结构与功能而紧密的联系在一起。

再来看当前少数民族教育的功能是如何缺失的。

当前,少数民族教育的教育模式是从现代社会完全照搬过来,这种教育模式脱离了少数民族地区经济、政治和文化发展的实际,最为严重的是教学内容脱离了少数民族地区的实际。当前少数民族教育的教学内容都是来自于以主流民族文化和城市精英文化为主导的现代社会,其文化背景与少数民族传统文化之间有着巨大的差异,传统和现代之间本应该有着的连续性,在此变得荡然无存,因为少数民族的传统文化没有能够在学校进行传授,这种以现代文化为主的教学内容决定了少数民族教育的教育取向主要是培养学生适应现代社会,少数民族学生通过这种教育的培养,他们当中的极少数学业精英进入了现代社会,其中一部分的学业精英进入当地的政府机构和企事业单位,还有一部分的学业精英进入城市,在学校学习的现代文化对于他们而言是有用的,但是绝大多数的学业失败者重新回到了生他养他的乡土社会,他们在学校所学的知识因为脱离了少数民族传统社会的实际而出现了"学用两分离"的现实和"读书无用论"的论调。因此少数民族教育通过传承少数民族传统文化的精髓和传播现代文明的优秀成果来促进少数民族传统文化的变迁的功能并没有得到实现。既然少数民族教育没有发挥应有的功能,那么少数民族教育、现代社会和少数民族传统社会之间本应形成的结构也就难以维系。那么为什么当前少数民族学校教育仍然在维系着这个统一体的存在呢? 笔者认为其原因主要在于,其一是少数民族学校满足了部分学生进入现代社会的愿望;其二是在义务教育阶段,国家实施了《义务教育法》,接受义务教育变成了少数民族传统社会的新成员的权利和义务,少数民族成员有权利进入学校来接受教育的同时也有义务去接受学校教育,在国家对教育的广泛宣传之下以及少数民族传统社会与外界接触的机会增多,少数民族成员更加意识到"读书对于改变他们的命运"的重要性,他们也就更愿意享受接受义务教育的权利,同时义务教育也带有强制性,尽管"学用两分离"、"读书无用"和家庭对教育的高投入,少数民族地区的家庭还是不得不将自己的学生送进学校接受义

---

① 何星亮:《对传统与现代及其相互间关系的阐释》,载《中央民族大学学报(哲学社会科学版)》,2003年第4期。

② 石奕龙:《文化、文明、传统与现代杂说》,载《中南民族大学学报(人文社会科学版)》,2006年第2期。

务教育。在这种情况之下，少数民族教育与少数民族传统社会之间仍然保持着一定的关系来维持这个统一体。尽管如此，由于少数民族教育的功能缺失，这种关系所呈现的是"貌合"但是"神离"的状态。

## 二、实施多样性教育

在功能主义和结构—功能主义的视角之下，当前的少数民族教育所传播的文化内容不能满足少数民族成员在少数民族传统社会中生存和生活的基本需要；不能实现少数民族传统和现代的连续性即缺乏少数民族传统文化的传承而只传播现代文化的现实造成了当前少数民族教育不能很好地促进少数民族传统社会的变迁。这些功能的缺失其原因主要在于，少数民族学生在学校只学习到现代社会的文化而没有能够学习到他们传统社会的文化。为解决这个问题，少数民族传统文化势必要进入少数民族地区的学校来进行传授，同时现代社会的文化仍然要作为少数民族教育传播的内容。如何实现这一目标呢？目前中国许多学者认为在中国应该实施多元文化教育，这种教育理念仅仅只是考虑"民族文化"这个因素，在中国，这种教育理念不一定适合解决少数民族教育问题。笔者认为，要解决中国少数民族教育问题，我们应该首先想到的就是一切从实际出发，这个实际就是中国国情，具体到少数民族地区而言，这个实际就是指各个少数民族以及少数民族地区的实际情况。那么我们就必须从不同少数民族和不同地区的经济、社会和文化发展的实际来"实施多样性教育"。① 也就是说我们在发展少数民族教育时应该综合考虑"区域"、"民族"与"民族内部"等三个因素而不仅仅只是考虑"民族文化"这个因素。其原因主要在于：

第一，"在中国，'民族'有其特定的含义，它实际上是指称那些通过政策性识别后由国家权力机构确定下来的、具有某些不同文化特征的人们共同体。而这种由国家承认的民族，在国外并不存在。"② 国外多元文化教育理念其"多元"所指称的"民族"与中国境内的56个"民族"不是同一个概念。中国境内的这些民族都是通过政策性识别而不一定是自然形成的"文化"上的统一体，因此也就出现了中国境内的56个民族，每个民族内部有着不同的支系，这些支系在文化上有着诸多差别，这些差别的出现都是由于每个民族内部的支系与不同的自然环境和社会文化环境相互适应的结果，这造成了同一个民族的不同支系的文化和所面临的现实问题是不一样的。因此，就同一个民族的不同支系而言，他们接受的教育内容应该是有差异的。同样，在中国实施多元文化教育就不能仅仅将"多元文化"停留在"民族文化"这个层次而忽略"民族内部"文化的差异性。第二，从目前中国少数民族的分布来看，"中国少数民族的分布特点是大分散，小聚居，每个少数民族都具有或大或小的聚居区。中国民族聚居区分布广泛，分布在全国2/3的省、市、自治区中，民族聚居地域广阔，约占全国总面积的2/3，聚居地区少数民族人口数量大，民族构成复杂。聚居地区少数民族在居住地区、人口、经济、文化、社会生活各方面都具有明显的特点"。③ 这一现实决定了同一个地区的不同民族之间的文化以及所面临的问题有着较大的共性，而同一个民族成员因为区域分布的不同其文化以及面临的现实问题自然会呈现较大的差异性。因此，发展少数民族教育应该综合考虑"民族"和"区域"两个因素，多元文化教育仅仅只是考虑"民族"这个因素而忽略"地区"这个因素，无疑是不符合中国民族分布的现实情况。第三，改革开放以来，我国少数民族地区发生了巨大变化，其社会经济文化发展迅速，边疆少数民族与外界的联系增多，民族地区资源开发的步伐加快，不仅民族地区吸引了到此"淘金"的众多外来人口，而且也推动了长期生活于边远闭塞地区的少数民族人口向东部地区和大中城市的流迁。④ 由其他地区迁入某个地区的民族成员与当地世居民族成员的文化上尽

---

① 2007年4月，云南大学西南边疆少数民族研究中心主任何明教授在指导笔者硕士论文时所提出的一个理念。
② 石奕龙：《EthnicGroup 不能作为"民族"的英文对译——与阮西湖先生商榷》，载《世界民族》，1999年第4期。
③ 金炳镐：《民族理论政策概论》，北京：中央民族大学出版社，1994年版，第186~189页。
④ 郑信哲：《少数民族人口流迁与城市民族关系研究》，中国社会科学院民族研究所，2000年版，第15页。

管有着较大的差异性，但是他们所面临的问题却有着较大的共性，因为迁入民族成员的年青一代和当地世居民族成员的年青一代一样，他们都要去当地的学校接受教育以适应当地的环境。因此，迁入地的教育机构就不得不考虑这些外来民族成员的子女受教育的问题，这些外来人员子女既要学习他们本民族文化更要学习迁入地的民族文化，否则他们是不能通过学校教育适应迁入地的环境的。在中国实施多元文化教育，是不能忽略因人口的流动所带来的少数民族教育的复杂性这种现实的。

　　如何实施多样性教育呢？首先，应该把中国这个区域进行纵向的划分，如：按现行区划县、省、国家等，再综合考虑不同层次区域内部的各个民族以及他们内部文化的多样性。不同层次的区域从本地区的实际出发将该区域内部的民族文化以及民族内部文化纳入教材进行传授。通过这种方式，中国教育可以保持纵向上的统一，同时中国少数民族教育既照顾了本地的实际情况也考虑了不同层次区域的情况，少数民族成员既可以学习到本民族文化又可以学习其他民族文化。其次，再把中国这个大区域进行横向的划分，各个平行区域之间的文化应该实现相互学习和交流，这样就可以既实现欠发达地区学习发达地区的文化以实现其传统社会向现代社会的转变，而发达地区也可以通过学习欠发达地区的文化来反思自己在现代化过程中的一些不合理的做法，两种文化都应该纳入各自区域的教材中进行传授。区域的横向和纵向以及不同民族的文化相互交织形成一个有机统一体，这个统一体的构建最主要的原则就是从不同地区和不同民族的实际出发。只有这样，学校教育才能真正满足少数民族成员在传统社会与现代社会中生存与生活的需求以及促进各个少数民族传统文化向现代文化的变迁。总之，国外的"多元文化教育"是不能简单移植的，因为这是不符合中国国情的，发展少数民族教育时我们应该从中国国情和少数民族地区的实际出发，综合考虑"区域"、"民族"和"民族内部"的差异来实施多样性教育。

## ☆民族宗教探论

# 略论东巴教与纳西民俗之间的关系

杨福泉*

**摘 要**：运用民族志资料分析纳西族的社会民俗、经济生活民俗以及民间信仰习俗、游艺民俗等与东巴教之间的关系，得出以下观点：东巴教保存和记录了很多纳西族的传统民俗，70多种东巴教仪式和卷帙浩繁的东巴经堪称一部纳西族民俗大全，大量记载和反映在东巴教典籍、仪式中的民俗是东巴教中最为重要的本土文化因素，是它赖以产生和发展的源头和土壤。东巴教和纳西族民俗之间的关系是一种相依共存、互相影响其发展变化的关系，纳西民俗培育和丰富了东巴教的内容，而东巴教又反过来促成了纳西民俗的多样性。

**关键词**：东巴教；纳西族；民俗

从东巴教和纳西民俗的关系中，我们可探究出东巴文化源与流的不少线索。宗教和民俗作为两种人类社会生活中的文化现象，在它们产生和发展的过程中有密切的联系，有许多古老的习俗，最初都属于原始宗教的自然崇拜等，而宗教在发展中把不少民间习俗、观念等吸收到它的各种仪式和经书中，借助在人们的社会生活中有广泛影响的民间习俗，扩大它的影响。反过来，宗教信仰又起到一种促成和稳定民间习俗的作用。因此，宗教和民俗这两种文化现象随着社会历史的发展相互渗透，影响着人们的思想意识和生活方式。

如果把纳西族的东巴教按传统的分类划归到"原始宗教"（或原生性宗教）里，从其内容看，它已经是一种已发展到原始宗教较高阶段的宗教形态，在宗教和民俗的关系上更明显地表现出原始宗教与民俗互相渗透和影响的特点，①在东巴教的许多仪式和经书中，既保留和记录了很多纳西族的古风古俗，又以特殊的宗教手段稳固和延续了纳西族的传统习俗。这些反映在东巴教的典籍和仪式中的纳西传统民俗，是东巴教赖以产生和发展的重要本土文化土壤。

本文从三个方面对东巴教与纳西族民俗的关系略作论述，并从中探析民间习俗即是东巴文化的重要源头之一，但有些民间习俗的形成和发展，也与东巴教有密切的关系。

## 一、纳西社会民俗与东巴教

社会民俗又称为"民间社会传承"，②是各社会集团结合交往过程中，从各种关系之间形成的习俗礼制，这些习俗礼制深刻地支配着社会生活和人们的思想意识，直接关系着社会制度的变革。在东巴教的仪式和经书中，有很多纳西族不同历史阶段中社会习俗的反映和记载，略述如下：

不同婚俗制的反映：

---

\* 杨福泉，云南省社会科学院研究员、云南大学西南边疆少数民族研究中心特聘研究员。

① 关于原始宗教，国外有称之为"Indigenous Religion"（原住民宗教、本土宗教）的，有称为"Shamanism"（巫教、萨满教）等；近来国内有的学者又有称其为"原生性宗教"的。

② 此文关于"社会民俗"、"经济生活民俗"、"信仰民俗"和"游艺民俗"等分类，参考了民俗学家乌丙安著《中国民俗学》（辽宁大学出版社，1985年版）和陶立璠著《民俗学概论》（中央民族大学出版社，1987年版）二书。

人类对自身社会发展的最基本的形式是婚姻，是婚姻构成了社会的基本单位和亲族集团，并促进了亲族之间社会关系的形成和扩大，婚姻在发展过程中形成了不同的习俗制度。从东巴经的记载中，我们可知纳西族在历史上经历了不同的婚俗。

创世史诗《崇摆图》中记载了纳西族祖先崇仁利恩兄弟姐妹相互结偶以致引起洪水暴发的过程，而在另一经书《俄英都奴杀水怪》中，则有血缘婚俗解体的记载，姐姐俄英都奴欲与其弟结偶，但遭到弟弟的拒绝，提出"姐弟不兴搭一座毡棚同居"的观念。反映了纳西先民对血亲婚配的否定态度。

关于兄妹婚神话，过去国内学术界曾普遍把它视为人类早期普遍存在过"兄妹血缘婚"的证据，后来有学者对此质疑，进行了新的一些分析，如章立民指出，在中华民族神话中，有33例兄妹婚型神话，其中有28例是以洪水神话的外壳出现的，比例高达84.8%，所以，中国式的兄妹婚神话亦叫兄妹婚型洪水神话（以下简称洪水神话）。洪水神话大都由洪水缘起、人类避水方式、洪水遗民（血亲的兄妹或姐弟）再生人类、万物重生、相应风俗生成等基本情节单元构成，而兄妹成婚是其核心情节。正因为洪水神话中存在兄妹相婚现象，历来论者多据此得出人类早期曾经历过血缘婚阶段的结论，然而这却是一种误读。因为，一是摩尔根的血缘婚理论本身缺乏立论基础；二是神话学反映论无法证明人类曾经历过血缘婚阶段。

她认为兄妹成婚旨在强化血亲不婚观念，她举例说，在纳西族、佤族、高山族泰雅人的神话中，就表达了人们对血亲相婚方式的极大厌恶。在其神话中，洪水的直接起因就是由于他们行兄妹相婚制，为上天所不容，遂降下洪水，以洗秽行。然而在洪水神话中，却一再出现了兄妹成婚现象，表面上看是对其负面价值的张扬与肯定，对此该如何理解呢？这是因为异性相交衍生后代的实证知识已经深入人心，是人类为了满足自身的衍生需要，当生殖欲望强于血亲不婚的文化禁规时，从而迫使后者作出退让的结果。但是这种退让是有前提的，表面上是因为天意神定，换言之，就是除非到了人烟灭绝的绝境，否则是不能采取血亲相婚的。正是在这个意义上，洪水神话强化了血亲不婚的氏族外婚制观念。洪水神话产生的时代已经是氏族外婚制时代，兄妹成婚繁衍后代的价值是在有条件限制的情况下被肯定的，在实际生活中则是被否定的，故而在以后的神话传说中，就再也没有关于兄妹成婚现象的表述了。①

纳西族关于兄妹婚导致了洪水的说法，可以佐证章立民提出的这一观点，但最初人类是否有过这种"兄妹婚"习俗，是后来逐渐导致人们的厌恶和否定，所以才会产生如此多的反映兄妹婚的神话？尽管是否定和批判的态度，但是是否是人们逐渐意识到这种婚俗对生育后代不利，或者是基于后世产生的家庭婚姻伦理道德观的抨击，还需要作更多的研究来辨析。

此外，东巴经中还反映了纳西人古代不稳定的短期"对偶婚"形式，或准确地说，即类似纳日人（即如今一般所通称的摩梭）"走访"的性爱习俗，东巴经《俄英都奴杀水怪》中描述，纳西女祖先俄英都奴到处漫游结配偶，与三个地方的三个男子同居生子，但她"连裙尾也没留在他们家"（反映出在这种性结合的习俗中，男女双方在经济上未结成紧密的纽带），据东巴经《崇仁利恩解秽经》等经书中记载，纳西族祖先和文化英雄崇仁利恩与衬红褒白命结为配偶后，还跟鬼女鲁美猛厄同居数年生了三个儿子。

另外，在东巴经中还有各种婚姻民俗形式的记载，创世史诗《崇摆图》（直译为《人类迁徙的来历》）中，崇仁利恩为娶衬红褒白命，因而在她的家里应其父命烧林开荒，撒种盘田，疏理沟渠，收割、晒谷，干了很长时间的活，经受了岳父的种种考验。这说明纳西人在过去有过"服役婚"和女婿要经受女方家各种考验的古老婚俗，它是短期从妻居的一种形式。世界各地民族过去都有过古老的服役婚，女方用各种方式考验求婚者的生存能力、耐心、毅力，等等。比如蒙古族英雄史诗里就有女婿在岳父家滞留期间，在狩猎时为他们打猎效劳，射猎凶禽猛兽，还经受了为岳父家驯服野生动物的

---

① 章立民：《兄妹婚型洪水神话的误读与再解读》，载《中南民族大学学报》（人文社会科学版），2004年第2期。

考验的描述。①

在《崇摆图》这本经书中，还反映了天神（父亲）想做主把女儿许给认为是门当户对的天之舅可洛可喜家这种氏族等级内婚以及"姑舅表婚"的习俗，还有索要聘礼这种古代氏族外婚议婚的形式。在东巴经的语言中，也普遍反映了传统的姑舅表优先婚的习俗。《崇摆图》中说："不是舅父儿，不能占有姑母女。"在东巴经所记载的神话和故事中，情人之间女称男为"果盘阿古若"（意为白鹤一样美的舅父之子），男称女为"般纳阿尼命"（意为大雁一般美的姑母之女）。

纳西族带有历史性的婚姻情爱悲剧习俗——殉情也在东巴经和东巴教仪式中有大量的反映，东巴经书记载了最有代表性的殉情文学作品《鲁般鲁饶》（《青年牧人殉情的故事》），东巴教有一个规模很大的主要为情死者举行的仪式"哈拉里肯"（her la leeq keel，祭风鬼），② 属于这个仪式的有124种不同的经书（据美籍学者洛克所编撰的目录）。有的经书以浓墨重彩极力渲染情死者死后可去的乐园"雾路游翠郭"（ngv lv yeq chel goq），对当时生活在传统文化氛围中的年轻人很有诱惑力，以致这也成为促成殉情习俗愈演愈烈的原因之一，致使民国初年时的地方政府明令禁止举行这个仪式和念这些经书，由此可见在一定的社会背景下宗教影响民俗之一斑。

媒人这种婚姻习俗中派生出来的婚姻媒介习俗已在东巴经所记载的神话、传说和故事中出现，在神话创世史诗《崇摆图》（《人类迁徙的来历》）中，为纳西始祖崇仁利恩和天神之女衬红褒白命穿针引线的白鹤（崇仁利恩随天神之女躲在白鹤翅膀下来到天神之家）。在东巴经的古典语言中成为吉祥美好的象征，神话中说，在纳西语中，"白鹤媒人"（go perq mi la bbuq）成为对媒人的美称，它与1723年丽江"改土归流"后极端的儒家礼教文化和封建包办婚姻制传入纳西族地区后的"媒人"角色的含义非常不同，后者很少在前面冠之以"白鹤"这一美称。

## 二、个人生活礼仪习俗的反映

人的社会属性通过人生几个不同的阶段得以确立，而在每一个人生阶段，各民族都有一定的仪式来表示，以便获得社会认可。纳西族的这种人生礼仪与东巴教有很密切的联系。下面简述几个与东巴教有密切联系的人生礼仪。

### （一）生育礼

纳西人出生后，按传统习俗，要举行生育除秽礼，新生儿取名礼，产妇洗头礼等。在香格里拉县（中甸县）三坝纳西族乡，生育除秽礼在生育当天举行。小孩生下不久，东巴就被请来举行除秽仪式。东巴用黑柳枝扎一匹马，称为"秽马"；用红柳木做一个一尺多长的木偶，称为"单"（ddaiq，据说是似鬼的一个精灵，可能是指称武士和能者的"单"）；用一根打鬼竹杈"曼开才"，一根赶鬼刺"勤"（一根削尖的柳木），一个"董鲁"（dduq lv，创物神"董神"之石），把这些东西放进一个小圆竹筐中，把它置于正房"擎天柱"前。东巴用杜鹃枝蘸净水为祭物除秽，诵《踏秽鬼经》等。东巴捏一块面团，用它叩击一下全家每个人的额头，然后捏为人形，与祭木放在一起；接着杀鸡，让鸡和面偶带走人的秽气和罪过。然后用鸡内脏混合苦荞等物献祭秽鬼，送秽鬼。

有的地方在小孩出生三天后举行取名礼，请东巴根据产妇和新生儿的生辰属相取相应的名。举行取名礼的这天，在院内设供桌，祭东南西北中五方大神。新生儿之父抱一只公鸡，先洗净头脚，用一个铜瓢盛清水，把一个烧热的石头放在清水里，以蒸腾的水汽为鸡牲除秽，然后杀鸡，作生熟二祭。虽由东巴取名，但由小孩的祖父呼名，产妇在自己睡的房子里代儿答应，如果母亲和新生儿的属相互相冲犯，就要向外人寄名，亦请东巴推算取名。过去为新生小孩取名，都按纳西人的传统习俗实行

---

① 九月：《试论英雄驯服野生动物母题与考验女婿习俗之关系》，载《中央民族大学学报》（哲学社会科学版），2003年第3期。

② 我在这篇文章中采用了1957年设计、1981年修订的拉丁字母形式拼音文字《纳西文字方案》来记录纳西语词汇。

"父子连名制"。

产妇的洗头仪式根据东巴看专门根据星相确定各种事宜的经书推算的结果确定日子。日子确定后，当天清晨日出前，产妇抱着婴儿，产妇的母亲或婆婆用一个浅圆竹筐遮住产妇的脸走出卧室，这有防止邪气侵入母体和小孩的意思。出来后，面朝哪一方向要依东巴的嘱咐行事，例如属蛇者不能面朝北方，按"巴格"（青蛙八卦图）图的十二属相方位，蛇在南方，猪在北方，二者处于对角关系，属相相冲，因此产妇不能面朝与自己属相相冲的方向。出门露面后，产妇在女亲属的帮助下洗头，洗好头后，把洗头水泼向与产妇属相相冲的方向，意思是镇住来自那方的邪秽之气，当天还行除秽礼，用一只鸡祭神。洗头仪式举行后，产妇可以进入正房和火塘边。中甸县（今香格里拉县）三坝乡白地纳西产妇在行此仪式时头戴柳帽（意思是使产妇不见天），手持镰刀，如此装束地在院内转一圈，用来镇邪。[1]

在汉文化的影响下，上述这些传统生育礼俗在丽江坝区城乡已经逐渐消失或产生较大的变异。这些地区的纳西人在小孩出生后，有的请东巴取名，有的请和尚、藏传佛教僧人或道士取名，有的请家族内的长者取名，一般是请祖父母取名字，由父母亲取乳名，到上学时则取一个学名。取名亦不按纳西族"巴格"图的取名法，而是按汉式家谱排字辈，依汉文化蕴意取汉名。丽江一些地方的纳西族男子在娶亲的前一天或当天早晨，还请男伙伴或长者为自己取一字号，作为成家立业的一个标志。此后，同辈间即用字号相互称呼。人们所取的字号都是典型的汉式名字。小孩出生后，有的家长还请和尚、藏传佛教僧人、道士等按其方法推算小孩的"八字"，而不是依传统请东巴照"青蛙巴格图"（"青蛙八卦图"）推算。大研镇等地居民在举行周岁礼时还行汉俗"抓周"，准备一些笔墨纸张针线等物当众叫小孩抓取，以此预测小孩的前程。产妇则到寺庙去拜神佛祈吉求福。

### （二）成年礼

过去，纳西女子长到13岁时（有的是9岁）举行"穿裙礼"（terq yel），后来丽江纳西妇女改穿裤，便行"穿裤礼"（纳西语称为"雷又"，lei yel，意为"给裤子"）。男子亦在13岁时行"穿裤礼"。举行这个成年礼的当天，家中请来一个与女子属相不相冲犯的人，男子成年礼请女子，反之请男子。此人家庭要三代人健在，夫妻俱在，子女多而健康。当天还请东巴举行祭生命神"素"的仪式。举行"穿裤礼"时，请来的人给少年穿上事先准备好的新裤，当事的少年男子站在正房火塘的左边，双脚踩在猪膘肉上，一只手提着一个猪板油团，一只手托着一个放了米、麦、玉米等的小木盒，这有希望以后生活富裕的意思，东巴诵《迎请生命神》经，祈求生命神赐予这个已成年的少年富裕和寿岁。然后东巴为这少年行"抹酥油"祝吉礼。女子的"穿裙"或"穿裤"礼也与此大致相同，只是穿裙时站在火塘右边。丽江鸣音（现属玉龙纳西族自治县鸣音乡）等地纳西人在第二年的祭天仪式上，把挂在"含英巴达"（haiq yi bba ddaq）神树上（竖一松树来象征，此树应有12根树权，象征一年12个月由此生出）的鲜花摘下来戴在新举行了成年礼的少年男女头上，表示祝吉。这一传统成年礼自20世纪50年代以后在丽江纳西族地区基本消失，但仍然保留在宁蒗永宁、四川盐源、木里等地的纳西族中。

### （三）婚礼

纳西族的传统婚礼称为"素字"（svl zeel），意为"迎接生命神'素'"，纳西人认为每个人都有自己的生命神"素"（svl），新娘是外来的新的家庭成员，因此要把她的生命神迎进新郎的家庭，与新郎家庭其他成员的生命神结为一个集合体。整个婚礼过程大体有如下内容：新郎家请东巴择吉日准备生命神之箭、桩、竹篓、塔、桥、梯、石、线等物；接新娘：在新娘家唱媒歌，新娘告别祖灵、娘家亲人及火塘灶；新娘出门时其亲属用白麻布横在她身后，意为阻拦家庭其他成员的生命神"素"

---

[1] 杨福泉：《丽江、中甸纳西族的几个宗教礼俗和传说》，载杨福泉：《纳西民族志田野调查实录》，北京：中国书籍出版社，2008版，第61~75页。

随她出走。到新郎家门前,新郎家故意关门"盘歌",送亲者中的歌手(或媒人)与新郎家所请的歌手对歌斗歌;新娘进门后行洗头礼;进母房(祖房)拜火塘灶边的祖灵和神灵;东巴或新郎家亲属与媒人或送亲者对唱祝福歌;东巴主持举行祭生命神,拴生命线的仪式,这是婚礼的核心内容。届时在新郎面前放一把木杆秤,新娘面前放一把铜锁和木升,有的则是新郎手持生命神之木桩,新娘手持生命神之木塔。东巴边咏诵经书,边在新郎新娘的前额抹酥油祝吉,继而一一抹酥油于母房的擎天柱、神龛、火塘中的铁三脚架、火塘边的男女床、弓、箭、砍刀、粮柜、铜锁、木升等上并咏诵相应的祈福语。夜幕降临后由东巴主持举行"为生命神插花"的仪式,纳西语称为"素拔处"(svl bbaq chul)的仪式。其整个过程与东巴教密不可分。

清雍正元年(1723年)"改土归流"后,清廷流官在丽江纳西族地区大力推行汉族婚俗,久而久之,除一些山区继续保留着传统婚礼外,坝区城乡纳西人普遍行使汉式婚礼,订婚按周礼的六礼:问名,纳采,会亲(在丽江称之为亲家会),过门(丽江称请媳妇),送礼束,迎亲。在接亲,宴客,分大小,回门等婚礼程序上也大量融进了汉式习俗。在举行婚礼时,有的人家还请道士念经,由道士导引新郎新娘入洞房。在有的地方,则把汉族婚礼的一些习俗与纳西族传统的婚仪整合到了一起。

### (四)丧葬礼仪

**1. 火葬**

纳西人的传统是火葬,丧葬仪式分为两次,第一次是人死后的开丧仪式,主要是处理死者尸体的仪式;纳西语称为"西开"(xi kai);第二次是火化后3年内举行的超度仪式,是处理死者灵魂的仪式,纳西语称为"西务"(xi ngvl)。各地"西开"仪式的程序有一些差异,一般分为以下几个步骤:

(1)"少萨肯"(sal sa keel,直译即"放气"):[①] 当死者即将咽气之际,亲属赶紧把一个红纸包置于死者舌下。这纸包里放着米粒(如死者是男放9粒,是女则放7粒)、银屑和一小点茶叶。在死者嘴里放这些东西也理解为为死者作返归祖地的旅途盘缠费用。

(2)"买水"洗尸:叫一个胆大的男子带一个盆,一把水瓢和铜钱去取水,俗称"买水"。顺水流舀9瓢或7瓢(男9女7),亦相应抛9或7枚铜钱于水中,口中说某某人死了,请买给洗尸水等语。取水回来后在火塘下方温热,由亲友或邻人洗尸,为死者穿寿衣,然后停尸于火塘边。

(3)报丧:过去多以吹牛角号报丧,吹三声,意为呼唤三代祖先来接死者之魂。亲友村邻闻牛角号声即来奔丧。死者家属派人去请东巴来主持丧仪。

(4)布置灵堂:被请的主祭东巴请6至8人做助手到丧家主持丧仪。主祭东巴头戴雉尾或鹰翎的东巴法帽。将灵柩抬至院子北面一角,灵柩头部朝北,有朝着北方远祖故地之意。用松木搭一个称为"故吉"(gvl jjiq)的棚子,置灵柩于其中,上蒙白布,使之不见天。用布棚遮住整个院子,地上撒上青松毛。灵前供鸡牲(男用母鸡,女用公鸡),院内张挂灯笼、纸马等。东巴和助手们在灵柩右面搭神堂,挂各种神像卷轴画,安置白毡铁犁铧神座。

(5)开吊祭灵:死者去世翌日凌晨举行"鸡鸣祭"。三声牛角号吹过后,孝子孝女把一碗拌一点肉末的稀饭端到灵前献祭;东巴摇法杖,诵《饮食来历经》等。当日举行献牲,过去还用一头牛作牲牺,东巴在牛前击鼓跳舞,镇压鬼怪,诵《送牺牲经》,主祭东巴用法杖戳一下牛,撒一些炒苦荞粒,意为给鬼饭,以防止周围的鬼魂来扰乱。孝子以斧击杀牛。

(6)"洗马"仪式:在出殡前举行,备马两匹,一为死者坐骑,一为驮马。马上置鞍子,鞍上放上毡氆,马背上插两面白纸旗,表示战神之旗。东巴诵《献马》(gguq zail)经,备述纳西先民如何用马送魂传统;叫一人顺水流舀水,东巴用杜鹃枝蘸水往马身上洒水,又洒牛奶、面粉于马身上,其他人则不断高呼"骑啊,骑啊!"直至马抖动了一下身子,说明死者已骑上马了。东巴诵《赎魂》、《驱"楞臭"鬼》等象形文经书;又摇铃击钗,跳舞,呼唤死者起来骑马。

---

[①] 杨福泉:《略论纳西族生命观中的"气"观念》,载《东陆学林》第八辑,昆明:云南大学出版社,1998年版。

（7）出殡：东巴在白毡神堂前铺开"神路图"（heiq ri piq），"神路图"的纳西语原名叫"亨日皮"（heiq ri piq），"亨"意为"神"，"日"意为"路"，"皮"一词，丽江鲁甸乡老东巴和开祥解之为"评断"，西方学者洛克（J. F. Rock）译为"裁决"、"判定"。"亨日皮"意为东巴为死者评断指点往神地去之路，即为亡灵排难解忧，把他（她）从鬼地（地狱）的煎熬中解脱超度出来，在人类之地转生为人，或送至神灵之地。①

东巴据"神路图"超度亡魂往神地；然后有一健壮男子扛一面饰边为白色的旗帜在前开路，孝子牵马，众人抬灵柩随后，东巴的助手们在后面击钗敲锣，吹白螺号、牛角号。已有专人在火葬场根据死者男女性别准备好9或7捆柴，码成井字形。东巴在火葬场做张弓搭箭射鬼状，阻止鬼怪来打扰。然后把灵柩抬到柴堆上，有负责烧尸的人，但一般先由孝子点火。火葬后，将死者的一块头盖骨和一块炭放在小陶罐里，放在火葬场附近的一块石头下，丽江大东的纳西人每月把它放在一棵树上，每月一换，共换8棵树，意思是在为死者举行超度仪式前让死者换8个地方住；香格里拉县（中甸）白地的纳西人则将骨灰撒于附近河流中；有些地方火葬后不收骸骨。火葬当天晚上死者全家不能住在正房，以免打扰可能回家的亡灵。

2. 土葬

1723年"改土归流"后，丽江纳西族地区被迫实行土葬，于民间逐渐形成传统开丧礼俗与汉式丧礼融合一体的丧葬仪式，其程序与传统火葬礼俗大体相同，亦请东巴主持举行传统丧仪。棺材要用6块整板，相接处只能用木楔嵌扣，不能用铁钉。高寿者的棺材漆以红色，其他用黑漆。丽江坝区的土葬丧仪有"悬白"、"开吊"、"出殡安葬"等程序。"悬白"于开吊前一天进行。在大门前竖两三丈高的长杆，在东巴的诵经声中，孝子把买来的"白"（用竹篾分节编扎连成圆长形，粗约一米，长一两丈，外围贴人畜图像及纸花，尾部有垂穗，中间有筒形白纸长心）升悬于杆顶。开吊于悬白次日举行，是丧事中最隆重的活动。东巴诵各种经书；孝子头戴麻布帽，身穿孝服，脚穿草鞋，双肩披挂两幅麻布，腰束草绳，一手持哭丧杖，一手扛魂幡，与其他穿孝衣的近亲跪在灵前，依主祭者的号令进行三次拜祭；亲友们顺序祭拜，有专人向亲属发孝布；开吊时间一至三日不等。出殡安葬一般于开吊仪式结束后立即举行。当天早晨即派多人点香拿纸钱祭品，去墓地选好的地方挖穴（夫妻应合葬，应留后来者的地位），有的地方男死用9人挖坑，女死则用7人。出殡前，派人带着为死者准备好的碗、盘、筷等弃置在去坟地途中的第一个岔路旁。起灵前，东巴边诵经，边用法刀把放在灵前的盛有净水及数枚铜钱（象征买路钱）的碗砍成几块，与此同时在棺材上盖一毯子，上放大门前收下的"白"，由八人抬棺起灵，在院中从跪伏于地的亲属们的头上越过去。祭司摇铃击钗在前开路，有专人在前抛撒纸钱；亲属在门外马路中成单行反向跪接一次之后，又赶前到第一个岔路口反向跪接一次，让灵柩从身上越过。至此，孝女们及一般送丧者，哭送一阵后可回家。孝子扛魂幡，被人搀扶着同撒纸钱者在前引路。至墓地后，放棺材于穴，先由孝子用后衣襟兜土从棺头左侧起撒土走一圈，其他人才开始铲土掩埋。有的地方兴把死者生前常用的东西置于坟前，如男子用的烟袋、茶罐，女子用的织麻布器具等。次日，丧者家属及近亲们带着祭品到坟上祭奠，添土整坟，烧掉魂幡。

3. 超度（"西务"）

纳西族丧葬习俗的第二步是处理死者灵魂，将亡魂送往远祖之地。这个仪式称为"西务"（xi ngvl），"西"即人，"务"（ngvl）近似于"超度"之意。此仪式在死者亡故满三年后的阴历十月间举行，20世纪50年代前，丽江纳西族尚普遍保留着这一习俗，现此俗已只保留在一些边远的山区。仪式一般分为下列几个步骤：（1）在举行超度仪式的前一天，由东巴占卜，在院坝中选择地址，用青松枝搭好放死者替身木偶的棚子"务吉"（ngv jjiq）。（2）第二天正式举行超度仪式。东巴先举行制作死者替身木偶之仪礼，主祭东巴咏诵《制作木偶经》，在一节松枝上削刻上眼、鼻、嘴等，然后由孝子的舅父用白麻布包好，拴上象征生命五行（木火土铁水五种元素）的五色丝线。然后用竹箩将其抬进青松棚内放于象征床的一张木板瓦上，继而献饭、酒等祭品。下午，由孝子骑马携带象征死

---

① 参看杨福泉：《从〈神路图〉看藏文化对纳西族东巴教的影响》，《云南社会科学》，2001年第5期。

者的木偶到火葬场或坟地走一圈，一些男子亦骑马结伴前往，要穿过事先搭好的松枝彩门，如举行超度武将武官的仪式，要穿三道松枝彩门，彩门上分别挂虎皮、牦牛皮等物。（3）第三天举行"杀牲献牲"和建盖放死者牌位之房"故米吉"礼仪。"故米吉"用竹子扎成，外面糊以纸，罩住死者牌位，牌位上画上死者模样，写上死者姓名。请宗族外的人当杀牲人。祭牲用羊，死者是男性，用母绵羊，反之用公绵羊。杀后进行生熟二祭。在院子中进行"本使余套本"（意为"祭栗树祖先"）仪式，在一桌子上放土坯，上插一棵白栗树，象征祖先。此仪式意在表示死者从此已经进入祖先的行列。最后由孝子用一红带子将用白麻布包好的木偶斜挎肩上，在族中男子的陪同下，到本氏族祖先迁徙方向的放木偶岩洞中去，将木偶按辈分安置好。

此外，反映在东巴教中的丧葬仪式还有为去世的东巴举行的"超度什罗"（sheel lo ngvl）；为勇猛的男性死亡将士举行的"超度武士"（ddaiq ngvl）；为勇猛的女性死亡战士举行的"超度勇猛女子"（bbee ddaiq ngvl），这是两个古老的悼亡阵亡将士的丧仪。

此外还有为暴死者和凶死者举行的"安抚无头鬼'短'"之仪式（Derq bbvq）；为非正常死亡者特别是情死者举行的"安抚情死鬼"仪式（her la leeq keel，一般译为"大祭风"仪式）；为在战斗中获胜但战死者举行的"胜利者祭"仪式"嘎务"（gga ngvl）；为60岁以上男性死者举行的"长寿董神祭"（ssee sherq Dduq ngvl）；为60岁以上女性死者举行的"长寿董妻祭"（ssee sherq mu shiq gvl）；为同期死亡的夫妇举行的"米鲁子务"（mi lvq zzeeq ngvl，"米鲁"指同期死亡的夫妇）；人死后3年为死者（不分性别老幼）举行的"超度死者祭"（xi ngvl）：举行丧仪后，还有为死者家属举行的"求寿岁"仪式"汝仲本"（sseezulbuq，又译为"延寿"仪式）。此外，还有专为搬迁死者尸骨改换葬地举行的"地穴赎魂"仪式（lee kuoq sherl）。

东巴教的这些仪式都是纳西族历史上不同的个人生活礼仪习俗的反映，其中的很多礼俗已随着社会的发展和文化变迁而消失了，因此东巴教所保留的这些古风古俗资料对研究纳西族文化史来说是十分珍贵的。许多丧仪中的具体程序，东巴经中都有很详细的记述，与生活中的丧仪程序也吻合。如在男性死者舌底置九粒米和碎银少许，在女性死者舌底置七粒米和碎银少许，以母鸡陪祭男性死者，以公鸡陪祭女性死者。出殡时用洁净健壮的马驮死者灵魂到祖先居住地的"洗马"仪式等等。

纳西族经历了从火葬到土葬的葬俗演变，东巴经中有火葬的内容，表示火葬和火葬场的图画象形文字，也有表示土葬的象形文字。另外，纳西族在丧仪中唱挽歌的习俗，也反映在东巴经中，有一本专门的经书《唱挽歌》（Mul zzer，直译即"为死者而歌"）。

从以上的叙述中，可约略窥见纳西族的人生礼仪习俗和东巴教的关系，从东巴教中所反映的人生礼仪体系中，可以看出作为东巴文化之源的很多纳西传统习俗，又以东巴教为载体而得以在纳西社会中比较稳定地传承下来。

## 三、经济生活民俗与东巴教

纳西族早期的半农半猎，半牧半猎等牧业部落和村寨经济的民俗形态在东巴经中有不少反映，这里侧重谈谈消费生活民俗传承即居住、服饰和饮食习俗在东巴教中的反映。

### （一）居住习俗

东巴经中记载了纳西族很多不同形态的居住形式以及一些住室的功用、礼仪上的意义等，从中可以看出纳西族在不同的社会发展阶段和生活环境中居住习俗的演变，下面略述一二。

1. 远古的穴居与毡棚居

纳西族的居住习俗在多民族多元文化的影响下，在不同的历史时期发生了很大的变迁。纳西族在古代曾有过"穴居"之习俗，故史籍上曾有"麽些洞蛮"之说。之后又有过与游牧生活相适应的羊毛毡制帐篷和窝棚居住习俗。因此，纳西人的灵魂观念与这一历史上的居住习俗有关，纳西人在人死后三年内要举行超度死者灵魂到祖先之地的"西务"（xi ngvl）仪式，在此仪式上要用青松枝做死者的替身木偶，在仪式中放在用松木搭成，上盖白毡的简易房中。仪式结束时要把木偶送到特定的

"放木偶岩洞"（纳西语称"务金尼科"）中去。

鲁甸乡（今属丽江市玉龙县）老东巴和开祥对笔者解释说，人最初住在岩洞里，在岩洞中生，在岩洞里死。因此，人死后一定要把一个魂送回岩洞。这称为"低哦低亨埃刷过尼子"（ddee'oq ddee hei aiq shuaq gol nee zzeeq），意为一个魂住在高岩上。东巴经《神路图》中也讲到将死者之魂送到祖先曾经居住过的岩洞中。在超度仪式上，把死者的替身木偶放于用白毡盖的房内，则是因为纳西人曾经住过这种用毛毡搭的帐篷，因此要寄一魂于此，这称为"低哦低亨固结补尼子"（ddee'oq ddee hei gvl jjiq bbvq nee zzeeq），意为一个魂住在白毡房内。

《崇摆图》（人类迁徙的来历）中说："纳西族祖先崇仁利恩和衬红褒白命从天上迁居到人类的土地上后，建起毡棚居住。"其他许多经书中也有纳西祖先立毡棚（gvl jjiq）而居的记载，该词的象形文字也是一座穹隆式的毡棚，从中可知纳西先民有过毡棚这一居住形式。联系经书所载神话传说中的物质生产生活方式及生态环境等来考察，也证明了历史学家所考证的纳西族是"所居无常"，"随畜迁徙，逐水草而居"的古羌人后裔的论断是正确的。东巴举行仪式时以铺起的白毡为神坛，也是这一社会生活形态的反映。

2. 井干式木楞房

纳西族由"随畜迁徙"的游牧民族演变为以农耕为主的民族后，居住方式也产生了变化，开始兴建较固定的木结构民居，从而出现了井干式的木楞房。

正德《云南志》记载："麽些蛮所居，用圆木纵横相架，层而高之，至十八层，即加桁，覆以板，石压其上，房内四面皆施床榻，中置火炉，用铁链剉木甑，炊爨其上。"乾隆《丽江府志略》下卷也称："旧时惟土官廨舍用瓦，余皆板房，用圆木四周相交，屋而垒之，高七、八尺，即加椽桁，覆以板，压以石，屋内四周皆木榻，中置火炉并炊爨其上。改流（即指'改土归流'）后渐盖瓦房，然用瓦中仍覆板数片，尚存古意。"

传统的木楞房直接以圆木为材料，建造时先平齐木料，在两端砍出接口，然后将圆木首尾相嵌，大小头均齐，构成四面围墙。然后架起檩条，直接铺上长形木瓦，用石头紧压木板。圆木间抹上牛粪或泥，以避风寒。纳西族将住宅中的正房称为"吉美"（jji mei），直译意为"母房"、"大房"。祖房是整个家庭住宅的中心。祖房内神龛下设平台型单火塘或双火塘灶，火塘中央埋一个盛有金银、五谷及海贝等物的土碗或陶罐，象征火塘灶的心脏。火塘是人们日常生活和精神文化的一个中心，火塘边的座位与人们的性别角色和家族、家庭的尊卑长幼序列密切相关。如保留母系制的纳日人火塘边的尊位属于当家的年长妇女，而丽江、香格里拉县（中甸）等地纳西人认为北方是神和祖先所在地，因此是表示尊贵和善的上方，是神龛之所在。

在家庭的社交场合，神龛下最上方的尊位属于亲族的男性长者。平时，火塘边东西两端靠近神龛的座位是最尊之位，分别属于家ة男女家长。火塘边供奉东巴经中所记载的火塘灶神五兄弟五姐妹、祖先神、谷神、畜神等。有不准将水泼于火塘，不准跨越火塘，不准在火塘边洗脏东西，不准脚踩铁三脚架等种种禁忌。纳西人的各种人生礼仪和多种东巴教仪式都在火塘边举行。部分丽江山区的纳西族除了保留火塘灶，还普遍在正房中砌有锅台灶。但与人们的精神生活密切相关的则普遍是火塘灶。丽江坝区城乡的纳西族则普遍使用单独的厨房和锅台灶烹饪方式，腊月祭祀汉式灶神的习俗也十分流行。至今，在丽江塔城、鲁甸、奉科（三个乡皆属于今玉龙纳西族自治县）等山区纳西族中，传统的井干式木楞房民居至今还十分普遍地保留着。

东巴经中还有表示下列居住形式的象形文字：以木板盖顶的木楞房（ggeeq jjiq），如上所述，正德《云南志》及光绪《丽江府志稿》都有古代纳西人这种居住形式的记载，目前还可以在一些山区见到这种房屋。贮存粮食的木仓房（gguq jjiq）；草房（ssee jjiq）；铁桩篱围的王者之房；囚禁仇敌的牢房（ssee jjiq naq）；首领或天神居住的九间式大房（jjiq ddeeq gv zual）；设栅而居的氏族居所（koq）；竹墙房（meel herq jjiq）；反映居屋信仰习俗的生命神之房（seel jjiq）；灶房（hol loq gol）；供放牧和狩猎者临时居住的山中简易窝棚（hual ddvq）；四边设门的城"展"（zzaiq）；插有寨旗的村寨"坞"（we）；高矮连接的围墙"子"（zzee）；神庙"恒吉"（heijjiq，直译即"神之房"）；垒石标松于露宿处的古风；以及木格窗、圆窗、竹门帘、氆氇、草席等屋内设施。这些都是不同历史时期和不同环境中纳西人居住形式的真实反映，是研究纳西族居住习俗的可靠资料。这些象形文字所反映的纳西族居住形式，有的已成历史的陈迹，有的则与历史记载和近现代纳西族社会生活中的居住习俗相符合。从东巴经的象形文字中，我们还可以看到不同形式的家畜居所的构造和布局，如牦牛棚（ha zzua ggv loq，意为九层围柱）；猪圈（bber ler sher zherl，意为七层栏桩）；羊圈（cei ko dv mieq，意为千眼篱笆），这些反映在东巴图画象形文字中的民间建筑习俗，有的迄今还留存于乡村生活中。

### （二）服饰习俗

纳西族的服饰习俗也在社会的发展中不断发生变化，在有的历史书籍中有一些记载，但不多，而东巴经中则留下了很多纳西族服饰习俗的资料，这里略为叙述。

首先谈谈依性别构成的服饰习俗。史书载纳西妇女"凤鬟高髻"（李京《云南志略》），"妇人髻或代黑漆尖帽，短衣长裙"。（光绪《丽江府志稿》）。东巴经书中有束发当顶的"高髻"妇女形象，也有头戴帽饰的妇女形象。另外有不少表示各种男女服饰的象形文字，如古代纳西族妇女的百褶裙（terq，至今东部方言区的摩梭妇女犹穿之），以及头帕"古吉"（gvj jjiq），包头布（gv'eq），勇士裤（lei ggaiq）等等。

其次是依据职业和地位构成的服饰习俗。东巴经书记载，早期的东巴祭司头戴有边大毡帽和竹编的有边大帽，穿大而宽的粗绉绸裤"普西雷盘"（pv si lei perq）。开丧超荐时戴插有猬刺及雉尾的铁冠"达恒古亩"（dda heeq gu muq），东巴跳舞时戴插鹰翅毛之帽等。

经书中"王"的形象则是头戴尖顶帽，插有羽饰。东巴经中还用象形文字记载了古代纳西战士普遍穿的犀牛皮甲胄。

东巴古籍中记载了不少过去纳西人在不同的人生礼仪上的服饰习俗，如儿子在父亲的丧仪中戴类似头巾的"波吕"帽（pu lu），孙子在祖父母的丧仪中戴称为"拉沙波吕"的有边竹帽（la saq pu lu），[①] 哀悼者在唱挽歌时戴一种黑山羊帽或牦牛皮帽。另外还记载有用于放牧的披毡，用于防冷的牦牛皮衣和羊毛衣；用于战斗的甲胄"敢"（ggaiq）；用于拉弓的手套"劳罢"（laq bal）；妇女结婚时的头饰"本吉"（bbei jjiq）；兼用于劳作和装饰的妇女羊皮披肩"优嗯"（Ye eel）。妇女用于装饰的金领扣、银耳环、手镯、戒指、银链饰品，嵌宝石之首饰，玉冠饰，绿松石、红玉髓、石镜、木梳，笸，悬耳挖牙剔的环扣等等。另外还记载了不少织麻布、制毡、纺线等等的工具原料等等，这里不一一列举。

### （三）饮食习俗

纳西族的饮食习俗也是随着社会的发展和生态环境的改变而变化的，而这个在史书上鲜有记载的饮食习俗的演变发展，在东巴经中则较完整地记录了下来。

从经书中，我们知道纳西人古时有过以野兽肉为主要食物的古代狩猎生活，他们在火上烤烧公鹿肉，用鹿肉做汤，煮食，捕捉野猪、马鹿、岩羊、羚羊等。畜牧业发展起来后，纳西人又制作酥油、干酪。美籍奥地利学者洛克（Rock，J.F）博士收集到的经书中还有挤马奶的记载和相应的象形文字，这可能是早期纳西先民居住于西北草原地带时的饮食古俗。有的经书中还讲到捕鱼和腌鱼的古俗。

当山地农耕逐渐发展起来后，纳西人以荞麦、稗子、蔓菁等为主食，辅以奶制品、野菜及野兽肉，随着农业社会和生产技术的发展和吸收汉族的先进生产技术和新农作物，纳西族的饮食习俗也发生了很大变化，玉米、小麦、大米、稗子等变为主食，坝区农民逐渐种植蔬菜。东巴经中用象形文字记下了诸多农作物及蔬菜。蒸、炒、煮、烧、捏面团、饭团、炒面等烹调方法及相应的炊具也在经书中有描述。纳西人围着酒坛以草管、芦管等吸酒喝的习俗，则是古羌人的饮食习俗，至今也还保留在

---

① Rock, J. F,: A Na-Khi-English, Encyclopeci Dictionary, Part1, Roma, 1963, P.220.

羌族的生活习俗中。此外，东巴经中还记载有诸如以小陶罐煨茶的习俗等。在东巴经《饮食的来历》中，还详细叙述了种麦煮黄酒的过程。

**（四）节日礼仪的饮食习俗和饮食禁忌**

在东巴教中的仪式中，保留了纳西族历史上一些节日礼仪的饮食习俗。如在东巴教最大的仪式之一，也是纳西族传统最大的节日的"祭天"中，保持了古代部落"长老会"的古规在祭天坛设老人席敬待老人，用原始平均分配方法来共同分享祭天坛的酒肉和饮食；首领和平民共饮用金竹虹管吸引的黄酒。纳西族除夕聚餐时首先将猪头肉喂狗的习俗，也来自东巴经《崇摆图》（人类迁徙的来历）所记载的传说中，因为狗从天上的天神处给人间带来了各种谷种，因此有功于人类。

一些饮食的禁忌，也源于东巴经所记载的神话传说，如禁食猴肉，因猴曾是纳西先民奉为始祖的图腾。① 忌食猫狗肉，因猫狗是天神赐给人类的动物，也为人类立过功；忌食青蛙，因青蛙在纳西族神话中是一神秘动物，是自然神"署"的重要象征物；纳西族的"雌雄八卦"源于一个"金黄大蛙"之体。禁忌吃马肉，因为马不仅帮助纳西人征战和迁徙，而且每个人死后，都要由马来帮助把灵魂驮回到"祖先之地"的。

**（五）"茶马古道"商贸民俗**

从东巴教中，我们还可以看到"茶马古道"上纳西人和藏人之间的商贸交往及其相关的民俗，比如在古老的东巴经《多格绍》（迎请多格天将）中说："藏族聪本（生意官，亦音译为'匆本'）"马帮九兄弟，赶着九十九个驮子来，露宿打野时，丢失一床白毛毡。原来那床白毛毡，是被长角黑犏牛吞吃了。这藏商九兄弟，去抓盗贼而没有抓到。于是，他们在九股道的交叉口，打开獐皮炒面袋，用净面净饭，敬献给多格。多格神作法降大雪，黑犏牛找不到草吃，饿死了，这藏商九兄弟从饿死的犏牛肚子里得到了那床白毡。藏商九兄弟，又用藏刀把天地间的秽鬼脏鬼镇压下去了。②

从这则古老的东巴经故事中，既可以看到古时藏商在贸易运输途中丢了东西要祭神而争取索回的习俗，也可以视其为一个纳藏贸易历史悠久的佐证。

## 四、民间信仰习俗、游艺民俗与东巴教

古老的自然崇拜和灵魂信仰等形态是后世信仰民俗传承的主要来源。东巴经书中保存了许多纳西先民的各种大自然崇拜和信仰，比如天崇拜、地信仰，山崇拜、石崇拜、关于水与火的信仰，与动植物有关的信仰、图腾崇拜，祖灵崇拜等的资料。东巴教有祭天仪式，祭地仪式，祭主宰山、河、湖、泉、林等的"署"（svq）精灵（是司掌着大自然的精灵，国内一般译为山神龙王，国外译为蛇精灵或"纳伽"——印度神话中的大蛇精灵，都不十分恰当，故此以音译）。用石头代表最初的造物神董与色（阳神和阴神），祭仪中必用"董鲁"（dduq lv，神石），"可标"（kual bbiuq，祭仪木牌）；祭天仪式中以栎树（栗树）代表天神及天神之妻，以刺柏木代表帝王，以松木代表战神"嘎"（gga），以松枝做所祭死者的替身木，以杜鹃木除秽等等。近现代纳西族社会生活中的信仰习俗与东巴教所反映的这些原始自然信仰息息相关，纳西族立石代表门神；以一块放于"母房"（jji mei，正房）"素笃"竹篓中的石头象征生命神，③ 以18块小圆石代表畜神。各宗族或家庭在坟地上立一上尖下粗的石头象征山神；以家屋"母房"中的四方形木柱"擎天柱"（纳西语称为"蒙杜"，mee dvl，直译即顶天柱），象征纳西神话中顶天镇地的居纳什罗神山。

纳西族民间信仰习俗与东巴教的各种仪式、经书中所载的神话传说等都有不可分割的关系。如祭天习俗就源于东巴经记载的创世神话《崇摆图》（人类迁徙的来历）的故事情节。丧仪中男性死者舌底下放九粒米，女性放七粒米，洗尸时男的用水九碗，女的用七碗，这一习俗又源于东巴经所载神话

---

① 参看杨福泉：《纳西族人猴婚配神话刍议》，载《民间文学论坛》，1984年第3期。
② 和志武：《东巴经典选译》，昆明：云南人民出版社，1994年版，第49页。
③ 参看杨福泉：《原始生命神与生命观》，昆明：云南人民出版社，1995年版，第8~9页。

中开天九兄弟和辟地七姐妹的典故。用鸡陪祭源于神话中的纳西杀恶鬼的英雄女祖先俄英都奴的故事。1949年以前纳西族婚仪中挑一担水和执柏枝火把在前引路的习俗，也与东巴经《崇摆图》中关于祖先迁徙的故事情节有关。

20世纪50年代之前，纳西族的"祭天"是最隆重的民族节日，俗语说"纳西美布丁"（Naq xi mee biuq ddeeq，纳西祭天大），"纳西美布若"（Naq xi mee biuq sso，纳西祭天人）。这是一个大自然信仰和祖灵信仰相结合的民俗中传承，它的最初形态是对天的原始祭仪，灵魂观念产生后，纳西先民又逐渐把这种自然信仰形式和祖灵信仰相结合，形成祭天与祭祖融为一体的独特民俗。在这一民俗中还集中表现了祖灵观念的发展基础——氏族的祖灵信仰。祭天以四个古纳西氏族的血缘关系为基础分为"祭天群"，① 后逐渐发展到以一个村的同姓宗族为单位，祭天所祭的"祖先"是东巴经《崇摆图》中所载的纳西族祖先崇仁利恩和衬红褒白命，所祭的天神是衬红褒白命的父亲子劳阿普和母亲子劳阿仔，一般各个村寨都多由东巴主祭，咏诵创世神话史诗《崇摆图》等东巴经。

纳西族另外一个民俗色彩很浓的农事祭祀"糯丁布"（Nol ddeeq bbvq，祭十八个家畜保护神），过去在山中牧场的羊圈里举行，每年一次。后在每年春秋两季举行，有合村祭祀，也有单家独户祭祀，由东巴主持。香格里拉县三坝乡东坝的纳西族在该祭祀日把牲畜全赶到山上，东巴在山上铺上白毡为祭坛举行仪式。

香格里拉县（中甸县）三坝纳西族的农历二月初八白水台会，原为纪念东巴教祖师丁巴什罗到白水台传教，后来演化为群众性的娱乐、赛马、跳芦笙、寻偶的盛会，但祭神祈福至今还是这个节日的重要内容。

从以上所述中可看出，原始宗教与日常生活中的信仰习俗、农事祭祀、节庆等有很密切的联系，两者是不可分割的。

以自发状态在民间盛行的迷信是信仰传承的表现，是从诸多原始信仰中残留下来的意识。东巴教与纳西族民间的诸多迷信观念和手段息息相关。如占卜，纳西人过去自称为"占卜的民族"，婚丧嫁娶、起房盖屋都要占卜问卦，连殉情者生前都要去北岳庙烧香问卦，选择最好的殉情"吉日"死去。东巴经比较完整地记载了纳西族民间占卜的种类、方法，东巴也是这方面知识最广的卜师。兹举如下有专门占卜经书的卜法：左拉卜、掷海贝卜、抽图片卜、羊髀卜、鸡胫骨卜、鸡头卜、石卜、鸡蛋卜、五谷卜、箭卜、异事卜（如鸡夜啼、狗上房、蛇绕犁架等异事）、竹片卜、掷骰子卜、香卜、八格卜、梦卜、星卜等，这些丰富的占卜经书无疑是研究纳西族历史上信仰习俗和天象知识等的宝贵资料。

东巴经中还记载了一些纳西族古代游艺民俗，如掷骰子等博戏。用象形文字记载了纳西族不同历史时期的民乐，如吉他状的筝、筚篥（古代的竹笛）、葫芦笙、口弦、鼓、铃、锣以及歌舞形式"忍美蹉"（reiq mei co，一种在办丧事时跳的古老歌舞形式），伴歌，对吟山歌（gguq qil），踏歌（hog zzer），歌咏（kuel ler）。

"忍美蹉"是纳西族历史上产生得比较早的一种古舞。它也记载在东巴的口诵经中。这种古老的歌舞形式如今主要流传在丽江县大东、宝山一带的纳西族中。这是一种在丧葬仪式上唱跳的歌舞形式"忍美蹉"，相传"忍美"是一种精灵，亦雌亦雄，"蹉"意为"跳"和"跳舞"。东巴口诵经"忍美蹉"中说：在纳西祖先梅生都狄都塔之世，人们射杀了白鹿，白鹿腐烂的尸首中生出了蛆，从这蛆中生出白卵，白卵中生出了"忍美"这种会飞的精灵。当时人们尚未学会处理尸体，因此，"忍美"这种精灵便来吸食死者的血和肉。人们在惊慌失措中，群起跳跃吼叫，继而用火烧它们，但这些飞魔反而在烈火中炼成了一种精灵"忍美鬼"。人们最初驱赶它们的跳跃吼叫逐渐演化成了"忍美蹉"舞蹈，这种最初为护尸舞性质的舞蹈也成为丧葬仪式上驱邪祈福的一种民间歌舞形式。舞蹈方式是男女舞者各自成队，手牵手围成圆圈，按顺时针方向缓步环篝火而舞。由领舞者即兴作歌，赞美

---

① 国外有的学者也有将4个纳西古氏族的祭天群体翻译成"祭天派"的，以与各个世系群（宗族）的祭天群体相区别。

死者一生的德行，宽慰死者的亲属。然后众人边舞边应和。每次跳唱完一段，舞者高喊驱赶声"世！世！世！"，然后模仿斗羊的动作，腾越跳跃数次。这个古老的乐舞在2008年列入了中国"非物质文化遗产"名录。

## 五、结 论

分析纳西族东巴教与纳西族民俗之间的关系，我以为可以看出以下几点：

第一，东巴教保存和记录了很多纳西族的传统民俗，70多种东巴教仪式和卷帙浩繁的东巴经堪称一部纳西族民俗大全。特别弥足珍贵的是记载了一些早已消失而又不见于史书记载的古风古俗，如果没有这些记载，我们无从了解纳西族历史上民俗传承演变的情况。而这些大量记载和反映在东巴教典籍、仪式中的民俗是东巴教中最为重要的本土文化之一，是它赖以产生和发展的源头和土壤。

第二，东巴教和纳西族民俗之间的关系是一种相依共存，互相影响其发展变化的关系。东巴教在大量民间习俗的基础上形成了它整套的仪式系统，反过来又对这些习俗的稳定、发展以及传承起了维护和促进的作用。对这两种有同一社会基础的文化现象，我们必须把它们放在一个民族的文化整体范畴来分析研究。如同文学艺术的产生与宗教有千丝万缕的联系，民俗与宗教（特别是原始宗教）也有很密切的联系，宗教、民俗、文学艺术的产生是一个杂糅的，彼此难分难解的文化萌生和形成的过程，因此，我们研究民俗必须结合研究宗教（包括民间信仰）。

第三，如果我们用"原始宗教"来指称东巴教，那它已经是一种已有很大发展，融合了各种不同的宗教因素，比如本教、藏传佛教、道教等，已经与其他很多原始宗教形态有区别，但它尚未发展到人为宗教，尚未形成宗教法规、教会、寺庙以及教徒等级制等。因此，在它以民俗为基础建立自己的仪礼体系时，并未对民俗形态本身做大的加工和改造，借以形成自己的宗教戒律和伦理、哲学的体系，也没有产生支配各种民间信仰的宗教权威，纳西族民俗东巴教中的表现基本上是一种带有原始信仰色彩的自然和原生的形态，由此也可以看出，研究一个民族的原始宗教及其文献对于研究该民族的民俗具有很重要的意义。

第四，纳西族人信宗教又不笃信，重在世时的世俗生活而轻"来世"幸福（殉情者所追求的"雾路游翠郭"也不是"来世"和天国的幸福，而是另一个理想的、将世俗与美丽的大自然融为一体的社会，直译为"雪山情死者之地"，是一种"高山中的生命理想地"）。总体上看，纳西人对宗教持的是一种现实主义的功利态度。我以为这也是在东巴教的各种仪礼和经书中充满了人间烟火味，各种民俗也能得以真实反映的原因之一，可能这也是东巴教未能形成人为宗教的纯宗教意识的社会制约因素之一。

# 对西双版纳傣族巴利名词语法知识的研究
## ——以 *Pabbajākammr*（《出家业经》）第二章和第二章经疏为例[①]

### 姚 珏[*]

**摘 要**：名词是巴利语中最重要的词类，具有繁复的语法规则。目前，除了一份以 -u 音结尾阳性单数名词变化表外，尚未在西双版纳发现包括名词语法在内的巴利语法专书。为了探求西双版纳傣族巴利名词语法的真实面貌，唯一切实可行的方法就是研究转写自当地傣族巴利经卷中的巴利名词和名词短语，并尽可能地在研究过程中对所研究经卷的傣语经疏加以充分的利用。《出家业经》过去和目前都是西双版纳傣族最常用的巴利经典。鉴于此，这部巴利语佛经被选取作本研究的文本。前期研究发现，《出家业经》第二章分布有较为丰富的巴利名词和巴利名词短语。一方面，比照通行的巴利语语法，从《出家业经》第二章经文中选择出具有语法分析研究典型意义的巴利名词和巴利复合名词短语作为研究的材料。另一方面，鉴于有关《出家业经》的傣语经疏已经在西双版纳勐龙的傣族寺院内流传了数代，挑选出经疏中对所选名词和名词短语的疏解文字加以研究。通过对以上两系材料的研究，可揭示西双版纳傣族巴利名词语法知识的原初面貌，并进而得出以下三个论点：（1）西双版纳傣族巴利名词语法知识颇为有限；（2）傣族以傣族化的方式来理解和诠释包括第二章在内的《出家业经》；（3）《出家业经》和《出家业经》的经疏来自于西双版纳以外的地方。

**关键词**：傣族；西双版纳；巴利名词语法；《出家业经》；《出家业经》的经疏

在过去的二十个世纪里，巴利语法一直在诵读和理解巴利语佛经上给予了南传上座部佛教的僧侣和佛教徒极大的帮助。鉴于巴利语法的这种不可或缺的重要性，南传上座部佛教的僧侣在传承巴利语佛典的同时，也延续着对巴利语法的传承。譬如，南传上座部佛教的僧侣一直保持着写作或抄写巴利语法书的传统。对学者们来说，这种传统提供了一种重要的研究渠道，通过它，可以窥见这些僧侣的巴利语水平并由此推断出这些僧侣所处时代对巴利语佛经的理解程度。

田野调查表明，大致在三个世纪以前西双版纳的傣族开始信仰南传上座部佛教。按照南传世界中各族群信仰这支佛教的先后顺序，傣族的信仰时间无疑是最为晚近的。傣族创制了经典傣泐文来传写和创作南传佛经。由于文字的出现，西双版纳历史上有大量的巴利佛经被传抄、创作，得以世代相传。然而，迄今为止在西双版纳尚未发现傣族出于教（传）授巴利语而写作或抄写的语法专书。

田野调查证实《出家业经》在历史上和当前都是西双版纳傣族最常用的巴利语佛经。目前，当地的傣族僧侣和相当人数的傣族信徒都能持诵这部经。过去，傣族常常抄写这部经并把它献给寺院作为供养，因此，这部经有多个版本流传在西双版纳的民间。

历史上，勐龙是西双版纳傣族南传佛教和佛学研究的中心。祜巴叠篯（约 1900—1966）曾任勐龙的僧伽拉扎，是同时代傣族僧俗公认的佛学大师。岩鹏居士在 20 世纪 40 年代初期师从祜巴叠篯学习了《出家业经》和《出家业经》的经疏。2001 年夏天，岩鹏居士向笔者传授了当日他随祜巴叠篯所学的这部经（见附录）和寺院世代口传的傣语经疏。

---

[①] 本研究得到普通高等学校人文社会科学重点研究基地云南大学西南边疆少数民族研究中心资助。

[*] 姚珏，云南大学西南边疆少数民族研究中心助理研究员。

经书里数处名词的奇特书写方式使得笔者的好奇心油然而生。具体来说，通过对《出家业经》第二章的详细语法分析，笔者发现第二章经文中存在两种书写错误。[①] 第一种错误存在于第二章经文中出现的一组有内在关联的小标题之中。这组小标题一共有四个，其中三个以毫无词尾变化的形式出现。第二种错误来自于同一章经文中对两个复合名词的错误断写。

与传统的巴利文献一样，中国的古籍文献中也不存在标点符号。在古代中国，知识分子习惯于边读书边自行断句。断句的能力某种程度上代表了古代中国知识分子的古文水平并逐渐地成为评判他们学识水平的一种尺度。慢慢地，中国人完整地发展出了一门学问：点校学。这也是有关如何正确句读和如何通过版本比较校勘古籍的艺术。这门中国的学问在方法论上启发了本研究，这些启发主要体现在两个方面：首先，对于傣族巴利佛经这样一种同样不存在标点符号的文献系统，可以通过研究傣族对复合名词的错误断写来发现傣族巴利名词语法的实际水平。其次，通过对比研究错误拼写的名词，结合对比这些名词在注疏中的释义和译文以及它们在字典中的标准释义和由此得出的译文，[②] 从而发现傣族有关巴利名词语法知识的构成情况。

## 一、对四个小标题的研究

《出家业经》第二章由四段经文组成（见附录），每段有一个小标题。每个小标题都由两个词组成，即 Paṭisaṃ Cīvaraṃ（《省察袈裟》）、Paṭisaṃ Piṇḍa（《省察团食》）、Paṭisaṃ Senā（《省察卧具》）和 Paṭisaṃ Gilā（《省察医药》）。其中，"省察"（Paṭisaṃ）一词来自四段经文的起首短语"paṭisaṅkhā yoniso"（"认真地省察"）。各小标题的第二个词则是各段的关键词。除《袈裟》一段外，其余各段小标题的第二个字都是从经文中的复合名词中断出。

"袈裟"（cīvara）一词在首段中出现了两次。一次出现在这一段的小标题中，为 cīvaraṃ。第二次出现在第一段经文的首句，它以中性、单数和宾格出现，即 cīvaraṃ。根据巴利语法，小标题中出现的"袈裟"（cīvara）应当为中性和主格，即 cīvaraṃ。中性单数的主格和宾格的词尾变化相同，都以 –ṃ 结尾。所以，由这个孤例，暂时还不能断定经文的书写者是在掌握正确词尾变化知识的情况下两次都写对了"袈裟"这个词，还是他仅仅只是把经文中的"袈裟"一词照搬到标题的位置。

在第二段经文中，复合名词"piṇḍa－pātaṃ"（托钵食）被写作 piṇḍapātaṃ。从这段经文的小标题"paṭisaṃ piṇḍa"可以知道经文中的复合名词 piṇḍapātaṃ 被正确地断写为 piṇḍa－pātaṃ。与此同时，也可以初步判断出复合名词中的 piṇḍa（团食）是从经文中被移作小标题的。

在第三段经文中，复合名词"sena－āsana"（卧坐具）被写作 senāsanaṃ。这一段的小标题被写作 paṭisaṃ senā，由此可以看出复合名词 sena－āsana 应该被断写作 senā－asana or senā－sana。在此，可以证实小标题中的 senā 是直接从经文中复合名词中断取得来的。

最后一段中，复合名词"gilāna－paccaya－bhesajja－parikkhāra"（医药资具）被写作 gilānapaccayabhesajjaparikkhāraṃ。其中，gilāna（病、病者）的头两个音节被写作本段经文的小标题。可见这个复合名词至少被断写作 gilā－napaccayabhesajjaparikkhāraṃ。

由上述分析可以判断出四个小标题中的第二个词都是直接取自经文中的字或复合名词，所取的词一概没有对应它们所处的标题位置而有任何的性、数、格语法变化。此外，经文中三个复合名词中有两个是错误断写。

## 二、对两个复合名词的研究

前期研究发现的《出家业经》第二章中存在断写错误的两个复合名词。对此，以下两个表格中将对比研究傣语经疏中找到的有关这两个复合名词的释义、译文和它们各自在字典中的标准释义和译文。其中，凡两系释义有相同或近似可比处，都使用同一种字体或者画线标识。

---

[①] 笔者按：本文从是否遵循通行巴利语法的角度来使用"错误"与"正确"这两个概念。如果从巴利在西双版纳傣族化、地方化的研究角度来看，这些或"错误"或"正确"的语法现象都可以被视为地方化、民族化的特征，而超出了仅仅是对错的判断。

[②] 英国巴利圣典会 1999 版 T. W. Rhys Davids 与 William Stede 主编《巴－英字典》与水野弘元著《南川大藏经总索引（第二部）》。

表 1 复合名词 daṃsa-makasa-vāta-ātapa-siriṃsapa-samphassānaṃ ("虻、蚊、风、阳光、蛇的摩触")

| | 勐龙系传傣语经疏释义 | 字典标准释义 |
|---|---|---|
| 经文文原 | daṃsamakasavātā tapasiriṃsapasamphassānaṃ 和 daṃsamakasavātā tapasiriṃsapa samphassānaṃ | daṃsa-makasa-vāta-ātapa-siriṃsapa-samphassānaṃ |
| 依经疏断作 | daṃ-samakasa-vātā tapa-siriṃ-sapa-samphassā-naṃ 和 daṃ-samakasa-vātā tapa-siriṃ-sapa samphassā-naṃ | daṃsa-makasa-vāta-ātapa-siriṃsapa-samphassānaṃ |
| 经疏释义 | daṃ-samakasa-vātā 名词 气候<br>daṃ 名词（冷热、高低）<br>samakasa 名词 气温<br>vātā 名词 <u>阳光</u><br><br>tapasiriṃsapa 虫蛇<br>tapa 名词 牛蝇<br>siriṃ 名词 蚊子<br>sapa 抽象名词 大小的蛇，各种蛇（蜿蜒而行的长虫）<br><br>samphassānaṃ 动词 碰到（自己）身上<br>samphassā 动词（指气候、蚊蛇碰到身上）接触（啮触及接触）<br>-naṃ those 那些 | daṃsa 阳性名词 虻<br>makasa 阳性名词 蚊、蝇<br>vāta 阳性名词 <u>风</u><br><br>ātapa 阳性名词 <u>阳光、热、温处</u><br>siriṃsapa 阳性名词 蛇，匍行者，爬行类，爬虫类、虫蛇、毒蛇<br><br>samphassa 阳性名词 摩触<br>-ānaṃ 阳性名词复数与格或属格尾格变化 |
| 经疏译文 | "……要摆脱气候、蛇虫的接触，……" | "……要防护虻、蚊、风、阳光、蛇的摩触"。 |
| 研究小结 | 1. 组成复合名词的六个词中有五个词被错误断写。<br>2. 六个词的字典标准释义大致都可以在经疏释义中找到相应的部分。也可以说，经疏中存留有对六个词的正确解释。可是，除 vāta（风）和 samphassānaṃ（摩触）两个词外，其余四个词的释义和它们在经疏释义中释义的对应关系是错乱的，也就是说这四个词和它们疏解释义的内在联系被打乱，出现了 A 对应 C 的释义，B 对应 D 的情形。<br>3. 名词词尾变化被理解为指示词。<br>4. 经疏傣语译文遗漏了"虻、蚊、风、阳光"四词，只保留有"蛇虫"一词，并增加了"气候"一词。 | |

☆民族宗教探论    175

表 2 复合名词 utu-parissaya-vinodanam（"驱除季节的危险"）

| | 勐龙系传傣语经疏释义 | 字典标准释义 |
|---|---|---|
| 经文原文 | utuparissa yavinodanaṃ | |
| 依经疏断作 | utu-parissa yavinodanaṃ | utu-parissaya-vinodanam |
| 经疏释义 | utu-parissa<br>utu 名词 气候 较 dam 更抽象<br>parissa 动词 变化，例如四季更替<br><br>yavinodanaṃ 毫无关系 (not effect absolutely)①<br>yavi （加强语气的否定）<br>-vi 否定词 没有<br>ya 动词 不存在<br>nodanaṃ 名词 关系 | utu-parissaya 时节的危险<br>utu 阳性和中性名词 ①季节、时、时节；②月经，月水<br>parissaya 阳性和中性名词 险、驱险，危难、危险<br><br>vinodana 形容词和中性名词 除、驱除，之后 事物不能造成任何影响 (the thing could not make any effect to)②<br><br>-ṃ 中性名词单数宾格格尾 |
| 经疏译文 | "……气候变化（对我的修行）毫无关系，……" | "……（只为独处之乐）驱除季节的危害……" |
| 研究小结 | 1. 组成复合名词的三个词中有两个词被错误断写。<br>2. 两个词的字典标准释义大致可以在经疏中找到相应部分。<br>3. 也就是说除了对 parissaya（危险）一词的解释外，其余两个字的字典解释都保留在经疏中。具体来说，在经疏中，对于 utu（季节）的正确解释存留在经疏中，而经疏中对这个词的解释是"驱除"这个动作的结果被分别归在对 utu 和 parissa 的释义中。vinodana 一词的字典释义为"驱除"，是一种动作。而经疏中对这个词的解释的结果，即"当驱除这个动作发出后，季节变化就……有丝毫影响"。经疏中没有找到对 parissaya 的正确或接近正确的解释文字。<br>4. 经疏的译文内容主要由 utu（气候）和 vinodana（毫无关系）两部分组成。<br>5. 名词词尾变化被当做名词的一个音节。 | |

①笔者按：英译为笔者根据傣文释义译出，以便与字典英文释义作对比研究。
②巴利圣典会《巴-英字典》(1999 版)。

## 三、论点、讨论和结论

基于上述分析本研究可以得出以下三个论点：(1) 西双版纳傣族具备一定的巴利名词语法知识，但这种知识一开始就是不完整和有限的。(2) 西双版纳傣族依靠傣语经疏而不是巴利语法知识来理解《出家业经》。(3)《出家业经》和《出家业经》的经疏来自于西双版纳以外的地方。

首先，西双版纳傣族从始至今都不曾拥有过完整的巴利名词语法知识。一方面，傣族实际能够辨析出的巴利名词的数量颇为有限。本研究中，作为例子使用的巴利名词和巴利复合名词一共含有十三个词汇，其中只有三个词能够完全而且正确地被辨形（cīvara, piṇḍa, utu）。也就是说有近四分之三的名词不能被正确辨析并由此被错误地断写。另一方面，传入西双版纳傣族中的巴利名词词尾变化知识也是有限的，而且傣族不能实际运用这些知识。先前在西双版纳发现的以 -u 音结尾的阳性单数名词变化表证实了一些名词词尾变化知识（譬如格和数的知识）确实被传入西双版纳的傣族中，然而，傣族并没有实际运用这知识。譬如，四个小标题的第二个词一律保留原词自经文取出的断写形式，而不加以适当的词尾变化就是一个例子。譬如，在两个复合名词的经疏释义中，巴利词汇主要被分作名词和动词两类。其中，就名词而言，只提及"抽象名词"一项，并没有出现有关阴、阳、中性名词的细分。考察整部经疏，在这部最常见巴利佛经的经疏中并不存在巴利名词性的概念。这也从一个侧面回应了为什么四个标题中的第二个词无相应的词尾变化。再譬如，两个复合名词的词尾变化现象都完全被错误地加以理解。

其次，傣族通过傣语经疏，尤其是经疏中的译文，而不是依靠巴利语法来理解《出家业经》。这个论点可以由对两个复合名词的研究得到证实。(1) 两个复合名词一共含有九个名词。九个名词中有八个被错误地断写。说明傣族不可能从巴利原文的角度来阅读和理解包括两个复合名词在内的经文。(2) 特别需要指出的是经疏中的傣语译文是傣族获得复合名词大致正确含义的真正来源。对复合名词组成词的释义错乱地散落在傣语经疏之中，而傣语经疏译文则大致接近复合名词的正确意思。傣族获得的对两个复合名词大致正确的理解是来自于傣语经疏的译文，而不是经疏对单个词汇或短语的释义，更不是巴利语法知识。换言之，傣族通过经疏理解包括两个巴利复合名词在内的经文大意，受限于有限的语法知识，经文中诸如复合名词是否被正确断写不成为他们读经的关注点。与此同时，这种对于"大意"的关注，也使得经疏中被疏解的词和短语与释义之间的对应关系在流传过程中逐渐被忽略，以至最后出现了被释词汇和短语顺序与经疏释义顺序在排列上的错乱。当然，经疏傣语译文的这种重要性也解释了为什么寺院在传授《出家业经》的时候一定要传（口）授经疏，学习者才能理解这部经含义的缘故。也正因为对经疏，尤其是经疏傣语译文的依赖，这部经疏得以在西双版纳傣族中流传至今。

最后，傣族不具备写作这部经和这部经疏的能力。有两点事实支持这个论点。一方面，四个小标题中的第二个词都是直接移取自经文，并没有因为出现在标题位置而出现相应的词尾语法变化。这些取自经文的词都是巴利佛经中简单而常见的基本词汇，可这些简单词汇中的两个还是错误地被从经文复合名词中断取作标题词。而且，这两个断写错误伴随着经文一起流传至今，其间并未有人加以语法纠正。另一方面，对两个复合名词的研究表明，尽管经疏中存留有这两个复合名词的正确或接近正确的释义，经疏译文也大致正确或接近正确译文，但有趣的是，经疏中正确的释义和译文文字却从来没有被用于纠正对复合名词的错误断写。可见，这部经和它的疏解不是傣族写的，二者都应该来自于西双版纳以外的地方。历史上，傣族只是这部经和它的经疏的抄写者和流传者。

☆民族宗教探论  177

## 附　录

[经文原件①]

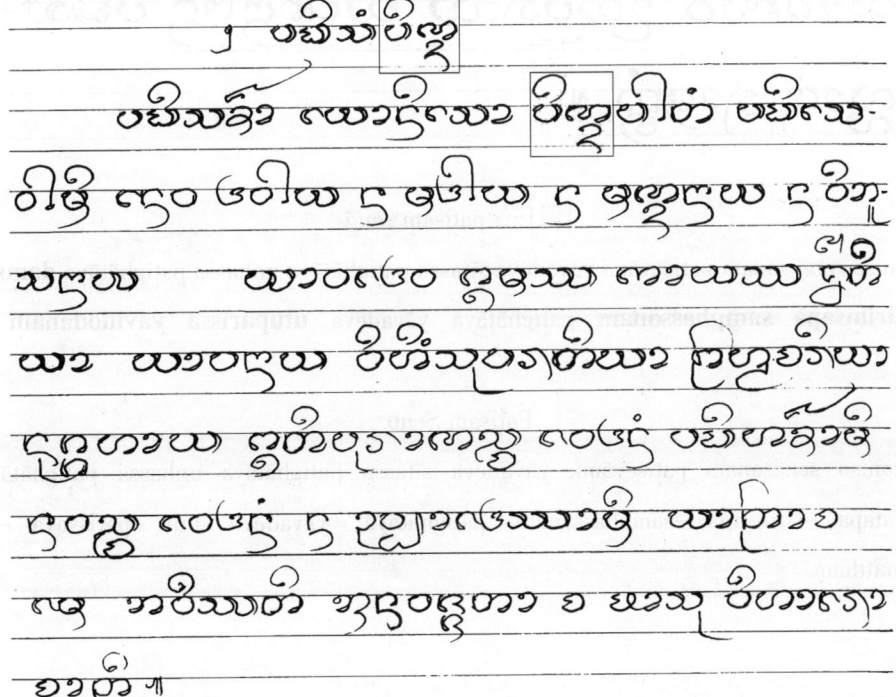

[罗马体转写②]

[段]一：paṭisaṃ *cīvaraṃ*

paṭisaṅkhā yoniso *cīvaraṃ* paṭisevāmi yāvadeva sītassa paṭighātāya uṇhassa paṭighātāya **ḍaṃsamakasav-ātā tapasiriṃsapasamphassānaṃ** paṭighātāya yāvadeva hirikopina paṭicchādanatthaṃ.

[校勘③]

Paṭisaṃ Cīvaraṃ

paṭisaṅkhā-yoniso cīvaraṃ paṭisevāmi, yāvadeva sītassa paṭighātāya, uṇhassa paṭighātāya, dansa-makasa-vat'atapa-sirinsapa-samphassānaṃ paṭighātāya yāvadeva hiri-kopina- paṭicchādanatthaṃ.

---

① 以灰底框标识四个小标题中的第二个词以及它们在经文中的位置；以下划线标识两个复合名词。
② 用阴影加斜体标识四个小标题中的第二个词以及它们在经文中的位置；以黑体标识两个复合名词。
③ 使用黑体标识勘误结果。

[段]二: paṭisaṃ *piṇḍa*

paṭisaṅkhā yoniso *piṇḍa*pātaṃ paṭisevāmi neva davāya na madāya na maṇḍanāya na vibhū sanāya yāvadeva imassa kāyassa ṭhītiyā yāvanāya vihiṃsuparatiyā brahmacariyā nuggahāya itipurānañca vedanaṃ paṭihaṅkhāminavañca vedanaṃ na uppādessāmi yātrāca me bhavissati anavajjatā ca phāsu vihāro cāti.

### Paṭisaṃ Piṇḍo

paṭisaṅkhā –yoniso piṇḍa –pātaṃ paṭisevāmi, n'eva davāya, na madāya, na maṇḍanāya, na vibhūsanāya, yāvadeva imassa kāyassa ṭhitiyā yāpanāya, **vihiṃsā–uparatiyā**, brahmacariya–nuggahāya iti.purānañ ca vedanaṃ paṭihaṅkhāmi, navañ ca vedanaṃ na uppādessāmi. yātrāca me bhavissati anavajjatāca phāsu vihāro cā ti.

[段]三: paṭisaṃ *senā*

paṭisaṅkhā yoniso *senā* sanaṃ paṭisevāmi yāvadeva sītassa paṭighātāya uṇhassa paṭighātāya **ḍaṃsamakas- avātā tapasiriṃsapa samphassānaṃ** paṭighātāya yāvadeva **utuparissa yavinodanaṃ** paṭisallānā rāmatthaṃ.

### Paṭisaṃ Seno

paṭisaṅkhā –yoniso senasanaṃ paṭisevāmi, yāvadeva sītassa paṭighātāya uṇhassa paṭighātāya dansa – makasa –vat'atapa –sirinsapa –samphassānaṃ paṭighātāya, yāvadeva utu –parissaya –vinodanaṃ paṭisallānârāmâtthaṃ.

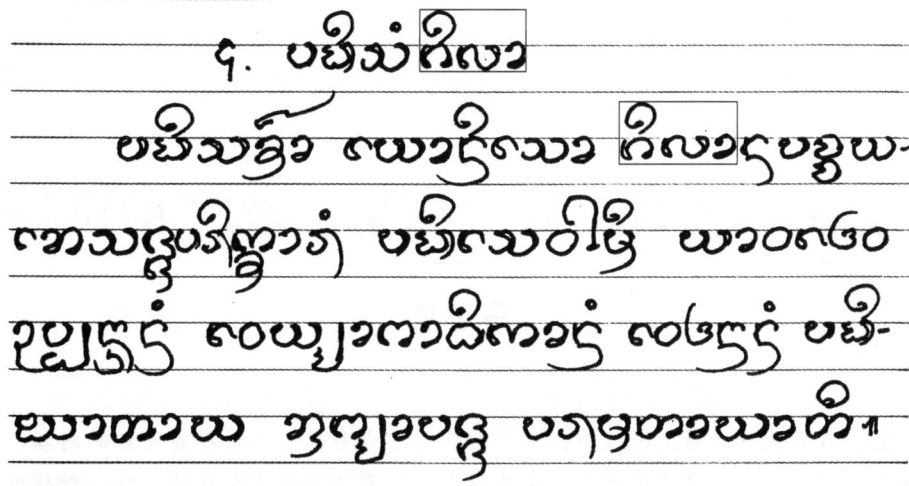

[段]四: paṭisaṃ *gilā*

paṭisaṅkhā yoniso *gilā*napaccayabhesajjaparikkhāraṃ paṭisevāmi yāvadeva uppannānaṃ veyyābādhikānaṃ vedanānaṃ paṭighātāya abyāpajja paramatāyā ti.

### Paṭisaṃ Gilā**no**

paṭisaṅkhā –yoniso gilāna –paccaya –bhesajja –parikkhāraṃ paṭisevāmi, yāvadeva uppannānam veyyābāikā nam vedanānam paṭighātāya abyāpajja–paramatāyā ti.

# 试论云南少数民族"原生宗教"①的民俗化

## 马居里*

**摘 要:** 在各民族的历史进程中,所有的民俗都或多或少地存在着宗教的内容,并受宗教的影响和制约,甚至于有的民俗就是从宗教仪式、宗教活动演化而成的,在某种程度上,许多民俗可以看做是宗教的民俗化,云南各少数民族中的一些民俗即是属于这一类的民俗。

**关键词:** 云南少数民族;宗教;民俗化

民俗,是人们在日常的精神生活与物质生活中世代沿袭、传承的一种习惯性的行为模式,作为一种悠久的历史文化传承,民俗在社会生活中是一种极其普遍的现象。关于民俗的形成与发展,有着诸多方面的因素,有自然的因素,如居住的地理环境、气候环境等等;有政治的因素,如社会组织、社会制度、宗教信仰等等;有经济的因素,如生产力水平、生产关系、经济状况等等;此外,还有语言的因素,各民族文化的相互影响等。在这些民俗的形成与发展因素中,对民俗影响最深刻、最广泛的要数宗教信仰及其活动、仪礼。在各民族的历史进程中,可以说,所有的民俗都或多或少地存在着宗教的内容,并受宗教的影响和制约,甚至于有的民俗就是从宗教仪式、宗教活动演化而成的,在某种程度上,许多民俗可以看做是宗教的民俗化,云南各少数民族中的一些民俗即是属于这一类的民俗。本文拟对云南少数民族"原生宗教"的民俗化的成因、表现、影响作相应的探讨,由于本人学识有限,不足之处还请专家学者们予以指正。

## 一

所谓"原生宗教"的民俗化,是指在相对后进的民族中,传统的"原生宗教"观念,活动仪式和相关习俗,逐渐摆脱了宗教制度和宗教象征的控制,演化为民间习俗的过程。"原生宗教"的民俗化,就宗教与民俗的根本联系上来看,有这几种情况,首先是宗教信仰、宗教观念的民俗化,从而使宗教现象演变为宗教形式与民间习俗内容相结合的宗教民俗事项,并经历长期漫长的历史演进之后,宗教的内容逐渐淡出,而以民俗的方式保留和传承下来;其次是宗教在其发展过程中,将宗教观念介入已有的民俗之中,经过整合而形成的宗教民俗,这在人类早期的生产、生活的宗教民俗中较为突出;再次是宗教观念和行为与民俗事项在流传的过程中合流,两者相得益彰,互相补充,融合成了一种你中有我,我中有你的宗教民俗;最后是宗教与民俗同源,形成宗教与民俗共同产生、共同流传、相沿成俗的民俗事项。云南少数民族"原生宗教"的民俗化,也不外乎于这么四种情况。

云南少数民族"原生宗教"的民俗化,究其原因,主要表现在以下几方面。

---

① 在宗教学的研究中,一般把现代社会中相对后进民族中残存的宗教信仰及其活动称为"原始宗教",笔者个人认为,既然这些民族已开始步入现代社会,不再属于原始民族,再将其宗教信仰与活动称为"原始宗教"似有不妥,故改称其为"原生宗教"。

\* 马居里,云南大学西南边疆少数民族研究中心副教授。

② 参见陈麟书、张桥贵著:《宗教人类学》,成都:四川大学出版社,1993年版,第144~145页。

首先，从社会因素上来看，随着社会的不断变革和现代化程度的提高，云南各少数民族的生产力水平不断提高，生活水平也随之不断改善，"原生宗教"在一定程度上丧失了其赖以生存和发展的社会基础与物质基础，从而在根本上动摇了其信仰意识，使得"原生宗教"的外在要素宗教活动、仪式失去了存在的原有价值，不得不以民俗的形式传承和发展。

其次，从认识论方面来看，先进的科技文化知识在云南各少数民族中的广泛传播，使得人们对日常生产、生活中的未知面不断缩小，"原生宗教"对人们日常生产、生活中不能理解的内容的解释和探寻功用逐渐消失，人们不再过分依赖"原生宗教"的理念去指导自己的生产与生活活动，而只是从对传统文化的依恋情结上去对"原生宗教"的礼仪与活动加以保留和传承，使之成为一种民俗事项而存在下去。

再次，从"原生宗教"本身来看，在失去了传承生命力和赖以生存的土壤之后，由于其在历史上曾长期对人们意识形态领域施加影响，仍然可以在人们的意识领域内保存相当长的一段时间，它总是不甘心立即从人们的日常生产、生活中隐退出去，而是以其在历史上曾有的影响力给人们在日常生产、生活中打上某些特有的烙印，从而左右着人们日常生产、生活中的某些行为，并以民俗的方式表现出来。

最后，宗教和民俗在其历史发展过程中，对人们的日常生产、生活有着某些共同的功能，如娱乐功能，教育功能，控制功能，社会调适功能，认知功能，凝聚功能等等，云南少数民族"原生宗教"同样也具备了这些功能，这些宗教与民俗的共同功能，使得云南少数民族"原生宗教"的民俗化有了从宗教向民俗演进的一种契机和可能，即宗教对人们日常生产、生活的功能被民俗的功能所替代。

综观上述原因，可以看出，云南少数民族"原生宗教"的民俗化，是现代社会中相对后进民族残存的"原生宗教"文化的一个总趋向。

## 二

云南少数民族"原生宗教"由于上述原因的共同影响和作用，在其漫长的历史传承过程中，其信仰、仪式、活动不断地向民俗化的形式演化，特别是在现代文明的冲击之下，其民俗化进程进一步加快，从而形成现今"原生宗教"大量被民俗化的格局，并在人们的日常生产、生活中具体地体现出来。

### （一）传统宗教节日的民俗化

云南各少数民族的传统节日中，绝大部分在历史上有着浓厚的宗教色彩，有的甚至就是因宗教而设定的节日，如彝、白等民族的火把节源于火崇拜；摩梭人祭祀干木女神、苗族踩花山源于生殖崇拜；瑶族盘王节、布依族"二月二"源于祖先崇拜；景颇族目脑纵歌、纳西族祭天源于自然崇拜和祖先崇拜的结合；哈尼族的"苦扎扎"节源于自然崇拜；白族的"绕三灵"源于本主崇拜等等，不胜枚举。但随着历史的发展，社会的进步，在这些宗教性的民族节日中，我们可以明显看到其宗教的内涵越来越少，大量的非宗教活动介入到这些节日中，一些新的节日功用取代了宗教节日的功用，一些新的形式和内容使得原有的宗教节日的性质发生了转化，节日已不再是纯宗教或是以宗教活动、仪式为主的节日，而是演进成了一种以娱乐功能为主、兼具经济文化交流性质的民俗节日。如景颇族的目脑纵歌摈除了过去大规模的祭鬼活动，成为一个以民族歌舞为基本内容的节日庆典，转化成为景颇族的主要民俗活动之一；彝、白等民族的火把节，远离了火崇拜的"原生宗教"的主要内容，演进为以民族歌舞、民族健身、民族经济文化交流的民俗节日；苗族的踩花山由以祈求生育为主要功能的生殖崇拜活动，变成了以各种歌舞、竞赛为主，掺杂青年男女谈情说爱的苗族民间民俗节日等等。

### （二）人生日常宗教礼仪的民俗化

历史上，由于人们常常感到不能掌握自己命运，在自身发展的关键时期，如诞生、成年、婚恋、死亡等阶段都会举行相关的仪式活动或所谓"通过礼仪"。云南各少数民族的这些人生礼仪，在其"原生宗教"信仰意识的影响下，绝大部分都以宗教礼仪的形式体现出来。比较突出的有生育前的求子仪式，怀孕过程中的宗教禁忌，生育之后的叫魂、禁忌、取名活动，成丁礼，婚礼中的宗教活动，丧礼等等，在这些活动中，神的意志高于人的意志，人们必须求得神的许可或是借助神力，方可顺利地度过人在一生中的这些关键时期，人生礼仪实际上就是一种宗教仪式，随着科技文化知识的广泛传播，人们对自身的发展逐渐有了较科学的理解和认识，生命历程中的困惑逐一被解除，在宗教掩盖下的人生礼仪也就失去了其宗教功效，人们在日常生活中所举行的人生礼仪活动也就转化成了带有某种纪念意义的日常性的民俗活动。如生育前的求子活动逐渐从人生礼仪中淡出；生育后的禁忌转变成了一些科学的卫生保健；叫魂活动因新生儿死亡率的降低失去了存在的价值而被抛弃；取名活动不再求助于神意；成丁礼、婚礼成为人一生中的纪念性活动；丧礼则更加突出对死去亲人的追思与怀念等等。

### （三）宗教禁忌的民俗化

禁忌作为一种民俗，与宗教观念有着异常紧密的联系，绝大多数的禁忌其实就是宗教理念在人们日常生产、生活活动中的反映，这在相对后进的民族中又表现得更加突出。在"原生宗教"观念的影响下，云南各少数民族都形成了大量的宗教禁忌。这些禁忌有源于自然崇拜的，如各民族中对火塘的一系列禁忌；有源于图腾崇拜的，如一些民族对某些植物禁砍禁伐，对某些动物的禁猎禁食；有源于祖先崇拜的，如对死去亲人亡期的忌日，对死去亲人的名讳；有源于鬼神崇拜的禁忌，如对鬼神领地的禁入、禁触等等。诸多的禁忌作为"原生宗教"的载体之一，充斥着云南各少数民族的日常生产、生活活动。随着人类社会历史的发展，人类文明程度的提高，使宗教形式与生活日益分离，人们逐渐从一些传统的宗教理念影响下解脱出来，在这些宗教理念影响下而派生出来的宗教禁忌也逐步失去其原有的宗教含义，成为一些只存形式而无实际意义的躯壳，或是被后人所发挥和利用，演化成了对人们进行道德规范和法律约束的条款，如众多民族的忌日，婚姻方面的禁忌，风水林的禁忌，不良行为的禁忌等等。使得深受"原生宗教"影响的宗教禁忌活动成为一些真正意义上的民俗。

### （四）宗教艺术的民俗化

在人类生活的早期，"原生宗教"是人类文化的集大成者，人类的一切文化活动无不受"原生宗教"影响与制约，这就使得人类早期的文学艺术、服饰艺术、音乐艺术、舞蹈艺术等等艺术内容和形式都打上了宗教的烙印。云南少数民族的艺术世界也由于云南少数民族"原生宗教"的影响和制约而呈现出一种宗教艺术的形态，如文学艺术中各民族的祭祖经、送魂经、史诗等；服饰艺术中的花纹、图案及颜色的搭配；音乐艺术和舞蹈艺术中各民族在宗教祭礼活动时使用的音乐、乐器，娱神、愚神的舞蹈等。这些众多的宗教艺术形态，随着"原生宗教"信仰及其活动在人们日常生产、生活中影响力和控制力的淡化，加之各类艺术经过自身的实践和发展，宗教对它们的影响逐渐缩小，甚至于在一些方面完全消失，它们中绝大部分从宗教的形式中脱离出来，形成了纯粹意义上的艺术，并以民俗的方式继续传承和发展。

除了上述四大类"原生宗教"民俗化的表现之外，"原生宗教"民俗化的内容还极为丰富，如生产祭祀的民俗化，人们已不再把神示或神恩看做是获取生产丰收的先决条件，而只是把一些祭祀活动当做生产节令的民俗庆典或是享受劳动成果的节日庆典，哈尼族"里码主"、"卡活朋"，一些民族的尝新节就属于这一类活动。此外，一些民族在宗教祭祀活动中的娱神活动，如彝族的摔跤，哈尼族的"磨秋"、"打秋"，傈僳族的"上刀山、下火海"，苗族的赶花杆、斗牛，瑶族的抢花炮，基诺族的顶竹竿等等，逐渐地演化成了一种竞技体育，而成了游艺民俗的重要组成部分。

云南少数民族"原生宗教"的民俗化，是云南少数民族"原生宗教"发展的一个总趋向，其所表现出来的内容和形式极其丰富，不胜枚举，限于本文篇幅有限，只能是略加列举，不过，我们也可从中看到云南少数民族"原生宗教"民俗化的一个层面，体会其民俗化的一个发展态势。

### 三

云南少数民族"原生宗教"在其民俗化的进程中，其宗教功能所发挥出来的对云南少数民族社会发展、生产生活的影响和作用，逐渐为民俗功能所发挥的影响和作为所替代，且由于这种替代而产生了一系列宗教功能所不及的内容。民俗化后的云南少数民族"原生宗教"，其影响和作用主要体现在以下几个方面。

第一，促进了民族经济的发展。民俗化后的云南少数民族"原生宗教"，其宗教节日转化为民俗节日，在保留节日的奇异性与独有风情的同时，注入了更多经济交流的色彩，如彝、白等民族的火把节，现已多转换为文化搭台、经济唱戏的民族节日，对加强民族间的经济交流，商品流通，招商引资有着积极的作用；各民族的各种风情独特的民俗节日，还是吸引游客，发展旅游业的一种较好的手段，对发展各民族经济生活中的第三产业、扩大就业面有着重要作用。

第二，促进了民族文化的交流与发展。民俗化后的云南少数民族"原生宗教"，使得传统民族文化摆脱了宗教的约束和控制，民族传统文化不再掌握在极少数的宗教职业者的手中，民族文化得以更广泛的传播，并不断吸收和创造新的文化内容，扩大各民族间的文化交流层面，对各民族在文化的交流和自身民族文化的发展上有着积极的作用。

第三，消除了宗教隔阂，增进了民族团结。作为宗教，特别是"原生宗教"，都或多或少的带有一定的民族性和差异性。云南少数民族的"原生宗教"在此方面也不例外，在它的影响和控制之下，历史上云南各少数民族由于宗教的民族性和差异性，而造成了一些民族间的冲突、纠纷和隔阂。"原生宗教"民俗化后，使得各民族间的民族性和差异性有所淡化，虽仍有存留，但却不再具有宗教影响和控制下的那么神圣不可动摇，各民族在相互尊重各自民俗和相互借鉴各自民俗的前提下，更好地团结在一起，共同发展多民族的民族文化，开展民族间互助互利的经济建设。

第四，强化了民族的凝聚力。宗教有一种整合社会，加强民族凝聚力的功能，民俗化后的云南少数民族"原生宗教"的这种宗教功能并没因此而消失，而是转化为了民俗功能，且由于摆脱宗教影响和控制后，参加民俗活动的人数远远多于参加宗教活动的人数，更有利于其凝聚力功能的发挥，从而强化了民族的凝聚力。

第五，丰富了民族文化生活。宗教控制和影响下的各种艺术与游艺活动，其功能主要是用于娱神或愚神，其活动的时间、地点、人员在一定程度上有所限制，云南少数民族"原生宗教"亦如此。民俗化后的"原生宗教"，使得这些限制被解除，从而使得各种艺术与游艺活动得以顺利开展，各民族的艺术与游艺活动从神的世界返回到了人间，丰富了各民族的民族文化生活。

第六，对维护民族地区的社会稳定有一定的作用。宗教禁忌的一个最大的功效就是控制和约束人们行为，从而达到社会的稳定和人们行为的规范化。民俗化后的宗教禁忌，其神秘感和神圣性逐渐淡化，取而代之的是人们将某些禁忌加以规范化和合理化，从而形成一个地区乃至一个民族的共同道德规范或风俗，将其控制和约束的功效最大限度地合理发挥，对维护民族地区的社会稳定起到了一定的作用。

诚然，任何事物除了有其正面的影响之外，也存在着一定的负面影响，民俗化后的"原生宗教"也不能例外，它总是或多或少地对云南各少数民族的生产、生活有着一定的消极作用，但只要我们把握得当，利用合理，其消极作用在一定的程度上是可以得到控制的，而其积极作用也会因此而发挥出更大的影响。

"原生宗教"的民俗化，是这一类宗教发展的一个总趋向，经过民俗化后的"原生宗教"更能被现代社会所包容，也更易于民族传统文化的传承与发展，但我们必须注意的是，"原生宗教"的民俗化只能由其自身发展的规律来决定，而丝毫不能有一点强制性的意志，只有这样，"原生宗教"的民俗化才能合理的发展，民族文化传统才不会受到人为的伤害，并发挥出其在现代社会中的特有功能。

# 宗教认同与民族认同的互动
## ——20 世纪前半期基督教在福贡傈僳族、怒族地区的发展特点研究[①]

**高志英 龚茂莉**[*]

**摘　要**：20 世纪初，外国传教士把基督教传播到云南西北边境傈僳族、怒族杂居的福贡地区，并在短短 20 多年时间里获得初步发展。[②]这是在延续历史上傈僳族、怒族对于相对处于强势的傈僳族文化共同认同的传统基础之上，以丰富和重构傈僳族宗教文化的途径，使两个民族共同体对基督教认同逐渐趋于一致，并加速和强化了怒族对傈僳族文化的认同趋势。

**关键词**：傈僳族；怒族；宗教认同；民族认同；互动

20 世纪 30 年代初，"上帕移民，原有三种：曰怒子、曰傈僳、曰拉玛。……名虽三种而其实则风俗生活相沿成习，俨如一类。非如他族之种族，可以显然区别也"。[③]他们的传统宗教信仰是万物有灵的自然崇拜，史志记载："上帕夷民，信仰祈祷，牢不可破。"[④]大约在 1926 年至 1927 年，基督教在福贡傈僳族、怒族地区开始传播，到 1949 年，福贡、碧江两地基督教徒在总人口中比例分别达25%、27%，其传统宗教信仰逐渐被基督教信仰所取代，同时加剧了各民族"生活相沿成习，俨如一类"的趋势，其中，傈僳族和怒族由于共同接受了基督教，使这种同化的趋势更加明显。或者说，由于基督教的传播，傈僳族、怒族都具有宗教信仰、宗教生活和世俗生活逐渐"基督教化"的共性，而作为相对弱势的怒族则显示出民族认同"傈僳化"和宗教认同"基督教化"双重并存，并且相互交融、相互渗透的特征，这是在政治、经济、文化诸方面长期处于不同地位的两个民族共同体在民族认同和宗教认同中显示出来的差异性和复杂性。

究其原因，在于其发展过程中所具有的几个特点：

## 一、培养本民族传教士充当传教马前卒和主力军，便于外来宗教被当地群众认同

基督教传入今天福贡县境的傈僳族、怒族地区，虽有东、南两条线路，分别属于神召会和内地会两个教派，但传教过程中有一个明显的共同点，就是首先派遣傈僳族传教士及少数会傈僳语的其他民

---

[①] 本文系 2005 年国家社科基金项目，成果批准号：05XMZ032 阶段性成果。

[*] 高志英，云南大学民族研究院宗教文化研究所副教授、北京大学社会人类学博士后；
龚茂莉，德宏教育学院讲师。

[②] 1986 年撤销碧江县建制，原隶属于碧江县的架科底、子里甲、匹河三乡归福贡县管辖。本文中的福贡县境包括此三乡。

[③] 《纂修云南上帕沿边志》，载怒江州志办公室陈瑞金整理《怒江旧志》，（内部资料），云南省怒江州民族印刷厂（1998）年第 2 号，第 62 页。

[④] 《纂修云南上帕沿边志》，载怒江州志办公室陈瑞金整理《怒江旧志》，（内部资料），云南省怒江州民族印刷厂（1998）年第 2 号，第 64 页。

族传教士充当传教马前卒，然后就在本地培养大量的傈僳族、怒族传教士。

碧江的基督教在泸水由南向北传播而来。1926 年到 1927 年，"为了圣事，一辈子为傈僳人民服务"的美国传教士杨思慧夫妇（Allyn B. Cooke）从龙陵木城坡和耿马福音山先后两次派遣傈僳族教牧人员到云南边境傈僳族山村传教。① 从木城坡派出来的旺友毕、路卡、尹施、雅各、托马等傈僳族教牧人员来到泸水上江一带传教时，被原碧江县匹河乡达罗村嫁到此地的傈僳族波亚章及儿子带到达罗传播基督教，途经碧江尼普罗、干本、色德、哈古独、普乐等傈僳族、怒族村寨。基督教在达罗村开始传播后，有的传教士又被来此地走亲戚的托基村、金秀谷村、里吾底等村的傈僳族、怒族分别约请到自己村寨传教。这样，原碧江县的古登乡、洛本卓乡、匹河乡和子里甲乡的许多傈僳族、怒族村寨都有了基督教传教士的足迹，基督教也由此在这些村寨顺利传播开来。特别是旺友毕被请到里吾底村后，做了很多工作。1929 年，他协助本村人成立里吾底基督教内地会，选曲扒叫、四阿灿、友妹加为"密支扒"（傈僳语，即教堂管事），各傈僳族、怒族村寨也选出各自的"密支扒"，如金秀谷的裴阿欠、恰打的四陆贝、拉闷尼的怒友扒、知子罗的腊光等。1929 年 12 月 25 日，附近怒江两岸的信徒集中在里吾底过圣诞节。里吾底教会是碧江历史上的第一个基督教会，这个圣诞节则是福贡历史上的第一个圣诞节。

1928 年，杨思慧夫妇离开福音山来到泸水县大兴地托基村传教。次年，杨思慧为与设治局交涉其干涉圣诞节事，首次来到碧江。里吾底教堂负责人再三邀请杨到里吾底居住工作。1933 年，杨思慧夫妇来到里吾底村，随行的有被其称为传教、翻译《圣经》得力助手的木城坡傈僳族摩西及妻子。他们来到里吾底的第一件事，就是按照傈僳族、怒族信徒的要求，在匹河的老母登村开办了为期一个月的《圣经》学习班，专门培训傈僳族、怒族教牧人员，其中，怒族信徒提摩提吾是学习班的主要负责人。当期培养的傈僳族教牧人员有批提、约秀、亚拉发、尹利亚等十余人，怒族的有提摩提吾、三摩尹等。后来约秀成为怒江著名的基督教牧师，批提、尹利亚、亚拉发、亚三等成为有较高神学理论知识和音乐指挥才能的人，他们长期活跃在碧江各地傈僳族、怒族村寨传教。次年，杨思慧在里吾底成立基督教内地会主教基地，统管碧江全县教会。1939 年，杨思慧夫妇在里吾底村把 33 万字的傈僳文《新约全书》共 194 本首次发放到傈僳族、怒族教牧人员和教徒手中，借助傈僳族文字和音乐促进基督教的传播。② 到 1949 年，碧江有教徒 8 750 人，占总人口的 27%；教牧人员 257 人，教堂 37 个。③

福贡的基督教则是从迪庆州维西县由东向西传播而来，虽然首次进入福贡传教的是非傈僳族，但都会讲傈僳语。1920 年前后，维西白济汛传教士阿夫贾（纳西族，会傈僳语），受美国传教士派遣，取道兰坪，翻越高黎贡山，进入怒江传教。他先在碧江的达罗、铺白、维格、里吾底等一些傈僳族、怒族村寨活动了一段时间，然后进入福贡的上帕、俄夺底、白则俄等傈僳族村寨走游传教，探访民情，不久返回维西。1929 年初夏，受美籍加拿大牧师马导民派遣的昆明大板桥人杨雨楼（汉族，会讲傈僳语）到福贡鹿马登村传教，发展了几个村民入教。因购地基盖房受设治局所阻，不能立足而进入独龙江活动。1930 年 12 月，由维西白济汛傈僳族教徒打无充当向导，马导民亲往福贡传教。同行的有其妻子、儿女四人，以及美籍教友马洁心。到福贡后，落脚在傈僳族保长念阿灿家，念阿灿成了马发展的第一个基督教徒。其后，通过打无、念阿灿在傈僳族群众中传播基督教，又发展了上帕村的傈僳族恒扒念、肯阿念两兄弟和古泉村的肯阿妹、此阿妹两兄弟入教。并租恒扒念、肯阿念在亚蒙乃坡上的一片地，用了一年时间盖成了一幢八间的茅草房。1931 年，杨雨楼也从独龙江返回福贡，与马导民一起，以亚蒙乃新居为据点，开始他们在福贡的传教活动。当年在上帕腊竹底村成立了基督教神召会，把肯阿念、此阿妹分别提拔为福贡傈僳族的第一个"密支扒"和"马扒"（即传教士）。

---

① 1990 年，缅甸傈僳族浸礼会秘书长杨约秀去拜访 95 岁高龄的杨思慧时杨说的话。见史富相：《傅能仁、巴东和杨思慧夫妇》，载怒江州志委员会编：《怒江方志》，1987 年第 1 期第 56 页。
② 史富相：《傅能仁、巴东和杨思慧夫妇》，载怒江州志委员会编：《怒江方志》，1987 年第 1 期第 45～56 页。
③ 怒江州地方志编纂委员会编纂：《福贡县志》，昆明：云南民族出版社，1994 年版，第 446 页。

接着把上帕村腊付迪、恒付欠等十多名稍懂《圣经》的傈僳族青年教徒，派往全县各地传教，基督教就在福贡傈僳族、怒族中迅速发展起来。到1949年，全县有教徒6 390人，占总人口25 400人的25%；教牧人员244人，教堂71个。①

从以上叙述可以看出，到1949年，基督教传入福贡不过20余年时间，但是从发展的信徒、培养的教牧人员，以及建盖的教堂看，基督教在福贡傈僳族、怒族地区发展迅速，福贡、碧江两地基督教徒平均已经占总人口比例的26%。而当时福贡、碧江二地的傈僳族、怒族人口共计只有34 209人，基督教徒已占傈僳族、怒族总人口的44%。② 寻其根源，一方面固然是以全能的上帝为中心，把世界二重化为现实世界与超现实世界的基督教，"解释了傈僳族社会面对社会分化和阶级分化的迷惘和惶惑，满足了傈僳族社会由村社分散独立的生存模式向国家总体生存模式过渡的信仰要求"。③ 因此，传教士的到来很受傈僳族、怒族群众的欢迎，这在由杨思慧派遣到碧江传教的首批传教士都是由当地傈僳族、怒族主动邀请去传教中可以看出来。但不可忽视的是，西方传教士先期从龙陵所派遣的传教士全是傈僳族，接着在当地培养的则大多是傈僳族教牧人员，传教士与教徒之间的同一族缘关系的民族认同为宗教认同奠定了基础。从维西来福贡传教的阿夫贾和杨雨楼两人虽然不是傈僳族，但是由于会讲傈僳话，便于与傈僳族、怒族群众交流和沟通，通过语言认同来实现宗教认同。这正如中国封建社会长期沿袭的"土官治土民"之策，在传教过程中也颇有成效，这源于傈僳族、怒族传教士与本民族群众对民族传统文化根深蒂固的共同认同心理。在传教中，可以避免"外国人都是长胡子蓝眼睛，与我们不相像，所以我们不信教"。④

## 二、傈僳族、怒族历史上具有对傈僳族文化共同认同的传统，傈僳族、怒族"基督教化"即是这种文化认同传统的延续

基督教通过傈僳族的传教士，使用傈僳族的语言、文字传播教义，便于在傈僳族地区的传播是不言而喻的。而在怒族地区的传播中，也出现了同样的情况——怒族对于傈僳族的传教士，傈僳族的语言、文字并没有当做异质文化而加以抵制排斥，相反也被广泛接受，这源于历史上怒族对傈僳族文化认同的传统。

史料记载，福贡地方"俅子、怒子，又被本族（傈僳族）所统治而发生同化之关系。查知子罗、上帕二设治局之傈僳，为怒子、俅子之村落之伙头、排首、甲长等职，管理赋税及一切行政事项。所以，俅人、怒人每有事务必与傈僳协商。其接触时间，比较为多，有诉讼者，求傈僳头目排解之；有疾病者，必请傈僳'尼扒'禳除之。于无形之中，该怒、俅二族，已直隶于傈僳族之下也。是以怒人、俅人亦多通傈僳语，以便互相沟通文化。所以傅能仁所译成之傈僳文《新旧约全书》可以在怒人、俅人社区内传教；俅人、怒人等读傈僳文之《圣经》者，因通傈僳语故也。此系傈僳族文化较俅人、怒人为高，而怒人、俅人又被傈僳同化也"。⑤ "上帕移民，虽分怒子、傈僳、拉玛三种，而语言则有怒子、傈僳两种。……怒语甚狭，惟怒子一种始用此，外能知者甚鲜。傈僳语则全境通用，尽

---

① 见李福珊：《怒江宗教概览》（怒新出2002准印字第05号）第71页；李道生：《福贡县基督教情况调查》（政协怒江州委员会文史资料委员会编：《怒江文史资料选辑》第一至二十辑摘编下卷第1 078页，德宏民族出版社，1994年版）。而在怒江州地方志编纂委员会编纂：《福贡县志》（云南民族出版社，1999年版）第476页中的教徒数为3 690人。
② 《怒江区概况》，载《民族问题五种丛书·中央访问团第二分团云南民族情况汇集》（上），昆明：云南民族出版社，1986年版，第2页。
③ 任新民：《试论基督教在怒江地区傈僳族社会变迁中的整合功能》，载《思想战线》，1999年第5期。
④ 《怒江区概况》，载《民族问题五种丛书·中央访问团第二分团云南民族情况汇集》（上），昆明：云南民族出版社，1986年版，第20页。
⑤ 西南民族学院图书馆编：《云南傈僳族及贡山、福贡社会调查报告》，内部刊印资料，1986年，第190页。

人皆知。"① "傈僳、怒族虽然是两个民族，但怒族绝大多数已为傈僳同化（怒族现在能操自己语言的，仅有六个村子），风俗习惯、宗教信仰完全一样。"② 不唯福贡如此，在整个怒江地区，怒族虽然有自己的语言，但"怒语不大通行，也同样夹杂着很多勒墨语与纳西话。但因发音不清晰，同属于怒族而村寨稍隔远一点就无法相谈，必须借用傈僳语来通意"。③

以上史料说明，怒族在历史上在政治方面受傈僳族统治，文化方面包括语言、宗教、生活习俗等方面深受傈僳族的影响。由于这样的历史文化背景存在，我们对于傈僳族传教士，以及传教中使用的傈僳语和傈僳文字在怒族中也能够得到广泛认同就容易理解了。传教士用傈僳语和傈僳文在傈僳族、怒族地区传播基督教，"有新约全书的译本和赞美诗二百八十九首、福音问答一本。最近又有福音精华及卫生课本和傈僳文拼音等三种出版。旧约全书在印刷中。傈僳语的留声机唱片也有四五十种，最受少数民族的欢迎。每当留声机一开，唱出了傈僳声音，传教士就哄骗教徒们说：'这是上帝在讲话。'"④ 可见，傈僳族、怒族教徒对傈僳语言、傈僳文字的认同对基督教在这些地区的传播是极为重要的。由此，对在傈僳族、怒族地区传播基督教的外国传教士为何首先要过傈僳语言关，而非是也过怒语关，而且人人皆有一个傈僳族名字也就可以理解了。如第一个到傈僳族地区传教并率先创制傈僳文字的外国传教士傅能仁的傈僳族名字叫阿益三，杨思慧叫阿益打，杨思慧夫人伊丽莎白叫阿子打。《怒江宗教概览》辑录的地方教会重要人士提名的"密鲁扒"（教会正、副会长之统称，是司掌教会中一切事务的总管）、"马扒打玛"（即牧师、是专职在村寨教堂传福音、作教导、栽培教徒的教务管理者）共计 7 名，全是傈僳族；地方教会中的"密支扒"和"马扒"共计 18 名，也全是傈僳族。⑤ 据调查其下的"瓦恒苦扒"（礼拜长，是组织主持礼拜者）、"普寡扒"（即司财，是负责组织教徒奉献及保管教会财产者）中的绝大部分也是傈僳族。而这些不同级别、不同职责的傈僳族教牧人员能够活跃在怒族地区传播基督教，这也是怒族在政治、经济、文化诸方面长期受傈僳族影响的历史传统的延续。因此，基督教在怒族地区的传播的过程，实际上也是怒族对傈僳族文化的再认同，尤其是对"傈僳化"了的基督教文化的再认同。

### 三、傈僳族传统文化在与基督教文化的并存和交融中嬗变，使民族文化认同的内容随之发生变迁

随着基督教在福贡傈僳族地区的发展，宗教文化所涉及的方方面面就演变成为傈僳族文化的重要组成部分，并被傈僳族、怒族基督教徒所广泛认同，并对广大非基督教徒也产生了影响。

**1. 为传播基督教而创制的傈僳文字和傈僳文《圣经》、《赞美诗》，成为傈僳族、怒族共同认同的民族文字和宗教知识读物**

为了交流沟通，实现认同，外国传教士创制了傈僳族文字，利用普及傈僳文字以实现迅速传播基督教及普及宗教教育之目的。"自耶稣教传入怒江后，英国传教士傅能仁等才创傈僳字，宣传宗教。傈僳族、怒族'瓦枯扒'识此种文字者，用其写信、记账，年深日久，读者渐多，今天的傈僳族、怒族的'瓦枯扒'很少有不识此种文字者。傈僳文字用拉丁字母拼音，子音十一，母音二十九，外国传教士制有此种文字的铅字，现用此种文字出版书籍，怒江有精装本《赞美诗》二百八十九首，

---

① 《纂修云南上帕沿边志》，载怒江州志办公室陈瑞金整理《怒江旧志》，云南省怒江州民族印刷厂（1998）年第 2 号，第 62 页。
② 《福贡县简况》，载《民族问题五种丛书·中央访问团第二分团云南民族情况汇集》（上），昆明：云南民族出版社，1986 年版，第 29 页。
③ 《怒江区概况》，载《民族问题五种丛书·中央访问团第二分团云南民族情况汇集》（上），昆明：云南民族出版社，1986 年版，第 3 页。
④ 《怒江区宗教概况》，载《民族问题五种丛书·中央访问团第二分团云南民族情况汇集》（上），昆明：云南民族出版社，1986 年版，第 22 页。
⑤ 李福珊：《怒江宗教概览》（怒新出 2002 准印字第 05 号）第 91 页、第 93 页。

《福音精华》、《福音问答》、《卫生课本》等书。"① 这些注音文字，以音对字，笔画简单，适应了民族群体的认知程度和思维定式，易记易学，掌握方便，一般学习两三个月就能读能写，受到教徒的欢迎，还被部分非教徒接受，成为基督教的符号，扩大了教会的影响。"傈僳本无文字，三十年前龙陵英籍传教士傅能仁在传教之余，以拉丁字母制作傈僳文字一种，并将《圣经》、《赞美诗》等以此种文字译出传授教徒。由是傈僳识者渐多，且更以之书写信札、契约，俨然成为傈僳之通行文字。"② 据调查，福贡、碧江的教会成立之后，按教徒分成若干教区，每区置一"马扒打玛"（牧师）或"马扒"（传道员），负责传授《圣经》和《赞美诗歌》。教徒分散的点，传道人员实行巡回传授。信徒较聚居的地方，传导人员在晚上还组织家庭聚会，布道传经，教唱《赞美诗歌》。在村级小学校，提倡学习拼音傈僳文和"四福音书"，即马可、马太、路加、约翰经书。教会中心点，数十年连连举办拼音傈僳族文字和《圣经》培训班，时间不等，少则半月，多达半年，并翻译出版宗教书刊，以此推动拼音傈僳文字和宗教教育的发展，在教会集中区，傈僳文的普及就达到了相当高的程度，教会势力和影响也因之而获得了很快的发展。据调查，在傈僳族、怒族中，懂得傈僳文字与懂得《圣经》、《赞美诗》是同等意思，甚至与信仰基督教是相同含义。可见，傈僳文字的创制，就如为基督教在傈僳族、怒族地区的传播插上了翅膀，使其飞快发展起来。"圣经及赞美诗都有译本，一般都会读，教徒常整日在教堂内读经唱诗。教会在福贡虽然未设有学校，实际教会代替了学校。非教徒也有很多人懂傈僳文字。"20 世纪50 年代初，据泸水内地会负责人杨志英说：（云南）认识傈僳文字者约有7 万人，怒江地区约3 万人。③ 而当时怒江基督教徒人数大约只有21 062 人。④ 说明傈僳文字在傈僳族、怒族非教徒中也广有影响，那么，以傈僳文字为载体的《赞美诗》、《福音精华》、《福音问答》等自然也成为"基督教化"了的傈僳族文化的新内容，并被广大的傈僳族、怒族群众所认同。

2. 傈僳族基督教音乐的产生，强化了傈僳族、怒族对"傈僳化"了的基督教文化的认同

傈僳族、怒族是能歌善舞的民族，有俗语："有嘴不唱歌干什么？有脚不跳舞干什么？""盐巴不吃不得，歌不唱不得。"民族歌舞是他们传统精神生活的重要内容和形式。外国传教士在"十诫"中曾经规定"禁止唱民族歌谣，跳民族舞蹈"，⑤ 但事实上是禁而不止，到后来基督教音乐文化和傈僳族传统音乐文化也渐渐交融，并产生了新的音乐形式。杨思慧既是翻译家，又是音乐家。他不仅精通音乐创作理论，并作了很多歌曲，而且精通欧美圣乐。他把西欧国家四部合唱歌曲翻译成傈僳文词谱，并把五线谱创造性地改写成傈僳简谱。这个简谱的节拍纵线，完全与汉文简谱相同。但音符节奏的快慢，声音的强弱，及休止符的表示符号，完全与汉文简谱不同。这也可以说是一种创造。他经过十多年的艰辛劳作，终于在20 世纪40 年代翻译出版了一本傈僳文的《颂主歌曲》，共收集了319 首歌曲，其内有苏格兰民歌曲调，也有美国民歌曲调。还有德国大音乐家亨德尔的四声部大合唱《哈利路亚》等世界名曲。这些歌曲的翻译出版丰富充实了傈僳族文化，促进了与世界各地的民族文化的交流，其影响是深远的，到今天傈僳族、怒族基督教徒演唱的无伴奏四声部合唱已蜚声中外，成为傈僳族民族文化的重要内容。

这种在怒江傈僳族、怒族基督教徒中共同认同的音乐文化形式的产生和广泛流传，促进了傈僳族、怒族对"傈僳化"了的基督教文化，包括音乐文化的共同认同。对于怒族，则是加速和强化了对傈僳族宗教文化的认同。

---

① 《福贡县简况》，载《民族问题五种丛书·中央访问团第二分团云南民族情况汇集》（上），昆明：云南民族出版社，1986 年版，第29 页。

② 西南民族学院图书馆编：《云南傈僳族及贡山、福贡社会调查报告》，内部刊印资料，1986 年，第144 页。

③ 《怒江区概况》，载《民族问题五种丛书·中央访问团第二分团云南民族情况汇集》（上），昆明：云南民族出版社，1986 年版，第2~3 页。

④ 李福珊：《怒江宗教概览》第71 页。

⑤ 李道生：《福贡基督教传播史略》，载《怒江文史资料选辑》（第一至二十辑摘编下卷），芒市：德宏民族出版社，1994 年版，第1 101 页。

**3. 随着基督教的传播，"基督教化"的宗教生活习俗被傈僳族、怒族教徒共同认同，使二者的宗教生活逐渐趋于一致**

尽管由于族源和地缘亲近关系，傈僳族、怒族在经济文化各方面相互影响相互渗透，但毕竟分别属于两个不同的民族共同体，其文化、习俗也存在许多相异之处；基督教传入后，其宗教生活、习俗很大程度上改变和取代了傈僳族、怒族传统的娱乐活动和节日礼俗，重新构建了共同的"基督教化"了的生活方式。福贡基督教徒的宗教生活，日有祷告，周有礼拜，月有晚会，年有"三大节日"，活动频繁。主要活动有：①祷告是贯穿于教徒全部生活的宗教礼仪。教徒每天晨起、吃饭、入寝之前，以及出远门、遇凶、遇吉、婚配、丧葬，对人祝福之时，都要闭目默祷，向上帝求告、感谢、赞美。②礼拜是教徒固定的集体宗教活动，每逢星期三、六晚上和星期日举行，到时所有教徒都进入教堂参加。礼拜内容一般是教牧人员宣讲圣经，带领教徒念经，唱赞美耶稣的《圣经》歌曲、向上帝祈祷等。③晚会是教堂进行形象化的宗教宣传的一种活动形式。为了加强对教徒的宗教思想灌输和吸引非教徒群众，教堂教牧人员有时组织青年男女教徒和到过缅甸密支那看过电影的教徒，仿照《圣经》故事编演话剧，利用晚上在村寨里演出。④节日是跨越教堂界限的大规模宗教活动。全年举行三次，即四月"复活节"，十月"感恩节"，十二月"圣诞节"。每个节日为期三天，由教会选择在一定的教堂里举行，周围教堂的教徒前往参加，自带三天伙食和"献上帝"的贡礼。节日活动的内容有："马扒"讲演《圣经》竞赛；老人、儿童、妇女唱赞美诗（歌曲）竞赛；教徒背诵圣经章节竞赛，举行集体祈祷；进行文娱体育活动和收集教徒献礼等。参加竞赛的教徒，由主持节日的教堂颁发少量的奖品，如纸张、铅笔之类，奖品系主持节日地点的教徒捐献。① 正如调查资料所载：（傈僳族、怒族）"青年男女被认字、唱歌、礼物、集会所吸引而信教，有若干集会能找到消遣的场所。"② 可以说，基督教的传入，使傈僳族、怒族基督教徒有了共同的宗教节日礼俗、共同的宗教文化生活，促进了两个民族之间的交往和怒族对傈僳族文化的认同。

**4. 傈僳族、怒族基督教徒世俗生活的内容与形式也随基督教的传播而变迁**

基督教传入之前，对傈僳族、怒族生活影响最大的习俗有烟酒嗜好，以及买卖婚姻、鬼神祭祀等。史志记载："傈僳主要嗜好为烟酒两项。（一）烟：在傈僳宗族中为唯一之精神兴奋剂。……（二）酒：傈僳嗜酒，故每年所获之粮食中，酿酒耗去许多。而汉商利用傈僳之癖性，常以酒贷予傈僳，而于收获时收回粮食。故酒非之为傈僳之嗜好，且进而影响傈僳之经济生活。"③ "上帕夷民，最嗜烟酒，无论男女老幼，均用竹竿、竹根制为烟具，随身携带，吸食草烟。莫之非笑。酒则各户自造，分烧酒、杵酒两种。……无论何家有酒，均合村同饮，醉后不择人家，任意酣眠。即道旁村畔，亦有醉卧者，醒后始归。沿江一带，相习成风，不以为异。"④ 烟酒嗜好，特别是饮酒成风，不仅影响傈僳族、怒族的经济生活，而且也影响到社会风气。再次，"傈僳族订婚时之聘礼，由媒人居间议定。以牛为计算单位，牛之条数寻常为二至四，亦有多至六七条者。中分活牛（也称湿牛）、干牛两种。前者指黄牛；后者系以铁锅、铁三脚架、布、酒、铜瓢、兽皮作抵，值价者可作活牛一条。聘礼若于订婚后不能付清，则于结婚时或结婚后补纳；有时甚至拖延甚久，而为儿孙代为偿还者；更有新夫妇生有女儿后又还嫁外婆家，以清夙仗者"。⑤ "上帕夷民，信仰（原始宗教，笔者注）祈祷，牢不可破。然无寺庙，无偶像，一有疾病，不信医药，即请巫人于郊外，择树一株，系以白纸少许而祭之。初则用鸡猪，不愈则祭之以牛羊。怒傈家产，惟恃牲畜。故一人有病，所祭牲畜，几至破产，一家均受其害，且一经死亡，房产器具，尽皆抛弃，另行择地徙居。其房屋构造甚易，然因赤贫已极，

---

① 政协怒江州委员会文史资料委员会编：《怒江文史资料选辑》（第一至二十辑摘编下卷），芒市：德宏民族出版社，1994年版，第1080页。

② 《民族问题五种丛书·傈僳族、怒族、勒墨人（白族）社会历史调查》，昆明：云南人民出版社，1984年版，第30页。

③ 西南民族学院图书馆：《云南傈僳族及贡山、福贡社会调查报告》，内部刊印资料，1986年，第145~146页。

④ 《纂修云南上帕沿边志》，载怒江州志办公室陈瑞金整理《怒江旧志》（怒新出1998字第02号）第63页。

⑤ 西南民族学院图书馆编：《云南傈僳族及贡山、福贡社会调查报告》，内部刊印资料，1986年，第89页。

若死伤甚重，其后裔必至贫无立锥之地。"① 可见，烟酒嗜好，特别是结婚要财礼和杀牲祭祀鬼神诸项，对傈僳族、怒族的社会经济影响甚大，加深了他们的贫困程度。

外国传教士进入傈僳族、怒族地区以后，在对上述情况深入调查的基础上极有针对性地提出了10条教规，或称"十条诫令"，要求教徒严格遵守。碧江教会的十条教规是：①不饮酒；②不吸烟；③不赌钱；④不杀人；⑤不买卖婚姻；⑥不骗人；⑦不偷人；⑧不信鬼；⑨讲究清洁卫生；⑩实行一夫一妻制。② 福贡教会的十条教规是：①不吸烟；②不饮酒；③不偷盗；④不赌博；⑤不调戏妇女；⑥不信奉鬼神；⑦禁止唱民族歌谣，跳民族舞蹈；⑧禁止教徒与非教徒通婚；⑨不准教徒吃结婚财礼；⑩教徒与非教徒不得合作共事。③ 很显然，这"十条诫令"，特别是不吸烟、不饮酒、除了上帝不信奉其他鬼神（即不祭祀鬼神）、结婚不准吃财礼等，明显是针对当时傈僳族、怒族社会中相当普遍和浪费性极大的旧俗。改变旧俗以迎合人心，促进了基督教的传播。④ 如碧江千本村的"和利宝是个残废人（缺一只手），家里很穷，因找不到老婆，1953 年 7 月为找老婆而信教"。⑤ 又如碧江知子罗拉多一家，全家均信基督教，信教原因一方面是信了后"生病只消祷告就会好"，一方面"信了教，不祭鬼、不喝酒、不吸烟，可以节省很多钱，生活可以过得更好些。不信教时生病多宰鸡，不好再杀猪、杀牛，而且要招待亲戚邻舍来吃肉、喝酒，不信教时包谷稀饭也吃不起，现在信教日子是比以前好过多了"。⑥ 于是，"基督教对彼等发生之影响可谓甚大。其日常生活中之衣服已较前整洁，食时必祈祷上帝，住处亦较为整洁；因传教士常来之故。房中原日供奉家神之位置也改悬耶稣、玛利亚之像或其他圣经故事。星期休息并作礼拜，过复活节、圣诞节，取消原有之各种鬼神的祭祀、信仰，改变其婚丧仪式，保持诚实习惯，服从传教士"。⑦ 可见，这些在传教士和教徒心目中共同认同的"文明"的风俗习尚逐渐融入其世俗生活中，久而久之就成为民族文化的一部分，而且不止在傈僳族、怒族教徒中，在当地非教徒中也被广泛认同，使民族文化认同与基督教文化认同二者相融互动。

综上所述，20 世纪三四十年代基督教在福贡傈僳族、怒族地区传播并初步发展，基督教的信仰和仪式更多地融入傈僳族、怒族群众的日常生活中，基督教文化融入傈僳族传统文化中，从而使宗教认同与民族认同紧密联系，互相促进。一方面在丰富和重构了傈僳族文化民族化的基础上，延续了傈僳族、怒族对傈僳族文化共同认同的传统；另一方面使作为两个民族共同体的傈僳族和怒族在对基督教认同上趋于一致，却在民族认同上相异，即他们都具有宗教信仰、宗教生活和世俗生活逐渐"基督教化"的共性，而怒族中则显示出"傈僳化"和"基督教化"双重并存、相互交融的特征。在一定程度上可以说，福贡地区傈僳族、怒族的"基督教化"的过程亦即是"傈僳化"的过程，加速和强化了傈僳族宗教文化对怒族同化的趋势。这是中国边疆多民族杂居地区，政治、经济、文化都处于不同地位的少数民族在民族认同和宗教认同方面的差异性在宗教发展，或者说是基督教取代原始宗教的过程中所体现出来的特性。

---

① 《纂修云南上帕沿边志》，载怒江州志办公室陈瑞金整理《怒江旧志》第 64 页。
② 《怒江区宗教概况》，载《民族问题五种丛书·中央访问团第二分团云南民族情况汇集》（上），昆明：云南民族出版社，1986 年版，第 21 页。
③ 李道生：《福贡基督教传播史略》，载《怒江文史资料选辑》（第一至二十辑摘编下卷），芒市：德宏民族出版社，1994 年版，第 1 101 页。
④ 李道生：《福贡县基督教情况调查》，载《怒江文史资料选辑》（第一至二十辑摘编·下卷），第 1 082 页。
⑤ 《民族问题五种丛书·傈僳族、怒族、勒墨人（白族）社会历史调查》，昆明：云南人民出版社，1984 年版，第 12 页。
⑥ 《碧江县调查汇集》，载《民族问题五种丛书·中央访问团第二分团云南民族情况汇集》（上），昆明：云南民族出版社，1986 年版，第 42 页。
⑦ 西南民族学院图书馆编：《云南傈僳族及贡山福贡社会调查报告》，内部刊印资料，1986 年，第 64 页。

# 乡村传统宗教文化复兴中的生存和发展诉求
## ——云南迪庆两个藏区回族村庄个案研究①

冯 瑜 金 杰*

**摘 要**：许多研究认为，"传统宗教文化复兴"是"现代化"的对立面，是迷信或旧事物的死灰复燃。而云南迪庆两个藏区回族村庄的个案调查研究表明，民间传统宗教文化的复兴是一个自发的积极主动的过程，特别是改革开放之后，与人们对社区及自我身份认同、自我生存发展的诉求有关。

**关键词**：宗教文化；复兴；生存；发展

## 一、宗教文化复兴与中国乡村社会

第二次世界大战之后，国际社会出现了一股世界各大宗教复兴的潮流。以伊斯兰教为例，20世纪70年代末到80年代初，出现了席卷全世界的伊斯兰复兴运动。它开始于中东地区，许多穆斯林国家的社会中出现了大量的"伊斯兰现象"："大批新清真寺被修建了起来；参加礼拜、朝觐等各种宗教活动的人数大增……男女青年们又纷纷穿起了传统服装；没有利息的伊斯兰银行；一些国家恢复了伊斯兰教法，政治上也日益'伊斯兰化'，国际性伊斯兰活动也明显增多。"穆斯林国家之间除了在政治、经济方面展开合作受到人们的欢迎；一些国家实施或恢复了伊斯兰教法……在宗教、文化、教育、社会发展等方面也加强了来往。②在中国国内，1978年中国共产党十一届三中全会以后，中国制定了一系列新的民族宗教政策，在《宪法》中明文规定公民有宗教信仰的自由，为民间传统宗教文化的复兴提供了政策的许可。

在这样的国际和国内形势下，20世纪80年代初，中国也出现了大量传统宗教文化"复兴"的现象。就回族而言，特别是大量回族聚居的中国西北和西南乡村，则表现为传统伊斯兰宗教文化的"复兴"。许多地方纷纷建盖起清真寺，人们按照伊斯兰教的着装规定恢复传统服饰，妇女戴起了盖头，男子戴上白帽。停滞了多年的宗教活动得以恢复，念诵《古兰经》的声音不绝于耳，礼拜，斋月封斋，缴纳天课，③每年一度赴沙特阿拉伯麦加的朝觐活动规模盛大，传统的三大宗教节日开斋节、古尔邦节和圣纪十分热闹。

---

① 本文为云南大学人文社会科学校内青年项目阶段性成果。
\* 冯瑜，云南大学民族研究院助教；
　金杰，云南大学国际关系学院硕士研究生。
② 肖宪：《当代伊斯兰复兴运动》，北京：中国社会科学出版社，1994年版，第3页。
③ 天课（al-Zakāz），是伊斯兰教的五项基本功课（念诵《古兰经》、礼拜、封斋、朝觐、缴纳天课）之一，天课又称为"课功"。该词阿拉伯语原意为"纯净"，指穆斯林通过缴纳课税使自己占有的财产更加纯洁。天课不是馈赠（Hibah），是穆斯林感念真主赐予自己财富的具体表现，是应尽的义务。参见：《中国伊斯兰百科全书》（四川辞书出版社，1994年版）"天课"词条。

宗教复兴的原因，有学者认为"源于信仰危机"。① 在"现代化与当代宗教复兴"的研究中，还有学者进一步指出，"社会的各种变迁打破了传统社会的体制、秩序、价值观，人们感到迷茫与困惑，成为宗教复兴的社会根源"。② 这些说法，从现代化对社会影响的角度出发，分析了宗教复兴的精神原因，具有合理性。但是这样的分析角度，往往忽略了一个重要的方面，那就是，作为"传统宗教文化复兴"的主体的人们，在现代化进程中的主观积极能动性。

中国，传统宗教文化复兴现象在乡村社会中尤为明显和突出。许多佛寺、道观、教堂、清真寺、宗庙、祠堂被大量修建起来，乡村许多传统的宗教活动得以恢复，规模逐渐增大。对中国乡村和农民的研究，一直以来都是中外社会科学家关注的问题之一。"究其原因不仅在于中国是一个农业大国，农业过去是现在仍然是国民经济的基础，也不仅在于中国众多的人口中农民占了80%以上，还在于中国的文明本质上是建立在农业基础上的文明，我们民族的传统价值观、生活态度和社会行为模式都是由漫长的小农家庭的生产和生活方式酿造的。因此，不了解中国的农村和农民，就不能从根本上理解中国社会、中国历史和中国本身。"③

如果仅仅把乡村传统宗教文化复兴看做是"迷信"和"落后习俗"在现代社会中的死灰复燃，那么就错了。既然现代化已经成为全球化过程中不争的事实，世界上每一个发展的个体和群体都不可避免的卷入其中，那么对于处在改革开放关键时期的中国而言，生活在这里的每一个个体，都必然会切身地感受到世界潮流的涌动和中国改革开放所带来的巨大变化，现代化的进程更是深刻地影响着每一个群体，特别是对发展寄予无限渴求的中国乡村社会。

过去的研究，往往把处于中国发展变化最基层的乡村农民的传统宗教文化复兴，仅仅归因于村民对迅速发展的现代社会难以掌控而只能诉诸神灵世界，或是外界干预下的"强迫改变"，④ 这些观点下的村民，都被看做是对自己的命运和外部世界束手无策的人。但是，我们应该看到，宗教传统文化复兴，除了满足人们的精神需求外，同样也交织着村民对改善自我条件的积极主动的努力，对寻求利益的渴望。

2008 年 6 月，笔者在云南省迪庆藏族自治州香格里拉县三坝纳西族乡哈巴村下的龙汪边和兰家村两个回族村庄进行了为期 1 个月的田野调查。通过对两个回族村庄的个案研究，我们可以看到，两个村庄的人们是如何积极地通过"复兴"这个载体，在社会主义现代化进程中，努力寻找生存空间和发展道路。

## 二、田野点个案简介

云南迪庆境内共有回族 1 246 人，占全州人口的 0.39%，⑤ 其中三坝乡哈巴村的龙汪边和兰家村是云南藏区回族最为集中的两个自然村。哈巴乡距离香格里拉县城约 130 公里，海拔在 2 700~2 900 米之间，海拔最高点为哈巴雪山，主峰约为 5 396 米。这里属于青藏高原的西南延伸，是典型的高原山地地形，很少有平坝，只有大片的草甸和大面积的原始森林。冬季和夏季相对较长，春季和秋季较短，农作物一年两熟，主产燕麦、小麦、洋芋和包谷。这里有巍峨的高山、怪石、山泉、瀑布、野花、杜鹃林、雪域湖泊等，自然风光优美。根据龙汪边村委会主任段海胜（46 岁）提供的数据：据 2008 年 4 月统计，龙汪边有 87 户 395 人，除藏族 1 户，汉族 2 户，普米族 1 人外，其余都为回族；兰家村 41 户 184 人，都为回族。两村主要有杨、兰、武、枣、崔 5 个姓氏，以杨姓和兰姓居多。根据云南省社会科学研究院的李红春研究，哈巴村的祖先来到云南的历史大约仅有百余年。李红春从两个村的日常方言词汇的发音和语法上推测村民的祖先来自于陕西及山西，又根据村中老人的回忆和口

---

① 魏新龙：《遍布全球的宗教复兴》，载《浙江广播电视大学学报》，2004 年第 4 期。
② 杜洋、赵纯仁：《现代化与当代宗教复兴》，载《白城师范学院学报》，2007 年 2 月第 21 卷第 1 期。
③ 周晓虹：《中国农村与农民研究的历史与现状》，引自贾得裕等主编：《现代化进程中的中国农民》第 1 页，南京：南京大学出版社，1998 年版。
④ "强迫改变"是美国人类学家哈维兰在谈到"文化变迁"时使用的一个概念。参见王铭铭等译哈维兰《当代人类学》（上海人民出版社，1987 年版）第 570~575 页。
⑤ 刘群主编：《迪庆藏族自治州州志》，昆明：云南民族出版社，2003 年版，第 221 页。

述史，推测两个村的祖先是清朝同治年间陕西白彦虎回民起义失败后突围出来、后来迁移到哈巴的一支起义军。哈巴村的回民先民在香格里拉先后迁移了4次，最后在一次与居住地土匪争夺矿产利益的冲突中，逃离家园，走进深山，迁移到现在的哈巴雪山半山腰。① 与其他地区传统意义上的回族不同的是，这里的回族长时间在藏区生活，受当地强大文化藏文化的影响，说藏语、穿藏服、住藏式木房，文化中兼有藏族和回族的文化特征，因而有学者称他们为"藏回"。"藏回"的称呼还有待商榷，因为无论从中文构词法还是从所指称的对象的自我认同来说，都有不恰当之处。这些村民自始至终自称为"回族"，当地部分藏族称他们为"古给"，意思是"戴白帽的人"。哈巴回族带着浓郁的藏族和回族的文化特点住在哈巴雪山山麓。哈巴行政区域隶属迪庆藏族自治州三坝乡，而三坝乡却因为靠近丽江，是一个纳西族人口居住较多的纳西族自治乡，当地曾被誉为是纳西族东巴文化的发祥地。此外，还有彝族、普米族、汉族居住在这里，因此这里的民族众多，民族文化丰富多彩。迁移到这里近100年的时间里，哈巴回族与当地的各种少数民族都建立了经济合作和婚姻关系。

### 三、哈巴回族村庄"传统宗教文化复兴"的兴与衰

调查中，我们采访了龙汪边清真寺管事杨仕林，他向我们叙述了20世纪90年代他参与当地清真寺建盖的经历，该叙述与2004年宁夏大学丁明俊教授采访时大致相同，② 现将丁教授书中的记录和杨仕林对我们的叙述整理如下：

我们龙汪边村和兰家村的清真寺在"文革"期间都被毁掉了。1985年曾盖过一个清真寺，并从大理洱源县请来一位阿訇，2000年以前村里能念经（指《古兰经》——笔者注）的人，都是这位阿訇教的。随着时间的流逝，很多会念经、懂得伊斯兰教义的人渐渐老去，村中的老人们很担心也很着急，怕死了以后村里不再有人懂得回族的东西，丢了祖先的传统。于是1995年我们提出恢复宗教信仰问题。我们首先要求在三坝乡中学开设清真食堂，清真食堂问题很快解决了。2000年9月杨丽川、杨福和我在乡政府的支持下前往昆明各清真寺募捐，准备修建本村的清真寺。在昆明的募捐款不是很多，这时我们听说通海纳家营和个旧沙甸的回族经济发展得很好，于是提出到这两个地方试试。我们在纳家营和沙甸受到了兄弟般的热情的接待，当地穆斯林听说我们是生活在雪山上的藏区回族，生活艰苦，想恢复教门，都十分感动，于是，立刻决定派人到我们地方考察，考察后他们决定为我们建盖清真寺。在沙甸，我和同去的几个人，学会了如何做礼拜，第一次参与了聚众礼拜。

2001年10月沙甸穆斯林出资帮助龙汪边村建盖的清真寺落成，取名为"香格里拉清真寺"；纳家营穆斯林出资帮助兰家村建盖的清真寺也同时落成，取名为"哈巴雪山清真寺"。两所清真寺同时落成，并举行了盛大的落成典礼，邀请了附近的众多回族穆斯林参加，十分热闹。在随后的时间里，沙甸当地清真寺派出了阿訇③和哈里发④来到哈巴，为当地村民教授《古兰经》和伊斯兰教义，进一步帮助当地恢复伊斯兰宗教文化。这个时候的哈巴回族，对本民族的宗教文化知识的热情空前高涨。据当地人回忆，当时，凌晨和黑夜，清真寺里都会传来诵读《古兰经》的声音，男女老少都积极学习宗教知识，学习如何礼拜、封斋，妇女戴上了盖头，男子戴上了白帽。每天5次的礼拜遵守得很好，即使是白天到山上放牛的人，到了礼拜时间，便会在山中找有水的地方洁净身体后做礼拜。喝酒、赌博、打架的事件在村里销声匿迹了，许多年轻人被送到大山外的回族聚居区去学习宗教知识。

---

① 李红春、李志农：《试论族群认同与文化变迁的整合——对香格里拉县哈巴村"藏回"族群的解读》，载《云南社会科学》，2008年第3期。

② 丁明俊：《中国边缘穆斯林族群的人类学考察》，银川：宁夏人民出版社，2006年版，第207~208页。

③ 阿訇，中国伊斯兰教教职称谓，波斯语音译，意为"教师"、"学者"，亦译"阿衡"、"阿洪"、"阿宏"等。参见：《中国伊斯兰百科全书》（四川辞书出版社，1994年版）"阿訇"词条。

④ 哈里发，伊斯兰教教职称谓。阿拉伯语音译，原意为"代理人"或"继位人"。中国内地穆斯林以哈里发称呼在清真寺学习宗教知识，力求达到阿訇水平的学生。参见：《中国伊斯兰百科全书》（四川辞书出版社，1994年版）"哈里发"词条。

原来一些不符合伊斯兰宗教思想的习俗例如祭拜山神、过春节等被禁止。当地村民用"教门恢复"这样的专门术语来指称当地的伊斯兰教宗教文化复兴。

但是事情的发展却出乎了人们的预料。哈巴回族由于历史和居住环境的原因，长期以来从观念到习俗再到政治、经济、婚姻网络都渗透了包括藏、纳西在内的众多的民族文化因子。哈巴人带着过度的热情，在没有成熟思考自身特有文化的情形下，贸然想用伊斯兰教文化全盘改变原有文化的尝试，遭到了失败：一段时间后，厌倦和不满的情绪开始在许多人中间弥漫。一些人认为伊斯兰教义太过烦琐，每天五次礼拜耽误了正常的生产劳动，劳动一天后又脏又累，根本没有时间和精力再去礼拜，于是渐渐不参加礼拜；一些人认为，"不过春节"的规定使得自己家中其他民族的亲戚很有意见，影响了与周围民族原本很好的社交关系；一些从村里到城里工作的子女，常常会抱怨家里春节时没有热闹的过节"气氛"而干脆不愿意回家。不满情绪的集结直到一个事件的发生得以最终爆发：村里一个杨姓宗族的首领F，因为反对自己的女儿与沙甸派来的阿訇谈恋爱，而和阿訇产生了矛盾。在一次宴席上，F和阿訇发生口头的争吵，最后升级为肢体冲突。F是当年极力推进村里宗教文化复兴的重要人物之一，是积极倡议建盖清真寺的重要人物，但是在随后清真寺管委会选举中却意外地落选。采访中，F的岳父告诉我们，当年F之所以会落选，完全是那个阿訇和另一个杨姓宗族的首领L对F不满而一手操纵的。心中十分不满的F觉得在村里实在呆不下去了，竟然离开村庄搬到县城里居住。因为认为F遭受了不公平的待遇，为了表达不满，F这一宗族的人渐渐开始不愿意到清真寺礼拜。"好像清真寺是他（指L——笔者注）的，我们礼拜是为他礼，所以，我们都不愿意去。"F的岳父这样对我们解释为什么他和他宗族的人们不愿意到清真寺参加礼拜的原因。F和L分别属于龙汪边村最大的两个杨姓宗族，这两个宗族的人占了龙汪边约80%的村民人口。现在在龙汪边清真寺，我们观察到，来清真寺参加礼拜的人，都是L宗族的人，与2000年左右热情高涨的宗教复兴相比，此时的龙汪边确实显得十分冷清。

相比之下，兰家村所处海拔比龙汪边高，相对封闭，村中基本上为兰姓，都为回族，不存在宗族利益的纠葛，因而在宗教文化复兴问题上村民意见比较统一，行为也较为一致。

从上面哈巴的故事中我们可以看到。哈巴回族村庄的"传统宗教文化复兴"并不是一个单纯的事件。

首先，改革开放后，政府民族宗教政策的落实，使得少数民族能够自由地表达自己的宗教信仰愿望，这是宗教文化复兴得以实现的政治前提。

其次，哈巴属于典型的传统农村，在传统农村信仰中，对祖先传统和习俗的尊重是村民信仰很重要的部分。哈巴回族无论其习俗中有多少藏族或其他少数民族的成分，但"回族文化"就是"祖先文化"这样的认同逻辑一直是根植于村民心中的。所以，当有人倡议重修清真寺、派人到外地学习宗教知识的时候，村民认为祖先的东西是不能忘的，是传统，是根本，因而积极拥护。至于所复兴的"祖先文化"与真正意义上的"伊斯兰教文化"有多少关系，是否能够等同，对于哈巴村民来说是模糊的。所以，当按照正规的伊斯兰教义落实到每个人身上，需要履行念（念诵《古兰经》）、礼（礼拜）、斋（封斋）、课（天课）、朝（朝觐）等一系列的宗教义务的时候，迟疑和困惑便产生了。

最后，清代陕西白彦虎回民起义、咸同年间的大理杜文秀回民起义、矿产资源的生死争夺，这些历史已经成为根植于哈巴回族心目中的"苦难记忆"，并通过一代代人口耳相传，成为社区历史建构和社区民族认同的一个重要部分。"苦难记忆"成为社区内部的凝聚力量，也是社区族群与外部同族、并有同样经历的回族族群取得认同的一个重要原因。

以上是伊斯兰宗教文化在哈巴回族村庄得以复兴的心理因素。

## 四、"传统宗教文化复兴"中的生存和发展诉求

之前讨论过，在现代社会飞速发展的今天，处于改革开放大环境下的中国农民，生存和发展仍然是他们最渴求的东西。澳大利亚国立大学西藏文化专家 Ben Hillman 写过一篇研究这两个哈巴回族村庄宗教文化复兴现象的文章《The Rise of the Community in Rural China: Village Politics, Cultural Identity and Religious Revival in a Hui Hamlet》,文章最后结论部分说:"不能单一地解释目前哈巴回族宗教复兴。它不是简单的国家政治对宗教压制宽松的一个结果。复兴是人们想看到自己和他的社区变得更好的工具。旅游的经济潜力是复兴目标的首要灵感……"①

1. 旅游经济刺激下的生存发展策略

政府对旅游经济的鼓励,使得哈巴村民积极想寻找属于自己的发展道路,哈巴村庄里一些头脑较为灵活,对政府政策敏感和颇具洞察力的村民感觉到了新的发展思路。当看到其他民族因为"民族特色"而如火如荼地开展起来的时候,哈巴村民也想找到自己的民族特色。在接受 Ben Hillman 采访时,本文前面提到的 F 就当年为什么积极倡议修建清真寺的做法对 Ben Hillman 表达了自己真实的想法。Ben Hillman 在文章中说,"当 F 看到藏区大量的寺庙建盖起来,周围的纳西族有自己的东巴文化时,F 认为,回族也应该有自己的'民族的象征',因而决定要盖一个清真寺。F 建议说,清真寺应该作为当地旅游的一个吸引点和当地回族的象征"。②

哈巴回族村庄隶属迪庆。迪庆,藏语意为"吉祥如意的地方"。由于地处青藏高原东南边缘、横断山脉南段北端,"三江并流"之腹地,形成独特的融雪山、峡谷、草原、高山湖泊、原始森林和民族风情为一体的景观,为多功能的旅游风景名胜区。景区内雪峰连绵,云南省最高峰卡瓦格博峰等巍峨壮丽、仅中甸县境内,海拔 4 000 米以上的雪山就达 470 座。峡谷纵横深切,最著名的有金沙江虎跳峡、澜沧江峡谷等大峡谷,再有辽阔的高山草原牧场、莽莽的原始森林以及星罗棋布的高山湖泊,使迪庆的自然景观神奇险峻而又清幽灵秀。2001 年 12 月 17 日,国务院批准迪庆藏族自治州中甸县更名为香格里拉县。迪庆更名为香格里拉后,世界范围内对香格里拉的所在处的争论一直存在,至少还有三个地区声称自己才是真正的香格里拉。但更名给中甸带来的影响是巨大的,大量的游客涌入这个新生的小城,旅游业一下子跃升成了这个城市的支柱产业。"目前,香格里拉市所有街道上的招牌都用中英藏三种文字书写。交通干道两旁多数新建筑都采用藏族风格,鹅卵石路面的街道两边是当地工艺品商店和藏族风味的餐馆,牦牛就在香格里拉机场跑道附近的空地上吃草。……当地藏民普遍都说当地经济因为旅游业发展而受益,生活水平正在提高。当地藏族企业家洛桑坦真(Lobsang Tenzin)现在同别人合伙成立一家旅游公司,名字叫'康巴大篷车队'(Khampa Caravan)。谈到过去全家一直过着在马背上颠簸的游牧生活时,他说,'那日子可真苦'。而现在,他说手里的钱已经多到想要什么就买什么的地步。'我已经换了三次电视机。每过三四年,我就买个更大、更贵的电视机。'"③

哈巴乡地处哈巴雪山山麓,附近有著名的两个旅游景点虎跳峡和白水台。哈巴雪山是云南境内著名的雪山之一,每年都有大量的登山爱好者来这里征服这座神秘的山峰。改革开放后社会的巨大变化,特别是 20 世纪 90 年代以来逐渐发展的旅游业,给当地居民带来强烈的刺激。调查访谈中,L 告诉我们,哈巴乡搞旅游搞得最早也是最好的,是当地的一户纳西族家庭,而这户纳西族男主人的妻子与 L 的妻子其实是表姊妹的关系。所以,在纳西族亲戚的带动下,1999 年,L 放弃了在城里开出租车的工作,回到乡下,盖起了一个私人小旅馆,为攀登哈巴雪山的人提供食宿和导游服务。逐渐富裕的 L 现在盖起了砖混结构的旅店,取名为"星月旅店",从名字上可以看出,带有浓郁的伊斯兰色彩。同时在雪山上开发了一个"牦牛养殖基地",建盖屋子,作为攀登雪山山顶服务的大本营。平时 L 在山下村中负责外联和组织工作,来这里的游客可以吃住在旅店,登山时,L 和纳西族亲戚组织雇用附近有登山经验的青壮年用马匹将人和登山用品驮到大本营。L 的儿子常年在大本营负责登顶前的安排、食宿,等天气条件允许,就组织登顶。提供类似服务的,在两个回族村庄里,除了 L 一家外,还有 3 家,虽然无论从规模和实力上来说,都不能和 L 家相比,但他们都各自有自己的客源和风格。

---

① Ben Hillman: The Rise of the Community in Rural China: Village Politics, Cultural Identity and Religious Revival in a Hui Hamlet. The China Journal, No. 51. (Jan., 2004), pp. 71~72.

② Ben Hillman: The Rise of the Community in Rural China: Village Politics, Cultural Identity and Religious Revival in a Hui Hamlet. The China Journal, No. 51. (Jan., 2004), P. 57.

③ 闻秉善:《农牧区藏民的前途在城镇》,载《华盛顿邮报》,2008 年 6 月 26 日。

龙汪边村中的一家包姓回族人家的旅社，风格与L家的迥然不同，主人采用"农家乐"的理念来布置小旅馆，房间内部家具用木头制成，设施借鉴了城里宾馆的标准，具有浓郁民族风情的装饰风格，使整个房间无比洁净温馨。主人包师傅指着家中停放的桑塔纳轿车对我们说："平时除了操心旅店外，我还提供包车服务，把人送到白水台、虎跳峡去玩，收入也很不错。我有自己的固定的客源，不用和其他人争，我干这行将近5年了，收入很好。"

哈巴回族长期生活在雪山，与生活在坝区的纳西族等其他少数民族不同，他们过去经济收入主要靠养殖牦牛、种植花椒和收集雪山雪莲、虫草等药材为主。而旅游业巨大的经济收入，刺激着村民寻找适合自己的发展道路。

哈巴回族村民认为，如果强化对回族的民族认同，彰显自己的民族特性，那么，就可以在激烈的竞争中突显自己的竞争力。所以，以"清真寺"为象征符号的伊斯兰—回族文化，是与藏族文化和纳西族东巴文化的区别的一大特点，伊斯兰宗教文化的复兴将会给本地旅游业带来许多机遇。

调查中我们看到，为了争取到一笔名为"国际小母牛扶贫项目"的资金，龙汪边村民学习隔壁纳西族村庄的做法，由村长组织每晚在清真寺门口的大草坪上架设音响播放歌曲，跳民族舞蹈，开展娱乐活动。但是与纳西族播放纳西歌曲跳纳西族舞蹈不同，龙汪边播放的是藏族歌曲、跳藏族舞蹈。因为在龙汪边村民看来，他们与周围民族的不同就在于，他们身上同时具有藏族和回族的文化特色。但是这样的行为遭到了推崇传统伊斯兰教行为方式的一些村民不解和不满。因为传统伊斯兰教是不赞成娱乐活动的，更何况每晚很大的声响影响了在清真寺大殿内做礼拜的穆斯林。这个简单的事例告诉我们，对于大多数寻求发展和利益的村民而言，民族特性的彰显只是一个手段，无论它是回族的抑或是藏族的。在他们看来，当年复兴传统宗教文化与现在开展藏族歌曲和舞蹈的娱乐活动，目的都是一样的，都是为了发展当地经济而做的努力。民族特色是他们与当地其他民族区别开来的独特的部分，尽管他们有时和伊斯兰教义规定一致，有时又显得是那么格格不入。

2. "团结"与乡村权力交织下的生存发展诉求

我们在龙汪边访谈一户较为贫困的农户，访谈对象丁桂香（72岁），丈夫和儒林（73岁）。因为贫穷，他们的两个儿子都已经30多岁了但至今未婚。小儿子曾经念经当过哈里发。当我们问丁桂香为什么孩子这么大还不成家的时候，她伤心地说："我的族宗（宗族）小，在这里没有多少亲戚，所以我们的生活很贫困，没有女孩愿意嫁给我们家。"提起"教门恢复"的事情，她立刻很高兴地对我们说："因为我的族宗（宗族）小，亲戚少，需要很多人帮助，所以教门恢复后，大家互相团结，互相照顾，许多人来帮我，我真是高兴极了。清真寺的师母给我送来吃的、穿的。"紧接着，她高兴地拿出许多块穆斯林妇女的盖头，自豪地一块一块地展示给我们看，说都是外地穆斯林同胞送给她的。她还告诉我们："礼拜好处，干干净净的。礼拜了，病痛就少了。封斋也好呢，封斋了就没有病了。"丁桂香说，她第一次封斋封了28天。当时他们全家都封斋了。开斋时，大家一起聚集在清真寺，由清真寺免费提供开斋的饭菜。后来她就渐渐不去清真寺了，因为她觉得，外面穆斯林的捐款之类好处每次都被几个大家族的带头人占了，自己得到的好处是有的，但只有一点点而已。丁桂香还告诉我们，当年F之所以和清真寺阿訇有矛盾，还有一个原因，是F想把盖清真寺剩下的钱拿来开一个旅社，搞活当地的经济；而阿訇则认为，清真寺是穆斯林叩拜真主的地方，是绝对不能用来谋取经济利益的。而在另一个访谈中，支持F的村民却说，另一个家族的L得到的利益更多，L甚至把外界捐给他们的行李被子拿了一些去开旅社。

从与丁桂香等人的访谈中我们可以看到，伊斯兰教作为世界性的宗教，它的团结力、凝聚力给村中带来了团结和发展。它的"人人平等皆兄弟"的普世性的观念，给村中特别是贫困的村民带来了对平等、富裕、平安的期待。"复兴"是觉得"现在还不够好"，想用另外一种文化制度来规范和改变现有的生活状况。访谈中，当问及"'教门恢复'给你们带来了什么？"的时候，即使是现在已经没有坚持伊斯兰教宗教功修的人，都会一致称赞当年的宗教文化复兴给村庄的面貌和风气带来了前所未有的改善。饮酒和赌博的现象消失了，年轻人积极向上，村民团结。

乡村社会中，劳动协作是乡村经济运作的一个重要部分，"团结"是一个乡村社会要想在竞争中取得发展的重要因素。哈巴回族明白，单打独斗是干不成什么事情的，只有团结，才能使村民更加一致地合作寻求发展道路，才能使自己在现代社会发展中不被淘汰，才能在周边社会中具有竞争力。所以，当宗教文化复兴加强了村庄凝聚力的时候，他们非常拥护。但是，随着各大家族利益冲突的出现，宗教文化复兴不但没有达到预先团结村民的效果，似乎反而还引发了更多的不团结的时候，许多人开始对"复兴"产生了怀疑甚至公开反对。"我们村以前是很团结的，从来没有像现在这样不团结。"F的岳父这样失望地对我们说。

同时，乡村家庭的发展很大程度上依赖于该家庭在村中的社会关系。扩大的家庭关系意味着扩大的权力，同时伴随着扩大的经济利益。因而宗族关系在哈巴回族村庄具有举足轻重的地位。龙汪边两个杨姓家族是该村最大的两个宗族，乡村权力集中在这两个家族手中。当宗教文化复兴发生时，无论是处于权力核心还是权力边缘的哈巴回族来说，都希望宗教文化复兴能够带来切身利益的改变。但是伴随着几大家族之间的权力和利益的争夺，当更多的利益特别是经济利益向着少数的大家族的个别人手中集中的时候，宗教文化的热情也随着利益的冲突而淡化。

3. 扩大的联系与扩大的生存空间

外界回族穆斯林虔诚的宗教信仰给哈巴回族带来了精神支持，哈巴回族对宗教文化复兴的热情也给了极大的鼓励。与外界扩大的联系意味着扩大的生存空间和发展机遇。过去，与藏族的婚姻联系使哈巴回族获得了生存的空间；如今，面对着更加广阔的发展空间，与外界回族，特别是经济发达地区回族加强联系意味着更大的发展空间。

因为宗教文化的复兴，龙汪边和兰家村回族加强了与外界回族穆斯林的经济往来。当地村民收集雪山上的虫草、药材、花椒等，交由外地回族穆斯林收购和出售；制作牦牛干巴，油炸蘑菇，销往其他穆斯林聚居区；外地穆斯林组织或推荐旅游团队到当地旅游观光。同时，外地穆斯林还进行经济援助帮助当地穆斯林发展教育。龙汪边和兰家村都分别设有教育学龄前儿童的"幼儿园"，两所幼儿园都由新加坡穆斯林资助，设立在清真寺内。龙汪边幼儿园目前有十多名儿童，由本村的一名学习过《古兰经》的妇女担任教师，工资每月500元人民币。兰家村的清真寺幼儿园由清真寺阿訇的妻子担任，目前只有三四个孩子在里面学习。幼儿园老师平时给孩子们教授伊斯兰教的基本知识和伦理道德外，还教孩子简单的阿拉伯语字母单词和儿童歌曲。一些考试落榜或贫穷家庭的孩子，还会被送到经济发达的回族地区学习宗教知识或学习一技之长，目前龙汪边和兰家村有二十多人，学习完成后，在其他回族地区当阿訇继续从事宗教工作或在回族企业中打工。

但是，如果宗教文化复兴后的某些方面造成了与周围其他民族的格格不入甚是交往上的障碍后，村民们又会选择放弃原来的一些选择。例如，现在又逐渐恢复了原来废除的"过春节"的习俗，加强和周围民族的往来。因为在哈巴回族看来，与居住地周围的其他民族搞好关系，是生存和发展中必需的也是必要的。

从以上的各方面可以看到，哈巴藏区回族传统宗教文化复兴的兴与衰，真实地表达了当地村民在现代化过程中各个方面的生存和发展的诸多诉求。

## 五、结　语

许多研究认为，"传统宗教文化复兴"是"现代化"的对立面，是迷信或旧事物的死灰复燃。而事实上，"……民间传统近年的复兴是一个自发的过程，并且与改革之后，人们对传统的社区认同、网络及意识形态的需求有关"。[①] 在迪庆藏族自治州两个回族村庄的伊斯兰传统宗教文化复兴的案例中，我们可以看到，生存和发展的问题仍然是村庄人们关注的首要问题。随着旅游业的发展，当地村民自发、积极地试图通过复兴当地宗教文化来改变村庄的发展现状，寻找更适合自己的经济模式；在加强社区和民族认同的时候，加强社区内部成员的团结，增强自我的生存能力和竞争力；扩大交往的网络，寻求更大的生存和发展空间。

---

① 王铭铭：《村落视野中的文化与权力》，北京：生活・读书・新知三联书店，1997年版，第138页。

## ☆民族历史研究

# 民国时期云南龙、卢彝族统治集团财税政策研究

王文光　龚　卿*

**摘　要**：民国时期龙云、卢汉彝族统治集团对云南的治理是卓有成效的，除了推行较为温和的政治措施外，还积极推行财税改革，紧紧围绕财税治理的核心——生财、聚财、用财，以财政扶持金融，以金融促进生产，以生产充裕财政，逐步均衡了财政收支，改善了财政结构，有力地推动了云南近代化发展进程。

**关键词**：民国时期；龙云；卢汉；财税改革

云南自护国、护法两役，以贫瘠一省，独当国家兴革大任，但财政也因此而拮据，商业经济萧条，人民负担奇重。民国十八年（1929年），龙云上台伊始制订的新云南建设三期施政计划，紧紧围绕财税治理的核心——生财、聚财、用财，以"以财政扶持金融，以金融促进生产，以生产充裕财政"的理财思想，对云南财政进行了改革，有力地促进财政、金融、生产互动，逐步均衡财政收支，改善财政结构，鼎定龙、卢政权的经济基础。

## 一、以财政扶持金融

在龙云、卢汉彝族统治集团执掌云南政权期间，龙、卢采取了以财政扶持金融的政策，以打破近代云南经济发展中资本形成与积累方面的恶性循环，也以此作为他们财税政策的逻辑起点。

云南光复后，为发展地方经济，都督府决定成立云南省地方官办银行，取名富滇银行，开启了云南金融近代化进程。但护国战争结束后，唐继尧出兵川、黔，走上军阀扩张之路。为筹集军饷，唐继尧政府开始从富滇银行借款。自此以后，战乱不断，"二·六政变"、"六·一四政变"和"四师长倒龙"等事件相继发生。连年兵祸，使云南经济社会遭到极大破坏，财政金融濒临崩溃，各军阀势力为应付日益膨胀的军费开支，只得一方面加强财政搜刮，开放烟禁；另一方面则加速富滇银行纸币的发行，以充军饷。于是，富滇银行纸币币值狂跌，信用扫地，金融陷入极度紊乱之中。其间，唐继尧、顾品珍试图整理金融，但持续的战乱政局使历次"整理金融"收效甚微，金融秩序混乱依旧。加之法国东方汇理银行乘虚对云南金融的控制和操作，致使云南金融秩序混乱到无以复加的地步。

1928年龙云最后控制了云南政权，为了摆脱财政困境，龙云毅然停止了对外军事扩张，提出了"三民主义革命建设新云南"的主张，把主要精力放到云南经济社会发展上。1934年龙云任命缪嘉铭为富滇新银行行长（以下简称"新富行"），缪嘉铭接任后，"约法三章"[①]得到龙云、卢汉的认可，即进行"整理内部"，清理李培炎把"资金拉出去做生意"、"贷款给烟商"、"银行仓库堆满鸦片"等问题，辞退法国顾问碧野，着手解决关系云南金融稳定的"管理外汇"、"限制白银外流"和"统

---

\* 王文光，云南大学西南边疆少数民族研究中心教授；
　龚　卿，云南大学西南边疆少数民族研究中心博士研究生。
① 所谓"约法三章"：一是新富行不代理省金库；二是请龙、卢不要在新行开设私人户头，避免军人和商家找麻烦；三是公事公办，私事私办。

一币制"这三大问题。

第一，加大外汇管理力度。缪嘉铭重新研究管理外汇的有效办法，决定先实行"选择管理"，并拟具出台《修正大锡押汇章程》和《个旧分行办理大锡押汇细则》。新章程规定大锡"跟单押汇"五成须卖与新富行、鸦片出口时预卖半数外汇给新富行，其余五成外汇则由商人自由支配。若自愿卖给新富行的，则按牌价尽量收购。同时，入口商欲向新富行购买外汇者，新富行亦尽量如数供给。至于其他少数出口货物换取的外汇，概行放任不加管制。上述方案实施后，商人顿感便利，出口商所得外汇，不但应归管理部分不逃避，就是自由支配部分，也多数主动卖给新富行。至民国二十五年（1936年），云南外贸遂由入超变为出超，外汇结余。缪嘉铭的外汇管制成效，为国民政府赞同，财政部所遂将原由法国东方汇理银行负责的海关、邮局和盐务稽核所交由新富行汇解。从此，新富行掌控了云南外汇和金融市场，成为云南外汇买卖及汇兑中心。昔日法国东方汇理银行控制云南外汇、操纵云南金融的地位，已为新富行取代，云南金融出现了一个相对稳定的时期。

第二，限制白银外流。民国二十二年（1933年），美国实行"白银政策"导致世界银价高涨，云南半开因此外流严重。为了保持相当数量的白银于民间，以巩固云南金融地位，龙云政府于次年九月颁布《禁止现银出口条例》和《考核现金移动办法》，规定人民由昆明搬运现金（即白银）至其他区域，应先向新富行登记并核发准单后始能起运。现金起运后，由各地行政、税收机关严加查验。《办法》还规定处罚措施，以多报少者，没收超过准单部分；私行偷运者，一经查实则悉数没收。《办法》原定携带现金100元以下作旅费者不受限制，后来认为限制太严而改为500元。因奸商偷运现金在贵州廉价收买法币回滇牟利案发生，遂停发边地运现准单，民国二十五年（1936年）六月又将个人携带旅费的数额不受限制调减为200元。但奸商、边民仍以旅费为名时有偷带现金出境贩卖渔利者，为杜绝现金逃逸，是年十月，将准许携带现金旅费一条取消。自此以后，无论携带现金多少，若无证明文件，一律查禁。

第三，统一币制。新富行成立后，发行与滇铸半开银元相联系的新滇币，龙云政府即提出整齐划一云南货币，对尚未收回的个碧石铁路银行及殖边银行纸币、个旧锡务公司储蓄券以及各企业本票，"经省府决议，一律勒令停止使用，收回焚毁"。① 至抗战前，云南币制已基本统一，新滇币和滇铸半开在全省货币流通中已居于统治地位。作为新滇币辅币至铜币，也照规定比价在市场流通。其他杂币及银类，按其含银成分之多寡由新富行以新滇币收兑；其未经收购者，明定专章，限制移动，使保持流通于云南境内。从此，新富行垄断了云南货币的唯一发行权，云南金融进入一个相对稳定的时期。这就为缪系地方国家垄断资本的发展创造了极为有利的条件，资本积累的增大和金融秩序的稳定，奠定了云南工业近代化进程的基石。

除了以上的财政政策外，龙、卢彝族统治集团还进行了相关改革，税收改征现金，充实银行准备；开辟新的税源，增加银行资本；改革田赋征收制度，创造新币流通条件；财政筹资组建云南地方金融托拉斯。民国十八年（1929年），卢汉以98师师长身份兼任财政厅长后，从革新财政厅内部机构入手，成立"设计委员会"和咨询机构，同时规定将征收本位改为现金。这样，就为新滇币的发行准备了一部分现金。新滇币发行后，又令新滇币与半开银元等价，为新滇币的回流创造了条件。针对征收权为军人把持的情况，卢汉遂将烟酒、厘金等税捐一律招商投标承办，施行"财政商业化"改革，接管云南烟酒事务局。这样一来，原为地方势力把持的税收，统一由财政厅管理，保证了税收到位，数月之内税款大增，不但发清积欠，收入还有剩余，财政渐趋稳定。如果说，信用货币必须以真实票据为依托，此时的税收就成为新滇币的"真实票据"。而在民国二十三年（1934年）缪嘉铭就任新富行行长以前，税收收入都是存放在新富行的，所以，税收的增加也就意味着新富行负债项目（即资本金）的增加。

滇省税捐自改征现金后，入库预算年约纸币6 000万元。自民国十九年（1930年）度起，以3 000万元作为全省岁需军政费，以3 000万元为整理金融补助款。又根据财政厅呈准自民国二十一年

---

① 《云南行政纪实》，1943年，第17册，金融，"富滇新银行之业务"部分。

(1932年)一月份起,将禁烟局全部收入拨作整理金融补助款①按月由禁烟局径解金融委员会核收。

民国二十年(1931年),奉国民政府裁厘令,省财政厅遂将厘金及类似厘金之税捐一并取消,并同时开征特种消费税,应税货物:一为本产品货物税则,共列59项,内分7类,税率以从价计征为多,从价计征者,自2.5%至12.5%止。一为外产货品税则,共列459项,内分13类,其税率又分别为洋产、国产二项。普通物品,洋产征收10%;国产征收5%。为提倡本身实业发展,洋产工具减按2.5%计征,机器则完全免税。其余奢侈品及其有特别不利本省工商业发展之货物,比较普通物品税率稍有增加,自12.5%至17.5%不等。特种消费税征收历时九年半,昆明局最初每年收得新滇币340余万元,后逐年增至400万元,最后增至1 200余万元。以全省而论,8年内(1931年~1938年)共收入新滇币8 800余万元。②如果加上糖茶两项,则9年间的特种消费税收入约为新滇币1.5亿元。③此外,省政府还着力整理契税、印花税、牲屠税、烟酒税,特别是后期的卷烟税,更为政府收入的大宗。所有这些税收收入都直接或间接地充实了新滇币的准备金。

耕地税改革后,以货币地租代替实物地租,为新滇币的流通创造了条件,促进农村自给自足封建经济的瓦解,并为另一种资本主义经济形式(银行贷款)做好了准备。"据30年代土地委员会的调查,以全国各省平均,地税额平均占正产物收获的43.22%……但云南这个比率一般要在50%~70%,最高者超过80%。"④如此高的土地税率,迫使一部分自耕农破产,将劳动力从土地上解放出来,破产自耕农成为资本主义工业发展不可或缺的自由劳动力。另一方面,高额的土地税降低了官僚资本投资土地的意愿,使资本离开了土地。新的税制改革确定了土地所有权,买卖合法化后使土地渐渐集中到少数人手中,集中的土地对新技术运用、银行贷款利用有着积极的作用。于是,税收完全入库和政府强制储蓄日渐增多,银行资金大量挹注产业投资,新式生产方式成为可能,开始打破恶性循环式的僵局,使长期停滞不前的云南近代经济和金融取得了开拓性的发展。

正是在龙、卢政权"以财政扶持金融"政策下,通过统一货币,改革税制,整顿云南金融市场等一系列卓有成效的工作,扭转了金融恐慌的局面,实现了财政与金融的良性互动,使云南成为建设西南金融网的重点省份之一:到日寇投降时为止,云南金融机构达到前所未有的高峰。全省共计有217个金融机构,占全国大后方19个省区中的第二位。⑤仅昆明市区就有银行、金库和银公司48个(包括一级机构6个)。其中,总机构58个,分支机构159个,⑥分别占全国大后方省区同类机构的第五位。

## 二、以金融促进生产及维护云南本省的金融安全

在云南金融促进生产的过程中,主要体现为以富滇新银行开展的实业投资。

新富行通过发行纸币、吸收存款以及投资收益等,不断壮大资本实力,其"大部分资金之使用,系与云南经济委员会合作办理。经委会为省政府特指办理各项生产事业之负责机关,经委会设计管理,而多数资金,则由新富行根据经委会之计划,予以投资及放款。金融机关与生产机关适当配合,以求资金运用之合理"。⑦新富行直接或间接对生产事业的投资,民国二十三年度(1934年)下期仅为国币70万元,民国二十八年度(1939年)下期达1 400万元,民国三十一年度(1942年)下期高达1.7亿元,民国三十二年(1943年)度下期达2.7亿元。⑧抗战前夕,"救济农村"呼声盛极一时,龙云政府为了适应这一潮流,着手办理"救济农村"贷款。民国二十六年(1937年)一月,缪

---

① 民国云南通志馆编纂:《续云南通志长编》中册,卷四十三·财政一·地方岁入一,第506页。
② 孙东明:《龙云统治云南时期的财政》,载《云南文史资料选辑》,第五辑,第16页。
③ 史 允:《龙云政府的货币发行政策》,载《云南行政学院学报》,2003年第3期。
④ 李 珪:《云南近代经济史》,昆明:云南民族出版社,1995年版,第444页。
⑤ 李 珪:《云南近代经济史》,昆明:云南民族出版社,1995年版,第558页。
⑥ 中央银行金融机构业务检查处编:《全国各省金融机构统计表》。
⑦ 《云南行政纪实》,第十七册"富滇新银行之业务"部分。
⑧ 《富滇新银行档案》65-4-455、456、457卷。

嘉铭在新富行内设立"农村业务股"。从此，新富行的金融势力开始延伸到农村。民国二十六年（1937年），新富行在省内各县设立分支机构，业务范围包括：农村贷款及农业仓库建设；工商业贷款；各种存款；代理公私款项之存放、汇兑；政府或总行特别委办事务。① 随着新富行分支机构的遍布，汇兑、农贷、收兑白银等工作也蓬勃开展。民国二十八年（1939年），有分行或办事处的县已增至数十个，办理区域已扩大到除边疆少数民族地区以外的大部分县，全年共贷出新滇币200余万元。民国二十八年（1939年），新富行将保险业务由信托部划出，与兴文银行、太安丰保险公司等合组富滇保险公司，资本总额定为国币100万元，共分1万股，每股国币100元，其中新富行占75%，兴文银行和太安丰保险公司各占10%，劝业银行占3%，昆明营业公司占2%。民国三十三年（1944年），因货币贬值，原资本不敷运营，该公司资本增为国币1 000万元。② 富滇保险公司主要经营产物保险，也代理邮政储蓄金汇业局的简易人寿保险。其业务主要靠云南省经委、富滇新银行、云南人企公司所辖或投资单位供给和介绍，当时的云南纺织厂、云南锡业公司、云南中国茶叶公司、云南纸烟厂等大的企业，均向富滇保险公司投保，使其他保险公司无法与之竞争，因而业务发达，纯益逐年递增。

此后，云南的工农业生产有了大的发展。如一平浪盐煤厂（滇西企业局）在建设期间所需工程款项，除由财政厅拨付外，皆由该行垫支。个碧石铁路在抗战初期靠补贴维持，该行遂于民国三十二年（1943年）至民国三十三年（1944年）间，分别在昆明、个旧两处贷款赈济，后将贷款转为投资计法币6 720万元，占个碧石铁路公司股本总额的39%，照拨转时的金价每市两2.6万元计算约合黄金3 000两。另外，对其他私营工商企业如振昆染织厂、新华制药厂、裕昆铁工厂、光华化学厂等的投资也为数不少。此外，兴文银行还对大道生商号、华福纸烟厂、正义药房、振昆染织厂等几十个民族资本企业投资参股。同时，矿业银行还向地方工矿生产事业投资，其先后注资的企业为滇北矿务公司、裕永公司、电气制铜厂、保山水泥厂、恒通化学公司、云南运输公司、昆明电灯公司、西北纺织厂、云南制糖厂、下关制茶厂、大业烟草公司、大利实业公司、利丰化工厂、建云实业公司等30多个单位。③ 到民国三十五年四月，该行生产事业投资总额为法币2 010万元。

抗战爆发后，龙云思想发生重大转折，昆明成为"抗日民主堡垒"，蒋介石中央政权如芒在背。云南和中央政府在政治、军事上展开了渗透与反渗透的同时，双方在金融领域也展开了控制权的争夺。为了维护云南本省的金融安全，龙云进行积极应对，其主要的做法有：

第一，抵制法币政策，维护新币地位。世界经济危机爆发后，国民政府在全国范围内推行"法币政策"。如果这一政策得以推行，必将打破云南的独立金融秩序，从而瓦解云南的独立金融体系。这显然不会被龙云政府所接受的。所以，对待国民政府的"法币政策"，龙云政府口头上表示："滇虽边远，爱国守法，不敢后人，欲早日实行。"④ 以示拥护，但事实上对"法币政策"一直不予合作。对"法币政策"在云南的推行也借故拖延，直到最后确定比率后，新滇币才作为法币的辅币在云南境内继续流通。民国二十六年（1937年）五月，龙云政府乘央行来滇设分行前，抢先用新滇币收兑民间存银。为了满足抢兑白银、银币的需要，同年八月第三次暗中增发纸币2 500万元。⑤ 到次年底，共收兑白银折合半开银币452.935 5万元。⑥ 收兑时间也从原定3个月，后经多次展期至民国二十九年（1940年）前后，这就规避了因"法币政策"施行而使云南资产无形蒸发的风险。关于财政部要求富滇新银行限期注册，缴纳存款准备金，重新登记并核定纸币发行额一事，直到民国三十年（1941年）一月，新富行代省府复财政部电稿中仍以"本应照办，惟查该行纸币发行省内各地已久，民间沿用成习，信用颇著，值此敌寇逼滇，南防已划入战区之时，军事与金融，关系至为重大，为免

---

① 张肖梅：《云南经济》，中国国民经济研究所1942年4月印刷，第十九章，第6、7页。
② 李珪：《云南地方官僚资本简史》，昆明：云南民族出版社，1991年版，第50页。
③ 云南地方志编纂委员会：《云南省志》，卷十三·金融志，昆明：云南人民出版社，1994年版，第1 124页。
④ 《富滇新银行民国廿四年十二月廿四日代云南省政府拟致财政部电稿》，《富滇新银行档案》，65-4-132卷。
⑤ 《富滇新银行档案》，65-4-5卷"大事记"。
⑥ 李珪：《云南近现代经济史》，昆明：云南民族出版社，1995年版，第573页。

牵动本省金融现状，安定人心计，应暂缓办理，相应电复查照"①进行拖延。几经博弈，财政部只得于民国三十三年（1944年）二月电复云南省府，同意新富行以民国三十二年（1943年）六月底资产负债表所列的发行额为限，自三十三年起的两年内全部收回新滇币。②为保存云南地方金融实力，龙云还密令："就花纱分配委员会售纱余款内先行拨给该行法币一万万元，自四月起开始收换十元以下之富滇小票，收入之币妥为保存听候处理，密令并分令理事会及该委员会遵照。"③又手谕："本省富滇新银行半开银币不但为一般人所注意，财政部亦无不垂涎。此次收回十元以下之滇票，应提拨半开数万元，由该行负责直接零星照市价出售，以作收回滇票基金，将来易于藉口。"④ 经过多次准备金"调整"与"拨账"，新富行将原准备金内划出一大笔金银和外汇作为省府支配，另设账登记，云南省府专账登记之财产，则陆续移入西华分库小石洞内，由省府派兵看守。外汇方面，龙云政府以出师抗战，购买武器装备滇军，需用外汇为由，不交出外汇管理权。几经磋商，由财政部每年优惠供给云南地方政府160万镑⑤作为交换条件，新富行才将外汇管理权移交中央。

第二，保全富滇新银行资产。随着武力驱龙的"十·三事件"爆发和"国之劲旅"滇军调至东北后，蒋介石即下令冻结省经委会及省企业局全部资产，封闭昆明西郊海源寺富滇新银行库存金银。云南彝族集团资产处于中央政府掠夺的阴霾下，卢汉上台即设法阻止国民党中央势力对云南资产的侵吞。次年五月，以"民有、民营、民享"为宗旨的"云南人民企业公司"正式成立了。云南人企公司遂接收了省经委会、省企业局所属的企业及银行，计有独资经营的富滇新银行、云南纺织厂等21家单位；云南省合作金库、富滇保险公司等合资单位32家。⑥这样，全滇绝大部分企业、公司、银行，聚集在卢汉麾下，粉碎了国民党中央想把云南置于其完全控制之下作为反共基地的阴谋，保全了云南的资产。

民国三十七年（1948年）八月，国民政府颁布了《财政经济紧急处分令》，规定："自即日起以金圆券为本位币，十足准备发行金圆券，限期收兑已发行之法币及东北流通券。限期收兑人民所有黄金、白银、银币及国币券，逾期任何人不得持有。"行政院和财政部不断电催卢汉，"领导公私企业及私人，将金银外币汇交给中央银行"。并派徐堪到昆，要求卢汉和缪嘉铭照办，卢、缪迫于情势，只得下令省府及云南人企公司所属各单位照交，其中，新富行共交兑黄金20 450.948两。⑦后卢汉发现金圆券价值一贬再贬，遂下令央行昆明分行"停止外运在滇收兑之黄金白银"。⑧二月十二日，又令"限制现钞（金圆券）入境，除发行局外一概不得运现钞来昆"。并由省政府"通饬各机关自16日起实行"。⑨三月，卢汉以保护安全为名，令省财政厅通知央行昆明分行，"先将库存黄金、白银移进城内交由富滇新银行保管，然后按国民党中央应拨给云南1949年1月至6月份的经费补助款额，截留拨抵"。新闻舆论称为"起而自救"，此次共扣黄金13 075两，白银604 000余两，半开银币1 515 000余元。⑩通过这种强硬办法，一定程度化解中央系借金圆券发行而掠夺富滇新银行财富的企图。同时，中央四行在滇收兑的民间黄金白银，也因为省府公布的禁止私运黄金、白银出境暂行办法，而滞留在滇。通过这一系列的博弈和强硬抵制，维护了云南上层集团的财政利益，也维护了本应属于人民的财富不被国民党中央掠走。

---

① 《富滇新银行档案》，65-4-2卷。
② 《国民政府财政部档案》，275-2539/丁卷279号，中国第二历史档案馆存。
③ 《云南省政府秘书处档案》，106-4-1657卷，106-4-1665卷。
④ 《云南省政府秘书处档案》，106-4-1657卷，106-4-1665卷。
⑤ 《缪云台在云南省参议会上的讲话》，载《云南日报》，1940年1月8日第4版。
⑥ 云南金融研究所编：《云南富滇银行历史资料汇编》下册，油印本，第249页。
⑦ 《富滇新银行档案》，65-4-182卷。
⑧ 省政府第1068次会议议决事项。
⑨ 《正义报》，1949年2月12日，2月15日。
⑩ 林毓棠：《云南起义经过纪实》，载《云南文史资料选辑》第98辑。

## 三、以生产充裕财政

当财政扶持了金融发展,稳定了金融秩序,金融反哺生产事业的发展,生产事业得到充实发展后,必将为财政收入奠定坚实的税源基础,并使拓展新的税基成为可能。

龙、卢秉政时期云南的投资实体有陆系财团的企业实体和缪系财团实体,陆系财团逐年将一部分财政结余投资兴办实业:一是金融实体。包括兴文银行、劝业银行、益华银行、光裕银行、侨民银公司和云信保险公司在内的六行金融联合体和云南造币厂。二是矿业企业。包括芷村钨锑公司、个旧钨锑分公司、平彝锑矿分公司、云南矿业公司、一平浪制盐场(后改组为滇西企业局)、平彝钨锑公司、文山钨矿公司、鲁甸矿务局(后扩建为银铅锌管理处)、一平浪矿务局、下关石磺厂。又与中央资源委员会合资组建滇北矿务局和宣明煤矿公司。三是工业制造业。先后成立火柴专卖处、云南纸烟制造厂、云南复烤厂、开远发电厂、新华制药公司、安达炼油厂、光华化学公司(与孔祥熙合资)和印刷局,并在锡业公司、电气制铜厂、云丰造纸厂、云南制糖厂、大成实业公司等企业中有投资。四是交通运输业。成立了云南物资运输处、并在川滇铁路、石佛铁路、个碧石铁路公司中有投资。五是农业方面。自民国二十五年(1936年)起先后开办稼依水利工程处(后扩大为开文垦殖局)、思普茶叶试验场(后改为思普企业局)、昭鲁水利工程处。接办了原省政府直属的宾川、弥勒、南盘江等几个水利工程,并于民国三十二年(1943年)设立烟草改进所。

缪系财团大力发展官营企业:一是矿冶方面,除继续投资经营炼锡公司和唐继尧时代遗存下来的个旧锡务公司、电气制铜厂外,合资开办电力制钢厂、云南钢铁厂、云南锡业公司、裕永矿业公司、利华金矿公司、裕丽矿业公司和百特矿务公司等。二是工业方面,抗战前即扩大改组模范工艺厂为云南五金器具制造厂,创办云南纺织厂、昆明电力厂。抗战后,缪系加大在纺织、电力、机械、化工、水泥、造纸、制茶、印刷、瓷业等领域的投资力度,先后开办了16个近代工业企业。三是交通运输方面,成立了石佛铁路工程筹备委员会、川滇铁路公司、经委会运输处。四是农业方面,先后举办或参股投资的有开蒙垦殖局、云南蚕业新村公司、昆湖附近农田水利、宾川水利工程处、宾祥水利监督署、弥泸水利监督署、盘龙江芹菜冲水库、云南木棉公司和长坡农场等9个生产实体。

在上述大力发展生产的基础之上,民国三十二年(1943年)云南省政府所得税法提高了起征点,开始了以生产充裕财政的工作。其意义在于:一是减轻小额所得者之税负;二是中等所得者之税负维持原状;三是施于较大所得者之累进税率,以增其负担。同时开征了过分利得税,即所谓"向富人征税",即非从事实业投资建设并营利者不在纳税范围。因此,国家税收的增长,必然建立在实业的发展和个人财富的积累上。屠宰税改由消费环节征收,着落于肉食消费者身上,试想,如果消费者自身实力不够暨没有产业支撑,其消费数额和消费级次是难以持久的。而物税暨房捐属于财产税性质,征收的标准亦依照房价和房租征收,征收对象亦指向有产者。至于营业牌照税和(车辆)使用牌照税更是针对社会上层生活者征收之,筵席税暨娱乐捐虽含有禁止奢华浪费,提倡勤俭节约之意义,但另一面也反映在当时社会经济的发展和人民生活的富裕上,否则,该税种就缺乏征收之基础。

总之,通过龙、卢彝族统治集团在云南所推行的财税政策,云南财政收入逐年递增,财政收支基本平衡,基本达到"财政上自收自支,不依靠中央拨款;实业上自己筹款,不依靠中央投资(拉动);市场物资和商品供应上,主要依靠本省生产,其次依赖滇越铁路,从法国、英国等国家进口"。① 这些举措对推动云南近代化的进程是有着深远而积极影响的。

---

① 云南地方志编纂委员会:《云南省志》卷八"经济综合志"。参见史允:《龙云政府的货币发行政策》,载《云南行政学院学报》,2003年第3期。

# 明初的中日关系与寓滇日僧

古永继*

**摘　要**：在古代中日关系史上，佛教僧人在其中发挥了重要作用。明代初期，中日交往尚未正常化，已有日本僧人名留云南史册，为丰富当地文化宝库及发展中日关系作出了贡献。

**关键词**：明初；中日关系；寓滇日僧

云南与境外岛国日本，两者远隔千山万水，当省外各地通过与日本的交往而在古代中日关系史上留下多彩的篇章时，僻处西南边疆的云南却默默无闻，及至近几十年日本学界兴起到云南的"寻根热"后，两地间的联系似才进入人们的视野。其实，早在六百多年前的明代初期，已有日本僧人活跃于云南，在中日关系史上写下了厚重的一页。明末清初钱谦益所辑明代《列朝诗集》载："国初，日本僧入贡者，多谴谪居滇南。"① 明初寓居云南的日本僧人，有如瑶、机先、天祥、大用、演此宗、斗南、宗泐、昙演等人，其至滇原因及在滇状况不一，从中反映出当时中日关系发展变化的一个侧面。

## 一

在古代中日关系史上，佛教僧人对促进双方的交往发挥了重要作用。自两汉之际佛教传入中国后，历代发展迅速，隋唐时形成一个高潮，从而使其成为日本学习盛唐文化的内容之一，也使中国成为日本吸纳佛教的重要中转站。日本遣唐使中大批学问僧的加盟，中国鉴真和尚的六渡扶桑等，均成为中日文化交流中的千古盛事及佳话。

佛教于六世纪初经中国及朝鲜传入日本，其后渐与其原有的民族信仰和风俗习惯相融合，不断改变着人们的思想和意识，并与社会的发展变化紧密联系而不可分。古代的日本僧人，不但是研究佛教经典的行家里手，还是熟悉和掌握先进汉文化的儒者、诗人、书法家和艺术家，同时也是在国家的对外关系中担负重任的主要使者和外交家。有学者指出，在历代的中日交往中，"日本正副使臣很少是职业外交官，多数是熟悉两国情况的僧人、商人或学者，尤以僧人为多"。②

朱元璋建立明王朝，吸取元代征讨日本、安南、占城和爪哇等国而失败的教训，对周边国家和地区采取和平外交政策，意图通过稳定人心及恢复传统的"中国居内以治夷狄，夷狄居外以奉中国"关系，③ 达到"四夷宾服，万国来朝"而树立自己"天下共主"的形象；并为此专门下诏礼部，对国内外入贡者给予薄来厚往的优待："诸蛮夷酋长来朝，涉履山海，动经数万里。彼既慕义来归，则赍予之物宜厚，以示朝廷怀柔之意。"④ 致明初不长时间内，周边及海外国家、地区纷纷遣使入京朝贡。

---

\* 古永继，云南大学西南边疆少数民族研究中心教授。
① ［清］钱谦益：《列朝诗集》闰集第六《小传》。
② 冯兴盛：《试述佛教僧侣在中日古代文化交流中的作用》，载《日本学论坛》，1987年第1期。
③ 《明太祖洪武实录》卷26。
④ 《明太祖洪武实录》卷154。

但在与日本的交往中，由于特殊的历史及现实因素，双方间的关系一直难以正常。在早先元世祖忽必烈两次远征日本失败后，中日官方交往断绝，"终元世，未相通也"。① 元明朝代兴替之际，日本也处于南北分裂之中，北朝以幕府将军足利氏控制天皇而掌政，南朝则以征西将军怀良（中国史籍多误作"良怀"）亲王掌权而自成一体。至明初洪武时，双方对彼此国情的变化尚不明了，而此期间的中国沿海地区，则不断遭受日本海盗的侵掠寇扰：洪武二年（1369年），"倭寇复出没海岛中，数侵掠苏州、崇明，杀伤居民，劫夺货财，沿海皆受其患"。② 三年六月，"倭寇山东、浙江、福建滨海州县"；③ 五年三月，"倭夷寇海盐之澉浦，杀掠人民"；同年八月，"倭夷寇福州之福宁县，前后杀掠居民三百五十余人，焚烧庐舍千余家，劫取官粮二百五十石"，④ 等等。尽管洪武二年朱元璋即派出使节，要求日本"奉表来庭"，或自安境土、制止寇盗，否则便要"代天伐不仁"，派大军"扬帆诸岛，捕绝其徒，直抵其国，缚其王"。⑤ 但朱元璋将日本视为统一国家而不知其南北对立现状，本欲与天皇联系却找到怀良亲王，故目的难以达到；怀良亲王则将明廷认为是元王朝的继续而拒绝交往，杀害及拘禁了部分明朝使者。后来双方虽逐步明白了真相，但交往中仍磕磕碰碰，难以正常。另外，日本一方面南北双方暗中猜忌相互拆台，另一方面则反感明朝惯以天朝大国自居的心态，不愿再完全恢复以前旧的藩属关系。因而倭寇对中国的侵扰行为，长期中断断续续并未真正停止，加上当时遁入海岛的张士诚、方国珍残余反明势力与倭寇勾结而不断加大骚扰力度等等，终于促使朱元璋于洪武四年开始多次下令禁止私人出海，最后形成了对明代社会及中外关系影响极大的"海禁"政策。但尽管如此，此期间中日两国僧人在建立双方的互动关系及信息沟通方面，仍以其特殊的身份发挥了不可替代的历史作用。

洪武三年（1370年），朱元璋派莱州府同知赵秩出使日本，同时送回被明朝擒获的日本海盗、僧侣等十五人。南朝怀良亲王在明使的谴责及诚意打动下态度有所转变，于次年"遣其僧祖来奉表称臣，贡马及方物，且送还明、台二郡被掠人口七十余"。⑥ 朱元璋厚赐日本使者，从祖来口中证实了不久前从元末至南京佛寺的日本僧人椿庭海寿处了解到的日本国情，认为"其俗尚禅教，宜选高僧说其归顺"，⑦ 遂于洪武六年派明州天宁寺主持僧仲猷祖阐、南京瓦官寺主持僧无逸克勤等人送使者还国，同时与北朝取得联系。但祖阐等人在归途中拜访怀良亲王时，又被其拘押一年多。此后明朝与日本南北双方均保持往来，日本亦多次派僧人为使入贡，其中并杂有一些假借朝贡之名冒充使者以图赏赐及贸易厚利者。朱元璋曾因日本使者"无表文"、"无国王之命"且"不奉正朔"及"表词不诚"等而恼怒，多次辞却日使入贡。⑧

洪武十三年（1380年），明丞相胡惟庸以谋反被诛，罪名之一为勾结日本。《明史》载："胡惟庸谋逆，欲藉日本为助。乃厚结宁波卫指挥林贤，佯奏贤罪，谪居日本，令交通其君臣。寻奏复贤职，遣使召之，密致书其王，借兵助己。贤还，其王遣僧如瑶率兵卒四百余人，诈称入贡，且献巨烛，藏火药、刀剑其中。既至，而惟庸已败，计不行。帝亦未知其狡谋也。越数年，其事始露，乃族贤，而怒日本特甚，决意绝之，专以防海为务。"⑨ 所涉通倭案，今学者多有考证，认为乃朱元璋为丑化已死的胡惟庸而炮制的假案，此不赘言，而如瑶被牵连惩处，则将明初日僧与云南开始联系在了一起。

---

① 《明史》卷322《外国列传三·日本》。
② [明] 严从简：《殊域周知录》卷2《日本》。
③ 《明史》卷2《太祖本纪二》。
④ 《明太祖洪武实录》卷73、75。
⑤ 《明太祖洪武实录》卷39。
⑥ 《明史》卷322《外国列传三·日本》。
⑦ [明] 严从简：《殊域周知录》卷2《日本》。
⑧ 《明史》卷322《外国列传三·日本》。
⑨ 《明史》卷322《外国列传三·日本》。

## 二

历史上的云南，被称偏远蛮荒瘴疠之区，中原人视为畏途，而其位处西南边疆，接邻东南亚各国，地广人稀，战略地位十分重要。因而自洪武十五年（1382年）三月平定云南后，明廷即通过各种方式入迁大量外地移民，在军士留戍要地、平民行政安置之外，还有相当部分的贬谪官吏和充军罪犯等。

有关如瑶发配云南事，《明实录》载：洪武十四年七月，"日本国王良怀遣僧如瑶等贡方物及马十匹，上命却其贡"；① 《续文献通考》云：洪武十七年，"如瑶又来贡，坐通胡惟庸，发云南守御"。② 可知如瑶曾两次出使中国，最后因胡惟庸案牵连被发配云南，成为明初日本僧人发配云南的第一人，也是当时史籍中唯一确载的日僧谪滇者。

永乐、宣德间，代镇云南的世袭镇守云南总兵官西平侯沐英第三子沐昂，结交在滇文士，编纂云南最早的诗歌总集《沧海遗珠》4卷，辑有明初宦于滇、谪于滇的名士朱经、方行、朱绣、曾烜、周昉、韩宜可、王景彰、楼琏、王汝玉、逯昶、平显、胡粹中、杨宗彝、刘叔让、杨子善、张洪、范宗晖、施敬、僧天祥、僧机先、僧大用21人的诗作270首；作者姓名之下，各注其字号里居。对僧天祥、僧机先、僧大用，则明言其为日本人。③

机先，或作鉴机先、释机先、僧机先。钱谦益《列朝诗集》说："鉴机先，日本人。先有《滇阳八景》云：'岂料长为南窜客，朝朝相对独为翁。'国初，日本僧人贡者，多谴谪居滇南，故沐氏得录其诗也。胡粹中《挽鉴机先》诗云：'日出扶桑极东处，云归滇海最西头。'知机先殁于滇也。"④ 胡粹中，浙江山阴人，博通经史，洪武时以事安置昆明，永乐间调任楚府长史，著有《元史续编》77卷。⑤ 扶桑为旧时日本的代称。钱氏根据两人诗句分析，证明机先为明初日本谪居僧人，去世于滇，言之成理。李元阳万历《云南通志》说："日本四僧塔，在龙泉峰北涧之上。逮光古、斗南，其二人失其名，皆日本国人，元末迁谪大理。皆能诗善书。卒，学佛化去，郡人怜而葬之。"⑥ 诸葛元声万历《滇史》卷9载：元武宗至大三年（1310年），"日本四僧居大理者，同日化去。四僧：逯光古、斗南，其一机先也。元末迁流大理，皆能诗善书，郡人怜而葬之。……机先有《滇池诗》云：'滇池有客夜乘舟，渺渺金波接素秋。白月随人相上下，青天在水与沉浮。遥怜谢客沧州趣，更爱苏仙赤壁游。坐倚篷窗吟到晓，不知身尚在南州。'"《滇史》之说似本于万历《云南通志》，且纠前者"逮"之误为"逯"及补出四僧之一为机先，当是；但将元代前中期的至大年间称为元末，则误。逯光古实非元人，更非日僧，乃河南怀庆府（治今河南沁阳）人逯昶。天启《滇志》云："逯昶，字光古，怀庆人，洪武初戍滇。通经术，能诗赋。所著有《方外集》。"⑦ 机先所作《滇池诗》，天启《滇志》卷28《艺文志》中亦有载，两者完全一致，且署名作者为"本朝释机先"。另《沧海遗珠》中，并载有胡粹中、僧机先《挽逯光古先生》及日僧大用《挽逯光古》诗。可知机先等均为明初洪武时人且相互交往密切，而与元末无关，也非同日而卒。机先的贬谪身份当可无疑，但元代中后期中日间已无官方往来，不存在日本僧人被迁谪云南的条件及可能；如果其于元末被贬，至明初改朝换代，羁绊之身自然已得解放，大可远走高飞脱离苦海，不必再发"岂料长为南窜客，朝朝相对独为翁"之声。李元阳、诸葛元声二书，于此记载均不确。

---

① 《明太祖洪武实录》卷138。
② ［明］王圻：《续文献通考》卷234《四裔考·东夷·日本》。另，明郑晓《皇明四夷考》、何乔远《名山藏》、严从简《殊域周咨录》、《明大诰三篇》等亦作此说，而清谷应泰《明史纪事本末》则云发陕西，明王世贞《日本国志》云发陕西、四川，明焦竑《献征录》则说如瑶所率精兵尽被诛夷。
③ 见《沧海遗珠》卷首序及各卷篇目。
④ ［清］钱谦益：《列朝诗集》闰集第六《小传》。所言"八景"，实为"六景"之误。
⑤ 雍正《浙江通志》卷180《人物六·文苑三》。
⑥ 万历《云南通志》卷2《地理志·大理府·古迹》。按："逮"为"逯"之误，逯光古即逯昶，非日本人。
⑦ 天启《滇志》卷13《官师志·流寓》。

天祥、大用，《沧海遗珠》虽注明为日本僧人，但史迹不详。《沧海遗珠》录天祥诗11首，从诗中内容，可知其曾于杭州、长安等处滞留，从川、黔进入昆明、大理，结交友人不少，其或为明初日本游方僧人。大用，《沧海遗珠》仅录其《挽逯光古》诗一首，可知其与逯昶相交甚厚，与机先、天祥为同时代之人。

　　演此宗，《沧海遗珠》卷1有曾烜《赠日本僧演此宗》诗："达摩居嵩九载期，此宗寂寂有谁知？生从日本精三藏，老向云南礼六时。香满墨池临旧帖，花明春坞咏新诗。别来应有惊人句，好奇东风慰所思。"另有平显《寄演此宗》诗："秋风起江汉，纤月在西南；影落清滇水，凉生白石龛。唱酬蔬笋气，梦寐葛藤谈；未遂依禅寂，徒惭雪满簪。"①曾烜，字日章，翰林学士，洪武年昆明安置。平显，字仲徽，浙江杭州人，洪武初授广西藤县令，以事降主簿，不久谪戍云南，以博学能文，西平侯沐英请于朝，除军籍，聘为塾宾。②两诗中反映出，演此宗为戒律精深的日本僧人，至云南时年事已高，工书善诗，与当地文士为友，常以诗书文章唱和。

　　斗南，为大理四僧塔所葬日僧之一，与明初云南文士多有往来。《沧海遗珠》卷2录楼琏《送镜中照上人兼柬斗南和尚》诗："旧住扶桑第几山，偶然踪迹落人间。萝衣拂露辞秋壑，藤杖扶霜度晓关。滇海飞来孤月小，点苍留得半云闲。殷勤为报圆通客，鹤背清风好共还。"同书卷3载杨宗彝《谢斗南禅师惠竹杖》诗："扶桑禅子下蓬莱，携得仙人竹杖来；瘦节只疑同鹤骨，虚心犹恐是龙胎。衰年正赖扶持力，异日须知变化材；不怕石头溪路滑，月明随意步苍苔。"两诗中均将斗南与"扶桑"相连，确指其系日本僧人；而与斗南并列的镜中照上人，当也同为"扶桑"高僧，惟其名仅此一见。楼琏，浙江金华人，曾从宋濂学，历官蓝田知县、广东道御史等，洪武间谪戍云南。后召还，建文时任侍读。永乐初成祖篡位，命其起草诏书，不敢拒命而自杀。著有《居夷稿》。③

　　宗泐、昙演，二人均寓居昆明，似为游方而至的驻锡高僧。景泰《云南图经志书》载："圆通寺，在城中螺山之下……其内有轩，曰翠微深处；有楼，曰古木回岩：皆日东僧所建。"并于其下录有都事吴存敬诗云："上人生自扶桑国，结屋云山第几重。……"随后另有宗泐诗："翠微深处乱山中，筑室闲倚桂树丛。夜榻泉鸣□涧雨，晓园花落满林风。窗含细霭衣常湿，桥拥浮槎路□通。异域十年天万里，几番归梦海云东。"④可知日东僧指的正是宗泐，他寓居海外异国十年，多次梦中归返遥远的故乡，于圆通寺建有"翠微深处"轩及"古木回岩"楼，为人们所称道。另景泰《云南图经志书》有云："聚远楼，在五华山泰然堂之南，先时日东僧昙演所建。凡滇南之景，一览俱在。后定边伯乐其胜，乃重修之，以为游观之所。"其后有平显酬赠诗："……僧游海藏受斋归，小笠轻袍航一苇。……扶桑亚风掀海立，金马腾骧脱其絷。……"⑤昙演同宗泐一样，出自扶桑，与当地文士交往密切，并成为其诗中吟咏的对象。

　　除以上诸人外，尚有大理感通寺的桂隐、南江，亦同为明初来自"日东"的僧人，在与当地白族学者的诗文唱酬中留下了迹印。⑥

三

　　明初日本僧人在云南的状况，折射出当时中日关系发展的曲折及其时代特点。

　　首先，此时期中日双方均处于国内局势嬗变及朝代更替阶段，之前数十年交恶留下的隔阂和猜忌，使得彼此间的来往需有一个相互了解及磨合过程。刚打下江山坐上帝位的朱元璋，难以容忍自己的权威受到挑战。在明廷所派使者曾经被杀、沿海地区倭寇侵扰难止，以及对方涉嫌参与明朝大臣叛

---

① 《沧海遗珠》卷2。
② 《沧海遗珠》卷1、天启《滇志》卷13《官师志·流寓》。
③ 天启《滇志》卷13《官师志·流寓》，《明史》卷141《方孝孺列传》。
④ 景泰《云南图经志书》卷1《云南府·寺观》。
⑤ 景泰《云南图经志书》卷1《云南府·楼阁》。
⑥ 见王叔武《明初旅滇的日本僧人》，载《云南民族学院学报》，1991年第3期。按：此文及孙太初《明初流寓云南的日本僧人》（《思想战线》1980年第3期），同为研究明代寓滇日僧的力作，笔者撰写本文多有参考。

乱阴谋时,"两国交兵不斩来使"的古训失去约束力,尚处于非正常关系中的对方使者自然成为政坛事件的替罪羊和牺牲品,被抛入贬谪队伍而成为边疆移民中的一员。

其次,中日友好关系源远流长,在两国官方交往停滞之时,民间的相互往来却从未间断。地位特殊的日本僧人,除了充当使者,还有相当部分以私人身份进入中国。这些来访的日僧,尽管入明途径及从事的活动不同,但学习中华文化、沟通两国信息则大同小异,在发展双边关系中发挥了桥梁和润滑剂作用,成为中日文化交流的先行者和传播者。

最后,入明日僧大多汉文化功底深厚,不论是囿居一隅者、游历四方者或驻锡古刹者,宗教之外,往往从事相关的文学活动;他们与所在地僧人及方外儒士、儒官关系密切,相互间切磋交流,酬赠唱和,所见所思尽入诗篇,从而辉耀文坛、留迹史册,为当地文化宝库增添了新的内容,在推动两国文化的发展中作出了积极的努力和贡献。

# 云南近代工业化进程对文化变迁特点的影响①

## 李晓斌　王　燕*

**摘　要**：近代是云南文化变迁非常迅速的时期，传统变迁模式的作用和功能逐渐减弱，工业化成为这一时期文化变迁重要推动力之一，对文化变迁发生的领域、区域都产生了直接的影响，在某些区域推动了文化变迁的深入发展，但同时也存在明显的局限性。

**关键词**：云南；近代工业；文化变迁

在 1840 年前后，云南文化交流的动力已开始减弱，作为文化中心的城镇因为阻隔作用在全省范围内的文化交流与传播功能弱化，商业贸易、农业移民等传统的交流途径因各种原因也出现了功能弱化的情况。如果没有新的动因出现，文化交流将维系在一种低水平状态的循环和重复之中。

## 一、1840 年前后云南文化交流途径的发展、变化与局限性

1. 以商业贸易为途径的文化交流与变迁

明清时期云南基本形成从商业中心城市到中小商业城镇再到乡村集市的体系，加强了农村与集市的联系。随着农村与集市联系日益密切，文化的传播也通过商业这一途径得以从城镇进一步扩大、深入到农村。

1840 年以后，云南城乡集市出现了较大的变化，在文化交流上的作用功能也进一步发展。这一时期的云南城乡集市有两大变化：一是数量和贸易商品品种的增加。据《新纂云南通志·商业考一》记载，云南有册报资料的 90 多个州县中，即有 480 多个集市，一般县均有 3～5 个主要集市，商业繁盛的县达 7～8 个，甚至 10～20 个，如果将小的集市计算在内，清末云南省大概有集市 2 000 多个。二是贸易内容从过去以本地区各族人民相互交换日常生产、生活用品为主，向着销售外地、外省、外国长途贩运来的商品，并收购本地土特产品外销为主转化。因此，在功能上，云南城乡集市已从自然经济条件下的调节余缺的单一功能向着兼具商品经济和半封建、半殖民地双重条件下的商品集散功能转化。②

近代云南商业集市的发展，在更大的范围，打破了许多少数民族地区封闭的状态，商业集市数量的增加与功能的调整，扩大了这些地区与外界的交流，不仅在物质上而且在心理上都引起了一些重要的变化。李生庄在《云南第一殖边区域内之人种调查》一文中记载了怒江地区政府组织的第一次街集的情况，"怒民一开始没见过赶街，只是呆望"，后来在商人、汉人、马帮引导下，学会了集市上的买卖③。这一过程对他们的影响不仅是买到物品而且更重要的是"知道了贸易为何事"。观念和心

---

① 本文为教育部重大项目："近现代西南人口较少民族社会发展的特殊性研究"（2007JJD850205）阶段性成果。
* 李晓斌，云南大学西南边疆少数民族研究中心教授；
　王　燕，云南师范大学文学与新闻传播学院副教授。
② 杨毅：《云南传统集市场所的建筑人类学研究》，国家自然科学基金（50278066）研究报告。
③ 张家宾：《滇缅北段未定界境内之现状》，载《云南边地问题研究》，云南省立昆华民众教育馆 1933 年。

理都有所改变。

从近代云南商业集市的发展上看，近代云南商业集市的发展不仅扩大了通过商业集市形成文化交流的区域，也使商业集市文化交流的功能进一步凸显，但从总体上分析，这一时期云南商业集市文化交流作用的发挥仍有很大局限性。

首先，近代的云南商业虽有很大发展，但至少在 1840 年前后的较长时期，仍保持了历史上长期形成的条块特点及各地商业发展的不平衡的特点，"云南地形复杂，没有一条商路能包揽该省贸易"，而且"所有能够到达昆明的道路都漫长、艰险、昂贵，只能或大或小地供应云南某一区划，而与他处无缘"。"也有云南高原各部由最靠近的周边低地供应商货。四川货在相当贫穷的滇北、滇东北和黔北流通，百色供应滇东、滇中及黔南，东京与滇南、滇中联系。缅甸与滇西南和滇西贸易。"①

参照 1840 年前后云南额征商牲杂税的情况，其商牲杂税征收较高的地区依次为云南府（占全省商牲杂税的 34.68%）、曲靖府（17.46%）、永昌府（13.25%）、大理府（10.44%）、楚雄府（8.02%）、普洱府（4.55%），开化府、东川府、昭通府、景东厅、永北厅、广西州、武定州、镇沅州则未征商税，② 可见商业在其当时经济发展中还是无足轻重的地位。这是各地商业发展不平衡的直接体现。与同一时期云南文化交流和变迁的情况比照，商牲税多的、商业贸易发展的地区一般属于文化变迁较大的区域，反之是文化变迁较小的区域，这种商业上的不平衡分布与各地区的封闭程度和文化交流情况基本吻合。在很大程度上，商业贸易条块与不平衡的特点使各区域文化的交流也呈现不平衡的特点。

其次，街市交易的形成是以不同民族间生计类型的互补性的存在为前提的。关键是这种互补性的需求有多大，这是影响双方交易规模进而交流深度广度的因素。在关于街子存在的合理性的讨论中，费孝通先生在《禄村农田》中专门提到：在一个乡村社区中，不容易维持固定的零售商店，因为这需要有很多的消费者来供养它。在一个人口分散的乡村社区中，不能希望为一些小东西走上半天路才能到商店里来的买客，因此，市镇不易发展，最合适的贸易机构就是以街子为中心。③ 从街子这种商业贸易形式的出现而言，反映出在一个自给自足的社会环境中，对外的需求是很少的。街市是满足这种对外需求很少的互补性需要的一种商业贸易形式。以较低的成本满足了一个以自给自足为主的地区的有限的对外需求，可以说这种形式是适应这一背景而形成的特点。在实际上，很多少数民族地区对外的需求都很少，20 世纪 30 年代对凉山彝族的调查反映：④ 夷人生活中，除盐、铁（用以制农器及刀）、锅、布四物必须向汉人购买外，其余生活中所用各物，皆自产自用。这几样物品在其生活中都非常重要，但需求量都不大。夷人食盐极少，一人一年所食之盐，恐尚不及二两，这还包括了喂羊的量；锅以每年两口计，加上一定量的铁和布匹，这几项总计一年需花销 125 两白银，⑤ 与自给的粮食（750 两）、酒（200 两）、肉类（200 两）、宗教（250 两）相比很少，只占其一年基本生活费（1 695 两）十分之一不到。另外一个明显的例证是在前文提到的未征商税州府中，只有镇沅州、景东厅两地是因为集市较少免于征税，其他如昭通府、广西府（今泸西县）都存在大量集市，前者有 52 处集市，后者也有 43 处集市，但既使是有这么多的集市，仍免征商税，合理的解释是虽然集市众多，但是交易规模有限，商税征收量小，在当地税收中仍是无足轻重。

因此，从这一角度而言，因街市交易而出现的文化交流与变迁是非常有限的。

---

① C. O. 129 – 286：Yunnan_ Its Resources, Trades, and Trade Routes, P. 24. 转引自王福明：《近代云南区域市场研究》，载彭泽益主编：《中国社会经济变迁》，北京：中国财政经济出版社，1990 年版，第 151 页。
② 周钟岳：《新纂云南通志·财政考三》，昆明：云南人民出版社，2007 年版，第 278~285 页。
③ 费孝通：《禄村农田》，载《云南三村》，北京：社会科学文献出版社，2006 年版，第 52 页。
④ 江应樑：《凉山夷族的奴隶制度》，载《民国时期社会调查丛编（少数民族卷）》，福州：福建教育出版社，2005 年版，第 194 页。
⑤ 江应樑：《凉山夷族的奴隶制度》，载《民国时期社会调查丛编（少数民族卷）》，福州：福建教育出版社，2005 年版，第 195 页。

## 2. 农业上的交流

从全省范围来看，18世纪到19世纪初云南相对富余的土地资源，较低的人口密度和人口压力，加之先后实行了改土归流、废屯田、庄田制等措施，消除了人口迁移的制度性因素。这段时期形成农业移民入滇的高潮。从乾隆五十年开始以千分之二的人口增长率增长，一直到嘉庆十六年。① 大规模的农业移民加速了这一时期农业文化的交流。从农作物的品种，到耕作技艺和生产工具都因此有了很大的改变。1840年前后，从宏观上说形成大规模农业移民的社会条件已改变，从微观上说，农业上的文化交流主要是在正常农业经营过程中实现的。具体而言，主要有以下两种方式：其一是外来劳工季候上的流动，"区间性的农期参差性和区期性的生活程度的差异，形成季候性的劳力供给"。在禄村这种方式的"外来劳力的接济是禄村经营农田中极重要的因素，其外来劳工来源很广，有从盐兴、武定、罗次、广通来的工人，其中甚至有远自大理的"。② 其二是通过耕地外拓，与山区的少数民族建立一定的经济联系。易村就通过这种方式把周围山区夷人的田地用高利贷的方法接收过来又租给山区的夷人耕种，收取一些地租，这样的情况已经远到五十里以外的地区都已出现。③ 这两种方式都会带有一定的文化交流的作用，但有程度上的差异。第一种方式，帮工的人来到村中帮工，整个环境都改变了，同时为了提高效率，缩短帮工的时间，以降低帮工成本，雇主往往要求提供较为先进的农具，学习并采用较先进的农业技术或耕作方法，而第二种方式，易村的人只是用高利贷的方法把夷人田接收过来后，又租给他们，赚取地租，又因为这些外拓的土地多半土质不肥，收成不好，主人也不愿对这样的土地过多的投入，这样在农业技术方面指导的作用并不明显，夷人基本上沿用了自己的耕作方式和技术，因此，两种形式的交流在程度上有较大的差别。总的来说，这一时期通过农业上的文化交流有限而迟缓。

## 3. 以传统政治经济中心城市为中心的文化传播交流模式

19世纪末期云南已基本形成两个等级的经济中心区，其中，云南府位于滇中，其次是滇西南的元江和普洱，滇西的永昌、大理和腾越，滇东及东南的广南、罗平和曲靖等次区域中心。④ 这些城镇不仅是经济中心而且还是政治、军事和汉文化中心，在文化传播中的作用体现为城市文化功能的发挥。

从文化功能看，这一时期城镇的文化功能形成三个层次：即民族民俗文化的融会；以官僚士大夫为主的文化传播或文化创造活动；儒学、书院的文化传播。⑤

这种文化功能划分的多层次性实际上是一种传播水平和能力上的分级分工。通过上述三种形式分别以潜移默化或公开倡导，或集中规范系统学习的方式实现汉文化在社会各个不同阶层中的传播交流。

这种传播模式也同样存在局限性。其中一个重要的原因就是落后交通带来的各区域之间的隔阻。具体而言，路况、运力、距离三个因素是造成大量阻隔现象存在的主要因素。对于当时主要交通道路的路况在《滇西驿运调查报告书》中有这样的记载："路面可分土面、石面二种。土面多为黄泥，亦有矿质及风化岩石者，每被骡马践踏成沟，愈久愈深，行走殊难。……石面路石下无基础，年久则崎岖不平。且已多残缺。以保山至腾冲一段为例言，约计石路不及全段1/4，其完好者又不及一半。大江之上，很少有桥梁之便，行人马帮要通过，一般只能借助于摆渡和溜索。……概括言之，昆八线（昆明至八莫）旧路虽仍通行马驮，终为障碍重重之交通线。"⑥

另外，在1910年之前，云南大规模的交通运输主要靠马帮。从各种典籍的记载中可知成年马长

---

① 李中清：《明清时期中国西南的经济发展和人口增长》，载《清史论丛》，第五辑，第85页。
② 费孝通：《禄村农田》，载《云南三村》，北京：社会科学文献出版社，2006年版，第75页。
③ 张之毅：《易村手工业》，载《云南三村》，北京：社会科学文献出版社，2006年版，第245页。
④ 陈征平：《云南早期工业化进程研究》，北京：民族出版社，2002年版，第71页。
⑤ 陈庆江：《明代云南政区治所研究》，云南大学博士论文，2000年印，第201页。
⑥ 王纬：《滇西驿运调查报告书》，民国三十年四月至六月，云南省档案馆卷宗号L55-1-27。

年驮运一般可达 65~70 公斤，最高达 80 公斤，一般日行 30~35 公里，每小时行程 4~5 公里。在这九个中心城镇中，相邻城市最近的距离是曲靖与罗平约 133 公里，昆明和曲靖之间的距离有 178 公里，昆明与永昌之间的距离有 795 公里，与大理间的距离有 481 公里，与腾冲之间的距离有 962 公里，与普洱之间的距离有 580 公里，与元江之间的距离有 298 公里，与广南之间的距离有 709 公里。按此计算，以昆明为中心，至曲靖要 5 天，至下关需 13 天，到保山需 21 天，到腾冲要 25 天，到蒙自要 9 天，到普洱要 17 天的时间。① 即使是最近的曲靖到罗平也需 4 天的时间。有限的运力的影响，制约了这些中心城镇与外界交往程度的大小。

这样的交通条件，限定了中心城镇所能渗透的程度和范围。这九个堪称"文化中心"的城镇不可能承担起全省范围内的文化交流与传播功能，在它们之间的广大地区，尚存在着文化扩散能力无法达到的真空地带。虽然这种阻隔现象随着 1908 年、1910 年昆明开埠和滇越铁路建成通车在局部地区有所改变，有研究认为：省城昆明的开放使省城市场场域向滇南及边境地区延伸了至少两百公里。② 但其他地区的情况直到 20 世纪 40 年代仍然没有根本性的改变，阻隔现象没有根本解决，因此，在阻隔现象大量存在的情况下，这几个中心城市更像几个相对孤立的文化中心点，其作用只限制在周边一定的范围内。

从总体上说，在 1840 年前后云南形成文化交流的动力已开始减弱，传统的交流途径因各种原因也出现了功能弱化的情况。如果没有新的动因出现，文化交流将维系在一种低水平状态的循环和重复之中。

## 二、近代工业化进程对文化变迁特点的影响

### 1. 近代工业化进程对文化变迁领域与区域的影响

云南近代工业化的进程是以国际市场为导向，其特点是以满足西方殖民者对消费市场的占有和矿产资源的需要为目的，这两个特点决定了这场工业化所引起的文化变迁的主要领域和区域。从主要领域上而言，近代工业化进程从对云南矿产资源的开发开始。"对云南矿产的开发不同于以往那种主要供内地、以国内市场为主的方式，而是在起步时便形成了以国际市场为导向的外向型产业发展方式。"③ 因为，对矿业的开发只是单纯的满足国际市场的需求，而不是提供和促进当地工业的发展，因此，对国民经济其他部门之间的相互促进作用不明显，没有形成其自身工业体系的协调发展，这种开发的产业关联性微弱，扩散能力差，形成一种孤立的早期工业化现象。不平衡的工业结构对社会变迁的推动作用只局限在某些特殊领域，如矿冶等重工业，即使是在昆明这样一个工业中心城市，工业进程对市区民众的生活产生的影响也很有限。据对 20 世纪 40 年代昆明市家庭生活情形的调查反映：大部分的富户家庭在衣着方面已由本地土布渐渐改为国内各地运入的和外洋输入的布或绸缎，灯光则由菜油灯，进为煤油灯，更进为电灯；在医药方面，人民智识渐广，渐由信任中医而逐渐信任西医；在消闲方面，数十年来由滇戏渐而京戏，而电影，而话剧；在交通方面，包括写信、电报、电话、车船等的支出在内的消费每年为 455.8 元/每家。但大部分的普通户情况则有所不同。普通户的食品占全年总支出的 72.69%，衣服的质料多为土布，燃料以木炭为主，灯光主要以菜油灯，偶用电灯，基本不用洋蜡烛，医药费以中医中药为主，用西医者极少。交通的支出，在调查的 12 家中只有 2 家有此项支出，包括写信、电报、电话、车船等的支出在内的消费每年为 0.88 元/每家，其中多为电报费，无车船费。④ 调查反映出随着近代云南工业化进程的推进，昆明家庭生活情况出现了一些变动。

---

① 周钟岳：《新纂云南通志·交通考》，昆明：云南人民出版社，2007 年版，第 11~13 页。
② 杨天宏：《口岸开放与社会变革——近代中国自开商埠研究》，北京：中华书局出版社，2002 年版，第 233 页。
③ 陈征平：《云南早期工业化进程研究》，北京：民族出版社，2002 年版，第 95 页。
④ 孙蕙君：《昆明市家庭生活情形调查》，载《民国时期社会调查丛编（城市生活）》，福州：福建教育出版社，2005 年版，第 172~173 页、第 134~139 页。

少数富户对工业成果的享受比普通户和贫户要充分，对于大部分的家庭而言工业化的产品仍属奢侈品，工业化对家庭生活的影响有明显的层次性的特点，家庭经济情况越好消费结构受工业化的影响越大，而大部分家庭经济情况一般的家庭的消费结构仍维持传统的消费模式，工业化所带来的结构性的变化不大。对于昆明这样一个工业中心城市都是这样，工业化对一般城镇、边远山区的影响更是微不足道了。造成这一特点的原因是多方面的，但与云南近代工业发展以国际市场为导向，缺乏对内的推动和扩散能力有直接联系，近代云南工业偏重于矿冶等重工业的畸形格局，使工业的发展在相当长的时期内对民生部门影响甚微，在这些领域内，工业化进程引起的文化变迁仍然相对迟缓。

近代云南工业化进程对文化变迁区域的影响，还体现在交通条件的变迁与对文化变迁区域的影响。在近代铁路、公路兴起之前，云南交通以驿路为主，据《新纂云南通志》载：通省驿路大道计有八条，总长约5 970公里，这还没有包括大量穿村入寨的支线驿路，这部分的数量不在少数，直到民国初年，单是楚雄州南华境内的主要支线驿道就有10条，道桥49座，累计长1 410里。此外在滇中滇池、洱海、抚仙湖、星云湖、异龙湖、阳宗海等处还有湖运，有河川可通航运者，计有十二处。① 传统的交通运输通过驿道、湖运、河运形成基本遍布全省的交通网络。但传统的交通运输也存在不足："由于运输手段和条件的落后，使运输的成本费用相对较高，超过一定距离的限度便会无利可图，从而难以进行较远距离的商品运输。"② 因此，传统交通运输的优势在于分布广、深入村落山寨，缺陷在于文化交流的深度、广度随距中心城市距离的增加而减弱。

云南近代工业化是从满足西方殖民者对消费市场和矿产资源的需要开始的，因而工业化的主要举措也是围绕这一问题展开的，从交通规划到工业中心的基本布局都体现了这一思路。随着云南工业化进程的推进，云南基本形成了以昆明和滇南、滇东南蒙自、个旧为中心的工业中心。相应的20世纪30年代形成了滇越铁路和滇南干道、昆剥干道、滇东干道等公路体系的近代交通网络。③ 这一区域的文化变迁也因此而加速了。以滇越铁路为例：滇越铁路通车后，对于原来因为地理环境、自给自足经济而形成的封闭性也形成强烈冲击。给沿县的封建庄园带来了强烈冲击，自然经济遭到严重解体。越靠近铁路的受到震动越大，其破坏程度，与铁路距离成反比，昆明、呈贡、宜良、路南、开远等县最剧，随着铁路沿线原有经济形态的解体，沿线的城镇昆明、呈贡、宜良、开远、碧色寨、河口等地商业繁荣起来。④ 而沿线许多少数民族的村落传统的生活方式也因此而改变："铁路未通前，昆明的土货商店很多，洋货商店很少，自铁路通车后，土货商店便无形中被淘汰了。"⑤ 阿迷水利称便，民多务农，在昔铁路未兴，工商业均不发达，自滇越铁路修通后，路当要冲，一切舶来品日新月异，工乃渐知改良，商则渐事远贩。⑥

到1935年底已开辟的公路共计5 339公里，⑦ 包括了省道和县道。从覆盖面上没有驿道的全面，主要集中在以昆明为中心的滇中、滇南、滇西地区，滇西北、滇西南、滇东北则严重滞后。近代交通的发展对文化变迁带来的影响是快而剧烈，但是分布不平衡的特点使文化变迁形成明显的区域性。

2. 商品倾销对文化变迁区域的影响

商品倾销对文化变迁区域的影响的一个重要而明显的方面就是突出了乡村类型的差异性形成的文

---

① 周钟岳：《新纂云南通志·交通考》，昆明：云南人民出版社，2007年版，第13～28页。
② 陈征平：《云南早期工业化进程研究》，北京：民族出版社，2002年版，第75页。
③ 云南省志编纂委员会办公室：《续云南通志长编》中册，云南省科学技术情报研究所印刷厂，1986年版，第947页。
④ 李珪：《云南近代经济史》，昆明：云南民族出版社，1995年版，第125页。
⑤ 万湘澄：《云南对外贸易概观》第163页，转引自李珪：《云南近代经济史》，昆明：云南民族出版社，1995年版，第125页。
⑥ 阿迷劝学所：《征集地志编辑书》，转引自李珪：《云南近代经济史》，昆明：云南民族出版社，1995年版，第125页。
⑦ 云南省志编纂委员会办公室：《续云南通志长编》中册，云南省科学技术情报研究所印刷厂，1986年版，第947页。

化变迁的不同。

不是所有靠近都市的乡村都会与都市发生密切联系，大多数情况下，大部分的乡村与城市的关系只是向城市购买部分生活用品的关系，而"日常生活用品对农村资金的吸收是有限度的"。在这样的情况下，城市对乡村的冲击是很有限的。只有一部分乡村——传统手工业特别发达的乡村，他们会因为城镇近代化过程中现代工业的发展对乡村传统手工业冲击而形成乡村社会的变化，正如费孝通对云南禄村的研究中所指出的："在传统经济中，基本工业，好像纺织，是保留在农村中的。因之在传统经济中富于自给性的农村，是个自足单位。它在租税的项目下输出相当资金，而藉家庭手工业重复吸收回来一部分。乡镇之间，似乎有一个交流的平衡。现代工业却把这平衡打破了。手工业敌不过机器工业，手工业崩溃，农村金融的竭蹶跟着就到。"① 所以不是所有乡村都会因为城市现代工业的发展而对农村社会造成影响。

在禄村、易村和玉村中，城市工业对玉村的影响要大于对禄村的影响，这是因为玉村是以传统手工业为主的一个乡村。玉村的传统手工业——织布业被外国机器纺纱业挤倒，在玉村经济中占的地位越来越少，商业性种菜基地是玉村在传统手工业被现代工商业影响后，形成的村中最重要的产业。而这种结构的调整扩大和加强了玉村对外的联系和交流。成为玉村与外界交流的有效途径。这主要体现在：一方面"玉村的菜蔬开始商品性生产后，除小部分（约六分之一）自给外，其余均卖往易门、峨山、昆明"；另一方面，由于"玉村的村民在种菜技术上有所特长，不是一般家庭菜园所能比拟的。这就给了他们在外县谋生的条件"。因此，玉村的人口流动较强，据1922年的统计，在全村156户人中，有37户外迁，外县多达20户，迁出地点包括个旧、昆明、峨山、禄丰、盈江这个广大的范围。② 其中以去个旧和昆明的最多，这应该与玉村生产的蔬菜本身多供应这两个地方有关，反映出他们在从事蔬菜商品性经营的过程中建立了较多的社会联系。

但也不是所有有手工业的乡村都会发生这样的变化。手工业也要具体情况具体分析，易村也有手工业，如造纸，但这种技术在易村基本保持了传统的工艺，制成品主要供本村使用，机器造纸业对他的冲击不明显，易村的变迁也因此介于禄村和玉村之间。

造成这一系列变化的原因在于，在近代云南工业化的过程中，纺织业的发展超过造纸业，从1944年云南全省新工业统计情况来看，新增纺织业19家，造纸业新增3家。③ 从商品倾销的情况看，1927年云南进口前五位的货物中，棉纱排第一，占总额的49.1%，棉布排第二，占总额的21.3%。棉花、棉布、棉纱在当年进口的货物里面居最前列，纺织品的倾销是云南工业化的特点，正因为大量的棉制品的冲击，加速了像玉村一样的云南许多乡村传统纺织手工业的解体，改变了传统的生计类型，形成这些地区最早的文化变迁和一系列文化变迁的诱因，手工业的变化与冲击的大小与近代云南工业化发展的大背景相关。因此，这一工业化的成因也决定了在云南哪些乡村更容易出现文化变迁。

根据手工业的发展情况与类型，各村的具体差异，近代工业对不同农村的影响不一，形成的文化变迁的情况也各不相同。玉村受的影响最大、易村次之，禄村最小，除了生计类型上的表现和调适外，下面两方面的变化也有程度上的差别：

（1）与市场的联系。不论是以传统农业为主的禄村还是商业性较强的玉村，各村都存在着与外界的联系，程度不一样而已。与市场联系最少的还是禄村，"以全村为单位来说，它的粮食完全可以够全村人民消费了"，因此，除了少量日常生活用品的交换外，与市场的联系很少。与市场联系最多的是玉村，它依靠自己田地不够维持全村生活，田地收入不敷生活费用之25%，因此，在它的收入结构中商品性生产占了绝大比重。单是商品菜地收入一项，就占到全村收入的39.69%，加上养鸭和织布就增至44.35%，再加上手艺、商贩、杂工杂役的收入，就达59.51%。所以玉村的生产和市场

---

① 费孝通：《禄村农田》，载《云南三村》，北京：社会科学文献出版社，2006年版，第183页。
② 张之毅：《玉村农业和商业》，载《云南三村》，北京：社会科学文献出版社，2006年版，第463页。
③ 云南省档案馆《民国建设厅档案案宗》，第77-13-2824卷。

联系很多。"而易村介于禄村和玉村之间的其能自给的项目很少,以开纸坊作补充。"① 从自给程度上分析,以传统农村为主的禄村和手工业有一定发展的易村以及商业性较强的玉村在自给程度上有明显差异,这正反映出各村与外界交流程度的不一样。

(2) 交往的"去亲缘化"与交流范围的扩大。在云南三村中,禄村与易村雇主和工人的关系,"多是根据亲亲而疏疏的原则,雇主与工人大多通过亲朋关系,而后发生经济上的结合行为,恰当点说,雇主和工人相互行为的结合,大多根据经济和亲朋两重的关系"。② 与易村和禄村相比,玉村在请工问题上出现了明显的去亲缘化的特点,"玉村雇工的人不愿在村内雇用本村的人,被雇的同样不愿在村内受雇,为的是彼此碍着情面,雇主不便少付工价,被雇的不敢多要工价,而且相互之间不便讲价,有时弄得彼此不满意",③ 去亲缘化的过程是把血缘之间的以人情来维持的相互馈赠与陌生人之间的贸易分开,这实际上是在血缘关系之外去建立商业联系的过程。因此,随着去亲缘化的发生,带来的一个结果就是交流拓展到了亲缘以外的范围,扩大了交际圈。从经济上而言,主观上是有利于雇佣成本合理化,客观上则带来了交流范围的拓展。

3. 中心城市文化交流功能的加强

工业化过程中,中心城市融合与文化交流功能的加强主要表现在两方面:

(1) 工业化过程加速了人口向中心城市的迁徙流动。从1919年到1934年云南人口从9 995 542人增长到12 042 151人,其中增长最快是昆明、蒙自、个旧三地,分别从163 332人、59 199人、81 453人增加到328 252人、93 780人、131 587人。④ 这与该地区近代形成矿冶开发"矿工恒不招自来"的人口移动趋向直接相关。1937年抗日战争爆发,人口剧增,昆明市(含市县)依照1942年普查统计有507 216人,1937至1941年人口增加约35%,平均每年人口增加8%强。虽然这一时期的人口增长与抗战南迁有关,但工业化仍然是重要原因之一。从这一时期人口迁徙集中的主要领域就可以得到证实。据1942年的人口普查,昆明市本籍有业人口中,农业人口占24.4%,工矿、商业、交通及运输各业人口占53.7%。而昆明市移民有业人口中,业农者只占0.4%,而工、矿、商、交通及运输各业的从业人员占69.26%以上。当时的社会调查也反映:"有些青年男子和妇女因被雇而群集于工厂及商店里,结果造成农村劳动力的奇缺,且附带成为招致家庭间许多不和谐的原因。"⑤ 正是这一时期"云南新工业企业的数量规模出现了超常增长,并已基本形成门类较为齐全的现代工业生产体系"。使消化这些迁徙人口成为可能,并再次加快形成了人口向中心城市迁徙的趋向。

(2) 大量人口的迁入与文化变迁。工业化过程中,形成人口大量迁入,这些增加的人口很大一部分来自农村,城乡之间的交流得到加强,加速了该区域内少数民族文化的变迁。所以"虽然该区域少数民族们仍保持其原来的生活方式,说其本民族语言,但在很多方面,他们汉化程度已经很高"。⑥ 当他们进入城市后,"由于迁徙使父母对儿辈的控制权渐趋削弱,家庭的维系力渐趋松懈"。脱离了原来的文化环境,增加了文化变迁的可能,进入城市的这些少数民族移民也出现了明显的文化变迁。在工业化的进程中,他们完全改变了原有的生计模式,从事着工、矿、商、交通及运输业,消除了原有的因生计模式、地理环境差异而造成的文化差异,新的共同的经济生活为不同群体间彼此的交融和文化认同创造了条件,而这一时期政府对城市社会生活的规范也作出了大量努力,先后制定颁行大量的涉及交通秩序、环境卫生规范措施,⑦ 进一步从制度层面强化了这一群体的共同的文化

---

① 费孝通:《禄村农田》,载《云南三村》,北京:社会科学文献出版社,2006年版,第446页。
② 张之毅:《易村手工业》,载《云南三村》,北京:社会科学文献出版社,2006年版,第278页。
③ 张之毅:《玉村农业和商业》,载《云南三村》,北京:社会科学文献出版社,2006年版,第389页。
④ 云南省志编纂委员会办公室:《续云南通志长编》中册,云南省科学技术情报研究所印刷厂,1985年版,第111~121页。
⑤ 国情普查研究所:《云南省呈贡县、昆阳县户籍及人事登记初步报告》,1946年(油印版)
⑥ 国情普查研究所:《云南省呈贡县、昆阳县户籍及人事登记初步报告》,1946年(油印版)。
⑦ 云南省档案馆:《云南都督府巡警局致省商务总局咨》,转引自谢本书:《蔡锷传》,天津:天津人民出版社,1983年版,第39~40页。

认同。

这几方面的因素,使这一时期中心城市出现了明显的文化变迁:市镇化、市容的改进、个人习惯的改变,社交宴会也有改变、婚姻有了新局面、教育突飞猛进、地方观念的变化。①

4. 工业化进程中社会组织的完善与作用的发挥

据1942年对昆明市的调查,以昆明市为例计有各种社会组织:②

政治组织:由上而下有县政府组织、区公所组织、乡镇公所组织、保甲组织;经济组织:合作事业之组织、钱会组织、职业团体组织(包括商会、同业公会、职业工会、集市组织等)、农业之各种组织,这些组织数量不在少数,据当时的调查,全昆明市的同业公会共计105个;③教育组织;自卫组织;卫生组织;地缘团体组织:家庙、会馆(这是在县城区的类似家庙功能的所在,在乡间是找不到的);血缘团体之组织:祠堂组织;各种秘密团体组织:如在昆明势力最大的哥老会;救济事业方面之各种组织(这类组织在乡间没有,只有市区有);各种宗教团体组织。

这些组织中,有部分为传统的组织,如家庙、会馆、祠堂组织、哥老会、商会;同时,工业化的发展也催生了部分新兴组织的出现,如职业团体组织、农业之各种组织、教育组织、自卫组织、卫生组织、救济事业方面之各种组织。

这些组织在借鉴西方近代工业化社会组织经验的基础上,形成了新组织职能和行为方式,打破了血缘、地缘的限制,增强了行业内与行业间的协同。根据帕森斯提出的以系统概念为核心的社会整合理论,具有较高组织性的社会组织也是实现社会系统重组形成社会的协调的重要资源。

在传统社会中社会组织程度低,基层关系、人际关系单一简单;近代工业化过程中城市的社会组织程度高,基层关系多样,通过不同的组织把不同的人以不同的方式联系起来成为一个有机的整体,因而文化在社会中传播效率倍增,出现明显的多维相干效应,④加快文化的变迁传播。

但受工业化发展的局限性的影响,这些组织中大部分只在城镇有或在城镇的功能较为完善,如"合作事业之组织"、"教育组织"、"卫生组织"、"地缘团体组织(会馆)"、"救济事业方面之各种组织"。

因此,与中心城市相比,在近代工业化影响不到的少数民族地区社会组织发展的滞后严重制约了文化在其社会中的大规模的有效传播。

从政治组织上看,一直到民国时期,三江以外地区基本保留了土司制度。民国时期对这部分地区民国政府采取的是设流而不改土的政策,很大程度上保留了土司制度在社会生活中的影响。这部分地区近代工业化的进程基本没有影响到,与上一类地区大相径庭的是这一地区文化变迁的主导方向是夷化为主而不是汉化。最集中的体现就是,大小凉山周边地区被掳而成为白夷的汉人,从物质生活和精神生活上都认同于掳掠他们的黑夷,认为在凉山"一是物质的生活安定,二是精神上很痛快"。⑤虽然在其社会生活的某些方面出现了与汉文化交流并变迁的情况,但交往也仅仅停留在日常生活所必需的"盐、铁、锅、布"。

除政治组织外,前文所述的许多社会组织都还没有出现,这降低了通过不同社会组织来进行组织传播的可能。其社会中最重要的一种社会组织就是血缘团体之组织,而对于大多数少数民族,这种血缘组织松散的特点是阻碍文化变迁的重要因素。

吴泽霖对纳西族家族组织的研究认为:"么些族以前在土司木氏专制压迫之下,生活是很不自由

---

① 国情普查研究所:《云南省呈贡县、昆阳县户籍及人事登记初步报告》,1946年(油印版)。
② 晏东升:《县单位(璧山、昆明)各种社会组织调查》,载《民国时期社会调查丛编(社会组织)》,福州:福建教育出版社,2005年版,第117~171页。
③ 萧远浚:《昆明市28个商业同业公会的研究》,载《民国时期社会调查丛编(社会组织)》,福州:福建教育出版社,2005年版,第197页。
④ 李晓斌:《历史上云南文化交流现象研究》,北京:民族出版社,2005年版,第207页。
⑤ 江应樑:《凉山夷族的奴隶制度》,载《民国时期社会调查丛编(少数民族卷)》,福州:福建教育出版社,2005年版,第178页。

的。木氏为巩固自己的地位，当然不愿意看到人民中有强有力的家族组织。家族组织不严密，族长也就不会特别有尊严，当然亦无所谓特权。同一区域内的氏族，除了联合起来祭天外，也没有其他的事，可以激起他们全族的活动。"① 凉山地区的黑夷集团，"是根据血缘关系组织成房、家、支的部落结构，但在支的单位上，却没有一个可以统率各个家和各个房的最高酋长，形成事实上各个小部落各自不相统属的状况，只有在某些特殊情况下，同血族的房才能在家或支的号召下，组成一个大的部落，来对付他一血族的侵略"。② 云南少数民族社会发展不平衡，社会发育不充分，社会整合程度不高，基层社会组织相对自由、松散、不稳定，平时各自独立互不统属，只有在对付外敌时联合。佤族地区也存在这样的情况，"卡瓦山境，依山聚数十百家为寨，寨有头目，自称为王，不相统属，争长称雄，虽或有血族姻戚关系，亦鲜联合称盟，且其经济，家族自给，各部落中往还绝少"，以至于作者"数遇各部土酋，所询于甲，有为乙所不知，而乙所答，又为丙所不知所往有"。③

因为其社会整合度不高，社会组织统一协调和联动能力弱。所以汉文化在这些地区的传播的对象所面对的是一个一个相对独立的家庭，汉文化进入这一个家庭并不意味着能顺利进入下一个家庭，每进入一个家庭都要花费同样甚至更大的努力才行。相对松散的联系，使家庭（或家支）与家庭之间除了战争，很少联合，彼此的影响联系很少，因此即使在有的地方出现了汉化很深的家庭甚至村落，但与家支或本民族其他部分之间松散的基层关系也不会把这种变化很快地传递到其他村落。汉文化也很难借助于其基层社会组织来相对迅速的传播。因此，在这一时期的各种考察报告中，虽然在很多很偏僻的民族地区，沿交通道路的沿线，都不同程度地有汉化的情况，如在 1893 年 H. R. 戴维斯在云南的考察中，在户撒一个小山村所见到的阿昌族"大约有 1/3 的居民家庭是汉族或半汉族血统的家庭"，在漾濞太平铺村的"这里的倮倮人已接受了汉人的习惯，并会讲汉语"，在平远巡见到的彝族"已开始放弃自己的语言，甚至在自己之间也讲汉语。女人已像汉族一样缠足"，戴维斯认为："他们不久自己都不会称自己为倮倮了。"在"川洛的拉祜人，他们已经汉化，他们中许多人都自称汉人"。类似的情况在当时其他的考察中也有反映，《云南游记》中记载，作者在从蒙自到思茅途中，遇到了汉化很深的佤族"他们的节日全部都是汉族的节日了"。在六库附近所遇到的傈僳族"一律是汉式穿戴"。④ 实际上，分散的居住和松散的组织联系既阻碍了外来文化的传播，也不利于本民族、本部落内部文化交流。戴维斯发现在川洛附近的部分拉祜族"因为太分散和互不交往"，同时，又因居住在交通要道上，"有的村民已经忘记了他们自己的语言，现在讲的是佤语、掸语和汉语"。这样就形成了在民族地区在某些点上——把这些点连起来以后我们发现这些点基本分布在交通沿线，发生了一定程度的汉化。但这些汉化的单个的民族家庭或村落在文化交流方面所能发挥的作用不大，离开交通要道稍远一点的部落或同一部落的其他部分就基本没有变迁。因此，从整个民族的情况而言，汉化的程度很有限。

---

① 吴泽霖：《么些人之社会组织与宗教信仰》，载《吴泽霖民族研究文集》，北京：民族出版社，1991 年版，第 135 页。

② 江应樑：《凉山夷族的奴隶制度》，载《民国时期社会调查丛编（少数民族卷）》，福州：福建教育出版社，2005 年版，第 179 页。

③ 方国瑜：《卡瓦山闻见记》，载《西南民族研究论文选》（1904－1949），成都：四川大学出版社，1991 年版，第 399 页。

④ 亨利·奥尔良：《云南游记——从东京湾到印度》，云南人民出版社，2001 年版，第 62 页。

# 近代社会转型对云南人口较少民族文化变迁的影响①

龙晓燕　李　薇*

**摘　要**：西方入侵导致了中国社会由传统向现代转型，而内地汉族社会的转型则又对边疆人口较少民族地区产生了影响，导致这些民族的传统经济政治结构松动、商品交换萌芽和发展、近代教育推行、信仰及风俗习惯发生变化等。但由于影响时间短、文化接触面窄，因此变迁并不明显。

**关键词**：近代；社会变迁；人口较少民族

鸦片战争以后，在早期资本主义国家的威胁和侵略下，中国出现了"数千年来未有之变局"，自身历史的发展进程被迫中断，开始移入资本主义的生产方式，进而开始由传统向现代的社会转型。由于这种转变最主要的动力是西方的入侵和影响，因此它具有明显的区域性，资本主义海洋文明对中国农耕文明的冲击开始于中国的沿海、沿江地带，然后波及内地，从南向北，从东向西，社会转型呈现出递减趋势。在云南，社会转型首先开始于昆明及蒙自、思茅、河口、腾冲等商埠，然后从城市向周围坝区递减。对于居于边疆、山区的大多数少数民族来说，他们则在自然经济条件下缓慢的发展着，在相对封闭的状态下，近代化对他们的影响并不大，其社会结构也未发生根本性的变化，但尽管如此，由于地处边疆，他们一方面受到了早期资本主义国家的威胁和侵略，另一方面又受到了汉族、汉族文化对少数民族的带动与冲击，这些民族在近代化的浪潮中也有了或多或少的变化。本文在此主要探讨近代社会转型对独龙族、怒族、阿昌族、基诺族、布朗族、德昂族、普米族等人口较少民族文化变迁的影响。

## 一、商品交换的萌芽与发展

鸦片战争后，传统的农业文明受到了近代商业文明的强烈冲击和挑战，人们开始认识到商业给社会发展与进步带来的好处。在重商主义思潮的推动下，清朝及民国政府采取了许多发展工商业的重要措施，商人和商业的社会地位不断提高，社会上呈现出舍本逐末、重利轻义的风气。在云南，商人队伍也开始发展壮大起来，汉、白、回、纳西等族商人不仅活跃在城市、坝区，而且在边远的少数民族地区也有了他们的身影，在其影响下，人口较少民族地区的商业交换也有了一定的发展，人们的商品意识开始萌芽。

在怒江、独龙江流域，由于生产力极其低下，生产所出还不够自己消费，千百年来怒族、独龙族都实行以有易无的原始交换，如一口土锅换一升粮，两升粮食换一扇簸箕等，交换的目的主要是为了满足自身需要，而非获取财富。但从1912年殖边队进驻怒江，特别是设治以后，越来越多的商人进

---

①　本文为教育部人文社会科学重点研究基地重大项目"近现代西南人口较少民族社会发展的特殊性研究"（编号：2007JJD850205）阶段性研究成果。

*　龙晓燕，云南大学西南边疆少数民族研究中心副教授；
　李　薇，云南大学西南边疆少数民族研究中心民族史专业研究生。

入怒江,带来土布、茶叶、盐巴、铁锅、针线等日用杂货,在当地民族中赊销,然后换取土特产品运回内地。据民国二十一年(1932年)《菖蒲桶志》记载,当时"每年输入货数:土布约二千件,棉线约五百斤,春茶约五百筒。每年输出货数:贝母约二千斤,黄连约五百斤,麝香约三斤,熊胆约三斤,火狐皮约二百张,虎皮约五十张,山驴皮四十张,岩羊皮五十张,黄牛皮一百张,飞鼠皮五百张,獭皮五十张。上列输入输出各货系最近数年,其十五年以前,并无如此之出产,输入之货亦不多"。① 这样越来越多的土产品成为商品性的生产拿到市场上出售,与此同时,货币也在集市和乡村中逐渐流通。随着货币的流通和为交换而生产的土产品的增加,怒江地区各民族原始的物物交换形式逐步被打破,怒族社会中也出现了一些尚未脱离农业生产的季节性小商贩。他们将本地出产的黄连、贝母、生漆、熊胆、兽皮等土产品,在农闲期间,背运到兰坪、保山、腾冲以及缅甸等地出售,又从这些地方贩回布匹、食盐、铁器及日用百货在怒族地区出售。例如新中国成立前果科村的怒族季节性商人培斤子,先从果科村带一些生漆、兽皮等土产品到兰坪营盘街交换货币,再从营盘街买食盐背运到缅甸普腊当等地换黄连,然后把黄连背运到兰坪营盘街出售,再用银元在空通村买棺材板到保山、腾冲等地出售,然后又从保山、腾冲等地贩回锄头、犁头、青蓝布等日用百货在怒族地区出售。这种交换的发展,促进了怒族内部的财产分化,出现了贫富差别,为私有制的产生提供了物质前提,同时在一定程度上促进了怒族社会生产力的发展。②

在交通较为便利的阿昌族地区,受周边汉族、傣族的影响,阿昌族的商品交换在近代以前就已经比较发达了。在今天陇川的户、腊撒地区,手工业种类甚多,有打铁、铸铁、木匠、石匠、银匠、酿酒、纺织、缝纫、染色等。其中最发达的是铁业(打铁、铸铁)。铁业一般是季节性的,人们通常于每年农历十月收获完毕后至第二年三月犁田栽秧时的农闲时间,从事铁业生产,也有全年都从事铁业生产的,但为数不多。到新中国成立前,受外来商品经济的影响,该地区的铁业最为发达。全区在农闲时有67%~80%以上的男劳动力投入铁业生产。手工业商品生产的发展,相应的导致了供应原料、销售产品以及贩运粮食和日用生产必需品等商贩的大量出现。这些商贩多数是当地的汉族,以小本买卖为主,同时手工业的包买商、个别运输商人(马锅头)也已产生。在汉族的影响下,阿昌族内部的专业商人也已出现,个别的已发展成为小资本家,如腊撒城子翁版,在缅甸开了店,利用国内的阿昌族打铁获取高利,有时又作铁业的包销商。③

## 二、传统经济结构的松动与变化

直到近代,虽然社会经济发展水平不一,但总的说来,中国社会各民族都处于自给自足的自然经济状态之下,以农业生产为主,以手工业和副业为辅,男人进行农业生产,女人纺织和管理家务,"男耕女织","耕织结合"。但鸦片战争后,由于外国资本主义的侵略和商品经济的冲击,大量机制工业品由通商口岸销往内地城市,再销往各地市场,中国家庭手工棉纺织业逐步解体,商业性农业获得一定程度的发展,"耕织结合"的经济形态开始逐步分解。由于受到外力冲击程度的不同,各地自然经济的解体呈现出不平衡性,在沿海地区解体的程度比较大,而在边远地区少数民族地区,这种经济结构基本未发生变化,但却也有了一些松动的迹象。

以阿昌族为例,千百年来妇女的裙子、包头及全家的衣服都是妇女们自己纺纱、织布、染色和缝制的。但到了近代,由于机纺棉纱的流入,人们逐渐购买棉纱织布,纺、织开始分离。④ 此外,随着商品流通的深入,少数民族的其他手工业也受到了影响,经济结构也产生了些许变化。据20世纪50

---

① 《菖蒲桶志·商务》,《贡山文史资料》创刊号,内部刊印,1992年,第2页。
② 宝山屹:《解放前福贡怒族的生产技术》,载福贡县政协文史资料委员会编:《福贡县文史资料选辑》第三辑,内部刊印,1991年,第49~50页。
③ 《户腊撒阿昌族社会经济调查》,载云南省编辑委员会编:《阿昌族社会历史调查》,昆明:云南民族出版社,1983年版,第27~28页。
④ 《云南省志·民族志·阿昌族》,昆明:云南人民出版社,2002年版,第653页。

年代的民族调查，大约在一百多年前，保山县潞江坝大中寨的德昂族有自己的银匠、铁匠、铜匠，他们用旧银和破铜废铁制造各种装饰品和生产生活用品，但因原料来源困难，成品比较粗糙，价格又贵。而且这些东西不断由汉族商人运入，价格比自己做的还便宜，于是这几种手工业被淘汰了。①

近代以降，西方殖民主义在中国挑起罪恶的鸦片贸易，大量鸦片潮水般涌入中国，至 19 世纪 80 年代达到高潮。此后，一批士大夫以稍分洋烟之利为号召，在全国开始大面积种植罂粟。至 20 世纪初叶，中国成为世界上种植罂粟最广、鸦片产量最多，吸毒人口最多的国家。而云南因为气候、土壤条件较适合种植鸦片，且质优价廉，从而成为鸦片种植的重灾区。在利益的驱动下，云南部分少数民族农村的农作物种植结构也发生了变化，其中布朗族就是一个典型的例子。由于鸦片是近代商品化程度最高，商品化速度最快的一种农作物，所以布朗族将土地、劳动力大量集中在种鸦片上，粮食生产被严重排斥，旱谷的总产量相对减少，许多农民粮食不够吃，不得不向本寨或外寨的有粮户购买粮食。这样粮食日益商品化。于是许多农民开始把自己的生产生活同商品货币关系以及市场联系在一起。在粮食、棉花等的交换中，富裕农民逐渐积累了较多的货币，他们一部分用于雇工和放债或者购买自用的生活用品，另一部分则用来经商。20 世纪 30 年代，越来越多的内地商人涉足布朗族地区，购买鸦片运回内地高价出售，在他们的影响下，布朗族中从事商业活动的人逐渐增多，其中做鸦片生意的人最多。新中国成立前，老曼峨寨已出现完全脱离农业劳动而从事贩运活动的人，他们通过交换，积存了大量货币，并在汉族的影响下，借贷、雇工剥削和土地、茶园、竹篷的买卖普遍发展起来。于是，随着鸦片的种植而发展起来的商品货币关系便侵入到以自然经济为基础的农村公社，并使之逐渐解体。②

### 三、政治制度的变迁

历史上，云南各人口较少少数民族多未建立过自己的民族政权，因而其社会政治制度也一直为其他统治民族的社会政治制度所左右，例如西双版纳的布朗族、基诺族为傣族土司所统治，而怒江的怒族、独龙族则接受藏族、纳西族、白族等土司的统治。但由于这些民族居住在山区，交通闭塞、生产力水平低等原因，统治民族的社会政治制度还没有能够达到完全替代他们原有社会组织的地步。以西双版纳的布朗族为例，农村公社是基本社会组织，村社头人是村社内外事务的领导者，也是集体的代表。随着傣族封建领主势力的渗入，布朗族村社的大头人又都由傣族的最大领主"召片领"加封，成为世袭的"老叭"。受册封的"老叭"被赐给金伞、铁链、银刀等，并接受委任状。委任状上明文规定每年须向召片领纳贡，并承担对召片领的各种义务。③ 又如宁蒗普米族处于封建领主制社会形态，实行"巴——纳日"（西番——摩梭）联盟的政治制度。在摩梭土知府中，有普米族人参政决策，担任要职。在基层，封建领主政权实行"伙头制"，一般"总伙头"、"伙头"多由普米人担任。伙头世袭担任，是封建土司的基层统治者，每一伙头都有严格的管辖区，其职责是调解辖区内的纠纷，代土司催收钱粮杂派和其他派款等。④

1912 年以后，国民政府在人口较少少数民族地区设立分县或设治局管辖，并逐步实行保甲制度。但由于这些地区土司势力仍然强大且国民政府的势力并不深入，因此都是沿袭旧制，将原来各人口较少民族的村社头人，即土司政权中的"叭"、"伙头"、"怒管"等委任为乡、保、甲长，实现了国民党的保甲制度和土司制度合而为一。

1928 年 9 月国民党南京政府成立之后颁布《县组织法》，在农村实行与传统保甲制度不同的新的

---

① 《保山县潞江坝大中寨崩龙族社会历史调查》，载《崩龙族社会历史调查》，昆明：云南民族出版社，1981 年版，第 37 页。
② 《云南省志·民族志·布朗族》，昆明：云南人民出版社，2002 年版，第 557～558 页。
③ 《云南省志·民族志·布朗族》，昆明：云南人民出版社，2002 年版，第 542～543 页。
④ 《云南省志·民族志·普米族》，昆明：云南人民出版社，2002 年版，第 581 页。

保甲制度,以加强对农村基层的统治。从此,中国的农村基层政权不但在政治形式和名称上发生着变化,而且其具体的职责范围也明显地具有近代特征,主要职责由原来的发布政令、调息争讼、应付差徭转变为督办本乡之教育和卫生、修建道路、促进农工商业、举办社会慈善事业、兴办社会公益事业等。相应的,这些人口较少的少数民族中的头人,即国民政府的基层官员保、甲长们在其原有的调解一般纠纷及婚姻诉讼,派伕、派款、征粮等职责的基础上,也开始要被赋予了新的职能。但事实上,由于这些少数民族其社会内核从本质上来说仍然是前封建社会的,甚至是原始社会的,所以这种转变更多只是体现在形式上,像举办社会慈善事业、公益事业等从未开展,而对于督办教育等职能,也由于近代教育的功用与他们所处的社会环境不相称而只能是无奈的敷衍,所以虽然形式上被纳入到了近代国家的政治体制当中,但这些民族的社会政治制度在实质上却没有根本变化。

在近代社会转型的过程中,其社会政治制度真正受到影响的是怒族。从17、18世纪开始,大批傈僳族渡过澜沧江迁居到怒江地区,傈僳族中的头人、蓄奴主进入怒江地区后,大量掠夺人口,买卖奴隶,一些怒族和独龙族成为蓄奴主的掠夺对象。到18、19世纪,傈僳族的家长奴隶制日益发展,有向早期奴隶占有制过渡的趋势。这个时期,怒族中一些有势力的村寨头人和家族头人也效法傈僳族蓄奴主,掳掠或买卖独龙族及傈僳族贫苦农民为奴,因而在19世纪的一百年间,怒族的家长奴隶制也有所发展。到20世纪初,占农村总农户2%的村寨头人及富裕户均蓄养奴隶2~3人,最多的曾先后蓄养奴隶30余人。① 但1913年殖边队进入怒江以后,殖边队及行政公署为了打击蓄奴主的残余势力,实行开笼放雀的办法,下令强制释放了家庭奴隶达千余人,从此以后,怒江地区刚刚发展起来的怒族家长奴隶制就基本上被摧毁了。

## 四、近代教育的推行

经过两次鸦片战争的打击,许多人痛苦地认识到,中国不仅面临着数千年来未有之变局,而且面对着"数千年来未有之强敌"。中国传统的教育制度在西方近代教育思想的冲击下发生了动摇,并且最终被近代教育制度所替代。光绪时,慈禧"新政",废科举,兴学校,并且以资本主义学校体系代替了以科举制为主干的旧学校体系,设立了专门的教育行政机构。民国时期进一步推进教育改革,形成了新的学制体系。这一体系在人口较少民族中也得到了推行。

民国前后,云南各少数民族地区都建立了新式学堂,20世纪30年代中期,民国政府更是下大力气在云南边沿各少数民族地区普及小学教育,建立了36所省小。以怒江地区为例,清朝光绪三十三年(1907年),身兼阿墩子弹压委员兼管怒俅两江事宜的夏瑚巡视怒江、独龙江一带后,首次提出了"提倡兴学"的主张,先后在贡山县境内的一、二、三、四区,各设立小学一所。学生的一切衣服伙食书籍笔墨均由公家供给,所教课程除四书五经之外,还有《短期小学课本》、《民众课本》、《教科书》、《国语》、《常识》、《历史》、《算术》、《卫生》、《公民》、《地理》、《音乐》、《三民主义课本》等教材。② 民国成立后同样在当地建立了初级小学,1936年又建贡山省小。近代教育的推行可以说是民国政府在人口较少民族地区的一大政绩。陶云逵在其《俅江纪程》中就曾谈到打拉小学"系民国二十二年新建,贡山全境,除教堂外,以此学校之建筑为最宏大,计有楼两面,每座上下各三大间。有个相当大的院子。学生现有二十七人。主任教员一人,而历任设治局长均兼点课程。程度为初小至高小。经费由县筹,但地方绅士(实即杨姓等数家),亦多捐助,学生住校,宿食书籍均由学校供给"。③ 为开化少数民族,省小学生毕业后,设治局还保送一些人到大理、丽江念初中、读简师、读

---

① 《云南省志・民族志・怒族》,昆明:云南人民出版社,2002年版,第606页。
② 袁应康:《建国前的永拉嘎小学》,载贡山独龙族怒族自治县政协文史资料委员会编:《贡山文史资料》第1辑,1996年,第147页。
③ 陶云逵:《俅江纪程》,载《云南省独龙族历史资料汇编》,内部刊印,1964年,第22页。

职业班深造。①

由上可看出国民政府对教育不可谓不重视，但由于各人口较少民族社会生产力极为低下，孩子在七八岁时就要跟随父母参加劳动，并通过劳动掌握各种生产知识和技能。男孩子主要学习狩猎、砍树、烧山、点种、制作竹木器具等；女孩子则学习纺麻、织布、缝衣、做饭、饲养家禽等。近代教育所传授的知识和他们所处的社会和自然环境极不相称，因此尽管国民政府历任官员"极力整饬，随时开导"，少数民族学生的书籍、伙食、衣服、笔墨都由教育局供给，但办学三十多年来，各人口较少民族都将入学视为难事，许多家庭为逃避入学而迁移，有的在地方当局的入学压力之下，不得已雇汉人学生读书，所以整个近代现代学校教育在人口较少民族中并未得到充分发展。

在近代教育的推行中不能忽视的另外一支力量是教会。为方便在边远民族地区传教，进入西南各民族地区传教的教会多自制少数民族文字和开办教会学校，普及文字及近代知识。事实上，由于信教与识字相辅相成，因此在普及文字方面教会教育比国民教育更易成功，据统计，新中国成立前识字的怒族已达半数以上。

尽管近代教育的推行并不深入，接受教育的人数较少，但它毕竟为包括独龙族、怒族这样千百年来刀耕火种、结绳记事的民族培养了最初一批属于本民族自己的知识分子，为他们打开了一扇通向外界的窗口，使人口较少民族社会突破了传统的家庭教育和部落生活教育这样一些自发的、经验教育的模式，开启了现代教育制度化的模式。

## 五、信仰及风俗习惯的变迁

基督教作为西方文明的一个重要组成方面，"传教士与商人一起东来，但由于传教士比商人更具献身精神，因此，西洋宗教在中国登陆之后，比商品走得更远，甚至深入穷乡僻壤"。它对近代云南人口较少民族中的怒族、部分独龙族的社会变迁产生了重要的影响。

20世纪20年代以后，以内地会为主的基督教会深入到怒江大峡谷，利用创制少数民族文字、普及文字教育、兴办医疗卫生活动等各种方式和手段，基督教很快在怒族和部分独龙族中传播和发展起来。伴随着基督教的传播，怒族和部分独龙族的社会生活发生了改变：怒族本来有过春节的习惯，但是自从基督教传入怒江地区后，怒族过春节的传统习俗，逐步被基督教会的三大节日所代替；② 怒族、独龙族普遍信仰原始宗教，在遇到病痛之时，有杀牲祭鬼的习惯，而信教以后，他们有病不再杀牲祭鬼，改变为向上帝祈祷；怒族和独龙族以往缺乏积蓄意识，粮熟则任意煮酒，随后则忍饥耐饿，基督教要求教民不喝酒，不吸烟，使得他们有了较多的粮食以满足其温饱；独龙族有着比较稳固的环状婚姻制度，而教会规定信教群众与不信教群众不能通婚，教徒的婚姻需通过教会，并由教士主持婚礼，从而使这些地方的婚姻制度发生了改变等。③

除基督教的传入对人口较少民族的生活习俗发生影响外，随着设治以后越来越多的汉族人口进入到人口较少民族地区，他们的文化也部分的为人口较少民族所接受。例如布朗族，在百年前男子都蓄长发，挽髻于顶，头缠二丈余长的青布包头。上衣着圆领大面襟，钉有银、铜纽扣。裤脚肥大，短及膝盖。但到新中国成立前数十年，男子始改着汉服，衣有领口、对襟。④ 又如怒族，辛亥革命后，随着学校的开办和与内地交往的增加，汉族的进入，在怒族群众中开始出现了李、刘、和、窦等汉姓。

---

① 和耕：《贡山省小的创办与维西第一面五星红旗的制作》，载贡山独龙族怒族自治县政协文史资料委员会编：《贡山文史资料》第1辑，内部刊印，1996年版，第143页。

② 李刚才：《怒族的道德风尚和生活习俗》，载福贡县政协文史资料委员会编：《福贡县文史资料选辑》第三辑，内部刊印，1991年，第105页。

③ 李金明：《独龙族的宗教信仰》，怒江州政协文史资料委员会：《独龙族》，德宏：德宏民族出版社，1999年版，第58页。

④ 杨毓骧：《施甸蒲满人（布朗族）社会文化调查》，载《布朗族社会历史调查（三）》，昆明：云南人民出版社，1986年版，第60页。

## 六、结 语

（1）近代云南人口较少民族的文化变迁是一种外源性的变迁。首先是西方文明的冲击导致了以汉族为主的中国内地社会的转型，而中国内地汉族社会的转型又对边远地区人口较少民族产生了影响。但不论是中国社会转型还是转型对人口较少民族的影响都是一个历史过程，具有时间的维度，同时在影响过程中，只有当两种文明的接触面达到一定的临界点时，变迁才会发生。由于近代西方文明及汉文化与人口较少民族文化的接触时间短，接触范围小，因此近代社会转型虽然已对人口较少民族传统社会开始产生了影响，但来自人口较少民族社会内部的反应是极其迟钝和微弱的，并没有发生明显的变化。

（2）近代社会转型对人口较少民族文化的影响很大程度上是随着近代在少数民族地区设治，通过国家行政权力渗透入少数民族地区而发生作用的。国家行政权力是一种制度化的政治力量，对文化变迁带有强制性，因此近代政治制度、近代教育可以迅速在人口较少民族中推行，但由于人口较少民族原有的政治、文化制度与近代文明之间存在着巨大的鸿沟，所以他们只是从形式上接纳了这些近代文明，而本质上对这些异质文化则是抗拒和排斥的。

（3）作为西方近代文明的一个重要部分，基督教对云南人口较少民族中的怒族、独龙族的一部分产生了重要影响，使他们的生活习俗发生了很大的变化。

# "七百"和"生苗"的历史地理范畴考

崔海洋*

**摘 要**：通过对在黎平县双江乡黄岗村田野调查所发现的11块碑刻的解读说明，雍正"改土归流"后官方及社区文告的"七百"或"生苗"所指为居住于贵州黎平一带的侗族和苗族。"生苗"的分布范围在清雍正"改土归流"后划归黎平府属下的潭溪长官司代领。直到民国年间新置从江县时，才将这一片区一分为二，东部和北部归黎平县统辖，西部和南部划归从江县统辖。据此可知，陈浩的《百苗图》和李宗昉的《黔记》所载无误，并未自乱其例。而"七百"、"生苗"应视为一个完整的侗苗共居的历史地理概念，所涉及的范围包括今黎平、从江两县毗连地带500~900米的山地丛林区。该地区在清雍正"改土归流"前是"生界"，因而不见于此前的典籍记载。这一地名的使用下限，则止于民国年间新置从江县之时。

**关键词**：七百；生苗；历史地理

## 一、陈浩对"生苗"的记载

陈浩，江阴人，清嘉庆年间出任贵州省八寨厅（今贵州省丹寨县）理苗同知。理苗同知是专管民族事务的官员，职位相当于今天的副县长。陈浩不满鄂尔泰、张广泗在乾隆《贵州通志》中对贵州少数民族的介绍，利用自己任职之便，一边查阅典籍，一边做实地调查，编成《八十二种苗图并说》一书。该书将贵州省境内的少数民族划分为82个族群单元，每个族群单元绘有彩图一幅，并附以简短的文字说明。[1]文字说明的内容包括该族群单元的空间分布、名称由来、风俗习惯以及治理的政策等等。

《八十二种苗图并说》成书后，立即引起贵州省行政当局的注意，该书原本被贵州省臬司收藏，作为治理少数民族的参考。[2]然而，在当时的技术条件下，出版彩绘书籍成本太高，该书一直未能公开发行。李宗昉于嘉庆年间巡视贵州省时，发现了该书，并认识到它的特殊价值，遂将该书的文字说明部分摘抄进自己所著的《黔记》一书中。《八十二种苗图并说》一书的内容才被世人所熟知。尔后，国内的学人不惜重金，纷纷前往贵州省臬司抄绘该书。于是，该书的私家抄临本，据不完全统计，竟达170多种。[3]而该书原本在贵州辛亥革命期间毁于战火，致使今天研究陈浩原书只能凭借私家的抄临本和李宗昉的《黔记》了。[4]

---

\* 崔海洋，贵州大学韩国研究所所长、副教授。
[1] 李宗昉：《黔记》卷三，贵阳：贵州人民出版社，1992年版，第12页。
[2] 杨庭硕、潘盛之：《百苗图抄本汇编》，贵阳：贵州民族出版社，2004年版，第533页。
[3] 杨庭硕、潘盛之：《百苗图抄本汇编》，《前言》，贵阳：贵州人民出版社，2004年版。
[4] 杨庭硕、潘盛之：《百苗图抄本汇编》，《前言》，贵阳：贵州人民出版社，2004年版。

近年来，国内的一批学者经过艰苦努力，收集到11种陈浩原著的抄临本。并以这些抄临本为依据，推出一批研究成果。由于清光绪以后的抄临本习惯于将陈浩的原作改称《百苗图》，这批近人的成果也以《百苗图》署名。这批成果的代表作有如下4种专著：(1) 杨庭硕、潘盛之的《百苗图抄本汇编》；① (2) 李汉林的《百苗图校释》；② (3) 刘锋的《百苗图疏正》；③ (4) 杜薇的《百苗图汇考》。④ 此外，还发表了有关《百苗图》的专题论文160多篇。上述研究对复原《八十二种苗图并说》的本来面目作出了重大贡献，在探讨该书的史料价值和民族学价值方面也取得了丰硕成果。但对一些具体内容的研究，依然存在着一些值得商榷之处。如，对原书"生苗"条的理解，就是如此。

李宗昉《黔记》"生苗"条记载如下："生苗在台拱、凯里、黄平、施秉等处，多野性，所食喜生物，即鱼肉亦以微熟为鲜类故名。"刘锋在诠释该条时指出，单凭喜好吃半生的食品，就起用"生苗"一名，作为苗族的一个支系名，违反了原书的体例。因而陈浩的此条记载不能成立，此条记载只能提供苗族的特殊饮食习惯资料而已。⑤ 杨庭硕、潘盛之二人认为，"生苗"一名早至元代就见诸典籍，但直到陈浩原作出版前，一直是作为政治术语使用，意指既不是朝廷统辖，又不受土司代辖的苗族居民，或其他少数民族居民。而陈浩凭借饮食习惯，将前人惯用的俗语内涵彻底改变，实属于理不通，因而主张取消这一条目。⑥ 类似的研究注意到陈浩原作中的"生苗"，在含义上与前代典籍不同，确属正确的理解。但据此否定陈浩原作中的"生苗"是一个族群单元却过于武断，是缺乏实地调查而做出的错误结论。

笔者于2007年间对贵州省黎平县双江乡黄岗村做了为期3个月的田野调查，发现陈浩原作中所说的"生苗"确实是一个稳定延续的族群单元。这个族群单元的生活习性与陈浩原作描述的内容完全相符。这个人群单元分布于今黎平、从江的两县毗邻的山地丛林中。中华人民共和国成立后，当地居民经过两次民族认定，最后确认为侗族，其间还有部分苗族杂居。这一地区的居民，在血缘和文化渊源上兼具侗族和苗族两系传统。因而陈浩对"生苗"的记载完全正确，决不是自乱其例。

调查中，笔者得到了黄岗村乡民的大力支持，在乡民的指引下，发掘出他们珍藏在地下的历代碑刻5块，碑文7则，加上至今尚公开竖立的其他4块碑刻，共计获得碑文11则，内容都是不同时代的官方和社区文告。时间上迄于乾隆四十年（公元1775年），下止于公元1987年。令人震惊的是，在这些文告中，今黄岗村所在的广大山区都被称为"生苗"或"七百"，也可以简称"七百"。"七百"、"生苗"的款首或头人竟然自称为"七百首人"。据此可知，陈浩原作中"生苗"条的指代对象，正是今天黎平、从江两县毗邻地带山地丛林居民的先辈，这就完全证实了陈浩原作"生苗"条的记载。进而揭示了一个为今人所忽略的历史地理概念，即"七百""生苗"区。本文拟从空间、血缘、文化三个纬度出发，讨论"七百""生苗"这一历史地理术语的内涵，及其流变轨迹。

## 二、"七百""生苗"的空间分布范围

由于"七百""生苗"区所指范围极为偏远，又属于下级土司的代辖领地，因而历代的省志、府志、县志按体例均无明确的说明。有幸的是，在此次发掘的碑文中我们找到了实证。

---

① 杨庭硕、潘盛之：《百苗图抄本汇编》，贵阳：贵州民族出版社，2004年版，第533页。
② 李汉林：《百苗图校释》，贵阳：贵州民族出版社，2001年版，第86页。
③ 刘锋：《百苗图疏正》，北京：民族出版社，2004年版，第103页。
④ 杜薇：《百苗图汇考》，贵阳：贵州民族出版社，2002年版，第35页。
⑤ 刘锋：《百苗图疏正》，北京：民族出版社，2004年版，第103~1 043页。
⑥ 杨庭硕、潘盛之：《百苗图抄本汇编》，贵阳：贵州民族出版社，2004年版，第553页。

## 道光二十年争修城垣案判决公告碑碑文（B）

### 具遵结潭溪司属小领寨民孟老乔今结判

### 大老谷台前录

吴老气、方开奈等与蚁等争修第十段城垣夫役一案，蒙恩差提讯情。因县主亲告城垣各有段落，凡遇塌坍，向派各司寨地方催夫修葺。现有乾隆年间卯册昭然，其各处派拨人夫，均载明地方夫役名数。惟所争之第十段城垣只载有潭溪属黄岗等寨夫二十名，并未指定应派地方。以致蚁等两案（寨）争持，控径案下。

蒙恩审讯，体悯蚁等两寨均属愚苗，未知识务，复蒙检查嘉庆年间老按，核阅第十段城垣不指（止）蚁等两寨应夫修理，尚有上、下歹、榕洞、户宗（付中）、占里、艮（银）潭、高武等寨均系潭溪司属民苗。城垣应系蚁等寨各寨派夫修理。蚁等仰邀天恩，与议各寨照依旧例均匀酌派，永定章程。断合蚁等小领应（派）夫三名，黄岗应（派）夫一名半，上歹寨应（派）夫二名，下歹寨应派夫三名，榕洞寨应派夫三名，艮（银）潭寨应派夫二名，高武寨应派夫二名半，户宗寨应派夫一名半，占里寨应派夫一名半，九寨共计夫二十名修理第十段城垣。至公平！

复蒙县主虑恐蚁等各寨后有争端，赏给议等！卯示蚁等得为子孙世守，永远遵行！日后再不敢彼此推闪，情示出具，应夫修理。遵结是实！

道光二十年十二月二十八日 给

注：原碑错别字太多，笔者能断定其致错者，均在括号中注出

碑文正反两面所载内容是一篇官方文告，文告的发布单位是黎平府，文告内容是重申黎平府城垣维修劳役分摊办法。承担这一城垣维修夫役任务的地域，是黎平府属下潭溪长官司代辖的一片深山丛林区。这一地区共计有9个主要村寨，寨名分别是上歹寨、下歹寨、户宗寨、占里寨、银潭寨、高武寨、黄岗寨、小岭寨、榕洞寨。据此可知，这9个村寨是一个完整的地理单元。该碑勘刻时间是道光二十年，这一地理单元由黎平府属下的潭溪长官司代管。

根据上述碑文的记载可知，黎平府属下的潭溪长官司代管的这一范围，包括今天黎平县双江乡和从江县高增乡、谷平乡、丙妹镇、翠里瑶族壮族乡等广大山区。在这片区域内，主体居民是侗族，但有少数苗族和其他民族杂居。这场官司的起因，正在于苗族与侗族双方寨老借城垣维护为口实，争夺对这一片区的主事权。但在这篇碑文中，都将当地的居民称做"苗"或"民苗"，并未提到侗族的族名。

至于这个片区当时在官方文告中的总称，则见于此次发掘出来的另外两块碑刻。

## 黄岗地界碑碑文

### 立议条规为黄岗齐集关合七百苗寨山场管理

### 黄岗寨分管下山场地界之立碑

黄岗寨山场管下（辖）地界，从地名光略过到登交，上到光弄至随，过杠纳岭，过到告起定，下到天起议随，上地油当，过到登公乐，过起述大田二丘田埂边，过到光卡守，往左下到规密河口，随下河水到扒弄养，下到规贯河岔，过起托半坡，下到规密中寨河水，上到扒真为止，断落黄岗寨山场管下（辖）。望我子孙万代传口践界之碑！永遵照！

七百首人　龙林老弟<br>
老三老到<br>
同心立碑

道光二年七月十六日　立

又该碑碑阴为"严禁出卖土地于外人修建坟墓碑",碑文如下:

### 立议条规为七百大小村寨齐集开会誓盟公议合志同心事

为因围山垅上抵自□□,出岑告寨,中过岭来彭落登脉,上扒店与四寨公山交界。下抵自石彭庶,上纪天,出水杂,上弄述,下纪棚子,过□□□破,过□仑,出到□□与小黄、占里交界。自公议公山之后,不得生端。七百大小村寨不拘谁人埋葬,不得买卖之。故随心随葬。□□倘有谁寨私卖与别人,七百查出,罚钱五十二串。如有□名私买私卖者,一经查出,罚钱十二串。倘有别人占□我等公山,六百小寨必要报明示众。我等七百首人务要同心协力,有福同享,有祸同当。今当天地誓盟公议,以免后患,永保无虞!所立此碑!永垂不朽!

七百首人　龙林老弟老艮<br>
老三老翻老到<br>
同心立碑<br>
道光二年七月初十日

上述两道碑文中,"七百首人"一词出现两次,"七百苗寨"一词出现一次,"七百大小村寨"一词出现两次,"七百查出"出现一次,另一有"六百小寨"一名仅一见。通读两碑全文,可知"七百"一名均为地名,其空间范围,据实地调查,即包括上文提到的那9个主寨中的户宗(付中)寨、占里寨、黄岗寨、小岭寨和其他附属寨的合称。其中,值得注意之处有三。首先,这些村寨的主体居民都是侗族,但在当时他们却自称为"苗","七百苗寨"即为明证。其次,"七百"一名,也可以借指管辖这一地区的办事机构名称。如"七百查出"即是这一用例。最后,管辖这一地区的机构,其主事人员即侗族所称的"寨老",在碑文中称为"首人"。称"首人"显然是借用汉字字意,落款"七百首人"正是这一用例。至于为何要将这一大片地区合称"七百",留待下文详论。

"七百"地区居民从何时起,不再自称"苗",且官府亦不将他们视为苗族,史料缺载,不得而知。但此次发掘出的碑文中,至少可以证明到光绪二十一年时,当地居民已经不再自称为"苗",而改称为"更"。查,"更"乃侗族自称"gaeml"的音译。这可从"重申旧例督催夫役修缮城垣碑"中得到证实,其碑文如下:

窃以人非金石,未能与山岳绵延。世胄频更,风气殊难述古,所以先辈勒书刊铭以志千古章程不易者也。□等因黎平府属由南第十段城垣,册载黄岗九处供夫二十名修同。昔因坍塌,尚有争端,于道光二十年控径府主黄公断。立有石碑,明白派定。迄今年夕,不料光绪二十年,本段城垣坍塌,有在位之榕峒七处推闪翻兴不修,因而禀控。合将俞主批示断案完结,录由再行勒石,于后为据。

光绪二十一年十一月二十八日,吴凤鸣、吴明理、文忠以恳恩查案等情禀榕峒、占里、户宗、银潭、高武、上歹、下歹七处一案。奉黎平府正堂俞批准,派传各处承修可也。

光绪二十年二月初三日,吴凤鸣等以敛钱惑愚等情,禀榕峒石廷标等七处一案。奉黎平府正堂俞批

案,经差候集案讯断,并将执照碑记带案呈验核夺。二月十六日,审讯。蒙黎平府正堂俞公,断九处地方供夫,饬押石廷标、潘荣隋以昭警戒。十八日,吴凤鸣等以明遵暗阻等情续石廷标。奉黎平府正堂俞批,候饬石廷标速即具结,协同修理可也。已照碑案伙修完。合立刊碑!

俾子孙世垂久远　黄岗小岭更等同立<br>
光绪二十一年三月廿一日立碑

这道碑文中，提到的"七处"显然系指除小岭、黄岗之处的其他七个主寨，而此次争端经黎平府审结后，显然有利于黄岗、小岭两寨，上述七寨被迫出夫修城。因而，黄岗、小岭在这一片区的主导地位就此得以确立，因而该碑的落款才郑重其事的署名"黄岗小岭更等同立"。而这一落款明确显示，这里的侗族居民不再称"苗"，而改称为"更"了。

凭借上述四则碑文，至少可以断言，"七百苗寨"这一地名的使用期上起清雍正"改土归流"后，下迄清光绪二十一年，所涉及地域包括以黄岗和占里为主寨及其所附小寨。

## 三、"生苗"一名的文化渊源

近代研究者单凭汉文文本的记载，就轻率否定陈浩"生苗"条的记载不代表一个稳定的族群单元，但在这次黄岗调查中，笔者却注意到，陈浩笔下"生苗"条内所载习俗恰好与当地居民的生活习惯相符。而黄岗当地的居民，无论是从上引碑文，还是当前的实际状况，都是一个当之无愧的稳定族群单元。因而，陈浩"生苗"条的记载，显然有所本，起码黄岗居民的先辈就肯定属于陈浩所称的"生苗"。

在此次田野调查中，我们注意到，黄岗侗族乡民的饮食习惯至今仍然尚好生食。举行重大的宗教仪式时和宴请贵宾时，菜肴中必备一盘未经煮过的生肉片，进食时调和米醋辣椒和盐即可入口。我们此次发掘碑刻时，黄岗的五位寨老两次举行宗教祭奠，主祭品就是这样的生肉。又据乡民的介绍，逢年过节祭祖时，也要用这样的生肉片做祭品。此外，在黄岗期间，该村的村长和书记，还有4个组的组长都设家宴款待过我们，席间都有这样的生肉片。笔者在答谢该村的"精英"时，客人也要求在席间安排这样的菜肴。

日常的饮食习惯中，每个家户无论是烹煮鸡肉、鸭肉、狗肉都仅是在沸水中略煮几分钟或十几分钟，即出锅上桌。进食的时候，肉还十分坚韧，牙齿咬不断时必用剪刀剪短。因而在这里剪刀是餐桌上必备的餐具，用剪刀剪下的肉食，还会浸出新鲜的血液。与英美餐桌上的牛排相比，这里的肉食更加欠熟。此外，这里的侗族居民还酷爱吃生鱼，料理的办法与日本和韩国的生鱼片相似，但这里所用的鱼主要是鲤鱼和草鱼，不是海鱼。不仅肉类生食，蔬菜也喜欢生食。韭菜和各种野生蔬菜都是洗净后切碎充食，根本不加任何烹煮。

黄岗侗族乡民的这种饮食习俗，在整个侗族地区都家喻户晓。我们出发前往黄岗时，坝区的侗族乡民都会在言谈中提醒我们注意，去到黄岗必须吃生肉，否则就待不下去。据此可知，黄岗侗族乡民爱吃生肉、生菜的习俗由来已久。可见这是一项世代传承的特殊风俗习惯，通行这一特殊风俗习惯的区域，正是上文中提到的"七百"或"七百苗寨"。上述文化事实，足以验证陈浩原作中"生苗"条的记载正确无误。该条目的指称对象，必定包括清代所称的"七百"或"七百苗寨"居民，也就是今天黄岗、占里及其周边地区侗族、苗族的先辈。

值得一提的是，黄岗及其周边的侗族妇女，衣制虽与其他地区的侗族相似，但头饰却沿袭苗装。当地的婚恋习俗又与苗族相似，实行真正意义上的自由择配，结婚与离婚高度自主和自由。在生计方式上也与苗族相似，酷爱采集和狩猎，农作物的种植也习惯于多种农作物混合播种。执行亦种亦收，亦收亦食的游耕式操作。因而有理由说，黄岗侗族文化的特异之处在于，它是兼容苗侗两种文化的复合产物。若以文化特质为依据，有充分的理由可以将所谓"七百"或"七百苗寨"的侗族居民，定义为侗族内的一个特别支系。其情形与镇远县的报京乡侗族居民相似。不过，本文探讨的主题是"七百苗寨"的历史地理内涵，至于该不该这样去划分侗族支系，最好留给民族学家去做出结论。

在所谓的"七百苗寨"区，除了有侗族居民外，还有一些苗族居民定居。这些苗族居民都独立建寨，不与侗族居民同寨居住。今黄岗行政村所辖第6组，就全部由苗族居民组成。这些苗族居民集中居住在岑秋寨，岑秋寨位于黄岗村西南距离3公里半处，只有50户人家。该寨的苗族，人人会说侗语。无论是与其他侗族交流，还是与汉族交流都声称自己是侗族。但是与苗族交流时，都通用苗语，并声称自己是苗族。这种双重认同的族属定位现象，除了岑秋外，双江乡的岑和行政村的苗族也是如此。推而广之，所谓"七百苗寨"区的苗族也无一不如此。类似的现象，还见于湖南省通道、靖州两县的"花苗"、"草苗"。这里的苗族同样对外称自己是侗族，对内称自己是苗族。身份证上的族属标识则侗族和苗族并有。甚至同一家庭的成员，有的人身份证标识为侗族，有的人标识为苗族。① 由此看来，苗、侗两种文化互渗，并结成稳定社群，在湘黔桂边区是一种普遍存在的社会事实。将相关的族群，定义为苗侗两种文化的复合体，有充分的事实根据。

从文化渊源的视角着眼，包括黄岗在内的"七百"或"七百苗寨"居民，其生活习惯与陈浩笔下的"生苗"完全相同。在陈浩时代，将这个稳定的族群单元称为"生苗"完全合情合理。陈浩原作中"生苗"条的记载，也完全符合陈浩原作的体例。至于上述碑文中，不出现"生苗"字样，则是因为立碑时"改土归流"已经完全结束，局势已经完全稳定，"七百苗寨"已经正式划归潭溪长官司统领，从政治术语的角度看，官方及社区的文书当然不得再称为"生苗"了。而陈浩原作的性质是民族志，直呼"生苗"自然顺理成章。

## 四、"七百"一名的由来

若单凭上述碑文的记载，今人很容易将"七百苗寨"、"六百小寨"或"七百首人"误解为由七百个村寨或六百个村寨结成的地理单元。然而这样的理解，显然有误。一则，上述碑文所涉及的片区，其范围并不大，约合一百二十平方公里，在这样的狭小范围内绝对不可能包容七百个村寨。二则，上述碑文中"七百首人"的署名只有四五个人，按照各村寨地位平等的家族村社侗族合款准则，既然是七百个村寨会盟，署名的寨老就应当无一遗漏的——署上七百个人的名字，而断然不允许仅仅出现少数的几个人名。三则，上述碑文中提到"七百苗寨"摊派夫役修筑城垣，共计需派出人夫二十名，而其中的黄岗、户宗、占里、高武四寨，都实载需出"半夫"。查，人夫不可分半，出现这样的分摊情况，只能理解为这一分摊是以各寨的实有人户数为单位平均分摊，约合每三十五户派一夫。据此可知，"七百"一名绝不是指村寨数，而是指这一片区内当时的实有家户数。而这一理解，恰好与侗族的合款制度相吻合。② 查侗族的合款，都是以每家户出一人为代表组成，而不是以寨为单位出代表参与合款。

按照侗族合款的规矩，参加合款的家户数往往可以用作这一片区的地名使用。如，中华人民共和国成立前，黄岗参加最后一次合款时，当时黄岗共有一百五十户人家，因而黄岗自此以后，一直被称做"百五黄岗"。而黄岗这次参加合款的范围包括四寨、蒎洞等侗族村寨，总共参与合款的家户数为一千七百户，因而这一片区自此以后被称为"千七区"。再如，与黄岗相邻的小黄寨，是与其他侗寨结盟，参加结盟的家户共计二千七百户。因而小黄寨自此次结盟后，归属于"二行七区"中的"上九百小区"。

据此可知，上述碑文提到的"七百"乃是此前一次合款中共有七百户人家参与合款，因而才被称为"七百"。又因为"改土归流"前，这一片区属于"苗疆生界"，因而官方文书才沿用旧例，称做"七百苗寨"。若沿袭"改土归流"前的惯例，自然也不妨称为"七百生苗"。仅仅因为当时这一片已纳入土司管辖，若再称为"生苗"显然有歧视之意，因而官方文书才停止使用"生苗"一名。

总之，用家户数作地名用词惯例，是侗族合款中的习惯，将侗族村寨泛称做苗寨则是官方文书沿用清代以"苗"泛称少数民族用词惯例的结果。无论称做"七百"、"七百苗寨"，所指都是同一个

---

① 吴永清：《月亮山调查》，载贵州省民族研究所编：《榕江县庙友公设社会历史文化调查》第一辑，内部发行，1987年。

② 姚丽娟、石开忠：《侗族地区的社会变迁》，北京：中央民族大学出版社，2005年版。

片区，也就是黄岗所在的那个 500~900 米的高山丛林区，而当地的居民则是以侗族为主，其次为苗族。

## 五、结论与讨论

基于上述分析，"七百"或"七百苗寨"是一个完整的历史地理概念，所涉及的空间范围位于今天贵州省黎平、从江两县的毗连地带。"改土归流"前，这里属于"苗疆生界"，因而其间的居民可以沿袭前代传统称为"生苗"，陈浩原作正是这一用例，因而陈浩原作并未自乱其例。这一片区在"改土归流"前的侗族合款中，参加人户有七百户，因而被定名为"七百"。"改土归流"后，为了消除歧视和偏见，因而官方文书废弃了"生苗"一名，改称"苗寨"，这就得出了"七百苗寨"一名，并稳定成为从"改土归流"到清光绪二十一年间正式使用的地名。

陈浩原书的"生苗"条说"生苗在台拱、凯里、黄平、施秉等处",[①] 基于上述分析，可知陈浩这一记载有欠准确。原因在于，"改土归流"后在设置的"新疆六厅"辖地范围执行"苗疆禁令"而未曾准确划定，加上当时残存的下级土司仍然代辖着少数民族地区，以至于各具体村寨的归属往往不甚明晰。若不亲至其地，很难避免会出现张冠李戴的现象。陈浩有关"生苗"分布的记载有欠准确，正因此而发生。

---

① 刘锋：《百苗图疏证》，北京：民族出版社，2004 年版，第 103 页。

☆ **民族发展探索**

# 改革开放三十年中国少数民族聚居区经济成就与差距分析

张锦鹏　董雁伟*

**摘　要**：改革开放三十年，是中国社会主义建设事业中最辉煌的三十年，是中华民族摆脱贫穷落后面貌、从总体小康社会向全面小康社会大踏步迈进的三十年。三十年来，少数民族聚居区的经济建设成就喜人，区域经济快速增长、综合经济实力大幅度提升、人民生活水平大幅度提高，广大少数民族群众与全国人民一同分享改革开放成果。同时，少数民族聚居区的经济社会发展与汉族聚居区仍然还有不小的差距，在经济总量和国民富裕程度上，在工业化进程和区域创新能力上，都相对落后于汉族聚居区。其成因主要是渐进式的改革延迟了少数民族聚居区的改革开放进程、以资源开发为主导的发展战略使区域经济发展过分依靠国家投资和过度利用自然资源、市场发育迟缓使地域封闭性难以得到突破。只有加大改革开放的力度，实施新发展战略，加快制度创新，积极推进市场一体化进程，加大教育投入和科技投入，促进区域内部的知识发展和知识扩散，才能使少数民族聚居区不断缩小与汉族聚居区的差距，共同走向繁荣发展的美好未来。

**关键词**：改革开放；民族聚居区；经济发展；渐进式改革

诺贝尔经济学奖获得者道格拉斯·诺斯在对西方资本主义国家经济发展的历史演进进行长时段考察和研究的基础上，创立了其独树一帜的新制度经济学理论——制度是经济增长的内生变量，有效率的产权制度和市场制度的建立正是西方国家兴起的原因所在。[1] 诺斯先生在创建制度变迁理论过程中，所考察的西方国家经济发展的历史时段为近三百年，假如他以中国经济为考察和研究对象，也许，他的研究时段只需要三十年，就能够得出同样的结论。中国改革开放短短的三十年，创造了一个又一个的世界经济奇迹。从人类发展历史来看，还没有一个国家像中国一样，在如此短的时间内，以如此大的人口规模，有如此之快的经济发展速度和如此之广的社会变迁。[2]

在历史的长河里，三十年仅仅是弹指一挥间。然而，对中国人民而言，从1978年到2008年的三十年，却是非同凡响的三十年，是中国各族人民在中国共产党的带领下集全民族智慧积极探索、开拓创新、团结奋斗，共同走向繁荣、发展、富强、和谐的三十年。十一届三中全会以来，我国改革开放不断深化，经济实力、综合国力不断增强，人民生活总体达到了小康水平，并正向全面小康迈进。正如十七大报告指出："改革开放是决定当代中国命运的关键抉择，是发展中国特色社会主义，实现中华民族伟大复兴的必由之路。"

---

\* 张锦鹏，云南大学民族研究院研究员，博士，主要从事民族经济研究。
　　董雁伟，云南大学人文学院博士研究生，主要从事中国经济史研究。
① ［美］道格拉斯·诺斯：《经济史中的结构与变迁》，上海：三联书店、上海人民出版社，1994年版。［美］道格拉斯·诺斯、罗伯斯·托马斯：《西方世界的兴起》，北京：华夏出版社，1999年版。
② 胡鞍钢："序言"，载《民族与发展：新的现代化追赶战略》，北京：清华大学出版社，2004年版。

回顾中国改革开放三十年光辉历程,中华民族发展和前进的步伐不仅深刻地体现在改革开放最前沿的东部地区,也全面地反映在西部边疆地区和少数民族聚居区社会生活各方面。三十年来,少数民族聚居区①各民族兄弟与全国人民一同在改革开放大潮中拼搏奋斗,创新进取,少数民族聚居区经济社会发生了翻天覆地的变化,人民生活水平不断提高,各民族兄弟共同享受着改革开放的成果,共同团结奋斗,共同繁荣发展。

## 一、纵向比较:少数民族聚居区三十年经济发展成就辉煌

中国改革开放制度创新的实践,首先始于经济体制改革。少数民族聚居区各族人民与全国人民一道,在改革开放的大潮中经历了变革的阵痛,阵痛过后是凤凰涅槃后的美丽蜕变。三十年后的今天,所有的人都在真实感受着改革开放带给少数民族聚居区经济快速发展和人民生活质量大幅度提高的诸多成果:改革开放初期,农村土地承包责任制解放了农村生产力,农村劳动生产率获得了巨大释放;而今天,社会主义新农村建设把推进农村物质文明、精神文明、生态文明、政治文明作为进一步深化农村改革的目标,壮丽的农村发展新蓝图正在一步步变为现实;以市场化为导向的经济体制改革不断推进,西部少数民族聚居区非公有制经济蓬勃发展,国有经济在改制和重组中焕发了新的生机;对外开放不断深化,边疆少数民族省区的沿边优势得以发挥,地区经济从封闭走向开放;人民生活水平不断提高,各族人民正在享受着宽敞的住房、汽车、电话等高质量消费品……三十年来少数民族聚居区经济发展的巨大成就,正是改革开放辉煌成果的集中体现,更是中华民族多元一体的社会主义大家庭"共同团结奋斗、共同繁荣发展"的最好注脚。改革开放三十年来,少数民族聚居区的经济发展成就突出地体现在以下几个方面:

### (一)地区经济快速增长,综合实力大幅跃升,人民生活水平大大提高

长期以来,我国少数民族聚居区受历史、地理等因素的影响,经济社会一直处于低层次发展水平。中华人民共和国成立后,中国共产党高度重视少数民族和民族地区的发展,确立了各民族共同繁荣发展的基本原则和基本政策,积极推进少数民族聚居区社会主义建设事业。但在改革开放前,由于国家整体上贫困落后的面貌尚未得到根本改变,少数民族聚居区经济社会仍然处于较低发展水平。十一届三中全会后,在改革开放的推动下,少数民族聚居区经济与国民经济一同进入了持续快速发展时期,三十年来取得了令人瞩目的巨大成就。

从经济总量上看,1978年,少数民族八省区GDP总值仅为317.17亿元,2007年已经增长到25 068.14亿元,增长了78倍,其中内蒙古增长了104倍,广西增长78倍,贵州增长58倍,云南增长68倍,西藏增长15倍,青海增长49倍,宁夏增长67倍,新疆增长89倍(见图1)。②

---

① 如果以省级行政单位划分,通常将内蒙古、广西、西藏、宁夏、新疆、云南、贵州、青海八个省区称为少数民族聚居区,这也是本文研究中所指的少数民族聚居区的区域范畴。

② 本文所用数据来源说明:(1)除专门注明外,1978年和1988年数据均根据国家统计局综合司编《全国各省、自治区、直辖市历史统计资料汇编(1949-1989)》(中国统计出版社,1990年版)和国家统计局编《新中国五十年》(中国统计出版社,1999年版),1998年数据根据《中国统计年鉴1999》(中国统计出版社,1999年版),2007年数据根据《中国统计年鉴2008》(中国统计出版社,2008年版)。(2)除专门注明外,所有的数据均为当年现价。

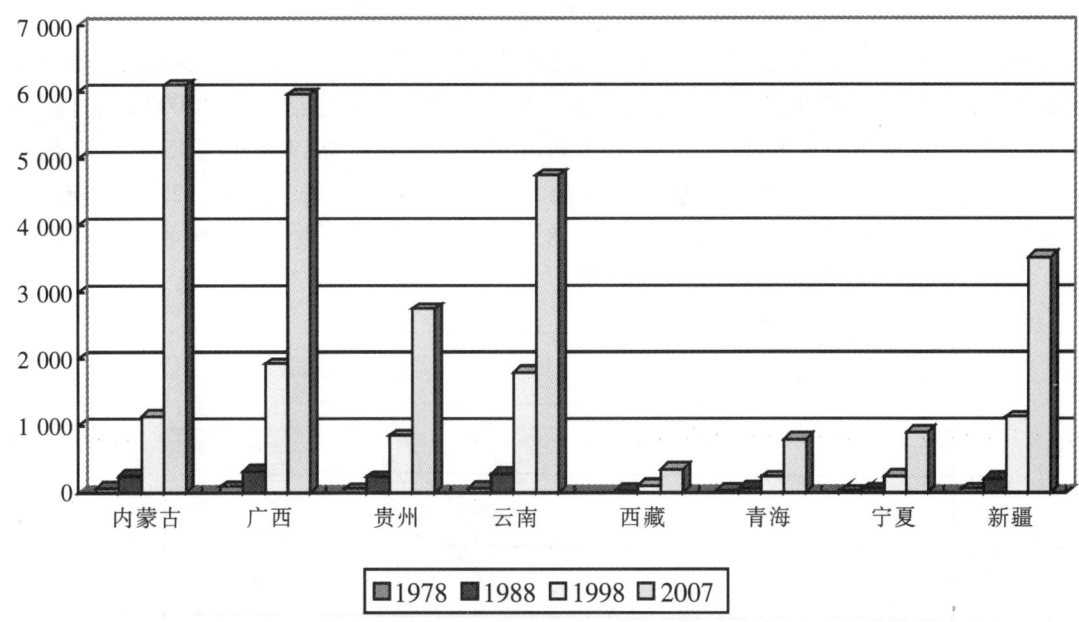

图 1　少数民族八省区 1978 至 2007 年 GDP 增长图(单位:亿元)

人均 GDP 是反映地区综合经济实力和国民富裕程度的重要经济指标,八省区人均 GDP 从 1978 年的 265 元增长到 2007 年的 12 052 元。至 2007 年底,内蒙古人均 GDP 达到 3 339 美元,成为中西部首个迈过 3 000 美元门槛的省份;新疆人均 GDP 也已经超过了 2 000 美元,达 2 236 美元;广西、青海、宁夏、西藏四区人均 GDP 分别为 1 651 美元、1 592 美元、1 875 美元、1 926 美元,超过了 1 500 美元;云南人均 GDP 为 1 386 美元,贵州 909 美元。(参见图 2)

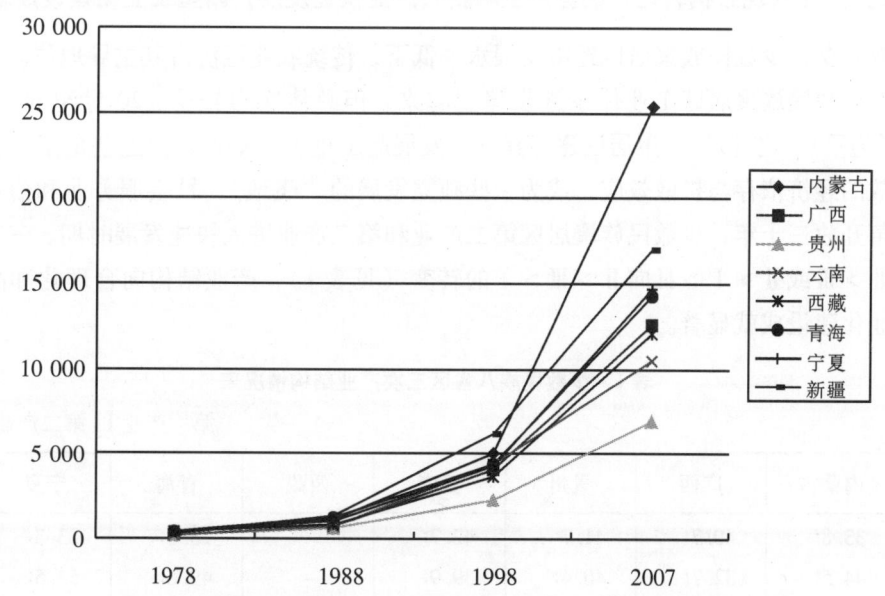

图 2　少数民族八省区 1978 至 2007 年人均 GDP 增长情况(单位:元)

三十年来,少数民族聚居区的自主发展能力和区域创新能力不断加强,少数民族八省区财政收入的大幅度增长充分反映了少数民族聚居区区域经济实力的增强过程。1978 年,八省区地方财政收入总计仅为 52.44 亿元,到 2007 年已经上升至 2 125.78 亿元。尤其是自 2000 年以来,在多项扶持政策的促进下,少数民族聚居区经济社会的发展获得了更多来自中央和东部发达地区的支持;与此同时,少数民族各省区也适时丰富和完善发展思路,以市场为导向大力发展比较优势经济和特色经济,建成了一大批重要支柱产业、大中型骨干企业和重要产业基地，推动国民经济进入了跨越式发展的快车道。

经济的稳步快速发展，带动了少数民族聚居区城乡居民收入的大幅增长，广大少数民族群众生活质量大大提高，各少数民族群众充分享受着带来的高质量生活和新的生活方式。2007年，内蒙古、广西、贵州、云南、宁夏五省区的城镇居民家庭人均可支配收入分别为1978年的45倍、42倍、42倍、36倍、34倍，农村人均纯收入分别为1978年的39倍、28倍、22倍、21倍、27倍；新疆、西藏、青海城镇居民家庭人均可支配收入是1988的8.8倍、8倍、10倍，农民人均纯收入分别是1988年的6倍、7倍、5倍。

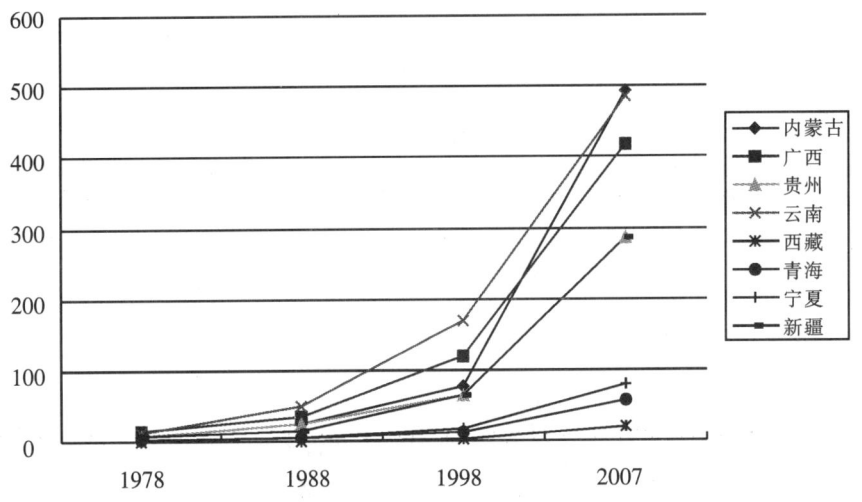

图3　少数民族地区各省区1978至2007年财政收入增长情况(单位：亿元)

### （二）三大产业实现结构转化，优势产业和新兴产业快速发展，新型工业化建设成就显著

改革开放前夕，少数民族聚居区经济发展水平低下，传统农业经济占其主导地位。中华人民共和国成立以来，少数民族聚居区工业体系逐步建立起来，但总体实力较弱。20世纪60、70年代，以"三线"建设为重点，少数民族聚居区逐步建立和发展起了重工业基地，但这些重工业基地与本地经济未形成有效的经济依存与扩散效应，成为一些独立发展的"飞地"，社会服务业和信息产业发展严重滞后。改革开放三十年，少数民族聚居区第二产业和第三产业进入快速发展时期，三次产业结构实现了从Ⅰ＞Ⅱ＞Ⅲ或Ⅱ＞Ⅰ＞Ⅲ向Ⅱ＞Ⅲ＞Ⅰ的转变（见表1），产业结构向合理化和高度化发展演变，新型工业化建设成就显著。

表1　少数民族八省区三次产业结构情况表

第一产业Ⅰ：第二产业Ⅱ：第三产业Ⅲ

| 年度 | 内蒙古 | 广西 | 贵州 | 云南 | 西藏 | 青海 | 宁夏 | 新疆 |
|---|---|---|---|---|---|---|---|---|
| 1978 | 33.8:<br>44.5:<br>21.7 | 40.7:<br>32.7:<br>26.6 | 41.7:<br>40.4:<br>17.9 | 42.7:<br>39.9:<br>17.4 | —  | 23.6:<br>49.6:<br>26.8 | 23.3:<br>54.5:<br>22.2 | 36.3:<br>46.4:<br>17.3 |
| 2007 | 12.5:<br>51.8:<br>35.7 | 20.8:<br>40.8:<br>38.4 | 16.3:<br>41.9:<br>41.8 | 17.7:<br>43.2:<br>39.1 | 16.0:<br>28.8:<br>55.2 | 10.6:<br>53.3:<br>36.1 | 11.0:<br>50.8:<br>38.2 | 17.8:<br>46.8:<br>35.4 |

改革开放以来，少数民族聚居区优势产业不断壮大，新兴产业迅速成长，成为新支柱产业。新疆相继建成了克拉玛依油田、塔里木油田等一批大中型石油化工项目，形成我国新兴的石油化工基地。2007年油气产量4 494万吨，一举超过大庆油田，居全国第一。特别是西部大开发的标志性工程——

西气东输工程全线贯通，中哈石油管线建设，全国最大炼化一体化工程独山子千万吨炼油和百万吨乙烯工程加快建设，进一步奠定了新疆作为全国重要战略能源基地的地位。内蒙古依托资源、区位优势谋发展，以国家实施西部大开发、振兴东北老工业基地等战略为契机，加快工业和农牧业现代化步伐，经济建设实现了重大跨越，已成为雄踞北疆的一匹"经济黑马"，自2002年来，连续6年经济增速居全国第一，经济规模跃居全国第16位。目前，内蒙古已形成能源、冶金、化工等六大特色优势产业体系，农牧业产业化水平在全国也处于领先地位。广西新型工业化经济发展日新月异，2007年全区工业固定资产投资完成1 094亿元，工业增加值完成2 090亿元，全区工业对经济增长的贡献率达到48%，成为拉动经济增长的第一动力。全区15个产业大类中，共有冶金、汽车、电力、有色金属、食品、石油化工等7个产业年产值超300亿元；重点产业产品的国内市场占有率不断提高，机制糖达到60%，微型汽车达到43%，工程装载机达到20%，柴油内燃机达到17%。云南在依托原有的优势产业的基础上，积极发展新兴产业，一批大企业、大集团迅速崛起，年销售收入超百亿元的企业达到8家。支柱产业群体的培育成效显著，烟草产业连续多年位居全国第一；矿产业增加值翻了两番，占全省生产总值的比重达到10.4%；生物产业快速发展，鲜切花在全国市场占有率连续多年保持在50%以上；天然药物、生物化工、绿色保健食品等产业成为新的经济增长点；旅游业保持较快增长，总收入接近480亿元，翻了近一番；文化产业异军突起，正成为新的重要产业。贵州、宁夏、青海、西藏的工业经济也呈现出巨大进步，工业化进程加快，以能源工业和旅游业为代表的一批优势产业呈现出较强的发展势头，非公有制经济总量不断扩大，经济体制改革不断深化，社会主义市场经济体制初步形成。

**（三）积极发展开放型经济，对内、对外开放水平不断提高**

改革开放以来，特别是西部大开发以来，少数民族聚居区确立了全方位、多层次的开放格局，经济发展已从过去的封闭、半封闭状态走向全面开放。在对内开放方面，各省区把内联外引、打破地区市场分割、促进区域经济合作作为面向国内开放的目标，积极参与"泛珠江三角洲合作"，"东南六省区合作"等区域合作项目，加强区际交通大通道的建设，促进商流、人流、物流、信息流的流动。对外开放方面，少数民族八省区2007年外贸进出口总额已达443.62亿美元，是1978年4.24亿美元的10.3倍。在1988年以前，西藏、青海的对外经济关系几乎处于空白，其外贸总额过小，难以进入国家统计数据之列。2007年，这两个省区的外贸进出口总额分别达到了3.93亿美元和6.12亿美元。一些沿边省区充分发挥对外开放的地缘区位优势，积极谋求同周边国家的经贸合作关系。如新疆与周边国家进行以资源互补为主的深层次合作，开辟了我国能源和战略资源的陆上安全通道；加快以乌鲁木齐为中心的国际商贸中心建设，中哈霍尔果斯国际边境合作中心建设全面启动，积极开拓中亚、西亚、南亚、东欧和俄罗斯市场。2007年新疆外贸进出口总额达到137.16亿美元，名列全国第16位。云南提出了"打开南门，面向亚太，走向世界"的口号，积极建设通往东南亚、南亚国际大通道，加强国际经济合作，成为"澜沧江—湄公河次区域经济合作"的主要参与省份和"中国—东盟自由贸易区"建设的积极参与地区，外贸进出口总额不断上升，2007年达到87.94亿美元，三十年增长了127倍。广西不仅成功举办每年一届的"中国—东盟国际博览会"，并以我国唯一一个国际经济合作区——"北部湾经济区"的建设为契机，深入广泛地参与泛北部湾经济合作，充分发挥海上通道作用，构建海洋经济合作，加大广西的对外开放力度，2007年，广西外贸进出口总额达到92.59亿美元，自1998年以来，平均每年外贸增长284%。此外，内陆少数民族省区也积极实施对外开放政策，在引进外资，扩大出口，加强国际经济合作等方面取得了积极成效。如贵州1978年外贸进出口总额仅有0.16亿美元，1998年也只达到6.28亿美元，最近十年贵州对外经贸关系获得了快速发展，至2007年，外贸进出口总额已经达到22.7亿美元，实际利用外资1.27亿美元。（参见图4）

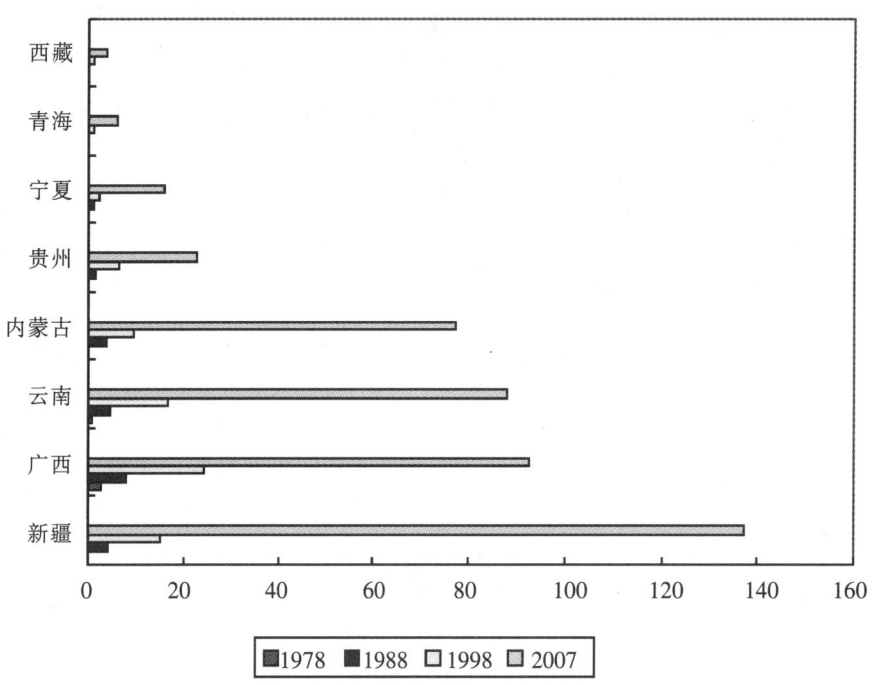

图 4 少数民族地区各省区 1978 至 2007 年外贸进出口总额(单位:亿美元)

### （四）基础设施建设成绩卓著，区域发展后劲不断增强

从地理区位来看，中国少数民族聚居区同时也是西部地区和边疆地区。长期以来，受社会经济发展滞缓等多种因素的制约，少数民族聚居区基础设施建设远远落后于汉族聚居区，基础设施成为阻碍区域经济发展的瓶颈。改革开放以来，尤其是西部大开发和《中共中央、国务院关于进一步加快民族工作，促进少数民族和民族地区加快发展决定》出台以来，少数民族聚居区基础设施建设速度大大加快，一批交通、通信、水利、电力等重大项目建成，对推动少数民族聚居区大发展产生了积极影响。青藏铁路通车，结束了西藏不通铁路的历史；南昆铁路的建成，为云南打通了最为近捷的出海通道；内蒙古、云南、新疆分别成为全国铁路、公路、航空线路里程最长的省区。云南、贵州、宁夏大型水火电站建设项目不断兴建，成为我国重要的能源供应地。新疆水利建设成就突出，1978 年至 2007 年，水利建设投资总额达到 415.8 亿元，是改革开放前 29 年的 76 倍。少数民族聚居区通信设施也快速发展起来，2007 年，八省区总计拥有局用交换机容量 4 323.9 万门，电话用户 9 546.8 万户，电话普及率达 421.6 部/百万人，互联网上网人数 1 201 万人。

表 2 少数民族八省区交通运输线路长度情况表（2007 年底）

单位：公里

| 地 区 | 铁路营业里程 | 内河航道里程 | 公路总里程 | 高速公路里程 |
| --- | --- | --- | --- | --- |
| 内蒙古 | 6 694.2 | 2 403 | 138 610 | 1 768 |
| 广 西 | 2 734.2 | 5 413 | 94 202 | 1 879 |
| 贵 州 | 2 011.6 | 3 425 | 123 247 | 924 |
| 云 南 | 2 308.4 | 2 539 | 200 333 | 2 507 |
| 西 藏 | 550.0 | - | 48 611 | - |
| 青 海 | 1 652.4 | 329 | 52 626 | 215 |
| 宁 夏 | 789.4 | 117 | 20 562 | 811 |
| 新 疆 | 2 760.5 | - | 145 219 | 541 |
| 八省区总计 | 19 500.7 | 14 226 | 823 410 | 8 645 |

表3 少数民族八省区电信业务和互联网业务情况表

| 地 区 | 局用交换机容量（万门） | 固定电话用户（万户） | 移动电话用户（万户） | 电话普及率（部/百万人） | 互联网宽带接入端口（万个） | 互联网上网人数（万人） |
|---|---|---|---|---|---|---|
| 内蒙古 | 321.7 | 525.2 | 1 046.9 | 65.9 | 70 | 160 |
| 广 西 | 398.9 | 892.1 | 1 370.9 | 18 | 162 | 374 |
| 贵 州 | 2 330.0 | 520.0 | 834.1 | 68.1 | 70 | 142 |
| 云 南 | 420.0 | 627.2 | 1 346.4 | 14.1（固定电话） | 114 | 275 |
| 西 藏 | 41.6 | 70.6 | 73.7 | 52 | 5 | 16 |
| 青 海 | 166.3 | 123.2 | 221.7 | 62.5 | 15 | 37 |
| 宁 夏 | 127.9 | 140.2 | 268.1 | 67.9 | 19 | 42 |
| 新 疆 | 517.5 | 696.2 | 808.3 | 73.1 | 73 | 155 |
| 八省区总计 | 4 323.9 | 3 594.7 | 5 970.1 | 421.6 | 528 | 1 201 |

资料来源：电信业务数据取自各省区2007年国民经济和社会发展统计公报，为2007年底的数据。电话普及率除标注外，包括固定和移动电话。互联网数据取自《中国区域经济统计年鉴2007》，为2006年底的数据。

**（五）少数民族聚居区发展获得更多国家支持，农业发展成效喜人，扶贫开发成果显著，新农村建设取得重要进展**

党的十一届三中全会以来，党中央高度重视少数民族聚居区经济社会发展。20世纪80代国家实行"划分税种，核定收支，分级包干"的财政体制时，对少数民族聚居区仍采取"适当照顾"的原则，除对内蒙古、新疆、西藏、广西、宁夏5个自治区和青海、云南、贵州3个省份实行每年递增10%的定额补助制度外，还设立了专门用于支持少数民族聚居区和经济不发达地区经济、文化、卫生事业的"支援不发达地区发展基金"和用于发展边境地区生产建设和发展文教、卫生事业的"边境事业补助费"以及用于修建边防公路、电信以及部分基础设施建设的"边疆建设转向补助投资"等专项补助资金。[1] 1994年分税制改革后，国家不仅保留了原有的对少数民族聚居区的专项拨款，而且还对少数民族聚居区实行政策性转移支付，且转移支付力度随国家财力不断增加，尤其是2000年以来，中央对少数民族聚居区的一般性转移支付和专项转移支付的大幅增长，有力地支持了少数民族聚居区经济社会建设。自20世纪80年代起，中央政府尤其关注少数民族贫困问题，在1994年"八七扶贫攻坚计划"和2001年全面实施的"中国农村扶贫开发纲要"中，均将少数民族聚居区的反贫困问题作为重点。2001年国家启动了"兴边富民"行动计划，决定用十年的时间，加大对边境地区的扶持，从而加强扶贫攻坚、加快基础设施建设和产业结构调整，促进对外开放和社会进步。2001年国家还实施了"扶持人口较少民族发展计划"，旨在帮助人口较少民族解决贫困和经济社会发展严重滞后问题。2005年出台了《中共中央、国务院关于进一步加强民族工作，加快少数民族和民族地区经济社会发展的决定》，把加快少数民族和民族地区的发展摆在更加突出的战略位置，更加明确地制

---

[1] 黄光学主编：《当代中国民族工作》，北京：当代出版社，1993年版。

定了支持和促进少数民族和民族地区发展的政策措施。新世纪以来，党中央全力解决中国"三农"问题，在建设社会主义新农村的新发展机遇中，少数民族聚居区的广大农牧民群众与全国农民一同享受到了实施农业税费改革、免除"三税"（农业税、牧业税、农业特产税）、农业直补等多项支农、惠农政策；与此同时，农村基础设施建设步伐不断加快，"村村通"和农村公路"通畅"、"通达"等多项农村基础实施建设项目的实施和完成，大大促进了农村经济社会的发展，使广大少数民族农牧区发生了巨大的变化。

——农业生产方面：传统农业向现代农业转换，农业发展优势更加突出。新疆依托得天独厚的土地和光热资源，产业化、机械化发展现代农业，粮食、棉花、林果经济成为新疆三大特色农业。目前新疆已经成为中国最大的优质棉生产基地，棉花产量由1978年5.5万吨增加到2007年的290万吨。内蒙古做大做强农畜产业，通过延伸产业链和技术创新，农牧业产业化水平处于领先地位，奶类产量由1990年的39.65万吨增加到2007年的924.66万吨，增长了22.3倍，占全国奶类总产量的25.4%。其中牛奶产量由1990年的36.95万吨增加到2007年的909.3万吨，增长23.6倍，占全国牛奶总产量的25.8%，奶类和牛奶总量均稳居全国第一位。青海的农牧业经济取得了明显的成绩，马铃薯、油菜、藏药特色农产品发展形势良好，牛羊养殖、奶业等畜牧产业成为青海农牧民增收致富的主要产业。云南利用资源优势，着力发展特色农业，使之成为撑起农村经济的骨干产业：烤烟、茶叶种植面积与产量居全国第一；甘蔗、橡胶种植面积与产量全国第二；新兴的花卉、蔬菜、咖啡、马铃薯等产业发展形势良好，目前，云南已成为中国的咖啡第一大生产和出口基地；鲜切花多年占据50%以上的国内市场份额，并大举走出国门。

——农村基础设施建设方面："村村通"工程全面完成，新农村建设以改善农村基础设施为突破口。改革开放以来，尤其是新农村建设的全面实施，农村基础设施建设速度大大加快。截至2006年末，少数民族七省区（西藏未取得资料）已经有80%~100%的村实现了村村通电、通公路、通电话、通电视卫星信号，广西、内蒙古、云南90%以上的乡镇有邮电所，内蒙古、广西有二级以上公路通过的乡镇分别占乡镇总数的50.3%和57.8%，超过全国平均水平（46.1%）4.2个百分点和11个百分点。农村电网改造工程进展顺利，广西、宁夏、新疆已超过85%的乡镇完成此项工程。（参见表4）在新农村建设中，在原来基本实现"村村通"的基础上，公路硬化建设、村庄文化体育设施建设和农村人居环境改善建设等项目进一步推进，使少数民族聚居区农牧民生产生活条件有了较大改善。特别是少数民族聚居区农村公路的建设成就最为突出，以云南为例：1977年云南省县乡养护公路只有2.74万公里，1990年增加至3.32万公里。2000年以来，农村公路投资大幅增长，共完成农村交通投资99.68亿元，至2007年全省农村公路通车总里程达17.38万公里，比2000年底增加了59 467公里，年均增加8 500公里。2008年，云南省16个州市中已有昆明、玉溪、德宏、大理、曲靖、临沧、红河、怒江（独龙江乡除外）基本实现了乡乡路面硬化，全省129个县区，有33个县乡乡通沥青水泥路，46个县乡乡通沥青、水泥、弹石路，比2001年分别增加了16个县和43个县。全省1 312个乡（镇）中通沥青水泥路的有784个，通油路率为57.2%。①

——农民生活水平方面：贫困人口逐年减少，农民人均纯收入不断提高，广大农民从温饱逐步走向小康。党中央旨在促进少数民族和民族地区经济社会发展，帮助少数民族群众摆脱贫困，共同走向繁荣发展的政策措施取得了巨大成效。1997年，少数民族聚居区的贫困发生率分别是：新疆14.3%，广西15.4%，青海12.6%，宁夏3.6%，云南12.4%，内蒙古13.2%，贵州15.9%，甘肃13.4%，西藏11.7%。② 经过十年的努力，少数民族聚居区的反贫困措施取得了明显成效。《中国农村贫困监

---

① 云南省交通厅：《改革开放30年我省农村公路建设快速发展》。http://www.moc.gov.cn/zhuantizhuanlan/qita/gaigekaifang/jiaotongchengjiu/nongcungonglu/200811/t20081117_537198.html. 2008-10-17.

② 赵曦：《中国西部农村反贫困战略研究》，北京：人民出版社，2000年版。

测报告 2007》的统计显示：2006 年末民族八省区农村绝对贫困人口为 797 万人，比上年减少 82 万人；贫困发生率为 6.5%。初步解决温饱但还不稳定的农村低收入人口为 1 293 万人，比上年减少 166 万人；低收入人口占农村人口的比重为 10.5%，下降 1.3 个百分点。民族八省区绝对贫困人口与低收入人口合计数量为 2 090 万人，比上年减少 248 万人，减少 10.6%；占农村人口的比重为 16.9%，下降 2.0 个百分点。[①] 在农村贫困人口逐年减少的同时，广大农牧民依托发展特色农牧业、外出务工等多渠道实现增收致富，农牧民的生活水平大大提高。2007 年少数民族八省区的农民人均纯收入已经达到 3 003 元，是 1978 年的 153 元的 20 倍，其中内蒙古、广西、宁夏、新疆四省区的农民人均纯收入已经超过 3 000 元。

表4　少数民族七省区农村部分基础设施和生活设施比重（2006年末）

| 项目<br>地区 | 有二级以上公路通过的乡镇 | 已完成农村电网改造的乡镇 | 有邮电所的乡镇 | 通公路的村 | 通电的村 | 通电话的村 | 能接收电视节目的村 | 完成改厕的村 | 有卫生室的村 |
| --- | --- | --- | --- | --- | --- | --- | --- | --- | --- |
| 内蒙古 | 50.3 | 75.3 | 90.6 | 86.6 | 96.4 | 95.9 | 97.7 | 8.8 | 67.5 |
| 广　西 | 42.7 | 83.8 | 93.3 | 95.7 | 99.4 | 97.7 | 90.6 | 24.5 | 82.5 |
| 贵　州 | 18.6 | 75.0 | 65.0 | 94.0 | 99.3 | 94.4 | 96.2 | 13.5 | 61.7 |
| 云　南 | 22.8 | 45.9 | 91.9 | 99.0 | 99.3 | 97.2 | 97.5 | 28.6 | 92.6 |
| 青　海 | 32.7 | 59.6 | 27.5 | 83.8 | 84.7 | 79.3 | 80.9 | 8.1 | 65.4 |
| 宁　夏 | 57.8 | 93.6 | 64.2 | 94.0 | 100 | 98.4 | 99.5 | 8.3 | 87.4 |
| 新　疆 | 36.6 | 85.0 | 69.3 | 87.4 | 93.8 | 90.9 | 92.1 | 12.6 | 57.1 |
| 全　国 | 46.1 | 81.9 | 81.1 | 95.5 | 98.7 | 97.6 | 97.6 | 20.6 | 74.3 |

数据来源：全国及各省区第二次全国农业普查公报数据。截至 2008 年 12 月初，西藏自治区的第二次农业普查主要数据公报尚未正式公布。

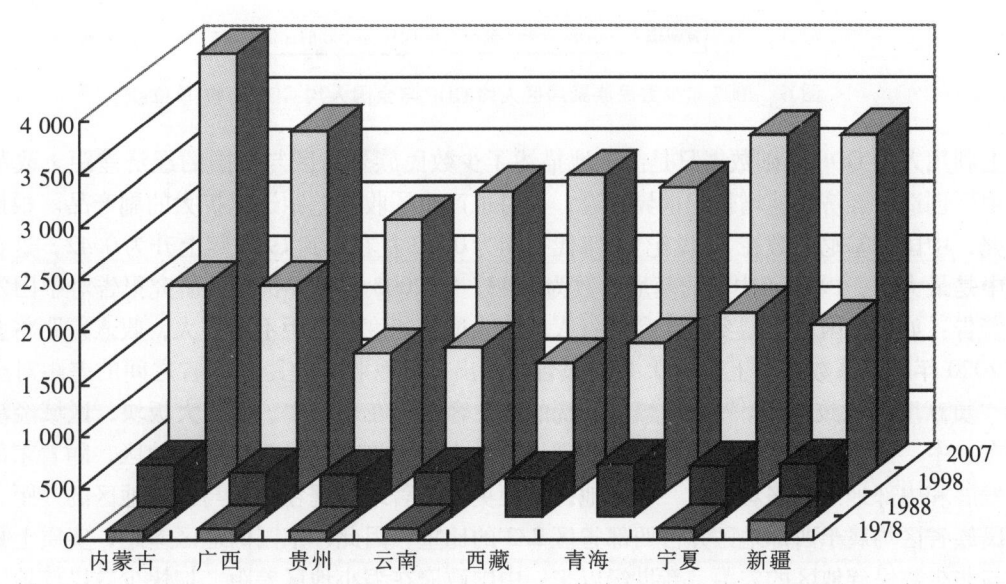

图5　少数民族八省区 1978 至 2007 年农民人均纯收入变化（单位：元）

说明：缺西藏、青海 1978 年统计数据

---

① 国家统计局农村社会经济调查司：《中国农村贫困监测报告 2007》，北京：中国统计出版社，2008 年版。

## 二、横向对比:少数民族聚居区的差距与不足

改革开放以来,少数民族聚居区经济发展成就令人瞩目,地区经济保持持续快速增长,新型工业化成果喜人,新农村建设初显成效,基础设施和重点领域建设跃上新台阶,人民生活水平不断提高,民族团结和睦,边疆安宁稳定,文化繁荣发展,社会全面进步,人民安居乐业。然而,我们也要清醒地认识到,改革开放以来少数民族聚居地区经济社会发展还较为明显地落后于汉族聚居地区,少数民族聚居区经济总量低,经济基础薄弱,现代化进程缓慢,贫困人口比例大,城乡二元结构等问题十分突出,少数民族聚居区与汉族聚居区的地区差距、城乡差距日益拉大。

### (一) 少数民族聚居区经济总量低,经济基础薄弱,与汉族聚居区的差距不断拉大

中国改革开放的巨大成就是建立在三十年来中国一直保持较高的经济增长率的基础之上的。少数民族聚居区自1978年起,地区GDP增长速度与全国GDP增长速度基本保持同步,但GDP总量低,经济规模小,体现在人均GDP总量上,与全国人均GDP的平均水平仍然有很大差距。2007年,少数民族八省区中只有内蒙古人均GDP超过全国平均水平(18 934元),新疆接近全国平均水平,其他六省区则明显低于全国平均水平,贵州省2007年人均GDP为6 915元,仅为全国人均GDP的34%。(参见图6)

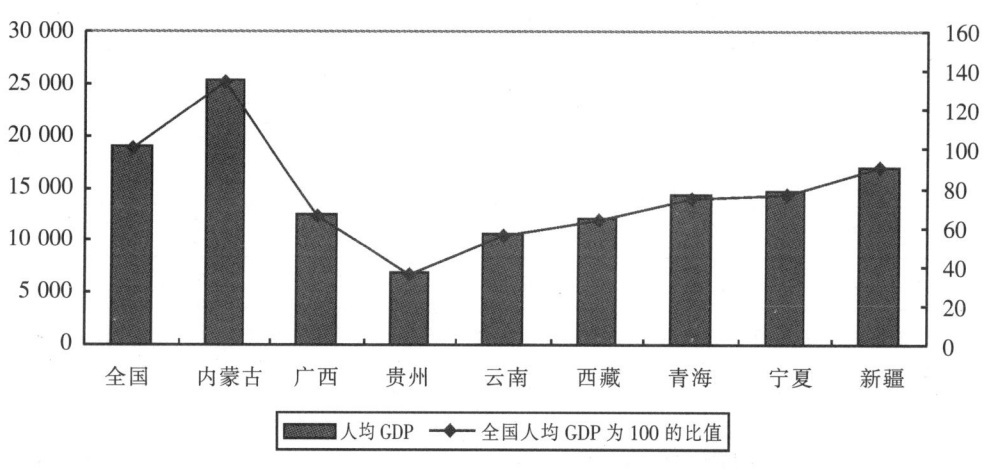

图6 2007年少数民族聚居区人均GDP与全国人均GDP比较(单位:元)

以上利用人均GDP基础数据只是简单地描述了少数民族聚居区与全国的经济差距。改革开放三十年,中国创造了经济高速增长的世界奇迹,同时也产生了收入差距迅速扩大的副产品。根据世界银行的研究,中国的基尼系数在20世纪80年代初期为0.20左右,到1993年上升为0.42,这在世界所有国家中是最大的,1999年中国的基尼系数为0.437。[①] 2003年世界银行的研究报告对中国发出了最严重的警告:如果中国目前城乡差距和各省人均收入增长速度的差距不断扩大,收入差距将会急剧加大,到2020年基尼系数将会上升到0.47。报告还指出,城乡收入差距和各省之间的差距对全国收入差距的"贡献度"大致相当。[②] 中国幅员辽阔的国土客观存在东、中、西三大板块,区域经济也同样体现为东、中、西三大经济板块的差异。西部地区是中国经济发展最为落后的地区,随着东部地区经济快速发展和中部地区后来者居上,中国地区差距更为显著地体现在西部与其他地区的差距,由于八个少数民族省区均属于西部地区并占西部省区2/3的比重,因此,中国的地区差距,实质上是少数民族地区与非少数民族地区的差距。新世纪以来,中国政府在缩小地区差距,加快少数民族地区和欠发

---

① 世界银行:《2020年的中国:新世纪的发展挑战》(中文版),北京:中国财政经济出版社,1997年版。世界银行:《中国:推动公平的经济增长》(中文版),北京:清华大学出版社,2004年版。
② 世界银行:《中国:推动公平的经济增长》(中文版),北京:清华大学出版社,2004年版。

达地区发展方面作了大量的努力，地区差距不断扩大趋势在一定程度上得到了缓解，但基尼系数仍然保持在 0.34～0.35 左右。①②

基础设施建设是支撑一个地区国民经济运行的基础性部门，是其他各类经济活动依存的经济系统，对区域经济发展具有特别重要的推动效应。正如前面所述，改革开放三十年少数民族聚居区的基础设施增长迅速，基础设施对区域发展的瓶颈制约得到较大缓解。但少数民族聚居区与非少数民族聚居区，特别是与东部地区相比，基础设施在投资总量上和产出数量上都远远低于东部地区，基础设施存量差异十分明显。张军等学者利用"主成分分析法"（PCA）分析了改革开放以来中国东、中、西部基础设施存量的变化，认为在改革开放初期东、中、西部地区基础设施存量差异并不大，但随着改革开放的不断深化，东部地区基础设施存量开始呈现不断上升的趋势，而西部地区则在 20 世纪 90 年代中前期基础设施存量所占比重一直下降，之后略有上升，中部地区则一直呈现下降的趋势（见图 7）。③ 这一研究结果也反映了少数民族聚居区基础设施存量低，90 年代末以来基础设施发展速度远远落后于东部地区的现实。

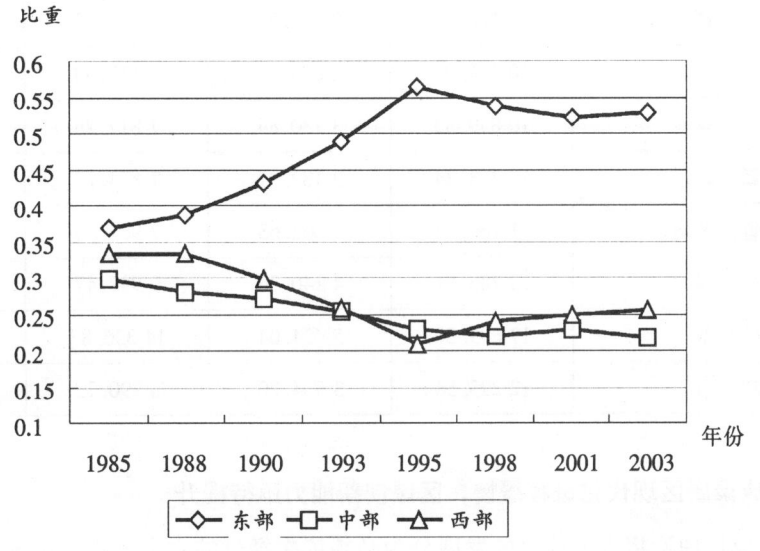

图 7　改革开放以来中国基础设施存量水平的地区差异

资料来源：张军等：《中国为什么拥有了良好的基础设施》，《经济研究》，2007 年第 3 期。

人均收入和消费水平是反映地区经济发展水平的重要指标。2007 年，少数民族八省区的收入指标和消费指标与全国平均水平、东部省份（以广东为比较对象）以及中部省份（以湖南为比较对象）相比较，均处于落后和低水平态势（见表 5）。表 5 还显示，少数民族聚居区与非少数民族聚居区的经济差距，更为显著地表现在农村上。2007 年，少数民族八省区的农村人均纯收入仅为全国平均水平的 73%，广东的 53%、湖南的 77%，农村人均消费支出仅为全国的 78%，广东的 60%、湖南的

---

①　许召元、李善同分别用现价人均 GDP、现价人均消费、1990 价人均 GDP 计算了中国 1978 年至 2004 年的基尼系数，研究结果表明：现价人均 GDP 计算的基尼系数 1978 年至 1990 年期间快速减小，而进入 20 世纪 90 年代则呈现迅速扩大，至 2000 年基尼系数仍然在扩大，但趋势较为平缓；以不变价人均 GDP 计算的基尼系数在 1982～1990 年基本保持不变，1990～2000 年地区差距呈现持续快速扩大，2000 以后基尼系数增长速度有所放缓，但数值仍然保持在 0.35 左右，2004 年的基尼系数比 2003 年有所降低（1%）；以居民消费水平计算的基尼系数自 1982 年以来一直保持持续扩大的趋势，2000 年基尼系数增长有所放缓，但数值仍然高于 0.25。（许召元、李善同：《近年来中国地区差距的变化趋势》，《经济研究》，2006 年第 7 期。）

②　特别需要说明的是，多数中国学者所计算出的基尼系数值低于世界银行所发表的数值，因此，该数据并非表明 21 世纪以来中国的基尼系数已经大幅回落。

③　张军、高远、傅勇、张弘：《中国为什么拥有了良好的基础设施》，《经济研究》，2007 年第 3 期。

74%。2007年，广西、贵州两省的农民的恩格尔系数仍然超过0.5，云南、西藏两省的农民恩格尔系数也在0.45以上。

表5 少数民族聚居区与部分省份收入水平与消费水平差异比较（2007年）

单位：元

| 地 区 | | 城乡人均收入 | | 城乡人均消费支出 | |
|---|---|---|---|---|---|
| | | 城 镇 | 农 村 | 城 镇 | 农 村 |
| 少数民族聚居区 | 内蒙古 | 12 377.84 | 3 953.10 | 9 281.46 | 3 256.15 |
| | 广 西 | 12 200.44 | 3 224.05 | 8 151.26 | 2 747.47 |
| | 贵 州 | 10 678.40 | 2 373.99 | 7 758.69 | 1 913.71 |
| | 云 南 | 11 496.11 | 2 634.09 | 7 921.83 | 2 637.18 |
| | 西 藏 | 11 130.93 | 2 788.20 | 7 532.07 | 2 217.62 |
| | 青 海 | 10 276.06 | 2 683.78 | 7 512.39 | 2 446.50 |
| | 宁 夏 | 10 859.33 | 3 180.84 | 7 817.28 | 2 528.76 |
| | 新 疆 | 10 313.44 | 3 182.97 | 7 874.27 | 2 350.58 |
| | 八省区平均 | 11 166.57 | 3 002.63 | 7 981.16 | 2 512.25 |
| 对比地区 | 全 国 | 13 785.81 | 4 140.36 | 9 997.47 | 3 223.85 |
| | 广 东 | 17 699.30 | 5 624.04 | 14 336.87 | 4 202.32 |
| | 湖 南 | 12 293.54 | 3 904.20 | 8 990.72 | 3 377.38 |

### （二）少数民族聚居区现代化进程缓慢，区域创新能力亟待提升

罗斯托的经济成长理论将人类社会的发展分为必须依次经过的六个阶段：传统社会阶段、起飞准备阶段、起飞进入自我持续增长的阶段、成熟阶段、高额群众消费阶段和追求生活质量阶段。① 按罗氏对经济社会成长阶段划分，少数民族聚居区在1978年前，属于"传统社会阶段"和"起飞准备阶段"。现代化理论将经济现代化进程分为第一次经济现代化（经典经济现代化）和第二次经济现代化（广义现代化）两个阶段。② 从世界经济发展进程来看，第一次现代化是18世纪工业革命以来经济领域发生的一种革命性变化，它包括了罗斯托提出的六个发展阶段中的前四个阶段。20世纪70年代以来，伴随着"知识革命"，经济领域发生了另一种革命性变化，那就以从工业经济向知识经济转变、经济与生态协调、国际经济竞争力提高和世界中心转移等为主要表现的第二次现代化。

中国现代化战略研究课题组的研究表明，1980年广西、云南、贵州、西藏属于"传统农业经济"阶段，内蒙古、新疆、青海、宁夏属于经典经济现代化起步阶段。③ 改革开放以来，少数民族聚居区工业化进程大大加快，已基本完成了第一次现代化，即实现了从农业经济向工业经济、农业社会向工业社会、农业文明向工业文明转变的过程。但从实现的程度来看，2005年少数民族八省区第一次现代化的实现程度（工业化率）也只在69% ~86%之间，还处于第一次现代化发展期。总的来说，少数民族聚居区在全国仍

---

① W.W.罗斯托：《经济成长阶段——非共产党宣言》，北京：商务印书馆，1962年版。
② 将现代化分为第一次现代化、第二次现代化两个阶段是我国学者何传启提出来的。他领导的中国现代化战略研究课题组完成的《中国现代化报告》（2004—2008），对第一、二次现代化的定义、特征、中国各地区及世界各国现代化进程进行了详细的数据统计和分析。本文有关现代化理论以及各地区第一、二次现代化指数及进程的分析均引用该课题组的研究成果。
③ 中国现代化战略研究课题组：《中国现代化报告2005：经济现代化研究》，北京：北京大学出版社，2005年版。

然处于工业化进程较为落后的地区。中国在追赶世界发展的改革开放三十年来，各地区第二次现代化进程也从零开始有序推进，但第二次现代化的推进进程仍然表现出巨大的地区差异，少数民族聚居区第二次现代化指数均在35%以下（参见表6）。[①] 也就是说少数民族聚居区在高新技术发展、国际化、人力资本利用、信息经济与生态经济等诸多新经济时代领域，都处于低度发展的趋势。

表6  2005年中国地区现代化指数

| 分组 | 地区 | SMI | FMI | IMI | 人均GDP | 分组 | 地区 | SMI | FMI | IMI | 人均GDP |
|---|---|---|---|---|---|---|---|---|---|---|---|
| 发达地区和中等发达地区 | 澳门 | 93 | 100 | 77 | 24 274 | 初等发达地区 | 河北 | 37 | 84 | 32 | 1 799 |
| | 香港 | 93 | 100 | 76 | 25 622 | | 四川 | 37 | 80 | 34 | 1 098 |
| | 台湾 | 88 | 100 | 79 | 15 676 | | 宁夏 | 36 | 84 | 33 | 1 242 |
| | 上海 | 80 | 99 | 71 | 6 286 | | 湖南 | 35 | 81 | 33 | 1 257 |
| | 北京 | 90 | 98 | 79 | 5 467 | | 甘肃 | 34 | 77 | 31 | 910 |
| | 天津 | 70 | 95 | 62 | 4 329 | | 青海 | 34 | 78 | 31 | 1 222 |
| | 世界 | 51 | 93 | 52 | 7 011 | | 安徽 | 33 | 82 | 32 | 1 072 |
| | 辽宁 | 50 | 90 | 45 | 2 317 | | 新疆 | 33 | 79 | 33 | 1 582 |
| | 浙江 | 50 | 94 | 46 | 3 350 | | 江西 | 33 | 79 | 33 | 1 149 |
| | 江苏 | 48 | 92 | 43 | 2 990 | | 海南 | 33 | 77 | 34 | 1 319 |
| | 陕西 | 45 | 83 | 40 | 1 206 | | 河南 | 32 | 78 | 28 | 1 378 |
| | 广东 | 45 | 91 | 44 | 2 970 | | 广西 | 31 | 76 | 30 | 1 068 |
| 初等发达地区 | 黑龙江 | 43 | 86 | 38 | 1 762 | 欠发达地区 | 云南 | 29 | 68 | 28 | 953 |
| | 吉林 | 42 | 86 | 40 | 1 628 | | 西藏 | 29 | 69 | 28 | 1 107 |
| | 山东 | 42 | 87 | 38 | 2 445 | | 贵州 | 28 | 69 | 27 | 648 |
| | 湖北 | 40 | 86 | 38 | 1 394 | | | | | | |
| | 福建 | 40 | 89 | 37 | 2 269 | 对照 | 中国 | 40 | 86 | 38 | 1 740 |
| | 山西 | 39 | 86 | 35 | 1 521 | | 高收入国家 | 100 | 100 | 100 | 35 264 |
| | 重庆 | 38 | 87 | 37 | 1 340 | | 中等收入国家 | 41 | 92 | 41 | 2 647 |
| | 内蒙古 | 37 | 86 | 34 | 1 993 | | 低收入国家 | 22 | 59 | 26 | 585 |

注：FMI为第一次现代化实现程度；SMI为第二次现代化实现程度；IMI为综合现代化水平指数；人均GDP单位为美元。

资料来源：中国现代化战略研究课题组：《中国现代化报告2008》，北京：北京大学出版社，2008年版，P.280。

---

[①] 中国现代化战略研究课题组：《中国现代化报告2008：国际现代化研究》，北京：北京大学出版社，2008年版。

区域创新能力的强弱,决定了这一地区经济发展的实力和潜能。从中国区域创新能力综合排序来看,除新疆排名相对靠前(19位)外,其他七省区均排名靠后,青海23位,内蒙古24位,广西25位,宁夏26位,贵州29位,云南30位,西藏排在全国最末(31位)(参见图8)。① 由于创新能力薄弱,少数民族聚居区尽管有强烈的"追赶"意愿,但结果往往仍然难以走出"好的越好,差的越差"的"马太效应"之中,区域经济相对落后的现状长期未能得到改变。

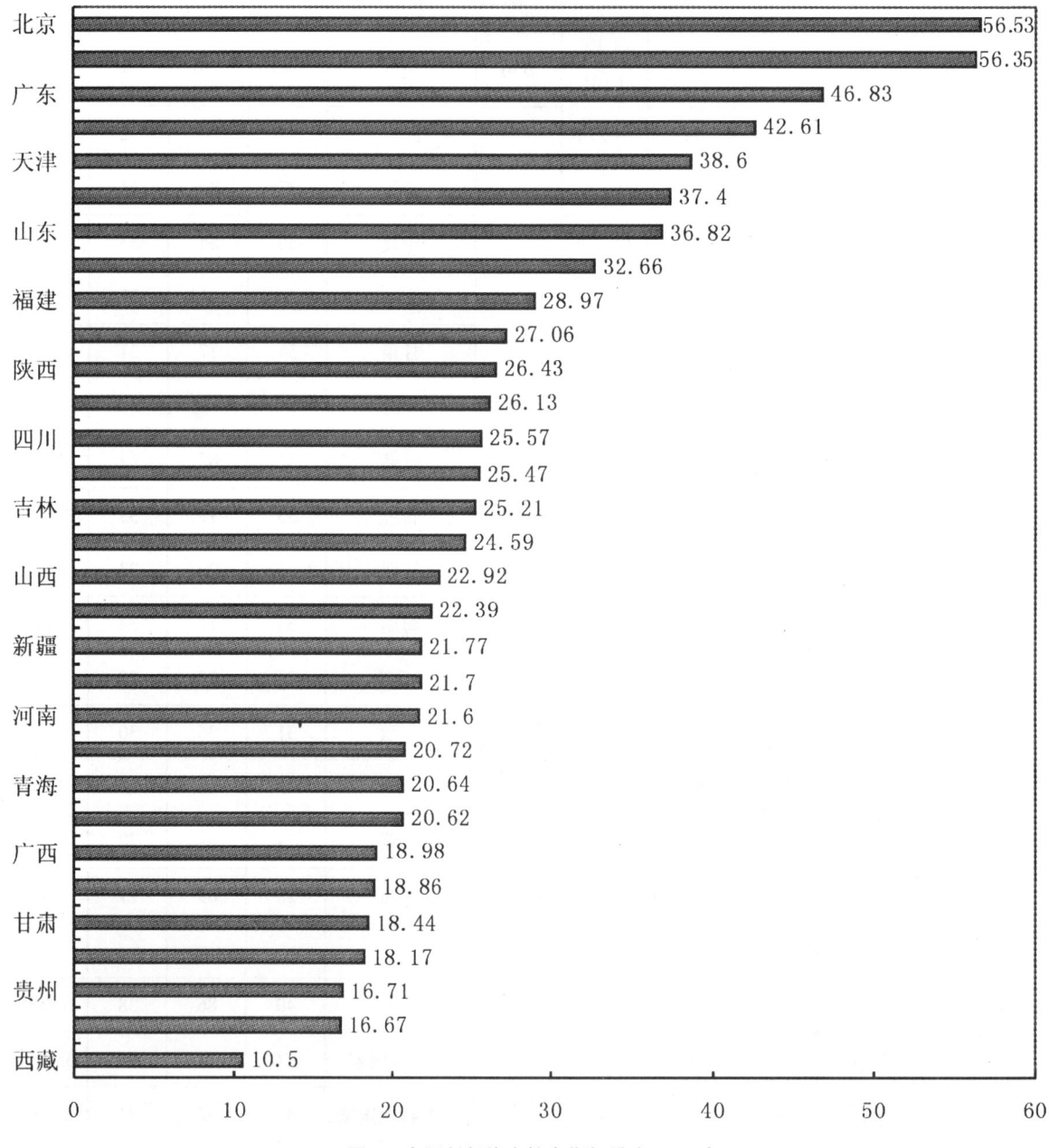

图8 中国创新能力综合指标排序(2003年)

资料来源:中国科技发展战略研究小组:《中国区域创新能力报告2003》,北京:经济管理出版社,2004年版,P.4。

### (三)少数民族聚居区贫困问题仍然突出,城乡二元结构十分突出

贫困人口的大规模减少是改革开放以来中国所取得的最大成就之一。根据官方规定的贫困线标

---

① 中国科技发展战略研究小组:《中国区域创新能力报告2003》,北京:经济管理出版社,2004年版。

准，贫困人口数量从 1981 年的 2 亿人下降到 1999 年的 3 400 万人。① 2007 年，中国人均纯收入低于 785 元的绝对贫困人口从 2 148 万人减少到 1 479 万人，减少了 669 万人；人均纯收入在 786 元~1 067元的低收入贫困人口从 3 550 万人减少到 2 841 万人，减少了 709 万人。② 少数民族聚居区的贫困人口也随着区域经济增长和国家反贫困政策的实施而大幅度减少，2007 年末，民族自治地方农村绝对贫困人口 773.6 万人，比上年减少 174.3 万人，贫困发生率为 6.4%。低收入人口 1 481.2 万人，比上年减少 105.6 万人。

从目前贫困人口的分布情况和贫困发生率来看，剩余贫困人口越来越集中分布在少数民族聚居区。2004、2005、2006 年，少数民族八省区的绝对贫困发生率分别为 6.7%、6.2%、6.4%，而全国绝对贫困发生率为 2.8%、2.5%、2.3%（见表7）。据不完全统计，2007 年民族自治地方当年因灾因病返贫人口为 184.8 万人，比上年增加 25.1 万人；返贫率为 23.9%，比上年（16.8%）高 7.1 个百分点。民族自治地方还有 5 178.9 万人未解决饮水安全问题，比上年减少 330.2 万人。缺乏基本生存条件需易地搬迁对象有 129.6 万户、437.5 万人（除贵州、西藏）。民族自治地方绝对贫困及低收入人口占全国同口径人口的比重明显上升：2007 年，民族自治地方农村绝对贫困人口占全国农村绝对贫困人口（1 478.8 万人）的比重为 52.3%，比上年（44.1%）上升 8.2 个百分点；贫困发生率比全国（1.6%）高 4.8 个百分点。低收入人口占全国低收入人口（2 840.7 万人）的比重为 52.1%，比上年（44.7%）上升 7.4 个百分点；低收入人口占农村人口的比重比全国（3.0%）高 9.2 个百分点。绝对贫困与低收入人口合计数量占全国（4 319.5 万人）的比重为 52.2%，比上年（44.5%）上升 7.7 个百分点；两项合计占农村人口的比重比全国（4.6%）高 14 个百分点，比上年同口径数据（12.9 个百分点）高出 1.1 个百分点。据国家统计局对全国 592 个扶贫开发工作重点县的贫困监测调查，2007 年，在被调查的 1 891 个少数民族聚居村中，绝对贫困人口占全部绝对贫困人口的比例由上年的 48.7% 上升到 49.2%，提高 0.5 个百分点；低收入人口所占比例由上年的 44% 上升到 47.9%，提高 3.9 个百分点。③

表7 少数民族聚居区农村贫困情况表（2004~2006 年）

| 年度 | 绝对贫困人口数（万人） | | 贫困发生率（%） | |
| --- | --- | --- | --- | --- |
| | 民族八省区 | 全　国 | 民族八省区 | 全　国 |
| 2006 | 797.0 | 2 148 | 6.4 | 2.3 |
| 2005 | 879.7 | 2 365 | 6.2 | 2.5 |
| 2004 | 955.0 | 2 610 | 6.7 | 2.8 |

数据来源：国家统计局农村社会经济调查司：《中国农村贫困监测报告2007》；国家民委扶贫办（2006 年 5 月 11 日，http://www.seac.gov.cn/gjmw/xwzx/2006-05-11/1170035891588026.htm）。

少数民族聚居地区仍然有相当一部分群众处于生存困境之中，这些贫困人口主要分布在偏远山区、边境沿线地区以及生态环境脆弱地区，扶贫攻坚的难度日益加大。与此同时，少数民族聚居区农村总体发展状况并不乐观，他们主要从事传统农牧业生产，农业比较收益和劳动生产率低，农牧民收入增长困难。农村基础设施较为落后，不少行政村虽然基本实现了通路、通电、通水、通广播电视信号，但道路等级低，通达情况不容乐观（参见表8），有不少行政村的乡村公路每年可正常通行机动车的时间不足半年。水、电、通讯等设施缺乏日常维护和维修，严重影响了农村少数民族生产生活。

---

① 世界银行：《中国：推动公平的经济增长》（中文版），北京：清华大学出版社，2004 年版。
② 国务院扶贫办 2008 年数据。参见《2007 年全国农村贫困人口减少 1 378 万》，《光明日报》，2008 年 2 月 29 日第 3 版。
③ 国家民委 2007 年民族自治地方农村贫困监测数据。参见郭荆发：《我国剩余贫困人口越来越集中分布在少数民族贫困地区》，《中国民族报》，2008 年 10 月 10 日第 1 版。

表8 少数民族聚居区有交通设施的村的比重

单位:%

| 项　目 | 全国 | 内蒙古 | 广西 | 贵州 | 云南 | 青海 | 宁夏 | 新疆 | 民族聚居区 |
|---|---|---|---|---|---|---|---|---|---|
| 通公路的村 | 95.5 | 86.6 | 95.7 | 94.0 | 99.0 | 83.3 | 94.0 | 87.4 | 91.4 |
| 通公路的自然村 | 82.6 | 69.8 | 73.8 | 73.9 | 80.3 | | 84.4 | 84.9 | 77.9 |
| 按村到最近的车站、码头的距离分 | | | | | | | | | |
| 　村内有车站、码头 | 25.0 | 29.8 | 22.2 | 21.7 | 24.4 | 19.8 | 28.7 | 16.4 | 23.3 |
| 　1~3公里 | 45.2 | 32.8 | 27.5 | 27.9 | 21.9 | 31.1 | 36.9 | 36.9 | 30.7 |
| 　4~5公里 | 11.5 | 8.8 | 13.9 | 14.2 | 8.7 | 8.5 | 9.7 | 13.6 | 11.0 |
| 　6~10公里 | 10.3 | 11.0 | 20.1 | 20.1 | 16.6 | 10.9 | 10.9 | 16.1 | 15.1 |
| 　11~20公里 | 5.2 | 8.6 | 12.2 | 12.2 | 17.3 | 10.6 | 9.2 | 9.8 | 11.5 |
| 　20公里以上 | 2.8 | 9.0 | 3.8 | 3.9 | 11.1 | 19.1 | 4.6 | 7.2 | 8.4 |
| 按进村公路路面类型分 | | | | | | | | | |
| 　水泥路面 | 35.2 | 3.2 | 14.0 | 9.7 | 12.6 | 15.2 | 7.2 | 0.9 | 9.0 |
| 　柏油路面 | 26.3 | 16.9 | 14.6 | 11.5 | 11.4 | 19.4 | 47.5 | 47.5 | 24.1 |
| 　沙石路面 | 25.7 | 54.9 | 54.6 | 50.4 | 37.3 | 46.1 | 36.4 | 39.6 | 45.6 |
| 　砖、石板路面 | 1.1 | 0.3 | 0.2 | 0.3 | 0.5 | 0.1 | | 0.4 | 0.3 |
| 　其他路面 | 11.7 | 24.7 | 16.6 | 28.1 | | 19.2 | | 11.6 | 20.0 |
| 按村内主要道路路面类型分 | | | | | | | | | |
| 　水泥路面 | 27.7 | 2.6 | 7.6 | 12.0 | 16.2 | 26.7 | 11.8 | 1.1 | 11.1 |
| 　柏油路面 | 11.1 | 3.4 | 2.3 | 2.3 | 1.6 | 0.6 | 19.6 | 16.1 | 6.6 |
| 　沙石路面 | 35.7 | 52.2 | 56.5 | 44.6 | 32.7 | 36.2 | 38.5 | 54.4 | 45.0 |
| 　砖、石板路面 | 2.7 | 0.5 | 0.7 | 0.8 | 0.4 | 0.2 | | 0.5 | 0.5 |
| 　其他路面 | 22.8 | 41.3 | 32.9 | 40.3 | | 36.3 | | 27.9 | 35.7 |
| 村内主要道路有路灯的村 | 21.8 | 4.4 | 2.9 | 4.9 | 5.1 | 1.6 | 2.4 | 3.3 | 3.5 |

数据来源:全国及各省区第二次全国农业普查公报数据。截至2008年12月初,西藏自治区的第二次农业普查主要数据公报尚未正式公布。

少数民族聚居地区农村发展的严重滞后不仅明显地体现在与汉族聚居地区农村的差距上,而且还十分典型地表现在少数民族聚居区内城乡二元结构上,即城市集聚了更多的社会资本、人才、技术、公共产品,正在快速地走向现代化,城市部门的人均收入和社会福利也因此不断增进,而农村则长期处于传统生产方式下,资源配置受到很大抑制,公共产品供给缺乏,人民生活水平低下。2007年,少数民族聚居区的人均城乡收入之比为3.8，人均城乡消费支出之比为3.2，均高于全国平均水平。越不发达的地区，城乡人均收入比值越大，反映了落后地区城乡差距更大，城乡二元结构问题越严重。（参见表9）

表9 少数民族聚居区城乡差距情况（2007年）

| 地区 | | 城乡人均收入之比 | 城乡人均消费支出之比 | 人均GDP在全国的排序 |
|---|---|---|---|---|
| 少数民族聚居地区 | 内蒙古 | 3.1 | 2.9 | 16 |
| | 广西 | 3.8 | 3.0 | 17 |
| | 贵州 | 4.5 | 4.1 | 26 |
| | 云南 | 4.4 | 3.0 | 23 |
| | 西藏 | 4.0 | 3.4 | 31 |
| | 青海 | 3.8 | 3.1 | 30 |
| | 宁夏 | 3.4 | 3.1 | 29 |
| | 新疆 | 3.2 | 3.3 | 25 |
| | 八省区平均 | 3.8 | 3.2 | — |
| 对比地区 | 全国 | 3.3 | 3.1 | — |
| | 广东 | 3.1 | 3.4 | 1 |
| | 湖南 | 3.1 | 2.7 | 13 |

城市化水平低是少数民族聚居区城乡二元结构突出的体现。20世纪90年代以后，在长江三角洲、珠江三角洲、渤海湾等经济发达地区，已经逐步形成城市群、城市带发展趋势，而处于西部边疆的少数民族聚居区不仅城市数量少，而且城市分布呈散点状、中小城市少且经济实力弱、中心城市单极极化发展的特点十分突出。在八个少数民族省区中，除内蒙古、广西的城市发展相对平衡外，[①] 其他省区都十分明显地呈现出中心城市（省会所在地）单极极化发展之态势。如昆明GDP占云南省GDP总值的30%，财政收入占全省财政收入的三分之一强，工业企业、金融及社会服务业无论从数量上还是从规模上看，均主要布局于昆明地区，昆明地区的基础设施存量在全省各地州中遥遥领先，基础设施质量也大大优于其他地州。国外、省外流向云南的资金流、人才流、技术流、信息流等几乎都集聚于昆明，省内地州的资本、人才、社会消费等都聚向昆明，昆明成为云南高度极化发展的中心城市。青海、宁夏、西藏等省区中心城市极化发展的情形与云南相类似（见图9~12）。

---

① 内蒙古有呼和浩特、包头、鄂尔多斯，广西有南宁、柳州、桂林等经济实力较强的城市。

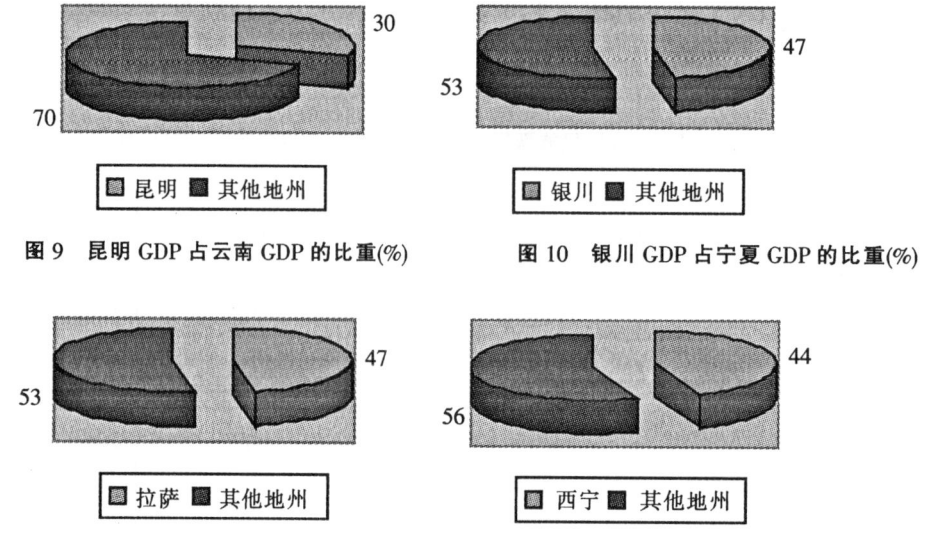

图 9　昆明 GDP 占云南 GDP 的比重(%)　　图 10　银川 GDP 占宁夏 GDP 的比重(%)

图 11　拉萨 GDP 占西藏 GDP 的比重(%)　　图 12　西宁 GDP 占青海 GDP 的比重(%)

## 三、差距产生的原因及促进发展的政策建议

历史上，受地理环境、各民族社会发展形态演进进程不一等多种因素影响，中国少数民族聚居区经济社会长期发展滞缓。中华人民共和国成立以来，中国共产党建立了新型民族关系，实施了一系列支持和帮助少数民族和民族地区发展的政策措施，特别是在推进区域平衡发展战略下，少数民族聚居区经济社会获得了很大发展，各少数民族从不同社会发展阶段共同进入了社会主义，少数民族聚居区与汉族聚居区的差距也逐步缩小。

同时，我们也要看到，中华人民共和国成立至改革开放以前地区差距的缩小，既是建立在少数民族聚居区社会主义建设事业蓬勃发展之上，也是建立在全体国民贫穷和国家总体落后的基础之上的。1978 年以来，改革开放极大地释放了中华民族的巨大创造力，中国创造了三十年经济高速增长的世界奇迹，中华大地发生了翻天覆地的变化，各族人民的生活也发生了巨大变迁。与此同时，随着改革开放的推进，一度被缩小的地区差距又重新逐渐拉大，20 世纪 90 年代，东部地区以更大的步伐加快改革进程之时，西部的少数民族聚居区的改革开放则相对滞缓；21 世纪以来，中部地区迎头赶上，而西部的少数民族地区仍然缓慢跟进。若对少数民族聚居区经济社会发展相对落后的问题不加以高度重视，不尽快解决，那么，地区经济不平衡将会影响到民族团结、社会和谐、边疆安定的大局。

对近年来中国地区差距拉大、少数民族聚居区经济社会发展相对滞后的原因探讨，已经不能简单地将其归结为历史原因、地理原因、社会原因等传统因素，而是应从制度、体制障碍上来加以深入剖析。

**（一）渐进式改革延迟了少数民族聚居区的改革进程，加快制度创新、利用后发优势赶超先进地区是加快少数民族聚居区发展的关键选择**

中国是一个幅员辽阔的大国，在综合国力尚十分薄弱和人们思想长期受计划经济体制桎梏的改革开放初期，中国的改革进程只能选择"先让一部分人富起来"的渐进方式逐步推进。东部地区因其地缘优势获得了改革开放的先机，而处于西部地区和边疆地区的少数民族聚居区则在渐进式改革政策的影响下改革进程相对缓慢。1979 年，深圳、珠海、厦门、汕头经济特区设立，珠江三角洲成为首先享受改革开放特殊政策的区域；1984 年，沿海十四个城市被国务院批准为首批对外开放城市；1992 年，中共中央、国务院又决定对五个长江沿岸城市，东北、西南和西北地区十三个边境市、县，十一个内陆地区省会（首府）城市实行沿海开放城市的政策。从城市开放进程来看，少数民族聚居区城市开放的时间比广东整整晚了 12 年。其他方面的改革也同样存在类似的"时滞"（time lag）问题。

1993 年，建立现代企业制度的国有企业改革已经在全国拉开序幕，而少数民族聚居区大规模国有企业改制是在 20 世纪 90 年代末期和 21 世纪初期完成的。就连在全国推进最快的农村家庭联产承包责任制改革，早在 1982 年初中央就下发了文件，而少数民族聚居区农村家庭联产承包责任制的全面实施是在 1984 年，最迟的地区在 1987 年完成。

与此同时，随着计划经济向市场经济体制转变，在计划经济条件下制定形成的许多少数民族经济政策已经失去原有的作用，或失去其客观存在的基础。如分税制的改革使少数民族聚居区多项税收优惠政策相继失去作用而名存实亡；市场经济的建立使形成于计划经济的民族贸易政策基本上全部失去功能。一些开发政策因受西部大开发战略、市场经济以及政府对少数民族聚居区市场缺乏相应保护性政策措施等因素的影响，实施成本不断增加，面临着贯彻执行难度不断增大的严峻考验。截至 2001 年颁布执行的少数民族经济政策共有 123 项，其中能够继续执行的只有 78 项，平均稳定程度为 63.41%，说明少数民族经济政策变更频率较高，稳定程度相对较低，连续性相对较差。①

"九五"计划以来，中央经济方针日益强调经济的均衡增长，特别关注落后地区的发展，少数民族聚居区改革开放进程才得以加快。进入 21 世纪，各种旨在促进边疆地区、少数民族和民族地区发展的多项扶持政策陆续实施，中央对少数民族聚居区的财政支持力度大大加强，有力地推动了少数民族聚居区的基础设施建设和各项社会事业的发展，有效拉动了民营经济的投资活动。改革开放的第三个十年，成了少数民族聚居区区域发展最快的十年。本文图 1、图 2、图 3、图 4 分别显示了少数民族聚居区 1978、1988、1998、2007 年的主要经济指标变动数据。图表数据表明，少数民族聚居区各项经济指标大幅度上升的时期主要是在 1998~2007 年这 10 年。可以说，在改革开放期间的前二十年，少数民族聚居区的改革进程十分缓慢，直到 20 世纪 90 年代末以后，改革开放的步伐才加大，改革开放的成果也才显著地在少数民族聚居区经济生活的各方面变化体现出来。

新增长理论认为，落后地区具有可以大量采用和借鉴先发国家或地区成熟的计划、技术、设备以及与其相适应的组织结构，并且可以有效利用先发国家或地区在资本和技术上的帮助，借鉴学习先发国家或地区的成功经验和吸取教训，形成落后地区的"后发优势"，快速赶超先进地区。三十年来少数民族聚居区巨大变迁和三十年来与汉族聚居区发展差距的不断扩大，使少数民族聚居区更加深刻地感受到了深化改革、扩大开放的重要性。少数民族聚居区的经济抑制实质上是制度抑制，只有不断进行制度创新，深化经济体制改革，建立和完善市场经济，少数民族聚居区才能够走向快速发展和追赶先进地区的新发展阶段。

**（二）少数民族聚居区传统的以不可再生资源开发为主导的发展战略不利于地区竞争优势形成，合理利用地区资源优势，改变发展战略是实现地区新竞争力的必要条件**

资源丰饶一直是对少数民族聚居区的经济优势评价。利用资源比较优势，以资源开发为主促进地区经济增长，是长期以来少数民族各省区区域发展战略的选择，也是国家产业政策的导向。从 20 世纪 60、70 年代大规模进行"三线"建设，到 80、90 年代各省区加快工业化进程的努力，到 21 世纪初期的"西部大开发"，从中央政府到地方政府，在产业政策制定中无不以发展资源开发型工业为其主导，尤其重视矿产、能源等不可再生资源的开发。少数民族聚居区的资源密集型工业比重高，具有典型的资源密集型工业结构特征（见表 10）。②

---

① 温军：《民族与发展：新的现代化追赶战略》，北京：清华大学出版社，2004 年版。
② 温军：《民族与发展：新的现代化追赶战略》，北京：清华大学出版社，2004 年版。

表 10　少数民族聚居区呈典型资源型工业结构特征 (1999 年)

| 地区 | 工业总产值/亿元 | 资源密集型工业产值占工业总产值比重% | 非资源密集型工业产值占工业总产值比重% |
| --- | --- | --- | --- |
| 内蒙古 | 640.68 | 73.71 | 26.29 |
| 广　西 | 911.00 | 66.89 | 33.11 |
| 贵　州 | 551.93 | 72.97 | 27.03 |
| 云　南 | 1 002.88 | 82.64 | 17.36 |
| 西　藏 | 14.98 | 96.26 | 3.74 |
| 青　海 | 160.77 | 85.20 | 14.80 |
| 宁　夏 | 197.66 | 71.89 | 28.11 |
| 新　疆 | 725.06 | 85.69 | 14.31 |
| 全　国 | 72 707.04 | 54.75 | 45.25 |

资料来源：温军：《民族与发展：新的现代化追赶战略》，北京：清华大学出版社，2004 年版，P.129。

说明：因原表所指的少数民族聚居地区的涵盖省区与本文的不一致，本文引用时省略了原表部分省区的数据。

根据资源丰裕优势选择资源密集型工业发展战略，从短期来看，较为适宜地利用了地区比较优势，能尽快形成生产力和经济优势。然而，建立在资源利用上，尤其是不可再生资源利用上的工业化战略，从长期来看是不可持续的发展，产业开发的规模越大、速度越快，资源的耗竭时间就越加速，环境污染问题也越严重，经济和社会的不可持续问题也将随着资源产业的深度开发而日益凸现出来。特别是以矿产等不可再生资源的高消耗来支撑工业化的快速发展，其实质是以"高投入、高消耗、高消费、高污染"为特征，形成了"以大项目建设为主体，以能源原材料工业基地建设为重点，以国家投入为主渠道"的区域开发模式。① 由此导致少数民族聚居区的经济发展动力主要依靠国家投资，一旦国家投资减少或国家对资源型产业的支持削弱，少数民族聚居区的工业经济就面临大幅度滑落，区域发展的支撑力就会大大削弱。而且，这些工业企业与当地少数民族经济活动关联程度甚微，致使少数民族经济与少数民族地区工业化进程相互隔离、各成体系，难以真正带动促进各少数民族自身的变革与发展。②

如何既将少数民族聚居区资源丰裕的优势加以利用，同时又避免资源过度开发对经济社会产生的不可持续发展的不良后果？如何加强企业在国际国内市场上的竞争力，同时又能有效地产生经济扩散效应，拉动少数民族聚居区整体经济的发展？这就需要合理利用地区资源丰裕的比较优势，改变传统的地区发展战略，从以不可再生资源开发为主导转向以可再生资源开发为主导，发展高度加工结构的工业产业和劳动密集型产业，以产业结构的转换和产业结构的高度化，推进少数民族聚居区新型工业化进程。

近年来，内蒙古利用草场资源优势，大力发展现代畜牧业，促进奶制品、牛羊肉等产品的深度加工，形成了具有竞争优势的特色现代农牧业，不仅有效地提升了地方经济发展，而且密切了城乡经济联系，使广大农牧民分享到了工业经济利益，2007 年内蒙古农牧民人均纯收入达到 3 953 元，是少数民族八省区中唯一超过全国农民人均纯收入的省区。云南自 20 世纪 90 年代以来把建设绿色经济强省作为云南三大发展战略之一，充分吸收高新技术发展的成果，大力发展生物资源产业，生物制药业、生物化工等新兴产业发展势头良好。这些省区的产业结构转换，以及由此而逐步形成的新竞争优势，为少数民族聚居区发展战略的转换提供了可借鉴的经验。

当前世界范围的金融危机已经从金融领域延伸到实体经济，沿海地区出口导向型和劳动密集型产业受到了很大的冲击，少数民族聚居区矿产资源开发产业也同样深受金融危机的影响。中国产业正面

---

① 陆大道、刘毅主编：《中国区域发展报告 2000》，北京：商务印书馆，2001 年版。
② 陈庆德：《中国少数民族经济开发概论》，北京：民族出版社，1994 年版。

临着一次重大的调整，加快产业结构调整，促进东、中、西部产业雁阵模式发展，推动产业结构高度化是应对金融危机，在危机中获得新生的必然选择。少数民族聚居地区应充分利用这次国内产业重新洗牌和布局的机会，适时制定新的产业发展战略，推动区域经济可持续发展。

**（三）市场化进程缓慢制约了少数民族聚居区经济发展，建立一体化的市场是突破地域封闭的条件所在**

改革开放以来，中国区域经济事实上形成了"马太效应"。多数学者认为，这是市场一体化的结果，即随着市场经济体制的逐步建立，生产要素的区域流动加快，落后地区由于低资本收益率、低劳动生产率、低劳动报酬率，致使其可流动生产要素流向发达地区，加剧了落后地区的资本短缺、人才短缺，使区域经济陷入"贫困的恶性循环"。这种观点常被用于解释少数民族聚居区的经济落后和差距拉大。

这种解释从表象上看似很有说服力，实质上并非如此。市场一体化进程不是少数民族聚居区落后的原因，相反，少数民族聚居区发展滞后是市场化进程缓慢所造成的。

中国东部地区发展的经验表明，以市场为导向的民营经济是中国经济最具活力的部分。而在西部地区尤其是少数民族聚居区，民营经济的发展虽然取得了一定的成就，但与中、东部地区相比，国有经济比重仍然过大（见表11）。尤其是地区主导产业或对地区经济贡献大的大型企业，基本上是国有控股企业。尽管国有企业通过改制，一定程度上解决了产权问题所带来的发展困境，但仍然存在受国家产业政策影响大、企业进入和退出门槛高、瞄准市场的灵敏度不够等等问题，这些问题都不同程度影响着企业核心竞争力的形成。此外，少数民族聚居区的一些优势产业和主导产业在生产、经营、定价等方面还仍然受到国家计划的严格控制。例如，烟草产业是云南最重要的支柱产业，2007年烟草产业利税超过600亿元，而且云南1 000多万烟农以种烟为主要经济收入来源。但烟草产业是国家专卖控制的产业，在生产计划、市场份额、销售渠道等多环节受到国家严格的计划控制，使云南烟草产业在做大做强方面受到不小影响。又如，少数民族聚居区是国家重要的能源生产基地，在"西电东送""西气东输"的国家能源政策的宏观调控下，少数民族聚居区各大电站生产出来的水电火电，以较低的上网电价输送到东部地区，而少数民聚居区区域内的工业企业缺电问题十分严重，甚至广大少数民族群众的生活用电都出现季节性供应紧张状况。这些问题的存在，无不表明，少数民族聚居区的市场发育程度低，市场分割问题仍然十分严重。

表11 东中西部民营经济发展比较（2005年）

| 指 标 | | 东部11省区 | 中部8省区 | 西部12省区 | 全 国 |
|---|---|---|---|---|---|
| 规模以上工业 | 总产值（亿元） | 97 524.2 | 18 778.5 | 12 413.52 | 128 716.25 |
| | 国有比重% | 25.5 | 56.2 | 57.6 | 33.0 |
| | 民营比重% | 74.5 | 43.8 | 42.4 | 67.0 |
| 全社会固定资产投资 | 总额（亿元） | 32 140.13 | 11 620.72 | 10 843.5 | 55 566.61 |
| | 国有比重% | 51.9 | 52.9 | 56.7 | 53.4 |
| | 民营比重% | 48.1 | 47.1 | 43.3 | 46.6 |

资料来源：王来喜：《西部民族地区"富饶的贫困"之经济学解说》，《社会科学战线》，2007年第5期。

非公有经济的发展，一定程度上代表了市场化进程。2008年11月29日，贵州省发布了《改革开放三十年贵州省非公有经济发展报告》，报告指出，截至2007年底，全省私营企业达到54 812户，注册资本777.44亿元；个体工商户发展到50.77万户。经过30年的发展，非公有制经济创造的生产总值占全省国内生产总值的比重由1%左右上升到31.3%，非公有制工业企业总产值占全省工业总产值的比重由不足4%上升到44%，非公有制商业占全省社会消费品零售总额的比重由7%左右上升到57.2%。非公有制经济提供的财政收入和上缴税收均占全省总量的三分之一。报告同时指出，贵州省非公有制经济在取得长足发展的同时，与全国和周边省市相比，依然存在企业产权不明晰、规模偏小、经济实力弱、产业结构不合理、产品技术含量低、经营观念落后等明显差距。① 这份报告一方面反映了贵州改革开放三十年来非公有经济发展的成绩,同时无论从统计数据上还是文字分析上,也反映出了贵州省非公有经济发展仍然相对滞缓的现状。其他少数民族省区也同样存在相类似的问题。

中国国内市场仍然存在着的商品和劳务市场的分割、劳动力市场的不完全性、金融市场在地域上和行业上的分割等问题。② 这些问题在少数民族聚居区显得尤为明显,市场发展的不完全性和市场的区域分割性使少数民族聚居区与汉族聚居区在经济互动关系中处于弱势。改革开放以来,我国政府致力于推动中国经济走向世界,加入WTO就是向世界经济一体化迈进的重要一步。有关研究表明,中国积极参与国际分工和国际贸易,促进国际经济合作有利于提升中国的劳动力价格、降低中国的资金价格和资本品价格、提高国家福利(见表12)。同样,大力培育市场,加快少数民族聚居区与汉族聚居区的市场一体化进程,对提高少数民族聚居区的生产要素回报率,提高国民福利也具有重要意义。

表12 中国加入WTO对实际要素价格的预期影响(2001~2007年)

| 项 目 | 初始情况 | 熟练劳动力增长率提高 | 熟练劳动力增长率提高且人口自由流动 |
|---|---|---|---|
| 非熟练农业劳动力的工资 | -0.7 | 1.6 | 19.4 |
| 土地租金 | -5.5 | -6.4 | -10.5 |
| 非熟练的非农业劳动力的工资 | 1.2 | 2.7 | -2.5 |
| 熟练劳动力的工资 | 0.8 | -6.3 | -8.7 |
| 资本的租赁价格 | 1.3 | 0.9 | -1.8 |
| 资本品的价格 | -0.9 | -1.1 | -3.9 |
| 人口流动(百万)a | 6 | 10 | 32 |
| 国家福利(美元,十亿美元)b | 10 | 10 | 11 |

注:a. 希望进入非农业就业的农业人口。b. 以1997年美元价格表示的国家福利水平的变化。
资料来源:Lanchovichina and Marin(2002),转引自世界银行:《中国:推动公平的经济增长》,清华大学出版社,2004年版,P.62。

为此,要加快缩小少数民族地区与汉族地区之间的发展差距,既不能采取脱离少数民族地区实际现实情况的"跨越式"发展,也不能完全指望中央政府大规模的"输血",而是应从促进国际国内经济一体化这一目标出发,加快少数民族聚居区的制度创新,加快国有企业改革的步伐,加大扶持民营经济的发展,尽快清除不利于生产要素自由流动的各种制度障碍,加速少数民族聚居区的市场化进程。只有这样,威廉姆森"倒U"模型才能在中国少数民族聚居区的发展实践中应验,各族人民"共同繁荣发展"的社会主义建设事业才能不断走向辉煌。

**(四)知识落后是少数民族聚居区发展的严重障碍,促进知识发展是少数民族聚居区获取未来持续竞争力的重要保障**

创新是区域发展的动力机制。创新是将知识转化为新产品、新工艺和新服务的过程。③ 少数民族聚居区经济发展的滞后,与其区域内部人力资本存量少,知识发展落后有极为密切的关系。

改革开放以来,少数民族聚居区教育水平有了长足的进步,但是,人口的文化程度整体水平较

---

① 贵州省委统战部、省工商联、省中小企业局:《改革开放三十年贵州省非公有制经济发展报告》。参见《贵州日报》,2008年12月1日第1版。
② 世界银行:《中国:推动公平的经济增长》(中文版),北京:清华大学出版社,2004年版。
③ 中国科技发展战略研究小组:《中国区域创新能力报告2003》,北京:经济管理出版社,2004年版。

低，人力资本存量普遍较低（见表13）。知识发展落后严重制约了少数民族聚居区经济创新能力的发展。表现在区域创新能力上，少数民族聚居区在R&D开发投入、新产品的设计能力、生产和制造能力、新产品产出水平、高新技术的引进和吸收、高新技术产业的成长、劳动生产率的提高等诸多方面，都远远落后于东部地区，低于全国平均水平。

表13 少数民族聚居区人口受教育程度构成及人力资本存量（1999年）

| 地 区 | 不识字/% | 小学/% | 初中/% | 高中/% | 大专及以上/% | 平均受教育年限/年 |
|---|---|---|---|---|---|---|
| 内蒙古 | 13.59 | 31.82 | 31.88 | 13.05 | 3.57 | 6.92 |
| 广 西 | 10.34 | 44.15 | 31.18 | 6.64 | 0.80 | 6.38 |
| 贵 州 | 19.03 | 40.83 | 21.20 | 6.36 | 2.02 | 5.44 |
| 云 南 | 19.00 | 45.12 | 20.40 | 4.47 | 1.08 | 5.25 |
| 西 藏 | 47.27 | 37.37 | 3.80 | 0.28 | 0.08 | 2.63 |
| 青 海 | 25.76 | 31.57 | 19.73 | 9.63 | 3.61 | 5.40 |
| 宁 夏 | 18.34 | 31.29 | 28.28 | 9.47 | 2.93 | 6.03 |
| 新 疆 | 8.11 | 36.19 | 27.26 | 12.95 | 6.69 | 7.25 |
| 全 国 | 12.23 | 35.56 | 31.71 | 9.89 | 2.85 | 6.63 |

说明：人力资本存量又称人口平均受教育年限，人口平均受教育年限＝大学文化程度人口占总人口比重×16年＋高中文化程度人口占总人口比重×12年＋初中文化程度人口占总人口比重×9年＋小学文化程度人口占总人口比重×6年。

资料来源：温军：《民族与发展：新的现代化追赶战略》，北京：清华大学出版社，2004年版，第105～106页。

少数民族聚居区农村劳动力的教育程度偏低问题更加严重。农村劳动力文化素质偏低，很大程度上制约了农业现代化和以市场为导向发展特色农业，传统农业向现代农业转换困难重重。而且，在农村剩余劳动力外流城市务工的大潮中，这些文化基础差、知识积累少的农民只能作为非熟练工人从事体力性劳动，不仅工薪报酬偏低，而且他们在外出务工中通过"干中学"吸收新知识和新技能也受到了限制。换句话说，即便是劳动力流动是完全的、无障碍的，少数民族聚居区劳动力素质低下也大大延缓了知识在区域间的流动和扩散。

加强少数民族聚居区基础教育和职业教育，是促进少数民族聚居区知识发展的必要条件。获得学校教育和终身教育的机会既是一种社会福利，对广大少数民族群众而言，还是社会平等和人的自由发展的基础。由此可见，加大对少数民族聚居区的教育投入，促进少数民族聚居区教育发展问题在建设社会主义和谐社会中更显得紧迫。此外，支持少数民族聚居区R&D活动，加大对少数民族聚居区高等教育的扶持力度，推动高新产业发展，鼓励高技术人才向少数民族聚居区流动等等措施，都是促进少数民族聚居区知识发展，促进区域创新能力不断提高，形成未来持久竞争力的重要保障。

# 乡村文化产业发展的路径及意义
## ——以云南省为例①

马翀炜　孙美璆　李德建*

**摘　要**：云南省乡村文化产业经过二十多年的探索，现已呈现出蓬勃发展之势。在依托旅游业发展、开拓市场的过程中，云南乡村文化产业化逐步探索出了如下几种路径：日常生活用品向民族工艺产品转化；民族歌舞转化为民族歌舞演艺业；独特的民俗风情与优美的自然景观结合开发；传统民族艺术品转化为文化产品；传统民居的开发利用。乡村文化产业的发展不仅促进了当地的经济增长，提高了村民参与市场经济的能力，而且使社区的组织结构得到了改善。乡村文化产业在新农村建设中发挥了十分重要的作用。

**关键词**：民族文化；乡村文化产业；云南省

文化产业的发展需要以丰富的民族文化资源为基础。云南省26个世居民族文化资源的原始性、丰富性、厚重性为世所罕见。丰富的民族文化资源为云南文化产业的发展提供了良好的资源保证，云南省有别于其他地区的发展文化产业的独特优势，就在于民族文化资源的丰富性。云南文化多样性之根在于广大的乡村。乡村是少数民族多元共存文化的家园。乡村文化产业的发展既可以促进文化事业兴旺、繁荣民族文化，又可以使民族文化的发展与保护有机结合。尤其能体现出文化产业发展要坚持经济效益与社会效益统一的原则。乡村文化产业可以为云南建设民族文化强省，实现经济社会的全面协调可持续发展，构建社会主义和谐社会打下坚实基础。为了更好地发展云南乡村文化产业，对云南乡村文化产业发展的历史及现状、产业化路径以及发展乡村文化产业的意义等方面做出探索性的研究是十分必要的。

## 一、云南省乡村文化产业发展历程回顾

云南省位于我国西南边疆。地形复杂，气候多样，自然景观千差万别。云南省是我国民族种类最多的省份，26个民族世居在这里，除汉族外的25个少数民族中，有15个是云南独有的民族，各民族在长期的历史发展中形成了各自不同的生产、生活方式，进而形成了云南民族文化的丰富多样性。目前，云南已收集到民歌2万多首、舞蹈6 718套、戏剧2 000多个、器乐200多种、叙事长诗50多部；云南省拥有品种繁多的民族民间工艺品，异彩纷呈的民族服饰，丰富多彩的节庆活动，各具特色的美食佳肴等等。这些丰富的文化资源为文化产业发展提供了得天独厚的有利条件。在云南省近20

---

① 本文为云南省哲学社会科学规划课题："云南少数民族地区传统文化对经济发展的作用研究"及云南省哲学社会科学研究基地课题："云南乡村文化建设与产业发展研究"的阶段性成果。本文所用的资料，除注明者外都来自课题组的实地调查。

\* 马翀炜，云南大学西南边疆少数民族研究中心研究员；
孙美璆，云南大学文化产业研究院博士研究生；
李德建，云南大学文化产业研究院硕士研究生。

年的乡村文化产业发展过程中，大体上走过了村民自发性参与、政府倡导发展和多方力量共同参与发展三个发展阶段。而每一个阶段都与利用丰富的民族文化资源密不可分。

### （一）村民自发参与发展乡村文化产业阶段

20世纪80年代，云南的旅游业处于刚刚起步时期，乡村民族文化产业也随之有了一些自发性的实践活动。这些实践首先出现在旅游业相对发达的地区。这些景区周边的村民在满足了自用的同时，也借助于旅游市场销售一些自制的小商品。如石林旅游风景区周边的一些彝族村民就曾将传统的彝族刺绣品拿到风景区出售。在西双版纳旅游业发展之初，曼听和曼春满两个村寨由于其浓郁的傣族风情、优越的生态环境和便利的交通，逐步由贵宾参观点发展为大众旅游景点。村民依托良好的自然景观和独特的民风民俗，自发地开展乡村文化产业活动。这些活动不仅丰富了旅游景区的旅游活动内容，也增加了村民的经济收益。但是，由于这些乡村文化产品的生产活动基本上属于村民的自发行为，因此发展规模较小、组织比较松散，尚处于自发发展的状态。

### （二）政府倡导发展乡村文化产业阶段

20世纪90年代，云南旅游业进入快速发展时期，云南乡村文化产业也进入了一个有意识有目的的发展阶段。1992年，云南省政府在西双版纳召开旅游发展大会，提出积极发展边境旅游、民族文化旅游和乡村旅游；1994年，省政府又在滇西北召开现场办公会议，提出依托自然景观、民族文化、村寨特色，加快发展以体验自然风光、领略民族风情、感受乡村民俗为内容的观光旅游；1996年，提出建设文化大省的目标之后，全省乡村旅游迅速发展，从而带动了其他类型的乡村民族文化产业的发展。

### （三）多方力量共同参与发展乡村文化产业阶段

进入21世纪以后，云南省进入了大力发展文化产业时期，云南民族民间乡土文化的市场化、产业化迅速展开，取得了巨大的经济效益和社会效益，并已形成燎原之势。如鹤庆县新华村、剑川县狮河村、腾冲县和顺乡、石林县阿着底村等等。这些地方都已把民族民间文化产业做得红红火火。像歌舞、木雕、金属手工品、扎染、刺绣、制陶、民族服饰、民族饮食、民族节日等也已成为乡村文化产业发展的极为重要的项目。参与乡村文化产业发展的主体呈多样化的趋势，这些主体包括政府、村民、文化企业等。

目前，云南乡村文化产业已经形成了一定的规模。全省形成了滇中—滇西北—滇西—滇南几大市场为主要核心区域和发展重点的基本布局，带动了整个乡村文化业的发展。从整体上看，云南省的乡村文化业处于一个迅速崛起的时期，在产业格局转变、村民生活改善、民族文化保护等方面都取得了长足的进步。

## 二、云南省乡村文化产业发展的路径

从总体上看，云南省乡村文化产业主要是依托旅游业的发展来开拓市场的。文化资源在更为广阔的空间中转化成为文化资本。由于资源禀赋的不同，发展背景的不同以及运用开放手段及组织方式的不同等原因，云南省乡村文化产业发展也呈现出不同的模式特点。在对云南省乡村文化产业做出初步的考察之后，我们可以初步总结出这样几种产业化路径：

第一，日常生活用品向民族工艺产品的转化。云南少数民族的许多日常生活用品，因其具有较为浓厚的民族审美文化特色，在现代市场条件下，其实用功能逐步被审美功能所取代而开始转化为旅游工艺品。如剑川县甸南乡狮河村的木雕制品、鹤庆县新华村白族的铜银制品、新平县嘎洒乡土锅寨傣族的土陶制品、白族的扎染制品、许多民族的竹编制品等等都开始从生活用品向旅游工艺品转化。

以剑川县狮河木雕为例。剑川县的乡村民间木雕工艺源远流长，1996年被文化部授予"中国木雕艺术之乡"的称号。近年来，剑川县狮河村发展迅猛，成了远近闻名的木雕村。全村90%以上的人家从事木雕生产，男性女性都参与其中，家家户户参与加工，人人都是能工巧匠。由于工艺精良，木雕风格独具，木雕产品远销日、美、英、德、法、印尼、马来西亚、加拿大以及港澳等许多国家和地区。木雕成为狮河最为重要的支柱产业，狮河也成为远近闻名的"木雕工艺专业村"。在木雕产业发展起来之后，狮河村开始出现了专业分工，涌现出一大批技艺超群的设计师、工艺美术师和雕刻师，分工与协作进一步增强。全村基本上形成了"公司+农户"的生产经营格局，出现了向规模化、集团化发展的良好势头。目前狮河村有32个木雕工艺能人大户，拥有厂房128间，占地5 668平方米，在外地拥有63个经营网点。在协会的统一管理下，这些大户带动本村和邻近8个村的6 641人从事木雕专业化生产。协会还发挥了统一组织、统一品牌、统一原料、统一订单4大功能，木雕产品从传统的花草图案为主，向复杂的形式多样的工艺品转化。狮河木雕还创立了自己的品牌，本村所生产的木雕产品以及对外承包工程都以"狮河木雕"这一品牌来订单。2004年狮河村被云南省政府命名为文化旅游木雕村和民俗文化试点村，剑川木雕作为一项文化产业，在狮河真正找到了文化与经济的结合点。

又如鹤庆县新华村，该村白族的铜银制品已有600多年的历史，新华村1999年成立旅游开发公司，引导个体手工艺者进行投资开发，形成产业化经营。新华村的银制手工艺品以传统工艺为基础，沿袭家庭作坊、手工制作、个体经营模式，逐步走上规模化生产经营的道路，基本上形成"一村一业、一户一品、前店后厂"的生产格局。手工艺制品包括生活、宗教、装饰、收藏等大类，风格多样，手工精湛、精美绝伦，畅销全国，远销美国、法国、印度、尼泊尔、中国香港、中国台湾等国家和地区。他们制作的以九龙火锅为代表的火锅系列，以银碗银筷为代表的餐具系列等三类生活用品以及宗教用品、装饰用品、收藏品等几大系列近百类上千个品种。特别是该村制作的佛教文化用品更是畅销于包括印度佛教、汉地佛教、藏传佛教和南传上座部佛教在内的几乎整个佛教文化圈。目前，新华村全村1 100多户中有800多户从事手工艺品制作。

新平县嘎洒乡土锅寨傣族的土陶制作也有了很大的发展。嘎洒土锅寨村民祖祖辈辈以制作土陶制品闻名。目前，这些传统特色的土陶制品依然还是生活用品，但随着外界人士对土锅寨手制土陶的关注与引导，各种装饰性土陶制品开始大量涌现。这些新创的土陶制品并不属于家用产品，更多的是销售给游客和旅游公司。

扎染是大理白族创造出的一种奇特的染织技术。扎染布那超然随意的花形，舒适天然的触摸感为来大理的游客所喜爱，周城是大理地区最大的白族村寨，人口超过1万人。依靠开发传统的民族手工艺——扎染，周城成为远近闻名的小康村。目前，周城全村从事扎染品加工的较大18户私营户主，从事刺绣的80多户，带动了5 000多剩余劳动力从事扎染及系列产品加工，产品远销日本、美国、新加坡等地。2006年，周城村经济总收入完成32 880万元，扎染、刺绣、旅游餐饮服务业的收入达25 000万元，占全村经济总收入的76%，人均年纯收入达4 447元。在大理市蝴蝶泉边的周城作为大理的扎染中心带动了大理其他村寨、巍山等县的扎染和刺绣。据不完全统计，为这些扎染厂扎花的人员已达1万多户、2万多人。

云南少数民族服饰文化的多样性和独特性，在全国来讲都是首屈一指的。在千百年来的生产生活中，少数民族妇女通常是自己制作服饰，从而积累了丰富的民族服饰制作工艺。在许多旅游景区周边地区，刺绣品已经更多地以工艺品而不是生活用品的形式出现。以石林县有名的刺绣专业村阿着底村为例。村中的妇女人人都会传统的手工刺绣，刺绣纹样基本保持彝族的原始样式。阿着底村的刺绣工艺品是在长期的历史发展中逐渐实现商品化的，过去村中妇女农闲时的挑花刺绣一般都是用于个人民族服装的装饰，多为自用。1996年成立村民为企业法人的普氏民间民族传统刺绣品厂，在多年的实践之后，该村"公司+农户"的生产、销售运行机制不断得到完善。普氏刺绣厂已有固定资产100多万元，固定职工18名，带动了周边6个村、石林县城以及楚雄州等地2 000多名乡村彝族妇女及城镇下岗女工为绣品厂加工绣片，个人最高收入达到8 000元，最低收入也有2 000元，刺绣厂年产值达90万元。民族刺绣品的加工销售成为当地彝族发展农村经济的又一项重要来源。2005年3月，成立了石林阿着底民族刺绣产品开发技术协会。使民族刺绣真正走上规范化、产业化的发展道路。将日常生活用品转化为民族工艺产品的事例还有很多，其经济效益和社会效益大都十分显著。

第二，在乡村文化产业发展过程中，将民族歌舞转化为民族歌舞演艺业也同样取得了良好效果的。"会说话就会唱歌，会走路就会跳舞"是对云南少数民族能歌善舞的生动写照。云南农村蕴涵着丰富的民族歌舞音乐等文化资源。随着文化产业的深入发展，人们逐步意识到这些文化资源都是可以转化为文化产品，从而取得经济效益和社会效益的。

石屏县哨冲乡保存着独具特色的民族文化。最具滇南彝族歌舞特色的是海菜腔和烟盒舞。2001年被文化部命名为"中国少数民族民间艺术之乡"。海菜腔随着李怀秀、李怀福姐弟在国家级舞台上不断获得各类"原生态演唱"比赛的大奖而名声大振。这些歌舞原是彝族人在劳动之余和节庆活动时的娱乐活动，现在已经走上了产业化的发展道路。成为当地人展现自己的民族文化和增加经济收入的一条行之有效的途径。为了提高演艺水平，他们对舞蹈的各个动作都做了加工和雕琢，成为被许多艺术家称赞的"绝妙艺术"。此外，黄草坝村的女子舞龙队表现得十分活跃。这个女子舞龙队有两个特点，一是耍龙的队伍都由村子里的妇女组成，二是她们的龙形态特别，龙身用木凳自由组合，显得短小灵活，既好看，又好耍，在国内众多耍龙队伍里也算是独具特色。1999年，镇内的彝家女子舞龙队前往北京参加全国庆祝澳门回归文艺表演，获得民间艺术金奖。舞龙原本是当地彝族人在传统节日中才举行的，但现在她们已经开始在年节之外进行表演了，不仅在当地为游客们表演，而且还经常受邀到外地演出。经济效益十分明显。

在一些乡村，有表演才能的农户，在自娱自乐的同时，也开始组建文化表演队，例如富源县农村文化户开始成为乡村文化产业发展的新生力量。近年来，在当地政府的支持下，发展农村文化户140户，由147名农民演员组建了16支业余文艺演出队，他们常年活跃在全县广大农村，进行文艺表演。据不完全统计，全县个体文化户每年的经营收入可达到800余万元。陆良县在2007年就有农民"文化户"139户，年平均演出4 600场以上，观众达到220余万人次，年经营总收入达到400余万元。文化专业户的表演，一方面丰富了农村的文化生活，因为演的多是当地人身边的事，所以比较受当地百姓的欢迎，另一方面，这些演出也有了相当丰厚的经济回报。

第三，利用特有的民族民俗风情，依托优美的自然景观开发乡村旅游是乡村文化业发展的又一个重要途径。西双版纳的傣族园就是利用保存完好的傣族民族文化特色开展旅游产业的。傣族园里有保存完好的傣族自然村落群，悠久的傣族民族历史、富有特色的民族歌舞、服饰、饮食等。在傣族园的运作中，实行的是"公司+农户"的经营模式，即村民提供村寨资源，以其世代所居的干栏式竹楼建筑群落、自然生态环境、田园风光以及古老的佛教文化、长期生活劳作中所形成的丰富多彩的民族文化构成景区的主背景，公司以资金形式投入对景区基础设施、接待环境进行改造，负责总体经营及管理。公司积极调动村民的积极性深入挖掘民族文化资源，开发文化旅游产品；同时也引导村民多渠道积极投入到旅游活动中来。傣族园现有员工1 184人，其中村民员工占82%，共971人，截至2006年底，傣族园累计接待游客290万人次，累计实现门票收入6 300余万元，上交税收280万元，仅2006年收入达到1 633万元。创造就业机会近1 000余个，景区内五寨村民人均实现年旅游收入5 000元，年实现社会综合效益5 000余万元，经济效益和社会效益都得到了实现。

第四，对传统民族艺术进行进一步的挖掘整理，引导这些艺术品走向市场是一些地区进行乡村文化产业发展的方法。马关县仁和镇阿峨新寨的版画市场化是这一模式的典型代表。阿峨寨全村104户人家，其中壮族93户，占90%以上，和大多数壮族村寨一样，阿峨新寨的村民世代以农耕为生。版画在阿峨新寨普遍受到喜爱，几乎每家每户都制作版画，一家有2~3个人参加是常事。为了使阿峨版画成为有影响力的文化产业，2000年，马关县政府把阿峨新寨壮族农民版画列入"第十个五年计划"项目，作为马关的民族文化产品加以扶持和发展。2001年，又拨了专项经费，保证农民版画的正常运行。同年，县文化馆发放了大量的木板，希望培养一批素质较高的农民版画家，使一部分人率先成为"版画专业户"，做到了社会效益、经济效益双丰收。现在，阿峨新寨的版画产业有了很大的发展。

第五，利用传统文化古镇、民居发展文化旅游业也是云南乡村文化产业发展的一大特色。在发展文化旅游业方面，禄丰县黑井古镇具有典型的示范带动作用。1995年黑井被列为省级历史文化名镇，2001年黑井引进昆明投资商，成立了云南禄丰黑井古镇旅游开发公司，投入160万元，按照"修旧如旧"的原则,对岌岌可危的古建筑进行保护性开发,建成集吃、住、娱乐为一体的展示盐文化和古建筑的旅游景点。2002年春节投资商在昆明投入20多万元宣传经费,大力宣传黑井古镇,在昆明市场上掀起了黑井旅游热,使黑井古镇成为昆明等地游客经常会光顾的旅游目的地之一,面对良好的市场前景,旅游公司又投资30多万元恢复古法制盐作坊。现在,黑井镇居民切身体验到发展旅游所带来的好处,主动参与开发的积极性空前高涨,全镇旅游接待床位从初期的300余张增加至1 000余张,增长近4倍,旅馆从10多家增长至30多家,但在每年3个黄金周期间还是难以满足各方游客的消费需要。自2001年以来,黑井镇接待游客20余万人次,文化旅游业已经成为保护和开发黑井古镇的重要途径,已经成为当地群众脱贫致富奔小康的特色支柱产业。

腾冲县的一个小镇和顺乡,2006年被CCTV评为中国十大魅力名镇之首,和顺古镇依山傍水,青幽秀丽,大盈江蜿蜒环绕,与远方的火山群相互辉映,形成完美和谐的景致。和顺别具一格的"三房一照壁"、"四合五天井"以及火山石镶砌的墙基、走廊、洗衣亭、街巷等,历数百年风雨而独具星罗棋布的唐宋明清古寺道观点缀在明山秀水之间。始建于1928年的和顺图书馆当时被誉为"在中国乡村文化界堪称第一",历史在这里沉淀下了独一无二的资源:水岸湿地和活地良田、一万多侨居海外的同胞、中国最大的乡村图书馆等等。和顺交汇东西方文化以及它独有的生态文化是其旅游的两大特色。按照文化民俗田园风光的思路,着手实施保护和开发战略。居民在开发中得到实惠,在和顺,随着游客的不断增多,大到玉石,中到藤器,小到松花糕烧饵块的摊点,都能获得一定的经济效益。通过文化旅游产业的开发,和顺有1 000多村民进入旅游业就业。和顺文化开发和建设采取的"政府+企业+村民"的运作模式。政府引进昆明柏联集团开发建设和顺文化生态村。该公司入驻和顺后致力于挖掘、整理、保护、开发和顺的侨乡文化,通过发展文化产业赋予新的文化内涵。2004年到2005年,公司累计完成投资4 000多万元,实现经营收入700多万元,带动了250名当地村民就业,与原来年年亏损、职工发不出工资、五年负债高达1 300万元的国有企业和顺公司形成鲜明的对比。

需要说明的是,这里提到的只是乡村文化产业发展较为有特色也较为成功的一些事例,更多的乡村文化产业发展道路正在进一步探索之中。只要对各种不同种类的文化资源要素进行认真分类盘点,充分分析文化产业市场,发现文化产业发展的规律,乡村文化就有可能找到进入和发展文化产业的突破口和切入点。

## 三、发展乡村文化产业的意义

云南不少乡村已经从文化产业开发中获得了可观的经济效益,乡村文化业发展不仅保护了民族文化及生态资源,而且传承和发展了民族传统文化。广大民众积极参与乡村文化产业的发展,也使他们的自我发展能力得到进一步提高。乡村文化是发展乡村文化产业的基质和内涵。借助于市场经济的发展,依托旅游产业,把乡村丰富的民族文化资源转化为市场所需的文化产品,以此带动相关产业及社会事业发展,是云南乡村文化产业的创新之处。云南文化产业发展,在20世纪90年代成为云南民族文化大省建设的一个有机组成部分。[①] 建设民族文化大省,最终目标就是要把云南建设成为经济繁荣、文化发达、民族团结、环境优美、社会和谐的现代化强省,从根本上促进生产力的发展,推动经济社会文化的全面进步,创造性地实现多民族地区物质文明和精神文明的共同发展。而乡村文化产业发展又是整个文化产业当中的重要组成部分。尤其是对于云南这样的多民族地区来说,乡村文化产业以其涉及面广阔、个性鲜明而在整个文化产业发展中具有不可或缺的重要地位。

以乡村文化产业发展为契机,把乡村社会经济发展与乡镇社区文化建设、民族文化资源保护、民间文化产业开发、民族地区扶贫攻坚、基层文化单位改制等各项要务结合起来,让最基层的普通村民也能够参与其中,并能因此在增加经济利益、提高可行能力等方面受益,另外,改善社区组织结构也是乡村文化产业发展的目的追求。

---

① 云南省文化产业办公室、云南省社科院课题组:《云南文化产业发展的实践进程》,载《云南社会科学》,2006年第3期,第114页。

目前，乡村文化产业发展较好地区的村民的文化自觉意识增强，教育和科技受到重视，村落环境得到改造，乡村文明程度明显提高。从宏观上看，把发展乡村文化产业与发展社会生产力的工作落实到乡村基层，使众多的民众参与到文化大省的建设实践中来，一定会全方位、深层次地推动云南经济社会的全面发展。从微观上看，乡村文化产业发展也是新农村建设的实践活动。发展乡村文化产业，不仅可以做到"生产发展，生活富裕"，也可以促进"乡风文明，管理民主"的建设。

从表面上看，乡村文化产业发展使当地人获得了一定的经济收益，发展乡村文化产业，可以增加农村基础设施建设，提高农村经济社会发展的物质基础。从更深的层面上看，要想真正把乡村文化转化为文化产品，村民如何进行组织进行实践活动也是十分重要的。单一的以小农形式存在的村民们很难进入市场，而且也很难抗御来自市场的风险。较为成功地发展了乡村文化产业的地方，大都是村民们较为成功地以不同的形式进行了重新组织的地方。著名经济学家阿马蒂亚·森曾经说过，"经济增长本身不能理所当然地被看做是目标。发展必须更加关注使我们生活得更加充实和拥有更多的自由。"① 村民的自我发展能力也往往是在这些经过了组织化的地方才能得到培养和提高。人作为自然性和社会性的存在，既需要迫使来自自然和社会的限制退却，又需要和自然与社会达成和谐相处的关系。来自自然和社会的限制只会退却而不会最终消失，与自然及社会的和谐关系的建立也不会一劳永逸地达到，总是要在和谐与不和谐的过程中谋求新的和谐，并在这一过程中获得新的自由。乡村文化产业发展过程中的各种组织化方式的寻求，就是在努力探寻在新的历史条件下农村内生机制培养的一种可能途径。联产承包责任制的实行，曾经使广大农村释放出了极大的生产力，但毋庸讳言的是，乡村的社会组织结构建设是不完善的。在乡村文化产业发展过程中，与村民们的共同利益相关的、出于自愿原则的各种新型组织结构开始建立。这样就有可能使以零散状态存在的村民能够以组织化的或集体的形式参与市场经济建设，这就使乡村文化产业发展不仅是经济发展活动，同时也是乡村社会组织建设的实践。

乡村文化产业发展的另一个重要的意义还在于人们更加深入地理解了对丰富的自然资源保护的真正意义，认识到了自然资源保护与文化多样性的关系问题，越来越意识到了"与人的存在密切相关的生物多样性存在的前提条件，就是文化多样性的存在"。② 换句话说，保持文化的多样性，保持人作为类的存在的多角度理解的视觉，是保持自然资源多样性持续存在的必然要求。由于人类生境与文化图景的高度重合，从某种意义而言，自然资源的保护和民族文化的传承已经被高度扭合在一起而无法分开。这就使得保护自然资源和传承民族文化成了一种自觉的行为。

乡村文化产业的发展也丰富了当地居民的文化生活。事实上，当地居民一直都是乡村文化产业发展的主要参与力量。他们在推进乡村文化产业发展的同时，也在完成了参与乡村文化产业发展过程中的自娱自乐。也就是说，乡村文化产业以其特有的方式满足农民自演自赏、自娱自乐、自我发展的精神追求，而深受当地村民欢迎并因此而蓬勃发展。因此，从这个意义而言，乡村文化产业的发展，事实上还在承担着乡村文化事业发展的功能。云南的许多乡村地区，由于受地域环境、经济发展状况等因素的制约，村民看书难、读报难、看电影难、欣赏文艺演出更难，因而，当地村民自办文化因贴近实际、贴近群众生活，正为丰富农村文化生活发挥着重要作用。

云南省乡村文化产业在取得了很大的成绩的基础上还必须进一步发扬光大。必须坚持突出特色与打造精品并重的原则。必须广泛吸取现代文明成果，在传承中创新民族文化产品，实现传统原创性特色文化产品与现代文化精品的对接，提高质量和市场竞争力，从根本上让民族文化产品有一个广阔的市场发展空间，在突出特色基础上打造精品和名牌，提高文化产品的市场竞争能力和资产积累能力。

---

① [印度] 阿马蒂亚·森著：《以自由看待发展》，任赜、于真译，北京：中国人民大学出版社，2002年版，第10页。

② 马翀炜、陈庆德：《民族文化资本化》，北京：人民出版社，2004年版，第111页。

# 多元文化与模式选择

## ——文化人类学视野下的民族地区社会主义新农村建设[①]

### 朱映占*

**摘 要**：在少数民族地区推进社会主义新农村建设的过程中，建设的实施者要面对民族文化多元性的事实，这样的事实决定了民族地区的社会主义新农村建设模式的多样化。然而，民族文化往往被认为代表的是传统，而新农村建设无疑是现代化的要求。可是传统的并不总是意味落后的、过时的，现代的也不一定代表着合理的、科学的。因此，在少数民族地区进行社会主义新农村建设，传统与现代如何有效结合，如何在现代化过程中，继承、改造和创新传统，是建设者必须思考和解决的问题。

**关键词**：多元文化；模式选择；新农村建设

在全国逐步展开的社会主义新农村建设工程中，"生产发展、生活宽裕、乡风文明、村容整洁、管理民主"是建设者贯彻的基本指导方针。而这些概括性的方针具体落实到少数民族村寨时，该如何来实践操作，又是一个难题。因为，新农村建设关键在人，而当人是处在一定的社会历史背景之下，背负着一定传统的少数民族村民时，村民所承载的多元文化传统，是建设实施者必须面对的现实。而以文化人类学的观点来看，文化是一个复合性的整体，既包括文化持有者的生活方式，又包括文化持有者的象征符号系统，并具体反映在持有者生产、生活的物质层面、制度层面和精神层面。因而，可以说，民族地区的社会主义新农村建设过程，从文化人类学的视野看，就是各民族传统文化的继承、改造和创新的过程。

## 一、从"生产发展"方面来看

"生产发展就是打牢社会主义新农村建设的物质基础"，[②]更具体说，所谓的"生产发展"，就是发展农村的经济，扶持支柱产业的形成。那么在民族地区的广大农村，产业发展又应通过什么样的模式来进行呢？在历史上，我国民族地区形成了多种经济文化类型，概括而言主要有：（1）采集渔猎经济文化；（2）畜牧经济文化；（3）农耕经济文化（包括：山林刀耕火种、山地耕牧、山地耕猎、丘陵稻作、绿洲耕牧、平原集约农耕）。[③]

显然，针对如此多类型的经济文化形态，用一种模式来发展生产是不可能的。而是要针对不同地区、不同民族、不同生态环境，来制定适合当地人的发展模式。并且，事实上，发展又不仅仅是一个经济问题，在深层次上，更是生态和社会文化问题。因而要实现生产的可持续发展目标，就必须考虑

---

① 本文受教育部人文社会科学研究重点研究基地重大项目（编号：2006JDXM213）资助。
* 朱映占，云南大学民族研究院暨西南边疆少数民族研究中心讲师。
② 江文胜：《社会主义新农村建设有哪些内容？》，载《科学决策月刊》，2006年第1期，第12页。
③ 各种经济文化类型详见林耀华主编：《民族学通论》，北京：中央民族大学出版社，1997年版，第88～96页。

进行新农村建设的民族村寨的生态环境限制，以及社会文化关联。下面就以几个民族为例来探讨。

1. 以基诺族为例

长期以来，以山地刀耕火种农业为主的基诺族聚居村寨，山地和山林是基诺族村民的根本，村民在山地和山林中积累的传统知识，如山地的轮歇耕作，山地陆稻品种的选择、保存，山地作物的多样性种植等等，都是村民维持生计的保障。并且基诺族村民依海拔高低、土壤肥瘠、坡度大小等指标把林地划分为三种类型。一类叫"折岗"，二类叫"折交"，三类叫"迭它"。一类地多为海拔较低、气候炎热、坡度平缓、团粒土壤结构，土层深厚，保水力强的肥沃林地。三类地是分布海拔较高的土地，一般气候较冷、坡度较大、土壤瘠薄。二类地海拔、气候、坡度、土壤大致介于一、三类地之间。根据对土地类型的科学划分，基诺族在条件较好的一类地中实行长期轮作制，一般可持续耕种五六年然后休闲；在条件稍次的二类地中实行短期轮作制，一般连续耕种两三年后休闲；在条件较差的三类地中严格实行砍种一年便休闲的无轮作刀耕火种。这样，既使各类林地都能地尽其力，又保证了各类林地中的植被都能尽快恢复以维持生态平衡，所以，尽管基诺族的刀耕火种已历时数百年之久，但直至 20 世纪 50 年代基诺山的森林覆盖率仍高达 65%。① 也就是说到了 20 世纪 50 年代，山林和山林依然是基诺族村民的衣食之源和生存之本。然而，随着西番莲、砂仁和橡胶树的引进种植，退耕还林的实施，村民面对的外来东西越来越多，而在此过程中，村民如何来发展生产的问题就产生了。一方面，如果村民按照现代科学的集约化、规模化种植的要求，把引进的经济作为大量种植，那么一块块山地都将种上同样的经济作物，一座座山看到都是单一的人工植物，当然，这样的结果是村民经济收入大幅度提高，森林覆盖率大幅度下降，村旁箐沟中的水量明显减少，村民的水源受到影响，山地泥石流增多。而另一方面，如果村民在参考传统的耕作方式的基础上，把山地进行多样化种植，发展出"橡胶+西番莲+农作物"、"薪材+西番莲+农作物"、"橡胶+草本经济作物"等种植类型。从实践的角度看，往往可以取得经济效益与生态效益的双丰收。②

可见，从基诺族的例子来看，在发展生产时，要同时取得经济效益、社会效益和生态效益，就必须借助基诺族村民积累的传统知识，在此基础上，来丰富或改造传统产业结构。

2. 以藏族为例③

在农业方面，藏族人民总结多年的实践经验，形成了一套适应当地气候和土壤情况的轮作制度。例如，在江边河谷水田中，实行"三年六熟制"或"两年四熟制"；在旱地实行"三年五熟制"；在高寒地区熟地实行"三年轮作制"，瘦地实行"五年轮作制"，二荒地实行"四年轮作制"；半山区实行"两年三熟制"或"两年四熟制"。这种根据土地类型不同而实行的轮作制度既保证了农业品种和粮食作物的多样化，又有效地保持了地力，使农业在不盲目扩大耕地的条件下实现了可持续发展。

在畜牧业方面，藏族人民根据迪庆高原天然草场因海拔高低不同而分为寒、温、热三带的实际情况，藏族人民为适应这种环境，创造了牲畜随季节变化而上下迁徙，独具特色的立体畜牧业。这种牲畜由低至高过渡，秋季由高至低过渡的轮牧制，既有效地利用了不同海拔、不同类型的各种草场，又有效地避免了大量牲畜集中于同一牧场而必然造成的过牧和滥牧现象，保证了畜牧业的可持续发展。

显然，对于农牧相结合的藏族而言，发展生产就必须考虑河谷水田和草场的承载能力，而不能盲目扩大种植规模和养殖规模。

---

① 尹绍亭：《基诺族刀耕火种的民族生态学研究》，载杜玉亭主编：《传统与发展》，北京：中国社会科学出版社，1990 年版，第 166 页。转引自郭家骥主编：《生态文化与可持续发展》，北京：中国书籍出版社，2004 年版，第 87 页。

② 参考曾益群等：《巴卡小寨混农林系统农业生物多样性管理与评价》，载《云南植物研究》，2001 年增刊，第 113～127 页。

③ 案例主要参考郭家骥主编：《生态文化与可持续发展》，北京：中国书籍出版社，2004 年版，第 52～53 页。

### 3. 以傣族①为例

在长期的生产实践中，傣族人民与坝区生态环境相适应，创造了举世闻名的稻作文化，这一文化体系，在稻作生产技术方面主要由以下几个方面构成：一是种田不施肥，家家养着几头牛放养在田里，让牛边吃草边踩收割后不要的谷草和谷草根，于是牛粪和腐烂的谷草就成了很好的肥料。二是具有独特的"寄秧"技术。"寄秧"是先让秧苗在秧田里长20天左右，然后将其大把地寄植到水田中，又过20天后拔起掐去须根和尖叶，移植到犁耙好的水田中去。经过两次栽培的秧苗生长肥壮，可以提高产量。"寄秧"技术是一种防旱保苗措施，是对西双版纳旱、雨两季分明的气候特点的合理适应。三是人工水利灌溉设施的修筑和管理。早在遥远的古代，傣族先民便在这里打桩筑坝、开渠引水，修建了完善的水利设施系统，并形成了严密的管理制度。这些水利设施有的直到今天仍在发挥作用。

对于从事稻作农业的傣族，还有着这样的谚语"有树才有水，有水才有田，有田才有粮，有粮人类才能生存"，可见，傣族对生产发展与环境之间的关系有着清醒的认识，可以说傣族的生态观念与今天所倡导的生态文明建设是相统一的。显然，在傣族农村地区发展生产，传统的发展观念的继承和弘扬非常重要。

上面的例子只是诸多民族中的一部分，但通过以上这些例子，我们已经可以意识到，用一种生产发展模式来规划不同的民族村寨是行不通的；并且忽视各民族传统的生产模式和发展观念也是不可能的。民族地区新农村的生产发展只能是在原有村寨民族文化生态的基础上，弘扬那些在经济效益、社会效益和生态效益方面能够取得综合效果的发展模式和发展观念，进而再求创新发展。而不能盲目引进一些项目，对民族村寨进行粗暴的改造，那样不仅会破坏原有的发展基础，而且改造者所期望的经济发展目标最终也不可能实现。

## 二、从"生活宽裕"来看

"生活宽裕就是要千方百计增加农民收入。"② 收入的增加的情况，最直接的可以通过农民的物质生活条件、消费状况和财富积累的情况来反映。然而在许多少数民族观念中，节制贪欲是一种美德、一种习俗，而放纵贪欲则是一种恶行。

如纳西族认为"非猎户，勿捕虎；非射手，勿擒鹤"、"非樵者，勿伐木"、"粮谷丰，勿垦荒"。这些谚语说明纳西族村民认为在行业之间、代与代之间要安分守己，体现公平，并且不应过度利用资源，要知足。

而"迪庆藏族牧民中这样一种传说，即当你的牛群增长到100头时，你必须采用滚檑木而杀死数头牛的办法，否则牛群将不再发展"。③ "这又是一种节制人类需求以适应生态的观念。再好的草场也有个载畜量问题，个别户主的超多饲养其实是剥夺了别人的饲养权。如果地球上的所有人都节制自己的资源占有欲望，对人类而言将是福音。"④

显然，以上这些观念在一定程度上会影响人们的财富积累，但却能为民族地区的持续发展提供保障。

另外在一些民族中，虽然有积累财富的传统和方式但却把积累的财富在短期内消费掉。如苗族村民在"吃鼓藏"的仪式中，可以在几天之内把数年积累下来的巨额资金分光、用光、吃光。因此，如何改变苗族同胞对荣誉的认识，引导他们将积累的财富投放到经济的发展方向上，⑤ 将是达到生活

---

① 郭家骥主编：《生态文化与可持续发展》，北京：中国书籍出版社，2004年版，第65~69页。
② 江文胜：《社会主义新农村建设有哪些内容？》，载《科学决策月刊》，2006年第1期。
③ 齐扎拉、勒安旺堆：《云南迪庆——香格里拉揭秘》，昆明：云南人民出版社，2002年版，第83页。
④ 齐扎拉、勒安旺堆：《云南迪庆——香格里拉揭秘》，昆明：云南人民出版社，2002年版，第84页。
⑤ 罗康隆、黄贻修：《发展与代价》，北京：民族出版社，2006年版，第58页。

宽裕目标的关键。

还有，在衣食住行方面，少数民族也有着自身的传统，这些传统如何与当下的生活相协调，从而体现出少数民族生活质量的提高，也必须引起建设者的思考。

在衣着方面，大多少数民族传统上穿的全是纯棉或纯麻土布；而在城市中人们纷纷以纯棉或纯麻的质料来体现生活的质量和格调时，少数民族村民却在市场的驱使下，纷纷抛弃了棉、麻。那么少数民族村民生活的好坏又如何通过衣着来评价呢？在饮食方面，少数民族同胞把野菜、自己种植的生态谷物、蔬菜等卖到市场，然后从市场买回各种方便食品来自己食用，村民的购买力确实提高了，但从营养学的角度看，他们的生活质量却似乎并未有太大的提高。在居住方面，各个民族在与环境的长期互动中，探索出了适宜本民族、本地区的居住模式。从村落布局来看，许多少数民族都居住在环境优美、生态状况良好的地方；而从家屋建筑来看，干栏式建筑、碉楼、吊脚楼、木楞房都与各自所处地区的环境相适应。而当下石棉瓦、钢筋混凝土的大量进入，民族地区农村的建筑正逐步复制城市中的样式。在交通、通信方面，民族地区的道路交通和信息通讯状况有了很大的改善，但在此过程中，村民也更加市场化了，受外来文化影响越来越明显，传统的价值观念、伦理观念也随之发生很大改变。

可以说许多少数民族在原有的文化生态环境下，是生活在塞林斯所说的"原初丰裕社会"中的，但是随着现代化进程的推进，生态环境的变迁，市场经济的到来，人们的消费观念和财富观念才逐步发生了根本改变。因此，在推进社会主义新农村建设时，为了实现生活宽裕的目标，建设者就必须思索，是通过物质的极大丰富来达到呢，还是改变现有或恢复传统的消费观念和财富观念来实现。

显然，从文化人类学的角度看，衡量生活宽裕的标准应该是多样化的，并且在衡量过程中要考虑到不同民族对宽裕的不同理解。也就是说不能简单地用现代经济学的一些统计指标去衡量民族地区人民的生活质量。当然，在此并不是想否认各个民族享受经济发展所带来的丰富物质生活的权利，只是说，建设者在制定和实现"生活宽裕"的目标时，应考虑到不同民族的消费观念和财富观念的差异性。

## 三、从"乡风文明"来看

"乡风文明就是要在农村形成健康文明的精神风貌"。① 对于民族地区而言，乡风文明目标的实现，其实就是保留或恢复各个民族传统文化当中的各种美德。正如有学者指出"土著民族通常比文明人更懂礼节，更有群体意识"。②

以德昂族为例：在传统社会中，"他们在与自然斗争、生产斗争、生活斗争中，逐步形成了融汇于生产、生活、文化、教育、宗教和传统习俗中，支撑着民族感情、民族心理、民族素质凝结成的古朴的优良传统道德"。③ 这其中包括：爱国护国的优良传统道德、人际和谐的优良传统、优良的社会责任感、敬老爱幼与交往礼仪中的优良传统道德等。无疑，这些传统美德是德昂族村民建设乡风文明的基础。

以基诺族为例：在基诺族传统社会中，形成了"团结互助、路不拾遗、夜不闭户、无偷窃行为；共同劳动、平均分配、自由恋爱、尊老、敬老、赡养老人等美德，在近代基诺族社会中蔚然成风。例如：一家盖房，全寨帮忙。村寨之间、长幼之间、父子之间、兄弟之间，存在着尊敬长辈、上下有序的良好风俗"。④

以侗族为例：⑤ 侗族热情好客。平时家中来人，不论亲疏，皆视同宾客，以酒肉相待。讲究礼

---

① 江文胜：《社会主义新农村建设有哪些内容?》，载《科学决策月刊》，2006 年第 1 期。
② 潘年英：《黔东南山寨的原始图像》，上海：上海文化出版社，2005 年版，第 19 页。
③ 李家英：《浅论德昂族的传统道德与现代文明》，载《云南民族学院学报（哲学社会科学版）》，1999 年第 1 期。
④ 于希谦：《基诺族文化史》，昆明：云南民族出版社，2000 年版，第 238 页。
⑤ 侗族事例选自《侗族简史》编写组：《侗族简史》，贵阳：贵州民族出版社，1985 年版，第 160～161 页。

貌，在未进入人家之前，须先于门外发问："能否进家？"待主人应允，始入户就座。途中相遇，不论相识与否，皆笑脸相迎，互相招呼，表示亲切友好。彼此让路，让老人小孩先行，入室则少年让老人先坐。平时不能由他人面前走过，必须走过时，须说声："往你面前走过！"意味着不得已而失礼。入席进餐，须让客人和长者上座，待全客都至之后，由主人举杯请用酒而后开始用餐。给客人、长者添饭、送茶，要用双手端捧，否则失礼。不贪人之财物和侵犯别人利益。拣得的物品，则"喊寨"或置于公共场所和触目之处，招失主认领。山间路旁堆集的柴草、禾谷、野物，只要插上"草标"，表示有主之物，不能移动。稻田、池塘、水凼插有标志者，意为其中有鱼，不得随意把水放干。禾晾场上晾晒的禾谷及房前屋后晾晒的布匹、衣服，即使过夜，也不会丢失。禾仓、房屋，只需穿一横杠，加上木楔，或顶一门闩，可不加锁，亦不会被人盗窃。

侗族还助人为乐。凡婚嫁喜庆，修房盖屋，除族人之外，邻近亲友皆无偿相助，尤其是丧事，更乐意帮忙，认为这些事人皆有之，非互助不可。遇到水、火灾害，皆主动救济：或送木材、粮食、衣被、用具；或帮助修建房屋住所。对鳏寡孤独、老弱病残，丧失劳动能力者，其房族和寨内群众乐于集资或轮流扶养，不让其外流或乞食度日，否则认为有伤族人及一寨人的脸面。讲团结，重义气，主张大事化小，小事化了。赠送之物，若付代价，往往被视为不友好，甚至因此断绝往来。若到别家做客，或受过他人的馈赠，则想方设法予与答谢，重礼尚往来。热心公益事业。对桥梁、道路、渡船等乐于献工、献料、筹资兴办。

以西双版纳蓝靛瑶为例：在版纳蓝靛瑶的道德规范条文中有：要孝敬堂前父母、在世要公道正派、兄弟要团结互助、养子须教读书文、夫妻要团结互助互谅互让、对来客要热情款待、儿媳女婿要孝敬堂前双亲、世间男女老幼要和睦相处互相帮助等内容。①

在各个少数民族中，这样的例子还很多。可以说少数民族的这些传统美德为今天各个民族村寨的乡风文明建设提供了宝贵的精神遗产，今天的乡风文明建设，关键就在于如何使得这些传统美德与时代精神相协调，焕发出其在新时代的光芒。

## 四、从"村容整洁"来看

"村容整洁就是要改善农村的人居环境和村容村貌"。②更进一步说，村容整洁，就是要达到村寨中人与自然环境和谐共生的局面。对于民族地区的农村而言，传统上，村民对寨址的选择和对村寨环境的维护都具有较强的生态观念。

"比如在人居环境方面，侗寨依山傍水，绿树成荫，没有噪音，没有污染；在食物方面，几乎全是天然绿色食品……"③

"在哈尼族人的心目中，水井是神圣的，是生命之源，是村寨的心脏，因而对于水井的保护和管理，是全寨子的事情。但是由于妇女是生活用水的主要汲取者，是水井的主要使用者，所以妇女就成了水井的保护者和管理者。日常的管理工作，如疏通水沟、清洁水井等皆由妇女负责；每当节日来临，彻底维修、清洗水井并加以祭祀，则是全寨子人首要的事情。这时的清洗要将水井淘干，清除井壁青苔杂草、井底沉淀之物，修补井台、护栏等等。与此同时在祭祀水井的过程中，年长者对年轻人进行爱护水源、尊重水井、爱惜水井、保护水井以及节约用水的教育。这对水井的管理保护、生活用水的长久洁净起到了积极作用。"④

而傣族村寨分为四种类型：第一，滨水而居，第二，沿水而居，第三，坐山朝水而居，第四，半

---

① 邓福昌：《西双版纳蓝靛瑶传统道德规范》，载郭大烈、黄贵权、李清毅编：《瑶文化研究》，1994年版，第54~70页。
② 江文胜：《社会主义新农村建设有哪些内容？》，载《科学决策月刊》，2006年第1期。
③ 潘年英：《黔东南山寨的原始图像》，上海：上海文化出版社，2005年版，第20页。
④ 王清华：《哈尼族梯田农业的水资源利用与管理》，载《民族学》，1995年第4期。

山或山地而居。① 事实上，傣族依山傍水而居，背靠青山，前临溪河和田畴，使人们的居住环境具备了成为良好生态环境的几大要素：茂密的森林、丰富的水源、足够的可耕地和清新凉爽的空气。同时，这种居住格局，使"文化"与"生态"之间形成良性互动：既不易遭水灾，又利于取水；既利于劳作，又减少了对可耕地的占用；此外，还便于在村后山中从事采集、狩猎、放牧等辅助性生计活动。②

彝族选址建寨中同样对山体采用"三段式"的空间层次划分法：上部为森林和草场，中部建寨，下部垦作，即"上面宜牧，中间宜居，下面宜农"。该族认为："诸山不是山，诸山是龙脉，诸岭绵延观，诸岭是龙脉。"山是龙脉，是神灵通道，有神灵作用的山"秀秀地耸高者，其势旺"。预示龙脉已断，生命力衰竭，得不到生存需要的食物及水源，不能建寨。对建寨具体地址的选择，要选在"凹垭"之处，即有左右两山相交凹垭之地，形成左青龙右白虎环抱的地方。这些地方为"聚气"之处，也是聚水之地，往往溪水常流、林木茂盛，又较隐蔽，还可以避风，为建寨的理想之地。该族有谚语："有泉水的地方，就有人家。"③

当然，今天当外来者走进民族村寨时，会发现虽然从总体上看，大多数民族村寨依然绿树成荫，环境优美；但随着村寨规模的扩大，人口的增长，以及生产、生活方式的改变，部分村寨也出现了人与环境不和谐的状况。在部分村寨家户之间无像样的道路相通，出现晴天一身灰，雨天一身泥的现象；而在一些村寨中各处都可看到牲畜留下的粪便，在一些村寨还可以看到污水在任意流淌等。

因而，今天在推进社会主义新农村建设时，从村容整洁方面来看，在继续保持和弘扬各民族优良的传统生态观的同时，也有必要对一些公共设施进行改造和引进。比如，传统上，生活在山林中的基诺族是没有厕所的，人们的粪便一般是排放于村寨周围的山林中，由于山高林密，大大小小的飞禽走兽多，人们排放的污秽，要么很快被山林中的动物消费掉，要么经雨水冲刷被山林所吸收。因而有限的人口所生产的个人排泄物不足以威胁到村寨的卫生状况，但是山林的削减，人口的增加，飞禽走兽的减少，使得人自身产生的垃圾，得不到及时地分化，个人卫生问题对村寨环境的影响变得越来越大，因此，厕所的引入变得必要了。

## 五、从"管理民主"来看

"管理民主就是要加强和完善农村民主法制建设"。④ 然而，在许多少数民族社会中，历史上都形成了许多成文的或不成文的制度、规定和风俗习惯，来规范人们的行为。

如在怒族社会，"根据传统的习惯，有一些关于婚姻、继承及制裁犯罪行为的规定"。⑤ 而在苗族社会中，"习惯法作为一种行为规范往往带有强制性，要求人们必须遵照执行，否则必将受到习惯法所规定条文的处理。苗族制定的习惯法主要是'寨老制'，'寨老'由苗族中德高望重的老年男子担任，他便是寨中的自然领袖，由他负责召集和主持寨中的会议。通过'寨老制'制定的习惯法，作为苗族社会的行为规范，凡参加的每个村寨的人都必须遵守，不得违犯，谁违犯了就要受到处罚。在苗族的古代社会，这种习惯法常常被编成歌谣传唱，通过口口相传而家喻户晓。随着历史的发展，有的苗寨出现借用汉字记录的习惯法，也有镌刻在石碑上的，但口头相传在苗区仍然很普遍"。⑥ 同样，

---

① 赵世林、伍琼华：《傣族文化志》，昆明：云南民族出版社，1997年版，第16页。
② 廖国强、何明、袁国友：《中国少数民族生态文化研究》，昆明：云南人民出版社，2006年版，第55页。
③ 廖国强、何明、袁国友：《中国少数民族生态文化研究》，昆明：云南人民出版社，2006年版，第59页。
④ 江文胜：《社会主义新农村建设有哪些内容？》，载《科学决策月刊》，2006年第1期
⑤ 《民族问题五种丛书》云南省编辑委员会编：《怒族社会历史调查》，昆明：云南人民出版社，1981年版，第18页。
⑥ 颜恩泉：《云南苗族传统文化的变迁》，昆明：云南人民出版社，1993年版，第118页。

传统的佤族社会没有文字,没有形成成文法,盛行一种朴素的习惯法。① 在广西的京族传统社会中,京族村民通过各种禁忌和习惯法来保障生产、生活的正常运转。②

可以说,民族地区的广大农村,传统上是处于费孝通先生所说的"礼治"的社会中。"礼治的可能必须以传统可以有效地应付生活问题为前提。乡土社会满足了这前提,因之它的秩序可以用礼来维持。在一个变迁很快的社会,传统的效力是无法保证的。"③ 因此,在现代化不断推进的今天,为保障民族地区社会秩序的正常运转,在合理发挥传统礼俗的规约作用的同时,也必须引入现代民主法治形式。当然,"法律是无法从全部人类行为方式中截然分割开来的","因此,我们需要首先仔细地俯视和勾画社会和文化,以便发现法律在整个结构中的位置。我们必须先对社会运转有所认识,然后才可能对何为法律以及法律如何运转有一个完整的认识。"④

总之,正如有学者所指出的那样,"没有任何证据表明:已经形成了一个具有普遍意义的文化模式",⑤ 相反,"对每一种文化的特殊性强调过头,只能导致文化冲突一触即发这样一种危险的局面"。⑥ 因此,在民族差异、地区差异明显的少数民族地区进行社会主义新农村建设,"我们必须考察现代性的统一表现与通向现代化的诸多道路之间的关系,从而揭示出在同一个现代化的过程中,我们在哪些方面、出于哪些原因而相同,同时却又相异。这个过程也是发展的过程"。⑦

---

① 具体内容见:《民族问题五种丛书》云南编辑委员会编:《佤族社会历史调查》,昆明:云南人民出版社,1983年版,第25~26页。

② 具体内容见马居里、陈家柳主编:《京族:广西东兴市山心村调查》,昆明:云南大学出版社,2004年版,第128~132页。

③ 费孝通:《乡土中国 生育制度》,北京:北京大学出版社,1998年版,第52页。

④ [美]霍贝尔著:《原始人的法》(修订译本)之《译者前言》,严存生等译,北京:法律出版社,2006年版,第2~3页。

⑤ [法]阿兰·图雷纳:《现代性与文化特殊性》,载中国社会科学杂志社编:《社会转型:多文化多民族社会》,北京:社会科学文献出版社,2000年版,第2页。

⑥ [法]阿兰·图雷纳:《现代性与文化特殊性》,载中国社会科学杂志社编:《社会转型:多文化多民族社会》,北京:社会科学文献出版社,2000年版,第2页。

⑦ [法]阿兰·图雷纳:《现代性与文化特殊性》,载中国社会科学杂志社编:《社会转型:多文化多民族社会》,北京:社会科学文献出版社,2000年版,第2页。

# 老年人疾病与文化生态环境的关联性探讨
## ——以云南省大理州祥云县东山彝族自治乡大古者村为个案①

张 实 罗银幸*

**摘 要**：运用人类学的田野调查方法和医学人类学的理论对彝族社区大古者村老年人疾病的调查研究表明，老年人疾病构成与该地区文化、生态环境之间具有内在的关联性。

**关键词**：彝族社区；老年疾病；文化生态环境

## 一、疾病的文化解读

人们对于健康最朴素的认识，即"无病就是健康"。在医学的初始阶段，人们仅凭感官直觉判断健康与疾病状况，对人体生命活动在整体上虽有所认识，但限于当时的历史条件，很少有深入的了解，只是靠经验确定一个人是否"无病"。1948年，世界卫生组织的宪章中提出：健康不仅是没有疾病和虚弱现象，而且是身体上、心理上和社会适应方面的完美状态。这一定义关注了人的身体、社会功能和心理三个层面，兼顾了人的自然属性和社会属性，从整体的视角来关注人类的健康。人类要达到整体的健康，不仅要有结实的体格和完善的功能，而且人的身体、精神和社会功能要与其所处的年龄、性别、社会环境相适，并按照社会行为规范，履行社会角色的义务。

1968年，美国社会学家杜波斯（Dubos）提出他对健康的定义：健康不仅是杜绝疾病的理想状态，而且是有缺陷的人类在有缺陷的世间生活中感到无痛苦而有意义的状态。②人要处于身体上、心理上和社会适应方面的完美状态是过于理想化，因为在现实生活中达到如此完美健康状态的人不到20%。因此，杜波斯的健康定义更具有现实意义，受到了人们的普遍关注。

社会医学将疾病的概念分为三个层次：疾病（Disease）是一种生物学上的失常或病理状态的医学判断，可通过体检、化验或其他检查来确定。它是一种生物尺度，是一个医学术语。病患（Illness）是一种主观状态，对身体健康状况的自我感觉和自我判断，即对生理、心理、社会三方面失调的判断，它是一个感觉尺度。病态（Sickness）是一种社会状态，主要表现为由于疾病削弱了患者的社会角色，是社会对疾病的承认，是一种角色判断，反映一个人在健康状况方面所处的社会地位，即他人承认此人处于不健康状况，它是一种社会性尺度。③

塔尔科特·帕森斯首先提出病态是一种社会偏离行为的表现，把疾病视为人类正常生理和社会的功能失调。帕森斯（1902—1978）发表的《社会系统》（1951）一书中阐述了病人角色概念。帕森斯

---

① 本文为教育部人文社会科学重点研究基地重大项目"影响云南边疆老年疾病文化、生态环境因素的跨学科研究"阶段性成果之一。
* 张 实，云南大学西南边疆少数民族研究中心教授；
  罗银幸，云南大学人文学院人类学专业学生。
② 转引自何廷尉主编：《预防医学与社会医学》，成都：四川科学技术出版社，1995年版，第14页。
③ 何廷尉主编：《预防医学与社会医学》，成都：四川科学技术出版社，1995年版，第15页。

在他的社会理论中分析了医学的功能,并在此基础上研究了与病人所处社会系统有关的病人角色。他的研究结果是一个概念,这个概念代表了西方社会中对病人行为特征的一种最一致的解释方法。①

帕森斯的病人角色概念建立在如下假设的基础上:生病不是病人故意的或知情的选择,即便患病原因可能是主动暴露于传染源或外伤。所以,虽然罪犯可以被看做是违背了社会规范,因为他/她"想去犯罪";而病人被当成偏离者仅仅是因为他/她"没有办法"。一般来说,社会负责通过惩罚罪犯和给病人提供治疗来区别对待不同的偏离者角色。两种过程的功能都是减少偏离行为,改变影响遵从社会规范的条件。两种过程也都需要社会机构的干预、法律力量或医学手段来控制偏离行为。帕森斯强调,患病过程不仅仅是躯体上的疾病状态的感受,而且应被认为是一种社会角色,因为患病包含着制度化期望的行为,这种行为被与这些期望相应的社会规范所强化。帕森斯认为把患病看成一种人们所不期望的和不合理的状态的观点,对于健康人来说所具有的最重要的意义,是它强化了健康人保持健康的动机。

在生物医学上,疾病是指在一定的环境条件下,人体的免疫、代谢、调节、适应等功能与致病因素相对抗,处于劣势时,人体内发生的病理过程。而从医学人类学的视角来解读,疾病不再被认为是病原体侵入或生理性失调的直接后果,相反,一系列的社会问题,诸如营养不良、缺乏经济保障、职业危机、工业污染、不标准的住房、无政治权利等都使人们容易得病。总之,疾病既是社会性的,又是生物性的。②

疾病是与社会环境、人类文化、生态环境等有密切关联的事件,从我们的调查中,发现大古者村老年人疾病以感染性为主,过劳性疾病次之,这样的疾病构成应归因于该地特有的社会文化体系。老年人患病意味着正常的生物功能或者是社会功能的暂时或永久的紊乱,甚至意味着死亡;对病人家庭而言,意味着经济拮据的风险;对于社会来说,患病削弱了一个社会群体或组织开展正常社会活动和履行社会功能的能力。因此,笔者认为疾病具有生物性、社会性、文化性,甚至政治性等多方面的隐喻。

## 二、大古者村老年人口的基本情况

大古者行政村属于东山彝族乡,2007年东山彝族乡总人口2 381户9 748人,其中农业人口2 361户9 679人。有彝、汉、白、傈僳、苗等民族,少数民族占总人口的95.8%,彝族8 513人,占总人口的87.33%;人口密度为31.44人/平方公里,人口自然增长率为8‰。东山乡总人口中,男性4 949人,女性4 799人。

大古者行政村除了个别通过婚姻嫁入的汉族之外,其余的都为彝族。耕地面积有1 122亩,森林资源36 481.5亩,平均海拔2 120米。主要的农作物有水稻、小麦、豆子等,经济作物有烤烟、玉米,人均收入为1 037元/年。总之,大古者村是一个地处偏僻山区,经济发展相对滞后的一个彝族社区。

表1 2003年东山乡老年人数

| 年龄阶段 | 所占人口数 | 百分比 |
| --- | --- | --- |
| 60~69岁 | 609人 | 63.3% |
| 70~79岁 | 296人 | 30.7% |
| 80~89岁 | 56人 | 5.8% |
| 90~99岁 | 2人 | 0.2% |
| 合计 | 963人 | 100% |

注:老年人在全乡总人口中占9.99%。

---

① [美]威廉科克汉姆著:《医学社会学》,杨辉、张拓红等译,北京:华夏出版社,2000年版,第146页。
② [美]莫瑞·辛格:《批判医学人类学的历史与理论框架》,林敏霞译,载《广西民族学院学报》,2006年第3期。

表2  2003年大古者行政村老年人数

| 年龄阶段 | 所占人口数 | 百分比 |
| --- | --- | --- |
| 60~69岁 | 88人 | 60.3% |
| 70~79岁 | 48人 | 32.9% |
| 80~89岁 | 10人 | 6.8% |
| 90~99岁 | 0人 | 0 |

注：老年人在全村总人口中占13.65%。

2006年，大古者村总户数有261户，全为农业户，总人口为1 092人，其中农业人口1 081人，非农业人口11人；男性564人，女性528人；老年人192人（老年人是指年龄在60岁以上的这样一个群体），其中男性89人，女性103人。

老年人在大古者村中处于一个比较尴尬的局面，随着年龄的增长，他们把家长的担子交给子女后，丧失了家长统治的权威，这也是村里的一种传统。而此时他们更多的是做一些家务活（做饭、照顾小孩、管理牲畜等），但绝对不会出现闲着一样不做的情形。这个村寨中，90%以上的家庭是几代同堂的大家庭，为何会出现这样的状况呢？因为村民的意识中仍有强烈的内在约束力和规范力，大家庭的观念是被村民所赞颂的，面子成为一个家庭或一个个体的立足之本，这也正是这种集体意识的内在规范力，老年人对社会集体意识的认同较强，以终身奉献为荣，不想成为子女的负担，过度的劳作，成为老年疾病的原因之一。此外，彝族的烟酒文化、生活习俗等与老年人疾病有密切的关联。

## 三、大古者村老年人疾病构成

笔者对2007年1月至4月，以及9月至11月间，大古者村乡村医生的处方统计分析，在7个月的时间内，该村共有80位老年人到乡村医生的医疗点看过病，老年人所患疾病的种类及排列次序详见表3、表4和表5。

表3  2007年1月至4月老年人疾病构成

| 疾病名称 | 患病人数 | 占患病人数（%） |
| --- | --- | --- |
| 1. 上呼吸道感染 | 14 | 28.00 |
| 2. 气管炎 | 7 | 14.00 |
| 3. 关节炎 | 6 | 12.00 |
| 4. 胃炎 | 6 | 12.00 |
| 5. 高血压 | 3 | 6.00 |
| 6. 咽喉炎 | 2 | 4.00 |
| 7. 牙龈炎 | 1 | 2.00 |
| 8. 肺部感染 | 1 | 2.00 |
| 9. 阴道炎 | 1 | 2.00 |
| 10. 扁桃体炎 | 1 | 2.00 |
| 11. 皮肤过敏 | 1 | 2.00 |
| 12. 陈旧性腰扭伤 | 1 | 2.00 |
| 13. 待定的病 | 6 | 12.00 |
| 合计 | 50 | 100 |

表4 2007年9月至11月老年人疾病构成

| 疾病名称 | 患病人数 | 占患病人数（%） |
| --- | --- | --- |
| 1. 气管炎 | 10 | 33.34 |
| 2. 胃炎 | 4 | 13.33 |
| 3. 上呼吸道感染 | 3 | 10.00 |
| 4. 关节炎 | 3 | 10.00 |
| 5. 肺部感染 | 2 | 6.67 |
| 6. 老慢支 | 2 | 6.67 |
| 7. 老年性阴道炎 | 2 | 6.67 |
| 8. 肺心病 | 1 | 3.33 |
| 9. 坐骨神经痛 | 1 | 3.33 |
| 10. 软组织折裂伤 | 1 | 3.33 |
| 11. 老年性便秘 | 1 | 3.33 |
| 合 计 | 30 | 100 |

表5 综合2007年两个季度老年人常见疾病构成

| 疾病名称 | 患病人数 | 占患病人数（%） |
| --- | --- | --- |
| 1. 气管炎 | 17 | 23.94 |
| 2. 上呼吸道感染 | 17 | 23.94 |
| 3. 胃炎 | 10 | 14.08 |
| 4. 关节炎 | 9 | 12.68 |
| 5. 肺部感染 | 3 | 4.23 |
| 6. 高血压 | 3 | 4.22 |
| 7. 阴道炎 | 3 | 4.22 |
| 8. 咽喉炎 | 2 | 2.82 |
| 9. 牙龈炎 | 1 | 1.41 |
| 10. 扁桃体炎 | 1 | 1.41 |
| 11. 皮肤过敏 | 1 | 1.41 |
| 12. 陈旧性腰扭伤 | 1 | 1.41 |
| 13. 坐骨神经痛 | 1 | 1.41 |
| 14. 软组织折裂伤 | 1 | 1.41 |
| 15. 老年性便秘 | 1 | 1.41 |
| 合 计 | 71 | 100 |

## 四、老年人常见疾病与生态文化之间的关系探讨

疾病作为个人的遭遇乃是社会文化的构成，个体的疾病现象本质上是结构在人体—社会—文化关系的体系中。① 通过对大古者村老年人疾病构成的分析，探究掩盖在老年人疾病背后的社会历史、文化结构和社会过程。

1. 上呼吸道感染、气管炎

上呼吸道感染、气管炎这两种疾病都是呼吸系统疾病，是大古者村老年人中最常见的疾病，占老年人疾病的第一位，两者占47.88%。据我们的调查分析呼吸系统疾病广泛在该村存在的原因主要有如下三点：

第一，烟酒文化。大古者村彝族是一个农牧兼顾的民族，地处高寒山区，由于自然环境和社会发展等原因，当地人对烟酒可谓是钟爱有加，久而久之形成了独特的烟酒文化，烟酒在彝族村寨具有重要的社会功能，如社会互动、人际关系、维系人与人之间的感情以及解决人与人之间的争端等等都起重要作用，烟酒文化构成了彝族村寨文化的一个重要部分。

正因为这种社会的价值导向性，再加上社会环境对一个群体性格的塑造力，从而使得这种环境中形成一种强大的无形力量，即族群认同感，以及基于此而构成的一套文化体系：包括村寨组织模式，村寨价值导向性，即集体意识，村寨人际关系的互动模式等。在这样文化体系中的成员，烟酒是必须习得的一项基本的生存根本，形成了彝族人民世代相传的豪饮豪吸的民族性格。而在此主旋律引导之下的彝寨的村民们，在日常的集会中都把好的酒量作为一种炫耀的资本。最终，在这不经意之中，烟酒被认为是一种男性气质的象征而被建构起来，从小在父辈的熏陶之下，虽然父母在其子女未成年时，会严禁小孩抽烟、喝酒，而等到子女成人，他们就不再去约束子女在这方面的行为。因为，作为一名合格的这个村寨里的成人，那么该习得的东西是不可或缺的。所以，这个彝寨的烟酒文化习俗使这个寨子里的村民，到他们老年时期，都有一个很长的烟龄和酒龄，最终造成了呼吸系统因为长年日积月累的过度吸烟的损害，造成了即使是一个很小的感冒病都可能引发严重的呼吸系统疾病。所以，为何上呼吸道感染、气管炎在该村老年人之中如此之多之广，其最常见的根基是因为在烟酒文化环境中，终年沉积而造成的呼吸系统损伤，在不经意的风寒的侵蚀之下都将没有任何抵抗力，而发生呼吸系统病，甚至引发各种疾病。所以，对于这个彝族村寨的老年人来讲，上呼吸道感染频率之高的原因有其集体和个人共同的生活历史。

第二，居住环境。该村位于高寒山区，年均气温较低，当地人怕冷不怕热；另一方面，也许是彝族人民崇尚火的一个因素，一年四季家中烟火不断。而村民的住房建筑都是用厚厚的泥墙筑起来的，以用来防寒；住房的通风性能几乎被忽略掉了，仅仅只留了一面窗户，通风性能较差，村民都是以木材为燃料，所以其燃烧值很低，结果释放出了大量的烟雾。该村老人的工作主要是煮饭、煮猪食、照看小孩等，所以老年人每天在家中都会吸入大量烟雾，最终造成了其气管和呼吸系统的恶化，导致呼吸系统疾病的高发。

第三，火文化。彝族是一个崇尚火的民族，火是彝族人民的象征。村里每个家庭都有一个灶，而灶里的火种从未熄灭过，房屋通风条件差，村民受烧柴的火烟熏得较多。这样环境中生存的彝族人民，从小到大到老死去，都与火结下了不解之缘。

此外，通过我们的调查发现在该村老年人患者中，患气管炎的人数男女比例相差不多。从村里具体情况分析，受烟酒文化因素影响较大的是男性；而受烧柴的火烟熏得较多的是女性。因此，该村老年人患气管炎男女的比例相当。

2. 胃炎

胃炎在该村老年人群体中发病率很高，排位第三，占老年人疾病的13.70%。探其发病的病因主要有以下几点：

---

① 王曙光等：《疾病的文化隐喻与医学社会人类学的鉴别解释方法》，载《社会科学研究》，2002年第4期。

第一，民族心理。当地的彝族人民都比较崇尚豪放、慷慨、大方的性格，相当的排斥小气、吝啬的行径。而这种心理对其饮食习惯有较大的影响，那就是有种大块吃肉、大碗喝酒的生活习惯，这对消化道有不利的影响。

第二，老年群体的成长社会历史环境。在上文中已经提到过老年人经历过艰难的生活历程。在那个年代，他们吃的是什么，怎么吃等等，通过下面我所访谈的老年人个案来阐释：

个案1：罗某某：男，68岁。所患疾病：胃炎、胃溃疡。家庭情况：共有6个人：他老伴、儿子、儿媳妇、一个孙子和一个孙女。他说在20世纪50、60年代，人民公社时期，村里人每天都要去挣工分，假如没有苦够那么只有饿肚子。但他说根本就苦不够，因为他还要养老婆、子女。那怎么办呢？他说，只有吃山上的一些植物，如野菜、树皮（"苦里吧"一种现在用来调味品的树皮），以及其他只要是能够消化的东西就行。特别是在"三年困难时期"，尤其艰难……那个时候的生活不讲究吃什么，怎样吃，只要能吃的都吃，饿了就想办法填饱肚子。而该村属于边疆山区，被边缘化了的老年群体，可想而知，他们的生活状况如何。那么，他们现在所患的胃炎与当时的社会历史有密切的关联。

第三，饮食习惯。胃炎与当地人饮食习惯生活方式也有很大的关系。当地彝族人的饮食风格是饱吃、多吃，吃的品种有些单一，平时主食是大米，还有吃生食（吃生菜、生猪肝、腌菜等）的习俗。在节庆日、婚宴或有客人来访时，则大块吃肉、大口喝酒。该村饮食习惯是一日两餐，早餐时间在12点，晚餐19点，由于劳动场所与家离得较远，多数田土在距村寨3公里以上。因此，本村大部分的村民都会携带一些干粮作为自己的下午饭来节省回家吃饭的时间，饮食大多没有规律性，有时大块吃肉，有时则相当随意。所以造就了彝族人民能够忍受许多煎熬，而且也造就了他们随和坚韧的民族性格。但这样长期无规律的饮食习惯，对村民的肠胃上产生了不良的影响。

第四，生活环境。胃病的广泛存在与村民的生活环境也有关系，其中人畜的相隔的距离与肠胃病的存在有很大的关联性。据调查得知，在十几年之前，人畜还都在同一个院子里的，人畜相距很近。这两年虽逐渐隔开，但距离还不是太远，平时家中苍蝇很多，所以从这个角度讲，饮食卫生也在一定程度上造成了影响。

3. 关节炎

关节炎在该村寨的老年人群体中已成为一种常见的普遍性疾病，占老年人疾病的8.11%。村里大多数老年人没有意识到它是一种病，也许意识到了，但因太普遍了而没能被认为是一种病，只把它当做一种老毛病罢了。所以，他们认为即使医治也不可能根治，于是久而久之，在他们的自我意识中就把它当做一种必然来接受。关节炎在老年群体中的普遍存在的原因主要有下列几方面：

第一，终身奉献为荣的集体意识。大古者村规模小，位于高寒山区，相对封闭的地域位置，交通不便，距该村最近村子有12公里，距东山乡政府所在地有16公里，导致了该村无法与其他村形成一个有机的复合整体。因而，其相对独立性，增强了区域的特殊性，这样的区域里形成的集体意识尤为稳固和强烈，在集体意识规范下个体的自我意识便油然而生了。该村寨的集体意识是以终身奉献为荣（对家庭、对村寨），在老年人的自我意识中便形成了以没事做最为害怕的观念，因为没事做，对于老年人来说，表明对这个家庭而言，你已经成为了一种负担，也许这是一种自我认同上的负担。没事做还意味着子女已经不再信任你，不能受到其子女的认可，这将被认为是一种做人的失败。所以，在这样的集体意识中的老年人群体，由于过度劳累，关节炎也成为一种必然。因为过度劳累而在其自我意识中却当成了一种人生的满足时，随之而来的关节炎的发病率也就增高。

第二，关节炎在该村寨老年人群体中普遍存在还有另外一个重要原因，那就是与该村老年群体的生活史有密切的联系。大多数老年人都出生于新中国成立以前，而他们个人的亲身经历的记忆史是从新中国成立后开始，经过土地改革、民主改革、农业合作化、大生产运动、人民公社化、三年自然灾害、"文革"等事件，这样的历史记忆在他们的脑海中直到现今还历历在目。在那样的社会背景下，地处贫困山区的村民，要生存、要养活子女、养家糊口，只有一个选择，那就是拼了老命去挣上几文钱，才能够生存下来。所以，老年人与其说是走过来的，还不如说是拿自己的身体扛过来的，而其中"椽子"①成为他们最最深刻的记忆。在该村寨老年人生存的年代中，多子女、多灾害、低的生产力，除了扛着过日子，还能怎样呢。由此而普遍存在的关节炎不也就有其发病的根源。这正说明社会阶层、亚文化群体和社会生活史对疾病特质的影响。

个案2：罗某，男，62岁；他的身世很有传奇色彩，他是作为上门女婿来到了该村，是该村寨中少有的几个汉族之一。在他的老家基本上已经不再有其直系血亲，甚至于已经少有旁系血亲，这与其历史有关。新中国成立后，进行的土地改革中，他家被认定为是地主的成分，于是就被打倒，没有任何土地和在村中的立足之地。于是，他的两个兄长和两个姐姐，再加上他的亲生父亲便只有离开家乡，最终成为上门女婿或嫁入其他门户。在他的记忆中，为了养活他的6个子女，在他的手上和肩上，有数不清的"椽子"流过。他日夜劳作，用"椽子"去换口粮，最终挺了过来。他苦了一辈子，到头来能够看得见的仅有那么一间老房子，再有的就是一直不停的"腰痛"。

第三，高寒山区，天气较寒冷，早晚的温差变化较大。在这样的环境中生存，关节很容易受到损伤。所以，该地所处的自然环境也是促使关节炎这种疾病普遍存在的一个重要因素。

第四，生产方式。据调查了解到的另外一个重要的关系是生产方式，虽然该村属于高寒山区，地区水源充足，长期以来都是以种植水稻为最重要的粮食作物。在大春，这样的一个农忙季，村民们不论刮风下雨，都必须下水田把秧苗种下去，因为那是他们一年的填饱肚子的唯一的生活依赖。长期的那种冷水的刺激，对关节造成了一定的损伤，日积月累成为老年人的常见疾病的现状。

4. 高血压

高血压患者在大古者村老年人中发病率较低，占老年人所患疾病的第5位，比例仅4.22%，大古者村192位老年人中，高血压的发病率仅1.56%，比云南省老年人高血压的患病率15.48%，低了近10倍。这与该村的饮食习惯有关，村民平时每日只吃2餐，以大米、蔬菜（如青菜、茄子等）为主食，很少吃肉类食品，肉类食品主要是在节庆日或请客时吃。当地老人没有营养过剩的情况，高血压发病率较低。

## 五、结论分析

据我们的调查统计，大古者村老年人疾病构成排序占前6位的是：气管炎、上呼吸道感染、肠胃炎、关节炎、肺部感染和高血压。该疾病构成与云南省老年人口慢性疾病构成相比较，有明显的不同。云南省老年人口慢性疾病前6位的排序是：高血压、类风湿性关节炎、糖尿病、心脏病、脑血管病、运动系病。② 在云南省老年人口慢性疾病构成排序中，高血压、心脏病、脑血管疾病、糖尿病等营养过剩引起的疾病共占42.4%，这类疾病与现代生活方式有密切关系，与饮食中含有过多的高脂肪、高蛋白和高糖类有关，被称为"文明病"、"富裕病"。而大古者村老年人疾病的构成与前者明显不同，其疾病构成以感染性疾病为主，占61.96%；过劳性疾病关节炎次之，占12.68%；而高血压的发病率较低，仅占4.22%。

笔者认为大古者村老年人疾病的构成，一方面与该村的文化生态环境有密切的关联性，其地处高寒山区，特别是与其烟酒文化、生态环境、劳动方式、饮食习惯、终身奉献为荣的集体意识，以及老年人的社会生活史等对老年疾病的构成产生了重要作用；另一方面，大古者村老年人疾病的构成显现了他们在政治经济中所处的弱势地位，该村老年人感染性疾病的高发，与其社会经济文化发展水平较低也有密切联系。因此，大古者村老年人疾病现象本质上是结构在人体—社会—文化—生态环境互动的体系中。

---

① 注：椽子是指建房用的木材，在该村的山中，生长着很多可以用做建材的树木，在过去的困难时期，村民们常到山里砍椽子卖，换粮食度日。

② 吴锦屏等：《云南边疆地区老年疾病及卫生服务现状研究》，载《中国老年保健医学》，2008年第2期。

# 哈尼族社区的文化发展

赵 玲 缪 纯*

**摘 要**：作为边疆少数民族文化和跨境民族文化，哈尼族文化与内地发达地区农村文化和城市文化具有明显的差异性，因而其社区文化建设必须采取独特性的路径和方法。

**关键词**：哈尼族；社区文化；变迁

## 一、哈尼族社区文化扫描

### （一）哈尼族社区文化的提出

社区是一个地域社会生活共同体，它实际上"是宏观社会的具体化延伸或表象化再现，是一个微观社会"。[①]从"社区"概念和构成"社区"的基本要素看，以某一个少数民族为主体构成的小型社会，其实质就是"社区"，根据哈尼族在云南省与周边国家的分布情况来看，红河州、西双版纳州、普洱市等地区是我国哈尼族比较集中的地区，可以用"哈尼族社区"对这些社区进行概括，在"哈尼族社区"中，社会成员的主体是哈尼族。

提出哈尼族社区文化建设这一概念，是民族文化研究迈向新阶段的体现。"社区的概念是一个文化的范畴"。[②]一个民族的文化，既可以视为一个整体，又可区分为不同的文化社区。当我们深入到一个民族的不同文化社区中时，一方面可以感受到哈尼族总体的文化氛围，但另一方面，又可感受到不同地区和不同社区哈尼族文化的差异性。如红河与西双版纳哈尼族社区之间的差别，即使在红河州，也同样感受到哈尼各个支系聚居区的文化差异。因此，我们可从哈尼族社区这个概念入手，根据哈尼族文化的差异性，把受城市影响较大的哈尼族地区分为不同的社区类型，如城乡结合型（如绿春县大兴镇、大寨）、旅游开发型（如元阳县箐口）、跨境交融与边远山区型（西双版纳）。

关于社区文化，吴文藻先生认为"是某一社区内的居民所形成的生活方式，也可以说是一个民族应付环境——物质的、象征的、社会的和精神的环境——的总成绩"。[③]在社区研究当中，人们更愿意将文化作狭义的理解，因为自然环境基本相似、生产方式较为相近的社区，也会由于一些偶然因素的差别造成不同的文化密码，使任何一个社区的文化具有不同的特质而与邻区略有不同的文化标记，并以此将该社区和其他社区区分开来。文化对于哈尼族地区的和谐发展起着不可替代的"润滑"作用，建立和谐的哈尼族社区，一定要以文化活动为载体。

随着人民生活水平的不断提高，农村城镇化已成为必然的发展方向，社区作为基层县、市的细

---

\* 赵 玲，云南省委党校教授。

缪 纯，毕业于西南师范大学历史系，现为云南师范大学历史系讲师，研究方向是云南民族史。

① 费孝通：《乡土中国·生育制度》，北京：北京大学出版社，1998年版，第91~92页。
② [美]艾弗里特·M. 罗吉斯、拉伯尔·J. 伯德格：《乡村社会变迁》，杭州：浙江人民出版社，1988年版，第160~161页。
③ 吴文藻：《文化表格文明》，《社会学界》，1939年版，第10页。

胞，联系着社会的各个方面。哈尼族社区工作关系到边疆少数民族地区的稳定和发展，与构建和谐相处的社会人文环境密切相关。重视和提出哈尼族社区文化建设，不仅是为了强调哈尼族作为一个族群所认同的文化上的某些一致性，而且可以挖掘哈尼族文化的丰富性，为边远、农村地区的哈尼族文化建设探索有效的途径。同时，这也将给民族学研究和民族文化研究带来新的视角，新的路子。

### （二）哈尼族社区文化的分类及其特点

哈尼族社区文化是指以生活在社区中的哈尼族群众为主体，以丰富和活跃群众文化生活、满足群众日益增长的精神文化需求为目的，包括哈尼族与社区内的其他少数民族的各种群众性的文娱、体育、教育、科普以及精神文明建设活动等在内的一种群众性文化形式。哈尼族社区文化是哈尼族聚居社区具有高度认同的、共同的、一致的社会价值观，它不仅有着明显的地域性，是一个有别于其他民族文化的、独特的行为系统，而且还表现出明显的居住形式、特殊的语言、特定的经济体系和社会组织及不同的宗教信仰。哈尼族社区文化是本社区哈尼族居民共同创造、共同享有的，同时也强有力地约束着该社区居民的思维和行为方式。事实上，少数民族社区文化的功能就是通过其固有的行为约束内涵得到表征的。

#### 1. 城乡结合型社区文化

城乡结合型社区是指位于县城与乡镇之间的，比邻县城，受城市影响较大的哈尼族社区。在城乡结合型社区，许多农民因城市改扩建，土地被征用。失地农民向居民转化。如：绿春县的大兴镇、大寨等社区，有大量的居民与农村人口在城乡之间、区域之间的流动性增强，越来越多的劳动力转移到了非农产业，哈尼族群众就业方式、经营方式和思想观念、生活方式发生深刻变化，哈尼族群众也渴望像其他地方的城市居民那样，收入不断增加，生活不断改善，有丰富多彩的精神文化生活，并对居住环境、文化娱乐、医疗卫生、教育水平等提出了更高的要求。如何满足哈尼族老百姓这种日益增长的物质文化需求，已成为建设社会主义和谐社会的一个亟待解决的重大课题。由于城乡结合型社区与县城距离较近，群众可以共用县城的一些娱乐文化设施，子女入学、生病就医等条件相对要好得多。受城镇居民和公务员的影响，该社区的哈尼族群众在生产、生活水平方面，有了明显的提高。甚至也参与县城的广场舞、健身操等公共娱乐活动，自发组织篮球、拔河等体育比赛。哈尼族城乡结合型社区在文化需求、价值观念、行为规范等方面，与传统哈尼文化有了较大的变异。

但是在城乡结合型社区里，由于失地与推行家庭联产承包责任制以后，哈尼族群众集体活动明显减少，有不少农民陷入孤独，甚至出现信仰真空，宗教邪教、封建迷信、赌博玩牌之风等乘虚而入，形成不良的社区文化氛围，对党组织的影响力构成威胁。在绿春大兴镇就有愈来愈多的青年男子因为游手好闲、嗜好不良而找不到媳妇，而原先乡镇及周边的姑娘曾以嫁到这里为荣。因此，在城乡结合型社区文化建设中，必须让当地党员和"能人"发挥其先进性，动员广大哈尼族农民通过参加社区集体活动，切身感受到社区组织的先进性，逐渐摆脱个人的孤独感，渐渐将朝气蓬勃的社区视为自己的精神归宿。

#### 2. 旅游开发型社区文化

旅游开发型社区是指位于省、州、县设立的旅游开发区内的农村社区。在旅游开发型社区，如元阳县的箐口哈尼族生态村、西双版纳州勐海县的格朗和乡（1950年2月，西双版纳成立了哈尼族聚居区的第一个区域自治机构——格朗和僾尼族自治区）等社区，其文化是在这些特定的哈尼族社区内长期形成的、在某种意义上也是可以表征该社区成员特有的行为特征和倾向性的相对稳定的社区文化。随着文化旅游业的迅速发展，哈尼族文化特色固然成为支撑当地旅游开发的文化竞争力，"民族的就是世界的"，社区建设除了基础建设之外，就是要挖掘当地社区的传统文化，使之为该社区的当代文化建设服务。因此，重视和挖掘哈尼族民族文化是旅游开发型社区文化发展的特点。这类社区与外界交流面广，接受新事物快，思想观念变化大。为配合旅游工作，当地建起了民族文化博物馆，为游客举办的定时演出，在与来自国内外的游客广泛交流的基础上，形成和树立起一些新的观念和思想，如：建立了可持续的科学环保理念，提高了社区卫生水平，推广了文明生活方式等等，尤其是该地区哈尼族群众的市场经济观念得到较快提升。人们更加关注本社区的公平、正义、和谐、教育等社会发展的因素。社区文化建设是社区建设的灵魂工程，其中整体提高哈尼族群众的素质是建设文明社区的必备基础性工作。只有这样，边疆少数民族地区才会实现和巩固民主法制、公平正义、诚信友爱、充满活力、安定有序的和谐相处等目标和规范，也才能团结更多的相邻哈尼族与其他民族群众，调动更多的积极因素，为加快边疆少数民族地区经济社会发展，实现现代化而创造一个和谐安宁的良好环境。

但是在旅游开发型社区的一系列文化建设活动中，也还存在迎合旅游需求而对哈尼族传统文化过度开发与畸形发展的问题，例如：原本庄严的农耕祭祀，现在可以依据旅游或其他需求随时举行；长街宴什么时候想办就什么时候办，上级给多少钱就办多少钱的宴席；把汉族歌曲的曲调填上哈尼族的语言在公务宴请上大唱特唱，显得既粗俗又肤浅……给旅游开发型社区的社区文化蒙上了庸俗化的色彩与特征，长此以往，对哈尼族传统文化会带来毁灭性的破坏。因此，加强旅游开发型社区的文化建设是哈尼族民族文化保护与可持续发展的重要工作。

### 3. 跨境交融型社区文化

哈尼族是跨境的少数民族，在国外的哈尼族约有 42 万人，其中缅甸 20 万、泰国 8 万、老挝 10 万、越南 4 万。20 世纪初，部分哈尼族开始从缅甸向泰国迁徙，人口约有 33 500 人，占泰国山地部族人口的 6%，被称为阿卡。阿卡在泰国有另一个称呼，叫做尹戈（Ikaw），泰国的第一个阿卡人村落就在泰缅边境上。在西双版纳的哈尼族又自称僾尼人，语言与风俗习惯与境外的阿卡人较接近。

在哈尼族社区的哈尼族居民与境外的哈尼族有千丝万缕的关系，在文化心理、道德理念、宗教信仰等方面也有一些共性，在跨境交融与边远山区型社区文化中，突出表现为几个特点：一是该社区文化交融现象十分突出。如：在西双版纳勐海县有这样一个僾尼人家庭，这家主人生育了 8 个孩子，其中 4 个孩子和中国人结婚，两个孩子和泰国人结婚（两位女婿一个是阿卡人，一个是泰族），一个孩子和缅甸人结婚，那个未婚的孩子则在曼谷工作。可见，这个社区的哈尼族家庭建立的亲戚关系既跨国家又跨民族，这样的婚姻关系把个人社会关系编织成强大的商业网络。二是该社区的文化呈现出多样性的。例如宗教文化，阿卡人信仰原始宗教，他们认为世间万物皆有灵魂，冥冥之中有一种超自然的力量在主宰，进而在此观念支配下，派生出了许多各种各样的神仙鬼怪，诸如山神、水神、天神、地神、雷公、电母、树神、寨神、家神等。近年来，很多境外的阿卡人皈依了基督教，不再参与族群的祭祀活动，淡化了以往的原始宗教意识。三是该社区的哈尼族族群意识和文化认同感较强。两个素不相识的人，只要说都是哈尼族或是阿卡，彼此之间的距离就会拉近很多。另外，哈尼族喜欢和别人结拜兄弟或姐妹。年龄相同或者相近的人，如果志趣相投，就会结成兄弟和姐妹。有的人兄弟姐妹少，感觉自己孤单，也会和别人结拜，这样自己就不会受欺负，社会圈子也大了。因为跨境生存的艰难，生活在边境内外的哈尼族特别注重群体的力量，久而久之，形成了以团结互助为核心的文化心理。在泰国的清莱等城市，许多来自勐海山区的僾尼青年在那里的工厂打工，他们与当地的阿卡人语言相通，风习相近，彼此来往密切，有许多人本来就有亲戚关系，于是在生活、工作、感情等方面，团结互助蔚然成风。

## 二、哈尼族社区文化建设存在的主要问题

哈尼族社区是典型的城市与农村结合型社区。

### （一）当代价值观与哈尼传统文化中的部分道德观念亟待整合

中国特色社会主义核心价值观是建立在"富强、民主、文明、和谐、人的自由与全面发展"上。[①] 在这几个基本点上是中国社会长期普遍倡导和遵循的共同价值观。哈尼族传统道德观念是哈尼

---

① 中共中央：《中共中央关于构建社会主义和谐社会若干重大问题的决定》，《人民日报》，2006 年 10 月 12 日第 1 版。

族传统文化中最璀璨夺目的部分，它不可能超越传统文化而存在。相反，它是不断地从其传统文化中汲取丰富的养料，借助传统文化的滋润，才使哈尼族传统道德观念自身充满活力和生机，具有无限的生动性。在长期的发展变化中，哈尼族传统道德观念逐步成为哈尼族人民遵奉的行为规范和行为准则，并在实施中表现为一种非暴力的、非强制性的以及个人、社会组织的自我调节的多种方式相结合的调节系统。

但是哈尼族传统道德观念其中也有一些与当代社会发展不相吻合的因素需要进一步整合，例如红河州绿春县边远哈尼族社区里"吃在酒上，用在鬼上"的现象还很普遍，逢年过节，婚丧嫁娶，亲友聚会都要喝得酩酊大醉。每年，哈尼族社区在酒上的开支很大。至今一部分哈尼族群众生病了还习惯于先献鬼，请贝玛驱鬼，实在病重贝玛束手无策才将病人送医院救治，很多人因此被贻误了最佳救治时间。从文化学的角度来看，由于不同类型文化的价值观非常悬殊，即便是同一社区内的成员之间也会发生激烈程度小、频率低的各种冲突。西双版纳傣族自治州的勐海县的曼蚌是个紧靠中缅边界的寨子，寨子里的哈尼族在几年以前还过着游耕的生活，烧一片山种一片地，森林烧光了再搬一个地方。1996 年，寨子里有人生了对双胞胎，那是优尼人最忌讳的事。因此，全寨人抛弃老寨，迁到了今天的曼蚌。这是一个几乎完整保留着古老生活方式的民族，寨子由 8 个家族组成，每个家族由民主选举出来的寨老作为代言人，相当于过去的村寨头人"追玛"，"追玛"在早期是自然产生的，代代相袭，若生畸形婴儿或无子继承，世袭自然中断。新"追玛"由各个家族的家族长公推知识渊博、德高望重的男子担任。"追玛"负责人与神灵的沟通，管理着全寨的砍山烧地栽种收获等大小事务。村民攀车是曼蚌全寨人选举出来的村民小组长，但实际上也是头人，因为过去攀车的爷爷就是村寨头人，父亲也是村寨头人，所以现在也选他做曼蚌的村民小组长。① 就云南省民族地区的贫困现象来看，除了少数是由于资源或灾害外，绝大多数贫困地区实质是一种精神贫困。在哈尼/阿卡边远山乡型社区，哈尼族群众陈旧的经济观念集中体现在——自我满足，安于现状。在这类社区中，许多哈尼族群众仍然满足于"一碗肉、一壶酒、大米饭、吃饱肚"的生活，只求维持简单的生产，不求扩大再生产，这种思想严重地影响了自身创造能力的充分发挥，限制了再生产规模的进一步扩大。再如像墨守陈旧的生产方式，轻视先进的科学技术；把获取使用价值当做生产目的，缺乏经济效益观念和价值观念；重仁义轻利益，重农业轻商业，重生产轻流通；缺乏商品所有权概念；不患寡、患不均等等，这些古老、封闭、落后的民族经济心理与现代商品经济存在巨大的反差，使整个哈尼族地区长期在简单的再生产基础上循环往复，残存的自然经济观念形成坚固的壁垒，阻碍了本民族自身生产力的发展和进步。

由此可见，哈尼族社区还存在着一些落后的文化心理与生活生产习俗，这与当代社会所需要的社会主义核心价值观不相符合。良好的哈尼族社区文化为当前哈尼族群众的道德观念输送必须的养分，因此，要加快哈尼族地区的社会经济的发展水平，必须要建设一种先进的、与当代社会主义核心价值观相吻合的哈尼族社区文化。

（二）当代社会的法治要求和哈尼族社区传统习俗中的人治观念有冲突

在哈尼族社区中的人治传统还较为明显，社区成员的法律意识相对淡薄，宗教领袖或宗教机构的权威往往高于世俗权威，传统权威往往高于法理型权威。在哈尼族社区中，以言代法、以权压法的现象时有发生，这就使人慢慢地迷恋于人治并长期锁定（Lock-in）在人治的怪圈中。"在一个有组织的社会中，所有的个体成员一方面要分享共同的社会利益，另一方面也因此而进行与利益有关的利益冲突。"② 人治的最终结果是专制，在相对封闭、落后的边远哈尼族社区中，很难实现所有的社区成员分享共同的社会利益，社区内普遍缺乏公平、自由、民主的文化氛围。市场经济是法治经济，如果哈尼族社区内群众的法治思想始终落后于其他地区，不善于用国家法律来保护自己，保护一切社会经

---

① 孙敏：《曼蚌的阿卡人》，载《中国国家地理》，2007 年第 4 期。
② 石元康：《从中国文化到现代性：典范转移?》，北京：三联书店，2000 年版，第 331 页。

济活动，就会酿成族群斗殴、家族仇杀，例如，前些年发生在"黑树林地区"的为争夺水源和山林的群体斗殴事件，发生在元阳县内的村民之间为争夺土地斗殴杀人事件……究其诱发事件的根本原因，就是传统道德观念中法制观念的缺位。作为当代社会的公民，不论是哪一个民族，文明守法都是最基本的素养。

### （三）个性全面发展的现代追求和共性至上的群体原则之间的冲突

个性全面发展是现代化过程的重要内容，市场经济的确立"要求个人的独立性充分展开并与其他个体构成互动的关系链条"，要求"努力追求一种有利于人的全面自由健康发展的社会结构网络"。① 在相当长的一段时期，人们习惯于把社会作为某一王朝的天下，形成强调共性至上的群体原则，这种传统观念也影响到我国少数民族成员个人主体性的确立和发挥。哈尼族社区成员的生活严重地依附于大自然，家庭关系是他们主要的生活关系，家庭再扩展为家族，辅之以亲戚，其封闭性特点就形成了等级森严、交织缜密的血缘关系网络。在这样的网络中，个人的全面发展不受重视，甚至对哈尼族的一些出色人物的看法是"他们的命好"，忽略个人的努力与奋斗，轻视基础教育对个人发展所起的作用。相反，看重的是群体的变化，别人家的孩子送去上海打工，我家的孩子也去；看别人做什么生意赚钱，我家也去做那样的生意；别人没做过的事我坚决不做……以至于养成明显很大一部分哈尼族群众的观望、消极的生活态度，在思想意识、生产生活中缺乏创新精神。

随着我国各地区间、民族间交往日益频繁，农村的少数民族也同汉族一样大量进入城市。如江苏省自1985年以来，仅从云南、贵州、四川、湖南等省区婚嫁到江苏省的少数民族妇女有2.2万人，其中有一部分云南的哈尼族女性。这些少数民族与汉族流动人口有共同的地方，即大多来自农村的贫困地区，同时，又与汉族流动人口不同的地方，是一个在语言表述、宗教信仰、风俗习惯等方面与汉族迥然不同的特殊群体。少数民族在国内的人口流动看似无序，其实是非常有序的。他们多以家庭、学校、籍贯、民族等社会关系为纽带进行流动的。少数民族进入城市后，这些关系不但没有削弱，反而在最初进入城市时，其关系是非常密切的。鉴于这种情况，必须注重发挥哈尼族社区成员的独立意识，培养哈尼族青年全面发展的理念和创新精神，否则，无法与其他民族的青年在一个新的平台上竞争，还会造成哈尼族青年逐步被边缘化，最终严重阻碍哈尼族青年融入社会主流。

## 三、对哈尼族社区文化建设与发展的思考

自2003年以来，全国出现撤村组建社区的中国乡村治理的新模式。目前，以社区为单位，统一购买农资、统一品种技术、统一生产管理、统一市场销售已成为大气候，社区成为农民联产联销的经济共同体。社区作为具有相对完整意义的社会单位，社区内除了要有一定的生活、生产实施以外，还必须有一套制度和规范，以保证社区居民的物质需要和精神需要能够在社区内得到满足。哈尼族社区内有深厚的民族文化与制度传承，社区内的文化丰富多彩，与不同的民族、邻近国家和地区的文化交流频繁，由于受自然环境的制约、生产力和生产方式变迁以及哈尼族地区历史发展进程的差异而形成了各具特色的文化类型；不同社区文化间的交流传播、融会创新，对边疆民族地区，尤其是哈尼族社区的发展起到巨大的推动作用。哈尼族社区内的群众还保留着良好的生产生活习俗，这些习俗已经转化成社区内的一种制度与方式。如哈尼族社区的水源林（神林、榗林）的保护制度，梯田稻作模式与环保意识等，多年来都是该社区群众所自觉遵守的精华理念。由此可见，文化和社区的不可分割性，它决定了社区文化建设研究是社区研究中的重要内容。

### （一）强化哈尼族社区文化的凝聚功能

凝聚功能是指哈尼族社区成员在共同目标、利益和信念的基础上，通过共建机制，使社区各种力量相互作用、相互吸引，从而形成一种特有的集聚、凝结的社区合力和整体效应。社区文化犹如黏合

---

① 岳天明：《社会化研究应融入个性化理念》，载《社会科学报》，2000年10月19日。

剂，把哈尼族社区内的成员"黏合"在一起，社区通过多种文化活动吸引居民参与，增加认同感和归属感，从而产生一种凝聚力，形成共同的理想和希望，使哈尼同胞普遍产生主人翁的责任感，自觉参与社区的各项事务，发挥自己的才能和智慧，为哈尼族社区的繁荣作出贡献。在城郊结合型社区、跨境交融型社区都要进一步加强哈尼族社区文化的凝聚功能，这样就能使广大的哈尼族聚居区，包括边远的哈尼山寨的价值观念、文化心理等完成较好的整合与变迁。

(1) 转变观念。哈尼族社区文化建设不只是政府的事，应该引起哈尼族群众的更多的关注。目前，哈尼族群众的文化水平、文化权利的维护工作还存在一些缺位现象，甚至有很大一部分人认为社区文化工作可有可无，所以工作力度不够。针对这些问题，基层政府应加强对哈尼族社区文化工作的指导，为哈尼族社区文化的协调发展营造良好的政策环境和社会环境。

(2) 各方协助。基层政府要充分调动社会各方面的积极因素为哈尼族社区文化建设服务。将零散的哈尼族地区的社会文化资源充分整合起来，依托区域文化优势，形成合力，打造品牌，使哈尼族社区文化建设成为构建和谐边疆的精神基础和经济亮点。如发挥一些专业文艺团体的优势，编演一批反映哈尼族文化的节目，并深入哈尼族社区为群众演出。积极推进哈尼族群众文化活动，继续加强对民众业余文艺团队、基层文化干部、社区文化骨干的培训。将哈尼族社区文化与县域特色文化等协调统一起来。发挥报纸、电视、广播、互联网和各种活动的社会文化功能，大力倡导和宣传主流文化，引导群众明辨是非，自觉抵制不良文化的影响，有效占领群众的精神思想阵地。

(3) 切合主流。哈尼族社区要以贯彻落实国家的《公民道德建设实施纲要》、创建文明社区等为主要内容，通过在社区内开展"五好文明家庭"创建等多种形式的活动，加强哈尼族群众的社会公德、家庭美德教育，全面提升哈尼族群众的文化素养，强化哈尼族群众在哈尼族社区文化和文明建设中的主人翁意识；引导哈尼族青少年树立正面的世界观、人生观、价值观，大力弘扬以爱国主义为核心的民族精神和以改革为核心的时代精神。在哈尼族社区倡导爱国守法、明礼诚信、团结友善、勤俭自强、敬业奉献的基本道德规范，倡导文明健康的生活方式。通过开展广泛的大众性文化活动，让人人都参与、人人受教育。

(4) 共同参与。在参与哈尼族社区文化活动的过程中，哈尼族群众之间不分长幼、不论身份、不计贫富，在满足共同爱好兴趣的同时，增加了了解，加深了感情，团结互助，充满关爱。大家由小家庭融入哈尼族社区大家庭，拓展交流空间，感受集体的温暖。每一个哈尼族群众又影响带动着一户乃至几户家庭，感染和调适着夫妻关系、婆媳关系、邻里关系及其社会关系，把更多的哈尼族家庭和社区内的其他民族吸引、凝聚到了一起。哈尼族社区文化的发展对活跃城乡基层文化生活、调节村民的精神心理、主导高尚的文化风习产生了越来越大的影响。以哈尼族为主体的各少数民族村民之间能够通过社区文化增进了感情和友谊，创造一个多民族群众友好交往、和睦相处的人际交往平台。

### (二) 充分发挥哈尼族社区文化的引导功能

哈尼族社区文化的引导功能是指社区文化对社区成员的思想和行为的取向具有引导作用，使之符合哈尼族社区的理想和目标，认同本社区的价值观。社区文化的引导功能既表现为对社区成员个体的思想行为的引导作用，同时也表现为对社区整体的价值取向和行为起导向作用。因为一个社区的社区文化一旦形成，它就会建立起自身系统的价值和规范标准，如果社区成员在价值取向和行为取向上与"标准"产生不符的情况，社区文化将发挥引导作用，使之与标准相符合。当然，这种导向是潜移默化和自觉自愿的，是主动认同基础上的接受和融洽。哈尼族社区文化建设就是要引导整个社区文化朝着与当代社会经济发展需求相适应，同时挖掘哈尼族传统文化中的优秀内容，发扬光大。

在哈尼族社区倡导的"家庭责任也是社会责任"、"尊老从自己的家庭开始"等等，在发挥哈尼族传统尊老敬老习俗的前提下，进一步对哈尼族社区成员的价值取向和行为取向起好引导作用。在哈尼族社区舆论中起重要作用的往往不是一般哈尼族民众，甚至村社干部的力量也很有限，而是一些德高望重的长老、宗教人士和望族家长。如果在哈尼族社区文化建设中发动这些社区精英人士出面做宣传工作，就会引导社区舆论向着健康的方向发展，促使哈尼族群众尽快更新观念，打破那些不利的人文因素的制约，积极主动地参与到哈尼族社区文化建设行列中来。从社会经济发展速度、文明程度、区域优势等方面来看，城郊结合型社区、旅游开发型社区、跨境交融与边远山区型社区对整个哈尼族地区都可以起到良好的引导作用，这些社区文化建设的成绩、取得的经验，都可以为更多的哈尼族地区的文化建设提供借鉴与参考。

### （三）充分发挥哈尼族社区文化的娱乐功能

人们不仅有物质方面的需求，更有精神方面的需要。娱乐功能是指社区文化能起到给人们的消遣提供一种轻松、舒适的环境的作用。随着改革开放和社会主义现代化建设的不断发展，哈尼群众生活水平的提高，他们对精神生活有了更高的需求，而哈尼族社区文化恰恰在很大的程度上满足了哈尼群众对精神生活的需求，社区为他们提供了场地。哈尼族社区居民在紧张繁忙的一天工作中会感到精神倦怠，身体疲劳。社区文化活动将为他们提供一个轻松、愉快和舒适的环境，使他们从劳累和压力中解脱出来，得到精神上的享受，并以饱满的精神投入次日的劳作。哈尼族社区群众所喜爱的磨秋、对山歌、节庆聚会等活动，都能较好地满足各年龄段哈尼族群众的文体需求。近年来，红河州通过举办哈尼族十月年等标志性的群众文化活动，充分展示哈尼族民俗文化，这些体现时代精神的文化活动融入的大量传统文化因素，深受不同民族与不同文化层面的群众的欢迎，并吸引了大量的中外游客参与其中，极大地提升了哈尼族社区的情义价值。墨江哈尼族举办的"双胞胎节"、版纳哈尼族举办的"嘎汤帕节"等活动，在当地带动了群众文娱体育活动的开展。

### （四）充分发挥哈尼族社区当地文化工作队伍的作用

目前，哈尼族社区的各种群众性文化团队发展很快，他们在社区文化建设中正在发挥着越来越重要的作用。为此，哈尼族社区所在地的各级党组织和政府部门应积极给予培育扶持，从资金投入、骨干培训、技术指导和场所建设等方面优先考虑、优先安排，抓好落实。哈尼族社区的组织机构要注意改进、完善和创新工作载体和工作方式，注意发挥群众文化组织和其他民间组织的作用。在培育与发展、扶持与回馈的过程中，促使哈尼族社区的群众文化组织不断壮大，催生一些自发的文艺演出队。哈尼族社区群众文化组织是基层党组织和党员联系群众、服务群众的桥梁和助手，是动员哈尼群众参与社区建设、丰富社区文化服务内涵的重要载体，也是化解社区内部矛盾、维护稳定的积极因素，要使哈尼族社区群众文化组织成为弘扬正气、引领社会新风尚的领头羊。此外，还要积极引导哈尼族社区群众文化团队自觉地担负起提供服务、反映诉求、协调矛盾、监督社会等方面的功能，既成为社区舆论的引导者，又要成为社区矛盾的润滑剂。总之，这类群众性文化组织在哈尼族社区有着广泛的群众基础和发展空间，他们是实现少数民族地区文化平等、构建边疆少数民族和谐社区工作中的一支不可忽视的重要力量，是一支活跃在哈尼族社区的、深受哈尼群众喜爱的、"不离开"的文化工作队。

综上所述，哈尼族社区的全面发展和变迁过程，一定要注意社区发展目标与社区成员多样化的利益要求相联系，这将有助于形成哈尼族社区成员平等、自由人权的理念，形成社区成员高度的权利责任意识。有利于整合哈尼族群众的民心民力、有效动员村民参与、促进村民自治、解放基层政府和满足村民利益需求。最终促使哈尼族地区社会经济文化事业迅速发展，缩小边疆与内地发达地区、与汉族地区的差距，使广大哈尼族群众成为合格的、高素质公民，适应国家城镇化建设、社区化管理的新要求。

## ☆学术动态

# 《象征的来历：叶青村纳西族东巴教仪式研究》序①

## 和少英

仪式与象征符号理论的研究在民族学/人类学学科领域中犹如"皇冠上的明珠"，具有无可替代的重要作用。迄今为止的众多民族学/人类学理论与流派，都将它作为观察与剖析人类情绪、情感和经验意义的利器，并表现出了对仪式的独特理解与阐释，从而不断推进着学科的建设和发展。但我们却不得不面对这样一种无情的现实：国内民族学/人类学学界在仪式与象征符号理论方面的研究却远远落后于国际学界，不仅在研究成果的数量和质量上均无法与之比肩，而且甚至到了难同人家展开对话的地步。这不能不说是一大憾事！不过，此种尴尬局面正开始悄悄地发生变化，目前已有一批中青年"实力派"学者拿出了经过自己多年努力获得的颇为可喜的研究成果。纳西族青年学者鲍江在他的博士论文基础上修改而成的这部题为《象征的来历：叶青村纳西族东巴教仪式研究》的呕心沥血之作，我认为完全可以称得上是其中的佼佼者。

鲍江在大学本科毕业后曾经找到过一份稳定的中学教师工作，并建立了自己的小家庭；原本可以过上安安稳稳的小日子了，但可能是由于受到纳西民族重视教育、酷爱学习的传统的影响，他毅然辞去工作汇入了当年为数尚不算太多的考研队伍中，并顺利地通过入学考试成为我指导的首位民族学专业硕士研究生。我自己曾于20世纪80年代末、90年代初数度负笈美国弗吉尼亚大学（University of Virginia）人类学系，在这座以"象征人类学"（symbolic anthropology）为标志的、主要从事仪式与象征符号理论方面研究的民族学/人类学重镇中度过了几年难以忘怀的时光。尽管当时系里最为著名的"象征人类学"大师维克多·特纳（Victor Tuner）已经过世，但推出了《文化的发明》（Invention of Culture）等一系列脍炙人口的"象征人类学"皇皇巨著的另一位大师罗伊·瓦格纳（Roy Wagner）以及特纳遗孀伊蒂斯·特纳（Edith Tuner）等一批学者，仍然在举其大旗、继其衣钵、传其薪火，置身其中令人不能不耳濡目染他们在从事仪式与象征符号理论方面研究的独特魅力！鲍江自然而然地也可能免不了受到我从该系里"充电"学回的那一套东西的影响，因此无论是当年在我这里攻读硕士学位时的论文选题，还是后来又远赴京城师从中央民族大学的著名民族学家、中国民族学会会长宋蜀华先生攻读博士学位时的论文选题，乃至毕业留京后在中国社会科学院社会学研究所供职期间的一些研究选题，似乎都没有离开过仪式与象征符号理论的范畴。我时常会向自己所指导的博士生和硕士生们推介鲍江潜心向学、长期坚持在条件艰苦的纳西族东巴教圣地云南省香格里拉县的白地村，以及纳西族传统文化积淀最为丰厚的四川省木里县的叶青村做深入细致的田野调查的情况，期望他们多向这位学兄看齐，不要怕吃苦或者被眼前一点点蝇头小利所迷惑……

众所周知，民族学/人类学学科的研究范式一般来讲是就着民族志说社会与文化的理，尽管所研究的对象及其切入点往往都是个别的，但研究的起点和终点都是力图寻求一种跨文化的通识。那么，究竟什么是"文化"呢？对这个问题历来是众说纷纭、莫衷一是的。民族学/人类学家除了注意到文

---

① 《象征的来历：叶青村纳西族东巴教仪式研究》：鲍江著，北京：民族出版社，2008年版。

\* 和少英，云南省民族研究院暨云南大学西南边疆少数民族研究中心学术委员会主任、特聘教授，民族学专业博士生导师，云南民族大学副校长。

化之实际行为的一面,还注意到存在于行为背后的信仰、抽象价值观与世界观的另一面,即认为文化不仅是一种可见的行为,而且还是人们用以解释经验、导致行为并且为行为所反映的价值观和信仰。根据法国著名人类学家列维-斯特劳斯(C. Levi - strauss)等人的研究,认为理念层面(the realm of ideal)或象征之力(the force of Symbols)是塑造人类行为的最关键的因素。而美国著名人类学家克利福德·格尔茨(C. Geertz)和澳大利亚人类学家基辛(R. Keesing)则更是以文化符号(cultural codes)来说明人类同文化的关系,认为这套文化符号是潜藏在人类行为背后、指引着人类日常生活中所思所行的一切东西。因此,近期较为流行的文化定义便是:文化是一系列规范或准则,当社会成员按照这些规范或准则行动时,所产生的行为应限于其他社会成员认为适合和可接受的变动范围之中。此外,文化还有着全体社会成员可共有共享、可用来沟通、可通过学习得到、以语言等象征符号为基础等特征。不难看出,民族学/人类学的文化概念其涵盖面是十分广泛的,既包括了物质文化层面的内容,也包括了精神文化层面的内容,还包括了制度文化层面的内容,可以说涵盖了人类的整个生产生活方式。但是,民族学/人类学家在研究过程中更加关注其中最为核心的层面,即人们日常行为背后的价值观及其行为规范;因为任何社会都必须有一套价值观及其行为规范,都要有自己的核心价值体系来规范人们的思想、言论和行动。可以毫不夸张地说,任何关于仪式与象征符号理论领域的研究亦概莫能外。

既然要想对寻求跨文化的通识作出自己的贡献,鲍江的这部论著首先关注的便是符号的价值问题。符号的价值一般可以从两个角度来展开讨论,一个是符号的客观性价值,另一个是符号的主观性价值。符号的任意性是结构语言学大师索绪尔语言学理论中的一个核心观点,这个观点引申到跨文化的场景里自有其深意:即符号的价值受系统的规定,同一个符号或类似的符号,在不同的系统里可能具有不同的价值,特定符号与特定的意义之间不存在自在的关联,而是受文化符号系统的规定。格尔兹可以说已从小处着眼涉及了这个问题,并通过"深描"来表达地方性知识,也就是调查者所观察、体验到的研究对象符号表达的诸多可能之义中的地方性意义;譬如,他列举眨眼这个行为符号的数种意义可能,阐发了语境对符号意义的规定。这个观点反映到语言学上实际上就是一词多义的问题。鲍江在本书中的出发点与格尔兹相比又有所不同:文化符号的系统性是其基点或预先的设定,研究的侧重点则是集中在寻找系统性的文化架构。从本书中不难看出他的研究实际包含了两方面的思路:一方面是认识他者,寻找逻辑去支撑地方性知识体系的宇宙论和人观格局,即搞清楚研究对象看世界、看人的方式;另一方面则是反思,即在更广阔的语境里审视"认识他者"这项工作的系统性价值。由于观察者个别田野经验的反思路径可能指向的符号系统是多元的,譬如民族学/人类学这门学科的理论,学者自己置身其中的政治、经济以及社会文化体系,或者学者个人的世界观与价值取向等等;把民族学/人类学田野工作即对特定的他者的社会文化考察置于这些系统里去观察,便不难看清各自的价值面相。

其次,本书作者关注的是符号的主观性问题。符号的价值受系统的规定,但即使在同一个文化系统之下,每一个具体的个人对符号的态度、看法、情感等都不可能是整齐划一的。一方面个人受到文化符号系统的结构性规定;另一方面人是具有较强的反思能力的,在结构之下或结构之外有发挥各自的主观能动性的广阔空间。譬如,说谎话或者"挂羊头、卖狗肉"等等,撇开道德是非不谈,这些行为在彰显符号力量的同时,亦可彰显出同样强大的主体力量。

作者在本书中尝试串联起客观与主观,提出拟构"象征动力学"的大致思路,并为此而引入了一个与符号构成对立的概念——实在。符号作为一种表达的手段,其本质只不过是替代品;它自身不具备内在价值,它的价值取决于所在的系统。实在则指不受任何语境约束、自身便具有内在价值的自足体。符号和实在二者之间形成了互动的关系,符号实在化与实在符号化是文化史中一直存在着的两股具有趋势性的力量。符号实在化,实际上指的就是符号的"替代品"本质淡出人们的意识、转化为自在的实在体的过程,时间因素在这个过程里具有关键价值,"习以为常",符号超脱语境的约束,转化为理所当然、天经地义或不证自明的文化本然;而实在符号化,则指的是创新概念以及发明符号的过程。

任何一个文化体系都可以是历史的、立体层叠式的，但落入观察者眼里却往往会呈现为一种平面化的表达。于是，如何还原文化体系的时空纵深、使其呈立体式展现便成为学术探索的又一个焦点。作者在本书中站在承认研究对象文化的主体性立场，试图采用对个别关键符号的深入分析与整体观念体系的领悟相结合的路径，描绘出整个对象文化体系的立体图景。"恨不得钻进当地土著人的脑袋里"，这是一句民族学/人类学者的经典感言，体现出这门学科对他者知识的渴望，同时求之不得的无奈之状也表露无遗。当人们同陌生的异文化相遇时往往会带来强烈的震撼，"不知其所以然"可谓民族学/人类学者在田野时的一种常态。除了参与观察之外，"这是什么意思"，"那是什么意思"，便成为时常挂在民族学/人类学者嘴边的话语。一般而言，初来乍到时的问题都比较容易得到解答，因为对当地调查对象而言被询问的大多是"连三岁孩子都知道"的"常识"。但随着田野调查工作的深入，问不到答案或者获得的答案难以令人满意的状况就会经常出现；"因为这是我们的传统，所以我们这样做"之类的解答也会令调查者颇有些挫折感。换句话说，即使你已经千方百计"钻进了土著人的脑袋"，也可能还是解决不了自己的困惑！那究竟还应当怎么办呢？还剩下唯一一个最直接的备选答案便是"钻进土著人祖宗的脑袋"，但这样做又有几分可能性呢？本书作者的答案是非常有意思的："本项关于纳西族宗教仪式的研究，我当做是一次与纳西文化祖先跨越时空的对话，尝试挖掘东巴教仪式具有内在一致性的观念内核。仪式的每一个细节都在表达意义，问题在于我们，包括参与者和观察者能否洞察到。理解、认识仪式表达的意义，关键是要把握整个的观念形态体系，因为一切的象征表达都逻辑地建构在它上。某种意义上，求证象征与意义关系的工作类似猜谜游戏，从看似无序的象征表达找寻藏在背后的、支撑象征表达的秩序。任何的仪式表达，对一个陌生的观察者而言，多呈现为乱七八糟，甚至神秘离奇的状态，不可思议；而对熟悉的参与者而言，一切又都习以为常、天经地义，难得反思的空间。人类学者的工作是在这两极之间进行一次又一次、反反复复的巡游，通过想象、分析、推理、归纳，渐次逼近其价值内核，实现与历史的对话。"

在民族学/人类学对仪式与象征符号理论的研究中存在两种倾向：一种是自然科学化的解释倾向，即机械地抽空信仰去解读仪式行为，脱离"主位"义理去"客位"解读符号；另一种是用颇为一厢情愿乃至武断的分类去遮蔽多样性的经验事实，诸如"原始宗教"、"自然崇拜"、"泛灵论"、"萨满论"、"祖先崇拜"等现成标签也就成为信手拈来的"便捷"的界定工具。譬如，仅凭观察到纳西族东巴对着木头或石块进行交流、诵唱、舞蹈、献供品之类仪式行为，有的学者就想当然地提出用"石崇拜"、"木崇拜"等概念来解读东巴教。其实稍加了解便不难发现：这些木头或石块只不过是象征符号，用来表达人们信仰中那些看不见、摸不着的超自然存在体，仪式中东巴真正的交流对象是超越存在体的……可见，作者在书中所打开的是一种解读宗教仪式的新思路，即倡导在超越世界的想象语境里来解读和理解仪式行为，这样的解读和理解即使与信仰者的"主位"感悟存在着一定距离，但恐怕会比那种立足片面僵化的"眼见为实"之类"客位"观察的解读，更加逼近对象文化主体的真实。

以往的东巴教本体研究在方法论层面还较为普遍地存在着一种遗憾，即不同程度地受文化进化论理论的禁锢，从西方民族学/人类学以及宗教学的理论框框出发去生搬硬套，随意切割东巴教鲜活的素材，并据此得出一些似是而非的结论。通过这样的"研究"所产生出来的大量"文化垃圾"既无助于人们加深对东巴教文化的认识，甚至还有可能在所谓的"跨文化交流"中产生误读和误导，让人无所适从似坠入五里雾中！本书作者则试图立足于东巴教本身来解读东巴教的义理，从令人眼花缭乱的众多概念中抽取出"萨"、"俄亨"以及"祀"三个至关重要的基本概念，与东巴教时空观和东巴教仪式实践模式结合在一起进行深入考察，不仅将这方面的研究大大向前推进了一步，而且还使得这种尝试具有某种更新研究范式的意义。

东巴教是一个以神祖、人、"署"以及鬼魅这四类超越存在体为认识论基础的信仰体系。神祖归属于天外的上方界，鬼魅归属于地底的下方界，人和"署"归属于天地之间的中央界。人类与"署"类构成了一种平等互惠的关系：人类是文化产品的拥有者，"署"类则是自然界万事万物的主宰者。一方面，人类从事文化生计必须依托自然世界，人类欠"署"类的债；另一方面，人类举行仪式祭祀"署"类,"署"类获得了文化产品的补偿。在这样的信仰架构下,人们对待自然的态度是节制有度的,注重人与环境的和谐。宇宙统一于"萨"(类似汉语的"气"或物理学里的"能量"概念),万物均内涵有"萨"。神祖、人、"署史"以及鬼这四类超越存在体统一于"俄亨"(灵魂)。灵魂属超越万事万物的存在体,它有三种主要的存在形式:一是作为"祀"(生命)的构成部分;二是作为祖先;三是作为鬼魅。人类只不过是中央界的匆匆过客,任何人的终极归宿均是回归上方界转化为祖先。葬礼在信仰维度上来看其实质就是使灵魂完成从生命的构成部分到祖先与神灵的转化,即一方面从阶段性的存在形式转化为永恒的存在形式,另一方面其归属空间亦由中央界转换为上方界。生命的解体便是灵魂从人的躯体中永远地分离出去,其源起是灵魂被鬼魅或"署"类拘禁。因此,葬礼在信仰维度上的主体内容就是东巴给鬼魅和"署"类文化产品作为补偿,借助神力以实现伏鬼赎魂之目的;然后再给逝者的亡灵指点迷津(即指路)送往上方界的祖源故地。从这个意义上看,东巴经籍中对人类迁徙路线的描述实际上解释的是亡灵的"回归路线";它不仅在东巴教的整个信仰体系中具有至关重要的作用,而且也就是东巴教版本的关于"我从哪里来,要到哪里去"这个古老"迷思"(myth)的解答。卷帙浩繁的东巴经籍被誉为纳西族古代文化的百科全书,荣膺联合国教科文组织(UNECO)的世界记忆遗产名录。澄清宇宙论及人观是深度挖掘东巴教文化这一人类文化宝藏必备的一把钥匙。作者在本书中的相关努力,使得东巴文化揭秘——这项随着真正称得上智者的大东巴的日渐凋零已经看似不大可能的工作透出了一道亮光。

总之,鲍江的这部论著堪称仪式与象征符号理论研究领域中一部难得的创新之作,它对纳西族社会文化与东巴教研究的推进作用亦是不言自明的。尽管书中仍存在着若干尚待进一步修订的稚拙和粗疏之处,尤其是作者似乎也面临着任何研究本民族社会文化的学者都难以避免的能否揭示"庐山真面目"之感,但瑕不掩瑜,本书在许多方面填补了长期存在的研究空白这一有目共睹的业绩,将肯定会随着时间的推移而愈益获得大家的赞赏!

是为序。

# 20 世纪 50 年代以来侗族语文著作述评

谭厚锋*

## 一、引 言

1949 年 10 月 1 日中华人民共和国成立后，中国共产党和人民政府为了更好地贯彻和执行民族政策，依据语言学家、社会学家和历史学家等多方面的意见，将自古以来主要居住于湖南、贵州、广西三省（区）交界地区和鄂西南一带旧称为"仡伶"、"峒蛮"、"峒苗"、"峒人"的一支少数民族正式确认为"侗族"。[①]1955 年 12 月北京召开第一次全国少数民族语文科学讨论会，在这次会上，拟订了少数民族语文工作规划，并且由中国科学院少数民族语言研究所和中央民族学院以及中南、贵州等民族学院共同组成了中国科学院少数民族语言调查第一工作队侗语工作组，在贵州、湖南、广西各级党政领导的支持下，从 1956 年 12 月开始调查，到 1957 年 2 月底调查完毕，经过 5 个月的整理研究，9 月在贵阳举行的侗族语言文字问题科学讨论会预备会议上，就有关侗语方言的划分和创制侗文问题的初步意见向到会的代表作了报告。各方代表一致表示：侗族有创制文字的必要，并就创制文字的几项原则问题包括选择基础方言和标准音的问题表示了意见，还就大量的材料进行分析研究，并修订了侗文方案（试拟草案）。1958 年 8 月 18 日～8 月 23 日在贵阳召开"侗族语言文字问题科学讨论会"，正式通过了侗文及试验推行方案。[②]正是由于党和人民政府在新中国成立之初和在十一届三中全会以后正确地执行了民族政策，因此，从事侗族文化教学与研究（包括侗族语文的教学、研究）等方方面面的人士及其研究成果都从无到有，甚至成果令人很惊喜。2008 年侗族文字创立已经整整五十周年了，本文仅就新中国成立六十年来有关侗语文著作成就进行回顾。由于涉及侗族语文教学和研究方面的著作很多，所以，本文只对以侗族语言文字表述为主或是侗汉文对照或者是单一以侗文形式出现的著作进行综述，进行综述的理由在于，新中国成立以来，以侗族语言文字表述的著作成果的公开出版不仅为侗族研究提供了大量的材料，还为侗族地区的双语文教学提供了有力的帮助，甚至为民族学人类学的研究也提供了丰富的田野调查资料。因此，系统地回顾过去，目的在于展望未来。

## 二、侗语文著作概述

按照内容来分，已公开出版的侗语文著作有侗族民间文学、侗语文教材、侗族语文研究著作、侗族语文工具书、侗族音乐著作、侗族语言文字资料著述、侗族语文文学著作、侗族语文科普读物等。据初步统计，共有 131 部。现在按著作内容侧重点分述如下：

### （一）侗语文民间文学类著作

侗族民间文学具有很高的文学艺术价值和现实意义，是中华民族民间文学宝库中的一朵绚丽奇

---

\* 谭厚锋，贵州民族学院民族科学研究院副研究员、云南大学西南边疆少数民族研究中心民族学专业硕士研究生。

① 《侗族简史》编写组：主编：张民，审定：张人位、向零；《侗族简史》，贵阳：贵州民族出版社，1985 年版，第 1 页。

② 贵州省民族语文指导委员会编：《侗族语言文字问题科学讨论会汇刊》，1959 年，第 1～5 页。

范。在新中国成立以前,侗族历史上没有与本民族语言相适应的文字,民间长期盛行用汉字记录侗语,俗称"汉字记侗音"。自唐宋至新中国侗族文字创立止,汉族文化逐渐深入侗族地区,在侗族中心地带相继创建了"学堂"、"学府"、"书院"、"学馆"、"国民学校"、"国小"、"国中"、"简师"、"师范"新旧型学校。这些学校培养了一批接受汉族文化的侗族知识分子。他们对提高侗族人民的文化知识和自己促进侗族社会发展起着桥梁作用,他们也是民间记侗音的开拓者。而"汉字记侗音"在民间大概始于清代。"汉字记侗音"在一定程度上满足了侗族人民群众对本民族文字的要求。可以说,"汉字记侗音"也是侗族人民的智慧的结晶。历史上的侗族歌师、戏师往往用"汉字记侗音"的方法传承侗族传统文化,因此,至今在侗族民间存在着大量的用"汉字记侗音"的"歌册"、"历书"、"农本"、"药书"、"家谱"、"族谱"等。就是新中国成立后出版的《侗族大歌》(贵州省文联编,贵州人民出版社,1958年版)、《珠郎娘美》和《侗族民歌》(中国音乐家协会贵阳分会筹委会主编,贵州大学艺术系编辑,贵州人民出版社,1960年版)等都是"汉字记侗音"的版本。现在摘录《侗族大歌》第12页上的一首歌的汉字记侗音和汉译文,并附上侗文,以窥见一斑。

汉字记侗音:

嘎 坑

害益多嘎梅嘎细,<br>
盖杀顶堆<u>恶不</u>又浆;<br>
盖杀顶<u>德昂</u>忙赏赛,<br>
共后不素嘎补<u>德昂</u>。

译汉意:

坑洞男声大歌

不唱歌来可惜歌,<br>
不种田地口要吃;<br>
不种田地肚皮空,<br>
田也要种歌也唱。

侗文:

Heec lis dos gal meix gal xih,<br>
Eis sags jinc dih ebl yuv janl;<br>
Eis sags jinc dangc mangc sangx sais,<br>
Ongl naih bix duv gal buh danc. ①

不难看出,"汉字记侗音"不能够准确地表达侗语。这一方法只能作为个人的学习工具而已,也就是说,"汉字记侗音"往往是自己记录自己用,别人很难看懂。因此,新中国成立后,党和政府非常重视发展少数民族的语言文字,积极帮助尚无文字的民族解决民族文字问题。早在1952年,中央民族学院就开始培养侗语文干部,进行侗语文研究。当时从事这一工作的有杨权、龙明耀和郑国乔三位先生。1958年8月在贵阳召开了由中共贵州省委直接领导的有湘黔桂三省(区)侗族代表参加的侗族语言文字问题科学讨论会,通过了侗文方案(草案)。从此侗族人民第一次有了与本民族语言相适应的文字。侗族文字推行了一段时间后又被搁置了。党的十一届三中全会以后,民族政策又得到了

---

① 杨权编著,郑国乔审订:《侗族民间文学史》,北京:中央民族学院出版社,1992年版,第7~10页。

恢复。自那以后，侗族文字又是柳暗花明又一村。公开出版了不少侗文与汉文对照的民间文学著作，主要有：

《侗族大歌》（侗汉对译本），中国民间文艺研究会贵州分会编，1982年《民间文学资料》第五十四集。《侗族民歌》（一）（侗汉对译本），中国民间文艺研究会贵州分会编，1982年《民间文学资料》第五十六集。《侗族民歌》（二）（侗汉对译本），中国民间文艺研究会贵州分会编，1982年《民间文学资料》第五十七集。《侗族琵琶歌》（侗汉对译本），中国民间文艺研究会贵州分会编，1982年《民间文学资料》第五十八集。《诗歌、款词、故事、侗戏》（侗汉对译本），中国民间文艺研究会贵州分会编，1982年《民间文学资料》。《侗戏、叙事歌、杂歌》（侗汉对译本），中国民间文艺研究会贵州分会编，1982年《民间文学资料》。《侗族叙事歌、琵琶歌》（侗汉对译本），中国民间文艺研究会贵州分会编，1982年《民间文学资料》。《侗款》（侗文、汉文对照），湖南少数民族古籍办公室主编，杨锡光、杨锡、吴治德整理翻译，岳麓书社出版，1988年版。《侗族玩山歌》（侗汉对照，龙玉成，1988年）。

《侗族传统文学选编》〔（侗文版合订本）亨元、张士良、陈昌璧、杨引东编，贵州省民族事务委员会编印，1984年版〕是根据20世纪80年代初落实党的民族政策后侗文试点直到1983年黔东南侗文师资培训班、南部方言班历年来所搜集到的侗族民间文学资料进行选编的。主要内容有人物故事、生活故事、神话故事、动物故事、大歌、琵琶歌、酒歌、河歌、牛腿琴歌、木叶歌、笛子歌、踩堂歌、念词和童谣谜语等。这些传统文学反映了侗族人民的时代精神，体现了侗族人民对党、对社会主义的无比热爱。它的出版，促进了当时侗族文字的推行工作。

《起源之歌》（侗族史诗）"Gal Daengv Daens Gaeml"四卷，杨权、郑国乔搜集整理注译，辽宁人民出版社，上下册，1989年版。《人类的来源》（侗族古歌500句）、《从前我们做大款》、《六洞款约》杨权记译，张勇整理，黔东南苗族侗族自治州文学艺术研究室编印，《民间文学资料》第一集，1981年12月。《侗族文学资料集》（第一集），郑国乔、杨权搜集翻译整理，杨进铨、邓敏文校订，贵州省民族事务委员会，贵州省文联民间文艺研究会编印，1984年10月。《侗族文学资料集》（第五集），普虹编译，贵州省民族事务委员会、贵州省文联民间文艺研究会编印，1985年6月。《侗族文学资料集》（第六集）（侗族叙事歌和琵琶歌），石宗庆、张盛等记译，龙玉成等意译，贵州省民族事务委员会、贵州省文联民间文艺研究会编印，1984年。《三宝侗族古典琵琶歌》（侗汉对照，向零，1988年）。

《侗族民间文学选读》(Mieenc Jeenh Wenc Xoc Gaeml Laih Dos)，贵州省民族事务委员会语文办公室编，石锦宏、潘永荣、欧亨元整理，贵州民族出版社，1994年版。该书收录了"叙事歌"、"情歌"、"耶歌"、"酒歌"、"神话故事"、"传说故事"、"童话故事"、"童谣"、"说唱词"、"谚语"、"谜语"等内容。它的出版多少弥补了侗文读物奇缺的状况，促进了侗族语文的推行工作。

《侗族民间文学史》〔（杨权编著，郑国乔审订）中央民族学院出版社，1992年版〕一书共分为六大部分：绪论（包括民族概况、语言文字、民间文学的分类和民间文学的分期）、远古时期的民间文学（包括原始耶歌、古歌、神话等）、唐宋元时期的民间文学（包括款词、白话、传说故事等）、明清时期的民间文学（包括农民起义歌、侗族大歌、叙事歌、情歌、侗戏、谚语等）、民国时期的民间文学（包括"辛亥歌"、诉苦歌、红军歌等）、新时期的民间文学（包括新侗歌、侗戏侗族民间文学的搜集整理与翻译出版等）。该书中有许多内容是汉文与侗文对照表述的。可以说，无论从侗族民间文学的内容还是质量方面来看，《侗族民间文学史》的出版，标志着侗族民间文学的教学与研究达到了重要的水平，它的出版也丰富了中华民族民间文学的宝库。

《金汉列美》（侗族著名长篇叙事歌）（原著：张鸿干，传唱：石成玉，记录：吴志德，翻译整理：潘永荣、张人位；贵州人民出版社，2007年版。）是清朝侗族著名歌师张鸿干（贵州省从江县贯洞侗寨人）根据当地发生的真人真事于1828年创作而成的。《金汉列美》的侗语名为 *Jeml Hank Liebt Muih*。该著名长篇叙事歌至今依然流传于黎平县、从江县、榕江县、通道侗族自治县、三江侗族自治县等地的侗族村寨。当年，著名歌师张鸿干在黎平县腊洞村侗族著名戏师吴文彩的启发下，又将他编唱的《金汉列美》改编成侗戏演唱。自《金汉列美》这一著名长篇叙事歌的产生到今天，已经有近 200 年的历史。《金汉列美》的故事梗概是：松堂是贯洞村的一名巨富，但到中年仍无儿无女。他为后继有人，遂到遥远的衡州请算命先生算命。算命先生要他修阴积德，乞求神灵赐予。在他广积阴德的感动下，众多鬼神请求玉帝给他送子。于是玉帝将天庭的正宝派往松堂家投生，在正宝的请求下，玉帝又将圣女派往人间。两人出世以后，男的取名金汉，女的取名为列美。金汉长到十多岁，其父松堂要按侗族的姑表亲旧俗，将他与姑母的闺女贵花成亲。金汉不同意，坚决抵制了父母的做法，通过"行歌坐夜"认识了列美，后来结为夫妻，不久便生下了女儿衡妍。可是，金汉仗着有钱有势，产生喜新厌旧之念，在"行歌坐夜"过程中行为不轨，又与另外两名姑娘莫娘、杨妍相爱，使莫娘、杨妍怀有身孕。她们在无可奈何的情况下，自寻短见身亡。一天，莫娘、杨妍的阴魂趁金汉从衡州买草鱼仔回家的路上，寻机将金汉缠死，三人去到阴间鸿雁村寻欢作乐。列美忠于夫妻爱情，不顾家人劝阻，决意去阴间鸿雁村寻找金汉。她一路上历尽艰辛，在众多鬼怪的纠缠下，力排险阻，把状告到玉帝案前。在玉帝的审判下，金汉得以复生，二人又回到贯洞重度夫妻生活。可是，莫娘、杨妍却被玉帝不公正地判为勾引金汉的坏女人。①《金汉列美》这部长篇叙事歌的主要艺术特点在于以下几个方面：一是它塑造了众多的、性格各异的人物形象。这部作品，一共塑造了 70 多个各种各样的人物形象。二是它的结构主要是以时间为序，以金汉和列美爱情发展的线索作为叙述的主线。三是它的语言很有感情特色。② 可以说，《金汉列美》是侗族人民智慧的结晶，它的出版，不仅丰富了侗族语文读物，也为当下侗族文字的继续推行与普及起到了极大的推动作用。

**（二）侗语文教材类著作**

编写出版侗族语文教材不仅符合党的民族政策，也符合中华人民共和国义务教育法关于"招收少数民族学生为主的学校可以用少数民族通用的语言文字教学"的规定。

新中国成立后公开出版的侗族语文教材相对来说不少，据不完全统计，到目前为止已有 67 部。

1. 20 世纪侗语文教材

20 世纪侗族语文教材不多，只有 12 部：《广西三江侗语课本》，杨权、龙明耀、郑国乔编写，1953 年中央民族学院教材油印本。该书是新中国成立后第一本侗语文课本，开了侗族语文课本的先河，而且为后来侗族文字的正式创立打下了很好的基础。《侗语课本》第一、二册，杨权、石宗庆、张士良编著，贵州民族研究所，1982 年版。第一册分四大部分。第一部分：第 1~27 课为侗语声、韵、调的学习内容。第二部分：第 28~34 课为"侗文之歌"、"侗文好"、"姊妹学侗文"、"政策好乐万家"、"种田人工具全"、"民族团结干四化"、"应用文（八篇）"。第三部分：练习。第四部分：附录 1 生字词表；附录 2 侗文声、韵、调和国际音标对照表。第一册着重侗语声、韵、调，以浅显易懂的侗汉对照例字，解决既会侗文又识汉字的问题。第二册共有 27 课：伟大的祖国、伟大的中国共产党、歌颂毛泽东思想、怀念周总理、优秀共产党员龙大道、红军长征过朗洞、红日照侗寨、侗乡好、鼓楼、鼓楼颂、花桥、石凉亭的故事、十八杉、侗歌的传说、芦笙的来历、侗苗民族团结的故事、斗牛节、盼勉王、姜映芳、金银王、歌师陆大用、戏师吴文彩、侗家本来爱唱歌、嘎两尼、龙女和俊郎、"颂靶"侗戏——陆本松算账等。这些内容的选择尽量兼顾侗族南北两个方言传统社会的方方面面，有助于侗文初学者巩固侗文和了解侗族的文化生活和社会生活习俗。

十一届三中全会以来，民族文字在贵州省民族地区扫盲和双语文教学中，取得一定的效果，侗族双语文教学也不例外。为提高民族文化和适应民族地区双语文教学的需要，在贵州省教育委员会和贵

---

① 《金汉列美》原著：张鸿干，传唱：石成玉，记录：吴志德，翻译整理：潘永荣、张人位；贵阳：贵州人民出版社，2007 年 1 版的前言。

② 《侗族文学史》编写组编：《侗族文学史》，贵阳：贵州民族出版社，1988 年版，第 216~217 页。

州省民族事务委员会的领导下,20 世纪 80 年代和 90 年代编写了《六年制小学语文侗汉课本(第 1~7 册)》课本。现分述如下:《六年制小学语文侗汉课本(第 1~7 册)》(贵州民族出版社,1986 年 8 月~1993 年 10 月)的第 1~2 册课本均以全国统编教材《六年制小学语文课本(第 1~2 册)》为蓝本,适当增加一些反映民族特点的课文,采取先母语后汉语,用民族语文给汉语字、词、句、文释义的方法编译,其目的在于使少数民族儿童学会母语文字并更快地学好汉语文,这两册均由石宗庆、杨汉基、银永明、龙启休、罗国光负责侗文的编译;陈涛、陈国媛负责汉文编辑;张人位、古开伦、潘世华负责审订,1986 年 8 月由贵州民族出版社出版。《六年制小学语文侗汉课本(第 1~7 册)》的第 3~4 册课本均以全国统编教材《六年制小学语文课本(第 3~4 册)》为蓝本,适当增加一些反映民族特点的课文,这两册均由杨汉基、陈昌壁、张盛、罗国光、欧彩鸾、张士良、欧亨元等同志负责侗文的编译;张人位、古开伦、陈涛、陈达明、潘世华同志负责审订,1988 年 3 月由贵州民族出版社出版。《六年制小学语文侗汉课本(第 1~7 册)》的第 5~7 册课本均以全国统编教材《六年制小学语文课本(第 5~7 册)》为蓝本,适当增加一些反映民族特点和乡土题材的内容,这三册均由石宗庆、杨汉基、欧亨元、张盛、石锦宏、杨通锦、潘永荣、杨成星等同志负责侗文的编译审订,分别于 1989 年 10 月、1990 年 5 月、1993 年 10 月由贵州民族出版社出版,与第 1~4 册不同的是,这三册全部改为侗文单文出版。1993 年 12 月贵州民族出版社出版了由石宗庆、杨汉基、欧亨元、张盛、石锦宏、杨通锦、潘永荣、杨成星等同志负责侗文的编译审订的侗文单文版的《六年制小学侗文课本》的第 1~2 册。《侗语基础知识讲授提纲》(石宗庆、陈昌壁编著,贵州省榕江县民族事务委员会审印,湖南芷江县印刷厂印,1985 年元月第 1 版)。《侗语基础知识讲授提纲》由六大部分组成。第一部分入门须知,这一部分为语言学的一些基础知识;第二部分侗语的系属及其特点:侗族族称、侗语的特点、侗语的方言土语概况和侗语的方言土语的特点;第三部分侗语榕江话简况:语音系统、词汇、语法、词组和句子成分、句子的语气和结构和汉语语法对侗语的影响;第四部分侗文及其拼写规则:文字产生前侗族人民用以记数、记事及记录语言的符号、《侗文方案》(草案)的诞生、《侗文方案》(草案)简介以及经过试行之后,对《侗文方案》(草案)提出修改的几点意见;第五部分推行侗文的经验教训;第六部分附录:侗语声调、侗语北部方言数量词的音变和形变现象及其规律和关于《侗文方案》(草案)几条读音规则的说明。这本小册子虽然是内部出版,但它包罗万象,并且言简意赅,的确是初学侗文者的一本不错的良师益友。本人在贵州民族学院大学期间最初所了解侗语言的基础知识主要是通过这一册子而得。

2. 21 世纪侗语文教材

1998~1999 年,贵州大学西南少数民族语言文化研究所和世界少数民族语文研究院打算到侗族地区来选择侗汉双语教学实验点,经榕江县民族文化艺术研究室普虹先生牵线搭桥,主办单位项目负责人龙耀宏、吉志义(中文名,爱尔兰人)在县教育局的支持下对栽麻乡的宰荡、归柳、苗兰、大利、高硐等侗族村寨进行考察,经研究比较,最后定点宰荡村。2000 年 9 月该项目实验开始在宰荡小学实施。宰荡村侗汉双语教学实验班,是一个为期九年的实验项目。如今已是第八年。我们认为,很有必要让更多的人了解侗族地区目前的这一双语教学实验项目的情况。但由于文章的内容限制,我们在此只对这一项目的侗汉双语教材向大家作个介绍。

贵州大学西南少数民族语言文化研究所和世界少数民族语文研究院榕江县宰荡村侗汉双语教学合作项目学前大小班和小学一至六年级侗文教材(总共 55 本)的编写简况如下:

该项目的学前大小班和小学一至六年级侗文教材是在世界少数民族语文研究院的语文专家吉志义(中文名,爱尔兰人)的主持下,在龙耀宏、张勇、吴定邦、张盛、杨林、吴美莲、潘永荣、吴全新、吴远隆、杨俊等侗族专家的指导下,在宰荡村杨再荣老师(他是该项目的教导主任)具体负责侗文教材的总体设计而编写而成。在这些教材的编写过程中,绝大部分学前大小班和小学一至四年级侗文教材的插图绘制由钟声直和钟声和两兄弟负责。小学五、六年级的《语文》和《思品》书中的插图绘制均由杨海元负责。小学一至六年级《语文》的练习(侗文)内容均为杨再荣编写。学前班至六年级《思品》和一年级的《自然》的侗文编写内容均为杨再荣负责。而该项目的所有教材的责任编辑均由李明春、杨群花担任,所有教材的总校对工作均由徐业昌和杨慧负责。学前班的《看图学侗文》主要编写人员有吴美莲、潘永荣、周昌兰、龙秀云、张盛、杨胜宽、吴全新、杨秀珠、杨唤珍、李明春、吴国军、吴国芝等。学前班侗文教材《算术》和一年级侗文教材《数学》编写者为李明春、杨群花。小学一至六年级侗文教材《语文》编写者有罗康玉、李明春、杨再荣、杨群花、杨士杰、钟声直、吴美莲、张盛、潘永荣、吴全新、杨秀豪、普虹(张勇)、徐业昌、杨胜敏、杨胜宏、杨盛宽、杨秀珠、杨再清、吴国芝、杨万先、杨秀会、杨士龙、杨再勇、杨慧、杨汉文等。学前班侗文教材《听力故事》编写人员有张盛、普虹、潘永荣、吴美莲、周昌兰、龙秀云、吴全新、李明春、陆昌松等。学前大小班《侗歌》均由侗族音乐家普虹先生编写。一年级《侗歌》则由普虹和普桃编写。二年级《侗歌》由普虹、吴培安、杨再荣、普桃等编写。三年级《侗歌》由普虹、吴培安等编写。四年级《侗歌》由吴培安、普虹、吴雁飞、龙建平等编写。除了这些学校的正规教学教材外,该项目还编写了一本侗族成人侗文扫盲课本——*Nyenc Gaeml Dos Leec Gaeml*《侗族儿女学侗文》,它由该项目的教导主任杨再荣先生编写。他编写的主要目的是:尽管1958年8月在贵阳召开了侗族语言文字科学讨论会,通过了侗文方案(草案)。但真正意义上懂侗族文字的人寥寥无几。为了推广、普及和教导侗族人学习侗语文,为了让丰厚的侗族口头文学和音乐变为文字,也为了让那些过去没有条件上学的侗族同胞弥补没有机会上学学习和学侗文,以此用本民族文字来表达他们的情感,并且把优秀传统文化长久地传承下去,除此之外,也希望能借此帮助侗族人以文字的方式表达自己的情感。该教材由文字和图画两部分组成,文字部分又分为学习侗族文字的声、韵、调和用侗族文字如何学写简单的应用文组成,共有34课。书中所有文字部分均由杨再荣先生编写,书中的每一课还附有插图,均由钟声和与钟声直两兄弟共同绘制。这本教材与20世纪出版的成人侗文扫盲课本最大的不同之处在于,它撇开了传统教授方法,直接运用口语对话教授学员,每一课所接触的字母逐一巩固。

宰荡村侗汉双语教学合作项目从学前班到小学六年级总计28门课程,再加上一本成人侗文扫盲课本共55种课本。归纳起来,宰荡村侗汉双语教学项目的教材(包括成人侗文扫盲课本)有这么一些特点:一是所有课本的文字内容和插图均为从小到如今依然以侗话为母语的本民族人士(侗族)编写或绘画而成;二是所有教材的内容均用侗族文字来表述,可谓真真切切的侗文教材;三是所有课本均为图文并茂,形象生动;四是无论课本中的内容(包括故事和歌曲),均朗朗上口,饶有趣味,而其中的插图则是栩栩如生,所有这些内容都来源于侗族的传统文化,极符合侗乡儿童的心理特点,易学易懂;五是无论是儿童教材,还是成人侗文扫盲课本,所有课文都是短小精悍,每一课不用一课时就能够轻松学完;六是除了学前班和一年级的课本由吉志义、孔瑞贤和柯海珍三位外方人员(系该项目负责人)参与编辑工作外,其余课本的编辑人员均为本民族(侗族)人士;七是参与项目教材的人数众多,达30余人。

宰荡村侗汉双语教学合作项目教材通过多年(最长的达8年)的使用,产生了很好的效果,2008年7月第一届侗汉双语教学合作项目宰荡村小学六年级全班17位同学的毕业总平均成绩在该村所在乡所有毕业班中位居第一名,其中全班单科数学成绩荣获全乡总平均成绩第一名,单科语文荣获全乡总平均成绩第二名;并且班上一位名叫杨远吉的同学荣获全乡所有毕业同学中第一名,另一位名叫吴翠凡的同学则荣获全乡所有毕业同学中第六名。据前任和现任校长介绍,这样的成绩是该校从未有过的。可以说,通过这些年在宰荡村学前班和小学阶段的侗族文字的试验推行,在校学生学习侗族文字不仅不会妨碍学生的汉语学习,而且对他们学习汉语文有极大的促进作用。

到目前为止,成人侗文扫盲课本 *Nyenc Gaeml Dos Leec Gaeml*《侗族儿女学侗文》这一教材已在侗族地区培训达8次,其中贵州侗族地区举行了7次,包括2003~2004年在榕江县栽麻举行三次侗文侗歌培训,2005年在榕江县城、2006年7月在乐里和2007年7月在平阳各一次,2008年8月在从江县下江举行一次。2007年8月在广西三江县侗族地区富禄也举行了一次侗文侗歌培训。每次培训内容都是侗文侗歌。每次的培训人数都在 40～50 人之间。每次培训时间均为两个星期。前来参加培训的人员有一生都在田间耕耘的老年农民、社会青年、民间歌师歌手、中小学老师和学生等。他们中有些从来没有上过学，汉话也不会说很多，学员们能够通过短短的两个星期学会了如何使用侗族文字，并能用所学到的侗族文字来记录侗族民歌和故事，部分学员甚至还能够用侗族文字来进行创作。每次的培训结束，真是皆大欢喜，老师们舍不得离开学员，学员也舍不得离开培训老师，大家都有说不完的话。每到一地培训，侗汉双语教学项目榕江工作站培训老师都得到当地政府领导的大力支持，培训老师们很受学员们的欢迎，而且学员的家人也都全力支持。总之，每次的侗文侗歌培训都产生了很好的社会效果。可以说，成人侗文扫盲课本 Nyenc Gaeml Dos Leec Gaeml《侗族儿女学侗文》是当下侗族儿女在短时间内学会侗文最实用的扫盲课本。

### （三）侗语文研究类著作（论文集）

新中国成立以来，有关侗族语文研究方面的著作不多，只有 7 部。主要有：

《侗语简志》（梁敏著，民族出版社，1980 年版）是 20 世纪 80 年代以来第一本介绍侗语的著作。它的内容包括概况、语音、词汇、语法、方言和文字。《三江侗语》（邢公畹著，南开大学出版社，1985 年版）是 1980 年邢公畹先生率当时就读侗傣语比较语言学专业研究生石林、张旭、李钊祥三位先生在广西三江侗族自治县林溪公社的林溪、程阳、贯洞、平岩四个大队，进行语言学田野调查工作之后的报告。发音合作人共有十位。该书共分为七大部分：概说、语音系统、声韵调配合总表、故事和传说记音、风俗谈、歌谣和词汇。书中所有的故事、传说、风俗谈、歌谣都有与侗语相对应的国际音标，国际音标之下又有直译，文后又附有意译。由于新中国成立前，侗族没有与侗语相对应的文字，所以，除了部分"汉字记侗音"的文献外，侗族历史上的绝大部分传统文化均靠口传心授代代传承下来。因此，《三江侗语》的出版发行开创了侗族地区侗族语言专点调查报告的先河。它的出版不仅对于语言学，就是对于侗族的民间文学、史学和民族学人类学都具有极有深远的意义。

《侗语文集》（贵州省民委民族语文办公室编，石锦宏主编，贵州民族出版社，1993 年版）全书按照内容主要有：文字推行的作用和意义，文字规范，语言关系，语言、语法和修辞，翻译理论与实践，双语教学经验，侗语文研究概述等方面。《侗语文集》不仅是 1993 年贵州省民委语文办重点课题《贵州民族语文丛书》之一，而且是新中国侗族文字创立以来第一本以贵州侗族语文教师、侗文工作者和科研人员等为主体而撰写的论文集子，它融知识性、理论性和学术性为一体的教参式辅助读物。

《侗台语比较研究》（石林著，天津古籍出版社，1997 年版）共收录了作者在 20 世纪 80、90 年代发表的 21 篇侗台语方面论文，主要内容包括侗语与侗族文化研究、侗语在汉藏语系侗台语族中的地位与作用、侗语声韵调研究、侗语方言土语研究、侗语民歌研究、侗语词法研究等方面。在这 21 篇论文中，其中就有 1 篇发表在中国语言学权威刊物《中国语言学报》上，8 篇发表在少数民族语言学最高刊物《民族语文》上，分别在《南开学报》、《中央民族学院学报》、《民族学报》、《语言研究论丛》、《民族论坛》、《云南民族语文》、《侗语研究》上发表 1 篇，分别在《苗侗文坛》、《贵州民族研究》上发表 2 篇论文。从这些论文的质量和发表在这些刊物的档次来看，作者不仅对本民族语言侗语有深厚而扎实的功底，其普通语言学理论也一样深厚而广博，而且汉语音韵学和汉语方言学的修养也很深厚。《侗台语比较研究》不愧是一部高水平的侗台语比较研究论文集。

《侗语汉语语法比较研究》（石林著，中央民族大学出版社，1997 年版）共分为绪论、汉语侗语句型对比、汉语侗语疑问句对比、汉语侗语比较句对比、汉语侗语修饰词组语序对比、汉语侗语词类对比、汉语侗语构词法对比、侗语南方言语法对比等八章。《侗语汉语语法比较研究》主要有三大特点：一是"《侗语汉语语法比较研究》一书所依据的资料可靠，原因在于作者是经过语言学专业训练的侗族学者，而且对汉语也有深厚的修养"。二是"本书十分合理地包含了侗语与汉语在语音和词汇方面的对比研究，是一部学术性强的侗汉双语教学的范本"。三是"本书不仅将侗语汉语在句子上进行了很好的分析,而且对词组、词、语素也进行了对比分析"。① 总之,该书的的确确是新中国侗族文字创立以来第一本高水平的侗语汉语语法比较研究的专著。

《汉语侗语关系词研究》(黄勇著,天津古籍出版社,2002年版)主要分为两大部分:原始侗语声母构拟和汉语侗语关系词研究。作者"黄勇是邢公畹先生的高足,深得先生真传,而且得天独厚,本人又是侗族,熟悉语言,研究侗语可谓得心应手,他熟练地运用历史比较方法,为汉藏语言历史比较语言学做了两件十分有意义的工作:第一,他使用八个点的侗语方言材料,为原始侗语构拟了完整的声母系统;第二,在掌握侗语历史面貌的基础上,进行了侗语和汉语历史关系的探讨。这些研究无论对于壮侗语族语言,乃至汉藏语言的系属研究,都是基础性和建设性的。黄勇所做的这两项研究,在汉藏语言历史研究中具有令人却步的难度。他在研究侗语和汉语的历史关系时使用了邢公畹先生首创的'语义学比较法',他也是最初学习和使用这种方法者之一"。②《汉语侗语关系词研究》是继石林先生著、1997年中央民族大学出版社出版的《侗语汉语语法比较研究》的第二本运用"语义学比较法"高水平的侗语汉语比较研究专著。

《侗语研究》(龙耀宏著,贵州民族出版社,2003年版)主要分七大部分:导言、语音、词汇、语法、方言、文字和附录。"龙耀宏同志从小就受到母语文化(侗族语言文化)的教育,对本民族语言和文化有着深厚的感情。《侗语研究》是他在多年从事侗语教学科研的基础上编写而成的。该书有两大优点:其一,龙耀宏同志是土生土长的侗家人,对自己的语言非常熟悉,他不仅精通北部方言,对南部方言也相当精熟。他在书中罗列的语言事实是系统的,并且是相当丰富的。声韵调配合表中谓之详尽,收入的词都是非常有用的口语常用词。书中对语音的描写是系统的并注意语音的变化,这对侗语的共时研究和历史研究都提供了可贵的材料。关于语法的叙述也比较详细,提供了大量的北部方言特有的语法现象。其二,本书运用了大量的比较材料。不仅注重方言土语之间的比较,还注重将侗语同其他亲属语言作比较;不仅有语音结构特点的比较,也有词汇和语法方面的比较。这些比较为本书的科学价值奠定了基础,更为侗语作进一步的深入研究打下了坚实的基础。本书的出版,必将为国内外研究侗语的学者所重视。"③ 龙耀宏先生著的《侗语研究》是迄今为止全面涉及侗语的方方面面研究的一部专著,是侗族语言文化研究过程中不可多得的一部著作。*The Dong Language in Guizhou Province China*, written by Long Yaohong, Zheng Guoqiao, Translated by Dr. Norman Geary, University of Texas at Arlington, 1998. *The Kam People of China – Turning Nineteen*? By Norman Geary, Ruth B. Geary, Ou Chaoquan, Jiang Daqian and Wang Jiying. Curzon Press, 2001.

(四)侗语文工具书类著作

新中国成立以来,共出版了7部侗族语文工具书。主要有:《侗汉简明词典》(初稿)贵州民族语文指导委员会研究室、中国科学院少数民族语言调查第二工作队编,贵州民族出版社,1959年版。该词典以榕江章鲁话为标准音,以南部方言为基本词汇。所收词(词组)近10 000条,现代汉语借词比较多。从现在的眼光来看,该词典尽管有这样或那样的不足之处,它的出版却标志着侗族人民终于有了一本用自己民族文字编写的语文工具书,在当时甚至在后来相当一段时间里,它在侗族语文教学与研究方面起着不可磨灭的作用。

《侗语语法》(杨汉基著,天柱民委审印,天柱印刷厂印,1986年6月)。正如作者杨汉基先生在该书的前言所叙,"为了更好地配合目前侗文推行的需要,解决'双语'教学中的一些问题,特将自己多年积累的资料,以及侗语方言调查等有关参考材料,编成《侗语语法》一书"。该书分八个部分:侗语语法基本概念、词和词的组合、词的分类、方言构词、语句形式、语法异同等。本人在贵州

---

① 石林著:《侗语汉语语法比较研究》,北京:中央民族大学出版社,1997年版,邢公畹先生序。
② 黄勇著:《汉语侗语关系词研究》,天津:天津古籍出版社,2002年版,瞿霭堂先生序。
③ 龙耀宏著:《侗语研究》,贵阳:贵州民族出版社,2003年1版,郑国乔先生序。

民族学院原少数民族语言文学系侗族语言专业班读书时，曾经得到这本面世的《侗语语法》一书的不少帮助。当然，在这本书中也还存在不少的不足之处，比如在侗族传统语法体系、方言土语演变发展等方面。不过，《侗语语法》这本书也的的确确是侗族有史以来由侗族人自己编写的第一本侗语语法书。

《简明侗语语法》（杨汉基、张盛著，贵州民族出版社，1993 年版）是在《侗语语法》的基础上进行修改而成。《简明侗语语法》全书 15 万字，简明扼要地介绍了侗语语法知识，全书共分七章，第一章绪论；第二章词的构造；第三章词类；第四章词的结构关系；第五章句子成分；第六章句子；第七章侗语方言语法及其音变现象。书后附有供参考的语言材料——民间故事及侗文方案（草案）。该书的公开出版对于"促进侗语文的规范化，适应侗文推行使用的发展，继承、弘扬民族优秀文化遗产，特别是不通晓汉语的民族聚居区农村社会扫盲、学校'双语文'教学和广大读者的迫切需要"，起到了积极的作用。

《侗汉词典》（欧亨元编著，民族出版社，2004 年版，共 33 万字）是一部以侗语标准音为主导，以南部方言为基础，兼收南北方言六个土语词汇的侗汉对译词典。词典选词兼收并蓄，起到集侗语之大成，沟通各土语间联系的作用。全书共收单音节词近万条；多音合成词，包括词、词组、俗语、成语、谚语等一万多条，总计约二万三千多条词目。该词典有几大特点（优点）：（一）侗汉词典是按照侗族文字方案编排的。（二）本词典按字母和声调顺序 l、p、c、c、s、t、x、v、k、h 排列。（三）为了沟通各方言土语，有助词语的统一规范，词目的汉释采用"互见"或"同"的办法处理。（四）现代汉语借词或音译词，涉及书写、读音的规范，本词典不收录。（五）所有单音节词都附有国际音标。（六）该词典收词面广，标音准确，注释恰当。（七）该词典除了正文外，还有音节查字表和汉义索引，很方便检索。（八）附有"南北方言语音代表点基本词汇对应表"。可以说，该词典是目前侗语文教学、研究、编译、出版等多方面的工作中不可多得的一部工具书。

《侗汉常用词典》（贵州省少数民族语言文字办公室编，潘永荣、石锦宏编著，贵州民族出版社，2008 年版）是目前出版的短小精悍的一本侗汉文对照词典。它的优点主要表现在这样几个方面：一是该词典收词（词组）达 5 000 余条，且是侗语南部方言现行（通用）常用词；二是采取新的编排体例，相对来说更为方便查找；三是在该词典的正文之后还附有"现行侗文声、韵、调表"；四是短小精悍，非常方便使用者携带。因此，《侗汉常用词典》的确是一本实用的词典，它的出版必将有助于当下侗文推行和双语文教学研究等多方面的工作的开展。

《侗英词典》（Kam - English Dictionary. Thomas J. Hudak, Arizona State University：Program for Southeast Asian Studies, 1999.）。《侗-汉-傣-英词典》（Somsonge Burusphat, Sumittra Suraratdecha, Yang Quan. 2000. Kam - Chinese - Thai - English Dictionary. Bangkok：Ekphimthai Ltd.）系泰国玛希隆大学乡村开发语言文化研究所和中国中央民族大学壮侗研究所的合作项目。该词典的外方主编为泰国玛希隆大学的 Somsonge Burusphat 和 Sumittra Suraratdecha，中方主编为中央民族大学杨权教授。《侗-汉-傣-英词典》以侗文、汉文、傣文和英文四种文字对照，2000 年由泰国玛希隆大学资助在泰国 Ekphimthai 有限公司出版。该词典是继泰国玛希隆大学乡村开发语言文化研究所和中华人民共和国中央民族大学壮侗研究所的合作项目的第五本词典，早在 1992 年、1995 年、1996 年和 1997 年已分别出版《当代汉傣语词典》、《新傣英词典》、《傣英汉词典》和《新编英傣词典》。《侗-汉-傣-英词典》收录了侗语词汇 5 000 多条，依据侗语词汇给出了与之相应的汉文、傣文和英文三种文字。本词典的编写始于 1996 年，结束于 1998 年。《侗-汉-傣-英词典》里侗语词汇来源于中央民族大学杨权教授所讲的湖南省通道县的侗话，该词典编写结束后曾得到原中国社会科学院侗族语言学专家杨通银（系通道县侗族，后到美国留学，获语言学博士学位）先生的校对。《侗-汉-傣-英词典》主要包括两大部分，第一部分为侗族概述；第二部分为侗语词汇，并附有相应的汉文、傣文和英文意义。该词典主要有这么几大特点：一是迄今为止，侗语词汇与他种语言词汇对照编写的语种最多的词典；二是不仅有与侗族文字意义相对应的汉文、傣文和英文，而且还附有与侗族文字相对应的国际音标；

三是查阅方便，不仅在正文中能够很快地查阅到侗文，就是检索与侗族文字相对应的英文也极为方便。可以说，《侗－汉－傣－英词典》是迄今为止，侗语词汇与他种语言词汇对照最详尽、最完备的一部词典，还是侗族同胞学习英语、汉语和傣语的好帮手。

### （五）侗语文音乐类著作①

新中国成立后有关侗族音乐方面的著作不少，然而，有关用侗族文字记录侗歌歌词的侗族音乐著作却不多见，据不完全统计现有18部。除在前面"侗语文民间文学类著作"中提到的音乐类外，主要有：《侗族大歌》（贵州省少数民族古籍整理办公室编，张勇等收集整理，贵州民族出版社，2003年版）一书包含"噢嗬顶"、"千赛久"、"声音歌"和"儿童歌"四类歌曲，总共97首歌。每首歌都有侗文汉文对照，并有意译。这是新中国成立以来容量最大（达60多万字）的一本侗族音乐著作。《侗歌大观》（陆中午、吴炳升主编，北京：民族出版社，2004年版）是《中国·湖南·通道侗族文化遗产集成》成果之一。湖南省通道县是一个以侗族为主体的少数民族县份，侗族人口占该县少数民族人口的78.3%。该县县委、县政府在2000年提出"民族生态旅游县"的战略目标，并且认为，民族旅游靠的就是传统的优秀民族文化资源。因此，县委、县政府在2000年上半年成立了"通道侗族文化遗产集成领导小组"，目的为了将县境内的民族文化，尤其是把侗族祖先创造的优秀文化展现或再现在世人面前，让文化为现代化经济建设服务。本书就是在全面调查整理出版的其中一本成果。《侗歌大观》共分三部分：侗族民歌的理论、侗族文字与汉字对照的侗歌和附录。该书包含了一领众合的"耶歌"、"款歌"，多声部合唱类的"大歌"、"喉路歌"，乐器伴奏类的"琵琶歌"、"各吉歌"（牛腿琴歌）、"侗笛歌"、"戏歌"，徒歌齐唱类的"双歌"、"酒歌"、"茶歌"，徒歌独唱类的"情歌"、"儿歌"、"哭歌"等数十歌种及其百多种歌腔。共127首侗族民歌，所有这些侗歌都是附有与侗文相对应的汉文。这本《侗歌大观》的出版，不仅有助于侗族民歌的研究，还有助于语言学和文学的研究价值。

《侗戏大观》（陆中午、吴炳升主编，北京：民族出版社，2004年版）也是《中国·湖南·通道侗族文化遗产集成》成果之一。该书主要分为："侗戏史略"、"侗戏剧目"、"侗戏音乐"、"侗戏剧本"、"侗戏表演"、"戏台"、"戏联"等九大部分，书中所有戏曲均为侗汉文对照。《人与自然的和声——侗族大歌》（张勇选编，邓敏文审订，贵州民族出版社，2005年版）选编了30首侗族大歌，基本涵盖了肇兴、三龙、高增、岩洞、口江等不同地域的不同种类，并且具有一定的代表性，而且绝大多数都是流传已久的经典作品。除此之外，还有6首拦路歌和4首踩堂歌，这些歌曲虽然不是侗族大歌，但它们与侗族大歌的演唱习俗有着密切的关系，而且也是流行于侗族民间的合唱歌曲。该书有这样一些特点：一是所有选编的歌曲不仅有谱，还有相应的侗族文字与汉族文字。二是比较详细地介绍了与侗族大歌有关的歌师歌手音乐工作者、大歌歌队和侗歌书籍。三是它基本涵盖了演唱侗族大歌比较著名的几个地域。它的出版有助于侗族戏曲的传承与发展。

《长大要当好歌手》[（侗歌乡土教材）张勇、石锦宏、杨芳主编，贵州民族出版社，2000年版]一书的内容主要分为歌曲和音乐文化的介绍两大部分。歌曲部分收录了侗语歌曲100首，其中适合幼儿园和小学低、中年级演唱的歌曲50首；适合小学高年级、初中和扫盲班演唱的歌曲50首。本教材的所有歌曲的歌词一律用侗文记录，这样，既准确科学又有助于侗族文字的推行，而且每首歌曲都译配有汉文歌词，方便歌唱者任意选用侗汉语演唱。音乐文化主要是向老师和学生介绍与侗族音乐文化有关的内容，使大家对侗族音乐文化方方面面有个比较全面的了解。该书是侗族有史以来由侗族人用与自己本民族语言相适应的文字编创出版的第一本源于侗族人民生活的既有歌词又有曲谱的侗族音乐教材，它的出版不仅有力地推动了光辉灿烂的侗族音乐文化事业的繁荣与发展，而且极大地丰富了中

---

① 有关贵州大学西南少数民族语言文化研究所和世界少数民族语文研究院榕江县宰荡村侗汉双语教学合作项目学前班和小学的侗歌教材，已列于20世纪侗语文教材之中。

华民族民间音乐文化的宝库。

### （六）侗语文文学著作

新中国成立以来，用侗族文字表述的文学作品极为罕见，仅有一部，即《圣经·新约》（侗汉文对照版）。众所周知，《圣经》是世界发行量最大的一部书，是希伯来民族的文学遗产。该书生动地记述了古代亚、非、欧一些国家的政治、经济、文化及社会、民俗等众多方面的情况，为后世留下了珍贵的史料。《圣经》中许多典故事例、警句名言，千百年来，脍炙人口，在西方家喻户晓。在马列主义的经典著作和西方文学作品中，也远远超越了宗教的范围。①《圣经》是一部具有重要地位的世界文学著作，特别在英美等国的文学艺术史上，它影响之深远，也是任何其他作品无与伦比的。许多伟大的诗人、文豪、艺术家以圣经故事和传说为题材，创造出不少不朽的名作。如众所周知的英国17世纪伟大诗人密尔顿的长诗《失乐园》、《复乐园》和《力士参孙》。又如意大利名画家达·芬奇的不朽之作《最后的晚餐》。至于在作品和讲话中引用《圣经》中的典故，更是在西方作家和政治家中屡见不鲜。《圣经》作为基督教的经典，它不可避免地包含着宗教传说和说教；但是，它却可以帮助我们了解西方文明的发展和社会演变。德国伟大的文学家歌德曾这样评论过《圣经》，大意是："世界可以按它的步伐飞速前进，人类的科学可以向着最高的阶段发展，但却没有任何东西可以取代《圣经》的地位。"②全世界共有6 700多种语言，截至1998年，已经有2 212种语言的《圣经》。国语圣经除了汉语外，还有朝鲜、蒙、彝、苗、傈僳、景颇、拉祜、傣文的译本。既然《圣经》是世界级的文学遗产，其中的价值是值得希伯来民族（犹太人）以外的其他民族学习和借鉴的。同样，我们认为，《圣经》也是值得侗族人民学习的。2006年德国神学宗教学出版社出版了侗汉文对照版《侗语圣经·新约》。正如该书序言所说，"侗语版《圣经·新约》是用1958年在贵阳召开的侗族语言文字问题科学讨论会上通过，并报经国家民委批准推行的《侗族文字方案》的标准文章翻译出来的。这是历史上第一本侗语圣经新约。整本新约的翻译工作是由一个团队合作完成的。对于一些重要词汇的翻译，通过集体讨论作出决定。译稿完成后，进行了两个回合的测试，并按测试后的反馈意见作了修改。译本采用直译和意译协调使用的方法，忠实地表达原文的意思，同时也考虑到了侗语的语法原则和语言表达习惯，力求译文准确，语言流畅，通俗易懂。"侗语版《圣经·新约》分为两大部分：新约和附录。附录部分有侗汉新约词汇表、侗语词汇索引、汉语词汇索引、侗语文字说明、地图和侗语土语说明。作为历史上第一本侗语圣经新约译本，其中肯定还有许多不足之处，尽管如此，侗语版《圣经·新约》的翻译出版不失为一大创举，也是侗族人民了解世界级的文学遗产的一个窗口。

### （七）侗语文资料类著作

新中国成立以来有关侗族文字资料方面的著作也不多，只有4部：《关于侗语方言的划分和创立侗文的问题的初步意见》（草稿），中国科学院少数民族语言调查第一工作队编，1957年油印。《侗文方案（草案）》（龙明耀等编），贵州民族出版社，1959年版。《侗族语言文字问题科学讨论会汇刊》，贵州省民族语文指导委员会编，1959年版。该书由六大部分组成：（1）照片：前来贵阳参加"侗族语言文字问题科学讨论会"的中央、贵州、湖南、广西、云南、四川、中国科学院少数民族语言调查第一、二工作队等方面的领导报告，代表发言、决议和参观学习的照片。（2）侗族语言文字问题科学讨论会会议议程。（3）报告：侗族的语言情况和文字问题、关于侗文方案（草案）和占本书二分之一的"侗语方言调查报告"材料。（4）参加侗族语言文字问题科学讨论会部分代表的大会发言稿。（5）侗族语言文字问题科学讨论会决议。（6）名单：侗族语言文字问题科学讨论会代表名单、侗族语言文字问题科学讨论会会务领导小组名单、侗族语言文字问题科学讨论会秘书长和副秘书长名

---

① 代彭康、陈邦俊主编：《圣经词典》，西安：陕西人民出版社，1989年版的前言。
② 中国对外翻译出版公司：《圣经故事一百篇》，刘意青、冯国忠、白晓冬译，商务印书馆（香港）有限公司，1989年版的前言。

单。该书的出版不仅是新中国成立以来全中国侗族同胞的一件特大的政治、文化喜事的历史见证物，并且，它标志着侗文的试验推行方案得以正式通过，从此，侗族人民告别了无本民族文字的历史。侗族谚语是侗族人民世世代代在长期的社会生产生活实践的结果，不仅在侗族民间文学的宝库中占有重要的地位，也是整个侗族文化体系中的一朵奇葩。《侗族谚语》（张盛、杨汉基、梁维安、石林编，贵州民族出版社，1996年版，全书20万字）的出版不仅展示了侗族人民的聪明才智，还增添了中华文化的多样性特点。它共有十大部分：第一部分：人生哲理篇。第二部分：劝世训诫篇。第三部分：伦理道德篇。第四部分：奋斗立业篇。第五部分：民族风俗篇。第六部分：农事气象篇。第七部分：乡规民法篇。第八部分：爱情婚姻篇。第九部分：比喻篇。第十部分：命运篇。

### （八）侗语文科普读物

以侗族文字表述的科普读物甚少，已公开出版的仅有一本：《猪病防治》（Keep Biingh Nguk）贵州省民族事务委员会语文办公室编，翻译：潘永荣、刘汝才、石锦宏，贵州民族出版社，1994年版。该书的主要内容包括 Nuv Biingh nguk, Biingh conc ranx, Ids aox, Ids nguk, Ids xeengp lagx, Nguk ids saenx, Ids zongl duc 等。它的出版填补了用侗族文字介绍科普知识的空白，不仅如此，还为眼下侗族文字的推行与普及工作起到了一定的促进作用。

## 三、问题与建议

新中国成立以来，有关侗族语文方面的著作多，成果突出，对侗族研究贡献也比较大，影响也较深远，但也存在着一些问题。从我们概述的侗族语文著作材料来看，发现用侗族文字表述的侗族民间文学、侗语文教材和侗族音乐这三类著作（述）比较多，侗语文研究类著作和侗语文工具书比较少，而用侗族文字表述的文学作品和侗族语文科普读物则是少之又少，分别只有一部。然而，关于侗汉双语教学与研究方面的专著，侗语方音比较方面的专著，侗语修辞与词汇方面的专著，综合性的侗语方言调查报告专集，侗语文民间故事专集和以侗族历史文化为题材的侗语文中长篇小说等等，至今还是空白。因此，针对这一情况，我们热切盼望研究者们，特别是侗语文研究者们在今后的研究过程中，如能在以上几个方面加以突破，势必为侗语文研究作出更大的贡献。

# 国际视野下的中国边境民族生活史
## ——"中国边境民族的迁徙、交流和文化动态国际研讨会"会议综述

### 谷家荣[*]

2008年9月2日上午,由云南大学西南边疆少数民族研究中心和日本国立民族博物馆共同主办的"中国边境民族的迁徙、交流和文化动态"中日国际学术研讨会在云南大学伍马瑶人类学博物馆二楼报告厅正式举行。来自日本京都等国际知名大学和研究机构、广西民族大学、新疆石河子大学、云南大学、云南省社科院的专家、学者参加了开幕式。开幕式由云南大学民族研究院尹绍亭教授主持。日本国立民族博物馆先端人类科学研究部塚田诚之教授在开幕式上致辞,对参与筹办此次国际学术研讨会的中日两国学者表示衷心感谢,并希望日本国立民族博物馆和云南大学西南边疆少数民族研究中心能以此次研讨会为契机,开展更多更有益的学术交流,以促进中日双方民族研究的共同发展。开幕式上,云南大学西南边疆少数民族研究中心主任何明教授,也对日本同仁的到来表示热烈欢迎,并衷心祝愿中日两国学者在此次交流活动中,增强双方友谊,共同促进中国边境民族研究的发展。

### 一、国际视野下的中国边境民族

本次研讨会共收到各类学术论文 20 多篇。会议以六场分会讨论的形式进行。每场会议分别由三位专家、学者围绕着"中国边境民族的迁徙、交流和文化动态"这一主题进行发言。云南大学西南边疆少数民族研究中心主任何明教授、日本国立民族博物馆先端人类科学研究部塚田诚之教授、云南大学民族研究院书记张跃教授、日本静冈大学人文学部杨海英教授、云南大学西南边疆少数民族研究中心副主任李志农副教授、日本文教大学文学部长谷川清教授分别主持会议,并作了精彩点评。整个学术研究会主要围绕以下三议题展开讨论。

#### 1. 中国边境民族的迁徙史

中国边境民族跨地而居的分布格局,主要是由于战争、政治、生计、瘟疫、自然灾害的原因引起的。边境民族为了自身的生存和发展被迫迁徙,一些民族在特定区域和原住民"和平共居"。一些民族在迁徙过程中族际矛盾则冲突不断。克伦族,又称昆仑、昆明族,人口约有 300 万人,在泰国境内有 11 万人。缅族称他们为"克伦",傣族称他们为"养"。云南省社科院民族学研究所桑耀华先生认为,在过去,雟、昆明族是云南省洱海区域的两大族群。他在题为《克伦族:雟昆明的融合体》一文里,详细阐释了克伦族的历史渊源。桑先生认为,昆明族是澜沧江、怒江流域有肩石斧的主人,属南亚语系民族。早在十二三世纪,他们就开始向云南洱海一带和四川西部地区迁徙。在迁徙流动的过程中,他们制造了青铜器,逐渐成为秦汉时期的先进民族。两汉、三国时,昆明族居住的地区战争频繁。特别是元朝统治时期,由于战争和政治因素,很多克伦人开始跨出国境进入缅甸,逐渐成为缅甸境内的第二大民族。其人口仅次于缅族。尽管缅甸的克伦人有很多支系,但比较通用的是"斯戈克伦"、"波克伦"和"当都克伦"三个族称。

---

[*] 谷家荣,云南大学西南边疆少数民族研究中心助理研究员。

傈僳族，自称"傈僳"，其迁徙发展的路径和克伦族极为相似。在云南省境内，傈僳族有61万人，主要聚居在怒江州，也有少量人口散居在丽江、迪庆、大理、保山等地州。傈僳族在缅甸也有4万人，大部分住在掸邦和克钦邦。泰国也有1.5万傈僳族，主要居住在清迈、清莱、夜丰颂三府。云南大学民族研究院的高志英副教授，结合历史学和民族学方法，以"藏彝走廊"西端滇缅北界的傈僳族为例，翔实追述了傈僳族的迁徙发展过程。在她的报告《"藏彝走廊"西端中缅北界傈僳族历史文化变迁研究：兼论跨界民族的民族认同感和国家认同感》一文里，她指出，早在元代以前，云南省怒江州碧落雪山以外的缅甸北部地区就开始有傈僳族的足迹。明末清初，傈僳族已经在中国云南西北部和缅甸北部的广大地区居住，不仅分布范围较广，而且随着生息繁衍，傈僳族人口也逐步增多。

关于边境民族的迁徙发展，日本京都大学亚非地域科片冈树副教授则将这一主题上升到"民族—国家"的层面来研究。拉祜族是分布在我国云南、缅甸和泰国的民族。据泰国政府统计，泰国的拉祜族现有128 762人，是泰国山地民族中的第三大民族。片冈树先生长年在泰国拉祜族地区做田野调查。研讨会上，他根据调查过程中所收集到的资料，发表了题为《基督教与跨境民族：泰国拉祜族的族群认同》的文章。他的研究报告，详细追述了泰国拉祜族的迁徙、改宗以及基督教信仰的产生和发展过程。他认为，平地民族国家干预使拉祜族被迫分离成不同区域性的跨境民族，拉祜族主动跨境，利用各种宗教文化活动来解释他们的跨境行为，从而加深了民族群体的社会认同感。国家分开了拉祜族，拉祜族跨越了国境也形成了自己的世界。

关于边境民族地区的宗教、民族与国家关系问题，云南大学民族研究院宗教文化研究所所长马居里副教授也作了相应的回应。他以德宏景颇族地区景颇族的宗教信仰为例，详细论述了三者之间的关系。他认为，宗教信仰和国家政策是无法分开的。没有国家政策的支持，宗教信仰就得不到正常发展。但如果人们缺乏信仰，在经济欠发展、社会发展相对滞后的景颇族地区，也同样存在社会稳定的隐患。从民族—国家的层面上看，在德宏景颇族居住的社区范围内，宗教是人们的第一认同，宗教认同大于民族认同。但国家利益至上，广大地区的宗教精英和地方政策执行者仍然能够和谐相处。作为信教群体和非信教群体的主导力量，他们有效地维护了我国边境民族地区稳定的社会秩序。

事实上，从古到今，中国边境民族的迁徙流动就没有终止过。如果说桑耀华先生和高志英女士是从边境民族久远的迁徙流动来分析问题，那么，云南大学民族研究院的陈学礼则把边境民族迁徙发展的历史"长镜头"拉到了当今社会。陈学礼在他的论文《中缅边境人口流动视野下的文化互动：以西盟县大马散大寨为例》里，以云南西盟县大马散大寨为例，分析论述了大马散人口流动的原因。首先，他认为，历史和政治因素是导致该村人口流动的第一要因。1958年9月，一个300余人组成的暴乱武装包围了设在大马散的马散区政府，使得几乎所有的村民都逃到了缅甸。1966年3月，由23人组成的国民党军特务武装"1936"组，对驻扎在大马散的武装民族工作队实施偷袭，导致村民集体外迁；其次，经济因素也是村民外流的不绝动力。尤其是从20世纪80年代开始，大马散人跨省、跨国界间的流动变得更为频繁。受经济利益的驱使，很多青年人拥入广东、浙江、江苏等沿海发达地区寻求新的生计渠道。甚至一部分村民还批发商品到缅甸草皮街出售，帮助缅甸人种植和管理大麻。由于双方相互交流，许多缅甸人也开始迈出国境，到中国边境地区企业或矿厂就业；最后，陈学礼还认为，民族文化因素也是引发大马散人外流的一个重要因素。他从当地的民居建筑习俗层面，详细论述了大马散人流动的内在文化根源。

2. 中国边境民族的交流史

中国边境民族在长期的迁徙发展过程中，由于空间场域的更换，不可避免地和其他异民族产生沟通和交流。甚至可以说，边境民族就是在族际交流的过程中构建起了族群或民族区域性社会。不同民族在相互的接触过程中，尽管存在过不同程度的冲突和碰撞，但总体而言，民族文化的融合、涵化仍是主要的趋势。这一研究视角最先吸引了日本国立民族学博物馆先端人类科学研究部塚田诚之教授的关注。在这次研讨会上，他发表了题为《中国壮族和越南的交流》的研究报告，直接对中国境内和越南境内的壮族进行对比分析，以丰富翔实的第一手资料，全面论述了壮族在不同地域的社会文化状况。与塚田诚之先生具有相同研究直感的是桑耀华先生，他通过对克仑族迁徙发展的研究，认为嶲和昆明这两个族群，由于他们长期相处，在政治、经济和文化方面逐渐融合，许多嶲人（氐羌族群民族）融合到昆明人中，嶲民族的部分人也接受了克仑（昆明）这个民族称谓。克仑人就是历史上嶲、昆明两大族群交流和融合的缩影。

当然，边境民族文化交流和融合是多层面，与会专家学者更多的是从宗教信仰的角度来讨论中国边境民族交融这一重要议题。云南大学民族研究院宗教学所所长马居里副教授，在他的《广山景颇族基督教信仰》一文里认为，基督教自19世纪后期传入德宏景颇族地区之后，随着传教活动的不断深入以及国内外宗教人士的进一步交流，广山景颇族地区的基督教教会也逐步向规范化方向发展。1949年，广山教会就自筹成立了自己的教会组织。改革开放后，广山景颇族地区的基督教教会组织逐步摆脱了国外教会的控制，基督教教会开始向自由化方向发展。他通过对广山基督教信仰情况的全面梳理，认为广山基督教信仰具有"主动引入、跨界交流、全民信仰和自我发展"四大特色。日本静冈大学人文学部杨海英教授在《中国内蒙古的回回人》一文中，也从内蒙古回回（Qotung）人、蒙古族、伊斯兰之间的关系入手，分析了蒙古回回人的形成过程。他认为，伊斯兰因素在蒙古回回人的发展进程中起着非常重要的作用。对蒙古的研究，我们既要关注伊斯兰教因素，又要全面认识蒙古族的族群差异以及多样性的文化。蒙古回回人来自遥远的突厥血统人，主要定居在内蒙古阿拉善的左旗东部和巴彦淖尔地区西部地区。即使移民多年后，在与异族通婚和被所在地其他民族文化同化的过程中，始终保持着伊斯兰教信仰。

在中国边境民族宗教信仰研究方面，日本文教大学文学部的长谷川清教授，则把宗教互动视为地域性社会构建的第一要素。在他的报告《宗教互动与地域性的再构成：德宏地区的佛教社会》里，他以云南德宏州瑞丽傣族的佛教信仰为例，从宗教活动层面探讨1950年以后，跨地域民族社区的变迁和现代化进程中佛教的复兴与重构过程，细究跨境民族的宗教实践和族群边界的实态。长谷川清教授认为，德宏和西双版纳等地，南传上座部佛教已经成为当地民族认同的核心和有地方特色的宗教文化资源。滇缅边境地区的掸、傣族，历史上很早就有密切交往，缅甸掸族的佛教是被建构成多种教派的复合体，而德宏地区的南传上座部佛教有摆奘（puai tsuang）、多列（to le）、润（jon）、左抵（tso ti）之别。在东南亚各国与云南边境地区，信奉南传上座部佛教的族群种类繁多，在南传上座部佛教圈的民族关系、社会、文化互动、与国家政治体制的关系等方面也很复杂。东南亚国家，南传上座部佛教高居"国教"地位，受君主或政府高度的重视和庇护，对促进国家统一和国民形成起着黏合剂的作用。而在中国，自1950年以来，受政治运动及汉文化影响。南传上座部佛教自传入云南境内后，就一直适应着多民族的社会文化环境。在充满冲突、对立、适应和融合的历程中，南传上座部佛教逐渐形成了具有鲜明民族特色的佛教体系，形成有"地方性"特色的多民族地域社区。

在过去，群体之间的文化交流，主要是基于民族主体迁徙才产生的。而在当今社会，随着经济的发展，一些先进的文化传播媒介开始进入到边境偏远地区。使得广播新闻媒体逐渐成为边境民族文化交流的重要外部力量。这一视角，在日本立命馆大学的谷口裕久的研究报告《少数民族的媒体利用实态与民族表象》里有非常深刻的阐述。谷口裕久先生以云南的苗族为例，从民族干部和民族群众两个层次，论述了广播、磁带、VCD、DVD、网站等信息传播媒介对云南文山壮族苗族自治区的影响。他认为，由于媒体广泛传播中国传统的民族习俗，唤醒了苗族对中华民族的强烈归属感。文山壮族苗族地区实施民族区域自治，人们利用传播媒介有效地宣传党和国家的民族政策，使民族工作得以有序开展。从20世纪90年代开始，文山壮族苗族自治州的各苗族支系，也利用各种媒介搞活了苗族"亚族群性"的学术探讨。这些实例已充分证明，媒体已经成为苗族保护和传承传统文化的重要途径。

3. 中国边境民族的文化态势

中国边境民族经过长期的迁徙和交流，逐渐形成了各具特色的民族文化。云南的布傣人就是一个典型案例。布傣人是个人口仅有1.7万的小族群，主要聚居在中越边境广西龙州县的金龙镇。"侬峒节"是布傣人的传统节日。广西民族大学教授、云南大学西南边疆少数民族研究中心特聘研究员秦红增,在其研究论文《侬峒:再现于节俗文化中的布傣乡村生活》中,以金龙镇布傣人的侬峒节为个案,剖析了布傣人传统乡村生活中所具有的敬畏性、睦邻性、开放性的文化特征。"侬峒节"起源于布傣人"感恩上天、崇敬大地、关乎人文"的传统价值观念。传统的节俗主要包括祭天、拜地和人三方面的内容。它与布傣人乐神、祭祖、生计、劳作、祈求、娱乐和择偶等日常生产生活密切相关,不仅是布傣族群的文化象征标志,而且也是布傣乡村生活风貌的集中展现。

傣族也是民族文化比较有代表性的边境民族。傣族人口有 102 万人,主要聚居在云南的西双版纳州和德宏州地区。傣族也跨居越南、老挝等国,在越南称傣族为泰族,主要分布山罗、义安、清化等省,有 104 万人。老挝有 119 191 个傣族人,主要分布在靠近中国的丰沙里、波乔等省。中老、中越边境地带长期以来傣族交往频繁。云南大学民族研究院的金少萍教授,在研讨会上发表了题为《傣族村寨生计、生活方式变迁的调查研究》的学术报告。她以西双版纳勐腊县勐仑镇城子村的傣族为例,从西双版纳傣族在长期迁徙交流过程中,描述了傣族生产、生活的现状。

高志英在分析傈僳族文化时也认为,由于客观的自然环境,国内外的傈僳族一直处于相对封闭落后的传统状态。但 1949 年后,迁居缅甸的傈僳族和聚居云南省西北部高山峡谷的傈僳族,经济文化才开始呈现出较大的梯度差异。迁居缅甸的傈僳族尽管仍以农业经济为主,但他们根据市场需求,采挖野生药材、开挖矿产,不断寻求新的致富门路。思想观念的转变使得缅甸傈僳族的物质生活水平得到很大提升。然而,中国边境的傈僳族在经济文化发展方面则显得相对滞后,很多家庭生活水平都还停留在温饱线上。在政治和社会制度方面,仍然保留着部分封建村社制度残余。总体上看,由于中缅两地的傈僳族具有较强的血缘和地缘关系,虽然不同地域的傈僳族经济文化发展的程度有别,但经济因素对傈僳族族群内部的认同感并不会产生强烈的影响。

中国边境民族大部分都跨区域而居,区域文化特色也极为明显。秦红增、金少萍、高志英三位专家都是从某一个具体民族为研究对象,探析该民族的独具特色的文化表征。在这次研讨会上,云南省委党校赵玲教授,虽然她也是从哈尼族这一民族出发,但是她把研究范围放大到相对宏观的社区层面来研究跨境民族的区域文化。在她的报告《哈尼族社区文化的特殊性研究》一文里,她认为,哈尼族社区文化集边疆少数民族和跨境少数民族社区文化为一体,这与内地发达地区农村社区文化与城市社区文化建设的路径、方法和特征相比,具有明显的特殊性。她以"转青的葬礼"这一特殊的案例为叙述开端,深刻分析了哈尼族的生命轮回观、自然敬畏、敬老、吃苦耐劳的传统文化特征。

日本新潟县敬和学院人文学部松本真澄教授关注的社区空间更大。在她的研究报告《云南女子学校的宗教教育和有关女性的发展的讨论》中,她通过不同地域空间的 6 所女子学校的对比研究,论述了云南回族女校的宗教教育和发展现状。她认为,早在乾隆年间,云南和越南国境线附近的沙甸地区就出现了女子学校,在大理和蒙化,即现在的大理巍山地区,也曾经有清真女校进行女性教育的实例,并且这些女校一直持续到现在。她认为云南经常在同一个校园里开设女学,甚至有的地方将同一楼层分开来设置女学。云南的女子学校有交费和免费两种类型,主要根据清真寺的教规以及教学质量而定,教师的工资也主要来源于清真寺的运营经费。经过女学培养的学生,在婚姻、家庭方面的价值观念都发生了很大改变,具有一定的社会就业优势。改革开放后,由于宗教活动自由化、人口流动以及经济发展的差距逐渐加大,为了寻求心灵的救济和安慰,女子学校出现了新的宗教热潮。松本真澄教授研究认为,在当前的社会背景下,学习阿拉伯语已经成为女孩们拥有一技之长的最佳选择。女校是社会弱势群体的安全区,女性走向职业场所的训练场,是对女性进行宗教教育的重要阵地。女校已经成为那些有女性自卑、贫困、半文盲、低学历烦恼、失败者等弱小群体的一个福音。

## 二、中国边境民族研究的本土化与国际化

9 月 3 日下午,经过两天的热烈讨论,大会在云南大学伍马瑶人类学博物馆闭幕。此次会议,研究对象和研究者都跨越了国境,中日同行专家、学者会聚一堂,虽然大家的学术背景、分析思考问题

的方法和视角多样,但经过交流,大家在中国边境民族问题找到了许多接洽点。与会专家学者紧密围绕着"边境民族迁徙、边境民族与境外民族交流、社会网络以及边境民族最新的文化动态"议题,对边境民族或族群的经济活动、宗教信仰、生活习俗、节日、娱乐、媒体、技术、认同等问题进行了深入研究,开创了边境民族研究的新风范,取得了边境民族研究的新成果。闭幕式上,云南大学的尹绍亭教授和日本国立民族博物馆先端人类科学研究部塚田诚之教授在总结发言中,对整个研讨会的情况基本上达成相同观点。

1. 历时与共时性是边境民族研究的重要方法

历史资料是社会发展进程中人类文明的真实记录。尹绍亭教授认为,如果我们不尊重历史,随意复制或再造历史,就是民族学、人类学学家的一个最大失职。在这次学术讨论中,参会的大多数专家、学者都走进历史,充分利用现有的历史和考古资料来追述了跨境民族的生活史,这是此次会议的又一大特色。塚田诚之教授也认为,本次学术讨论会,很多学者通过长期田野调查,在收集整理出较为翔实的田野资料的基础上,细描了中国跨境民族的社区生活现状。学者们从历时性和共时性两个维度,既尊重历史,又不脱离边境民族地区的客观情况,来分析论述中国跨境民族问题,从方法论上讲,这次研讨会是一次综合性的学术研究。

2. 族群与宗教是边境民族研究的关键内容

族群和宗教是民族研究的两个重要概念。塚田诚之教授认为,族群具有一定的边界和规模。族群具有很强的伸缩性,从某种程度上来说,它相当于国家的一个民族的支系,但有时候也可以超越国家界限,是分析研究民族关键问题时比较有效的概念。尹绍亭教授认为,宗教是信仰的重要组成部分。它支撑着人们的思想意识,对族群内部的凝聚力发挥着重要作用。越发达或贫困的国家和地区,宗教信仰的发展态势就越好。在这次学术交流过程中,多数学者都从宗教信仰角度来关注跨境民族问题,这是此次研讨会的一个最大的亮点。

3. 中国边境民族研究的困惑:本土化疑惑国际化

在最后的总结发言中,尹绍亭教授认为,通过这次研讨会,中国学者和日本学者的面对面接触的时候,我们本土的学者也暴露出了许多问题。受邀的日本学者基本上都能用汉语来表述研究文本,并且调查研究的对象也是中国边境民族,显然已经走出了国界,是边境民族国际化研究的一个成功范例。然而,国内的学者在这方面显然还有很多欠缺。由于语言障碍,很少有国内学者到国外研究境外的跨境民族。即使是走出国门求学的智者同仁,绝大部分仍然还是关注国内的民族。他们倾向于把国内的民族情况简单地介绍到西方。这是中国学者目前存在的一个普遍问题。如果不能突破地域空间的限制,中国的边境民族研究就很难取得创新性发展。中国边境民族研究何时才能真正迈上国际化的研究平台,值得深思。何明教授,从"迁徙"、"交流"、"文化动态"三个关键词入手,回应了尹绍亭教授对中国边境民族研究的学术关怀。何明教授认为,从形式上看,以国际研讨会的形式开展跨境研究,本身就是中国边境民族研究走向国际化的一个创新方式。新成立的边疆学研究所及西南边疆少数民族研究中心的一大批学者,利用云南和东南亚国家接壤的区位优势,已经跨出国境开展民族学田野调查,三年之后,当再次举办类似国际学术研讨会时,将会有一大批关于国外跨境民族的研究成果面见同行专家。

# 梳理变迁轨迹　探寻发展理路

——"改革开放与少数民族"研讨会暨《中国少数民族农村30年变迁》①首发式在昆明举行

## 白　古*

2009年1月13日上午，云南大学西南边疆少数民族研究中心在伍马瑶人类学博物馆二楼报告厅举行"改革开放与少数民族"研讨会暨《中国少数民族农村30年变迁》首发式。云南大学党委书记刘绍怀、云南民族大学副校长和少英、中共云南省委宣传部副部长张瑞才、云南省社科院副院长杨福泉、云南省教育厅厅长助理于达林等领导和专家学者出席了首发式。首发式由云南大学西南边疆少数民族研究中心主任何明教授主持。

会上，刘绍怀书记首先致辞，对云南大学西南边疆少数民族研究中心依托学科优势而组织汇编的《中国少数民族农村30年变迁》一书的学术价值给予了充分肯定。张跃教授介绍了该书的编写体例和具体过程，全书共122万字，由全国11个省（自治区、市）、17个高校和研究机构的69名民族学人类学的学者共同完成，运用民族学的田野调查和社区研究方法，描述与分析了全国除了台湾高山族之外的54个少数民族农村30年变迁历程和经验。与会领导和专家对该书给予了高度评价。张瑞才副部长结合中国农村改革发展的过程和当前现状，认为该书具有很强的历史厚重感；于达林厅长助理认为，该书是中国少数民族30年变迁发展的真实再现；杨福泉研究员在肯定该书学术价值的基础上，还进一步指出了新的研究方向，认为梳理少数民族历史变迁轨迹固然重要，但在现代化语境下，更应关注少数民族思想观念的变化；省社科院科研处长郑晓云研究员认为，云南少数民族之所以能和谐相处，在很大程度上得益于云南本土学者们长期的呼吁和努力。

学术研究是在相互交流和分享中逐渐推进和完善的，没有调查就没有发现，没有发现便谈不上有新的学术见解。为了交流学习学者们的前期研究成果，开幕式后，云南大学的马翀炜、何斯强、马居里等11位参与编著的科研学者，结合田野体验，就中国少数民族社会结构、生计方式、乡村治理等相关问题作了主题发言。云南大学社会科学处李东红副处长、西南边疆少数民族研究中心李志农副主任分别主持了研讨会，并作了精彩点评。何明教授在作大会总结发言时，从社会变迁这一永恒不变的话题出发，清晰梳理出中国少数民族社会文化发展的理路。他认为，在中国少数民族所走过的30年沧桑巨变历程中，虽然学者们一直都积极主动地参与，但国家力量始终居于主导地位。然而，在全球化背景下，少数民族渐失文化本真，人们生活世俗化、经济理性化的特征明显，如何保护传承民族文化，唤醒民族文化自觉，从而增强少数民族的文化自信，这一社会主题无疑是当代社会学、人类学、民族学学者理应深入探讨的历史使命。我们只有迈向田野，走进微型社区，亲身参与观察，并借鉴其他相关学科的知识和经验，踏实开展调查工作，民族研究才会有新的突破，中国民族学发展才会有新的希望。

---

① 张跃、何明主编：《中国少数民族农村30年变迁》，北京：民族出版社，2009年版。
* 白古，云南大学西南边疆少数民族研究中心助理研究员。